JN411562

대비로자나성불경소 2

Commentary of Mahāvairocana Sūtra

옮긴이 김영덕(金永德, Kim Yong-Duk)은 1960년 서울에서 태어나 동국대 불교학과를 졸업하고 석사·박사 학위를 취득하였다. 현재 위덕대 불교문화학부 교수로 있다. 주요 저서로는 『금강계 삼십칠존의 세계』·『대일경』·『금강정경』 등의 저역서와 「밀교계사상의 현대적조명」·「『대일경』에 나타난 여래장사상」 외 다수의 논문이 있다.

대비로자나성불경소 2

1판 1쇄 인쇄 2008년 12월 25일
1판 1쇄 발행 2008년 12월 30일

옮긴이 / 김영덕
펴낸이 / 박성모
펴낸곳 / 소명출판
등록 / 제13-522호
주소 / 137-878 서울시 서초구 서초동 1621-18 (란빌딩 1층)
대표전화 / (02) 585-7840
팩시밀리 / (02) 585-7848
somyong@korea.com / www.somyong.co.kr

값 29,000원

ISBN 978-89-5626-360-1 94910
ISBN 978-89-5626-358-8 (전3권)

대비로자나성불경소 2

김영덕 역주

◆ **일러두기**

1. 본 책은 『대일경』 7권 가운데 앞의 6권 31품에 대하여 일행(一行)아사리가 자신의 스승인 선무외삼장의 강술을 기록한 동시에 자신의 중국 불교적 교양에 의해 해설을 가한 『대일경소』 20권과, 『대일경』 제7권에 대한 주석서로서 신라의 불가사의(不可思義)에 의하여 만들어진 『대일경공양차제법소』 2권 5품에 대한 번역 및 주석서이다.
2. 본 역서는 『대정신수대장경』 39권에 수록된 한역본을 저본으로 하였으며, 『만속장경』 36권에 수록된 한역본 및 『대일경의석』을 참고하였다.
3. 본 역서의 각주는 『國譯一切經』 경소부 14, 15권에 수록되어 있는 각주를 참고로 하였으며, 『불광대사전』·『밀교대사전』·『밀교사전』·『망월불교대사전』, 中村元의 『불교어대사전』, 운허용하의 『불교사전』을 참고하였다. 그리고 사전에 없는 경우 다른 경전에서 참고할 만한 내용을 가져다가 주석을 달았다.
4. 본 역서의 난탈은 『國譯一切經』 경소부 14, 15권을 주로 참고하였으며, 기타 내용상 흐름을 참고하여 교정하였다.
5. 산스크리트의 한글표기는 망월사본(望月寺本) 『진언집(眞言集)』을 기준으로 하여 현재 유통되고 있는 『천수경』 식의 한글표기를 원칙으로 하며, 가급적 산스크리트 원어에 가까운 발음으로 표기하였다. 산스크리트의 로마나이즈표기는 각주에 넣었으며, 짧은 단어의 경우 간주로 처리하였다.
6. 본문에서 『대일경』에 등장하는 문장은 고딕체로 하였으며, 또한 『대일경』의 문장과 대비될 수 있는 것도 고딕체로 하여서 구분하였다. 『대일경소』 본문 가운데 할주(割註)는 굴림체 9포인트로 하고 [ ] 안에 넣었다. 번역상 필요하다고 인정되어 본문을 보충한 문구는 [ ] 안에 넣고 본문과 동일한 신명조체로 글자 크기를 작게 하여 누구나 알기 쉽도록 하였고 또한 번잡한 각주를 간결하게 하기 위하여 본문에 삽입한 간주도 동일하게 하였다. 그리고 『대일경』이 아닌 다른 경론의 경우에는 ' '로 인용문 표시를 하여 구분하였다.
7. 본 『대일경소(大日經疏)』에는 가장 많이 인용된 『대지도론』을 비롯하여 『화엄경』·『법화경』 등 대·소승의 제경론(諸經論)이 인용되어 있다. 정확한 출처와 해당되는 인용문을 역자주에 포함시켰다. 경우에 따라 본문이나 각주에서 그 내용을 밝혔다.
8. 『대일경소』 본문에 수록된 실담자 외에 필요한 경우 실담자를 추가로 넣었다.
9. 제6권에 도표가 나오며, 그 이후에도 삽화가 대장경에 다수 수록되어 있으므로, 그 저본을 『대정신수대장경(大正新修大藏經)』과 그 도상부(圖像部)만이 아니라 『만속장경(卍續藏經)』 등 다양한 제본(諸本)을 통해서 검토하고 정리하였다. 기타 필요한 삽화를 보충하였다.
10. 「밀인품」에 등장하는 인계는 모두 139종이며, 그 외에 「비밀팔인품」이나 다른 품에서도 인계에 대한 언급이 있다. 인계는 원본에 나오지 않으나 그 대부분을 그림으로 그려서 본문 가운데 삽입하였다.
11. 품을 중심으로 전체의 목차를 달고 과판(科判)을 나누었다. 전체를 『대일경소』 제1품부터 제31품까지, 『공양차제법소』 제1품부터 제5품까지 목차를 달았다. 목차 외에 『國譯一切經』 등의 과판을 참고하여 내용별로 구분할 수 있도록 나누었다.

추천의 글

유망한 젊은 학자 한 사람을 멀리 경주 땅으로 떠나 보내고, 나는 줄곧 그를 가까이에서 키우지 못한 아쉬움을 떨쳐버릴 수가 없었다. 그러나 십 년 세월이 지난 지금에 와서 돌이켜보니 그것이 오히려 다행이었던 한 면을 보게 된다.

茶山선생을 비롯한 과거 유명한 학자들이 산천수려한 곳에서 학문적 성과를 높혔듯이, 우리 眞敬 金永德박사도 천년의 고도 경주에서 학문에만 전념하여 빛나는 업적을 내고 있기 때문이다.

김교수는 그동안 많은 알찬 논문들을 발표하면서도 밀교의 핵심이 되는 『대일경』·『금강정경』 등을 번역했으며, 그 경험을 바탕으로 하여 이번에는 『大日經疏』 20권을 불가사의의 『공양차제법소』 2권과 함께 역주해서 펴낸다고 한다.

불교가 모든 종교와 여러 사상 중의 꽃이라면, 밀교는 그 꽃의 열매격이 된다. 『대일경』은 그러한 밀교의 중심이 되는 교학을 담고 있고, 이 경의 내용을 쉽게 설명하고 풀이한 것이 『대일경소』이다. 그러므로 밀교를 알고자 하는 사람은 물론이요, 불교의 진수를 맛보려는 자라면 반드시 읽어야 할 내용이다.

밀교 종단이 있고, 밀교 신행자는 있어도, 그 교학이 부진한 우리의 현실에서 이 책의 우리말 역주의 소개는 참으로 귀중한 성과가 아닐 수 없다.

원래 역주작업이란 누구나 쉽게 할 수 있는 것이 아니다. 그 텍스트의 문자와 언어와 사상과 역사 등을 알아야 한다. 그러므로 『대일경소』를 역주하기 위해서도 밀교 전반에 대한 해박한 지식 체계가 있어야 하고, 브라흐만, 힌두교와 인도 전통 문화에 대한 이해는 물론이요, 싼스크리트어, 漢文 등 관계 언어에 대한 독해력도 뛰어나야 한다.

우리 김교수는 그와 같은 탄탄한 실력과 기반지식을 갖추고 있으므로 이 책이 매우 훌륭하고 완벽한 역주가 되었으리라고 믿는다. 뿐만 아니라 그는 學과 行을 겸비한 학자이므로 독자들이 그의 글을 통해, 그의 글 속에서 사람다운 따뜻한 온기도 느낄 수 있으리라고 확신한다.

아무튼 이 책이 널리 읽혀져 우리의 불교학이 발전하고 밀교의 저변 확대가 이루어지는 날이 앞당겨지기를 기대한다.

2008년 12월 15일

雲谷 徐閏吉(동국대 명예교수)

역자가 대학원에서 밀교를 전공하려고 하였던 80년대 후반에는 국내에 이렇다 할 한글로 번역된 밀교경전이 거의 없었다. 경전 뿐만 아니라 관련 참고도서와 밀교전공자조차도 매우 희귀했던 시절, 나는 답답한 심정에 무엇을 먼저 해야 할 것인가 고민하기 시작하였다. 기본적으로 번역과 사전이 나와야 한다는 데에 결론이 모아졌다. 한역대장경은 물론이고 티베트대장경에서도 밀교는 상당히 많은 분량을 차지하고 있으며 그 밀교경전을 번역하고자 하는 생각은 그때부터 나의 평생의 바램이 되었다. 그리고 박사과정을 수료할 즈음 동국역경원에서 진행된 고려대장경의 국역작업은 그 꿈을 펼치는데 아주 좋은 기회가 되었다. 그러나 고려대장경에 수록된 경전에만 주력하다보니 정말 중요한 내용을 놓치고 수박 겉핥는 듯한 느낌을 지울 수 없었다. 제대로 된 밀교학을 알기 위해서는 경전 만이 아니라 그 경전에 대한 주석서를 보아야 하기 때문이다.

중국에서 교학이 발전하는 과정은 경전과 논서가 번역되고, 다시 이에 대한 중국불교가의 저술이 행해짐으로써 독립된 교학을 갖는 종파로 성립한다. 그러나 밀교의 경우에는 경전 외에 뚜렷한 밀교 관련 논서가 처음부터 인도에서 유입되지 않았으며 중국에서 제작된 주석서도 소수에 불과하다. 또한 중국밀교가에 의해 충분한 저술이 나올 정도로 전성기가 길지도 않았다. 그래서 본격적인 밀교주석서로서는 거의 독보적이라 할 수 있는 한역 『대일경소』가 어떤 측면에서는 인도에서 비롯된 중기밀교의 메시지를 동북아시아에서 음미할 수 있는 유일한 기회를 제공한다고 생각한다. 『대일경소』는 중국 당나라때에 인도밀교를 가져온 선무외삼장과 그의 제자인 일행(一行)선사에 의해 찬술되었으므로, 그 내용은 전성기 때의 인도밀교와 이를 수용한 중국밀교의 모습을 그대로 보여주기 때문이다. 특히 한역 『대일경소』 말미에는 한국 밀교의 대표적 저작이라 할 수 있는 신라 불가사의스님의 『공양차제법소』가 포함되어 있다. 인도와 중국, 한국을 대표하는 밀교가에 의해서 완성된 『대일경소』는 동북아시아 밀교의 원형이라고 볼 수 있기 때문에 우리는 이 책을 통해서 고대 한국 밀교의 모습도 찾을 수 있을 것이라 생각한다.

역자는 이와 같은 『대일경소』의 중요성을 절감하고 10년 전부터 어떠한 방법으로든 『대일경소』 전체를 해독해 보기 위해 혼자 번역해보기도 하고, 위덕대학교 대학원에 재학중인 학생들과 『대일경소』 강독반을 형성하여 「주심품」부터 살펴보기도 하였다. 그러는 동안 학술진흥재단 동양학술명저번역 사업에 신청하였으며, 지원을 받게 된 이후 본격적으로 번역 작업에 몰두하였다. 그러나 번역은 그리 순탄치 않았다. 일단 전체의 원고양이 워낙 많아서 적지 않은 시간을 필요로 하였으며, 원고 내용 가운데 실담자 · 도표 · 삽화 · 인계 등을 넣어야 할 것이 등장하면서 번역은 차츰 복잡해져갔다. 수없이 등장하는 난탈도 나를 괴롭혔고, 해도 해도 끝이 보이지 않는 번역은 나의 인내심을 시험하는 듯 했다. 그리고 긴 여정을 지나 전체의 윤곽이 잡혔을 때의 환희는 지금도 잊을 수 없다. 그 이후로도 몇 번이고 수정했지만 아직까지 부족한 점이 많은 이 책을 세상에 내보낸다는 데에 한 편으로 두려움이 앞선다. 오직 한 가지 자부심이라면 지금까지 전무했던 밀교주석서를 최초로 출판한다는 점이다. 이 책이 밀교에 대한 바른 이해와 향후의 관심과 연구를 더 깊게 하는 데 조그마한 보탬이 되기를 바랄 뿐이다.

끝으로 석·박사과정에 걸쳐 역자를 지도해주시고 본 역서를 위해서 추천의 말을 써주신 은사 서윤길 교수님과, 물심양면으로 후원해주신 진각종의 큰 스승님들, 오랫동안 밀교경전의 역경기회를 베풀어준 동국역경원의 여러 편집부장님, 그리고 역서가 나오기까지 역자를 뒷바라지해준 나의 가족과, 강독반에 함께 참여했던 대학원생들, 교정을 보아준 너빈법사, 실담자를 쓰고 인계를 그려준 최성규선생, 편집을 담당한 소명출판 편집부에게 깊이 감사드린다.

2008년 12월 16일
위덕대학교 연구실에서
金永德

大毘盧遮那成佛經疏 2 _ 차례

大毘盧遮那成佛經疏 1

大毘盧遮那成佛經疏 3

大毘盧遮那經供養次第法疏

제3 식장품(息障品)

1. 금강수가 질문하다

"이때에 금강수가 또 다시 비로자나부처님께 말씀드렸다.

어떻게 하여야 만다라를 그릴 때에 장애가 되는 것을 없앨 수 있으며, 진언 등을 지송하는 자에게 [어떻게 해야] 번뇌와 해로움이 없게 할 수 있습니까? 어떻게 진언을 지송하오며 그 과는 어떠합니까?"라고 한 것은 비로자나여래께서 가지하셨기 때문에 금강수가 부처님의 신력을 계승하여 대중들의 의심을 끊고 또 미래의 중생들을 위해서 다시 이러한 질문을 한 것이다.

2. 여래께서 찬탄하시며 답변하시다

그리하여 "대비로자나세존께서 말씀하시었다."

"훌륭하고 훌륭하구나. 대중생(大衆生)이여, 모든 중생들을 크게 이익하게 하고자 이와 같이 묻는구나. 그대가 묻는 대로 내가 지금 모두 열어 보이겠노라" 고 찬탄하시며 부처님께서 말씀하셨다.

3. 장애를 없애어라

"장애는 자신의 마음에서 생긴다. 옛적의 인색함에 따른 것에 말미암으니 그 인(因)을 제거하기 위해서 이 보리심을 염해야 한다. 분별(分別)의 심사(心思)에서 생기는 것을 제거하기 위하여 보리심을 억념하여 지송자는 모든 허물을 여의어야 한다."

부처님께서 말씀하신 온갖 장애하는 법은 비록 한량 없이 많을지라도 이를 요약해서 말하면 오직 마음으로부터 생기는 것이다. 또한 수행자가 과거세에 법에서 인색하였기에 금세에 많은 장애가 있다. 이 또한 마음의 인연으로부터 생긴 것임을 알아야 한다. 저 간탐 등도 모든 장애의 원인이라는 것을 알아야 한다. 만약 그 원인을 제거하면 온갖 장애가 저절로 사라진다. 이러한 것은 바로 보리심으로 다스려야 한다. 보리심을 염하게 되면 곧 온갖 장애의 원인을 없앨 수 있다. 또한 모든 장애는 분별로 인해 생긴다. 이 분별은 망념된 심사(心思)로 말미암아 있는 것으로 사혹(思惑)이 바로 장애이다. 말하자면 마음 가운데의 번뇌와 수번뇌 등이다. 이 가운데 유(有)라는 글자는 산스크리트음으로 또한 생(生)을 뜻한다. 심사(心思)와 유

(有)에서 모든 분별을 여의게 되면 바로 정보리심이다. 수행자는 이 마음 [정보리심]을 억념함으로 해서 온갖 허물을 여읠 수 있다.

"생각으로 언제나 부동[의 경지에 오른] 대유정(大有情)을 사유하여 온갖 장애가 되는 것들을 없애고자 이 밀인(密印)을 결해야 한다"고 하는 것은 바로 앞에서 설한 부동명왕(不動明王)[1]이다. 이것은 바로 여래의 법신이 대원(大願)으로써 무상(無相) 가운데에 이러한 모습을 나타내어 모든 진언수행자를 보호하시는 것이다. 만약 수행자가 언제나 [부동명왕을] 억념하면 온갖 장애를 여읠 수 있다. 이른바 부동(不動)이라 하는 것은 바로 참되고 청정한 보리심이다. 이러한 뜻을 나타내기 위해서 현상에 인하여 명칭을 세웠다. 이 명왕이 한쪽 눈을 감고 있는 것은 깊은 뜻이 있다. 불안(佛眼)으로써 밝게 보는 것은 오직 하나이지 둘도 없고 셋도 없다는 것이다. 그 인(印)은 뒤에서 설명한다.

4. 바람으로 인한 장애를 그치게 하는 법

"비밀주여, 바람[風]에는 아자문을 송해야 한다. 또한 마음으로 아자[2]를 취하여 자신의 몸으로 삼아라. 이 본래 존재하지 않는 자문으로서 자신의 몸을 만들

---

1) 부동(不動)은 Acala로 음역하여 아차라(阿遮羅)라고 한다. 또는 부동금강명왕(不動金剛明王)·부동사자(不動使者)·무동존(無動尊)·무동존보살(無動尊菩薩)이라고도 한다. 오대명왕(五大明王)·팔대명왕(八大明王)의 주존. 줄여서 부동(不動)이라 하며 밀호는 상주금강(常住金剛)이고 종자는 hmmāṃ, hāṃ, hūṃ이다. 인도 베다신의 이명으로 불교에 들어와서 대일여래의 교령륜신이 되어서 여래의 가르침을 방해하는 자들의 목숨을 끊는 사명이 있으며, 또한 노예삼매(奴隷三昧)를 서원하여 여래를 모시므로 부동사자라고도 한다.

2) 아자 이하의 게송은 풍난(風難)을 그치게 하는 법이다. 아(阿)자는 식풍(息風), 하(訶)자는 법계풍(法界風)이다. 자신의 심신이 풍체로 되기 때문에 밖에서 오는 바람 때문에 흔들리지 않는다.

라. 무아(無我)에서 하(訶)자를 지으며 마음으로 송하라. 바르는 향으로 땅에 일곱 점을 찍어라. 이 바람이 먼저 하자 가운데 있다고 관상하고 일곱 점을 더하여라. 그 다음에 이를 덮어라. 방향은 바유(嚩庾)[3]에 의거하라. 질그릇으로 덮어서 이를 합하여라. 그 그릇에 대중생(大衆生 : 마하살)의 수미산[彌盧]을 사념하고 때때로 그 위에 아(阿)자를 두고 점을 찍어라. 이것이 큰 바람을 묶는 것으로 옛 부처님께서 널리 설하신 바이다."[4]

단을 건립하려는 데에 큰 바람이 불어서 장애가 될 때에는 공터에 법을 세워서 바람을 반드시 그치게 해야 한다. [그것은] 이 아자가 몸 안에 골고루 미치게 하는 것이다. 이 글자는 금색의 흔들리지 않는 색으로 만든다. 말하자면 진금(眞金)이라고 관상해야 한다. 이와 같이 관상하고 나서 또 마음 속으로 하(訶)자를 송하라. 풍방(風方 : 서북방)에서 바르는 향을 사용하여 땅에 일곱의 작은 원점을 그리고 각기 탄주(彈舟)처럼 크게 만들어라. 이와 같이 만들고 나서 질그릇을 사용하여 이것을 덮어라. 질그릇에 마음 속으로 아(阿)를 관상하는데, 곧 이 위에 아자를 관상하여 이 글자로 금강산을 삼아서 이를 눌러라. 삼천대천(三千大千)의 모든 수미산을 합하여 한 덩어리로 하여서 그 위를 덮어라. 또 때때로 그릇 위에 이 글자를 써야 한다. 이 아(阿)는 바로 금강부동의 뜻이다. 한 점을 찍으면 바로 일체의 장소에 두루하니, 이 금강부동으로써 모든 장소에 두루하게 해야 한다. 이것이 바로 증광(增廣)의 뜻이다.

---

3) 풍천(風天)을 의미한다.

4) 『경』의 문장과 다소 다르다. 『경』의 문장을 나열하면 다음과 같다. "비밀주여. 다시 들거라. 흩어지고 어지러운 바람을 묶고 없애는 데에는 아자를 자신의 몸으로 삼고 마음으로 아자문(阿字門)을 지송하라. 건타(建陀)를 땅에 바르고 대공점(大空點)을 찍어라. 바유(嚩庾)방향에 의지해서 간직함에 사라범(捨囉梵)으로 하라. 그 그릇에 대심(大心)[중생 : 마하살]의 수미산을 사념하라. 때때로 그 위에 두는 것은 아(阿)자의 대공점으로 옛 부처님께서 널리 설하신 바이다." 이하는 지풍법(止風法)에 대한 해석이다.

5. 물로 인한 장애를 그치게 하는 법

물[水]로 인하여 발생하는 장애를 그치게 하는 법에는 라(囉)자를 사유해야 한다. [수행자가 스스로 금강부동이라 관하고] 몸 안에 두루하게 해서 붉은 색의 큰 세력있는 불꽃을 만드는데 바로 불꽃의 다발이다. 몸 안에서 나와서 몸 위에 두루 한 것이 다발과 같다. 큰 힘을 지닌 두려워할 만한 형상으로 만드는데 손에는 큰 칼을 쥐고 있다. 성내는 형상으로 만들고 나서 땅에 구름의 형상을 그려라. 혹은 용이나 뱀의 모습을 만들고 도인(刀印)을 사용하여 그 형상을 베어 끊어라. 그러면 구름이 바로 흩어져 사라질 것이다. 구름은 모든 물[水]이 근본으로 의지하는 바이기 때문이다. 장애가 일어나는 방향에 따라 이것을 지어라. 예컨대 비가 동쪽에서 온다면 곧 동쪽을 향하여 지어라. 혹은 금강궐(金剛橛)을 만들어서 이 바람과 비를 그치게 하는데 사용하라.[5] 그 말뚝[금강궐]은 거타라(佉陀羅)나무[6]를 사용하여 독고금강(獨股金剛)을 만드는데 그 거타라나무가 없으면 고련목(苦練木)을 사용해야 한다. 또는 빈철(鑌鐵)을 사용해도 된다. 그리고 [부동]금강의 진언으로 이를 가지하라. 모든 [부동]금강과 같다고 관상하며 이로써 이것을 쳐라. 또한 [금강부동이] 머무는 방면에 따라야 한다. 이렇게 자신을 모든 금강과 동등하[다고 관상]하고 그런 다음에 이것을 행해야 한다. 이 말뚝은 일고(一股)금강[7]으로 만드는데 삼고[금강저]에서 가장자리의 고

---

5) 이 이하에 난탈이 있어 바로 잡는다.

6) Skt. khadira. 또는 구타라(佉陀囉)・구달라(佉達羅)・겁타라(劫陀羅)・겁지라(劫地羅)・구달라(佉達羅)・가지라(珂地羅)・구지락가(佉地洛迦)・구제라가(佉提羅迦)・가려라(呵黎羅)・가려라(軻黎羅)・가려라(可黎羅) 등으로 쓴다. 간략히 칭하여 구타(佉陀)라 하며 나무의 명칭이다. 밀교의 수법 가운데 호마목(護摩木)이나 금강궐(金剛橛)의 용도로 쓰는 재질이 견고한 나무이다. 의역하여 자강(紫橿) 또는 자강(紫畺)・담목(檐木)・담목(擔木)・견경목(堅硬木)・공파목(空破木)이라 한다. 『혜원음의(慧苑音義)』 권하에서는 고련목(苦楝木)이라 칭하였는데 와전이다.

7) 금강저의 종류는 다음과 같다. ① 독고(獨股) : 독고는 연화부(蓮華部)이고 법(法)인 독일법계(獨一法界)라는 뜻이다. 한 방향의 1고(股)는 중생이 본래 갖고 있는 독일법계(獨

(股)를 없앤 것이 바로 이것이다. 그 [일고금강에서] 작은 것은 금강침(金剛針)이라 부른다.

6. 온갖 장애를 그치게 하는 법

"또한 온갖 장애를 그치게 하는 것을 설하리라. 진언의 아주 흉악한 부동대력(不動大力)[자]가 본만다라(本漫荼羅)[8]에 머물고 있다고 관하라. 지송자는 만다라를 건립할 때에 가운데 그 형상을 만들고 정수리를 왼발로 눌러[9] 숨을 못 쉬게 해서 죽여야 하니 [이러한 일에 대하여] 의심하지 말라."[10]

이것은 다시 다른 방편을 밝혀서 방편으로 온갖 장애를 제거하는 것이다. 이 [아주 흉악한 부동대력이라는] 것은 바로 앞에서 설한 부동명왕이다. 이 부동명왕의 본만다라는 바로 삼각의 만다라이다. 그 가운데 흑색(黑色)[11]인 것이 바로 [부동명왕]이다. 지송자는 자기 몸을 부동명왕의 형상으로 만

一法界)이며, 다른 한 쪽의 1고는 제불의 독일법계이다. 또한 가운데의 양방향에 16개의 8엽(八葉)이 있는 것은 이지(理智)의 십육대보살이다. ② 삼고(三股) : 삼고는 불부(佛部)이고 해탈(解脫)한 사람이 본래 갖고 있는 체(體)이다. 한쪽의 3고는 제불(諸佛)의 삼밀(三密)이다. ③ 오고(五股) : 금강부이고 반야(般若)이다. 양방향이 각 5고이고 이는 바로 중생본각(衆生本覺)의 오지(五智)와 제불내증(諸佛內證)의 오지(五智)이다.

8) 본만다라는 삼각만다라를 가리킨다. 태장만다라는 지륜(地輪)의 방만다라(方曼茶羅)이다. 태장의 교령륜신(敎令輪身)인 부동명왕은 화염삼매에 머물기 때문에 삼각형을 본만다라로 하는 것이다.

9) 부동존이 왼쪽 다리로 마왕을 짓밟는 것은 정보리심의 지광(智光)을 가지고 무명(無明)을 항복시키는 것을 상징한다.

10) 『경』의 문장과 차이가 난다. 『경』에는 "또 다시 지금 온갖 장애를 그치게 하는 것을 설하리라. 진언의 아주 용맹한 부동대력자(不動大力者)를 염하라. 본만다라(本漫荼羅)에 머물고 수행자 또한 그 가운데 머물러서 그 형상에서 삼매족(三昧足)을 정수리에 인다고 관상하라. 그 장애는 깨끗이 제거할 것이며 없어지고나서는 생기지 않으리라"로 되어 있다. 이하에서 식장(息障)에 대하여 설한다.

11) 정확하게는 청흑색(靑黑色)이다. 삼각만다라 가운데에 청흑색의 부동존이 있다.

든다고 관상하라. 또한 작법하는 가운데 두 가지 뜻이 있다. 첫째는 부동존이 원[만다라]의 중앙에 있고, 그가 [마왕의] 위를 밟고 있다고 관상하는 것이다. 둘째는 [수행자] 자신이 부동존이라고 관상한다. 즉 본진언과 인으로써 이를 가지하여 그 위를 밟는다. 삼각[만다라]의 중앙에 그 장애 짓는 자의 형상을 그리고, 그런 다음에 [만다라] 중앙에 들어가 왼쪽 다리로 그 [마왕의] 정수리 위를 밟고, 크게 분노한 형상을 더하여라. 그 [마왕이] 그때 흩어져 달아날 것이다. 만일 그 [마왕이 가르침을] 어기고 [성품이 몹시] 사나워서 가르침을 받지 않고 돌아가지 않으면 반드시 자신의 목숨을 끊게 될 것이다. 이러한 까닭에 지송자는 자심을 내어서 말하여 그의 목숨을 끊게 하지 말아야 한다.

그런데 이 가운데 비밀한 뜻은 다음과 같다. 장애를 짓는 것이란 바로 이 마음에서 생기는 간탐 등의 법으로서 수행하는 사람에게 온갖 장애 짓는 것들을 말한다. 지금 이 부동명왕은 바로 일체지지(一切智智)의 대보리심이다. 이 보리심이 바로 큰 힘을 지녀 위맹하여서 영구하게 온갖 수면 등의 허물을 없애고 그것을 영원히 끊어지게 한다는 것을 알아야 한다. 이것이 바로 [마왕을] 죽인다는 뜻[死義]이다. 유가[『금강정경』]에서 설하는 것[12]과 같다. 부처님께서 처음으로 정각을 이루셨을 때에 큰 집회의 일체

12) 『불설일체여래진실섭대승현증삼매대교왕경』 제9권 제6-1 「항삼세만다라광대의궤분(降三世曼拏羅廣大儀軌分)」에 다음과 같이 극악한 유정을 조복하는 문장을 가리킨다. 「그때에 구덕 금강수보살마하살은 심장에서 금강저를 잡고 휘두르며 삼계를 통틀어 온갖 큰 모임을 두루 관찰하고 나서 이와 같이 말한다. "너희 모든 성스러운 자들이여. 일체여래의 가르침 가운데에서 나의 교칙에 의거하여 호지(護持)하며 행하여야 한다." 이때에 대자재천이 말한다. "그대는 지금 우리들에게 어떻게 행하라 하는가?" 금강수가 말한다. "너희들은 불법승 삼보에 귀명하여야 하나니 이것이 바로 행할 바니라. 너희 모든 성자들이여. 만일 이와 같이 행하면 곧 일체지지를 얻으리라." 이때에 이 세계에 있어서 끝없는 삼계의 주인인 대자재천이 '내가 삼계를 잘 주재한다'는 식의 거만한 태도로 분노상을 나타내며 이렇게 말한다. "그대 금강수 대야차왕이여, 나는 삼계의 주이며 최고인 대자재이다. 만들기도 하며 부수기도 하며 온갖 부다(部多) 중에서 나는 자재자이며 바로 천(天) 가운데 대천(大天)이다. 어찌하여 나에게 그대 야차왕의 교칙에 의거하여 행하라 하느냐?" 이때에 구덕 금강수보살마하살은 금강저를 던져올리며 다시 교칙을 말한다. "너 대자재천, 극악한 유정이여. 지금 어서 대만다라 나의 삼매 가운데에 들어와서 가르

만다라에 섭수되는 삼계의 대중 가운데 마혜수라(摩醯首羅)라고 하는 자가 있었다. 그는 바로 삼천세계의 주인으로서 삼천세계 가운데에 머무는데 마음이 오만하기 때문에 부름에 따르지 않고 이렇게 생각하였다.

'나는 삼계의 주인이다. 다시 어떤 존이 나를 부를 수 있겠는가?'

또 이렇게 생각하였다.

'저 진언을 지송하는 자는 온갖 더러움을 꺼려한다. 내가 지금 온갖 더러운 물건을 변화로 만들어 사방에 둘러싸게 하고 그 가운데 머물면 그가 펼치는 주술로 어찌 [나를 해롭게] 할 수 있겠는가!'

이때 부동명왕은 부처님의 가르침을 받들어 그 [마혜수라]를 불렀다. 그가 이러한 [더러운] 짓을 하는 것을 보고서 곧 수촉금강(受觸金剛)[이것은 바로 부정금강(不淨金剛)이다]으로 변화하여 저 [수촉금강]으로 이 [마혜수라]를 씹어 먹었다. 이때에 부정금강은 잠깐 사이에 모든 더러움을 다 씹어먹어 남김없게 하고 그를 붙잡아서 부처님 계신 곳까지 끌고 왔다. 그러자 저 [마혜수라]가 다시 말하였다.

"너는 야차의 부류이고 나는 모든 천(天)의 주인인데 내가 어찌 너의 명령을 받겠는가?"

그러면서 기회를 틈타 도망갔다. 이렇게 7번을 반복하였다. 이때에 부동명왕이 [부처님께] 아뢰었다.

"세존이시여, 이 유정은 어찌하여 삼세 모든 부처님의 삼매야법을 범합니까? 어떤 것으로 그를 다스려야 합니까?"

침대로 머무르라." 이때에 대자재천은 앞에 계신 세존 대비로자나여래께 사뢰어 말씀드린다. "세존이시여, 지금 이 대사[금강수]는 어찌하여 저 대자재천에게 교칙을 주나이까?" 이때에 세존 대비로자나여래는 대자재천을 비롯한 모든 천의 대중에게 널리 말씀하신다. "너희들은 삼보에 귀의해야 하며 삼매(三昧)와 계 가운데에서 이와 같이 행하여야 한다. 만약 그렇지 않으면 이 금강수보살 대야차왕이 극악하고 위맹한 폭노상(暴努相)을 나타내리니, 아무도 저 뛰어난 금강저에서 내뿜는 불빛의 덩어리를 당하지 못하고 이 삼계가 모두 다 파괴되리라." 이때에 삼계의 주인 대자재천은 삼계를 주재하는 지혜가 자재하므로 구덕 금강수보살에게 크게 두려운 극악하고 분노하는 대위맹상을 나타내어 큰 불덩어리와 대악(大惡)과 대소(大笑)를 내고 아울러 자신에게 속한 것들을 동시에 출현시키며 이와 같이 말한다. (…후략…)」

부처님께서 말씀하셨다.

"곧 그의 목숨을 끊어라."

그때 부동명왕은 그를 붙잡아서 왼발로 그 정수리의 반월(半月)[13] 가운데를 밟고, 오른발로 그 [마혜수라] 비(妃)의 머리 반월 위를 밟았다. 이때에 대자재천(大自在天)은 곧 목숨이 끊어졌다. 이때 바로 번민이 끊어지는 가운데 한량 없이 많은 법을 증득하고 수기(授記)를 받으며 회욕(灰欲)세계에서 성불하여 월승(月勝)여래라 불린다.

이상의 것은 모두 비밀한 말이다. 온갖 더러움을 먹는다고 하는 것은 저 악업과 번뇌 등의 더러운 찌꺼기 같은 법을 씹어먹는 것이다. 발[足]이란 바로 지혜의 발이다. 목숨을 끊는다는 것은 저 모든 심법(心法)을 영구히 끊어서 무생법성(無生法性)에 들어가기 때문이며, 중간에 부처님의 수기를 받으니 이것은 살해한 것이 아니다.

이때에 모든 천들이 삼천세계의 천주(天主)가 모든 부처님의 삼매야를 따르지 않기에 자기의 목숨을 마치는 것을 보고 모두 두려워하며 스스로 서로 일러 말하기를, '천주가 오히려 이러하거늘, 우리들이 어떻게 가지 않을 수 있겠는가!'라고 하며 곧 함께 부처님 계신 곳을 찾아가서 대만다라 가운데에서 법의 이익을 얻었다.

이때에 부동명왕이 부처님께 아뢰어 말씀드렸다.

"이 대자재천을 다시 어떻게 해야 합니까?"

부처님께서 말씀하셨다.

"네가 그를 살려주어라."

이때 부동명왕은 곧 법계생(法界生)의 진언을 송하였다. 이때에 대자재자는 바로 다시 소생하여 크게 환희하며 아뢰어 말씀드렸다.

"심히 희유하옵니다. 제가 처음에 불려와서 부처님께 여쭈었습니다. 이 야차는 어떠한 부류입니까? 저는 이해할 수 없습니다."

---

13) 이마를 가리킨다.

부처님께서 말씀하셨다.

"이 자는 모든 부처님의 주인이다."

[그러자 대자재천이 말씀드렸다.]

"저는 이렇게 생각합니다. 모든 부처님은 일체의 가장 존귀하신 분인데 어찌하여 이 [야차로써] 다시 주인이라 하십니까? 이것을 저는 이해할 수 없었으나 지금 이것을 알 수 있습니다. 이 대왕의 힘에 말미암아서 제가 현전에 작불(作佛)의 수기를 얻게 되었습니다."

참으로 이 [야차는] 모든 부처님 가운데 존귀한 자임을 알아야 한다. 왜 그러한가 하면 대자재천이 삼천세계의 주인이라 하는 것은 바로 중생 스스로의 마음이다. 이른바 시작도 없는 때로부터의 무명주지(無明住地)이다. 모든 혹(惑) 가운데에서 자재를 얻었기에 오직 대보리심을 제외하고는 굴복시킬 것이 없다. 그 목숨을 끊는다고 하는 것은 바로 적연계(寂然界)를 뚜렷하게 알게 하는 것이다. 소생시킨다는 것은 바로 불혜(佛慧)의 문을 일으키는 것이다. 그러므로 진언수행자는 모든 부처님의 비밀한 말씀을 하나하나 [깊게] 사유해야 한다.

이 법은 마치 겨자와 온갖 독약을 사용하여 두 종류를 서로 섞어서 그 장애 일으키는 자의 형상을 만들고 [그 섞은 것을] 사용하여 발라서 그 몸을 불에 사루는 것과 같이 [상대방에게] 속히 상처를 입게 한다. 그래서 속히 [상처] 입힌다[速被着]고 하였다[혜(惠)이다. 혜명(惠命)이다]. 대범(大梵) 등의 장애를 짓는 자조차 오히려 [상처] 입게 되는데 하물며 그 밖의 것이겠는가![14] 또한 이 법은 모두 오래도록 지송하여 성취를 얻은 자가 법칙을 이해하고서야 이를 지을 수 있다. 단지 법을 듣기만하고서 이와 같은 쓰임을 얻고자 구한다면 절대로 그럴 수가 없다.

14) 『경』에는 이렇게 나온다. "석범(釋梵)의 존일지라도 내 가르침에 따르지 않는다면 오히려 타서 없어질 것이니 하물며 그 밖의 중생이겠는가!"

7. 금강수가 다시 질문하다

"그때 금강수가 부처님께 말씀드렸다.

제가 부처님께서 설하신 뜻을 이해하는 것처럼 저도 또한 이와 같이 [모든 성존께서] 자신의 만다라위(漫茶羅位)에 머무시어 세존의 존주(尊主)로서 위신(威神)을 나타내어 그 위(位)를 건립하시려고 하심을 압니다. 이와 같은 여래의 교칙은 감출 수 없습니다. 왜냐하면 이 부처님의 삼매야는 모든 진언의 스승이 되기 때문입니다. 이른바 성주(性住)[15]입니다."[16]

금강수가 부처님께 여쭈길, '이 대력 부동명왕[바로 이 존주(尊主)이다]이 이와 같은 위맹한 일을 짓는다'고 하는 것은 [마혜수라 등을] 조복하여서 여래의 비밀을 전하는 교령사(教令使)로 만들기 위해서이다. 예컨대 본존이 불부(佛部)라면 곧 금륜(金輪) 가운데 앉는 부류이다. 이와 같이 짓는다면 반드시 영험이 있다. 이 "위신을 나타낸다"고 하는 것은 바로 효험(效驗)을 말한다. '짓게 한다'고 하는 것은 지금 만약 이와 같이 지을 때에는 반드시 효험이 있게 해야 함을 말한다. 그래야만 모든 생사 [윤회] 가운데에서 널리 들어 알고서 감히 이 진언을 은폐할 수 없기 때문이다. 지금강자는 대력 위맹하기에 감히 은폐할 수 없다. 말하자면 이 존은 영험이 있기 때문에 좋은 사업을 지어서 다 성취하며, 모든 장애를 짓는 자도 감히 여래의 교칙을 은폐할 수 없다. 응당 지어야 할 사업은 바로 시방삼세 부처님의 삼매야이다. 우리들 모든 집금강도 역시 지어야 하며, 지어야 할 것은

---

15) 삼매야란 스스로의 종성(種性)에 안주한다는 뜻이다.

16) 이하에서 금강수가 부동존 및 모든 존의 삼마지에 대하여 부처님께 여쭙는다. 『경』의 문장과 다른데 『경』에서는 다음과 같이 되어 있다. "그때 금강수가 부처님께 말씀드렸다. "세존이시여, 제가 부처님께서 설하는 뜻을 이해하는 것처럼 저도 또한 그와 같이 알고 있습니다. 모든 성존께서 본 만다라위(漫荼羅位)에 머무시어 위신(威神)을 나타내려고 하시는 것입니다. 성존께서는 이와 같이 머무시기 때문에 여래의 교칙은 감출 수 없습니다. 왜냐하면 세존이시여, 온갖 모든 진언의 삼매야란 이른바 자종성(自種性)에 머물기 때문입니다."

이 삼매에 따라 절대로 잃지 않아야 한다. 왜냐하면 이것이 바로 모든 금강의 성품이기 때문이다. 그래서 이 법에 머물러야 한다.

사성(四姓) 등에 각각 가법(家法)이 있다. 만일 가법을 잃는다면 선조의 가르침에 공경히 따른다고 할 수 없으며 세상 사람들이 나쁜 자식이라고 욕한다. 지금 이 매우 웅맹하여 조복하기 어려운 [자를] 조복하고 믿기 어려운 가르침을 널리 펴는 것은 우리 금강 등의 가성(家姓)의 법이다. 이른바 여래 종가(種家)의 가법(家法)이다.

"그러므로 진언문에서 보살행을 수습하는 모든 보살은 본위에 머물러서 모든 사업을 행해야 합니다"라고 하는 것은 금강수의 몸으로써 수행하는 사람을 권한다는 뜻이다. 우리들이 마땅해 해야 할 일이다. 만일 진언을 지송하여 수행하는 자라면 이 위(位)에 머물러야 한다. 이른바 여래의 가법이다. 응당 한량 없이 많은 문으로 모든 장애를 항복시키고 여래의 법을 감히 은폐하는 일이 없게 해야 한다. 이 수행인도 역시 모든 존을 본떠야 한다. 만일 항복법을 지으려면 곧 자신을 모름지기 부동존으로 만들고 화륜 가운데에 머물러야 하는 등이다.

부처님께서 말씀하시길, '이와 같다. 비밀주여, 이와 같다. 설한 것과 같다'고 하신 것은 바로 진정으로 네가 말한 바와 같다고 인가하신 것이다.

제10권

8. 여래께서 답변하시다

"비밀주여. 모든 채색과 모든 만다라와 그 존(尊)과 존의 색을 설하는 것은 옛 부처님께서 말씀하신 것이다."[17]

말하자면 본존에 각기 형색[18]이 있다는 것이니 아래[19]에서 다시 설명할 것이다. 앞에서[20] 본위(本位)에 따라 사업 행하는 것을 설명한 것처럼 지금은 다시 채색을 설명하겠다. 이를테면 모임 가운데에 있는 제존이 황색이라면 금륜(金輪)에 자리잡게 해야 한다. 백색이면 수륜(水輪)에 앉히며 적색은 화륜, 흑색은 풍륜이다. 다음으로 아래에 채색의 종자가 있다. 산스크리트음[21]으로는 다른데 이것은 형상이다. 예컨대 적연(寂然)의 모습을 보려면 반드시 원단(圓壇)에 자리잡게 하는 등의 종류를 설하리니, 하나하나 가르침대로 그려야 한다. 이것은 옛부처님께서 설하신 바로서 그 도는 진리와 같으니 내가 처음으로 설하는 것이 아니며, 중생들로 하여금 분명한 신심을 일으키게 하려[고 설하신] 것이다.

"비밀주여. 미래세에 지혜가 열악하고 신심이 없는 중생은 이와 같은 말씀을 듣고도 먼저 지은 신근(信根)이 없었기에 신수(信受)하지 못하며, 혜가 없기 때문에 의혹이 증가한다"고 하는 것은 이 중생들이 근기가 둔하고 지혜가 적으며 믿음을 갖추지 못하였기에 이 매우 깊은 일을 듣고도 깨닫지 못하며 다시 그물 같은 의심을 증가시킬 뿐이라는 것이다. 바로 장애가 되는 이유를 설명하였다. 이와 같이 진언의 획(畫)과 지송하는 것 등은 하나하나 모두 깊은 뜻이 있으니 모두 여래의 부사의한 사업이다. 어떤 사람이 어떤 약을 얻어서 바로 공중에 날거나 불 속에 들어가는 일 등은 단지 온갖 연이 합하였기 때문이며 분명히 헛되지 않고 부질없는 것이 아닐지라도 모든 사람들이 헤아려서 그 이유를 설명할 수 없는 것과 같다. 이와 같이 색을 그리는 것은 법에 의거하여 의심하지 않아야만 깊은 법계의 부사의한 경계에 들어갈 수 있다. 오직 믿는 자만 들어갈 수 있을 뿐이다. 만일

17) 이하에서 제존의 형색과 머무는 만다라위와 상응하는 뜻을 설한다.
18) 형색에서 형은 형상, 색은 색깔을 가리킨다.
19) 아래는 『대일경』 제5, 『대일경소』 제16 「비밀만다라품」 등을 가리킨다.
20) 부처님께서는 본만다라에 머물고 금강수는 본위에 머문다고 설하는 문장을 가리킨다.
21) 색(色, rūpa), 형(形, veṣa), 상(相, lakṣa)은 각각 음이 다르다.

생각으로 헤아려서 알아내려고 한다면 어떻게 이유를 알고 의심하지 않을 수 있겠는가! 세상 사람이 약을 얻어 공중에 나는 것과 같은 이러한 일은 오히려 구체적으로 이해하기 어렵다. 마음이 어리석고 경솔하여 여래의 진공무상(眞空無相)의 법이 아니라고 말하면 도리어 자기만 피해를 볼 뿐이다.

"오직 듣는 데에만 견고히 머물뿐 수행하지 않으며, 스스로 손해를 보고 다른 이에게 손해를 입힌다. 이와 같은 설은 저 모든 외도에 이와 같은 법이 있지만 부처님의 말씀이 아니다."

이러한 사람은 이 법을 들을지라도 분명한 신심을 갖고 설한 대로 수행하여 영험이 나타나게 할 수 없기에 다음과 같이 비방하여 말한다.

"어떻게 이와 같이 모습에 집착하는 법으로 보리를 이룰 수 있겠는가! 이것은 반드시 외도들의 설이고 불법이 아니다."

어떤 사람이 천계의 감로를 얻어 확고한 마음으로 믿고서 이것을 먹으면 스스로 영험이 나타남을 본다. 그러나 입으로 이것을 먹지 않고서 백일(白日)에 하늘에 오르려 한다면 신선이 될 수 없기에 [이룰 수 없다. 그렇게 하고서] 이 약을 비방하니 [이 사람은] 지혜로운 사람이 아니라는 것을 알아야 한다. 그래서 그 지혜없는 사람은 이와 같이 이해한다고 하였다.

"일체지의 부처님께서는 모든 법에서 이미 자재를 얻으셨으며 [그 통달하신 바와 같은 방편으로] 중생을 이익하게 하신다."

이 "이미"라고 하는 글자는 또한 통달(通達)이라 하는데 이것이 바른 뜻이다. 말하자면 방편을 갖추는 일에서 모르는 것이 없다는 뜻이다.

"이미 그 [부처님]께서 이 모든 것을 설하셨다"고 하는 것은 산스크리트음으로는 회호(迴互)[22]이다. 위의 문장에서 이미 모든 부처님에 대하여 밝혔다. 지금 이 아래의 구절에서 '이미 부처님께서 이와 같이 설명하셨다'고 하였는데, '이미 그 부처님께서 일체를 설명하시어 구하는 자를 이익하게

22) 회문(廻文)이 다하지 못하였다는 뜻이다.

하셨다'고 말해야 한다.

"그 우매한 범부는 모든 법의 상이 공함을 알지 못하므로 온갖 법의 모습을 말한다. 반드시 진언업에 머물러서 의심을 잘 없애야 한다."[23)]

여래께서는 일체지를 갖추시고 모든 법에서 자재를 얻으셨다. 중생은 지혜가 열등하여 아직은 여래 자체의 부사의한 역용(力用)을 설할지라도 이해하지 못하므로 이러한 그림과 색 등의 방편을 지어서 모든 중생들로 하여금 행하는 데에 따라 구하는 것을 채워 이익을 얻게 하려는 것이다. 그러한 이유는 모든 중생이 아직 모든 법이 공하다는 모습을 이해하지 못하기에 모습이 없는 가운데에서 유상(有相)의 방편을 지어서 설하신 것이다. 어떤 사람이 부처님의 깊은 뜻을 알고 참된 상주(常住)의 행에 머무르면 온갖 경계에서 짓는 것들이 모두 만유의 본질[理體]에 들어가 일체지지(一切智智)의 마음과 같아진다. 이와 같이 의심을 없앤 자에게는 법을 장애하는 온갖 자들이 그 편리를 얻[어 해치]지 못할 것이다.

---

23) 『경』에는 "그 우매한 범부는 제불의 법상을 알지 못하나 나는 온갖 법의 존재하는 모습이 모두 공하다고 설한다. 항상 진언에 머물러서 훌륭하고 분명하게 수행해야 한다"로 되어 있어 『소』의 문장과 약간 다르다.

제4 보통진언장품(普通眞言藏品)

"이때에 모든 집금강 가운데에서는 금강수를 상수로 하고 보살대중에서는 보현 등을 상수로 하고 [이들 금강수와 보살은] 비로자나부처님께 머리 조아려 대비태장생대만다라왕(大悲胎藏生大漫荼羅王)에서 통달한 법계 청정문대로 각각 널리 어구(語句)의 진언을 설하시기를 기꺼이 부처님께 청하였다."

이 모든 보살과 금강수는 이 법을 원만히 성취하고자 각각 대일여래께 머리를 조아리고 나서, 자기의 마음에서 청정법계의 법문을 통달하고서 각각 스스로 이를 펼쳐 설명하고자 하였다. 그 까닭은 이와 같은 대만다라왕이 청정법계의 체이기 때문이다. 이 낱낱의 보살은 각 하나의 문[一門]에서 자재를 얻어 그들이 이해한 대로 이 [청정법계의 체]를 널리 설명한다.

만약 어떤 중생이 그 [대만다라 가운데] 하나의 문으로부터 나아간다면 오래지 않아서 그 보살과 같게 될 것이다. 이 모든 보살은 모두 대일여래의 내증의 덕이다. [대일여래께서는] 널리 이 지견의 문을 열고자 낱낱의 보살[을 통해서] 각각 하나의 문을 연설하신다.

"이때에 부처님께서는 저 집금강 및 보살들에게 끝없는 본래 있는 그대로를 가지하시며 말씀하셨다.

모든 선남자들이여, 통달한 바 법계대로 중생계를 청정케 하는 진언의 구절을 설해야 한다."

이때에 부처님께서는 청한 바에 따라 말씀하셨다. 여기에서 "끝없는[無盡]"이란 무해(無害)라 말해야 한다. 혹은 부동(不動)이라 말하거나 불괴(不壞)라 해야 한다. 아래의 뜻이 올바른 것이다. 사람들이 논하는 것에 떨어지면 다시 구할지라도 얻을 수 없다. 다시 어떤 사람이 그 허물을 떠날 때에는 다른 사람[이 나를] 굴복시킬 수 없는 것처럼 불괴(不壞)의 뜻도 이와 같다. [부처님께서는] 끝없이 장엄한 자재의 힘과 법연소득(法然所得)의 무공용력으로써 널리 그 모든 대중을 가지하시고 그런 다음에 말씀하셨다.

"선남자여! 지금 이것을 설해야 한다. 그대가 스스로 통달한 법계문처럼 모든 중생계의 허망한 구절을 깨끗이 없애고 모두 그 참된 법계의 무진장과 같게 하고자 원하면 각각 스스로의 진언 구절을 설해야 한다."

1. 보현보살

"이때에 보현보살은 곧 부처님의 장엄경계삼매[莊嚴境界三昧][1]에 머물러 무애력(無礙力)의 진언을 송한다."

모든 보살 가운데에서 보현보살을 상수로 하는데, [이 보살은] 부처님의 경계장엄법문(境界莊嚴法門)에서 자재력을 얻어 곧 이 삼매에 들어갔다. "부처님의 경계"라고 하는 것은 모든 부처님께서 스스로 증득하신 진실한 경계로서 성문 등이 헤아릴 수 있는 경계가 아니다. 『법화경』의 「방편

1) 부처가 만덕(萬德)을 구족하고 있음을 나타내는 삼매이다.

품」[2]에서 설명한 것과 같다. "장엄"이란 바로 여래자증의 체이다. 체에 한량 없이 많은 덕이 있으며, 덕에 각각 무량한 명칭이 있고, 한량 없이 많은 장엄[3]으로써 스스로를 장엄한다. 이것은 부사의하여서 명칭이나 글자로 설할 수 있는 법을 떠나있다. 어떻게 이 삼매 가운데 계시면서 말할 수가 있겠는가? 말하자면 그 보살은 이 삼매에 머물기에 무애력을 얻어 자기의 마음의 면문(面門)[4]으로부터 갖가지 빛을 내고, 빛 가운데에서 다음의 진언을 송한 것이다.

삼만다(三曼多, samanta)[동등(等)하다.]

노갈다(奴揭多, anugata)[나아감(進)의 뜻이며, 떠나다(去)·가다(往)라는 뜻이다.]

미라사(微囉闍, viraja)[미(微)는 여읨이다. 라사(囉闍)는 진구(塵垢)이다. 말하자면 모든 장애를 없애는 것이다.]

달마닐자다(達摩儞闍多, dharma-nirjāta)[윗구절은 법이다. 아래의 세 글자는 생겨남이다. 어떠한 법이 생기는가? 이른바 모든 법의 체성으로부터 생기는 것이다.]

마하마하(摩訶摩訶, mahā-mahā)[위의 소리 마(摩)는 제5자(第五字)로 일체의 장소에 두루하니 이른바 대공(大空)이다. 공(空) 가운데의 대(大)를 대공이라 이름하는데 이를 거듭 말하는 것은 동등하여 비교할 만한 것이 없기 때문에 대(大)라고 한다. 거듭 공 가운데에서 다시 비할 것이 없다.]

이 뜻을 말하면 다음과 같다. 등(等)이란 바로 '모든 법이 필경 평등하다'는 것이고, 진(進)이란 '간다'는 뜻이다. 부처님께서 잘 가시어 정각을 이루신 것을 말한다. 그러나 이 평등한 법계는 가는 것도 도달할 것도 없는데 어찌하여 오고 감이 있다고 하는가?

---

2) 『법화경』「방편품」(대정장 9, 5 중하). '모든 부처님의 지혜는 매우 깊어 한량이 없으며 그 지혜문은 알기 어렵고 들어가기 어려우니, 일체 성문 벽지불이 알 수 없느니라. 왜냐하면 부처님께서 일찍이 백천만억 무수한 모든 부처님을 친근(親近)하사 모든 부처님의 한량없는 도와 법을 다 행하고 용맹 정진하여 이름이 널리 들리며, 매우 깊은 미증유의 법을 성취하여, 근기에 따라 설하셨기에 뜻이 알기 어렵느니라.'

3) 체(體)에 따르는 상(相)·용(用)의 공덕으로써 자체를 장엄한다는 뜻이다. 오대(五大)를 체로 하면 만다라와 삼밀이 각각 상·용이다.

4) 미간(眉間)을 지칭하기도 하며 혹은 입을 말하기도 한다.

바로 해석하여 말하겠다. 번뇌를 여의어 온갖 장애를 제거함은 바로 승진(勝進)의 뜻이다. 무행(無行)으로서 나아감을 최고의 잘 나아감[善逝]으로 삼는다. 이와 같이 나아감으로써 법 가운데에서 출생하게 된다. 바로 평등의 법성으로부터 부처님의 집안에 태어나는 것이다. 그래서 다음에 큰 것 가운데 큰 것이라 하였다. 즉 평등하고 평등하여 걸림 없는 증득 가운데의 대공(大空)이다. 대공이란 부처님의 경계이다. 그런데 이 진언은 하(訶)자를 체로 삼는다. 하(訶)는 기쁨[喜]이다. 보살의 수행을 닦는 [기쁨]을 말한다. 어떤 중생이 이 법문을 수지하고 독송하거나 관조하면 곧 보현의 경지와 동등하여져서 멀지 않아 부처님의 경계인 장엄삼매의 자재한 힘을 얻게 될 것이다.

2. 미륵보살

"이때에 미륵보살이 보편대자발생삼매심[普遍大慈發生三昧心]에 머물러 설하였다."

여기에서 보(普)란 평등이고 모든 법계에 편만함이다. 법계에서 대자(大慈)를 생한다고 말하며, [대자로써] 모든 중생들에게 정법의 즐거움을 두루 베풀 수 있으니 바로 그것이 들어가는 문이다. 스스로 나아가 도달한 것과 같이 삼매에 들어가 진언을 설하였으므로 자심설(自心說)이라 한다. 설하는 뜻도 역시 앞과 같다.

아서단사야(阿誓單闍耶, ajitanjaya)[이것은 무능승(無能勝)을 말하는 것이다. 사야(闍耶)는 승(勝)이고 아(阿)는 무(無)이다.]

살바살타(薩縛薩埵, sarva-sattva)[모든 중생들이다.]

아사야(阿奢也, āśaya)[심성(心性)이다. 이른바 그가 선세에 수습하여 행하였던 것으로

모든 근의 성욕(性欲)이다.]

노갈다(奴竭多, anugata)[아는 것이다. 온갖 모든 근(根)의 성향과 행을 잘 아는 것이다.]

그런데 이 진언은 아(阿)자로써 체를 삼는다. 곧 본래 생겨남 없음[本不生]의 뜻이다. 생한다는 것은 생로병사의 모든 유전하는 법이다. 그 체는 언제나 스스로 생기는 일이 없다는 것이 바로 아자의 뜻이다. 모든 법의 자성이 생겨남이 없다고 아는 까닭에 모든 중생들은 더 뛰어난 것[上勝]이 없다고 안다. 상(上)이란 동등할 것이 없는 것[無等]이다. 또한 법체가 생겨남이 없다고 알기에 온갖 근기의 모든 심성을 통달하여 살펴서 밝게 깨치지 못하는 것이 없다. 그 감응하는 중생에 따라 이를 성취하니, 곧 자(慈) 가운데의 상(上)이어서 중생들에게 두루 베풀어도 다함이 없다. 그러므로 만약 어떤 중생이 이 법을 통달하여 받아지니고 독송하면 수행한지 오래지 않아 곧 미륵의 수행과 같게 될 것이다.

3. 허공장보살

"그때 허공장보살이 청정경계삼매[淸淨境界三昧]에 들어 자심의 진언을 송한다."

이른바 이 삼매에 머무르면 자기의 마음의 본성이 청정한 것을 알 수 있기에 이와 같은 청정한 법계의 경지를 분명히 알 수 있다. 곧 대공(大空)의 비밀한 가르침이며, 또한 허공장(虛空藏)이다. 바로 대비태장(大悲胎藏)으로 보리를 장양하여 성취한 마음이다.

아가사(阿長迦奢, ākāśa)[이것은 허공의 뜻이다.]

삼만다(三曼多, samanta)[평등하다는 것으로 이른바 일체법이 허공과 동등하다는 것이다.]

노갈다(奴竭多anugata)[요지(了知)한다.]

베질다람(吠質怛纜二合, vicitrāṁ)[잡색의(雜色衣)로서 이는 갖가지 기묘한 색깔의 뜻이다.]

시바라(尸嚩伐囉, cīvaram)[옷이다.]

다(馱, dha)[집지(執持)라는 뜻이다.]

다라(馱囉, dhāra)[입는다는 뜻이다. 이 덕이 생기는 것은 바로 갖가지 옷을 입는 것이다.]

이 진언은 아(阿)자를 체(體)로 한다. 아는 본래 생겨남 없음[本不生]의 체이다. 지금의 이 아(阿長)는 제2성(第二聲)으로 바로 공(空)의 뜻이다. 본래 생겨남 없는 까닭에 허공과 동등하다. 즉 일체법은 모두 허공과 동등하니 스스로 이와 같이 알 수 있다. 잡색의(雜色衣)라고 하는 것은 곧 갖가지의 만덕(萬德)으로써 법문을 장엄한 것이다. 어떤 사람이 이 공삼매를 증득하게 되면 곧 만덕으로 그 몸을 장엄하는 것이 깨끗한 허공에서 분명하게 색깔을 보는 것과 같다. 그밖에는 앞의 설명에 준한다.

4. 제개장보살

"그때 제일체개장보살이 비력삼매(悲力三昧)에 들어 진언을 송한다"고 하는 것은 바로 법성(法性)의 비자재력(悲自在力)으로 모든 중생들의 온갖 업장을 없애는 것이다. 이 장애에 있어서 자재를 얻고 이 개장(蓋障) 가운데에 머무르며, 또한 이를 제거하니 바로 여래의 대비이다.

아(阿引, āḥ)[항복의 뜻이며 섭복(攝伏)의 뜻이다. 이는 진언의 체이다. 아자는 본불생이다. 장성(長聲)의 제2자는 금강삼매이다. 또한 부동(不動)의 점을 더하면 항복의 뜻이다.]

살타희다(薩埵係多, sattvahita)[유정의 이익이다.]

표유가다(驃庾竭多, abhyudgata)[발기(發起)이며 일어나 생기는 것이다.]

다람다람(呾纜呾纜二合, traṁ traṁ)[달(怛)은 다(多)자로서 여여(如如)의 뜻이고 람(纜)은 라(羅)자이다. 이는 무구(無垢)의 뜻이며 한 점을 더하면 마(麽)자가 되는데 곧 대공입증(大空入證)의 뜻이다.]

람람(纜纜, raṁ raṁ)[중간의 라(羅)자는 무진(無塵)의 뜻이며, 한 점을 더하면 대공증(大空證)이다.]

이 진언의 뜻을 설명하겠다. 체는 여여(如如)에서 이 자재력으로써 모든 번뇌[塵垢]의 덮힌 장애를 제거하고 공을 증득한다. 공(空) 가운데의 공은 바로 대공의 뜻이다. 이 상(相)은 미세하여서 놓기 어려우므로 곳곳마다 무명을 부수는 삼매를 설하여 자체의 혹상(惑相)을 청정하게 하고자 거듭 이를 말하였다. 람람(纜纜)의 두 글자를 또 다시 거듭 말한 것이다. 또한 상석(相釋)으로 하면 람(覽)자에 머무름으로써 모든 중생들을 위하여 크게 요익하게 하며 이러한 성품을 발생하여 온갖 더러움을 제거할 수 있다. 만약 어떤 중생이 이 진언문에 들어가면 오래지 않아 곧 저 보살의 덕과 동등하여진다. 일반적으로 관조할 때에는 오직 본체(本體)의 한 글자를 중심으로 하는데 이것이 바로 종자의 글자다. [그러나] 지송할 때에는 [한 글자만이 아니라 모든 글자를] 다 송한다. 또한 모든 글자를 차례대로 상석할 때에 앞에 아자가 있으면 다음 글자를 가지고 모두 전석(轉釋)하는데 앞의 자문에 준하라. 고루 미치지 않으면 보(普)라는 이름을 줄 수 없다. 이 보안(普眼)으로 중생을 관찰하므로 관자재라고 부른다. 이 삼매에 들어가고 나서 그 심장으로부터 갖가지의 빛을 내고, 빛 가운데에 이 법문의 진언을 나타낸다.

살바다타가다(薩嚩怛他竭多, sarva-tathāgata)[바로 일체여래이다. 즉 시방 삼세의 모든 부처님들이다.]

바로기다(嚩路吉多, avalokita)[관(觀)이다. 그 관하는 것이 같으므로 모든 여래의 관이라고 한다. 곧 평등관이며, 또한 보안관(普眼觀)이다.]

가로니(迦嚧尼, karuṇā)[비(悲)이다.]

마야(麽也, maya)[체(體)이다. 이른바 대비를 체로 삼는다. 마치 금인(金人) 자체는 순

수한 금이기에 금인이라 이름하는 것처럼 이 보살도 역시 그러하다. 순수하게 대비로써 체를 삼는다.]

라라라(囉囉囉, ra ra ra)[라(囉)는 티끌[塵]의 뜻이다. 아자문에 들어가면 곧 무진(無塵)이다. 삼중(三重)인 이유는 범부와 이승의 티끌처럼 많은 장애를 제거하기 위해서이다.]

훔(吽, hūṁ)[공포라는 뜻이다. 크게 용맹하고 위력있으며 자재한 힘으로 그 삼중의 티끌처럼 많은 장애를 두렵게 하고 제거하여 없애니 불안(佛眼)과 동등하다.]

자(若, jaḥ)[이 최후의 글자가 바로 종자이다. 모든 글자는 이 글자의 뜻을 해석한 것이다. 생(生)에 즉하여 불생(不生)인 것으로 사(闍)자라는 뜻이다.]

혹은 처음의 사(薩)자를 체로 삼고 또한 마찬가지로 이를 사용하는데 이는 경각의 뜻이다. 훔(吽)자 가운데에는 하(訶)자가 있다. 이는 환희라는 뜻이다. 위에 대공점(·)이 있는데 바로 삼매이다. 아래에 삼매를 쓰는데 이 가운데에서 아래에 쓴 글자도 역시 삼매이다. 두 삼매 가운데에서 행함이다. 삼세의 모든 부처님[께서 관하시는 것]도 모두 이 관(觀)과 동등하다. 그래서 등관(等觀)이라 하였다.

5. 득대세보살

"득대세(得大勢)[5]보살"도 역시 이 삼매에 들어가는 것이 관음과 동등하다. [득대세보살이] 그의 권속이기 때문이다.[6]

염(髯) 염(髯)[이는 생(生)의 뜻이다. 두 번 반복한 이유는 위가 번뇌의 장애이고 다음이 소지장(所知障)이 생기는 것이기 때문이다. 아자문에 들어가면 곧 이 두

5) 득대세란 물들지 않고 집착하지 않으며 보리심의 대세(大勢)를 얻는다는 뜻이다.

6) 득대세보살은 관음보살의 권속이다. 그래서 보관삼매(普觀三昧)에 들어 진언을 송한다.

가지 생함의 체를 드니 모두 불생(不生)이다. 위에 점을 찍은 것은 대공(大空)의 뜻이다. 말하자면 이장(二障)을 제거하여 대공을 증득함이다.]

사(娑)자는 진언의 종자의 체이다. 사는 움직이지 않는다는 뜻이다. 움직이지 않거나 움직임에 머무는 법은 생멸이 있다. 무릇 사물에 생멸이 있는 것에는 바로 움직임에 머무는 모습이 있다. 그래서 경[7]에, '움직임과 움직임이 없는 법은 모두 불안한 모습이다'라고 하였다. 곁에 두 점을 찍은 것은 열반과 동등하다. 즉 견고히 머문다는 뜻이다. 이미 두 가지 장애를 여의어 대공과 동등하다. 이 위(位)에 견고히 머무는 것은 모든 부처님께서 머무시는 것과 같으므로 큰 위세가 있는 위(位)이다. 마치 세상 사람 중에 대관(大官)의 지위에 있는 사람이 재력이 풍부하며 많은 사람들을 위세로써 굴복시키는 것을 이름하여 큰 세력이 있는 사람이라고 하는 것과 같이, 이 세력이 바로 이 위이다. 말하자면 이생(二生)을 제도하여 부처님의 성품과 동등하게 하니 바로 여래의 위이다. 이 대위(大位)의 큰 세력을 얻었으므로 득대세라 한다.

6. 다라보살

다음에 "다라(多羅, Tārā)존"도 역시 관자재보살의 권속이다. 들어가는 삼매도 역시 앞에서 설한 것[8]과 같다.

가루나(迦盧拏, karuṇā)[비(悲)라는 뜻이다. 말하자면 비자(悲者)이다.]

다바비(陀婆二合費, udbhava)[생겨남이다. 말하자면 비자(悲者)로부터 생한다. 비자란 바로 관음보살이다. 이 보살은 그 존의 눈으로부터 생하였다.[9] 마치 모든 법의

7) 『유교경(遺敎經)』을 가리킨다.
8) 보관삼매(普觀三昧)를 말한다.

실상을 보는 것을 보안(普眼)이라 하는 것과 같다. 이른바 여여(如如)의 체를 보는 것은 이 보관삼매(普觀三昧)로부터 생한다.]

다례다리니(多嚟多唎尼, tāre tāriṇi)[다례(多嚟)는 도(度)라는 뜻이다. 그런데 이 진언은 처음의 다(多)자를 체로 삼는다. 두 다자 중에서 처음의 다자이다.]

다(多)는 여여(如如)라는 뜻이다. 곁의 한 점은 아자이다. 이른바 여여(如如)의 행이다. 라(囉)자는 진(塵)이다. 육진(六塵)은 바로 생사의 큰 바다이다. 이 여여한 이성(理性)을 관하기 때문에 모든 진로(塵勞)는 곧 여(如)와 동일하며 본래 생겨남이 없다. 즉 큰 바다를 건넌다는 뜻이다. 이러한 생사의 큰 바다를 건너가는 것으로 모든 법에서 건너는 것이다. 거듭 말한 것은 산스크리트로 해석하여 극도(極度)라 한다. 스스로가 건너간 다음에 다시 널리 일체중생을 건너가게 하므로 극도(極度)라 부른다. 만약 어떤 사람이 스스로를 제도하지 못한 채 타인을 제도한다면 이것은 이치에 맞지 않는 것이다. 스스로 제도하고 또한 남을 제도한다면 이것이야말로 바른 것이다.

다음에 다(多)자는 바로 여래의 체이다. 여여를 관하여 진로(塵勞)의 큰 바다를 건너 여래의 자체(自體)를 이루게 된다. 대본(大本) 가운데 5백의 다라존이 있는데 모두 관음보살의 눈으로부터 생하였으며 모두 아미타의 자매삼매(姊妹三昧)인 것과 같다.

7. 비구지보살

다음에 "비구지(毘俱胝, Bhṛkutī)"는 삼매에 들어가는 것이 앞과 같다.

---

9) Tārā는 바다나 강을 건너다라는 동사에서 파생한 명사로 '윤회의 바다를 건너는 일을 도와주는 여성'을 의미한다. 또는 타라를 '푸른 눈'의 뜻으로 보아서 관음의 눈으로부터 방사되는 대광명 가운데 생한 존이라 한다.

살바배야(薩婆陪也, sarva-vaya)[일체공포(一切恐怖)라는 뜻이다.]

다라살니(哆羅二合薩儞, trāsaṇi)[또한 공포이다.]

훔(吽, hūṁ) 훔(吽, hūṁ)[역시 공포라는 뜻이다.]

살파타야(薩頗二合吒也, sphātāya)[해친다는 뜻으로 장애를 부숨이다.]

사바하(莎訶, svāhā)

거듭해서 공포를 말한 이유는 앞에는 두려움 있었으나 뒤에는 두려움이 없기 때문이다. 모든 중생들은 다 두려움이 있다. 아직 두려움 없는 의지처를 얻지 못하였기 때문이다. 그런데 이 가운데에 태만(怠慢)이 생기고 변하지 않는 내가 있다고 고집하는 생각[我執]이 저절로 높아지기에 그를 공포스럽게 하며 [다시] 두려움을 떠나 무외(無畏)를 얻게 한다. 그를 두렵게 하고 [다시] 두려움을 없애도록 하기에 거듭 말한 것이다. 잔해(殘害)란 바로 온갖 장애를 부수는 것이다. 그런데 이 진언은 다라(多囉)자를 체로 삼는다. 모든 글자는 모두 이렇게 해석한다. 다(多)는 여여(如如, thatā)이며 라(羅)는 진(塵, rajas)이다. 방각(傍角)의 한 점은 아(阿)이며, 아는 바로 행(行)이다. 모든 진로(塵勞)의 체는 여여와 동일하다. 이 여여의 행으로서 모든 생사의 견해와 아만과 변하지 않는 내가 있다고 고집하는 생각[我執]의 깃발을 부러뜨려 없앨 수 있으니 바로 크게 꺾어 부순다는 뜻이다. 부처님께서는 많은 대중들 가운데에 계실 때에 온갖 금강의 크게 두렵게 하여 항복시키는 모습을 나타내시었다. 그 모습은 이[금강으로 나투신 모습]를 조복할 자가 없는 것과 같았다. 이때에 관음의 이마 주름살 사이에서 이 보살을 나타내었다. 인도[西方]에서는 이마 위 주름살을 비구지라고 일컫는다. 지금 사람들이 화낼 때에 이마 위에 주름살이 생기는 것과 같다. 이 보살의 몸에 크게 분노하는 모습을 지어 나타내니, 이때에 모든 금강들이 다 두려워하며 금강장(金剛藏 : 금강수)의 심장 가운데로 들어갔다. 그때에 저 비구지는 집금강장(執金剛藏)의 앞으로 나아갔다. 이때에 그 [집금강장]도 역시 크게 두려워하며 여래의 자리 아래로 들어가며 말하였다.

"원하옵나니 부처님이시여, 저를 보호하소서."

이때에 부처님께서는 그 비구지에게 말씀하셨다.

"자매여, 그대는 멈추어라."

이때에 비구지가 곧 멈추고서 부처님께 아뢰었다.

"오직 부처님의 가르침만을 제가 받들어 행하겠나이다."

이때에 모든 금강들의 두려움이 사라지고 모두 크게 기뻐하며 이렇게 말하였다.

"이 크게 자비로운 자가 이러한 큰 힘과 위맹을 나타낼 수 있다니 매우 희유한 일이로구나."

이 가운데 비밀한 뜻이 있으니 [스승께] 여쭈어야 한다.

8. 백주처보살

다음에 **"백주처(白住處)보살"**[10)]이다. 본래의 산스크리트음으로 송해야 한다.

다타가다(怛他竭多, tathāgata)[여래이다.]

비사야(毘舍也, viṣaya)[경계(境界)이다. 여래경계로서 이른바 여여(如如)이다.]

삼바베(三婆吠, sambhave)[그것으로부터 생한다.]

발두마(鉢頭摩二合, padma)[흰꽃이다.]

---

10) 이하에서 백주처보살의 진언을 밝힌다. 백주처(Skt. Pāṇḍaravāsinī)는 관음보살 가운데 하나이다. 경에는 백처존(白處尊)이라 나오며 이외에 대백의관음(大白衣觀音)·복백의관음(服白衣觀音)·백의관자재모(白衣觀自在母)·백주처관음(白住處觀音)이라는 이명이 있다. 밀호는 이구금강(離垢金剛)·보화금강(普化金剛)이며, 삼매야형은 활짝 핀 연화, 종자는 paṃ, sa이다. 백의에서 백은 청정한 보리심의 뜻이다. 흰 연꽃 가운데에 머무르며 하얀 옷을 입은 것을 상징한다. 정보리심은 제불의 대비를 생하기 때문에 관음부의 모(母)라 한다.

마리니(摩利儞, mālini)[연꽃으로 만든 다발이다. 이로 인하여 이름으로 삼는다. 이 마리니는 처(處)의 뜻이며 머문다는 뜻이다.]

이 진언은 처음의 달(怛)자를 체로 삼는다. 즉 여여(如如)이다. 여여는 바로 모든 부처님의 경계이다. 내가 지금 그것으로부터 생하였다. 백(白)이란 바로 보리심이다. 이 보리의 마음에 머무는 것이 바로 백주처(白住處)이다. 이 보리심은 부처님의 경계로부터 생긴다. 언제나 여기에 머물러 모든 부처님을 생하게 하는 것이다. 이것이 바로 관음의 어머니로서 연화부(蓮花部)의 주(主)이다.

9. 마두보살

다음에 "마두보살(馬頭菩薩)"[11]이다.

훔(吽, hūṁ)[공포(恐怖)라는 뜻이다.]

카타(佉陀, khāda)[씹어 먹는다는 뜻으로 모든 장애를 씹는다. 그런데 이 진언은 카(佉)를 체로 삼는데 카자는 공(空)이다. 곁 모서리의 점은 행(行)이다. 타(陀)는 수여한다는 뜻이다.]

이른바 공(空)이란 바로 모든 법의 실상이다. 이러한 행을 행함으로써 실상의 과(果)를 얻으며 다시 언제나 이것으로써 사람에게 수여한다. 지금 씹어 먹는다고 말한 것은 바로 이 공행(空行)으로써 보리를 장애하는 일체의 법을 씹는 것이다.

---

11) 마두보살은 『경』에서 하야갈리바(何耶揭唎婆, Hayagrīvaḥ)라는 명칭으로 나온다. 하야갈리바를 의역하여 마수(馬首)라 한다. 즉 마두관음(馬頭觀音)을 가리킨다. 밀교의 팔대명왕(八大明王) 가운데 하나이다. 하야게리바상법(何耶揭唎婆像法)이라는 의궤에서 마두관음의 화상법(畫像法)과 주저법(咒詛法)을 설한다. 아울러 요병(療病)·걸식(乞食)의 인계와 진언 및 박귀(縛鬼)·소제음(消除婬)·호신(護身)의 주를 설하고 있다.

반자(畔闍)[반(畔)은 욕계·색계·무색계의 삼계이다. 자(闍)는 생겨남이다. 두 글자를 합하여 말하면 바로 파괴라는 뜻이다.]

살보타야(薩普吒也)[두루 부수어 사라지게 한다는 뜻이다. 곧 이 공행(空行)으로 일체의 법을 부수어 남는 것조차 없게 한다.]

제법실상(諸法實相)을 빼고 그 밖에는 모두 보리를 장애하는 법이다. 이 것을 씹어 먹어 부수어 모두 끝나게 함으로써 위맹한 큰 세력을 성취한다. 이 보살은 연화부의 명왕(明王)이다.

10. 지장보살

다음은[12] 지장(地藏)보살의 진언이다. 이때에 "[지장]보살은 불가괴금강행삼매(不可壞金剛行三昧)에 들어갔다." 금강이란 바로 보리심이다. 이 보리심은 부서지지 않는다. 여기에 의지하여 나아감이 바로 금강행이다.

하(訶, ha) 하(訶, ha) 하(訶, ha)[위의 하자는 진언의 체이다. 다음의 하자는 행(行)의 뜻이며, 또한 웃음[笑]의 뜻이고, 기쁨[喜]의 뜻이다. 아자문에 들어가면 곧 기쁨을 여읜다. 기쁨이란 바로 생멸하는 법이다[하(訶)의 글자가] 셋이 있는 이유는 바로 삼승(三乘)의 행이다. 이 보살은 갖가지의 법문으로써 중생을 이익하게 한다].

소다노(蘇多奴, sutanu)[소(蘇)는 선(善)이고 다노(多奴)는 아들의 뜻이다. 이른바 착한 아들이다. 또한 경안(輕安)의 뜻이기도 하다.]

유정을 이익하게 하는 행을 잘 실천하는 자는 참된 불자(佛子)이다. 착한 성품에서 생겨났기에 선자(善子)라 부르며, 부처님으로부터 생겨났기에

12) 『경』의 "한 때에 지장보살은 금강불가괴행경계삼매(金剛不可壞行境界三昧)에 머물러 진언을 송한다"라는 구절과 그 진언에 대한 해석이다.

불자라 부른다. 이 보살은 갖가지 삼승(三乘)의 행문(行門)을 설하여 중생을 이익하게 할 수 있다. 『지장십륜경』에서 자세하게 설명한 것과 같다.

11. 문수보살

다음에 "문수보살은 불가지신력삼매(佛加持神力三昧)에 들어간다." 이 가지 삼매는 앞의 경 [「주심품」]에서 처음에 설명한 것과 같다.

혜(醯, he) 혜(醯, he)[호소(呼召)라는 뜻이다.]

구마라가(俱摩囉迦, kumāraka)[동자(童子)라는 뜻이다. 즉 호소하여 본원(本願)을 기억하게 하는 것이다.]

또한 구(俱)는 최파(摧破)의 뜻이며, 마라(摩囉)는 마(魔)의 권속이다. 이른바 사마(四魔)[13]이다. 이 진언은 마(摩)자를 체로 삼는다. 즉 대공의 뜻이다. 이 대공을 증득하여 모든 마구니를 꺾어 부순다.

비무걸디(毘目吃底二合, vimukti) 발타시체다(鉢他悉體二合多, pratharthita)[해탈도에 머무는 자이다. 말하자면 이 동자를 해탈도에 머무는 자라고 부른다. 이것은 바로 모든 부처님의 해탈로서 이른바 대열반이다.]

사마라 사마라(娑麼囉 娑麼囉, smara smara)[억념(憶念), 억념이다.]

발라디자(鉢囉底若, pratijñām)[먼저 세운 원(願)이다.]

이 진언의 뜻을 말하면 다음과 같다. 해탈도에 머무는 동자를 혜(醯)라고 [불러서] 본래 세운 원을 기억하게 한다. 모든 부처님의 법신이 부처를 이루어 신·구·의 비밀의 체에 들어가신다. 모든 심식을 지닌 중생들은 결코 헤아릴 수 없[는 경계이]다. 그러나 [부처님께서는] 본원을 기억하기 때

---

13) 번뇌마·음마(陰魔)·사마(死魔)·천마(天魔)를 가리킨다.

문에 자재력으로써 생사의 세계에 돌아와 중생을 구하여 제도하신다. 이 진언의 뜻도 이와 같다. 이 동자는 오래전에 이미 법신으로 성불하였다. 그 [동자]를 청하여 본원을 기억하게 함으로써 중생을 제도하게 한다. 그리하여 보살의 본원을 청하니 만일 보거나 듣거나 만지거나 알거나 나를 기억하여 생각하는 자가 있다면 모두가 삼승(三乘)을 반드시 성취하고 나아가 모든 원을 채우게 될 것이다. 이 보살은 오래 전에 이미 성불하신 보견여래(普見如來)로서 혹은 보현여래(普現如來)라고도 하는데 대비가지력으로써 동자의 몸을 나타내신 것이다.

12. 금강수보살

"다음에[14] 금강수는 대금강무승삼매(大金剛無勝三昧)에 들어간다."

다시 동등할 것이 없음을 무승(無勝)이라 이름한다. 모든 부처님의 금강의 체를 현재에 깨닫고 모든 부처님의 지(智)를 지니므로 집금강이라 부른다. '모든 금강에 귀명한다'고 하는 것에서 금강이란 바로 모든 부처님의 지인(智印)이다. 즉 모든 부처님의 다른 이름이다.

전다(戰荼, caṇḍa)[극악(極惡)이다. 악 중에서 지독한 것이다. 폭악한 형상을 보이는데 이보다 더한 자가 없으며, 모든 세간을 씹어먹어서 남는 것이 없게 한다. 악한 것 중에서 최고이다.]

마하로사나(摩訶盧瑟拏, mahā roṣaṇa)[이것은 대분노이다. 극악한 가운데 다시 분노가 심하다. 즉 모든 부처님의 가장 으뜸가는 위맹으로서 세간을 완전히 해쳐서 그 소굴을 없애어 법계에 들어가 금강의 경계에 귀의하게 한다.]

---

14) 이하는 금강수보살의 진언이다.

훔(吽引, hūṃ) 이는 진언의 체이다. 두려움 없음의 뜻이다.

하(訶)는 행(行)이다. 위의 한 점은 대공이고 아래에 찍은 것은 정(定)이다. 이른바 대공행삼매(大空行三昧)이다. 이것은 대금강삼매(大金剛三昧)의 다른 이름이다. [모든 마군을] 항복시켜서 다시 뛰어난 자가 없기 때문이다.

13. 마마계의 진언

다음은 금강모(金剛母)로서 이른바 "마마계(忙莽計, māmaki)"이다. 마(忙, mā)는 '어미'의 뜻이고 마계(莽計, maki) 또한 '많다'는 뜻이다. 즉 모든 금강의 어머니로서 모든 금강의 지혜는 여기에서 생한다.

달리다 달리다(怛㗚二合吒輕怛㗚二合吒輕, triṭa triṭa)

이 가운데 위의 달리자를 체로 삼는다. 다(多)는 여여(如如)의 뜻이고 라(囉)는 더러운 티끌을 떠난다는 뜻이다. 이(伊)는 삼매이다. 즉 여여무구(如如無垢)삼매이다. 모든 금강의 지혜가 이로 말미암아 생한다. 타(吒)자는 이루지 못한 것으로 반체(半體)이다. 체를 파괴하여 이루지 못하므로 죽음의 뜻이기도 하다. 이 삼매로 말미암아 무명주지(無明住地)의 사람을 살해한다. 이미 무명주지를 살해하였기에 자연뎨(若衍底丁以反, jayanti)는 승(勝)의 뜻이며, 또한 생의 뜻이다. 여여(如如)를 요달한 것처럼 더러움의 장애를 깨끗이 없애어 더 뛰어날 것 없는[無勝] 생을 얻는다. 그래서 중모(衆母)라 하며, 무승(無勝)으로써 생한다. 바로 모든 금강을 생기는 것이다. 금강은 무승자(無勝者)이다. 또한 모든 무생(無生)의 사람을 생겨나게 한다. 이 무승생(無勝生)은 또한 감로생(甘露生)이라고도 한다.

14. 금강쇄의 진언

다음은 "금강쇄(金剛瑣)의 진언"이다.

반타(畔陀, bandha) 반타야(畔陀也, bandhāya)

이 바(嚩)자는 아래에 나(娜)자가 있으면 이 글자를 바(嚩) 위에 찍는다. 이 나(娜)자는 바로 대공의 점이다. 만일 위의 바에 점을 붙이면 곧 다음의 타(陀)자에는 나(娜)를 찍을 필요가 없다. 이 가운데 반(畔)자를 핵심으로 삼는다. 이것이 바(嚩)라는 뜻이다. 즉 금강박(金剛縛)이다. 반타(畔陀)는 '두루 보호한다'는 뜻이다. 이 변일체처(遍一切處)로 그를 결호(結護)하는 것이다. 변일체처로 그를 결호한다는 것은 바로 그 법계의 체와 결합하는 것이다. 하나의 점은 모든 장소에 골고루 미친다는 뜻이고, 이미 법계금강의 체를 요달하고 그를 결합하여 부서지지 않게 하는 것이 결호라는 뜻이다.

모타(暮吒, moṭa) 모타야(暮吒也, moṭāya)[이것은 견고라는 뜻이다. 이미 금강박을 만들었으면 박 위에 다시 박(縛)하여 더욱 견고하게 하라.]

발절라온바베(拔折囉嗢婆吠, vajrodbhave)[이것은 금강생(金剛生)이다. 금강계로부터 생한다. 이것은 바로 모든 부처님의 금강지(金剛智)로부터 생기는 것이다.]

살바다라(薩嚩多囉, sarvatra) 발라디하데(鉢囉底訶底, apratihate)[이는 모든 무능해(無能害)이다. 금강보체(金剛寶體)는 해칠 수 있는 자가 없는 것과 같다. 이 금강체성을 명확히 앎으로 말미암아 금강의 박(縛)이 견고한 몸으로 빽빽하기에 해칠 자가 없다. 금강박(金剛縛)이란 바로 틈새가 없는 진여이다.]

15. 월염금강의 진언

다음에 "분노월염금강(忿怒月壓金剛)[15]의 진언"이다.

흘리(纈唎二合).

위의 흘리자를 핵심으로 삼는다. 흘리는 섭소(攝召)의 뜻이며, 또한 소청(召請)의 뜻이다. 하(訶)자가 있는 것은 행(行)이다. 라(囉)자는 티끌을 여윔이다. 위의 획을 쓰면 삼매라는 뜻이다. 두 점이 옆에 있는 것은 바로 열반과 같다. 속히 모든 부처님의 공덕을 구족한다. 나도 역시 그러하기를 원한다. 다음에 훔(吽)자는 공포라는 뜻이다. 속히 이 모든 부처님의 공덕을 채우기 위하여 견고하게 정진함이 이구삼매(離垢三昧)의 행과 같기에 모든 마군을 크게 두렵게 하여 다 물러나 흩어지게 한다.

반타(泮吒, phat)[이것은 질책의 뜻이다. 즉 모든 마장을 꾸짖어 사라져 숨게 한다.]

16. 금강침의 진언

다음에 "금강침(金剛針)[16]의 진언"이다.

살바달마(薩縛達摩, sarvadharma)[일체법이다. 위의 살(薩)자가 종자의 체이다.]

니비다니(抳上鞞陀儞, nirvedhani)[구멍을 낸다는 뜻이다.]

---

15) 월염존을 말한다.

16) Skt. Vajra-sūci, 음역하여 바일라소지(嚩日囉蘇脂)이며, 티베트어명칭으로는 Rdo-rje-khab이다. 현도태장계만다라 허공장원(虛空藏院) 외열(外列)의 남방 제삼위(第三位)의 보살이다. 대력금강침보살(大力金剛針菩薩)이라고도 칭하는데 침(針)이란 이지(利智)의 뜻이다. 이 존이 금강처럼 예리한 지혜로서 모든 법에 통달하기에 금강침이라 한다. 밀호는 정진금강(精進金剛)이며, 종자는 hūṃ이고, 삼매야형은 독고저(獨股杵)이다.

발절라소지(拔折囉蘇只, vajra sūci)[금강침(金剛針)이다.]

벌라뎨(伐囉弟, varade)[승원(勝願)이다.]

이 뜻을 말하면 바늘[針]은 날카로운 지혜를 의미한다. 금강과 같이 날카로운 지혜로써 이것을 꿰뚫음에 법으로서 뚫리지 않는 것이 없으며, 혜로써 법성을 통달한다는 뜻이다. 바로 금강침의 뜻이다. 무명을 뚫어 통과해서 실상의 경계에 이른다는 것을 말한다.

17. 모든 지금강의 진언

다음에 "모든 지금강(持金剛)의 진언"이다.

이때에 십불찰의 티끌처럼 많은 금강이 함께 금강무승(金剛無勝)삼매에 들어가는 것이 금강수와 같아서 아무런 다름이 없었다. 또한 자기의 마음에서 부사의한 빛을 내고, 빛 가운데에 이 진언을 나타낸다. 다른 권속도 [이에] 준함을 알아야 한다.

훔훔훔(吽吽吽)에서 처음의 글자를 체로 삼는다. 역시 대공행(大空行)삼매이다. 이 삼매는 바로 대금강무승(大金剛無勝)의 수행인이 이 삼매에 들어가기에 대공행삼매라 부른다. 세 글자에는 아주 많은 뜻이 있다. 모든 중생들은 대부분 금강과 함께 설하기 때문이니, 세 글자를 합한다.

반타(泮吒, phaṭ) 반타(泮吒, phaṭ) 반타(泮吒, phaṭ)[장애를 꾸짖는 뜻이다. 위와 같으며 내가 다시 설한 것은 이장(二障)[17]을 꾸짖기 때문이다.]

염(髯, jam) 염(髯, jam)과 사(闍)는 생(生)의 뜻이다. 위에 있는 한 점이 대공(大空)이다. 모든 장애를 부수고 나서 대공의 생을 얻는다. 이것은 바로 모

---

17) 번뇌장(煩惱障)과 소지장(所知障)이다.

든 부처님의 생이다. 금강지(金剛智)로부터 생함이란 모든 부처님의 법신의 생이다. 『앙굴경(央掘經)』[18]에서 이 불생의 몸을 생한다고 하는 것과 같아서 바로 그 뜻이다.

18. 모든 봉교자의 진언

다음에 "모든 봉교자(奉教者)의 진언"이다.

이들은 오로지 본존의 곁에 있으면서 명령을 받들어 왕래하면서 행하는 일에 따르는 자들이다. 역시 앞의 모든 금강들과 같으며 대금강무승삼매(大金剛無勝三昧)에 들어서 진언을 송한다. 이들은 모든 부의 가르침을 받드는 자들로서 동등하게 이 진언을 사용한다.

혜(醯, he) 혜(醯, he)[위의 혜자가 종자이다. 또한 호소(呼召)의 뜻이다.]

이 하(訶)자는 행(行)이며, 기쁨이다. 가운데에 예(翳)자는 바로 삼매이다. 거듭 말한 것은 수행을 끝까지 행함이니 말하자면 극정(極定)이다.

긴지라예세(緊只囉曳入細, kim-cirāyasci)['어째서 빠르지 않은가'라고 말하는 것이다. 이것은 명령에 의거한다는 뜻이다. 사람이 명령을 처분(處分)함에 '어째서 빠르게 하지 않고 느린가'라고 말하는 것과 같다.]

의리흔나 의리흔나(蟻哩二合痕拏二合蟻哩二合痕拏, grhṇa grhṇa)[이것은 집지(執持)·수호의 뜻이다. 앞에서 설한 금강행삼매를 지니는 것을 말한다. 두 번째로 거듭 이 말을 한 것은 수호의 뜻이다. 이미 집지한 것을 다시 수호하여 잃지 않게 한다. 모든 장애가 되는 것을 핍박하여 흩어지지 않게 하는 것이 없다. 그리하여 금강행삼매를 속히 이루게 한다.]

---

18) 『앙굴마라경(央掘魔羅經)』 제3권을 가리킨다.

카다카다(佉駝佉駝, khāda khāda)[씹어 먹는다는 뜻이다. 모든 번뇌를 먹어치우고 다시 꼭꼭 씹어먹어서 완전히 없어지게 한다. 그래서 거듭 말하였다. 나는 계내(界內)와 계외(界外)의 번뇌를 먹기 때문에 거듭 말한다고 하였다.]

발리보라야(鉢唎補囉也, paripūrāya)[충만(充滿)이다. 꼭꼭 씹어먹어서 만족하게 한다. 수행하는 사람이 갖고 있는 승원(勝願)을 만족하게 한다는 것을 말한다. 가장 으뜸가는 원은 금강행삼매(金剛行三昧)를 성취하는 것이다.]

살바보라디염(薩嚩補囉底染, sarva-pratijñām)[장성(長聲)은 전생에 세운 원(願)이다. 그 먼저 세운 원에 따라 만족시켜야 한다. 윗 구절에서 만(滿)이라 한 것은 아랫 구절에서 전생에 세운 원과 서로 연결된다.]

삼부(三部)의 사자(使者)에 통틀어 이를 사용하라.

19. 석가여래의 진언

다음에 "석가여래께서 보처삼매(寶處三昧)[19]에 들어가신다." 보배가 그곳에서 나오므로 보처(寶處)라 한다. 마치 큰 바다에서 갖가지 보배를 내는데 만일 그 섬에 이르게 되면 마음에서 필요로 하는 대로 부족함이 없는 것과 같다. 부처님께서 이 삼매에 들어가시고 나서 그 얼굴로부터 갖가지 빛을 내시었다. 빛 가운데에 이 진언을 나타내시며 나아가 널리 모든 불국토에 두루하였다. 그 밖의 진언도 모두 이렇게 설한 것임을 알아야 한다.

살바걸례사니(薩縛訖隸奢泥, sarva-kleśāni)[모든 번뇌이다.]

---

19) 석가여래(釋迦如來)의 삼매. 석가(釋迦)의 종자는 bhaḥ이며, 삼유(三有)를 제거한다는 뜻이 있다. 또는 불가득(不可得)의 뜻도 있다. 이로써 공(空)을 내증하고 이 공으로부터 진귀한 보배를 내기 때문에 보처(寶處)라 하며 등허공처(等虛空處)라고도 한다. 석가모니여래가 이 삼매로 말미암아 세간에 화현하여 무량무변의 법보를 내었기 때문이다.

소다나(蘇馱娜, sudaṇa)[꺾어 부숨이다. 앞의 구절과 연결하면 '모든 번뇌를 꺾어 부순다'가 된다.]

살바달마(薩縛達磨, sarva-dharma)[모든 법이다.]

바세다보라발다(嚩勢多補囉鉢多, vaśitaprāpta)[자재를 얻음이다. 위의 구절과 연결하면 '모든 법 가운데에서 자재를 얻는다'가 된다. 즉 모든 장애를 없앰으로써 자재를 얻는다.]

가가나(伽伽那, gagana)[허공이다.]

사마사마(娑摩娑摩, samasama)[평성(平聲) 가운데 아성(阿聲)이 있다. 사마는 평등의 뜻이다. 즉 허공과 동등하다. 이 행은 공(空)과 같으며 끝없고 청정하다. 일체에서 자재하여 걸림없는 것이 허공과 같다. 아래의 구절은 아(阿)와 서로 연결되어 평등하지 않다. 평등하지 않다는 것은 바로 이승(二乘)이다. 빠뜨리는 것이 있기 때문이다. 무등(無等)이란 바로 펼치는 방편의 뜻이다.]

그런데 이 진언은 처음 살(薩)자를 체로 삼는다. 사(娑)는 루(漏, āsrava)의 뜻이며, 또한 견고함[堅]의 뜻이다. 아자문에 들어가면 곧 무루(無漏)로써 견고할 것도 없다. 만일 견뇌(堅牢, sthira)가 있으면 이것은 바로 생멸파괴의 법이다. 만일 아자와 동등하게 하면 이 견고함도 본래 생함이 없다. 즉 이 모든 법 가운데에서 자재를 얻어 허공과 동등해지며 모든 보배섬이 될 수 있다. 나는 석가께서 대비력이 온 몸에 빽빽한 것이 마치 금강과 같아서 일천제(一闡提) 등일지라도 그의 [잘못된] 견해를 부수시고, 불법에 들어가게 하신다고 말한다. 그 큰 보배를 베푸시는 원이 어찌 모든 법 가운데에서 자재를 얻어 모든 견뇌를 부술 수 없겠는가!

20. 호상의 진언

다음에 "호상(豪相)[20]의 진언"이란 여래의 한량 없이 많은 공덕을 성취하고 이로써 장엄한다. 이 공덕이 모였으므로 삼매녀(三昧女)의 형상을 짓는다. 이는 석가의 권속이다. 역시 보처삼매에 들어가 이 진언을 송할 뿐이다.

바라데(皤囉提, varade)[여원(與願)이다. 모든 중생들이 원하는 대로 베풀어 준다.]

바라보라발데(皤囉補囉二合鉢底, varaprāpte)[이른바 원을 얻음이라 하니, 즉 이 원을 얻는 것이다. 예컨대 사람이 보배가 있으면 남에게 줄 수 있는 것처럼 나 스스로 이미 이 원을 성취하였으므로 자재하게 남에게 베풀어 모두 충족하게 할 수 있다.]

훔(吽)은 핵심이 되는 종자이다. 하(訶)자는 행인데 위의 점은 대공과 같다. 아래에 오(鄔)자가 있는 것은 삼매이니, 바로 대공행삼매이다. 이것에 의거하여 수행해 나아가 보처에 이를 수 있기 때문에 자재하게 남에게 베풀어 소원을 채우게 한다.

21. 일체불정의 진언

다음에 "일체불정(一切佛頂)"이다. 일체불정은 십불국토의 티끌처럼 많은 부처님의 정수리이다. 정수리는 존귀하며 뛰어나다는 뜻을 지닌다. 몸

20) 부처의 서른 두 가지 거룩한 모습(32相)의 하나. 부처님의 두 눈썹 사이에 있는 희고 빛나는 가는 터럭. 깨끗하고 부드러워 세향(細香)과 같으며, 오른쪽으로 말린데서 끊임없이 광명을 방사한다.

에서 가장 높은 곳에 있기 때문이다. 즉 십팔불불공법(十八佛不共法[21])의 다른 이름이다. 이 본존의 형상은 석가모니와 한결같이 구족한 대인(大人[22])의 상이나, 오직 정수리의 육계(肉髻)만이 보살의 상투[髻] 모양으로 만든 것이 다를 뿐이다. 역시 보처삼매에 머무르며 이 진언을 송한다.

밤(鍐無敢反) 밤(鍐) 밤(鍐)[첫 번째의 글자를 종자로 삼는다. 이는 박(縛, bandha)의 뜻이지만 아자문에 들어가면 바로 무박(無縛)의 뜻이 된다. 또한 박(縛)은 언어(vāc) 도단(道斷)의 뜻이다. 글자 위에 점이 있으면 대공(大空)과 같다. 이미 성취하였으나 끝까지 성취하게 하고자 세 번 설하여 끝까지 성취하여 청정하게 한다.]

훔(吽)은 공포의 뜻이다. 위맹한 힘으로써 두루 모든 결(結[23])을 부수니 대공과 동등하다. 반타(泮吒, phaṭa)는 불생(不生)의 뜻이다. 몸을 부수어 살 수 없게 하니 반드시 죽을 수밖에 없는 것과 같다. 말하자면 모든 법을 부수는데 대공과 동등하게 고루 미치지 않은 곳이 없으며, 모두 영원히 다시 생기지 않게 하므로 대공과 동등하다. 모든 부처님의 해탈로서 곧 부처님의 불공법(不共法)의 정수리에 들어간다.

---

21) 범부는 물론 아라한이나 벽지불 또는 보살과도 공통하지 않는 부처 독자의 법. 십력(十力)·사무소외(四無所畏)·삼념주(三念住)·대비(大悲)의 18가지를 말한다. 부처의 십력은, ① 바른 도리와 그렇지 않은 도리를 판별하는 지혜의 힘, ② 선악업과 그 과보를 진실하게 아는 지혜의 힘, ③ 사선, 팔해탈, 삼삼매 등을 여실히 아는 지혜의 힘, ④ 중생의 근기의 높고 낮음을 여실히 아는 지혜의 힘, ⑤ 중생의 여러 가지 의욕과 경향을 여실히 아는 지혜의 힘, ⑥ 중생계와 그 성류(性類)를 여실히 아는 지혜의 힘, ⑦ 어떤 수행에 의해 어떤 도에 나가는가를 여실히 아는 지혜의 힘, ⑧ 중생의 숙명(宿命)을 여실히 아는 지혜의 힘, ⑨ 중생의 미래를 여실히 아는 지혜의 힘, ⑩ 일체의 번뇌가 다한 것을 여실히 아는 지혜의 힘이다.

22) 삼십이상(三十二相)을 말한다.

23) 결사(結使)를 말한다. 번뇌의 다른 이름. 번뇌는 몸과 마음을 속박하고 고(苦)를 그 결과로 끌어오므로 결(結)이라 하고, 중생을 따라 다니면서 중생을 마구 부리므로 사(使)라고 한다.

22. 무능승의 진언

다음에 "무능승(無能勝)[24]의 진언"을 송한다.

이 [무능승은] 석가여래의 권속이다. 역시 보처삼매에 들어가 위와 같은 진언을 송하라. 이것이 바로 석가의 화신이다. 그 한량 없이 많은 자재한 신통력을 숨기고 이 분노명왕의 모습을 나타내어 중생[의 악한 번뇌]를 항복시키고 온갖 장애를 사라지게 한다.

디림(地唎陵二合, dhriṁ) 디림(地唎陵二合, dhriṁ).

첫 글자를 체로 삼는다. 처음 제1의 디림(地唎陵)자를 종자로 삼는다. 타(陀, dha)는 법계의 뜻이다. 라(囉, ra)는 티끌의 장애와 온갖 더러움의 뜻이다. 만일 아자문에 들어가면 곧 티끌의 장애가 사라진다. 이것이 바로 법계임을 알아야 한다. 법계와 동등하니 다시 어느 곳에 티끌이 있겠는가! 이는 바로 대공의 뜻이다. 만일 수행자가 이 삼매에 머물면 곧 모든 덮혀 있는 장애로 부수지 못할 것이 없다 거듭 말한 것은 티끌의 장애를 완전히 부순다는 뜻이다. 그래서 무진(無塵)삼매라고 하였다. 이른바 림(陵)자이다. 자림(馹唎陵二合, jriṁ)자는 삼매이다. 바로 모든 장애가 생겨나지 않으므로 대공생(大空生)을 얻는다. 이 종자자는 갖가지 정·혜로 장엄하였기에 생사 가운데에서 자재를 얻어 불수(佛樹 : 보리수) 아래에 앉아서 사마(四魔)의 병사들을 부순다. 무능승(無能勝)이란 '파괴할 수 없다'는 뜻이다.

---

24) Skt. Aparājitaḥ, 무능승(無能勝)은 음역하여 아파라이다(阿波羅爾多)이다. 또는 무능승보살(無能勝菩薩)이라고도 한다. 팔대명왕(八大明王)의 하나로서 현도태장만다라(現圖胎藏曼荼羅) 석가원(釋迦院)의 중존 석가모니불(釋迦牟尼佛)의 왼쪽에 있다. 이 명왕은 석가모니불이 보리수 아래에서 성도할 때에 명주력(明咒力)으로서 마군을 항복시키고 장애를 퇴치한 존이다. 무능승대명다라니경(無能勝大明陀羅尼經)에 그 본서와 명주 등을 설하는데, 곧 부처님 성도시 항마의 공덕을 나타낸다. 밀호는 승묘금강(勝妙金剛)이며, 종자는 dhriṃ으로 법계중생으로 하여금 번뇌를 여의게 하는 뜻이다. 또는 hūṃ이며, 이는 항복의 뜻을 표시한다. 삼매야형은 도끼[鉞], 또는 검은 연꽃 위에 큰 입[大口]이다. 이 존의 형상은 태장만다라에서 몸은 푸른 색이고 네개의 얼굴에 네개의 팔이 있으며, 네 얼굴 모두 분노의 모습을 하고 있다.

23. 무능승명비의 진언

다음에 "무능승명비(無能勝明妃)"[25]는 여인의 모습으로 만든다. 이 진언을 송할 때에 삼매에 들어가는 것은 앞에서 설한 것과 같다.

아파라지데(阿波入囉誓帝, aprājite)[무능승(無能勝)이다.]

자연데(闍演帝, jayanti)[승(勝)의 다른 이름이다. 즉 전투에서 승리한다는 뜻이며, 적을 항복시킨다는 뜻이다.]

다디데(多雉帝, taḍita)[꺾어 굴복시켜 이긴다는 승리의 뜻이다. 이 가운데 다(荼, ḍa)자는 전쟁의 뜻이다. 부처님께서 도량에 앉으시어 그 선정의 방편으로써 사마와 함께 전쟁하시는데 큰 세력을 얻어 [부처님을] 손상시킬 수 있는 자가 없는 것은 이 삼매의 힘 때문이다. 세 번째의 글자를 종자로 삼는다.]

24. 지신의 진언

다음에 "지신(地神)[26]의 진언"이다.

땅[地]은 만물을 지탱하며, 모든 만물은 땅에 의지하여 생장한다. 이것이 바로 부처의 마음이라는 것을 알아야 한다. 마치 여래의 마음이 만물

---

25) Skt. Aparājitā. 사자매녀천(四姉妹女天) 중 하나. 문수보살(文殊菩薩)의 권속이다. 태장만다라 문수원(文殊院) 동모로(童母盧)의 왼쪽이며, 아이다(阿爾多)의 아래쪽에 있다. 그 형상은 육색(肉色)으로 동자의 모습이다. 좌권(左拳)은 허리에 대고, 오른손으로 독고봉(獨股棒)을 잡았으며 얼굴은 왼쪽을 향하고 다리를 교차하여 앉아있다. 사자매녀천은 야야(惹耶 : Jayā), 미야야(微惹耶 : Vijayā), 아이다(阿爾多 : Ajitā), 아파라이다(阿波囉爾多 : Aparājitā)를 말한다. 대자재천의 네 권속이다.

26) Skt. pṛthivī. 또는 지천(地天)·견뢰지신(堅牢地神)·견뢰지천(堅牢地天)·지지신(持地神)이라고도 한다. 주로 대지(大地)를 장악하는 신으로 십이천(十二天)의 하나이다.

을 지탱하고 깊이 지본(持本)삼매에 드시어 진언을 설하심과 같다. 역시 석가여래의 방편의 화신일 따름이다.

발율체비예(鉢㗚二合體毘曳, pṛthivyai)[지신(地神)의 이름이다. 곧 그 이름으로 진언을 삼는다. 만일 사람이 지송하고 닦아 익히면 오래지 않아 여래의 마음자리를 얻는다. 제3의 글자를 종자자로 삼는다. 이는 언설을 여읜다는 뜻이다. 중간에 이(伊)의 소리가 있는 것은 삼매이다. 이 이언명(離言名)삼매에 들어가 곧 마음자리를 증득한다. 이 삼매를 이름하여 보재(普載)삼매라 한다. 대지(大地)와 같기 때문이다. 마지막의 비예(毘曳)자는 박(縛)의 뜻이고 야(也)는 행(行)이며, 낭(瑯)은 처(處)이고, 예(翳)는 삼매이다. 또한 사물을 가리키는 소리이다. 곧 그 진언의 체를 가리킨다. 이 이언심지(離言心地)삼매로 말미암아 계박을 여읜 탈 것으로 나아갈 수 있다.]

25. 비뉴천의 진언

다음으로 "비뉴천(毘紐天)"에게는 수많은 별명이 있는데 이 나라연천도 별명이며, 부처님의 화신이다. 삼매는 앞과 같다.

비슬뉴비(毘瑟紐二合費, Viśvave)[즉 본명(本名)으로 진언을 삼는다.]

첫 번째의 글자를 종자로 삼는다. 비(毘, vi)는 공(空)이라는 뜻이고, 비뉴(瑟紐, Viṣṇu)는 움직인다는 뜻과 생한다는 뜻으로서 공중에 올라 나아가는 것이다. 이를테면 이 천은 가루라조(迦婁羅鳥)를 타고 공중에 다닌다. 나는 석가모니께서 오불 가운데에서 가루라좌에 올라 앉으시는데 이것이 바로 허공에 올라 나아간다는 뜻이라고 말한다.

다음에 "로날라(嚕捺囉, Rudra)" 역시 부처님의 화신이다. 또한 마혜수라의 화신이다[이사나(伊舍那, Īśāna)라고도 부른다].

로날라야(嚕馱囉二合也, Rudrāya)[즉 본래 이름을 진언으로 삼는다.]

로(嚕, Ru)자를 핵심으로 삼는다. 다(馱, dā) 라(囉, ra)는 수여의 뜻이다. 마치 자기에게 많이 있으므로 다른 사람에게 베푸는 것과 같다. 이른바 모든 승(乘)이다. 승(乘, yāna)은 바로 야(也, ya)자의 뜻이다. 스스로 이와 같은 보승(寶乘)에 통달하여 널리 모든 중생들에게 베푼다. 로(嚕, ru)는 바로 무진구(無塵垢)삼매이다. 스스로 이 삼매를 얻고 다시 사람들에게 베푼다.

26. 풍신의 진언

다음에 "풍신(風神)[27]의 진언"이다. [풍신] 역시 부처님의 화신이다. 삼매는 앞과 같다.

바야베(皤平也吠, Vāyave)[즉 본래 이름을 진언으로 삼는다.]

파(皤, va)자를 체로 삼는다. 이는 박(縛)의 뜻이다. 아자문에 들어가면 무박(無縛)의 뜻이니 바로 해탈이다. 곁에 아자의 점이 있으면 바로 행(行)이다. 야(也, ya)는 모든 승(乘)이다. 걸림없는 승(乘)으로써 일체를 건너가게 한다. 세 번째의 베(吠)자는 무언설(無言說)의 뜻이다. 또 이(伊)자를 찍으면 삼매야이다.

---

27) Skt. Vāyu. 풍천(風天). 인도교의 풍신이 불교의 수호신이 되어 팔방천(八方天)·십이천(十二天)의 서북방을 지킨다. 바람이 신속하게 움직이는 것을 부처님의 신통자재한 교화에 비유하기도 한다. 삼매야형은 금강계에서는 풍당(風幢)이며, 태장계에서는 당(幢)이다. 종자는 금강계에서는 ni이고, 태장계에서는 vā이다. 형상은 태장계에서는 노인의 모습으로 백발에 몸은 붉은 색, 관과 갑옷을 착용하고 하늘옷과 허리띠 등에 바람이 부는 모습이다. 금강계에서는 갑옷과 투구, 하늘옷을 착용하지 않고 하엽좌(荷葉座)에 앉는다. 태장계에서는 풍천의 권속으로 풍천후(風天后)와 풍천동자(風天童子) 등을 동반한다.

27. 미음천의 진언

다음에 "미음천(美音天)"[28]은 모든 천신 중에서 아름답게 노래하는 자이다. 건달바(乾闥婆)와 조금 다르다. 그들은 음악을 연주하는 자이다.

살라살바디예(薩羅薩伐二合底曳, Sarasvatyai)[즉 미음(美音)의 이름이다.]

처음의 살(薩)자를 체로 삼는다. 이는 견고하다는 뜻이다. 만일 견고하게 머물면 곧 생주이멸(生住異滅)의 상이 있다. 아자에 들어가면 본래 견고함이 없으니 성괴(成壞)가 없기 때문이다. 그 밖의 글자는 모두 이것을 해석하기 위한 것이다. 나는 [미음천이] 묘음(妙音)으로써 중생을 기쁘게 하는 자라고 생각한다. 부드러운 언사로써 중생들의 마음을 기쁘게 하고 환희를 얻게 하는 자이다. [그러한 언사로써] 견고함이 없음을 설하여 무상(無常)을 알게 하고 여래의 견고한 법을 증득하게 한다.

28. 나찰의 진언

다음으로 "니리뎨(泥哩底, Nairṛtī)"[29]는 나찰주(羅刹主)이다. 역시 부처님

---

28) Skt. Sarasvatī-devī. 고대인도 바라문교・인도교에서 문예(文藝)를 담당하는 여신(女神). 음역하여 살라살벌디(薩囉薩伐底)・사라실벌디(娑羅室伐底)이라 하며, 또는 대변천(大辯天)・대변재천녀(大辯才天女)・대변재공덕천(大辯才功德天)・대성변재천신(大聖辯才天神)・묘음천(妙音天)・변재천(辯才天)이라 한다. 약칭 변천(辯天)이다.

29) Skt. Nairṛtī. 음역하여 날리디(涅哩底)・열리제(涅哩帝)・녜리디(禰哩底)라 한다. 밀교의 나찰주천(羅刹主天)으로 귀왕(鬼王)의 이름으로 나찰천(rākṣasā)이라고도 한다. 팔방천(八方天)의 하나이고, 또한 십이천(十二天)의 하나로서 서남방(西南方)을 수호하는 천이다. 태장 및 금강계만다라 외금강부(外金剛部) 서남우(西南隅)에 위치한다. 태장만다라 중에서 나찰천의 몸은 육색(肉色)이며 부릅뜬 눈에 갑옷을 입었으며 왼팔이 밖을 향하고 있다. 엄지로 소지와 무명지를 누르고 검지와 중지를 세워서 도인(刀印)을 나타낸다.

의 화신이다.

라(囉)[더러움이다.]

락찰사(吃刹二合娑, Rākṣasāḥ)[먹는다. 사(娑)는 견고하다는 뜻이며, 모두 씹어먹는다는 뜻이다.]

그들은 언제나 중생을 먹는다. 여래도 역시 그러하여서 모든 장애하는 유정을 먹는데 싫증내지 않으신다.

디발디예(提鉢底曳, Adhipataye). 디(提, dhi)자에 다(馱, dha)의 소리가 있는데 이것은 바로 법계이다. 이(伊) 점을 찍으면 삼매로서 이른바 법계삼매이다. 발디(鉢底, pati)를 주(住)라 하는데 이 법계삼매에 머무는 것을 묘주(妙住, sthāpayati)라 한다. 모든 더러운 장애는 바로 법계라고 관하고 법계에 들어감은 바로 뱃속으로 먹혀져 들어간다는 뜻이다. 마지막의 예(曳)자는 승(乘)이다. 이 승은 비할 바 없이 빠르다. 자문의 체는 종자자이다.

29. 염마왕의 진언

다음에 "염마왕(焰摩王)[30]의 진언"을 송한다. [염마왕도] 역시 부처님의 화신이다.

비바살바다야(毘縛薩縛二合哆也, Vaivasvatāya)[역시 본래 이름을 진언으로 삼는다.

오른손에는 검을 집고 허리 곁에 두며, 둥근 자리에 앉아있는데 그 좌우 양쪽에는 각기 두명의 동자가 있다.

30) Skt. Yamarāja. 저승세계의 왕으로 흔히 염라대왕이라 함은 이 왕을 일컬음. 지옥의 왕으로 죽은 뒤의 저승세계를 지배한다. 본래는 인도 베다 시대의 Yama신으로 불교 중에 섞여 들어와 발달된 것으로 두 가지가 있다. 하나는 상계(上界)의 광명세계(光明世界), 곧 수야마천이라 부르고, 다른 하나는 하계(下界) 암흑세계의 염마왕이다. 후세에 발달된 밀교에서는 태장만다라의 외금강부 중에 있어서 호세팔천(護世八天)·시방호법신왕(十方護法神王)·12천(天)의 하나이다.

처음의 글자를 체로 삼는다. 다시 이를 여쭈어라. 이른바 무박(無縛)삼매이다.]

비바(毘嚩, vaivas)는 견고하게 머문다는 뜻이다. 또한 모든 결박을 제거함인데 말하자면 이치로써 계박을 제거하며 비법(非法)으로써 제거하지 않는다. 타(埵, ta)자 가운데에 다(多)의 소리가 있는 것은 바로 여여(如如)이다. 살(薩)자에 견고함의 뜻이 있다. 야(也)자는 탈 것[乘]이다. 이 여여의 탈 것을 타고서 나아간다. 곁에 아자의 점이 있으면 이것은 바로 행이다. 여여에 올라타 나아가는 자는 곧 가면서 정각을 이룬다.

30. 사왕의 진언

다음에 "사왕(死王)[31]의 진언"을 송한다.

바로 염라명왕(閻羅明王, Yama)이다. 또한 대비발생만다라를 성취하고자 하기에 통달하는 대로 이 진언을 송한다.

몰율디베(沒嘌嘌底二合吠, Mṛtyave)[이것은 바로 죽음의 뜻이다. 죽음은 바로 살해[殺]의 뜻으로 그 근본을 끊는 것이며 이를 이름하여 살(殺)이라 한다. 본서[本意]로 말미암아 내가 모든 중생들의 목숨을 끊겠다고 원하라. 목숨이란 즉 시작도 없는 때로부터의 무명으로 온갖 번뇌를 가리킨다.]

---

31) Skt. Mṛti. 음역하여 몰율디(沒嘌底)라 하며, 또는 염마천비(閻(焰)摩天妃) · 사후(死后)라 한다. 그런데 밀교의 각 경전과 의궤에 기재되어있는 사후(死后)와 염마후(閻摩后)는 다르기도 하고 같기도 하다. 옛부터 여러가지 이설이 있는데 혹은 사후를 염마후라 하고, 혹은 사후의 외에 따로 염마후를 들기도 한다. 일반적으로는 비사지(毘舍支, Piśāci)를 가리키며 이것도 역시 사후 · 염마비를 말한다. 죽음, 곧 살해의 뜻을 지닌다. 이 존은 근본번뇌 혹은 모든 중생의 번뇌를 단제하여 법 가운데 자재하게 됨을 그 본서로 한다. 현도만다라 중에서 이 존의 형상은 오른손에 혁대(革袋)를 들고 왼손에 초화(草花)를 지녔으며, 다리를 교차하여 앉아있다. 삼매야형은 령(鈴)이다. 대일경 밀인품에 의거하면 그 인계는 오른손을 아래로 향하여 마치 건타(健咤, ghaṇṭā, 鈴)처럼 하는데 이것이 염마비탁인(閻摩妃鐸印)이다.

모든 중생들의 저 [무명의 목숨]을 끊어서 남음이 없게 하는 것이 바로 이 살(殺)이다. 이 사법문(死法門)에서 자재를 얻는 것을 밝힌다. 즉 부처님께서 변화로 나타내신 바이다. 그러나 정말로 모든 중생들을 죽이는 것은 아니다. 처음의 몰(沒)자를 종자로 삼는다.

31. 흑야신의 진언

다음에 "흑야신(黑夜神)의 진언"이다.

이는 바로 염라명왕의 후궁이다.

가라(迦平羅, kāla)[모두 흑(黑)이라 한다.]

라디리예(囉引底哩二合曳平聲, rātraya)[바로 밤[夜]이다.]

처음의 가(迦)자를 체로 삼는다. 어두운 밤중에 많은 두려움과 온갖 근심걱정이 있다. 그러므로 그 무명의 흑암 가운데 긴 밤의 모든 장애의 두려움을 없애고자 하기에 이 진언을 송한다.

32. 염라왕칠모의 진언

다음에 "염라왕칠모(閻羅王七母)[의 진언]"이다. 일곱 자매가 있는데 이 칠모(七母)[32]의 명칭은 다른 경전에 준하라. 모두 본래 명칭으로 진언을 삼

---

32) 칠모천(七母天)이라고도 한다. 염마천모(炎魔天母), 폭악천모(暴惡天母), 범천모(梵天母), 동자천모(童子天母), 비뉴천모(毘紐天母), 구태라천모(俱吠羅天母), 제석천모(帝釋天

는다. 지금 통틀어 설하면 다음과 같다.

매달리베야(摩怛哩二合弊去也二合, Mātṛbhyaḥ)[마달리(摩怛哩)는 등(等)의 뜻이다. 등(等)은 하나가 아니고 아주 많다는 뜻이다. 말하자면 일곱 자매 등이다.]

처음의 마(摩)자를 종자로 삼는다. 이는 무아(無我)의 뜻이다.

33. 석제환인의 진언

다음에 "석제환인(釋提桓因)[33][의 진언]"이다.]

석가라야(釋迦囉二合也, Śakrāya)[즉 종자의 명칭이다.

석가(釋迦)란 백 가지 복덕의 뜻이다. 인위(因位)에 있을 때에 일찍이 100번이나 복덕을 닦았다. 이른바 100번이나 대무차시회(大無遮施會)[34]를 시설하여 널리 중생들에게 베풀었기에 이 승생(勝生)을 성취하였다. 이러한 일을 인하여 이로써 이름을 삼았다. 처음의 석(釋)자를 종자로 삼는데 이는 '그친다[止息]'는 뜻이다. 모든 장애를 그치고 장애가 이미 그쳤으면 그 복을 증익한다. 가라(迦羅, kra)는 증진이다. 또 사(奢入)는 바로 사마타(奢摩他, Śamatha)이다. 언제나 깊은 언어로 모든 천을 이익하게 하기에 심(心)을 진언으로 삼는다. 역시 부처님의 화생(化生)이다.

母)의 일곱이다. 『이취석』에서는 마하가라를 중존으로 하고 거기에 칠모천이 있는데 여기에 다시 범천모를 더하여 팔공양보살을 나타낸다.

33) Skt. akradevānām indra의 음역. 제석천을 말한다. 도리천에 있는 범왕(梵王)과 함께 불법을 옹호하는 신이다. 원래 인도신화에 등장하는 인드라가 불교에 그대로 들어와서 된 것이다.

34) 많은 사람에게 크게 보시하는 일. 특히 고독하고 빈궁한 사람에게 물건을 시여하는 일을 많이 하는 것. 그리고 귀하고 천하거나 신분이 높거나 낮거나를 가리지 않고 일체 중생을 위하여 재물을 보시하는 것을 대시회(大施會)라 하며 또는 무차대회(無遮大會)라고도 한다.

34. 바로나용왕의 진언

다음에 "바로나용왕(嚩嚕拏龍王)[35]의 진언"이다.

이 용왕은 큰 바다 속의 용이다. 모든 용왕[의 진언]이 이 진언과 같다.

아반(阿半, āpas)[물이다.]

발다(鉢多, pati)[주인이다.] 야(也) (Āpaṃ-pataye)

물 속에서 자재를 얻었기에 수주(水主)라 부른다. 처음의 아자를 종자로 삼는다.

35. 범천의 진언

[다음에 "범천(梵天)[36]의 진언"이다.]

저 대비태장을 성취하고자 하기에 역시 앞과 같이 설한다.

보라자(補囉二合闍)[일체생(一切生)이다.]

마다예(麽多曳, pataye)[주인]

이것은 바로 중생의 주인이다. 모든 중생들이 범천(梵天)으로 말미암기에 [범천을] 모든 중생의 주인이라 부르니 일체유정을 태어나게 하는 까닭이다. 보라(補囉二合)자를 종자로 삼는다. 보(補)는 제일이라는 뜻이고 라(囉)는 장애의 더러움이다. 승의제 가운데에서 곧 장애는 장애 없음이다. 모든

---

35) Skt. Varuṇā. 용왕의 이름. 수천(水天).

36) Skt. Brahman. 불교의 대표적 호법선신(護法善神). 범마(梵摩)라 하며 범왕(梵王)・대범천왕(大梵天王)이라고도 한다. 색계초선천(色界初禪天)의 왕으로 부처님에 세상에 나오실 때면 항상 제일 먼저 설법을 청했다 하며, 이를 범천권청(梵天勸請)이라 한다. 언제나 부처님을 오른편에 모시고 손에는 흰 불자(拂子)를 들고 있다고 한다.

성자는 다 이로부터 태어난다. 주인이라 함은 생주(生主)이다. 역시 부처님의 화신이다.

36. 일천자의 진언

[다음은 "일천자(日天子)[37]의 진언"이다.]

아(阿, a)[본래 생겨남이 없음]

디다야야(地多邪二合也, Ādityāya)[태양이다.]

처음의 아자를 종자로 삼는다. 즉 본래 생겨남이 없다는 뜻이다. 스스로 이 이치에 통달하여 다른 사람에게 수여하는 자가 된다. 이것은 언제나 중생을 이익하게 한다는 뜻이니, 마치 저 태양과 같다. 세상사람은 태양을 언제나 중생에게 이익을 주는 존재로 여긴다.

37. 월천자의 진언

[다음에 "월천자(月天子)[38]의 진언"이다.]

37) Skt. Āditya 또는 Sūrya. 십이천(十二天)의 하나로 태양을 신격화한 것. 일천자(日天子)·일신(日神)이라고도 한다. 태장만다라의 외금강부에 배치되며, 양손에 연화를 쥐고, 다섯개의 머리가 붉은 말이 끄는 차에 탄다. 삼매야형은 태장계에서는 금강륜이며 금강계에서는 일륜형(日輪形)이고, 종자는 a이다.

38) Skt. Candra. 십이천(十二天)의 하나. 달을 신격화한 것. 태장계에서의 형상은 오른손을 허리에 대고 반달의 모습을 붙인 장(杖)을 지니며 왼손은 팔꿈치를 구부려서 가슴을 덮고서 삼아(三鵝)위에 앉는다. 삼매야형은 흰색의 병이고 종자는 caṃ이다. 금강계에서

전(戰)[불사(不死)이다.]

달라(達囉, Candrāya)[바로 달의 이름이다. 첫 글자를 체로 삼는다.]

만일 죽지 않는 것이라면 역시 생기지도 않는다. 생기지도 죽지도 않는 것을 감로(甘露)라 부른다. 세상 사람들은 달이 독열(毒熱)의 번뇌를 제거하는 것을 감로와 같다고 여기고 이로써 이름을 삼았다. 모든 감로의 맛은 정월(淨月)삼매를 초월하지 않는다.

38. 모든 용의 진언

[다음은 "모든 용의 진언"이다.]

앞은 이 용왕이다. 이것은 모든 용에게 통용된다.

미가(迷迦, megha)[구름이다.]

선니예(扇儞曳, āsaniye)[씹어 먹는다.]

이것을 번역하여 구름을 씹어 먹는다고 한다. 구름은 바로 흑암(黑暗)이다. 즉 모든 중생들의 더러운 장애이다. 모든 장애를 씹어 먹어서 자재를 얻기 때문에 이로써 이름을 삼는다. 처음의 미(迷)자를 체로 삼는다. 즉 아(我, ātman)의 뜻이니, 이것은 바로 무아(無我)이다.

의 형상은 왼손을 허리에 대고 하엽좌(荷葉座)에 앉는다. 삼매야형은 반월이고 종자는 pra이다.

39. 난타와 발난타용왕의 진언

[다음은 "난타(難陀)와 발난타(跋難陀)"[39]라는 문을 지키는 두 용왕의 진언이다.]

난다(難徒, Nanda)[처음의 난(難)자를 체로 삼는다. 이는 관(觀)의 뜻이다. 관에 즉하고 관을 여의며, 이 가운데 머문다. 스스로 통달하고 나서 중생을 이롭게 한다.]

발난타유(拔難陀庾, Upananda)[발(拔)자의 성세(聲勢)에 오파(鄔波)의 음이 있다.]

오파(鄔波, upa)는 '넘다[越]'이다.

스스로 모든 법의 생사의 흐름을 넘어 최승처에 머문다. 이로써 세간을 호지(護持)하기에 이름으로 삼았다.

이상에서 석가의 권속을 해석하여 다 마쳤다. 모두 보처삼매에 머물러 부처님의 화신으로써 대비장을 성취하고자 하기에 진언을 송한다.

40. 허공장명비의 진언

"이때에 비로자나부처님께서는 자신의 가르침의 자취로서 헛되지 않은 실지(悉地)이며, 모든 불보살의 모(母)인 [허공안]명비(明妃)[의 진언]을 송하고자 하시었다."

"자신의 가르침의 자취"란 바로 법신불 자증(自證)의 가르침이며 비밀평

---

39) 불법을 수호하는 8대 용왕 가운데 첫 번째와 두 번째 용이다. ① 난다용왕(難陀龍王)은 호법용신의 대표자이다. ② 발난다용왕(跋難陀龍王)은 난다의 형제로서 「청우경만다라(請雨經曼茶羅)」에서 두 용왕이 중심이 된다. 또한 「대방광보살장문수사리근본의궤경」에 의하면 '하나는 난타이며, 두 번째는 발난타인데 왼손으로 연화의 줄기를 잡고 오른손으로 정례하며 여래를 우러러 본다. 반은 사람의 모습이고 반은 뱀의 모습과 같다. 몸은 흰색이고 온갖 장엄을 갖추었다.'고 두 용왕의 모습을 알려주고 있다.

등의 가르침이다. 이 가운데에서 수행하는 자는 모두 다 헛되지 않다. 불공은 손상됨이 없다는 뜻이다. 그 능력에 따라 모두 법신의 이치에 향하며 곧 그 부처님과 동등해지기 때문에 "헛되지 않다"고 하였다.

이상에서 모든 보살이 진언을 설한 것은 각기 같은 부류의 수행자를 이끌어 섭수하고자 함이다. 만일 수행하게 되면 곧 나와 동등하게 될 것이다. 지금 법신불께서는 스스로 [허공장]명비의 진언을 송하신다. 만일 수행하는 자가 있다면 곧 허공안으로부터 법신을 생하게 되어 나와 같아져서 다름이 없을 것이다.

가가나(伽伽娜, gagana)[첫 글자 [즉 가(伽)를] 핵심으로 삼는다. 가(伽)는 오고 감이 없다는 뜻이다. 또 가가나(伽伽娜)는 공(空)이다. 모든 부처님의 대공을 말한다.]

파라(皤囉, vara)[원(願)이다.]

락걸차(落乞叉二合, lakṣane)[상(相)이다.]

노(奴)[대공(大空)이다. 이 원은 아주 뛰어나다. 즉 허공과 같아서 한 가지 상으로 청정하고 끝이 없어서 분별할 수도 없다.]

가가나(伽伽娜, gagana)[공(空)이다.]

삼미(三迷, same)[등(等)이다. 위와 같은 대원(大願)은 허공의 모습과 같고 허공과 동등하다.]

살파도(薩皤都, sarvatra)[모든 장소이다.]

갈다(竭多, āgata)[다시 비교할 것이 없다. 말하자면 이 허공과 동등한 원은 모든 장소에 두루하여 비할 것이 없다. 위의 아성(阿聲)이 있어서 서로 연결된다.]

폐살라(陛薩囉, abhisāra)[견고하여 부술 수 없다.]

삼바베(三婆吠, sambhave)[따라 생한다. 부술 수 없음으로부터 생기는 것을 말한다.]

자바라(闍嚩二合羅, jvala)[광명의 뜻이다. 감도 없고 옴도 없는 행에 머묾으로 말미암아 큰 위광을 이루니 더불어 비교할 만한 것이 없다.]

나모(娜母, namo)[귀명(歸命)이다. 이 법에 머무름으로써 내가 귀명한다.]

아목가남(阿穆伽喃, amoghānām)[헛되지 않은 자이다. 귀명하는 바에 내가 귀명한다.]

진언에 '두루 모든 부처님께 귀명합니다'라고 하는 것은 모든 명칭을 [거론함]으로써 스스로 널리 두루하게 한 것이다. 예컨대 동방의 모든 부처님만 가리키면 시방에 고루 미치지 않아 적은 부분의 일체로 줄어들기 때문에 "두루 모든 부처님"이라 하였다. 다른 것은 이것을 본받았다.

[이상으로] 모든 부처님과 보살의 어머니인 허공안[명비의 진언]을 마친다.

41. 부동명왕의 진언

"이때에 부처님께서는 다시 온갖 장애를 그치게 하기 위해서 화생(火生)이라 이름하는 삼매[40]를 증득하고 이 크게 장애를 없애는 [성자부동주(聖者不動主)의] 진언을 송하신다."

여기에 위세가 있어서 모든 진언을 수행하는 자의 갖가지 장애와 어려움을 제거할 수 있다. 나아가 부처님께서 도수(道樹)에 계실 때에도 이 진언으로써 모든 마군을 무너뜨리지 않은 것이 없었다. 하물며 세간의 모든 장애이겠는가!

또 이 장애에는 간략하게 두 가지 장애가 있다. 첫째는 내장(內障)이니, 자기의 마음으로부터 생기는 데 그 종류가 매우 많아서 상세히 설할 수 없다. 둘째는 외장(外障)이니 바깥 일로부터 생한다. 역시 매우 많으나 모두 꺾어 없앤다.

전다(戰荼, caṇḍa)[극악이다. 이른바 폭악 가운데 가장 폭악한 것이다.]

마하로슬나(摩訶嚧瑟拏, mahā-roṣaṇa)[대분노이다.]

살파타야(薩頗吒也, sphaṭaya)[파괴이다.]

---

40) Skt. agni-dhātu-samādhi. 자기 몸에서 화염을 내는 선정(禪定). 화정(火定)·화계정(火界定)·화광삼매(火光三昧)·화염삼매(火燄三昧)·화계삼매(火界三昧)라고도 한다.

훔(鈝, hūm)[공포이다.]

달라가(怛囉迦, trata)[견고이다.]

함(唅平, ham) 밤(鍐無甘反, māṁ)

뒤의 두 글자를 종자로 삼는다. 모든 구절의 뜻은 다 이것을 성취한다. 처음의 전다(戰荼)에서 전(戰)은 죽음의 뜻이다. 아자문에 들어가면 이것은 본래부터 생사가 없다는 뜻이다. 다(荼)는 싸운다는 뜻이다. 이 생사가 없는 큰 세력의 주인으로서 곧 모든 사마(四魔)와 싸운다. 다음의 마(麼)는 나[我]의 뜻이다. 아자문에 들어가면 곧 무아(無我)가 된다. 또한 공이다. 하(訶)는 기쁨의 뜻이며, 또한 행(行)이다. 로슬(嚧瑟)이라는 글자에는 라(囉)자가 있는데 이는 더러운 장애의 뜻이다. 오(鄔, u)의 소리가 있는 것은 삼매이다. 사(瑟, ṣa)라고 하는 것은 바로 사마타(奢摩他)로서 이른바 삼매이다. 이것은 공의 뜻이다. 제5의 나(拏, ṇa)자는 바로 대공삼매이다. 살(薩, s)은 견고함(sthira)의 뜻이며, 파(頗)는 거품의 뜻이다. 세간이 거품과 같다고 알기 때문에 부수기가 쉽다. 곁에 아자의 점이 있는 것은 바로 행(行)이다. 타(吒, ta)는 전쟁의 뜻이니, 적의 두려운 장애를 부수게 한다. 야(也, ya)는 승(乘)의 뜻이다. 훔(鈝)은 바로 대공행(大空行)삼매이다. 앞에서 설한 것과 같다. 달(怛, t)[이는 여여(如如)이다.] 라(囉, ra)는 무구(無垢)이다. 가(迦, ka)는 작(作)이다. 말하자면 모든 법은 무작(無作)이다. 훔(唅, hūṁ)자의 하(訶, ha)는 행의 뜻이며, 또 아의 소리가 있으면 마장을 떨게 하는 금강삼매이다. 점(・)은 바로 대공이다. 이 대공부동(大空不動)의 행으로써 모든 마장을 매우 두렵게 한다. 맘(鍐, māṁ)자의 마(麼, ma)는 나[我]의 뜻이며, 아자문에 들어가면 곧 무아이다. 또한 이 대공무아삼매로써 온갖 마군을 두렵게 한다. 이 글자에 역시 아의 소리와 점(・)이 있다. 하(訶)・로(嚧)・훔(唅)・맘(鍐)의 네 종자에 모두 아의 소리가 있다. 이것은 거듭 마군을 두렵게 한다. 안과 밖의 이장(二障)을 매우 두렵게 한다는 뜻이다. 이상으로 성자 부동주(不動主)의 진언을 마친다.

42. 항삼세명왕의 진언

[다음에 "항삼세명왕(降三世明王)의 진언"이다.]

비로자나여래께서 법당고봉관가지(法幢高峰觀加持)삼매에 머무셨다는 것은 처음의 서품(序品)[41]에서 설한 것과 같다. 여래께서 이 두 진언[二明][42]을 설하셨는데 이것은 다 법불(法佛)의 삼매이다. [진언]수행자를 초발보리심 이래로 수호하고 증장하여 원만한 불과를 성취하게 하며 끝내 잃지 않게 하고, 도가 아닌 데에 떨어지지 않게 하는 자가 바로 부동명왕이며, 세간의 조복하기 어려운 중생을 항복시키는 자가 바로 항삼세명왕이다. 그래서 잇달아 설하였다. 이른바 삼세(三世)에서 세(世)를 탐(貪)·진(瞋)·치(癡)라 한다. 이 세 가지 독을 항복받는 것을 항삼세(降三世)라 부른다. 또한 과거의 탐욕으로 해서 금생에 이러한 탐욕의 과보로서의 몸을 받으며 다시 탐욕의 업을 생하여 미래에 과보를 받는 것처럼 세 가지 독이 모두 그러하다. [이 삼독을 항복시키는 자를] 항삼세라 부른다. 또 삼세란 삼계(三界)라고도 한다. 말하자면 비로자나여래께서 처음에 유정천(有頂天)[43]에서 아래로 땅에 내려오기까지 상지(上地)에서 하지(下地)를 향하여 잇달아 낱낱의 천계에 모두 화생(化生)하시어 한량 없이 많은 권속을 지닌 대천주(大天主)를 교화하셨다. 지금 그 [부처님의 화생이] 왕보다 뛰어난 것은 백천만배이다. 그가 두려워한 것은 일찍이 없었다. 다시 어떤 중생이 있어서 나보다 뛰어날 것인가? [이렇게 모든 중생들에게] 나아가 법으로써 항복시

---

41) 서품이라면 「주심품」을 가리키는 것이지만, 이 내용은 「주심품」이 아니라 다음의 「구연품」에 나온다.

42) 부동명왕과 항삼세명왕의 진언을 가리킨다.

43) 비유상비무상처(非有想非無想處)를 가리키며, 정신만의 세계의 네 번째 하늘이며 삼계의 가장 높은 곳에 있어 유정천(有頂天)이라고 한다. 이 하늘에 사는 이는 하지(下地)와 같은 거치른 생각이 없으므로 비상(非常), 비유상(非有想)이다. 그러나 자세한 생각이 없지 않으므로 비비상(非非想), 비무상(非無想)이라 한다.

킨다. 즉 차례대로 내려와서 삼세계(三世界)의 주인을 항복시키기 때문에 항삼세명왕(降三世明王)이라 한다.

하하하(訶訶訶, ha ha ha)[하(訶)는 행(行)의 뜻이며 기쁨[喜]의 뜻이다. 이 삼행(三行)은 바로 삼승인의 행이다. 본래 생겨남이 없기에 이 삼행을 뛰어넘으니 이것을 부처의 행으로 삼는다.]

비살바예(毘薩嚩二合曳, vismaye)[이것은 기이하다 · 괴이하다는 뜻이다. 부처님의 항상한 가르침처럼 자(慈)로써 성냄을 대치하고 무탐으로써 탐심을 다스리며, 정견으로 삿된 견해를 다스린다. 지금 대분노로써 성냄을 제거하고 대탐으로써 모든 탐을 없애니, 정말 이해하기 어렵고 믿기 어려우므로 괴이하다고 말하였다.]

살바달타가다(薩嚩怛多揭多, sarva-tathāgata)[모든 부처님이다.]

비사야(毘舍也, viṣaya)[경계(境界)이다.]

삼바바야(三婆嚩上也, sambhava)[생겨남이다. 이른바 모든 부처님의 경계로부터 생한다. 부처님의 경계란 제법실상이다. 이 실상으로부터 생하기 때문이다. 이름하여 항삼세라 한다.]

뎨례로가야(帝入隸二合路迦也二合, trailokya)[이것은 삼세(三世)이다.]

베자야(吠闍也, vijaya)[이것은 항복시켜 승리한다는 뜻이다.]

훔(吽, hūṁ)[뜻은 앞에서 설한 것과 같다.]

자(惹, jaḥ)[호소(呼召) · 경각의 뜻이다. 만일 이것을 송하면 모든 중생들의 마음에 들어가 이를 경각시키고 장애를 없애게 하니 법신불과 동등하다.]

그런데 이 진언은 이 뎨례(帝隸)를 체로 삼는다. 위에 다(多)의 소리가 있는데, 이것은 여여의 뜻이다. 라(囉)는 번뇌의 장애이다. 이(伊)의 소리가 있는 것은 바로 삼매이다. 여여한 체로써 본래 생겨남이 없다. 본래 생겨남이 없기에 번뇌의 장애도 역시 본래 생겨남이 없다. 이 이치에 부합되게 수행하면 정(定)과 혜(慧)를 함께 갖추므로 삼세를 항복시킬 수 있다.

43. 성문의 진언

[다음에 "성문(聲聞)의 진언"이다.]

혜도(醯都, hetu)[인(因)이다.]

발라디야(鉢囉二合底也二合, pratya)[연(緣)이다.]

비갈다(毘揭多, vigata)[여읨이다.]

갈마(羯磨, karma)[업(業)이다.]

니사다(泥社多, nirjātā)[생겨남이다.]

훔(𤙖, hūṁ)[장애를 떨게 함이다.]

통틀어 해석하면 '인연생(因緣生)을 여읜다'이다. 생은 업에 말미암으니 생을 여의면 곧 업을 여의게 된다.

처음의 혜(醯, he)[하(訶)의 소리가 있는데 이것은 행이고 기쁨이다. 즉 성문의 행이다. 삼매의 이(伊, I) 소리는 성문의 정(定)이다.]

다음의 도(都, tu)자[다(多)의 소리가 있다. 즉 성문이 들어가는 바와 같다. 또한 오(鄔)의 소리가 있는 것은 삼매이다.]

다음의 발(鉢, pra)자[성문의 견지에서 본 궁극의 진리다.]

다음의 라(囉, ra)자[소승(小乘)에서 다스리는 육진(六塵)이다.]

뎨야(帝也, tya)[탈 것과 같다는 뜻이다. 이것은 바로 성문에서 탈 것의 뜻이다.]

비(毘, bi)[바(縛)의 소리가 있다. 이것은 묶음이다. 이(伊, I)의 소리는 삼매이다.]

게다(揭多, gata)[여읨이다.]

그밖에는 종류대로 자세하게 설명하겠다. 장애를 떨게 함은 앞에서 설한 것과 같다. 다만 성문의 행이 다르다. 이것은 바로 법신불께서 대비원력으로 유정을 이롭게 하기 위하여 삼매 가운데에서 성문·연각의 진언을 나타내신 것이다. 만일 중생 가운데 이 법으로써 도에 들어가야 할 자에게는 이 문을 통해 대비장에 들어가게 하신다.

44. 연각의 진언

[다음에 "**연각의 진언**"이다.]

박(縛, vāc)[언어도단(言語道斷)의 뜻이다. 앞에서 설한 것과 같이 연각은 극무언설(極無言說)의 경계를 증득하며 스스로 이 가운데에서 깨닫는다. 또한 이 법으로써 중생을 이익하게 한다. 자기가 통달하고 이 법으로 다른 이를 이롭게 하는 것이다.]

앞에서 설한 것과 같이 성문과 연각이 구법(句法)을 진언으로 삼는데, 지금의 한 글자는 궁극에 이르는 핵심이다. 곧 저 지극하게 수행하여 머무는 곳이기에 한 글자를 사용하는 것이다.

45. 모든 불보살의 심진언

[다음에 "**모든 불보살의 심진언**"이다.]

살바발타(薩嚩勃馱, sarva-buddha)[모든 부처님이다.]

보리살타(菩提薩埵, bodhi-sattva)[보살이다.]

하율나야(訶嘌二合娜耶, hṛdaya)[마음이다.]

녜비사니(𧹞毘舍禰, nyaveśani)[들어감이다. 이 전체를 해석하면 모든 불보살의 마음에 들어간다는 뜻이다.]

나마(娜麽, namaḥ)[귀명(歸命)]

살바비데(薩嚩毘睇, sarva-vide)[여원(與願)이다. 이른바 일체지지의 원을 수여함이다. 살(薩, sa)은 견고함의 뜻이어서 모든 굳센 것을 풀고 굳세지 않은 것을 떠난다.]

위의 라(囉)는 번뇌[垢]이고 아래의 바(縛, va)는 묶음이다. 비(毘, vi)는 언어도단이다. 또 삼매가 있다. 뎨(睇, de)는 수여의 뜻이다. 이(伊, I)의 소리는 삼매이다. 스스로 구족함으로써 곧 다른 이에게 수여한다. 스스로 일체지를 증득하기에 이러한 원으로써 다른 이에게 베푼다. 이것이 바로 모든 부처님의 마음이다. 뎨야(帝也二合, tya)자를 종자로 삼는다. 앞 구절의 아(阿) 소리와 연결된다. 바로 이 아의 소리를 종자의 체로 삼는다. 즉 본래 생겨남이 없다는 뜻이다.

46. 보세천 등의 모든 진언

[다음에 "보세천(普世天)[44] 등의 모든 심진언"이다.]

로가로가(嚧迦嚧迦, lokāloka)[로가는 세간(世間)이다. 이는 바로 암명(暗冥)의 뜻이다. 이른바 무명(無明)이다. 이 글자 옆에 모두 아(阿)의 소리가 있다. 즉 본래 없음의 뜻이다. 어두움이 없는 참된 밝음(明)이다. 아로가(阿嚧迦)는 바로 명(明)이다.]

가라야(迦囉也, karāya)[작(作)이다. 이른바 비춤의 뜻으로서 밝음[明]을 짓는 것이다. 명상(明相)을 지음으로써 이 팔부 등의 몸을 두루 나타내어 그 어두움을 없애고 명행(明行)을 짓게 한다. 이 명을 지어서 세간을 밝게 한다.]

살바뎨바(薩縛提婆, sarva-deva)[천(天)이다.]

나가(那伽, nāga)[용이다.]

야걸차(夜乞叉, Yakṣa)[글자와 같다.]

건달바(健闥縛, Gandharva)[글자와 같다.]

---

44) 금강계만다라 외금강부(外金剛部)의 이십천(二十天), 또는 태장만다라 외원(外院)의 천・룡・귀신을 보세천(普世天)이라 부른다.

아수라(阿修羅, Asura)[글자와 같다.]
가로다(揭露荼, Garuḍa)[음악의 주인이다.]
긴나라(緊那羅, Kinnara)[음악소리이다.]
마호라가(摩呼羅伽, Mahoraga)[글자와 같다.]
디(儞, ādi)[평등이다. 모든 부(部)를 섭수한다.]
하율다야나야(訶嘌馱夜娜夜二合, hṛdayāna)[심장이다.]
가사야(迦沙也, karṣāya)[섭수함이다. 이 팔부 등의 마음을 밝게 만든다.]
비지다라게데(費只多羅二合揭帝, vicitra-gati)[갖가지의 행(行)이다. 이것은 또 교색(巧色)의 뜻이다. [중생들의] 부류에 따라 누구나 좋아할 몸을 시현함을 교색이라고 부른다. 또한 이는 다양한 색깔의 뜻이다. 갖가지 행과 갖가지 다양한 색의 법문으로써 세간의 어두움을 제거한다. 즉 모든 밝음 가운데에서도 비교할 것이 없다는 뜻이다.]
최초의 로(路)자를 종자로 삼는다.

47. 모든 부처님의 진언

[다음에 "모든 부처님의 진언"이다.]
살바타(薩縛他, sarvathā)[일체이다.]
비말디(毘末底, vimati)[무혜(無慧)이다. 무혜이기에 이를 의심[疑]이라 한다. 이 글자를 바르게 번역하면 의심이 된다.]
비결라나(毘結囉拏, vikiraṇa)[제거함이다. 이것은 색진(色塵)을 버린다는 뜻이다. 예컨대 사람이 더러운 똥을 제거하여 버림을 '제거한다'고 함과 같다.]
달마다도(達摩馱都, dharma-dhātu)[법계이다. 이른바 온갖 무혜를 제거하여 모두 법계에 머물게 하는 것이다.]

열자다(涅闍多, nirjāta)[생겨남이다. 이 열(涅)자는 바로 대공삼매이다. 이로부터 생기는 것은 바로 법계생(法界生)이다.]

삼삼하(參參訶, saṁ saṁ ha)[이 세 글자는 모두 종자이다. 살(薩)은 견고함의 뜻이니, 이 견고를 제거함을 최승생(最勝生)이라 함과 같다. 점은 바로 '삼매에 들어감'이다. 이승의 열반에 들어가는 것처럼 이것은 바로 견고함의 뜻이다. 만일 견고함이 있는 것이라면 곧 생하여 머무는 모습이기 때문에 모든 움직이는 법이 다 안정스럽지 않으니 완전하게 이것을 제거하라. 모두 거듭 공삼매의 뜻이 있다. 하(訶)는 바로 행이다. 이른바 여래행이다.]

48. 수호자의 진언

[다음에 "수호자(守護者)의 진언"이다.]

이는 바로 불가월(不可越)[45]로서 바르게 번역하면 난지(難持)이다[이른바 힘을 지닌다는 뜻이며, 바라볼 수 없다는 뜻이다. 또한 항복시키기 어렵다는 뜻도 있다].

법신불의 봉교자(奉教者)는 언제나 내문(內門)의 오른쪽에 있다. 이름하여 불가월사자(不可越使者)라 한다. 모든 부처님의 삼매야의 위력을 초월할 수 없다[는 의미이다.] 금강의 계(戒)를 받들고 이를 행하니 모두가 감히 어길 수 없다. 또한 무능견자(無能見者)라고도 한다. 이 봉교자의 위맹이 치성한 것은 백천의 태양과 같아서 감히 바라볼 자가 없는 것과 같다. 마치 갓난아이가 태양을 우러러 보는 것을 감당할 수 없음과 같다. 그래서 이

45) 태장만다라 문수원(文殊院)과 외금강부원(外金剛部院) 서방문의 두 수호신(守護神)으로 하나는 불가월수호문자(不可越守護門者)이며, 다른 하나는 상향수호문자(相向守護門者)이다. 전자는 내문(內門)의 오른쪽에 있고 후자는 왼쪽에 있으면서 함께 여래의 가르침을 받아 법문(法門)을 수호한다.

로써 이름을 삼았다. 언제나 부처님의 내문에 있으면서 교명(教命)이 있으면 말씀하신 대로 수행하기에 봉교자라 한다.

노달리사(奴達哩沙, durdarśaṇa)[이것이 그 이름이다. 즉 쳐다볼 수 없나는 뜻이다. 달(達)은 법계이다. 라(囉)의 소리가 있으면 무구(無垢)이다. 사(奢)는 바로 사마타(奢磨他)이다.]

마하로슬나(摩訶嚧瑟拏, mahā-roṣaṇa)[대분노이다.]

카다야(佉陀也, khādaya)[먹는다. 모든 망상 번뇌를 씹어먹는 것을 말한다. 카(佉)자를 종자로 삼는다. 모든 글자는 다 이 글자를 해석하기 위함이다. 즉 공의 뜻이다. 타(陀)는 수여한다는 뜻이고, 야(也)는 승(乘)의 뜻이다.]

살바달타가다(薩縛怛他揭多, sarva-tathāgata)[일체여래이다.]

남(膽, ājñam)[이것은 교칙(敎勅)이다. 앞 구절의 아(阿) 소리와 연결된다.]

구로(俱嚧, kura)[작(作)이다. 즉 여래의 교칙을 행하게 한다. 교칙에 따라 행하는데 서로 어긋나지 않다. 교칙을 우러러 받아들일 수 있다는 뜻이다.]

49. 상대수문자의 진언

[다음에 **"상대수문자(相對守門者)의 진언"**이다.]

혜(醯, he)[호소(呼召)이다.]

마하발율전다(摩訶鉢嘌二合戰荼, mahā-pracaṇḍa)[극(極)이다.]

아비목카(阿鞞目佉, abhimukha)[상대(相對)이다. 앞의 수문(守門)에 준한다.]

가률하나(蘖嘌二合訶拏二合, gṛhṇa)[취(取)함이다.]

카다야(佉陀也, khādaya)[씹어 먹는다. 역시 카(佉)자를 종자로 삼는다.]

긴지라예세(緊只羅曳細, kincirayasi)[어째서 빠르지 않은가?]

삼마야(三麽耶, samaya)[앞의 풀이와 같다.]

암나살마라(菴拏薩麼二合囉, anusmara)[억념(憶念)이다. 이른바 삼마야를 억념함이다. 분노가 심하기에 헤아려 볼 수 없고 살펴 볼 수 없다. 앞과 상대(相對)하기에 이를 이름으로 삼는다.]

모든 부처님의 교칙을 받들어 불가득공(不可得空)으로써 모든 상에 집착하는 중생을 교화하고, 항복시키기 어려운 자를 씹어 먹어서 남김없게 한다. 이것은 바로 대분노의 뜻이다.

50. 결대계의 진언

[다음에 "결대계(結大界)의 진언"이다.]

부처님께서 설하신 것처럼 다시 한량 없이 많은 지명(持明)이 있다. 어떤 진언을 지송하는 자들이 있는데 이들이 결호하지 않으며 법시를 부수고 지송하는 사람을 손상시킬까 염려되므로 결계의 법을 세운다. 결계로 말미암아서 모든 지명(持明)도 역시 파괴할 수 없다. 비구가 결계하여 법사를 지을 때에 [장애하는 자가] 결계 밖에 있으면 비구가 작법할지라도 장애가 파괴할 수 없는 것과 같다. 방향에 따라 모두 두루하게 한다.

살바다라노갈디(薩嚩多羅二合努揭底, sarvatrānugati)[모든 방향과 장소이다. 시방 모두를 반드시 두루 결계하여야 한다.]

반타야사만(畔陀也死曼, bandhaya-sīmām)[윗 구절은 결(結)이고 아랫 구절은 계(界)이다. 이 뜻을 말하면 모든 방향과 장소를 결계함이다.]

마하삼매야(摩訶三昧耶, mahā-samaya)[대삼매야(大三昧耶)이다. 바로 이 대삼매야로써 모든 계(界)를 결(結)한다.]

니라자디(儞囉社二合底, nirjati)[따라 생함이다. 말하자면 대삼매야로부터 생함이다.]

살말라나(薩末二合囉拏, smaraṇa)[억념(憶念)이다. 이른바 모든 부처님의 가르침을 억

념한다.]

아발라디하데(阿鉢囉二合底訶底, apratihate)[해칠 수 없다. 또한 걸림 없다고 한다. 또한 부술 수 없다. 결계하기 때문에 파괴할 수 없다.]

타가타가(馱迦馱迦, dhaka dhaka)[빛의 위력이다. 빛의 위력을 말미암아 계(界)를 이룬다. 타(馱)는 법계이다. 가(迦)는 지음이다. 말하자면 법계의 체는 모든 조작을 여읜다. 조작을 여읜 것이 바로 법계이다.]

차라차라(遮囉遮囉, cara cara)[차(遮)는 멸(滅)의 뜻이다. 이른바 생멸천이(生滅遷移)이다. 라(羅)는 번뇌의 장애이다. 구절은 또한 행(行)이다. 평성(平聲)이다. 이는 두루 시방에 가서 결(結)함이다. 또한 이 행은 바로 오고 가는 것이다. 거듭해서 방향을 칭한 것은 바로 끝까지 온다는 뜻이니, 이것은 바로 빠르게 오는 것이다.]

반다반다(畔陀畔陀, bandha bandha)[구절을 해석하면 이는 결(結)의 뜻이다. 위는 결한다는 뜻이고 아래는 공(空)이다. 능할 수 없으므로 허공과 동등하다. 이 결계는 부술 수 없다.]

나사(娜奢上聲, daśa)[십(十)이다.]

니전(儞羶, diśām)[방향(方)이다. 이것은 바로 시방을 결(結)하는 것이다.]

살바달타아다(薩縛怛他揭多, sarva-tathāgata)[모든 부처님이다.]

노냐다(奴壤多, anujñāta)[가르침이다. 모든 부처님의 가르침이다. 앞에서 염한 것을 기억하게 한다.]

발라바라(鉢囉二合嚩囉, pravara)[증득한 바이다.]

달마(達摩, dharma)[법이다. 즉 모든 부처님께서 증득하신 법이다.]

라타(羅入陀, labdha)[획득이고 증득이며 얻음이다.]

비사예(毘闍曳, vijaya)[바로 무능승(無能勝)이다. 모든 장애 가운데에서 승리한다. 즉 깨뜨려 부술 수 없다.]

박가벌디(薄伽筏底, bhagavati)[이는 바로 진언주(眞言主)이다. 세존의 덕을 찬탄한 것이다.]

비구례(毘俱㘑, vikire)[제거한다. 더러움을 제거함이다. 처음에는 제거하는 것을 권한

다. 또한 권하여 짓게 한다.]

비구려례(毘俱麗嚟, vikire)[앞의 구절은 유상(有相)의 더러움을 제거함이다. 바로 이렇게 하는 것이 제거함이다. 뒷 구절은 상을 떠난 더러움을 제거한다. 즉 모든 상애를 제거함이다.]

례(嚟)[종자이다.]

로(嚕長引, ro 補嚟, pure)[구절의 뜻은 궁전이며, 장소이다. 참된 법으로써 더러움 모습을 제거하니 바로 모든 부처님께서 머무시는 궁전이다. 이 계(界)와 동등하게 한다.]

다시 미구려(微炬麗, vikure)의 글자를 더한다. 다만 이 최후의 구절 가운데 례(嚟)자를 종자로 삼는다. 라(羅)는 상(相)이다. 이 예(翳)의 소리를 더하면 바로 삼매로서 모든 상을 여읜 삼매이다. 모든 상을 갖추지만 모든 상을 여읜다. 이것은 계(界)의 체상(體相)이다.

51. 여러 가지 종자

이하에서는 종자를 설한다[한 글자로부터 많은 것을 생하게 하므로 종자라 부른다].

아(惡)["보리의 종자"이다. 지송하는 자는 모두 이러한 마음을 지니고 무상보리를 희구하고자 하기에 우선 이 종자를 설한다. 이로부터 모든 법을 생한다. 즉 보리심이다.]

아(阿)["수행[의 종자]"이다. 즉 수보리행(修菩提行)의 종자로서 이 수행에 의하여 수행자는 복과 지혜를 성취한다.]

암(暗)["성보리의 종자"이다. 점이 없는 아자는 보리심이고, 다시 아자 위에 점을 찍으면 대공(大空)으로서 성보리이다.]

아(噁)["열반의 종자"이다. 옆에 두개의 점이 있으면 모두 빠르게 소리내는 것으로 하

(訶)의 소리이다. 이는 제거하여 보낸다는 뜻이다. 모든 더러움을 보내고 열반에 드는 것이다.]

하(訶去聲)["항삼세의 종자"이다. 하(訶)는 행이고 아(阿)의 소리가 더해지면 극행(極行)이 된다. 이로써 모든 행(行)을 보내어 없애는 것은 바로 모든 행을 행하지 않음이며 이로써 삼세를 항복시킨다.]

한(悍)["부동주(不動主)[의 종자]"이다. 하(訶)는 행이다. 아성(阿聲)은 또 행점(行點)으로 바로 대공위(大空位)에 머물러 일체를 항복시키며 보리심을 성취하기 위하여 대호(大護)를 이룬다.]

아(阿)["제개장(除蓋障)[의 종자]"이다. 아(阿)는 장애이며 옆의 두 점은 보내어 없앤다는 뜻으로 곧 제개장의 뜻이다.]

사(娑上)["관자재[의 종자]"이다. 사(娑)는 모든 유루(有漏)를 나타낸다. 곁의 두 점이 있는 것은 바로 하(訶, ha)에 해당한다. 하는 보내어 없앤다는 뜻을 나타낸다. 곧 모든 유루를 보내 없애어서 무루(無漏)로 관하니 그로부터 대비자재의 작용이 나타난다. 이는 관자재자이다.]

바(嚩)["금강수[의 종자]"이다. 묶어서 속박한다는 뜻이다. 곁에 두 점이 있는 것은 모든 묶임을 없애는 것이다. 이는 바로 금강의 종자이다.]

만(瞞)["문수사리[의 종자]"이다. 본체는 바로 공이다. 위에 또 점이 있는데 이것도 공이다. 이른바 대공(大空)이다. 십팔공(十八空)을 초월한 것을 대공이라 한다. 공에 머무는 위(位)를 대공이라고 한다. 바로 대열반이다.]

엄(嚴)["허공안(虛空眼)[의 종자]"이다. 가(伽)는 오고가는 법을 여의어 곧 대공과 동등하므로 점을 찍는다.]

람(嚂)[46][모든 불보살은 다 여기에서부터 법계로 왔다. 라(囉)는 더러움[垢, mala][47]이고 위에 점이 있는 것은 더러움을 여의어 대공과 동등하니 이것이 법계의 뜻이

46) 법계심(法界心)의 종자이다.

47) 구(垢)는 범어로 mala이다. 보통 삼구(三垢)를 칭하는데 세 가지 구예(垢穢)의 뜻이다. 즉 중생의 마음의 작용을 더럽히는 탐(貪 rāga) · 진(瞋 dveṣa) · 치(癡 moha)의 삼독을 가리킨다.

다.]

캄(欠)["대근용(大勤勇)의 종자"이다. 부처님께서 도량에 앉으시어 모든 마군을 항복시키시므로 모든 천·인이 부처님을 대근용이라고 칭하였다. 바로 비로자나이다. 카(佉)는 공(空)의 뜻인데 위의 점은 바로 대공이다. 대공으로써 모든 공을 청정하게 한다.]

염(髯)["수자재보살(水自在菩薩)의 진언"이다. 물[水]에서 생하였기에 수자재라 이름한 것이 바로 이 보살의 명칭이다. 대본(大本) 가운데 이렇게 있다. 지금은 이 만다라 위(位)에 안치할 곳을 말하지 않았으나 자세해야 말해야 한다. 자(闍, ja)는 생(生)의 뜻이고 모든 생멸을 없애니 대공과 동등하다.]

탐(眈)["다라존(多羅尊)의 종자"이다. 다(多 ta)는 여여(如如)이다. 여여한 성품은 바로 대공과 동등하다.]

발리(勃履)["비구지(毘俱知)[의 종자]"이다. 파(婆)는 삼유(三有)이며 리(哩)는 삼매이다. 삼유 가운데에서 자재를 얻음이다. 곁의 두 점이 있는 것은 삼유를 보내어 없애는 것이다.]

삼(參)["득대세(得大勢)의 종자"이다. 사(娑)는 모든 유루(有漏)로서 관음의 종자와 같다. 위에 점이 있는데 이 모든 유루(有漏)는 대공과 동등하다는 것을 말한다.]

반(半)["백처(白處)존의 종자"이다. 관음부의 모(母)이다. 파(跛, pa)는 궁극의 진리의 체이다. 마치 허공과 같다.]

함(含)["마두관음(馬頭觀音)의 종자"이다. 하(訶, ha)는 행이다. 위에 점이 있는데 이는 공의 뜻으로 바로 대공이다.]

염(閻)["야소다라(耶輸陀羅, Yaśodhāra)의 종자"이다. 바로 연화부의 명비(明妃)이다. 야(也ya)는 승(乘)의 뜻이다. 위에 점이 있으면 이 승(乘)이 청정하여서 대공과 동등하다는 뜻이다.]

삼(參)["보장(寶掌)보살의 종자"이다. 대세지(大勢至)와 같다. 보처(寶處)삼매로써 정(定)으로 삼는다. [이 보살은] 보배를 손에 담고 있는데 보배는 그 [보처삼매]로부터 생기는 것이다. 또한 항상[常]의 뜻이 있으며, 작(作)의 뜻이 있다.]

염(髯)["광망(光網)보살의 종자"이다. 문수의 권속으로 역시 앞과 같다.]

파(婆上)["석가모니의 종자"이다. 파(婆)는 삼유(三有)이다. 곁에 두 점이 있는데 이것은 삼유를 제거하여 보낸다는 뜻이다.]

훔(𤙖)[하(訶)는 행(行)이고 아래의 오(鄔, u)는 삼매이며, 위의 점은 대공이다.]

타람(吒嚂)[아래의 타(吒)는 싸워야 할 적이다. 라(囉, ra)는 구(垢)이다. 곁의 오성(鄔聲, u)은 삼매이다. 위에 점이 있는 것은 대공이다.]

오른쪽은 삼불정(三佛頂)의 종자이다 앞과 같이 차례대로 이를 배열하라.

람(嚂)["백산(白傘)불정의 종자"[48]이다. 라(羅, la)는 상(相)이고 위의 점은 대공과 동등하다.]

점(苫)["승불정(勝佛頂)의 종자"이다. 사(社 sa)는 장애이다. 이는 원적(怨敵)을 상대한다는 뜻이다. 일체 유(有)를 다스리는 법은 대공과 동등하며 뛰어나거나 낮은 것이 없다.]

사(睗)["최승불정(最勝佛頂)의 종자"이다. 사(娑)는 견고이다. 견고함과 견고하지 않음을 떠난 것은 바로 대공이다. 또한 삼매가 있다.]

다린(怛憐二合)[다(多)는 여여(如如)이며 라(囉)는 구(垢)이다. 그리고 대공의 뜻이 있다. 이는 "화취(火聚)[불정의 종자]"이다.]

하림(訶啉二合)[하(訶)는 행이고 라(囉)는 구(垢)이며, 오(鄔)는 삼매이다. 점은 대공이다. 이는 "제장불정(除障佛頂)[의 종자]"이다.]

지금까지는 오불정(五佛頂)의 종자이다.

탐(耽)[여여(如如)이다. 위에 공(空)이 있다. 즉 여여불가득(如如不可得)으로 대공과 동등하다.]

함(含)[행이다. 아자에 들어가면 곧 행하는 것 없는 행[行無行]이며 또한 공이다.]

반(半)[궁극의 진리에 들어간다. 궁극의 진리를 떠난다.]

함(含)[행이다. 행을 떠남이다.]

---

48) 이하에서 오불정(五佛頂)을 설한다. 즉 ① 백산개불정(白傘蓋佛頂, Uṣṇīṣa-sitātapattra), ② 승불정(勝佛頂, Uṣṇīṣa-jayā), ③ 최승불정(最勝佛頂, Uṣṇīṣa-vijayā), ④ 광취불정(光聚佛頂, Uṣṇīṣa-tejorāśi) 또는 화취불정(火聚佛頂)·화취정(火聚頂), ⑤ 제장불정(除障佛頂, Uṣṇīṣa-vikīrṇa) 또는 사제정(捨除頂)이다.

염(閻)[일체승(一切乘)이다. 승(乘)에 즉하여 무승(無乘)이다. 체는 공과 동등하다.]

이 다섯 글자는 세간 명비(明妃)의 종자자(種子字)이다. 부처님께서 교화하시는 상(相)이 세간과 동등할지라도 '천과 같다[天等]'고 말한다. 일체에 두루한 명비가 이에 따라 그 하나를 취한다.

훔(許)["무능승(無能勝)의 종자"이다.]

미(微)[삼매이다. 바(縛)는 "지신(地神)의 종자"자이다.]

지(枳)[작삼매(作三昧)이다.]

리(履)[이상삼매(離相三昧)이다. 문수보살의 사자(使者)인 "계설니(計設尼)[49][의 진언]"이다. 머리를 단엄하게 묶어 아름답기에 이러한 이름을 얻었다.]

이(儞)[베품[施]이다. 정(定)이다.]

리(履)[베푸는 자이다. 정상(定相)이다. 시(施)는 시삼매(施三昧)이다. 무상(無相) 가운데에서 모든 원을 만족시킨다.] 이는 "오파계설니(鄔波計設尼)[의 종자]"이다.

미(弭)[공(空)이고 정(定)이다.]

리(履)는 앞과 같다[이것은 문수사자(文殊使者)의 종자이다. "질다(質多)"라 부른다. 마(麼, mi)는 공(空)이고 아(我)이다. 아래의 라(羅)는 상(相)이다. 상(相)이 있는 까닭에 유아(有我)이고, 상을 여읜 까닭에 무아(無我)이다. 역시 문수사리의 정(定)이다].

히(係)[희(喜)이며, 행(行)이다.]

49) 이하에서 오사자(五使者)를 설한다. 오사자는 문수오사자(文殊五使者)·오종금강사(五種金剛使)라고도 한다. 태장만다라 문수원(文殊院) 가운데 주존 문수보살의 왼쪽에 있는 다섯 동자이다. 이 다섯동자는 곧 첫째, 계설니(髻設尼, Keśinī)로서, 머리모양이 단엄하다는 뜻으로 심지(心智)의 청정을 나타낸다. 둘째, 우파계설니(優波髻設尼, Upakeśinī)에서 우파(優波)는 '버금이 된다', 접근·예속의 뜻으로 문수의 능시삼매(能施三昧)를 나타낸다. 셋째, 질다라(質多羅, Citrā)는 잡색(雜色)의 뜻으로 문수의 두루 나타내는 색신(色身)의 덕이다. 넷째, 바소마디(嚩蘇摩底, Vasumatī)는 재혜(財慧)의 뜻으로 지혜(地慧)라고도 부른다. 이 존은 묘혜(妙慧)로 임운자재(任運自在)를 나타낸다. 다섯째, 아갈사니(阿羯沙尼, Ākarṣaṇī)는 청소(請召)·구소(鉤召)·초소(招召)라고도 번역하는데, 중생을 이끌어들여 보리에 도달하게 한다. 그런데 『대일경소』 5권이나 아사리소전(阿闍梨所傳)의 만다라 도위(圖位)에서 오사자는 문수의 좌우에 나누어서 배치되어 있다. 또 『경』에는 이들 오사자의 아래에 각기 하나의 봉교자(奉教者)를 두고 있다.

리(履)[상(相)이다. 문수보살의 사자(使者)인 재혜(財慧)[의 종자]이다. 이는 모든 원을 채워서 모두 기쁘게 한다. 다시 한 사자가 있으니 아가사니(阿迦沙尼, Akaśanī)라 부른다. 이는 호소(呼召)하여 물건을 취하는 사자이다. 경 가운데에 종자자가 빠졌는데 아직 찾지 못하였다.]

이상은 문수보살의 오사자(五使者)이다. 한 사자마다 각기 하나의 받드는 가르침이 있다. 종자자가 사자와 동일한 것을 알 수 있다.

다음에 "제의괴(除疑怪)보살[의 종자]"이다.

하(訶)[행(行)이다.]

사(娑)[여읨이다.]

난(難)[공(空)이다. 또한 대공이다. 이른바 법의 감로(甘露)이다.]

총구(總句)는 기쁨의 뜻이다[이는 환희용약의 뜻이다].

다음에 "일체무외시(一切無畏施)의 진언"이다.

라(羅, ra)[더러움이다.]

사난(娑難)[위와 같다. 이 종자의 뜻은 존재하기 때문에 두려움이 있다는 것이다. 만일 아자문에 들어가면 모든 두려움을 제거할 수 있다.]

총구는 미(味)이다[즉 위없는 진실의 법미(法味)로써 온갖 원을 채운다].

다음에 "제일체악취(除一切惡趣)[의 종자]"이다.

지몽(持懵)[법계이다. 박(縛)이다.]

사난(娑難)[위와 같다. 총구는 파괴의 뜻이다. 사람의 손으로 물건을 집어서 물건을 때려 부수는 것과 같다.]

다음에 "애민혜(哀愍惠)의 진언"이다[일체를 애민함에 따라 그 이름을 얻었다].

미(微)[묶음이다. 삼매이다. 이성(伊聲)은 바로 정(定)이다.]

하(訶)[기쁨이다.]

사(娑)[견고함이다.]

난(難)[위와 같다. 총구는 갖가지의 뛰어난 방편으로써 중생을 환희하게 하여 이곳에 이르게 한다.]

첨(諂)[증장적취(增長積聚)의 뜻이다. "대자생보살(大慈生菩薩)의 종자"이다. 이 자

(慈)는 매우 커서 비교할 것이 없다. 이 자로부터 생한다.

염(閻)[승(乘)이다. 이는 오고 감의 뜻이다. 오고 감을 여의면 대공과 동등하다. 이것은 "대비전(大悲纏)보살의 종자"자이다. 대비로써 스스로 그 마음을 묶는다. 그래서 이렇게 이름지었다.]

이(縊)["제일체열뇌보살(除一切熱惱菩薩)의 종자"이다. 삼독의 열뇌(熱惱)를 제거함은 바로 극삼매(極三昧)의 뜻이다.]

오(汙)[오(鄔)는 "부사의혜보살(不思議慧菩薩)의 종자"로서 역시 극삼매의 뜻이다. 부사의한 혜로써 무혜(無慧)를 제거한다. 베품이다. 자기가 갖고 있는 혜를 다른 이에게 주는 것이다.]

탄(灘)["보생보살(寶生菩薩)의 종자"이다. [이 종자로부터] 모든 법보(法寶)를 출생하는 까닭에 [보생이라] 부른다. 사마타 또는 대공이다.]

삼(衫)[이것은 "보수보살(寶手菩薩)의 종자"이다. 여의주가 손에 있어서 모든 사람들의 원을 채우는 것처럼, 이 보살도 역시 그러하다. 그래서 [보수라는] 이름을 얻었다.]

엄(噞)[의젓한 모양이다. 제5의 글자는 공, 또는 대공이다. 이는 지지(地持)[의 종자]이다. 마치 대지가 만물을 지탱하고 불지(佛地)가 중생을 지탱하는 것과 같다. 이 보살도 역시 그러하다. 이 종자의 뜻으로써 일체를 지탱한다.]

염(髯)[염(染)자이다. 또한 제5의 글자도 또한 대공이다. 경에는 보살의 명칭이 빠졌는데 앞을 검토하라.]

파(頗)[파(頗)는 물거품처럼 견고하지 않다는 뜻이다. 모든 법의 자상(自相)을 아는 일처럼 대공과 같다.] 이것은 "보인수(寶印手)보살의 종자"이다.

난(赧)["견고의(堅固意)보살[의 종자]"이다. 공도 역시 공이다. 즉 이 견고의보살은 공의 내부에서 곧 번뇌를 그친다.]

린(鄰)["허공혜(虛空慧)[보살의 종자]"이다. 허공이 끝이 없으며 걸림없는 것과 같이 이 보살의 혜(慧)도 또한 이와 같다.]

함(含)["허공무구(虛空無垢)[보살의 종자]"이다. 앞의 혜가 허공이 청정하여 더러움 없는 것과 같이 행은 공에 의거한다. 행을 성취하고 나면 공과 동등하다.]

공(空)[여여(如如)의 혜(慧)가 '오는 것'이다. 디(底)는 '가는 것'이다. 이른바 여거(如去)

에 이르러 정각을 성취한다. 여여이다.]

벽딘(蘗丹)[정혜(淨慧)이다. 허공의 더러움 [없음]이다.]

디람(地嚂)[행혜(行慧)의 심진언이다. 언제나 이 혜로써 중생을 이롭게 한다.]

훔(吽)[안혜(安慧)이다. 언제나 이 혜에 머물러 중생을 이롭게 하기 때문에 이러한 이름을 얻었다.]

구절에서는 무포외(無怖畏)라 한다. 이 혜에 안주하는 것은 마치 금강산과 같은 정(定)이다.

디(地)[법계이다.]

실리(室唎二合)[지정(止定)이다. 무구(無垢)이다.]

함(唅)[행이며 공이다.]

몰람(沒藍)[박(縛)이고, 구(垢)이며, 공(空)이다.]

이 네 종자는 모든 봉교자에 통한다. 말하는 데에 따라 그 한 종자를 취하여 쓴다.

흘사(吃沙二合)[지음이다. 지(止)이다. 두 점[50]은 두렵게 해서 싸움을 없애게 한다. 점은 지극하게 싸워서 그를 두렵게 하는 것이다. 이는 대승(大勝)이다.]

나(拏)[여여(如如)이다.]

라(囉)[무구(無垢)이다.]

염(閻)[일체승(一切乘)에 통달한다.]

검(劍)[작(作)과 비작(非作)을 모두 여읜다. 작(作)으로써 여읨을 얻는다. 체가 대공임에 말미암는 까닭이다. 따라서 한 종자의 자를 취한다. 여기에 다(多)자가 빠졌다. 제30이다.]

이상의 여섯 종자는 앞에서 설명한 것과 같이 십불찰의 티끌처럼 많은 보살의 종자이다. 따라서 한 종자를 사용하여 통용할 수 있다. 무릇 모든 진언 가운데에 초·중·후의 글자를 취하여 종자로 삼는 것이 모두 가능하다. 잘 살펴보고 중요한 글자를 취해야 한다.

---

50) 열반점을 가리킨다. 이 문단은 변역(變易)의 이종생사(二種生死)를 두렵게 해서 이를 제거한다는 뜻이다.

52. 정거천의 진언

[다음에 **"정거천(淨居天)의 진언"**이다.]

마노라(摩奴囉, manorama)[마음의 기쁨이다. 갖가지 즐거움을 받기 때문이다.]

달마삼바바(達摩三婆縛, dharma-sambava)[법으로부터 생겨남이다. 이 부처님께서 화현하신 생이다. 세간의 천신에 관한 것이 아니다. 그러므로 법으로부터 생겼다고 말한다.]

비파박(費婆縛, vibhava)[따라 존재함이다.]

가타나(迦他那, kathana)[설(說)이다. 앞과 통하며 따라 존재함에서 설한 것이라고 한다. 그 법으로부터 생함에 따라 이해할 만한 법으로 중생을 위하여 설법한다.]

삼(三, saṁ)[종자이다.]

삼(三, saṁ)[역시 종자이다. 견고함과 견고하지 않음을 모두 여의어 체가 공과 같아서 아주 텅 비어 있다. 그래서 종자를 중복하였다.]

53. 나찰의 진언

[다음에 **"나찰의 진언"**이다.]

즉 그 방언(方言)을 사용하여 진언으로 한다.

그람(吃囕, kram)[심(心)이다.]

계리(計㘑, keri)[세 글자를 겸해서 종자로 한다.]

가운데에 두 가(迦)와 두 라(囉)가 있는데 이것은 바로 모든 업의 더러움을 먹는다. 두 의(醫)자는 삼매이다. 거듭 설한 것은 거듭 청정함을 의미한다.

54. 다키니의 진언

[다음에 "다키니(荼吉尼)의 진언"이다.]

이 [다키니]는 세간에서 온갖 요술을 부리는 자이다. 또한 자재로이 주술을 가지고 사람의 목숨을 끊게 할 줄 아는 자이다. 6개월 전에 어떤 [사람이 죽을] 것을 알게 되며, 알고 나서는 곧 작법하여 그 심장을 빼앗아 먹는다. 그러한 이유는 사람의 몸 가운데에 황(黃)이라 하는 것이 있는데 말하자면 인황(人黃)으로 마치 소에 황[牛黃]이 있는 것과 같다. 만일 [다키니가 심장을] 먹으면 가장 큰 성취를 얻어서 하룻만에 네 국토를 두루 다니면서 뜻하는 바에 따라 모두 [성취를] 얻기 때문이다. 또한 갖가지로 사람을 다스릴 수 있다. 싫어하는 자가 있으면 주술로써 이를 다스려서 병으로 매우 고통받게 한다. 그렇지만 그 법으로 사람을 죽일 수는 없다. 요컨대 자가(自家)의 방술(方術)로 사람을 죽이려고 하면 [그 사람이 죽어]가는 6개월 전부터 곧 이를 알 수 있다. 알고 나서는 방술을 써서 그 심장을 뺏는다. 그 심장을 빼앗을지라도 법술(法術)이 있으니 반드시 다른 물건으로 이를 대신해야 한다. 이 사람의 목숨이 아직 끝나지 않았더라도 죽음에 임박해서 서서히 부서지게 된다. 대체로 이 야차는 아주 자재하다. 세상 사람들이 아주 극악하다고 말하는 존재로 마하가라(摩訶迦羅)[51]에 속한다. 이른바 대흑신(大黑神)이다. 비로자나께서는 삼세를 항복받는 법문으로써 그를 제거하시고자 하시기에 변화로써 대흑신을 만드셨다. 그 [비로자나께서 변화

---

51) Skt. Mahākāla. 마하가라(摩訶迦羅) · 마하가라(莫訶哥羅)라고 음사한다. 대흑신(大黑神) · 대흑천신(大黑天神) · 마하가라천(摩訶迦羅天)이라고도 하며 불교의 수호신이다. 가라는 검다는 뜻으로 몸의 색에서 나온 명칭이다. 인도에서는 전투와 재복과 저승세계의 신으로 세 가지 성격이 있다. ① 시봐신의 화신으로서 파괴를 담당한다. 시림(尸林)에 머물며 몸을 잘 감추고 공중을 날며 피와 고기를 먹는 신으로 제사하면 가호하여 전생에서 승리한다고 한다. ② 재물을 담당하는 신으로 비쉬뉴와 지천(地天)의 화신으로 인도사원의 주방(廚房)에서 제사한다. ③ 저승세계의 신으로 염마천(焰摩天)과 동체이다.

로 나타내신 대흑신은 극악한 대흑신]보다 뛰어나며, 한량 없이 많게 시현하였다. 재를 몸에 바르고 광야 가운데에서 주술로써 모든 법을 다 성취하여 공중에 오르며 물을 밟는 데에 모두 자재한데, 모든 다키니를 불러서 그들을 꾸짖는다.

"너희들은 언제나 사람을 먹는구나. 나도 지금 역시 너희들을 먹겠노라."

그리고 곧 그 [다키니]들을 먹는다. 그러나 그들을 죽게 하는 것은 아니다. 항복시키고 나서 놓아주고 모두 살을 끊어 놓았다. 그들이 부처님께 말씀드렸다.

"저희들이 지금 모두 [다키니의] 살을 먹었는데 [그가] 남아있습니다. 지금 어떻게 스스로 구제할 수 있습니까?"

부처님께서 말씀하셨다.

"너 [대흑신]에게 죽은 사람의 심장을 먹도록 허락한다."

그가 말씀드렸다.

"사람이 죽으려고 할 때에 모든 대야차가 그 목숨이 다하는 것을 알고서 다투어 와서 먹을려고 합니다. 제가 어떻게 이것을 얻을 수 있습니까?"

부처님께서 말씀하셨다.

"너희들을 위하여 진언법과 인을 설하겠노라. 6개월 [이전에] 아직 죽지 않았으면 곧 이를 알 수 있다. 알고 나서는 법으로써 가호하고 다른 이를 두렵게 하거나 손상해서는 안된다. 목숨이 마칠 때에 이르러 네가 취하여 먹는 것을 허락한다."

이와 같이 점점 이끌어 불도에 들어오게 하기 위하여 이러한 진언이 있다.

하리(訶唎二合, kālī)[하(訶)는 정(定)이며, 행(行)이다. 리(唎)는 구(垢)이다.]

하(訶, haḥ)는 [행(行)이다.]

[이 진언은] 저 삿된 방술의 더러움을 제거한다.

55. 야차녀의 진언

[다음에 "야차녀(藥叉女)의 진언"이다.]

세간을 씹어먹고, 모든 업의 더러움 등의 악을 먹는다. 이것이 야차의 뜻이다.

악(藥)[승(乘)이다.]

걸차(吃叉二合, kṣa)[위와 같다.]

미(尾)[언어가 끊어진 정(定)이다.]

이야(儞夜二合)[베풂이고, 승(乘)이다.]

달(達)[법계이다.]

리(㘑, vidyā-dhārī)[무구(無垢)이며, 정(定)이다.]

구절의 뜻은 지야차명심(持夜叉明心)이라 한다. 이것은 그 방언을 사용하여 진언을 만든 것이다.

56. 비사차의 진언

다음에 "비사차(毘舍遮)의 진언"이다.

[번역하면 이것은 지극한 고초(苦楚)의 뜻이다. 이 무리들은 대부분 아귀(餓鬼)이다.]

비(比)[궁극의 진리며 정(定)이다.]

지(旨, vici)[죽음이다.]

비지(比旨, vici)[지극한 궁극의 진리이다. 멸(滅)이다.]

역시 그 방언에 따라 만들었다.

57. 부다의 진언

다음에 "부다(部多)의 진언"이다. 이는 야차의 종류이다.

우(喁, gaṁ)[거(去)이다. 공(空)이다.]

이(縊, e)[정(定)이다.]

우이(喁縊, gu I)[극(極)이다.]

몽(懵, maṁ)[나[我]이다.]

산(散, sa)[견고함이다.]

녕(寧, ne)[공(空)이다. 정(定)이다.]

58. 아수라의 진언

다음에 "아수라(阿脩羅)의 진언"이다.

각각을 따로 종자자로 삼는다. 그 하나를 취함에 따른다.

라(囉, ra)[더러움이다.]

타(吒, ṭa)[전쟁이다.]

라타(囉吒, raṭi)[중복해서 말한다.]

리(唎, dvaṁ tan)망(懵二合, maṁ)[법계이다.]

탐(耽, tan)[여여(如如)이다. 마치 공(空)과 같다.]

몰라(沒囉二合, mra) 파라(波囉二合, pra)[언어도단이다. 모든 더러움을 여읜다.]

구절 가운데 염욕진(染欲瞋)의 말이 있다. 이른바 그 많은 탐욕과 성냄을 제거하기 위하여 설한다.

59. 마후라의 진언

다음에 "마후라(摩睺羅)의 진언"이다.

마후라[52] 역시 종자자를 그 가운데에서 취함에 따른다.

가(蘖, ga)[온다. 간다.]

라(囉, ra)[더러움이다.]

람(藍, laṁ)[상(相)이다. 이른바 생사이다.]

가(蘖, ga)[박(縛)이다.]

라(囉, ra)[더러움이다.]

람(藍, laṁ)[상(相)이다.]

60. 긴나라의 진언

다음에 "긴나라(緊那羅)의 진언"이다.

하(訶, ha)[행(行)이다. 기쁨이다.]

카(佉)[행(行)이다.]

산(散, saṁ)[견(堅)이다. 이른바 나의 과보이다.]

난(難, nāṁ)[공이며 또 공이다. 윗 구절이다.]

---

52) Skt. Mahoraga. 마호륵가(莫呼勒伽)・마호라가(摩護囉迦)・마호락가(摩呼洛伽)라 음역하며, 대복흉행(大腹胸行)・대망(大蟒)・대망신(大蟒神)으로 의역한다. 팔부중의 하나로 뱀을 신격화한 것으로 보인다. 긴나라와 함께 악천(樂天)을 대동한 음악신으로서 제석천을 따르고 있다. 머리는 뱀 같고 몸은 사람과 같은데 주로 배로 기어다니므로 복행(腹行)이라 번역하기도 한다. 불법을 즐겨 구하며 중생을 이익케 하되 포복으로서 거만한 습관을 버려 겸손하고 공경한 모습을 복행으로 보이는 것이다. 어느 곳이나 걸림없이 다니며 주로 가람을 돌며 외호하는 가람신으로도 인식되고 있다.

미(微, vi)[묶음이다. 정이다.]

하(訶, ha)[위와 같다.]

산난(散難, ṣanāṃ)[위와 같다. 아래의 구절이다.]

이 구절의 뜻 [가운데에서] 윗 구절은 환희이고, 아랫 구절은 사람에게 환희를 베푼다는 뜻이다. 변하지 않는 내가 있다고 고집하는 생각[我執]을 제거하여 견고하게 함으로 말미암아 대공을 증득한다. 이러한 까닭에 기뻐 뛰는 것이 무량하다. 이미 스스로 얻고 나서는 다시 다른 이에게 베풀어준다.

61. 모든 사람들의 진언

[다음에 "모든 사람들의 진언"이다.]

각기 종자자가 있다.

일(壹, I)[정(定)이다.]

차(車, ccha)[영상이 사라짐이다. 방점 아(阿)가 있는 것은 행(行)이다.]

발(鉢, pa)[궁극의 진리이다.]

람(囕, raṁ)[진(塵)이다. 곧 대공이다.]

마(麼, ma)[무아이다. 곧 대공이다.]

노(弩, no)[공이다. 또한 공이다. 이성(伊聲)은 공이다.]

마(麼, ma)[공이다.]

예미(曳迷, yene)[승(乘)이고, 인(人)이며, 정(定)이다.]

사바하(莎訶, svāhā)[위와 같다.]

[이상으로] 모든 진언의 별상(別相)을 마친다.

"다음에 비로자나께서 진언심을 송하셨다"[53]고 함은 무엇인가?

이상의 모든 진언들은 하나하나에 따라 근본진언 · 심진언 · 수심진언(隨心眞言)이 있으며, 이와 같은 것들은 한량 없이 많고 끝이 없어서 그 수를 헤아릴 수 없다. 지금 모든 진언심을 한 마디로 통틀어 설하면 바로 이 아자이다. 이것은 바로 모든 법이 본래 생겨남이 없다는 뜻이다. 만일 아 소리를 여의면 다른 글자도 없다. 이것은 바로 모든 글자의 어머니이다. 즉 모든 진언이 태어나는 곳이다. 말하자면 모든 법문과 보살 등은 모두 비로자나께서 스스로 증득한 마음으로부터 중생을 요익하게 하기 위하여 가지력으로써 이러한 일[54]을 나타내신다. 실제로는 체가 생겨남이 없으므로 아자의 법체와 같다. 이 종자는 진언 가운데에서 가장 뛰어난 것이다. 이러한 까닭에 진언수행자는 언제나 이와 같이 수지하여야 한다. 그래서 모든 진언은 아자에 머문다. 이 [아자에] 머물러 송하면 [곧 다른 모든 글자가] 생겨나게 된다.

이상으로 「보통진언장품(普通眞言藏品)」을 마친다. 이 가운데의 진언은 모든 경우에 통용하라. 아래의 모든 법 가운데에는 각기 다른 행이 있다.

---

53) 『경』에는 "비밀주여. 이들 모든 진언을 내가 이미 널리 설하였다"로 되어 있다.
54) 무진장엄의 만다라를 가리킨다.

제5 세간성취품(世間成就品)

1. 자(字)와 구(句)의 상응

제3경(第三經)에[1] "이때에 세존께서는 다시 금강수비밀주에게 말씀하셨다. 잘 듣고 잘 듣거라"고 한 것은 앞에서 이미 부처님께 여쭈었는데 앞의 답을 건너뛴 것이다. 그래서 묻는 사람 없이 스스로 설하신 것[無問自說][2]이라 한다. "진언교법과 같게 하면 그 과를 성취하리라"고 하는 것은 진언행인이 법교(法教)대로 바른 가르침에 의지하여 수법(修法)을 행하여 닦으면 이 행이 잘 이루어지고 실지의 과를 얻는다는 것을 말한다. 부처님의 뜻으로 말하면, 만약 어떤 중생이 앞과 같은 큰 과(果)를 성취하고자 하면 먼저 차제에 의거하여 이를 수행하여야 한다는 것이다. 곧 이것이 최초로 [수행하기 위해] 발을 움직인 곳이다.

---

1) 이하에서 종자와 구(句)의 상응(相應)에 대하여 설한다
2) 금강수의 질문 없이 부처님께서 직접 설하신 것을 말한다.

"종자와 종자가 상응하게 하며 구절(句)과 구절도 역시 이와 같이 [상응하게] 하여 마음 속으로 염송을 하되 1락차 [동안] 잘 머물어라. 처음의 종자는 보리심이다."

앞과 같은 낱낱의 글자[3]마다 각기 자의 뜻을 가지고 있다. 이 자(字)로부터 실상문(實相門)에 들어가니 바로 진언자(眞言字)이다. 또한 이 모든 자는 합하여서 구를 이루니 바로 구의(句義)를 갖는다. 이 구는 바로 실상의 체를 나타낸다. 이러한 까닭에 진언을 지니는 수행자는 반드시 자와 자가 상응하게 하고 구와 구가 상응하게 해야 한다. 혹은 마음이 종자의 자에 머물고 혹은 진언을 생각하여 바퀴의 모습을 이루게 하고, 혹은 다발 모양과 같게 하거나, 꿴 구슬과 같게 하여 밝고 청정하여 더러움 없이 돌고 돌아 상속하는데 끊어짐이 없게 한다. 이와 같이 현전(現前)하는 것을 명료하게 하고 나서 이 진언의 바퀴를 관상하는데 밝고 희기가 마치 순수하고 맑은 우유처럼 하라.

2. 락차

또한 차례대로 따라 흐르게 하는데 끊어지지 않게 해야 한다. 입 가운데로부터 들어와 위로부터 아래로 향하고 두루 아래 부분에 뿌려라. 머리와 꼬리[4]가 서로 접하여 이 가운데로 끌고 들어가게 한다. 몸의 중심으로부터 두루 펼쳐서 팔과 다리의 부분[身分]에 뿌린다. 이렇게 수행하면 수행자로 하여금 몸과 마음의 모든 장애를 다 청정하게 할 수 있다.

이른바 "1락차"[5]란 은어(隱語)로서 산스크리트음으로는 '별(別)'이라는

---

3) 「보통진언장품」에서 설하는 진언을 가리킨다.
4) 진언 글자의 머리와 꼬리를 가리킨다.

뜻이다. 곧 '한번 본다[一見]'는 뜻이다. 마음을 이 경계에 머물게 하여 하나의 연으로 어지럽지 않게 하니 자와 자가 상응하고 구와 구도 역시 상응한다. 이 하나하나의 자를 관상하는데 밝고 희며 투철하게 맑은 것이 마치 깨끗하고 밝은 구슬과 같게 하라. 낱낱의 자를 모두 다시 명료하게 하여 두루 빛다발이 차례대로 끊어지지 않게 하며 그 심장에 쏟아붓는데 마치 감로를 뿌리는 것과 같게 한다. 그런데 이와 같은 하나의 연이 있을 때에 갖가지의 장애가 일어나는 것이 있다. 크게 두려워 할 만한 형상을 만들어 모든 산란한 마음을 가진 사람들이 보게되면 광란하거나 혹은 큰 소리를 지르거나, 거대한 산이 무너지려고 하는 등이다. 이와 같은 일이 있을 때에도 수행자는 용건한 보리심에 머물러 하나의 연에서 움직이지 않고 취하거나 버리지도 말아야 한다. 그래야 일견(一見)에 머문다고 할 수 있다. 만일 이와 같이 하지 않으면 비록 백년이 걸려서 천만 낙차를 채운다해도 오히려 성취할 수 없는데 하물며 1낙차이겠는가!

3. 진언의 자(字)와 보리심

또한 이 글자는 바로 보리심이다. 낱낱의 자로 말미암아 곧 실상문에 들어가 모두 법계의 체를 얻는다. 자(字)라고 말하는 것은 산스크리트어로는 아찰람(阿刹藍, akṣaram)이라 한다. 아(阿)는 부서지지 않는다는 뜻으로 곧 정보리심이다. 이와 같은 수행문은 정보리심을 위한 것이기 때문이다. 만약 더러움을 제거하지 않는다면 본존삼매(本尊三昧)가 현전할 이유가 없다. 그러므로 낱낱의 자(字)가 정보리심과 더불어 상응할 수 있도록 해야 한다.

---

5) 락차에 두 가지 뜻이 있다. 하나는 억(億)을 의미하는 수량의 개념이고, 둘은 견(見)의 뜻이다. 지금은 두 번째의 개념으로 사용하였다.

4. 소리와 본존

"두 번째는 성(聲)이라 이름한다. 구(句)를 관상하여 본존으로 하고 자신이 머무는 곳에서 행해야 한다."

종자와 종자, 구절과 구절, 진언의 소리를 관상하여야 한다. 앞과 같이 차례대로 상속하여 순환하며 도는 것이 끊어지지 않게 하라. 낱낱 소리의 상이 명료하게 하는 것은 마치 방울과 풍경의 청아한 소리가 차례대로 끊어지지 않는 것과 같게 하고, 그 몸에 들어가 그 몸 안에 두루하게 하라. 이 인연으로 몸과 마음에서 더러움과 혼탁함을 씻어 없애게 됨은 불이 일어날 때에 모든 더러움이 다 청정해지는 것과 같다. 또한 마음을 하나의 경계에 잘 머물러 산란하지 않게 해야 한다. 가령 갖가지 경계가 있을지라도 역시 앞에서 설한 것과 같게 하라.

또한 이 구절의 뜻은 바로 본존의 체이다. 먼저 본존의 관상을 명료하게 하라.

5. 자기의 몸과 본존을 동등하다고 관하라

다음에 자기의 몸이 본존과 동등하다고 관하여 안팎[6]으로 명료하게 하라. 종자의 글자로 진언을 관하는 것은 바로 진언의 몸이다. 소리[聲]로 진언을 관하는 것은 바로 진언의 주(主)이다. 구절의 뜻[句義]을 관하는 것은 진언의 체이며, 바로 진언의 심장[心]이다. 구절이란 의취(義趣)가 나아가는

6) 안은 능관(能觀)의 마음이고 밖은 소관(所觀)의 경계이다.

곳이다. 즉 본존의 심장이다. 몸과 말과 뜻이 청정하면 세 가지 일 [즉 삼업]이 청정하여서 평등한 것이[7] 마치 안으로 밝은 눈이 있으면 밖으로 깨끗한 대상을 볼 수 있음과 같다. 또 어두운 장애 없이 세 가지 일이 평등하며, 이 까닭에 명료하게 현전한다. 이 세 가지 일이 평등하기에 신·구·의가 모두 한결같은 견해에 머물며 온갖 연을 구족하였기에 성취하는 즐거움이 있다. 이 세 가지가 평등하면 본존을 분명하게 볼 수 있다. 그러므로 자기가 있는 곳에서 지어야 하며 스스로 그 몸이 본존과 같다고 관하여야 한다. 세 가지 일이 평등하기 때문에 세간성취라 부른다. 이때에 본존과 모든 보살 등은 관상하는 대로 나타나며, 생각하는 대로 이르고 여쭙는 대로 대답하신다. 그런 다음에 출세간의 진언을 닦아 배우는 행에 들어갈 수 있다. 이와 같지 않다면 헛되이 그 공력을 손상시킬뿐 이익이 없다.

6. 본존과 자륜관

"세 번째 구는 모든 부처의 뛰어난 구라는 것을 알아야 한다. 수행자는 아주 원만하고 맑은 월륜에 머문다고 관상해야 한다. 그 안에 성심껏 여러 자(字)를 관상하여 차례와 같게 하라"고 하는 [이 단락에서 본존관(本尊觀)을 밝힌다].

다음에 부처를 관하여야 한다. 즉 본존을 관하는 것이다. 그 하고자 하는 일에 따라 각각 형상의 법문이 있다. 색깔에 백·황·적 등이 있는 것처럼 앉고 일어나는 신인(身印)의 모습에도 짓고자 하는 일에 따라 자세하게 이를 관하라. 예컨대 마음을 고요하게 하고 재난을 그치게 하려면 식

7) 삼밀이 함께 나타나 드러나기에 평등하다고 한다. 능관(能觀)의 마음을 밝은 눈에 비유하였고 소관(所觀)의 경계를 깨끗한 대상이라 하였다.

재의 형상을 관하라. 이미 성취를 얻었으면 명료하여 걸림이 없다. 또 월륜의 원명이 청정함을 생각하여 자륜을 관하고 이 자륜을 밝고 깨끗한 심장 가운데에 두면 앞에서와 같이 성취할 것이다. 이것이 바로 정보리심의 뜻이다. 삼업이 평등하여서 청정하게 되면 모든 부처님의 모습을 뵐 수 있다. 정보리심과 염불삼매가 상응하고 명료하여 걸림이 없으나 오직 홀로 스스로 명료할 뿐 다른 사람은 볼 수 없다. 그 가운데 "성심껏 관상하라"고 하는 것은 원명의 본존과 종자를 관상하는 것을 분명하게 살펴서 희미한 어두움이 없게 하는 것이다. 이렇게 하면 이것을 '분명하게 살폈다'고 한다.

"안에 자와 구절 등을 안치하고 관상해서 그 명(命)을 정화하라"고 하는 것은 바로 앞과 같이 먼저 자(字)를 관하고 성(聲)을 관하며 본존을 관하는 것이다. [혹은 구(句)라 하는데 다시 여쭈어라.] 그런 다음에 부처님을 관하라. 부처님이란 바로 본존이다. 그 연이 있는 본존에 따라 이를 관하라. 모두 부처님의 보문신(普門身)이므로 다른 모습이 없으면 똑같이 부처라 부른다. 먼저 이 세 가지의 관을 짓는데 모두 합해서 종자가 된다. 종자로 삼으므로 반드시 열매를 얻게 된다.

다음에 본존을 관하라. 결과를 성취하고자 하기 위해서이다. 예컨대 사람에게 씨앗이 있으면 이것을 기름진 밭에 뿌리고 방편으로 길러서 열매를 맺게 하기 위한 까닭에 '종자를 키운다'고 한다. 이미 일체지지의 결과를 성취하고자 부처님을 관하였다. 수행자가 처음으로 관할 때에 홀연히 잠깐 더불어 상응함이 있으니 마치 번갯불과 같이 잠깐 도를 볼 수 있는 것과 같다. 이때에 집착을 일으켜서는 안된다. 왜냐하면 인도에서 한 아사리의 제자가 있어서 이 관을 지을 때에 홀연히 잠깐 상응하고서 [자신이 부처님의 경계에 도달한 것인 줄 알고] 마음에 교만을 일으켜 함께 배우는 동료들에게 그 [자기가 상응한] 것에 대해 말하였다. 그러자 그 [아사리는] 곧 이 [제자에게] 이렇게 훈계하였다.

'만일 법을 보는 자는 곧바로 이 과를 이룬다. 무릇 진언의 과란 바로 일체종혜(一切種慧 : 一切種智)를 갖추는 것이다. 내가 앞서 게송을 지었는데 네가 알 수 있겠는가? 만일 네가 이 근사(近事)[8]에서 통달하지 못하면 모든 부처님의 경계에 아직 도달한 것이 아니라는 것을 알아야 한다.'

이러한 일을 말한 이유는 어떤 사람이 종자를 명료하게 볼 때에는 법과 상응함으로 해서 반드시 몸과 마음이 달라지게 된다. 원래 우둔하였을지라도 총지를 얻게 되어 한 구절을 듣는 대로 한량없이 많은 뜻을 통달하고, 설명한다 하여도 끝이 없다. 하물며 아만 등의 허물을 위하여 움직이며, 교만과 집착하는 마음을 내는 것이겠는가! 그러므로 수행자는 이와 같은 법에 대한 집착을 버리고 [집착을 버린 경지에서] 스스로 물러나지 말아야 한다.

7. 지송(持誦)의 과상(果相)

또한 수행자가 본존을 관할 때에 처음에 홀연히 보고 사라짐에 따라 애락하고 취착하거나 혹은 근심하고 후회하여서는 안된다. 다만 일심으로 이를 수행하여야 하는데 오래도록 하면 스스로 살펴 알아 분명하게 될 것이다. 만일 본존을 보는 때에는 모든 것이 생각하는 대로 자연히 성취된다. 원광의 월륜 및 종자 등은 생각대로 나타나는데 밝고 분명하다. 만일 종자를 보는 때에는 종자 밖에 모두 불꽃광명이 있는데 마치 밝은 불꽃과 같아서 밝고 청정한 것이 비할 바 없다. 혹은 자륜을 짓더라도 앞에서 설명한 것처럼 자륜 위에 광명이 두루하며 마음대로 성취할 것이다. 나아가

8) 근사(近事)라고 하는 것은 불 · 법 · 승의 삼보를 가까이에서 섬기며 공양한다는 뜻이다. 근사남이 되기 위하여는 오계(五戒)를 받아야 하므로 오계를 근사계(近事戒), 또는 근사율의(近事律儀)라고 한다.

이 원명을 관하는데에 작아지기를 바라면 문득 작아지고, 커지기를 바라면 바로 커진다. 그리고 시방의 불국토에 두루하고자 하면 모두 다 두루하게 된다. 혹은 시방의 모든 부처님의 한량 없이 많은 무수한 색상(色像)과 언어로 펼치는 비밀한 가르침을 모두 보려 하거나 신통의 사업을 보고자 하면 모두 밝게 볼 수 있다. 비유하면 뛰어난 세공사가 좋은 진금을 얻어서 수백번 단련하여 청정하게 하고 부드러우며 더러움 없게 하고서 하고자 하는 뜻에 따라 마음대로 모든 것을 만드는데에 걸림이 없는 것과 같다. 이것을 지송(持誦)의 과(果)라고 부른다.

8. 들이마시고 내쉬는 숨

또한 이른바 "들이마시고 내쉬는 숨"이란 세간사람의 호흡이 몸 속에 들어오고 다시 [몸에서 그 호흡을] 내며, 내고 나서는 다시 들이마시어서 단절되거나 간극이 없는 것처럼 이 사람이 자륜의 원명을 관하는 것도 역시 이와 같다. 본존의 마음으로부터 생각생각에 그 마음으로 유입되는 것은 마치 들이마시는 숨과 같다. 또 자기의 신심 가운데에서 생각생각에 유출하여 본존의 심장으로 들어가 생각생각 마음이 끊어짐이 없는 것이 마치 내쉬는 숨과 같다. 이와 같이 생각생각에 두루 돌아서 끝이 없다. 이것이 바로 진언을 수행하는 사람의 들이마시고 내쉬는 숨이다. 이와 같이 들고 나는 숨은 몸과 마음에 흘러들어서 모든 더러움을 정화하며 점차 모든 근을 청정하게 한다.

또 일에 따라 자륜의 종자 색을 관하라. 만일 식재법을 행하려면 백색, 항복법을 행하려면 청흑색 등의 종류이다. [색깔의] 종류로써 알 수 있다. 이와 같이 지으면 마음대로 모든 사업을 성취할 수 있다.

또 경 가운데에서 설하는 "명(命)이란 풍(風)을 말하는 것이다." 풍이란 상(想)이고 상이란 염(念)이다. 이와 같은 명근(命根)과 들고 나는 숨에 대한 생각은 비록 청정하고 묘할지라도 이 생각은 풍으로 이루어진 것이다. 역시 이를 정화시켜야 한다.

9. 먼저 지송해야 하는 법

"그것들을 깨끗하게 하고나서 선지송법(先持誦法)을 행하라."[9]

아(阿)자[10]라 하는 것은 모든 종자가 다 아자로부터 생겼다. 종자의 상(相)을 관할 때에 아(阿)를 관하지 않거나, 만일 [다른 종자자와 아자를] 함께 관하면 두 가지 상이 있게 된다. 그러므로 아자만 관하여 일체종자로 삼는다. 모든 법은 아자문을 벗어나지 않기 때문이다. 그래서 이것을 먼저 종자의 별상(別相)을 관하는 것이라고 한다.

다음에 여기에 이르면 하나하나 반드시 아자문에 들어가야 한다. 만일 아자문에 들어가게 되면 곧 본래 생겨남이 없는 이체(理體)를 본다. 이와 같이 보고 나면 곧 삼업에 모두 통하는데 신업에 통함으로서 두루 색신이 [중생들의] 부류에 따르는 것을 보며, 두루 보기 좋아할 몸을 본다. 어업에 통함으로써 한마디의 말로 두루 시방의 불국토에 이르고 또한 두루 모든 중생의 언어가 각기 다른 것에 응할 수 있다. 심업에 통하게 되면 모든 중

9) 여기서부터는 삼월염송(三月念誦)을 나타낸다. 삼월염송에서는 구지(具支)와 선지법(先持法)과 작성법(作成法)이 있다. 구지염송이란 향과 꽃 등의 공양구를 준비하여 염송하는 것이고, 작성취염송이란 일식(日蝕)의 때에 풀을 뒤섞고 염송하여 성취의 상을 증험하고자 하는 것이고, 선지법염송이란 먼저 공양물을 준비할지라도 이관(理觀)을 주로 하는 염송법을 의미한다.

10) 「보통진언장품」의 끝부분에서 설한 아자로서 이 아자는 일체진언의 심장이다.

생들이 움직이는 마음의 작용과 마음의 희론을 명료하게 알지 못하는 것이 없으며, 모든 여래의 비밀한 사업을 알 수 있다. 이것이 바로 궁극의 육근(六根) 청정이며 종지(種智)를 성취함이다.

10. 이월성취법(二月成就法)

"진언에 잘 머무는 자는 다음에 일월염송(一月念誦)을 해야 한다."[11]

이것은 첫 달 동안 먼저 이와 같이 앞에서처럼 이것을 관해야 함을 말한 것이다. 깊이 있는 해석으로 풀어보자. 한 해는 열두 달로 이루어지는데, 본제(本際)에 되돌아와 그 근원을 얻는 것도 보살의 열 두 단계[十二地], 즉 십주(十住)[12]와 등각(等覺)과 묘각(妙覺)으로 마치 열두 달과 같다. 이 가운데 일월(一月)의 부분을 얻은 때에는 곧 초주지(初住地)에 들어갈 수 있는데 낱낱의 구자(句字)와 혹은 본존 등에 따라 하나하나 살펴 알고 성취하여 장애가 없으면 **"낱낱의 구절에 상응한다"**고 한다.

"수행자는 앞의 방편에서"라 함은 이와 같이 관행할 때에 만일 한 송이 꽃을 부처님께 바치면 지심으로 회향하고 이로써 낱낱의 구절 가운데에서 이해하고 통달할 수 있기를 원하라. 아울러 아래의 글[13]에서 꽃을 가지고 시방의 모든 국토에 두루하게 하여 널리 불사를 지으면 이때에 생각하는 대로 곧 성취할 것이다. 나아가 향과 음식 등[을 공양하는] 일도 하나하나 이와 같이 자세히 설하라. 설령 하늘이 크게 가물거나 혹은 갖가지의 재난이 있을 때에 수행인이 한송이 꽃으로 공양하여 [이 공덕으로] 이 가

---

11) 『경』의 본문이 더 분명하므로 대체한다.
12) 여기서의 십주(十住)는 십지(十地)를 가리킨다.
13) 다음에 나오는 「실지출현품」의 전명비(轉明妃)의 글을 가리킨다.

몸이 사라지고 큰 비를 내리게 하기를 원하거나, 모든 재난이 스스로 그치기를 원하면 응하여 성취하지 못함이 없다. 또한 이 낱낱의 공덕으로써 보리에 회향하고 널리 모든 중생에게 베풀어라. 이와 같이 보리의 대원도 성취할 수 있다. 하물며 그밖의 일이겠는가!

앞에서 "일월(一月)"이라고 한 것은 바로 마음이 하나의 경계와 상응하는 것이다. "낱낱의 구절에 통달한다"고 함은 앞에서 자륜을 관하고 성륜(聲輪) 및 본존의 종자를 관함에 낱낱이 명료하게 현전하여 착오가 없음을 "낱낱의 구절에 통달한다"고 한다. 먼저 부처님을 관하여 [그 관행이] 성취하게 되면, 곧 원명[의 월륜]을 본다. 하나를 성취하여 얻는대로 다른 것도 곧 성취한다. 말하자면 본존을 관하여 명료할 때에는 원명과 자륜 등의 상도 자연히 성취된다. 이 "월(月)"이라 함은 달을 가지고 삼매에 비유한 것이다. 법성이 청량하여서 이에 두루 중생심의 물 속에 나타난다. 세간의 달과는 같지 않으나 단지 마음을 빌려서 비유로 삼았을 뿐이다. 다만 하나를 성취함에 따라 다른 것은 자연히 성취된다. 그러나 구체적으로 설한 이유는 아래의 글[14]에 이르러 각기 사용할 곳이 있으므로 반드시 구체적으로 달을 관하는 법용을 밝혀야 한다.

"위대한 명칭이신 모든 부처께서 이 선수지송(先受持誦)을 설하신다"고 하는 것은 바로 최초로 종자를 성취하는 것이다.

"다음에 갖고 있는 바르는 향과 꽃 등을 바쳐야 한다"고 하는 것은 한송이 꽃으로 두루 법계에 두루하게 하며 나아가 원력(願力)의 인연으로써 중생의 고뇌를 없애는 것이다. 보문(普門)에서 설한 것과 같으니 어찌 한 송이의 꽃으로 이와 같은 힘과 원을 성취할 수 없겠는가!

"정각을 이루기 위해서는 자신의 보리에 회향해야 한다"고 하는 것은 이 자기 마음의 보리종자가 밝고 맑아서 자재한 역용을 드러낸 것임을 분명히 알아야 한다. 다음으로 이 가운데 두 종자의 깊은 뜻을 해석하여 말하

---

14) 「실지출현품」의 글을 가리킨다.

였다.

"이와 같이 양월(兩月)[15]에서 진언은 무외(無畏)하게 될 것이다"라고 하는 것은 바로 실지에 이른다는 뜻이다. 지금 이것은 대용(大用)일 뿐이며 제2월이다. 제1월이라고 함은 종자를 성취하는 것을 말하며, 제2월이라고 함은 위(位)를 성취하는 것이다.

"다음에 이 월(月)을 채우고 나서 수행자는 지송에 들어가야 한다."

세간에서 설하는 바에 따르면 처음의 일 월에는 지송하고 다음의 일 월에는 세간의 법에서 성취를 얻는다. 갖가지 약물(藥物)을 사용하여 법을 성취하면 문지(聞持)를 얻어 한 번 들어서 잊지 않으며 나아가 힘과 신통과 명(明)과 행(行)을 모두 잘 성취하여 대공(大空)에서 자재를 얻게 됨을 말한다. 만일 출세간의 뜻으로 말하면 곧 그 성취하는 때에 따라 모든 소원을 채울 수 있게 된다.

11. 만다라를 건립하는 장소

이른바 "산봉우리"와 "소외양간"이란 관(觀)의 뜻이다. 성취를 이룬 때에는 산[에 오른 것]과 같은데 곧 중도(中道)의 산과 상응한다. 낱낱의 일은 모두 이치와 상응한다. 움직이지 않는 산이라 말하는 것은 바로 대보리심이다. 이 보리심은 가장 높은 곳에 있기 때문에 "산봉우리[山峰]"라 부른다. 예컨대 사람이 산에 올라 아래로 만물을 바라보니 명료하지 않은 것이 없는 것처럼 이 법성의 산도 역시 그러하여 아래로 법계를 관함에 두루 비추는 데에 걸림이 없다.

15) 선지법(先持法)염송과 구지(具支)염송을 가리킨다.

"소외양간[牛欄]"이란 소가 오정(五淨)[16]을 생산하는 곳으로 더러움을 치우고 장애를 제거하여 청정한 사업을 성취한다. 소의 오줌과 똥[牛淨]으로 양분을 삼기에 부드러운 풀이 풍성하게 자라나 자연히 무성하게 된다. 이 보리심의 소외양간도 역시 그러하다. 망상분별의 허물을 막고, 모든 마음자리를 정화하여 대비의 물을 평등한 땅에 뿌리면 공덕이 생겨나 자연스레 성장한다.

"양하(兩河)"의 뜻은 앞에서 이미 설하였다. 양하(兩河)란 흘러들어서 끊어지지 않으니 바로 생사의 흐름[을 의미한]다. 또 마음과 마음이 적멸하여서 법성의 큰 바다에 나아가니 바로 출세간의 흐름이다. 이 중간에 중도묘주(妙住)의 경계가 있어서 묘한 성취를 짓기에 알맞다.

"네거리 가운데"라고 함은 사성제도(四聖諦道: 苦·集·滅·道)의 가운데이다.

"하나의 방"이란 모든 경계의 분별을 없애고 여여하게 행함을 방으로 삼는 것이다.

"대천실(大天室)"이란 열반의 방을 말한다. 이로써 보리의 자재력을 성취한다. 만일 이와 같은 대천의 방에 들어가면 어찌 자재력을 성취할 수 없겠는가!

"만다라"의 뜻은 앞에서 설명한 것과 같다. 네 모퉁이에 삼고금강저의 형상을 만들어서 빙 둘러 서로 접하게 함을 "금강궁"이라 부른다. 만일 비밀한 해석으로 하면 이것은 바로 대지(大智)이다. 능히 부술 자가 없으니 그 금강의 묘한 지혜로써 금강계(金剛界)를 결하고 보리심을 옹호하는 행위를 모두 성취한다.

"작호(作護)"[17]란 항삼세명왕의 진언과 부동명왕의 진언으로써 모든 사

---

16) 유(乳)·낙(酪)·소(酥)와 땅에 떨어지지 않은 황소의 오줌(尿)과 똥(糞)을 말한다. 인도의 습속(習俗)으로는 소를 범천(梵天)의 사자(使者)라 인정하기에 성스러운 소[聖牛]라 하여 존중한다. 따라서 그 소의 오줌과 똥을 정물(淨物)로 삼는다. 밀교에서 이 풍습을 따라 단을 건립할 때의 재료나 법구(法具)와 단지(壇地)를 청정하게 하는 용품으로 사용한다.

17) 『경』에서는 "이 곳에서 결호한 행자는"으로 되어 있는데 이것은 부동명왕과 항삼세

업을 보호하는 것을 말한다. 만일 이치로써 설명하면 이 항복삼세와 부동명왕이란 바로 대보리심이어서 모든 중생들을 수호하며, 그 선근으로써 자재로이 성취하기에 감당할 만하다.

12. 약물(藥物)

"약물의 힘을 성취한다"[18]고 하는 것은 공청(空靑) · 소유(蘇油) · 우황(牛黃) 등으로 사업에 따라 성취하라는 것이다. 다른 곳[19]에서 설한 것과 같다.

"이치로 설한다"[20]고 함이란 바로 신 · 구 · 의의 성취이니, 이른바 삼업을 끝없는 장엄장(莊嚴藏)으로부터 분신시현하여 법계의 중생을 성취하게 하는 것이다. 불법은 본래 있는 그대로이나 먼저 현상 가운데에서 성취하고 그런 다음에 정혜(淨慧)의 대공을 사용하여 이를 관찰하라. 바로 이것이 출세간성취이다.

13. 성취와 시분(時分)

약(藥)과 마음을 성취할 때[21]에 상 · 중 · 하의 모습이 있다. 해가 떠오를

명왕의 인과 진언으로 도량을 결계하여 모든 사업을 청정하게 보호함을 의미한다.

18) 『경』에는 이런 문구가 없다. 그러나 내용상 수행자의 성취 가운데 들어갈 만한 것이다.

19) 『소실지경』 등을 가리킨다.

20) 이 구절도 역시 『경』에는 나오지 않는다.

21) 이하는 『경』의 "지혜로운 자는 이와 같은 모습이 나타남을 알아야 한다"는 구절에

때를 상으로 하고 한밤중을 중으로 하며 초저녁을 하로 한다. 이때에 어떤 모습이 있으면 현상에 따라 이것이 상·중·하의 성취[의 상]임을 곧바로 알아야 한다. 초저녁은 처음으로 들어가서 아직 증득하지 못했다는 뜻이고, 한밤중은 보리심의 뜻이다. 이로부터 암흑을 등지고 밝음으로 나아감을 뜻한다. 그렇지만 아직 큰 밝음은 아니다. 해가 떠올라야만 성취하는 상이다. 마치 대일(大日)이 세간을 두루 비추는 것과 같다.

14. 법을 성취한 모습

이때에 훔(吽)의 소리가 있거나 혹은 갖가지의 북치는 소리가 있거나 크게 땅이 진동하거나, 묘한 음성의 갖가지 묘한 상이 있거나, 사람이 듣기에 즐거우며 그 마음을 기쁘게 하는 [소리를] 듣거나, 혹은 공중에 있거나 단 가운데에 있거나 하는 이러한 모습이 있으면 이것이 바로 세간실지를 성취한 것임을 알아야 한다. 만일 이치로 설명하면 하나하나의 법이 합당한 곳에서 과를 얻으니, 이른바 삼승[22]의 과이다. 혹은 법륜을 굴리고 큰 세력을 얻으며, 나아가 장수하여 수명이 셀 수 없이 길다. 용맹하게 나아가 허공에 다닐 수 있으며 청정한 눈이 밝게 비춘다. 청정하고 밝아 걸림 없으며 청정한 마음과 두루한 지혜가 있을 따름이다.

이상으로 「성취세간품」을 마친다.

대한 해석이다.

22) 삼승(三乘)이 아니고 삼밀(三密)의 과인데 잘못 쓰였다.

제6 실지출현품(悉地出現品)[1]

【제11권】

1. 삼세결정원만(三世決定圓滿)의 구절

"그때 세존께서는 다시 모든 대중들을 관찰하시고 온갖 원을 만족시켜 주시려고 다시 삼세무량문결정지(三世無量門決定智)를 원만하게 하는 법구(法句)[2]를 설하셨다."[3]

---

1) 「실지출현품」은 「식장품(息障品)」의 처음에 금강수가 했던 세 가지 질문 가운데 두 번째의 진언을 지송하는 차제(次第)와 세 번째 성취의 과(果)에 대한 답 가운데, 앞의 「세간성취품」은 세간(世間) 유상(有相)의 실지를 설하고, 지금의 품은 출세간 무상(無相)의 실지를 설한다.

2) 이취(理趣)를 말한다.

3) 이하는 삼세결정원만(三世決定圓滿)의 구절로서 중생들의 근기(根機)를 관한다. 이

[세존께서] 대중들을 관찰하심은 인연이 없는 것이 아니다. 먼저 불심(佛心)으로 그 중생들의 종류[4]와 모습[5]과 체(體)[6]와 성(性)이라든가, 어떠한 법을 받을 수 있고 어떠한 종류로써 이익을 얻게 되는가를 관찰하셨다. 이와 같이 관찰하시고 나서 그들이 법문에서 깨달아 들어갈 수 있도록, 그리고 이 [법구]를 말씀하시기 위하여 우선 [대상의] 근기를 관찰하셨다는 것을 알아야 한다.

"삼세무량결정지문(三世無量決定智門)"이란 일념이 삼세 가운데에 한량없고 걸림없다는 지혜의 가르침을 말한다. 부처님께서는 갖가지의 방편으로써 저 묘법을 설하셨다. 모든 중생들은 각기 근기[7]에 합당한 지혜의 가르침에 따라 깨달음[決定][8]을 얻는다. 그 가르침은 한량 없이 많기 때문에 '무량한 가르침'이라 한다. 부처님께서 대중들의 모임을 관찰하신 것은 이 보문법계(普門法界)에 들어가는 가르침을 설하여 각기 본래의 연에 따라 깨달음을 얻게 하기 위해서이다. 그래서 "결정지문(決定智門)"이라 하였다.

"만족(滿足)"[9]이란 이 법문에 들어가고 법문을 내며 법계의 무상(無相)한 여래의 자증비밀(自證秘密)의 법을 내어서 장차 이와 같은 법으로 모든 중생들을 만족하게 하여 헛되지 않고자 함을 말한다.

"법구(法句)"란 먼저 현상에 접촉하여 현상에 따라 이치를 일으키기 때문에 구(句)라고 이름하였다. 바로 이 구절의 게송이다. 세간에서 사용하는 구게법(句偈法)에 따라 명자(名字)로 설하셨는데 이 구절이 바로 이 게송이다. 아직 구(句)를 이루지 못하였으면 나중에 뜻으로써 구게(句偈)를 지어야

구절은 본 품에 여섯 구절이 있는 중에서 첫 구절이다.

4) 삼승의 종류가 같지 않음을 말한다.

5) 상모(相貌)이다. 자비는 보살의 상모이고, 홀로 깨닫는 것은 연각의 상모이며, 부처로부터 법을 듣는 것은 성문의 상모이다.

6) 삼승의 바탕이 되는 체를 말한다. 도종혜(道種慧)는 보살의 체이고, 일체지(一切智)는 이승의 체이다.

7) 본문의 '소응(所應)'은 중생이 갖고 있는 본래의 연(緣)과 성향에 맞추는 것을 말한다.

8) 최후의 분명한 일체지지(一切智智)이다.

9) 난탈로써 아래의 '법구란' 이후의 문장과 바뀌었다.

한다.

"허공은 티없고 무자성이지만 갖가지의 훌륭한 지(智)를 수여한다."

이른바 일체지지의 마음은 허공과 동등하여 더러움 없으며 한량 없고 걸림 없으며 분별함도 없다. 이것은 바로 모든 부처님께서 대공을 현증하신 법이다.

"무자성"이란 텅 비어 더러움 없는 청정한 법계가 또한 자체의 고유한 성품도 없어 잡아 취할 수도 없는 것이다. 이와 같이 저 대공(大空)은 무위(無爲)로써 자성이 없으므로 일체지지를 일으킨다. 곧 이러한 [일체지지의] 교지(巧智)는 지(智)의 다른 이름이다. 교지가 아니라면 어찌 모든 중생들의 갖가지 마음 작용에 따라 그들이 좋아하는 몸을 나타내고 그들이 듣기에 알맞은 법을 설하여 그들이 이해할 수 있는 기회를 부여하고 모두 다 헛되지 않게 일체평등한 법계에 들어갈 수 있게 하겠는가! 바로 이것이 오묘함 가운데 지극히 오묘함이다. 평등의 [대]공도 역시 자체의 고유한 성품이 없으며, 모습이 있는 것・생함・멸함도 역시 성품이 없으므로 법에서 자재하게 교지를 일으켜 널리 모든 중생들의 원을 채워주는 것은 생각으로 헤아릴 수 없다.

"본래 자성은 언제나 공하기 때문이며 연기는 깊고 깊어 보기 어려우니라."

이 불가득공(不可得空)의 자성은 바로 제일상주법불(第一常住法佛[10])의 몸이며, 공(空)・비공(非空) 등 여덟 가지 뒤바뀐 견해[八顚倒[11])의 모습을 여의었으니 이것이 바로 심히 깊은 연기에 따른 법이다. 무위무작(無爲無作)으로서 법계를 움직이지 않으면서도 널리 중생에 따라 서로 관련되는 근기에 상응하니 마치 달이 맑은 물에 비치는 것과 같다. 이와 같이 연기법은 불가사의하다. [공의 자성은 상유(常有)로서 먼저 있다가 지금 없거나 이미 있었는데 없게 된 것이 아니다. 그러므로 공의 본성은 이와 같다고 한다.]

---

10) 궁극의 진리[第一義諦], 성상(性相) 상주(常住)의 법신불(法身佛)이다.

11) 상(常)・락(樂)・아(我)・정(淨)・고(苦)・공(空)・무상(無常)・무아(無我)에 대한 뒤바뀐 견해이다.

"오랜 시간에 걸쳐서 훌륭히 정진하면 바라는 대로 무상의 과를 시여하리라."

이것은 늘 항상하게 이와 같은 법행(法行)을 닦는 것이다. 나아가 대공(大空)도 역시 얻을 수 없으며 자성이 없기에 마치 대공과 같아서 만 가지 행을 생겨나게 하니 이는 [흔들림 없이 본래의 경지에서 가지에 머무는] 매우 깊은 평등법계의 행이다. 수행자가 만일 언제나 이와 같이 [평등법계의 행을] 행할 수 있으면 곧 중생들이 생각하는 원에 따라 이를 만족케 하고 나아가 무상의 큰 원도 역시 그들에게 베풀 수 있다.

"예를 들면 온갖 갈래[一切趣][12]의 궁실(宮室)은 허공에 의거할지라도 집착없이 행하는 것처럼"[13]이라 하는 것은 사람이 신해하지 않는 것이 염려스러워 다시 비유를 끌여들여 이를 비유한 것이다. 모든 세간이 다 공(空)에 의지하여 안주하는 것과 같이 이 대공도 역시 의지할 바가 없다. 일체세간이 내[我][14]로 말미암아 생하고 나에 의지하여 머문다거나, 이 세간도 역시 허공에 대하여 은덕을 생각하지 않으며 이를 갚으려고도 생각하지 않는다거나, 이 공력(空力)이 나로 하여금 이와 같은 안온(安穩)을 얻게 한다고 생각하지 말라. 왜냐하면 허공은 조작하는 행을 볼 수 없기 때문이며 갚음을 생각하지 않기 때문이다. 그러므로 다음에 대중들 가운데에서 "이 청정한 법도 마찬가지로 삼유(三有)[15]의 [장애를] 남김없이 [제거하여] 청정을 생한다"라고 말씀하셨다. 그리고 아울러 말하길 앞에서 설명한 행(行)도 공과 같다고 하였다. 삼유의 장애를 남김없이 제거하여 청정한 법을 생하니 이것을 법성청정묘신(法性淸淨妙身)의 생겨남이라 말한다.

다음에[16] "옛날에 승생엄(勝生嚴)[17]도 이것을 닦았기에 일체여래의 행을 이

12) 육취(六趣)나 십계(十界)를 가리킨다.
13) 이하에서 비유를 들어 설한다.
14) 대공(大空) 자체이다.
15) 미혹한 중생이 윤회하는 세계를 세 가지 영역으로 나눈 것으로 욕계 · 색계 · 무색계이다. 삼계(三界)라고도 한다.
16) 이하에서 인연(因緣)을 들어 설한다.

룰 수 있었다"고 한 것은 다시 옛것을 인용하여 증거로 삼은 것이다. 승생(勝生)이란 선생(先生)을 말한다. 선생이란 먼저 이 법을 깨달은 자이다. 만약 이 법을 깨달으면 곧 끝없이 장엄하게 된다. 끝없는 장엄이라 하는 것은 정혜(定慧)의 신비한 힘으로 묘하게 장엄한 창고이다. 과거의 보살을 승생엄이라고 이름하였다. 이는 바로 불자(佛子)이며 바로 앞서 수행하는 자로서 선생(先生)이라는 말과 같다. 산스크리트로 피부(避部, Vyūhaḥ, 莊嚴)라 하며 오래지 않아 온갖 재보를 만족하므로 법재(法財)라 하고, 곧 이러한 덕으로써 몸을 장엄한 이 선각자가 일찍이 이와 같은 법을 얻었으며, 모든 부처님께서도 다 이러한 법을 얻으셨다.

다음에[18] 이르는 **"비타구(非他句)[19]에서는 얻기 어렵고, 세간에 두루 밝음[作世遍明][20]을 짓는 것이 세존과 같다"**란 뜻을 설명하면 다음과 같다. 만약 다시 그 밖의 법구 가운데에서 이와 같은 부사의법계의 과를 이룰 수 있다고 하면 이러한 것은 있을 수 없다. 가령 그 [밖의 법구] 가운데에서 이 [부사의법계]를 구할지라도 역시 얻을 도리가 없다. 물 가운데에서 기름을 구하는 것과 같아서 그럴 수가 없다. 어떤 사람이 스스로 증득할 수 있는 것은 다른 것에 [의지하는 것이] 아니고, 다른 것에 말미암아서 깨닫는 법이 아니다. 즉 세간을 밝게 비출 수 있는 것은 태양이 이것을 비추는 것과 같으며, 또한 부처님께서 세간에 나오셨을 때에 널리 온갖 무명의 세간을 위하여 큰 광명을 지으심과 같다.

"지극히 청정한 수행법을 설하시는데 깊고 넓고 다함 없어 분별을 떠나 있다."

부처님께서는 이처럼 지극히 청정하고 분별이 없으며 분별을 여읜 매우 깊은 자증의 법을 설하시었다. 이 법은 깊고 넓어서 생각으로 헤아릴

---

17) 보살의 명칭. 『대일경소』 1권에 의하면, 승생(勝生)이란 선생(先生)의 뜻으로 즉 먼저 청정법을 깨달은 자의 뜻이다. 이 보살은 과거시에 청정법을 깨닫고 묘혜(妙慧)와 신력(神力)과 다함없는 장엄을 구유하였으므로 승생엄(勝生嚴)이라 부른다고 한다.

18) 이하에서 세존께서 법을 설하시는 덕을 찬탄한다.

19) 진언승 외의 다른 가르침을 말한다.

20) 진언승(眞言乘)을 찬미하는 말이다.

수 없으며 파괴할 수도 없고 끝까지 다할 수도 없다. 즉 이러한 법의 [견고한] 덕을 찬탄하는 뜻이다.

2. 실지유출의 구절

1) 실지유출의 모습

"그때 비로자나세존께서는 이 게송을 설하시고 나서 금강수 등 모든 모여든 대중들을 관찰하시고 집금강에게 말씀하셨다."

"선남자여, 각각 법계의 신력(神力)으로 실지(悉地)를 유출하는 구를 나타내야 한다. 만약 모든 중생들이 이와 같은 법을 보면 환희하여 뛰면서 안락하게 머물 것이다."

이것은 부처님께서 대중들을 관찰하시는 것이 인연이 없는 것이 아니며, 그들로 하여금 각각 설하게 하려 하신 것이다. 생각으로 헤아릴 수 없는 법계의 자재한 신통의 힘에 따라 실지의 구절을 유출하신다. 이 유출을 문(門)이라 하는데 산스크리트어로는 다함(多含)이다. 지금 이 가운데의 뜻은 유출을 밝힌 것이다. 이른바 법계를 자증한 불심을 따라 한량 없이 많은 교지(巧智)를 유출하는 문이다. 즉 앞과 같은 낱낱의 보살금강은 각기 여래내증의 덕이고, 이 [내증의 덕]으로부터 나타난 법문이다. '문'이라고 하는 것은 법을 전하여 중생을 섭수하는 자가 있어서, 그 한 부류를 이끌어 이 문에 따라 들어오게 하여 일체지지의 경지에 이르게 함을 말한다. 부처님의 뜻은 그들로 하여금 각기 실상의 문에 들어가는 것을 설하게 하는 것이다. 만약 중생의 종류 가운데에 그러한 근성이 있는 자는 기뻐하면서 선근을 일으켜 곧 이 문으로부터 힘차게 나아나는 행을 이루어 여래의 안락행에 머물게 하시려는 것이다.

이때에 "모든 집금강들은 비로자나세존을 위해서 예를 올리고, 이와 같은 법주(法主)의 가르침에 의지하여"라고 하는 것은 부처님의 소녕(所命)에 의지하여야 하며 감히 거스르는 것이 있어서는 안된다는 것이다.

이때에 모든 집금강이 "다시 부처님께 청하여 말씀드렸다."

"오직 원하건대 세존이시여, 저희들을 가엾이 여기시어 실지유출의 구를 시현해 주십시오. 왜냐하면, 존자 박가범 앞에서 스스로 통달한 법을 설하면 이것은 올바른 것이 아니기 때문입니다."

여래는 법주(法主)이신데 만일 법주 앞에서 각각 다른 말을 하면 이것은 올바른 것이 아니다. 그래서 부처님께서 스스로 설하시도록 청하여 모두 들을 수 있게 하였다.[21]

이것은 무슨 뜻인가? 여래법왕께서는 가장 존귀하시며 뛰어나셔서 이 법 가운데에서 현전에 통달하시고, 궁극까지 아시며, 분명하게 보시어 남는 것이 없기에 우리들은 부처님의 은혜로운 힘에 말미암아서 각각 하나의 문으로부터 자기의 마음의 크기에 따라 통달할 수 있다는 것이다. 그런데 만일 이와 같은 대법주(大法主) 앞에서 스스로 설한다면 온당한 것이 아니다. 이것은 부끄러워하며 겸손하게 물러난다는 뜻이다. 이와 같은 말씀드린 뜻은 부처님께서 직접 설하시기를 원한 것이다. 왜냐하면 미래세의 중생들이 이 [실지 유출의] 법을 만나서 큰 이익을 얻고 불지견을 열어서 속히 여래의 안락행을 성취하기를 바랬기 때문이다. 그래서 그렇게 말하였다.

"여래께서는 금강수 등에게 말씀하셨다."

---

21) 여기에 『경』의 본문과 중복되는 뜻의 문장이 들어있다. 게다가 이것은 중복되는 문장이라는 서술까지 있다. 즉 다음과 같다. '왜냐하면 세존이시여, 세존 앞에서 스스로 통달한 법을 설하면 이것은 올바른 것이 아니기 때문입니다. 다시 부처님께 청하여 말씀드렸다. 오직 원하건대 세존이시여, 저희들을 불쌍히 여기시어 실지유출의 구를 시현해 주십시오. 왜냐하면 존자 박가범 앞에서 스스로 통달한 법을 설하면 이것은 올바른 것이 아니기 때문입니다. 이것은 중복되는 문장이다.'

"장하도다, 장하도다. 선남자여. 여래께서 설하신 법인 비나야(毘奈耶)[22]로서 칭찬받는 한 가지 법은 이른바 수치심이 있는 것[有羞]이다. 만약 수치심이 있는 선남자, 선여인으로서 이와 같은 법을 보려면 속히 두 가지 일을 해야 한다. 하지 말아야 할 것을 하지 않는 것과 대중들에게 칭찬받는 것이다."

부처님께서 찬탄하신 뜻을 말하면 이 모든 훌륭한 보살들은 비록 깨달아야 할 법에서 잘 통달하였지만 여래를 우러르며 공경한 나머지 부끄러움을 내었기에 감히 설하지 않은 것이다. 이것이 바로 훌륭한 보살의 모습임을 알아야 한다. 그래서 "장하도다, 장하도다"라고 하였다.

다음에 곧 그렇게 하였기에 이를 이끌어 섭수하신다. 그래서 "여래께서 설하신 법인 율(律) 가운데에서 언제나 칭찬받는 오직 한 가지 법은 이른바 수치(羞恥)이다"라고 하셨다. [수치란] 인도의 산스크리트어로 [말하면] 참괴(慚愧)의 다른 이름이다. 다시 상석(相釋)하면 어떻게 참괴하는가? 수치를 갖는 것이다. 만일 사람이 수치심을 갖는다면 이것이 참괴가 있는 것이다. 여래께서 언제나 이 한 법을 칭찬하신다. 만일 사람이 수치심을 갖는다면 곧 비밀의 행을 성취할 수 있다. 이것이 바로 [비밀행을 향하여] 발걸음을 내딛는 것임을 분명히 알아야 한다.

수치가 있음으로 해서 두 가지 법을 갖추게 된다. 첫째는 하지 말아야 할 일을 모두 하지 않는 것이다. 무엇이 하지 말아야 할 것인가? 세상사람들이 각기 자기 종성(種性)[23] 가운데에서 하지 말아야 할 일을 관찰하고 감히 하지 않는 것을 세상에서 수치심이 있는 사람이라고 하는 것처럼, 지금 이 [진언문에서 수행하는] 선남자도 역시 그러하다. 여래종성(如來種性) 가운데에서 스스로 관찰하여 이 법 가운데 모든 악업에 대해 알고 [그 악업

---

22) 비나야(毗奈耶)는 범어 비나야(vinaya)의 음역으로 율(律)이라고 하며 불교교단의 강제적인 규칙을 말한다. 계가 자발적으로 지키는 뜻으로는 도덕과 비슷한 데 대하여, 율은 타율적인 규칙으로 사회법률과 비슷하다. 그러나 율이라는 말의 원래 의미는 경·율·논 삼장의 하나인 율장을 총칭하는 말로 쓰인다.

23) 인도의 카스트 제도와 같은 것을 가리킨다. 즉 자기의 계급이나 신분에 맞추어 행해야 할 것을 말한다.

을] 모두 하지 말아야 하는 것이 바로 첫째이다. 악을 짓지 않으므로 곧 여래께 칭찬받으며, 단지 여래만이 아니라 시방의 모든 천·인·아수라·사문·바라문의 대중들과 범부와 성인의 대중들에게서 언제나 칭찬받으며 널리 전해지게 되니, 이것이 바로 온갖 악을 짓지 않는 것의 과보이다. 또 대중들이 칭찬한다는 것은 바로 온갖 선을 갖추어 행한다는 뜻이다. 온갖 선을 갖추었으므로 대중들에게 칭찬받는다.

"또 두 가지 일이 있다. 이르지 못한 곳에 이르는 것과 [불보살과 같은 곳에 머무는 것이다.]"

아직 [일체지지에] 이르지 못한 자로 하여금 일체지지(一切智智)의 묘한 보배가 있는 섬에 도달하게 하는 것이다. 수치심이 있으므로 [악을 짓지 않으며 선을 행한다는] 두 가지 법을 행할 수 있고, 앞의 두 가지를 얻음으로 해서 이르러야 할 곳에 이르게 되며, 옛적에 미처 깨닫지 못했던 것을 지금 깨달을 수 있고, 옛적에 듣지 못했던 것을 지금 들을 수 있는 것이 [두 가지 일 가운데] 첫째이다. 둘째는 아직 이르지 못한 곳에 이를 수 있기에 곧 여래종성(如來種性) 가운데 태어나, 모든 부처님 보살과 함께 같이 한 곳에 머물러 언제나 떠나지 않고 미묘하고 뛰어나게 [일체지지를 향하여] 나아간다. 이것이 바로 둘째이다.

"다시 두 가지 일이 있다. 시라(尸羅)[24]에 머무는 것과 [인간이나 천으로 태어나는 것이다.]"

이른바 뜨거움을 없애고 청량을 얻는 것이 시라의 뜻이다. 그 뜨거움이 있는 자가 청량한 연못이나 시원한 방을 생각하거나, 또는 [그곳에] 들어가면 곧 뜨겁고 번거로운 온갖 걱정거리를 여의는 것과 같다. 또 열병에 걸린 사람이 열의 독을 제거하게 되면 곧 몸과 마음이 청량해져서 매우 안락하게 되는 것과 같다. [시라의] 뜻은 [열반의] 청량한 뜻과 같다. 보살인 사람이 성계(性戒)를 성취하는 것은 제계(制戒)에 말미암는 것이 아니라[25] 뜻

24) Skt. Śīla. 계(戒)를 말하며 청량(清凉)의 의미가 있다. 여기서는 불성계(佛性戒)를 가리킨다.

대로 그렇게 하는 것으로, 비유하면 큰 바다의 성품이 스스로 그러하여서 죽은 시체를 머무르게 하지 않으며, 사람과 물건이 있는데 그것을 이것과 같게 하지 않는 것과 같다. 성문(聲聞)의 계[26]와는 같지 않다.

두 번째의 법이란 계를 갖춤으로 해서 언제나 인간세상이나 천계에 태어날 수 있으니, 이를테면 아직 법신의 단계를 얻지 못한 자는 태어나는 세간마다 언제나 인간세상 가운데나 천상에 있게 되며, 장애를 여의어 부처님을 뵙고 법을 들을 수 있다고 하니 이것이 바로 큰 이익이다.

"장하도다. 잘 듣고 이를 잘 생각하여라. 나는 진언의 성취유출상응(成就流出應)의 구를 널리 설하리라."

이 **"장하도다[善哉]"** 가운데 두 가지 인자(仁者)의 뜻이 있다. 말하자면 [첫 번째는] 부처님께서 저 [금강수의] 어질고 착한 덕을 찬탄하신 것이고, [두 번째는] 훈계하시어 잘 들으라고 하신 것이다. **"유출(流出)"**이란 부처님으로부터 빛을 내는 것과 같은 것이다. 빛이 나오는 곳이 있는데 얼굴·호상(毫相)·정계(頂髻) 등의 장소로부터 나와 불사를 지은 다음 두루 미치고 나서 다시 돌아와 [얼굴 등에] 들어온다. 이 유출의 진언도 역시 이와 같이 진언 중에서 유출하는 것으로 이른바 실지의 과를 유출한다는 것을 알아야 한다. 이 진언은 본래 여래 자증의 덕으로 부처님의 마음자리로부터 출현하여 한량 없이 많은 법문을 짓고 불사를 크게 짓는다. 불사를 짓고 나서 저 제도해야 할 중생으로 하여금 바로 이 문으로부터 부처님의 법계

---

25) 성계, 즉 불성삼매야계는 인위적으로 만든 법이 아니라 법성 그대로의 법이라는 뜻이다.

26) 성문의 계는 백사갈마(白四羯磨) 등의 온갖 연을 구족해야 하는 계이기 때문에 같지 않다는 뜻이다. 백사갈마(白四羯磨, jñapticaturtha-karman)는 백사(白四)·백사법(白四法)·일백삼갈마(一白三羯磨)라고도 한다. 백(白, jñapti)은 바로 고백한다는 뜻이고, 갈마(羯磨, karma)는 의역하여 업(業)·작법(作法) 등이라 한다. 백사갈마(白四羯磨)는 승가 가운데에서 행해지는 사무를 가리키는 것으로 수계작법(授戒作法)할 때나, 규정대로 구족계(具足戒)를 줄 때에 삼사(三師) 가운데에서 갈마사(羯磨師)가 대중들을 향하여 먼저 고백하는 것을 일백(一白)이라 하고, 다음에 세 번 가부(可否)를 물어서 일을 결정하는 것을 삼갈마(三羯磨)라 한다. 이 일백과 삼갈마를 합하여 백사갈마라 한다.

에 들어가게 하기 때문에 유출이라 말하였다. 그러므로 다음에 여기에서 "모든 유출상응의 구절은 진언문에서 보리를 수습하는 모든 보살들이 빨리 이 [중생자심품] 가운데에서 진언의 실지를 얻게 한다"고 말하였는데, 이 가운데 과(果)란 부사의일체지지(不思議一切智智)의 과를 얻는 것을 말한다.

2) 성취를 짓는 사람의 스무 가지 덕

다음의 첫구절에 "만약 수행자가 ①만다라를 보고, ②존에게 인가받으며 ③진어(眞語)를 성취한다"고 하는 것부터 이하에서는 다시 차제공양의 법을 밝힌다. 먼저 만다라를 보는 것인데 단지 보는 것만이 아니라 반드시 스승으로부터 가지되고 인입되어야 하니 앞에서 설명한 것과 같다. 또 단지 들어가는 것만이 아니라 차제에 맞게 수행해야 한다. 법에 따라 수행하게 되면 아사리가 인가하여 법을 전하게 된다. 인가관정(印可灌頂)을 얻으면 진언을 성취하였다고 한다. 또 다음에 「세간지송품(世間持誦品)」 가운데에서 먼저 원명(圓明)[27]을 관하는데, 그 가운데에 고리처럼 빙 두른 진언자륜[두미(頭尾)][28]이 있다. 염송할 때에는 처음의 글자로부터 [수행자의] 입속으로 들어와 몸 가운데에 흘러 들어오니 마치 숨을 들이쉬는 것과 같아서 몸 전체에 골고루 퍼지게 한다. 이것이 바로 여래자재신력으로 가지하는 것이다. 이와 같이 관상하면 중생의 온갖 더러운 업을 없앨 수 있다. 이와 같이 몸에 두루하게 하고 나서 되돌려 입으로부터 내어서 존(尊)의 발 밑으로 들어가 두루 본처(本處)[29]에 이르게 한다. 이와 같이 낱낱의 종자가 흘러들어갈 때에 다음의 종자가 바로 상속하여 끊어지지 않게 함으

27) 본존 및 수행자의 심월(心月)의 원명을 말한다.
28) 고리처럼 빙 두른 진언자륜[두미]란 원명 가운데에 종자(種字)를 관하는데 오른쪽으로부터 왼쪽으로 돌아서 진언의 처음과 끝이 서로 붙어서 자륜을 형성하는 것을 말한다.
29) 원명(圓明), 즉 심장을 의미한다.

로써 차례대로 고리처럼 연결되는 것이다. 만일 처음 배우는 사람이 산란한 마음 때문에 이와 같이 성취하기 힘들다고 걱정되면 곧바로 종자의 글자를 관해야 한다. 앞[의 「세간성취품」에서 설명한 종자와 상응하는 것]과 같이 행하고 나아가 완전히 익숙해지고 나면 점차로 종자를 더하여라. 이 한 단계에서 나아가 앞의 품[에서 말한 경지] 가운데에 들어가야 한다. 앞에서 설한 것[30]처럼 만다라를 보고 또한 들어가는 것을 이루고 나서 모든 법사를 지으며, 나아가 관정받고 이미 받은 법은 법에 맞게 수행하며, 진언 가운데 차제의 법용을 잘 이해하고 명료하게 해서 의심이 없으며 법을 전하기에 감당할 만하면 스승의 인가를 얻게 된다. 경에서 말하는 존자(尊者)란 바로 스승이다.

또한 "④ **보리심을 발한다**"는 것은 여래의 자재한 업을 구하여 보문(普門)으로써 모든 중생들을 이익하게 하고자 이러한 [보리심의] 행을 행할 뿐 그 밖의 일은 하지 않는 것을 말한다.

"⑤ **깊은 신심으로** ⑥ **자비가 있으며** ⑦ **간린(慳吝)하는 일이 없어야 한다**"는 것은 매우 깊고 광대하며 부사의한 법에서 분명하고 바르게 믿어서 의심이 없는 것이다. 대자비심으로 일체를 가엾이 여기며 언제나 이타를 행하여 자기의 이익만을 구하지 않는다. 또한 재물과 법에서 마음이 인색하지 않는 것이다.

"⑧ **조복에 머문다**"는 것[31]은 스스로 육정(六情)의 모든 근을 조절하니 이것이 바로 성계(性戒)이다.

"⑨ **좋은 연에 따라 생기는 법을 분별한다**"는 것[32]은 무엇인가? 마치 밝은 거울이 온갖 색에 대해서 명료하게 현전하는 것처럼 이와 같은 등의 법은 거울 속에 먼저부터 있었던 것이 아니고, 색이 밖으로부터 온 것도 아니

---

30) 본 품에서 지금까지 설한 것을 말한다.

31) 자성계(自性戒)에 머물러 망녕된 생각을 조복하는 것이다. 『소』 17권(대정장 39, 757상)에 '지금 이 계는 바로 모든 중생의 자성본원의 계이다. 만일 이 청정한 성품의 금강계에 머물면 자연히 일체법을 통달할 것이다'라고 하는 내용이다.

32) 십연생구(十緣生句)의 관법을 통해서 모든 법의 공성에 잘 통달하는 것을 말한다.

다. 분명히 알아야 하니 두 법이 화합하여도 역시 생겨나지 않으며 이 가운데에 완연하여서 명료하니 잡아 취할 것이 없고 구하여 얻을 것이 없으며 또한 존재하는 것도 아니고 존재하지 않는 것도 아니다. 단지 온갖 연이 화합함에 따라 볼 수 있을 뿐이다. 이와 같이 모든 법도 역시 그러하다는 것을 분명히 알면, 열 가지 비유도 모두 통달하게 된다. 이와 같이 관찰하고 나서 진언실지의 과에서도 역시 이와 같이 관찰한다. 이 실지의 상(相)은 스스로 지송하는 자와 본존과 진언이 화합하는 인연으로 말미암아 곧 온갖 부사의한 사업이 있으나, 법계의 거울에 비친 영상을 취하여 집착하지 않듯이 갖가지로 성취할 뿐이다.

"⑩ **금계(禁戒)를 수지하여**"란 바로 지명(持明)의 구계(具戒)[33] 가운데에서 하나하나의 법칙을 모두 잘 수지하는 것이다. 이 인연으로 삼매야의 법[34]을 범하지 않으면 실지성취를 얻는다.

"⑪ **중학(衆學)[35]에 잘 머문다**"란 이 진언문의 상・중・하의 법[36]을 성취하는 모습이다. 낱낱이 배워야 할 것에 모두 잘 통달하는 것이 바로 상・중・하의 법 가운데 잘 머무는 것이다.

"⑫ **교묘한 방편을 모두 갖추고**"란 여래의 훌륭한 방편의 작용을 몸으로 이해하는 것이다. 진언행을 닦을 때와 같이 혹은 출가 이승(二乘)의 법계

---

33) 진언을 지송하기 위하여 지켜야 할 금계(禁戒)의 뜻이다.

34) 삼매야는 불심(佛心)의 경계이다. 이 불심의 경계를 등지는 행위를 할 때에는 중죄를 받아야 하니 이 죄를 월삼매야(越三昧耶)의 죄, 또는 월법죄(越法罪)라 한다.

35) 수행승의 의(衣)・식(食)・주(住)・행(行)에 관한 세부적인 계법(戒法). 본래 명칭은 중다학법(衆多學法, saṃbahulāḥ śaikṣa-dharmāḥ)이다. 또는 중학계법(衆學戒法)・중학법(衆學法)이라 한다. 비구와 비구니가 응당 수지하는 구족계의 일부분이다.

36) 진언문의 상・중・하의 성취법은 『소실지경』 상권 제2 「진언상품」(대정장 18, 603하)에서 설하는 것과 같다. '불부진언은 선지가요, 관음진언은 보슬치가이며, 금강진언은 아비차로가이다. 겨드랑이에서부터 정수리까지가 상품이고, 겨드랑이에서 배꼽까지가 중품이며, 발에서부터 배꼽까지가 하품이다. 진언 가운데에서도 세 종류의 성취법을 반드시 분별해야 하는데 이 삼부에서 각각 셋으로 나누어지므로 삼부 중에 있는 진언을 분명히 알아야 한다. 명왕의 진언은 상성취법이고, 모든 여타의 신하인 제타・제티 등의 진언은 하성취법이며, 모든 여타의 존자들이 설한 진언은 상・중・하의 세 가지 성취법이다.'

(法戒)에서 위범하는 바[37]가 있을지라도 이와 같은 미혹한 집착을 내지 말고, 내가 이 일로 말미암아서 이 계를 어겼으니 악취에 떨어질 것이라고 마음에 악작(惡作)을 품고서 바른 [비밀의] 수행을 방해해서는 안된다. 왜 그러한가 하면 여래께서 지니신 방편은 오직 이와 같은 대사(大事)의 인연을 위한 것이기 때문이다. 만약 방편인 모든 승(乘)의 청정한 계를 지니지 않는 것이 진언의 원만한 행을 방해하는 것이라 하면, 이러한 이치는 없다. 이러한 까닭에 수행자가 설령 범함[38]이 있을 때에는 이렇게 생각해야 한다. '내가 지금 위가 없는 대승을 한결같이 구하는 것은 두루 모든 유정을 이롭게 하기 위해서인데, [가볍고 무거운] 일에서 겸하여 따를 수가 없기에 이 가운데 위범하는 일이 있었다. 만일 내가 과(果)를 체득하여 성취하고 나면 반드시 잘못을 참회하겠다.' 이러한 착한 마음은 계를 범한 인연이 아니므로 계를 범했다고 하지 않는다.

"⑬ 용맹하여"의 뜻은 앞에서 스승과 제자[39] 가운데 설한 것과 같다.

"⑭ 때[時]와 때 아님[非時]을 안다."

진언문 가운데 하나하나의 차제의 법용[40]은 앞을 돌려서 뒤에 붙이고 뒤를 돌려서 앞에 붙일 수가 없다. 먼저 해야할 것은 먼저 하고 뒤에 해야 할 것도 역시 이와 같이 하는 것을 이름하여 시(時)라고 한다. 나아가 마시고 먹고 잠자는 여러가지의 모든 행에 각각 시(時)와 비시(非時)의 모습이 있다. 진언수행자가 만일 낮에 잠자고 밤새도록 자지 않는다면 이와 같은 일들은 역시 삼매야가 아니며 시(時)에 맞는 것이 아니다.

---

37) 마치 비구가 물에 빠진 여인을 구하기 위하여 그 몸을 잡는 것 등의 예이다.

38) 일체중생을 제도하겠다는 일대사인연(一大事因緣)을 위하여 위범하는 경우로서 큰 것을 위하여 작은 것을 범하는 경우이다.

39) 『대일경소』 제3(대정장 39, 613 하)에 "용건(勇健)은 웅맹(雄猛)하여서 겁약하지 않다는 뜻이다" 등이라 하여 아사리의 열 세 가지 덕목 중 하나이다. 또한 다음으로 제자에게 "부지런히고 깊은 신심이 있다"는 경문을 해석하고 있다. 이들 스승과 제자에 관한 문장을 가리킨다.

40) 처음의 입도량(入道場)부터 마지막의 해계(解界)·발견(發遣)에 이르기까지의 차제법용이다.

"⑮ 즐거이 혜사(惠捨)[41]를 행하고"란 진언행을 하는 보살은 언제나 재물과 법을 베풀어서 중생을 감싸안아 불도에 들어가게 해야 한다. 만일 이와 같이 능력껏 행하지 않는다면 곧 지명계(持明戒)를 범하는 것이다.

"⑯ 마음에 두려움이 없으며"란 무엇인가 하면, 만일 대중 가운데 있는데 다르게 이해하거나 다른 견해를 가진 중생들이 있어서 혹은 의심을 끊고자, 혹은 시험삼아 깊고 옅음을 묻기 위하여 자문(諮問)하는 경우가 있다. 이때에 법에 안주하여 두려움이 없는 마음과 집착하지 않는 마음으로써 질문에 따라 그를 위하여서 설해주어 바른 견해에 들어가게 하는데에 마음이 겁약하지 않는 것이다.

"⑰ 진언의 행법을 부지런히 닦고"란 수행문에서 끝끝내 중단하지 않고 정체(停滯)하지도 않는다. 만일 도중에 멈추려고 생각한다면 정진의 모습이 아니다. 얻어야 할 것을 얻지 못하고 이미 얻은 것도 잃게 되어 곧 도(道)에서 장애가 있게 된다. 이러한 까닭에 수행자는 일심으로 정진하는 것을 머리에 붙은 불을 끄듯이 하라. 정진하여 게으르지 않으면 이 생애 동안에 불지견을 얻을 수 있으니 하물며 온갖 그 밖의 조도(助道)의 법이겠는가! 그러나 그렇게 하지 않으면 삼매야의 법을 범하게 된다.

"⑱ 진언의 참다운 뜻에 통달[42]하여"란 상·중·하의 성취 가운데에서 매우 깊은 의취(意趣)와 낱낱의 글자 중에서 남성(男聲)·여성(女聲) 등을 아는 것이다. 들어가는 문으로부터 성불에 이르기까지 그 중간에 통하고 막히는 모습을 잘 분별하여 알아야 한다. 그 이유는 이 모든 진언이 바로 여래자증의 덕이기 때문이며, 이로써 법신을 장엄하여 모든 중생들로 하여금 각기 인연이 있는 문(門)에서 실상을 보게 하기 때문이다. 만약 하나의 글자에 들어갈 때에는 곧 한량 없이 많은 문의 공덕을 갖추니, [하나의 글자와 많은 문이] 둘이 아니며 다르지도 않다.

"⑲ 항상 좌선(坐禪)[43]을 즐기며, ⑳성취법 행하기를 좋아해야 한다"고 하는

41) 무탐(無貪)에 머물러 언제나 온갖 물건을 시여하는 것을 말한다.
42) 진언의 한 글자에 무량한 이취(理趣)가 있음을 안다는 것이다.

것은 진언문 가운데에서 마음이 하나의 경계에 머물러 산란하지 않는 것이다. 종자를 관하고 소리와 본존과 종자를 관하는 것과 같이 하나의 일에 따라 마음을 바깥에 연하지 않게 하면 곧 큰 성취를 얻게 된다. 만일 마음이 산란하면 설령 한량 없이 많은 겁을 경과하여 성취를 구할지라도 오히려 얻을 수 없거늘 하물며 현재의 일생에 법의 이익을 얻을 수 있겠는가!

다음에 진언성취의 모습을 설명하겠다. 어떤 이가 의심하여 이렇게 말하였다.

"모든 법의 실상과 무위(無爲)의 법 가운데에 어찌하여 이와 같은 갖가지의 현상적인 모습이 있습니까?"

지금 그 [의심을] 깨치고자 대답하겠다. 이 일은 실로 있는 것이니 의심을 내지 말라. 또 세간의 일을 가져다 비유로 삼아[서 설해주어]라.

3) 세간법을 성취하는 진언상(眞言相)

또한 "비밀주여. 비유하면 욕계에 자재열만의(自在悅滿意)의 명주가 있다. 온갖 욕계(欲界)에 머무는 천자(天子)"라고 하는 것은 대승 가운데에서 설한 것과 같다. 욕계에 36처가 있으니 이른바 추운 지옥과 뜨거운 지옥에 각기 8곳이 있어서 모두 16곳이 된다. 또 사대주(四大洲)가 있는데 이 네 주에 각기 두 수주(隨州)가 있고[합하면 12주이고 앞의 것과 아울러 28곳이다], 아울러 육천(六天)과 방생(傍生)과 귀(鬼)가 있다[합하여 36곳이다]. 이 자재천주(自在天主)는 이 열만의(悅滿意)라는 주문의 힘으로 갖가지의 다양한 색의 욕락을 갖추어 나타내어 일시에 이 삼십 여섯 곳을 채울 수 있다.

다시 말하기를 "여기에 미혹하고 취하여 온갖 오묘하고 다양한 종류의 놀

43) 삼밀유가의 묘행을 가리킨다.

이를 즐기며, [갖가지 다양한 종류의 수용할 것을 나타내어서] 스스로 이를 수용하는 것과 [같다]"는 것은 모든 천자와 천녀 등이 내외의 유정(有情)·무정(無情)의 경계를 나타내 보이는 것이다. 마치 맛있는 음식과 음악 등을 나타냄과 같아 하나하나 눈 앞에 나타내니 [천자와 천녀들이 이를] 수용할 수 있다. 여색(女色) 등의 몸을 보고자 하거나, 오욕(五欲)으로 스스로 즐기고자 하면 각기 그 마음에 바라는 대로 지극히 오묘한 오욕의 경계를 만나서 마음이 모두 미혹하고 취한다. [천자와 천녀 등도 그러한데] 하물며 여래께서 진언으로 두루 색신을 나타내어 불사를 행하시는 것이겠는가!

"또한 선남자여, 마혜수라천(摩醯首羅天)[44]에 하나의 명(明)이 있는데 승의생(勝意生)의 명[45]이라 한다."

이 진언의 힘으로써 한 때에 큰 변화를 지을 수 있다. 이 삼천대천세계에 두루하여 낱낱의 중생을 위하여 [그들이] 애락하는 온갖 이익의 일을 나타내는데, 그들이 수용하는 대로 모든 것이 실다우며 헛되지 않다. 또한 정거천(淨居天)의 몸 및 저 미묘한 수용의 일[受用身]을 변화로 나타내는 것은 경에서 설명한 것과 같다. 하물며 여래 진언의 힘이겠는가! 이러한 일은 차치하고서라도 마치 세간의 마술사가 오히려 그 주문으로써 갖가지의 정원과 과일 및 탈 것과 사람과 축생 등을 시현함과 같다. 또 아수라가 저들의 주문을 가지고 그 몸을 변화시켜 제석과 똑같게 하고 앉아서 삼십삼

---

44) Skt. Maheśvara. 대천세계(大千世界)의 주신(主神)으로 자재천을 가리킴. 마혜수라(摩醯首羅) 또는 마혜습벌라(摩醯濕伐羅)라고도 음역한다. 자재천·자재천왕·천왕 외에도 상갈라(商羯羅, Śaṃkara)·로날라(嚕捺羅, Rudra)·이사나(伊舍那, Īśāna)·마하제바(摩訶提婆, Mahādeva)·습파(濕婆, Śiva)·이습벌라(伊濕伐羅, Īśvara)라는 이명이 있다. 삼매야형은 삼고극(三股戟)이며 종자는 ma, ru이다. 힌두교의 시바신이 불교화한 신격(神格)으로, 폭악과 치료의 양쪽 성격을 지니기 때문에 드디어 유일최고의 천지창조신으로서 존숭되었다. 형상은 세개의 눈과 여덟 팔을 가졌으며 천관(天冠)을 쓰고 흰 소를 탔으며, 흰 불자(佛子)를 든 큰 위덕을 가진 신의 이름이다. 이 신을 초선천(初禪天)의 임금이라 하기도 한다.

45) 마혜수라천(摩醯首羅天, Maheśvara)의 비밀주문. 마혜수라천은 대자재천(大自在天)의 다른 이름이다. 마혜수라천의 다라니는 뛰어나고 묘한 뜻을 가져서 갖가지 이익을 출생하므로 승의생명(勝意生明)이라 한다.

천의 선법당(善法堂)[46] 위에 오르니 모든 천신들이 의아하고 괴이하게 여기는 것과 같다. 또한 세간사람에게 주문이 있는데 온갖 독과 춥거나 열나는 온갖 질환을 낫게 하는 것과 같으며, 또 마달리천(摩怛哩天, mātṛī)[47]에게 주문이 있는데 모든 사람들에게 큰 질병이 걸리게 하며, 나아가 세간에 나타나 주문으로 불을 변화시켜 차갑게 하고 물을 변화시켜 뜨겁게 하기도 함과 같다. 하물며 여래의 자재한 신력으로 가지한 진언이 법계에 두루 미쳐서 크게 불사를 짓지 못함이 없겠는가! 그러므로 신심을 내어서 [진언의] 이 위덕있는 힘과 작용이 진실하여 헛되지 않음을 믿어야 한다. 그 지송하는 자가 아직 실지를 얻지 못하였으면 마음에 분명하게 이러한 일이 있을까, 없을까라고 하며 의심할 것이다. 이와 같이 부사의한 과는 마음으로 헤아려 이를 분별하려고 하면 끝끝내 이해할 수가 없다. 이 의심을 없애기 위해서 앞의 비유를 설하였다. 그렇지만 이 진언의 위력은 진언 속에서 나온 것도 아니고, 지송하는 자의 장소에 있는 것도 아니며, 또한 그 가지한 자의 몸과 입으로 들어가는 것도 아니다. 성품과 모습을 추구하여 알 수는 없지만 온갖 사업을 지어서 응하는 데에 따라 성취한다. 이것은 바로 매우 깊은 연기(緣起)이다. 법성의 온갖 연에 따라 있는 것과 저 물 속에 비친 달과 거울 속의 영상과 같아서 불가사의한 연기일 뿐이다.

"선남자여, 진언의 가지력이 있기 때문에 본래 있는 그대로 생겨나 지나치는 일이 없다. 삼매를 어기지 않고"란 이른바 진언의 실지는 [여래께서] 본래 성취하시었다. 어찌한 까닭에 여래께서 이와 같은 부사의한 법을 나타내 증득하신 것인가? 이것은 아(阿)자의 자체 근본으로부터 이래로 무량한 자재력과 부사의력을 구족하시었음을 말한다. 이 실지의 체는 항상 머물며 변하지 않는다. 다만 수행하는 사람이 스스로 잘 알지 못하기에 이와 같은 과를 얻지 못할 뿐이다. 지금 이러한 행으로써 그 몸과 입과 뜻을 맑게 하여 만약 법과 상응하면 곧 스스로 성취할 것이다. 모든 법은 스스로 그러

46) 제석천의 강당(講堂)이다.

47) 칠모천(七母天)의 두목인 대흑천(大黑天)을 말한다.

하여서 결코 헛되지 않다. 이 부사의한 과는 온갖 연을 만날 때 스스로 생겨 일어난다. 마치 큰 바다의 조수가 끝내 때를 잃지 않는 것과 같다. 또한 이 진언 자체는 시작도 없고 마침도 없다. 만일 시작과 끝이 있다면 곧 다함이 있을 것이니 이것은 항상하지 않고 무너지는 법이다. 어떻게 여래의 자재력이라 이름할 수 있겠는가! 이 법의 체는 삼세를 초월하며 언제나 삼세에 머무니 이러한 까닭에 삼매 가운데에서 짓는 불사가 자연히 언제나 그치지 않으며 기한을 잃지 않는 것은 큰 바다의 조수가 밝은 달이 보름달이 될 때에 [조수가] 자연히 일어나 시기를 놓치지 않는 것과 같다.

"심히 깊어 생각하기 어려운 연(緣)에서 나는 이치이다."

만일 진언의 본체를 먼저 성취하지 못하였다면 따라 감응할 수 없으며 기한(期限)을 잃지 않을 수가 없다. 진언에 힘이 있을지라도 수행하는 사람의 마음 작용이 아직 더불어 상응하지 못하면 역시 그로 하여금 가지하여 현현(顯現)하게 할 수 없다. 그러나 연을 만났을 때에는 스스로 성취한다. 그러므로 알아라, 그것이 [진언 가운데]로부터 오지 않았으며 이것이 [수행자의 마음]으로부터도 가지 않았다. 또한 [진언과 수행자의] 두 곳[에서 온 것]도 아니다. 무성(無性)이지만 연을 만날 수 있을 때에 실지의 과를 성취하며, 또한 자연히 있는 것도 아니다. 이 매우 깊은 법계의 부사의한 과는 연으로부터 일어나지만 언제나 자체가 무성(無性)으로 불가사의하다는 것을 알아야 한다. 만일 수행하는 사람이 끊임없이 수행하게 되면 반드시 이 지극한 과에서 궁극의 도리에 합하게 될 것이다. 이와 같은 궁극의 도리는 생각으로 헤아리거나 분별하여서 알 수 있는 것이 아니기에 여기에서 앞의 비유를 들어 신심을 권하였다.

"이러한 까닭에 선남자여, 생각하기 어려운 법의 성품을 따르고 통달해서 항상 진언도를 단절시키지 말아야 한다."

이 진언의 부사의한 과는 이미 분별하여 알 수 있는 것도 아니고 또한 능력에 따르는 것도 아니며 집착이 있는 수행[行處]이나 적은 대치행(對治行)으로는 취하여 증득할 수 없다. 오직 신심의 힘이 견고한 자만이 들어갈 수 있을 뿐이다. 그래서 먼저 비유를 들었다. 다음으로 다시 궁극의 도리를 밝히고자 이 문에 의지하여 부사의한 연으로부터 생한다는 궁극의 도리를 관하도록 권하였다. 그리하여 언제나 이와 같은 부사의한 법성(法性)에 통달하는 것을 구하게 하였다. 법의 이치에 수순하여 진언의 행을 닦고 중간에 끊어지지 않게 하면 자연히 성불할 것이다. 이 진언도는 바로 불가사의한 법이 생기는 곳이니, 부사의한 인에 말미암아 부사의한 과를 얻는다.

3. 삼월염송(三月念誦)·사종 아자문(阿字門)의 구절

1) 법계아자문(法界阿字門)

"그때 세존께서는 다시 삼세무애력(三世無礙力)과 여래께서 가지하시는 부사의력(不思議力)에 의지한 장엄청정장(莊嚴淸淨藏)의 삼매에 머무시었다."

여기에 두 가지의 의지[48]함이 있다. 삼세무애력에 의지하는 것과 부처님의 부사의력에 의지하는 것이다. 이 삼매는 부사의와 삼세무장애(三世無障礙)와 가지력용(加持力用)이 의지하는 곳이다. 이 법체에 의지하여 여래의 부사의한 업을 이룰 수 있다. 말하자면 시방삼세에 두루한 보문으로써 모든 중생들을 이익하게 하고 모두 필경에 일체지지의 경지에 머물게 한다. 이 여래의 부사의가 의지하는 자증(自證)의 법은 한량 없이 많은 선정과 지혜와 모든 [십력 등의] 힘으로써 스스로 장엄하고 청정하게 한다. 이것이 바로 진언의 바탕이며, 바로 여래의 온갖 덕의 창고이다. 다함 없는

48) 방편과 실상의 두 가지이다.

장엄으로써 모자라거나 줄어듦 없이 구족하여 성취하는 상이다.

"이때에 세존께서는 삼마발디(三摩鉢底)[49] 중에서 다함없는 세계의 다함없는 말씀을 내시어 법계력(法界力)과 무등력(無等力)과 등정각의 신해에 의지하여 하나의 음성으로 네 곳에 유출하시니, 두루 온갖 법계에 가득하여 이르지 못하는 곳이 없었다."

부처님께서 삼매에 머무시는 때에 이 표업(表業)을 생하시니 표(表)란 표치(標幟)로서 이 소리는 일체에 고루 미친다. 말하자면 모든 부처님께서 인(印)하여서 이루신 것이다. 인(印)이란 바로 표식으로 나타낸 뜻이고, 이것은 여래의 어표(語表)로써 여래 신해의 힘으로부터 온다고 말한다[서분(序分)에서 이미 해석하였다].

이른바 아(阿)자로부터 세 글자를 내어서 네 글자를 이룬다. 이 넷을 합하여 하나로 삼으며, 이로써 온갖 장소에 두루 펼친다. 성문(聲門)으로부터 글자를 내어서 역시 일체에 두루하게 한다. 성문이란 소리를 내는 곳을 문(門)이라 이름한 것이니 이 성문은 바로 이러한 아(阿) 등의 네 종자이다. 이 아자로부터 소리를 내기 때문에 문이라 부른다. 이 아자는 바로 부처님의 입이고 부처님의 마음이며, 설하는 자이고 듣는 [문(門)]이다. 법계력(法界力)과 동등할 것이 없는 힘[無等力]에 의지하여 평등한 어표(語表)를 생하니 한량 없이 많은 소리를 낸다. 이것이 바로 여래께서 보문으로 이끌고 이익하게 하시는 모든 업의 작용이다. 여래의 마음으로부터 이 평등한 묘음을 내어 네 곳[50]으로 나눈다. 마치 무열대지(無熱大池)에서 사대하(四大河)가 생겨 흘러가는 데에 물이 마르지 않는 것처럼 이 진언이 의지하는 곳도 역시 이와 같다. 하나의 묘음으로써 다함 없는 법계를 나타내어 전전(展轉)하고 상생(相生)하여 끝나지 않는다. 네 곳이란 사자(四字)·사덕(四德)·사색(四色)·사여원(四與願[51])을 말한다. 법불(法佛)의 성심(性心)으로부

---

49) Skt. samāpatti. 근본등지(根本等至). 삼마발제(三摩鉢提) 혹은 발제(拔提)라고도 음역하며, 등지(等至)·정수(正受)·정정(正定)·현전(現前)이라 의역한다.

50) 이(理)·행(行)·보리(菩提)·열반이다.

터 사덕을 열어 펼치며 이 가운데에 현상으로써 내증의 이치를 나타내는 데 곧 사자는 [각기 달라서] 같지 않으며, 사색은 쓰임이 다르고 사여원 등도 역시 동일하지 않으며, 사덕은 두루 허공계에 편만하다. 허공이 한량없고 나눌 수 없는 문(門)으로서 가운데와 가장자리를 알 수 없기에 다함이 없는 것처럼 이 진언의 시현(示現)도 역시 이와 같다.

다음에 불심(佛心) 가운데 네 곳을 나누는 것에 대해 설명하겠다. 진언의 처음[52]에 귀명일체여래(歸命一切如來)라고 하며 다음 구절에서 갖가지 문이라고 하였는데, 미습바(微濕縛)는 '갖가지'라는 뜻이며 또한 '교묘하다'는 뜻이다. 목계폐(目契弊)라고 하는 것은 문(門)의 뜻이니 바로 보문으로 갖가지의 묘한 지혜의 업을 시현하는 뛰어난 바라밀의 문이다. 살바타(薩縛他)라고 하는 것은 일체(一切)이니 단지 몸과 입으로써 예를 올리고 마는 것이 아니라 삼업으로 두루 귀명하는 것이다. [비유하면] 몸으로 나타내는 것 가운데에 안팎의 몸에서 팔과 다리 등의 전체로 두루 일체여래를 예하는 것과 같다.

다음으로 진인의 세인 아(a, 阿上)·아(a, 阿上引)·암(aṁ, 暗)·아(aḥ, 噁)의 네 종자의 뜻은 이미 설명하였다.[53] 이 진언의 사덕은 일체여래의 마음에 편만한데, 한 종자에서 두 종자가 생기고, 두 종자에서 네 종자가 생기며, 네 종자에서 여덟종자가 생기며, 여덟종자에서 열여섯 종자가 생기는 것과 같아서 이와 같이 전전하여 다함이 없다. 그러나 최초의 종자는 바로 제2의 종자와 동일하며, 제2의 종자도 역시 제3[의 종자]와 동일하여 평등하고 차별이 없다. 이 네 종자는 바로 이 일부(一部)의 경전 가운데 근본의 체(體)이다. 이로부터 등정각(等正覺)의 마음에 두루 편만하다[문장을 바꾸었다].

"이 정등각(正等覺)의 심진언이 이로부터 두루 편만하자, 바로 그때에 모든

---

51) 사자는 아(a, 阿上)·아(ā, 阿上引)·암(aṁ, 暗)·아(aḥ, 噁)이고, 사덕은 상(常)·락(樂)·아(我)·정(淨), 사색은 청·황·적·흑, 사여원은 보시·애어(愛語)·이행(利行)·동사(同事)이다.

52) Skt. namaḥ sarva tathāgatebhyaḥ viśva mukhebhyaḥ sarvathā a(阿 : 因) ā(阿 : 行) aṁ(闇 : 證) aḥ(噁 : 入)

53) 이 문장 앞뒤로 난탈이 있어 바로잡는다.

법계의 모든 소리[聲門][54]는 정등각의 표치의 소리에 따라"[55]라고 하는 것은 무엇인가? 온갖 비밀스러유 것이 모두 이로부터 생겨나니 바로 비로자나 불심이다.

"이 표치의 소리에 따라 서로 소리를 냈다"고 하는 것은 위에서 하나로부터 넷을 내고 넷으로부터 무량한 종자와 소리를 내어서 법계에 두루 펼쳐짐과 같이 낱낱의 종자와 소리가 모두 서로 소리를 내니 이 한 종자의 소리로부터 그 밖의 모든 종자의 소리를 내고, 그 밖의 종자도 역시 그러한 것이다. 이것이 바로 부처님의 표치의 작용이다. 이 부사의한 소리가 서로 통달하여 일체여래의 자타의 무량한 덕을 나타낸다. 하나의 음성 가운데에 각기 무량한 갖가지 음성과 구의(句義)를 내므로 "서로 소리를 냈다"고 하였고, "모든 보살은 이것을 듣고 나서서 일찍이 없었던 것을 얻었기" 때문에 희유하다고 하였다.

"개부안(開敷眼)"이란 마음이 정에 들어 있을 때에 그 눈을 뜨지도 감지도 않는 것이다. 지금 이 일을 보니 괴이하여 일찍이 이와 같은 일이 없었다. 그러므로 그 눈을 개부(開敷)한다고 하였다. 지금 내 생각에는 마치 아직 피지 않은 연꽃이 햇빛으로 말미암아 피는 것처럼 이 보살의 마음의 눈도 그러하여 부처님의 가지가 시현됨으로 인하여 열리는 것이다.

"미묘한 음성을 내게 되고, 일체지(一切智) 이숙자(離熱者)[56]의 앞에서 게송으로 읊는다"고 하는 것은 말하자면 일체지지의 열뇌(熱惱)를 여읜 분 앞에서 이를 찬탄하는 것이다.

"기이하도다. 진언행이여. 광대한 지혜를 갖추었구나"란 이 진언의 행이 매우 기이하고 특별함을 찬탄하는 것이다. 이에 여래심으로부터 네 가지 덕을 나타낸다. 이로부터 각기 무량하고 부사의하며 비밀하고 묘한 음을 내니 법계에 편만하다. 낱낱의 음성은 또한 서로 일체의 소리를 내지만 둘

---

54) 여래(如來) 법계(法界)의 음성을 가리킨다.
55) 『대일경』 본문의 글이 더 자세하므로 대체한다.
56) 부처님을 가리킨다. 삼독(三毒)의 열뇌(熱惱)를 떠나 있기에 이와 같이 말한다.

이 아니고 다르지도 않다. 그러면서 차별의 작용이 있어 부처님의 사업을 성취한다. 바로 여래의 묘하게 장엄한 창고로서 무량한 공덕과 장엄을 갖추고 있는 비밀법신을 나타낸다. 그래서 "광대한 지혜문구를 갖추었다"고 하였다. 이 지혜는 끝이 없는 것이 마치 대허공이 만상을 두루 포함한 것과 같다. 그래서 "광(廣)"이라 하였다. 이것은 바로 동등할 것이 없는 지혜이며 비교할 것이 없는 지혜이다. 이 지혜의 구절로 말미암아서 성불하게 하는 것이다. "만약 이것[57]을 두루 펼치는 자는"이라 말하는 것은 모든 세계에 두루하게 하는 진언을 말하는데 바로 이 아자문이다.

"불이족존(佛二足尊)이 되리라"고 하는 것은 진언의 종자 가운데에서 이 묘한 음성으로써 두루 세계에 편만하여 듣는 자로 하여금 무상보리를 반드시 성취하게 한다. 그래서 "불양족존이 되리라"고 하였다.

"그러므로 열심히 정진하여 제불의 어심(語心)[58]에서 항상 끊임없이 닦아 나가서 마음을 정화하고 변하지 않는 내가 있다고 고집하는 생각[我執]을 여의리라"고 하는 것에 두 가지 부지런함이 있다. 앞의 부지런함은 정진함에 쉬지 않는 것이며, 뒤의 부지런함은 언제나 수행하며 쉬지 않는 것인데 산스크리트어로는 다르다. 일체여래께서 설하신 진언의 핵심에서 곧 위와 같은 네 종자로써 모든 중생들을 부지런하게 하고, 이와 같이 설한 진언의 핵심에서 곧 위와 같은 네 종자로써 모든 중생들을 부지런하게 하며, 이와 같이 설한 진언의 핵심에서 부지런한 마음으로 닦아 익히는 구절을 중간에 끊임없게 하여 언제나 이 [진언]으로 그 마음을 청정하게 해야 함을 말한다. "정화한다"고 하는 것은 안팎의 온갖 망녕된 업의 모든 장애를 정화하는 것을 말하며, "아(我)를 여읜다"는 것은 인법이아(人法二我)를 여의는 것을 말한다.

57) 아자를 가리킨다.
58) 심진언(心眞言)을 말한다.

2) 선지송법(先持誦法)

"그때 박가범께서는 다시 이 법구를 설하셨다. 정등각심(正等覺心)에서 성취를 행하고자 하면"이란 무엇인가? 앞의 품에서 이미 세간성취를 설하여 수행하는 사람을 보내어 출세간의 성취에 이르게 하였다. 이로써 이 가운데에 불심(佛心)을 사용하여 출세간성취의 업을 짓는 것을 설하였다. 불심이란 무엇인가? 앞과 같은 진언의 네 종자에 따라 한 종자를 취하고 이를 지으면[59] 모두 성취한다. 이 성과(成果)[60]를 지어서 출세간의 과를 얻으니 정등각심(正等覺心)은 바로 진언심(眞言心)이다. 이 심(心)이 바로 불심이며, 불심이란 곧 진언심(眞言心)임을 알아야 한다.[61]

이렇게 성취하고자 하면 먼저 장소를 택해야 한다.

"원원(園苑)"이라고 함은 사람들이 씨앗을 심고 가지를 접붙인 곳으로 정원을 말한다. 만일 씨뿌리지 않았는데도 저절로 자란다면 광야이지 정원이 아니다.

"절[寺]"[62]이란 비하라(毘訶羅, Vihāra)로서 이 지방에서는 주처(住處)라고 번역한다.

"굴(窟)"이란 산속에 저절로 생긴 석굴이나, 사람이 공들여서 뚫어 만든 곳이다. 또는 수행하는 사람이 마음으로 좋아하는 곳에서도 역시 도를 닦을 수 있다. 만일 비밀한 가르침이라면 원원(園苑)은 대보리심으로서 이 곳[63]은 아주 넓어서 아무 것도 없다. 이 곳에 의지하여 도를 닦는 것을 가장 좋은 곳으로 삼는다.

"머문다"고 하는 것은 사범주(四梵住)[64]이며, 또는 대비를 말한다. 모든

---

59) 자증심(自證心)을 지으면 모든 심불(心佛)이 현현함을 얻는 것이다.
60) 자증심인 성과(成果)이다.
61) 이 문장 앞뒤로 난탈이 있어 바로잡는다.
62) 『대일경』에 "승방(僧坊)"이라 한 것을 해석한 것이다.
63) 무상(無相)의 대보리심을 가리킨다.
64) 자(慈)・비(悲)・희(喜)・사(捨)의 사무량심(四無量心)을 말한다.

보살은 언제나 즐거이 이 가운데 머물기 때문이다.

"굴"이라고 한 것은 그윽하고 청정하며 깊숙한 곳이니 바로 심히 깊은 선정의 굴로서 사자수왕(師子獸王)[65]도 역시 그 속에 머문다.

"또는 마음으로 좋아하는 곳"이란 바로 모든 법문에서 편리한 때에 따르고, 낱낱의 문에 따라 생각하여 행하여야 하는 육도(六度) 등[66]을 말하며 『대반야경』[67]에서 설명한 것과 같이 그 [육바라밀] 가운데에서 자기 뜻에 따라 닦는 것이다.

"그 보리심을 관상하고, 여기에 이르러 처음으로 안주[68]할 때에는 의심이나 걱정하는 마음을 내지 말라"고 하는 것은 곧 마음으로써 자기의 보리심을 관하는 것을 말한다. 이것이 바로 출세간 성취의 바른 행이다. 여기에 머물러서[69] 다른 연[70]이 없게 하는 것이 바로 삼매이다. 이러한 관에서 항상 스스로 깨닫기에 온갖 의심의 그물이 점차 깨끗이 사라지고 나아가 의심없는 단계에 도달한다. 모든 의심이 생기지 않는 것은 바로 참된 보리심에 안주하는 것이다. 그때에 갖가지의 상모(相貌) 등이 있을지라도 의심하는 생각을 일으키지 말라. 곧 점차로 진실한 여(如)를 볼 것이다. 그런데 이렇게 행할 때에 대략 두 가지의 단계가 있으니, 첫째는 삼마희다지(三摩呬多地)가 아닌 것이고 두 번째는 역시 삼마희다(三摩呬多, Samāhita)지이다[등인(等引)이라 번역한다]. 아직 성취하지 못했을 때에는 반드시 먼저 성취와 관

---

65) 용건한 보리심의 수행자를 의미한다.

66) 육바라밀·십팔공(十八空)·삼매·다라니문을 말한다.

67) 『대반야바라밀다경』 제282권 「난신해품(難信解品)」 34－101(대정장 6, 430 하). '선현(善現)아, 일체지지(一切智智)가 청정하므로 보시바라밀다가 청정하며, 보시바라밀다가 청정하므로 예류과(預流果)가 청정하다. 왜냐하면 일체지지가 청정하고 보시바라밀다가 청정하며 예류과가 청정하다면 둘이 없고 둘로 나눌 수 없고 다름 없고 끊어짐 없기 때문이다. 일체지지가 청정하기 때문에 정계(淨戒)·안인(安忍)·정진(精進)·정려(靜慮)·반야(般若)바라밀다가 청정하다. 정계 내지 반야바라밀다가 청정하므로 예류과가 청정하다. 왜냐하면 일체지지가 청정하고 정계 내지 반야바라밀다가 청정하며 예류과가 청정하면 둘이 없고 둘로 나눌 수 없고 다름 없고 끊어짐 없기 때문이다.'

68) 초지(初地)를 의미한다.

69) 이 보리심관에 머무는 것이다.

70) 오직 하나의 연(緣)만 있을 뿐 다른 연이 없는 것을 말한다.

련된 징조[相]가 있어야 하며, 나아가 성취하고자 할 때에도 역시 성취하고자 하는 징조가 있어야 하니, [징조만 있을 때에는] 모두 삼마희다지가 아닌 것이다. 말하자면 처음에 세간성취를 얻을 때에 가지하는 약물(藥物) 등의 온갖 부사의한 작용이 있거나 더욱이 불국토를 다니게 되더라도 이것은 아직 성취하지 못한 상이다. 그러나 이러한 영험이 나타나는 부사의한 일로 인해서 마음에 확고한 신심이 생겨서 다시 증승(增勝)[71]하여 등인(等引, Samāhita)의 경지에 들어갈 수 있다.

수행자가[72] 처음으로 출세간 관법의 방편을 닦을 때에는 먼저 본존을 관하라. 화상(畫像)에 의지하여 잘 관찰하고 나서 처음에는 눈을 감고서 명료해지도록 하고, 그 다음에 점차 눈을 떠서 바라보는데 현현하여 명료하여서 희미하지 않게 하더라도 이것은 아직 등인이 아니다. 만일 이와 같은 현상[73]을 얻으면 그 마음에서 신심과 하고자하는 의욕을 배가하게 된다. 이러한 신심으로 그 마음이 청정하여져서 점차로 집착하지 않으며 등심(等心)이 둘이 아니게[74] 해야 한다. 이러한 둘이 아닌 경지도 역시 제거하여 중변차별(中邊差別)[75]의 견해가 없고, 모든 심연(心緣)[76]을 제거하여 만법이 평등[77]하면 이때를 등지(等至)의 상[78]이라 일컫는다. 온갖 상이 현현하는 때에 아직 [무상실지를] 성취하지 못하였을지라도 이것에 말미암아 점차로 성취할 수 있으므로 그것[79]을 미등인지(未等引地)라고 하는 것이다 [나는 이것을 세간의 미도지정(未到地定)이라 말한다].

"그 일심을 취함에 따라 심(心)을 심(心)[80]에 두어라. 지극히 청정한 구를 증

71) 지전(地前)의 삼현(三賢)이다.
72) 이하는 제2 정각구(正覺句)의 전방편이다.
73) 본존의 온갖 상호가 현전하는 일이다.
74) 인무아(人無我)와 법무아(法無我)가 둘이 아닌 법무외적연계(法無畏寂然界)이다.
75) 유식성(唯識性)을 깨달아 유・무에 머물지 않고 마음에 걸림이 없는 경지를 말한다.
76) 공성(空性)을 자각하여 경계를 초월한 마음이다.
77) 만법평등이란 극무자성심(極無自性心), 일체법평등무외(一切法平等無畏)이다.
78) 등지의 상이란 삼마희다지로서 제2의 정각구(正覺句)이다.
79) 유상관(有相觀)을 가리킨다.

득하면 더러움 없이 안주하여 움직이지 않으리니 분별을 초월함이 거울과 같으며 현전함이 심히 미세하리라. 만약 그가 항상 관찰하여 닦아 익히고 상응한다면 이에 본소(本所)의 존과 자신의 상(像)이 모두 나타나리라."

처음에 본존을 관하는 데에 [본존의 모습이] 명료하게 나타나게 되면 [아(阿) 등의] 네 종자 가운데에서 그 하나를 취하여서 본존의 심장 위에 놓아라. 이것을 경[81]에서는 [부처님의] 마음과 상응한다고 하였다. 말하자면 이 불심(佛心)의 글자[82]를 가지고 본존의 심장 위에 안치한다[심(心)을 취한다고 하는 것은 불심의 자(字)를 취하는 것으로 부처님의 심장 위에 놓는다. 이것을 여심(與心)이라 한다]. 하나의 진언심을 취하여서 본존의 심장 위에 심진언을 놓는다고 관상하라. 또한 자신을 본존으로 삼아서 심(心)[진언]의 글자를 심장 위에 놓기 때문에 "심(心)을 심(心)에 두어라" 등으로 말한 것이다. 이와 같이 관하면 지극히 청정하고 더러움 없는 관이 되니 모든 심(心)과 본존이 언제나 그러하기 때문이다. 이와 같이 관하여 청정할 때에 바깥에 연하지 않으며 안주하고 흔들리지 않아서[83] 일체의 법상(法相)을 분별하지 않게되니 망심이 일어나지 않는다. 이때[84]에 관불삼매(觀佛三昧) 등과 상응한다. 비유하면 청정한 눈을 가진 사람이 밝은 거울을 마주 대하는 것과 같다. 이 가운데 거울이란 바로 본존의 심장 위에 원명하고 청정무구함을 관하는 것이다. 이른바 극미(極微)[85]란 처음으로 종자의 글자를 관할 때에는 극히 세밀하고 작게 하는데 그것은 심(心)의 종자이기 때문이다. 먼저 본존[86]의 형상을 관하고 나서 본존의 심장 위에 이 맑고 깨끗한 거울[87]을

80) 앞의 마음은 심진언(心眞言)이고 뒤의 마음은 행자의 청정심(淸淨心)이다. 행자의 청정심 가운데 본존의 심진언을 현현하고 이것에 의해서 본존과 행자는 불이일체(不二一體)가 된다고 관하는 것이다.

81) 『경』의 "닦아 익혀서 상응한다면"의 구절을 가리킨다.

82) 불심의 글자는 아(阿)자를 말한다. 불심, 즉 부처님의 심장[干栗太心]의 표치이다.

83) 『경』의 "안주하여 움직이지 않으리니 분별을 초월함이 거울과 같으며"라는 구절에 대한 해석이다.

84) 『경』에서 말하는 거울과 같을 때이다.

85) 『경』의 미세(微細)라는 말을 해석한다.

관한다. 거울 가운데에 이 종자[88]가 있고 일심으로 이 종자를 관할 때에 곧 여기에서 본존[89]의 진실한 모습을 볼 수 있다. 또한 스스로[90] 둥근 원 가운데에서 그 몸을 본다. 그러나 이것은 아직 등인지(等引地)에 오르지 못한 모습이다.

이와 같이 오직 하나의 경계에 머무르면[91] 더러운 장애가 움직이지 못하며, 언제나 이와 같이 닦아 익히므로 자신의 영상이 나타날 때에 심장 위에 역시 원명(圓明)과 종자가 있을 것이다. 처음으로 이것을 관할 때에는 한 종자를 관함에 따라 세 가지 일이 자연히 드러난다. 나중에는 심장 가운데의 원명 위에 본존을 보고, 본존의 원명 위에 다시 자신을 보게 된다. 이와 같이 서로 비추어 보아서 걸림이 없음을 영상성취(影像成就)라 부른다. 그러나 이것도 역시 등인지(等引地)가 아니다.

다음으로[92] "제2의 정각구(正覺句)"란 무엇인가? 처음에는 본존을 관하였지만 지금은 단지 부처님을 관한다.[93] 그렇게 하는 이유는 모든 존형(尊形)이 모두 법신을 보는 문(門)이기 때문이다.

"경만다라(鏡漫荼羅)[94]의 대연화왕좌(大蓮華王座)에서 깊은 삼매에 머무는

86) 중대(中台)에서 법계정인(法界定印)을 하고 계신 대일여래를 가리킨다.
87) 거울은 의밀(意密)을 가리킨다.
88) 이 종자는 어밀(語密)을 가리킨다.
89) 본존은 신밀(身密)을 가리킨다.
90) 이 문장의 앞은 본존에 대한 관상이지만, 여기부터는 수행자 자신에 대한 관상이다. 즉 자신을 본존으로 하고 그 심장 위에 둥글고 밝은 거울을 관하고, 이 깨끗한 거울 가운데에 아자를 관하며, 이 아자의 둥글고 밝은 가운데에 본존의 진실한 상호를 보는 것이다. 이것은 지전(地前)의 미등인지(未等引地)이다.
91) 위와 같이 본존의 청정한 거울 가운데 아자를 관하고, 오직 하나의 연으로서 닦아 익히므로 자기의 마음의 영상이 현전하며 그 심장 위에 둥글고 밝은 거울과 아자가 있음을 관한다. 이와 같이 관상함에 따라 본존 또는 자신과 맑은 거울과 아자의 세 가지가 자연히 드러나는 것이다.
92) 이상은 제1로 정각으로 나아가는 전방편(前方便)으로서 본존에 대한 관법을 설하여 마쳤다. 여기서부터 제2의 정각으로부터 법신불을 바르게 깨달아 아는 것에 대해 설한다. 여기서부터 초지(初地)에 입문하는 것이다.
93) 앞에서는 본존의 한 부처님만 관하였지만, 지금부터는 많은 부처님을 관하는 것에 대해 밝힌다.

것이다."

제2구는 부처님께서 마음 거울의 깊은 동굴 속에 계시며, 나아가 자신의 모습이 본존으로 된다고 관한다. 먼저 본존의 심장 위에 둥글고 밝은 거울이 있으며 거울 속에 굴의 모습이 있고 그 가운데에 본존이 계시다고 관한다. 이것이 정말 부처를 보는 것이다.[95]

또한 이 거울 가운데에 굴(窟)의 모습이 있으며, 이 굴의 아주 깊숙한 곳에 여래가 계시는데 이 굴 속에 머무시며 매우 깊이 여기에 앉아계시다고 관상하는 것이다.

"총지(摠持)의 발계관(髮髻冠)에 두루 감싸는 한량없는 빛이 있고 망녕된 집착과 분별을 떠나니 본래 고요함이 허공과 같다. 그 가운데에서 사유하여 섭의(攝意)의 염송을 행하라. 일월(一月)[96]에 등인(等引)을 닦아 지녀서 1락차[97]를 채워라."

그 가운데[98]에서 이와 같이 관하면 이것이 참되게 부처님을 보는 것이며, 이와 같이 보고 나서 이 부처님의 심장 위에 다시 원명의 둥글고 깨끗함이 있다고 [관한다.][99] 처음에는 이 지극히 청정한 심경(心鏡)이 매우 미묘함을 관하다가 나중에는 점차로 커져서 얼굴에 마주 대하여 완연하기 때문에 "현전"이라고 말하였다. 비할 바 없이 청정한 가운데에 종자의 글자가 있고, 일심으로 바르게 이 종자의 글자를 관한다. 이것은 바로 그 글자를 송하는 것이다. 이로부터 그 마음을 볼 수 있게 된다. 또한 자기의 몸을 보니[100] 본존의 몸의 모습과 같이 부처님의 심장 가운데에 있고, 만

---

94) 본존의 심월륜이다.

95) '제2구'부터 여기까지는 난탈이다. 뒷 문장에서 옮겨왔다.

96) 성취의 처음단계를 말한다. 이것은 본존관이며, 초지정보리심(初地淨菩提心)의 단계이다.

97) 낙차는 십만을 의미하는데 여기서는 상(相)의 뜻으로 쓰였다. 자륜 상(相)을 행자의 정심(淨心) 중에 분명히 나타낼 수 있음을 말한다.

98) 『경』의 "총지(摠持)의 발계관(髮髻冠)에 두루 감싸는 한량없는 빛이 있고"라는 구절을 해석한다.

99) 이 이하에 난탈이 있어 바로잡는다.

일 자기 심장 위에 원명을 관할지라도 역시 여래본존 가운데에 있다. 이와 같이 전전하여 서로 나타나더라도 서로 방해하지 않으며, 평등하고 청정하여서 모든 분별을 여읜다. 이것을 비로소 보리심을 보았다고 하며 최초의 성불의 종자로 삼는다. 이와 같이 볼 때에는 그 부처님의 심장 위에 종자를 써라. 그리고 이 진언의 종자를 일심으로 송하라.

다음에 **"섭의(攝意)"**라 하는 것은 하나로부터 열에 이를지라도 역시 같으며 하나가 만일 일백·일천·일만 등에 이를지라도 역시 모두 이 하나이다. 수많은 때에 두루함으로써 수많은 때에 스스로를 본다.[101] 산스크리트어로는 삼마희다(三摩呬多, Samāhita)라고 하는데 이는 등인(等引[102])의 뜻이다. 또한 섭심일경(攝心一境)의 뜻이라 하는데 바로 일심(一心)의 뜻이다. 한결같이 뜻을 모아 하나의 경계에 머무르며 다시 하나의 바깥 연도 없게 하고 마음과 마음으로 염송하되 사람들에게 들리지 않게 하라. 그리하면 선정 가운데에서 자연히 소리가 흘러나오는데 마치 흐르는 물처럼 끊어지지 않을 것이다.

"일월에 염송하여 닦아라"고 하는 것은 무엇인가? 일월은 등인(等引)이 원만하여 초지(初地)에 들어가니, 비밀장 가운데에서 초지는 제1월이다. 이것은 등인의 경지이다. 앞[의 주심품]에서 말한 삼구(三句)는 보리심을 종자로 하고 대비를 뿌리로 하며 방편을 나중으로 하는 것이다. 여기에서는 행법을 갖추어 설명하라.

"낙차(落叉)"라 말하는 것을 번역하면 견(見)이다. 말하자면 마음을 하나의 연에 머물게 하여 명료하게 현전하도록 하는 것이다. 만일 세간의 말에 따르면 곧 십만편이라 할 뿐이다. 이것을 또 일견일경(一見一境)이라고 한다. 그러므로 1낙차라고 말한다. 이것은 바로 출세간의 수행 가운데 먼저 받들어 행해야 할 법이다. 이와 같이 성취한 자는 신지(信地)에 들어간

100) 자기의 몸과 심불(心佛)이 서로 비추는 것을 밝힌다.
101) 보리심을 스스로 본다는 뜻이다.
102) 삼밀의 평등한 법으로써 모든 공덕을 끌어 안는다는 뜻이다.

다[다시 보리심의 행상(行相)을 여쭈어라].

"다음으로 제2월[103]에는 바르는 향과 꽃 등을 바치고 이로써 갖가지 중생류를 요익하게 하는 것을 행하라. 또 다시 다른 달[104]에 온갖 이양(利養)을 버려라."

앞의 세간의 수행에도 바르는 향과 꽃 등의 공양이 있었으나 여기서 다시 설하는 것은 뜻이 앞과 다르다. 이 가운데 이미 등인을 얻고, 그것을 청정하며 조화롭게 함으로써 일에 따라 성취하니 하나의 향을 받들어 올림에 따라 곧 실답게 법계에 두루 가득하여 널리 모든 중생계에 골고루 미치도록 갖가지의 이익을 지으며, 일에 따라 모두 성취되는 것은 『화엄경』의 「회향품」[105]에서 자세하게 그 모습을 설명한 것과 같다. 향이나 꽃으로 공양하는 온갖 것들도 역시 이와 같으니, 크게 불사를 지어서 성취되지 않는 것이 없다.

"또 [다시] 다른 달에"라 하는 것은 이 가운데 양월(兩月)의 행(行)이 있으면 곧 초지(初地)에 이른다[다시 여쭈어라]. "온갖 이양(利養)을 버려라"고 하는 것은 "다른 달에 모든 이양을 버려라"고 하는 것으로 이른바 제3월에 안과 밖에서 탐착하는 것이 없음을 "이양을 버린다"고 한다. 그리하여 바깥일에 따라 구하지 않으며 베푸는 것도 받지 않는다. 이것은 이양을 버리되 중

103) 대비위근(大悲爲根)의 위치로써 제2지(第二地)에서 제7지(第七地)까지를 포함한다. 이 문장부터 이하는 구지염송(具支念誦), 즉 공양하며 사업을 계승하는 일을 밝힌다.

104) 세 번째 달, 즉 방편위구경(方便爲究竟)의 위치로써 제8지(第八地)에서 제10지(第十地)까지를 가리킨다.

105) 『화엄경』「십회향품」(대정장 10, 136 하~137 상). '불자들이여, 보살 마하살이 바르는 향을 보시할 적에 모든 선근으로 이렇게 회향하나니, 이른바 일체 중생이 보시하는 향이 널리 풍기어 온갖 소유한 것을 모두 버려지이다. 일체 중생이 계행 지니는 향이 널리 풍기어 여래의 끝까지 청정한 계를 얻어 지이다. 일체 중생이 참는 향이 널리 풍기어 모든 음해하는 마음을 떠나지이다. 일체 중생이 정진하는 향이 널리 풍기어 대승의 정진하는 갑옷을 항상 입어지이다. 일체 중생이 선정하는 향이 널리 풍기어 부처님이 앞에 나타나는 삼매에 머물러지이다. 일체 중생이 지혜의 향이 널리 풍기어 한 생각에 위 없는 지혜의 왕을 이루어지이다. 일체 중생이 법의 향이 널리 풍기어 위 없는 법에 두려움이 없어 지이다. 일체 중생이 덕의 향이 널리 풍기어 온갖 대공덕 지혜를 풍기어 부처님의 십력을 얻어 저 언덕에 이르러지이다. 일체 중생이 청정한 선법(善法)의 묘한 향이 널리 풍기어 온갖 선하지 못한 법을 영원히 멸하여지이다 하느니라. 이것이 보살 마하살이 바르는 향을 보시할 때에 선근으로 회향하는 것이니라.'

생을 버리지 않는 진언행에 말미암았기 때문이며, 모두 성취할 수 있다. 문장으로 이를 이해하면 곧 이 팔법(八法)의 위순(違順)[106]을 버려도 도를 방해하지 않기 때문이다. 만일 비밀한 뜻으로 하면 이것은 보살이 커다란 선근을 심어서 그 과보로 한량 없이 많은 법문공덕의 보배를 얻는 것을 나타내지 않을 수 없다. 그러나 그 가운데에 취하여 집착하려고 해서는 안된다. 만일 이양을 취하여 집착하려 하면 속히 정위(正位)에 들어갈 수 없다. 그러므로 반드시 이양을 버려야 한다.

"이때 그가 유가에서 사유하는 것이 자재하리니 온갖 장애가 없어져서 모든 군생들을 안락케 하리라고 원하라."

그때에[107] 수행자는 다시 이치답게 사유한다. 즉 보리심으로부터 비원(悲願)을 발하는 것이 이치에 맞게 일어나므로 이치답게 사유하라고 하였다. 이 가운데 "사유"의 뜻은 '내가 이와 같은 이치에 응하여 사유하고 자재를 얻는다'고 하는 것을 말한다. 곧 '어찌하여 중생들은 이와 같은 깨달음의 성품을 동등하게 갖고 있으면서 스스로 알지 못하고 큰 고뇌를 받는가? 곧 대용맹심을 내어 반드시 무수한 방편으로 이들을 성취하게 하고 반드시 모두 일체지지(一切智地)에 도달하게 하여 그 온갖 장애를 제거하고 남는 것이 없게 하겠다'고 하는 확고한 비원을 발해야 한다.

"여래께서 칭찬하시는 원만한 과(果) 성취하기를 즐겨 원하며"라 하는 것은 무엇인가? 말하자면 여래의 한량 없이 많은 지견은 궁극에 이르러 훌륭하게 제도하는 묘한 방편을 성취하게 한다. 만일 이것을 얻지 못하면 어떻게 일대사인연으로써 세간에 나올 수 있겠는가! 이와 같이 모든 부처님께서 칭찬하시는 그 묘한 방편을 나는 속히 성취해야 한다.

"모든 유정들의 온갖 희원(希願)을 만족시키며, 이치에 따라 장애의 덮개를 없애어 이로써 반연(攀緣)[108]을 생한다"고 하는 것은 이와 같이 장애가 없고

---

106) 순세(順世)의 팔심과 위세(違世)의 팔심을 버리는 것이다. 즉 법애(法愛)의 마음조차 버리는 것이다.

107) 앞의 제3월을 가리킨다.

이와 같이 반연(攀緣)하여 염송하는 것이다.

"방생(傍生)[109]들이 서로 잡아먹는 온갖 괴로움을 영원히 제거하고 언제나 모든 귀신들의 세계에 음식을 다 충만케 한다. 지옥 중에서 받는 괴로움과 갖가지 모든 고통을 나의 공덕으로 속히 소멸시켜야 한다."

내가 일으킨 한량 없이 많은 뛰어난 복과 나의 공덕으로 온갖 괴로움 등을 뽑아내어 대비심으로써 모든 중생들이 바라는 것을 채워준다. 그 큰 고통을 뽑아내고 즐거움을 주어 역시 성취한다. 왜냐하면 수행자의 자심에 더러운 장애가 없기에 곧 큰 세력을 갖추게 되어 중생을 위하여 그 부분에 따라 장애를 없애기 때문이다. 그와 내가 인연에 장애되는 것이 없으므로 곧 일[110]에 따라 성취한다. 이것이 바로 보현(普賢)의 행원이다. 이 상(相)[111]은 어떠한가 하면 이와 같은 대비의 원을 내는 것이다.

"다른 무량문(無量門)에서 자주 자주 마음에 사유하라. 광대한 비민(悲愍)을 내어서 삼종의 가지구(加持句)[112]로 모든 것을 상념하며 마음에 진언을 송하여 지녀라."

이러한 비원들도 역시 무량한 종류가 있어서 처음의 한 달 두 달의 지송으로 이와 같은 원을 발한다고 말할 수는 없다. 다만 처음의 두 달은 신해(信解)의 마음으로써 행하지만 그래도 아직 성취할 수는 없으며, 제3월에야 원하는 바가 모두 성취된다. 그리하여 나와 남에게 회향하는 것이다. 진언을 수행하는 자가 만약 뜻을 이해하였을 때에는 일에 따라 이와 같이 행한다. 자주 대비의 물로써 그 마음을 씻고 점차 이 보리심이 큰 세력을 갖게 하며 제11지에 이르기까지 이래로 점점 역용(力用)이 증장하는 것은

---

108) Skt. ālambana. 심(心)이 대상에 의지해서 작용을 일으키는 것. 번뇌 망상의 시원(始元)이며 근본이라고 한다.

109) 방(傍)은 누운 것, 생(生)은 생물이란 뜻이니 곧 몸을 가로 눕히고 다니는 짐승을 말한다.

110) 향이나 꽃 등을 바치는 일이다.

111) 대비로써 괴로움을 뽑아내는 상이다.

112) 나의 공덕력(功德力)과 여래의 가지력(加持力)과 법계력(法界力)의 세 가지를 의미한다.

모두 여기에 말미암아 만족하는 것이다. 처음의 한 달은 보리심이다. 다음 달은 부처님의 형상을 관하는 정각(正覺)의 구절이라 말한다. 제3은 진언에 머물러 일체의 상을 여의는 삼월이라 칭하며 또한 삼락차(三落叉)라 부른다.

또한 "광대한 가지"[113]란 이른바 여래의 가지신력은 삼구(三句)[114]로 말미암아서 이룰 수 있으므로 지금 여래의 사업을 행하고자 하기에 이 삼구를 상념한다. 그러므로 경에, "나의 공덕력(功德力)과 여래의 가지력(加持力)과 법계력(法界力)으로써 중생계에 두루하게 한다"고 하였다. 이 삼구가 화합하여 광대한 가지력을 일으킨다. 이와 같이 생각하고 나서 이 구절을 염송해야 한다. 이 구절은 바로 일체의 진언심이다. 삼구의 공덕을 취하고 꽃 등을 취함에 따라 생각으로 이것을 가지하라. 꽃에는 꽃의 진언으로 [가지]하고 향에는 향의 진언으로 이를 가지하며, 나아가 모든 곳에 고통을 뽑아내고 즐거움을 주며 부처님께 바치는 것 등을 모두 성취하라. 만일 본 진언으로 이를 가지하지 않더라도 뒤의 명비(明妃)를 사용하면 역시 성취할 수 있다. 나의 공덕심이 중생계에 두루한 것은 여래의 가지력이나 법계[의 평등력]과 동등하다.

"온갖 상념에서 이롭게 하는 것을 구하여 모두 다 이를 요익하게 하라. 그 모든 것이 이치와 같으면 염하는 것이 모두 성취되리라."

이치[115]에 머물기 때문에 계속 생각하는 대로 성취한다. 고통을 제거하려고 하니 고통이 바로 제거되는 것 등을 말한다. 나의 공덕력과 여래의 가지력과 법계의 평등력이라는 세 가지 연이 합하였기에 곧 부사의한 업을 성취한다. 이와 같이 짓는 것은 이치에 상응하기 때문에 이치와 같은 것을 얻는다고 함을 알아야 한다. 허공등력허공장명비(虛空等力虛空藏明妃)

---

113) 바로 앞에 나온 "광대한 비민(悲愍)을 내어서 삼종의 가지구" 등등의 게송을 가리킨다.

114) 삼력(三力)의 구절이다.

115) 삼구의 이치에 머문다는 뜻이다.

의 진언과 서로 접한다.[116]

"그때에 여래께서는 허공등력허공장전명비(虛空等力虛空藏轉明妃)의 진언을 송하셨다."

허공은 파괴할 수 없으며 어느 누구도 이길 수 없으므로 "허공등력"이라고 한다. 또한 "장(藏)"이란 어떤 사람에게 큰 보배창고가 있어서 재물을 원하는 자에게 베푸는데 그들이 마음대로 가져가도 가난해지지 않는 것처럼 여래허공의 창고도 역시 이와 같다. 온갖 중생을 이익하고 즐겁게 하고자 모두 이 가운데에서 한량 없이 많은 법의 보배를 내어서 중생들이 자재롭게 수용하여도 고갈되지 않는 것을 허공장이라 부른다.

"전순명(轉順明)"에서 전순(轉順)은 능히 생겨나게 한다는 뜻이다. 이 창고는 온갖 불사를 일으킨다. 앞에서 발한 비원과 같다. 말하자면 한 송이 꽃으로 공양할 때에 운심(運心)하는 것처럼 모든 부처님과 범부와 성인에 두루하게 모두 공양하고 나서 곧 일체지지(一切智智)에 회향하며 내가 베푼 모든 것을 받아주시기를 청한다.

'원하옵건대 이 힘으로써 저로 하여금 위와 같은 원을 얻게 하소서.'

이와 같이 원하고 나서 이 진언으로 가지하면 성취되지 않는 것이 없다.

처음은 모든 여래들께 경례드리는 것이다.(namaḥ sarva-tathāgatebhyaḥ)

미습바무케베(微濕嚩二合目喫弊毘也反, viśva-mukhebhyaḥ)[훌륭한 가르침 등으로 역시 갖가지의 가르침들이 있다.]

살바타(薩嚩他, sarvathā)[일체이다.]

캄(欠平聲, kham)[공(空)이다. 앞에서 말한 일체지공(一切智空)과 통한다. 이것은 종자의 글자이다.]

오드가뎨(鄔特揭二合底, udgate)[생겨남이다.]

살반라혜문(薩泮二合囉醯門, sphara he māṁ)[보편(普遍)이다.]

---

116) 삼력과 다음에 설하는 명비의 진언이 상응일치하는 것을 보이고, 다음에 그 진언을 설하는 취지를 밝힌 것이다.

가가나검(伽伽那劍, gagana kaṁ)[허공이다.]

이것은 바로 허공장허공등력(虛空藏虛空等力)의 뜻이다. 일체법공(一切法空)과 동등하니, 이로써 재물들을 내어 두루 모든 허공에 가득하게 한다.

"이것을 세 번 지송하면"이란 만일 이 진언을 세 번 송하면 생각하는 대로 성취함을 말한다. 한 송이 꽃을 봉헌하니 법계에 가득하지 않은 곳이 없다. 위로는 모든 성현(聖賢)께 바치며, 아래로는 모든 중생들에게 베풀라.

"그가 태어나는 곳마다 훌륭한 원이 모두 성취되리라"고 하는 것은 이 진언으로 이것을 가지하니 모두 성취한다는 것이다. 창고에서 직접 보물을 가져다가 마음대로 쓰는 것과 같다. 만일 이 진언을 세 번 송하면 생각하는 대로 그것이 성취된다. 무릇 바치는 꽃 등은 삼력(三力)으로 회향하고 이 진언으로 가지하라. 모든 바람에 따라 이루어질 것이다. 말하자면 비화(悲花)[117]로써 모든 부처님들께 바치니 자재로이 성취한다.

"수행하는 사람은 만월[118]에 차제대로 지송(持誦)을 행하라"고 하는 것은 먼저 공양하여 받들어 섬기고 나서 성취의 상을 얻고 그 성취상에 인하여서 그 다음에 백월 십오일에 지송법을 행하라는 것이다. 이것이 바로 만월[119]이다. 상·중·하의 일에 따라 성취법을 행하라. 상은 산봉우리, 중은 소외양간, 하는 숲 속이다. 혹은 강변이나 나아가 네거리·천실(天室) 등은 모두 상·중·하에 통틀어 성취법을 행할 수 있다. 또는 마음으로 좋아하는 곳에 따라 이것을 지어라. 산봉우리 등에 만다라를 건립하려면 처음에는 제1중에 빙 둘러서 금강을 그려라. 이 단은 삼중으로 만드는데 모두 금강[저를 그려서] 경계를 만든다. 그 방위의 신과 모든 불보살 등에 대해서는 다음에 따로 설명할 것이다. 여기에서는 아직 분별하지 않았다.

---

117) 대비의 꽃이다. 스스로 자기의 마음의 실상을 깨닫고 그 대비장(大悲藏)으로부터 생기는 꽃이기 때문에 대비생(大悲生)의 꽃이라 한다.
118) 보름(15일)을 의미한다. 이하에서 성취법을 행하는 것과 그 장소에 대해 밝힌다.
119) 만월은 보름을 의미하는 것 뿐만 아니라 원만한 등인(等引)의 경지를 가리킨다.

이 가운데 모든 존을 나열하는 것은 모두 앞의 예와 같다. 다만 갑절로 금강을 서로 연결하는 것이 다를 뿐이다.

"온갖 금강색(金剛色)으로 하라"고 하는 것은 금강저를 그려서 빙 둘러 경계를 삼는데 이것을 그려서 모두 청정하여 허물이 없게 해서 만들어라. 허물이 없다고 하는 것은 원만하게 정리되어 단엄하고 묘한 것이다.

"청정하게 장엄하여 금강과 같게 하라"고 하는 것은 그 금강저가 서로 빙 둘러 있는 것과 같게 하는 것이고, 모두 다 황색이다. 여기에 세 가지[120]가 있어서 금강과 같다고 한다. 색이 금강과 같은 것이고 체(體)가 금강과 같은 것이고 명칭이 금강과 같은 것이다. 이러한 까닭에 "청정하게 장엄하여 금강과 같게 하라"고 하였다. 곧 청정함도 금강과 같다.

"그 가운데 온갖 장애하는 자가 있으면 마음을 끌어당겨 미혹하게 할 것이다."

이러한 세 가지는 금강과 같기에 파괴할 자도 없고, 초월할 자도 없으며, 더 뛰어날 자도 없고 항복시킬 자도 없다. 장엄하고 청정함을 갖추어 이 금강계를 건립하기에 온갖 장애자로 하여금 모두 다 미혹하게 하여 감히 소란스럽게 할 자가 없게 한다. 이미 장애를 여의었으면 곧 만들려고 하는 약물을 성취할 수 있다.

경에, "사방을 서로 두루 돌아서"라고 하는 것에 두 가지 뜻이 있다. 단을 바르게 사방으로 만들고, 또 금강인(金剛印)도 역시 사방으로 만들며, 또한 바르게 사방면에 짝하게 한다.

"하나의 문과 통로를 만들어라. 금강으로 서로 연결되게 하고 금강결(金剛結)로 상응하라."

"금강결(金剛結)"이란 위와 같이 빙 둘러서 금강을 안치하고 모든 금강저의 끝[股]들이 서로 연결되니 이것이 바로 금강결의 뜻이다. 하나의 문에 함께 연(緣)을 안치한다[연(緣)이란 바로 위[121]에서 설하는 것과 같은데 하나의 길

120) 색과 체와 명칭의 세 가지가 금강과 같다는 것이다.
121) 「구연품」에서 설한 것을 가리킨다.

에서 빈 장소를 열어서 외연(外緣)으로 삼는다].

"상응하라"고 하는 것은 무엇인가? 이른바 이 문은 일에 따라 상응한다. 상성취(上成就)의 문은 동쪽으로 향하고, 중성취는 북쪽 및 서쪽을 향하며, 하성취의 문은 남쪽을 향한다. 그 계(界)에 금강을 서로 연결하여 잇는 것도 역시 금강의 뜻이다.

"문(門)과 문의 두 수호(守護)는 불가월(不可越)과 상향(相向)[122]이다. [손으로 위를 가리키는 모습을 하고] 붉은 눈에 분노하는 모습이다."

성취하는 물건을 제일 잘 수호하여야 한다. 이 수호문을 중요하게 여겨야 하는데 앞에서 설한 위광난시(威光難視)[123]와 상향(相向)의 수문자(守門者)이다. 낱낱의 상[124]을 인(印)으로 삼는다[인(印)은 아래[125]에서 설한다]. 둘 다 적백색으로서[126] 매우 분노한 형상으로 만든다.

"은근하게 모서리 부분에 수라[127]염광인(輪羅焰光印)을 도화하라"고 하는 것은 바로 독고금강(獨股金剛)이다. 단지 모서리 부분에 모두 이것을 두는데 둥근 불꽃이 있다.

"안에 묘금강좌(妙金剛座)[128]를 두는데 방위는 바르고 서로 곧게 하라. 그 위에 대연화가 있고 팔엽에 꽃술과 수염이 달려 있다."

만다라의 가장 중심에 십자(十字)의 갈마금강좌(羯磨金剛座)를 두고 사방으로 바르게 하라[바르게 네 방면을 가리키게 만들어야 한다]. 그 위에 큰 연꽃을

---

122) 이수호(二守護)를 말한다. 이수호는 태장만다라의 문수원(文殊院)과 외금강부원(外金剛部院) 서남문의 두 수호신이다. 온전한 칭호는 문문이수호(門門二守護)이다. 하나는 불가월수호문자(不可越守護門者)이며, 둘은 상향수호문자(相向守護門者)이다. 전자는 내문(內門)의 오른쪽에 있으며, 후자는 왼쪽에 있어서 함께 여래의 가르침을 받고 법문을 수호한다.

123) 불가월수호(不可越守護)의 다른 이름이다. 앞에서 설했다는 것은 「보통진언장품」을 가리킨다.

124) 두 문을 지키는 수호자가 모두 위의상(威儀相)을 인으로 삼는다.

125) 「밀인품」을 가리킨다.

126) '적백색'이 아니라 '붉은 눈'이 더 정확한 표현이다. 백(白)이 목(目)의 오기(誤記)이다.

127) Skt. śūla. 수라(輪羅)는 병기(兵器) 가운데 창을 말한다. 수라인(輪羅印)은 창 모양의 인상(印相)이다.

128) 십자갈마(十字羯磨)의 위에 연화를 그린 것이다.

만들고 팔엽과 꽃술이 있으니[금강저 위에 만들어 두어라.] 이것이 바로 금강좌(金剛座)이다. 그래서 금강과 같다고 말하였다.

"금강수의 금강혜인(金剛慧印)[129]을 결해야 한다"는 것은 금강수의 금강오고인(金剛五股印)을 결하라는 것이다. 그래서 금강삼매혜(金剛三昧慧)의 금강인(金剛印)이라고 하였다.

"모든 부처님께 머리를 조아리고"란 예를 올릴 때에 앞에서 설한 것처럼 해야 한다.

"자주자주 견고하게 서원하라"고 한 것은 스스로 서원하여 마음을 움직여서 크고 널리 서원하되 자기만을 위하지 않는다. 광대한 비원(悲願)으로 모든 중생들을 위하고자 이 약물을 성취하는 것이다. 가지력으로서 속히 성취하게 하며, 이 성취로써 모든 중생을 이익하게 하기를 원한다.

"이곳을 호지(護持)하고 모든 약물(藥物)을 정화해야 한다"고 한 것은 그 곳에 따라 약물을 보호하고 정화하라는 것이다. 그런데 다 갖추자면 많은 법이 있으며 광본(廣本)에는 그것이 있다. 무릇 약을 취할 때에는 반드시 법용의 차제를 이해해야 한다. 스스로 채집하여 구하는 것도 역시 방궤(方軌)가 있고 내지는 수호하고 정화하는 것도 모두 차제법용 및 씻는 방법 등이 있다. 여기에서는 다 갖추[어 설명하]지 않았으니 다시 여쭈어야 한다[혹은 『소실지경』 등을 통용하여라].

"이 밤에 지송하면 청정하여 장애가 없으리라."

장애 없이 성취하고자 하는 데에 상・중・하의 성취상이 있다. 상상(上相)[130]이라면 세 가지의 모습으로 변화한다. 즉 초저녁에는 따뜻해지고 한밤중에는 연기가 일어나며 오경(五更)에는 불꽃이 난다. 중상을 성취하면 두 가지 모습만 있고 불꽃이 나는 것이 없다. 하상을 이루면 한 가지 모습만 있는데 단지 따뜻해질 뿐이다.

"전(轉)"[131]이란 적은 것에서 많은 것을 얻고 연기에서부터 불꽃을 얻는

129) 오고금강(五鈷金剛)을 말한다.
130) 이하는 『경』의 "또한 한밤중이거나 해가 떠오르려고 할 때에"라는 문장을 해석한다.

것 등이다.

“진언자는 스스로 취하여 대공(大空)에 유보(遊步)하고”라 하는 것은 무엇인가? 이미 성취를 얻었으면 혹은 먹거나 바르고 점찍는 등으로써 자재를 얻어 모든 불국토를 다니는 것이 한 [불국토]에서 한 [불국토]에 이른다.

“오래도록 머물러 살면서 큰 위덕이 있고”라 하는 것은 문득 수명이 한량없이 많은 겁수가 되어 위광이 자재하게 됨을 말한다.

“생사에서 자재하다”고 하는 것은 바로 생사에서 갖가지로 자재하기 때문에 이것을 참된 불자라고 한다.

“세계의 정상에 가서 갖가지 색신(色身)[132]을 나타내어”라 말한 것은 모든 중생들을 위해서 큰 불사를 지으라는 말이다[세계의 위로 다닌다고 하는 것은 바로 세계를 밟고 다닌다는 것이다].

“덕을 갖춘 길상자(吉祥者)를 두루 다니면서 공양하라.”

성취를 얻고 나서 [약물을] 지니고 시방에 이르러 뜻대로 시방의 부처님께 바치는 것이다. 모든 부처님과 아사리와 도반에게 각각 분수(分數)의 방법이 있다. 다시 이를 여쭈어야 한다. 그 약을 공양하는 데에는 또한 방법이 있으니 이른바 바치는 것이다. 약물을 성취하고 나서 금강인(金剛印)[133]으로 자신을 보호하고 본존을 수호하며 약물을 보호하고, 이것을 취하여 다섯 부분으로 나누어라. 스승과 먼저 성취한 선인(仙人)과 도반과 자기 자신과 부처님이다. 그 약물은 그것이 생긴 데에 따라 삼보가 있는 곳에서 사용하라. 먼저 성취한 약물을 만약 신선이 와서 가지려고 하면 이것을 주어야 한다. 와서 취하지 않으면 둘로 나누어서 하나는 도반을 주고 하나는 자신이 취한다. 스승의 약물인데 만일 스승이 다른 곳에 계시면 이것을 갖고 오시길 기다렸다가 드려야 한다. 만일 스승이 안 계시면 그 약

---

131) 『경』에 “그 약물을 가지고 전(轉)하여서 원광(圓光)이 널리 빛나게 하라”고 하는 구절을 해석한다. 원광은 상성취(上成就)의 상(相)을 말한다.

132) 보현색신(普現色身)을 말한다.

133) 오고금강인(五鈷金剛印)으로 자신과 본존 및 약물 등을 가지하는 것이다. 호(護)는 가지의 뜻이다.

물이 생긴 것에 연하여 공덕을 지어야 한다. 칼 등으로 나눌 수 없으면 마음에 표시[134]하여 가지런히 나누어라. 처음부터 끝에 이르기까지[135] 모두 금강을 사용하여 스스로 보호하고 약물을 지키며, 나아가 취하여야 한다.

"진언으로 이루어진 것을 이름하여 실지라 한다."

만일 이와 같이 성취한 자는 이것을 이름하여 유분별(有分別)의 성취라 한다. 이 약물 등의 일은 상(相)을 이루는 법이기에 유분별의 성취라 하는 것이다.

"분별의 약물을 가지고 무분별[136]을 성취한다."

이것은 유분별에 인하여 무분별의 성취를 얻는 것을 말한다. 이 능분별(能分別)을 인(因)으로 삼는다. 이 유분별에 의하여 무분별의 과를 얻는 것은 무위(無爲)·무상(無相)·부사의·무염(無染)의 과이다. 비록 인으로 이루어지는 것이 아닐지라도 유분별을 인으로 삼아서 이 무득(無得)·무위(無爲)의 과를 성취한다.

"비밀주여. 온갖 세계의 모든 현재 등의 여래·응·정등각께서는 방편바라밀을 통달하셨다. 그 여래께서는 일체를 분별하여 본래 성품이 공함을 이시지만 방편바라밀력으로써 무위에서 유위를 나타내시며, 두루 다니시면서 상응하여 중생을 위해서 법계에 두루 시현하신다."

현재와 미래와 과거의 삼세 부처님들께서 모두 방편바라밀에 통달하시어 이 법문을 설하시었다. 삼세의 부처님을 거론한 것은 동일하게 이것으로써 들어가셨음[137]을 밝히려고 함이다. 유위(有爲)의 방편으로 이러한 무위의 과(果)를 성취하니 불가사의하다. 비록 다시 이 유위의 방편을 시설할지라도 이 분별의 법은 본성이 언제나 공하다고 알아야 한다. 이와 같

---

134) 운심하여 위와 같은 경계에 봉헌하라는 것이다.

135) 처음에 약물을 가지고 만다라를 건립하며 나아가 자신을 보호하고 약물을 수호하는 등을 모두 오고금강저로써 가지하는 것을 말한다.

136) 무상(無相)의 실지를 나타낸다.

137) 삼세의 모든 부처님은 동일하게 이제(二諦)에 통달하였기 때문에 동일하게 방편바라밀로부터 무위의 과에 들어가신 것을 말한다.

이 인연으로 일어난 법은 생하고 멸하거나 끊어지고 항상하거나 하나이고 다르거나 가고 오는 것[138]을 멀리 떠나 있다. 다만 환상으로 지어진 것과 같아 중도와 다르지 않다. 만일 이것을 버리고서 무위의 별체(別體)를 구한다고 하면 이것은 불가능하다. 무위의 성품은 바로 유위와 다르지 않기 때문이다. 이와 같이 심히 깊은 연기의 법을 요달하는 까닭에 이 유위로써 곧 무위의 과를 이룬다. 이러한 까닭에 모든 삼세의 여래께서는 방편력으로써 법계를 증득하였을지라도 이 무위·무작의 본체의 과로부터 유위로써 모든 권속을 지어내신다. 대일여래와 같이 이 자증의 덕에서 가지력으로써 하시는 것이다.

"무위(無爲)에서 유위(有爲)를 나타내신다"고 하는 것은 본성에서 행하는 바가 없을지라도 행함이 있는 것에 인(因)하여서 무위를 성취한다. 도리어 무위로부터 유위를 생하여 나타내시는 것이다.

"두루 다니시면서 상응하신다"고 하는 것은 아직 지송하지 않을 때에는 성품이 본래 부정[139]하지만 지송하게 되면 문득 청정해져서 중생을 제도할 수 있다. 곧 청정하지 않은 몸을 나타내어 다시 다른 사람을 위하여 청정한 인연을 짓는 것을 "두루 다니시면서 상응하신다"고 하였다. 이 방편으로 법계에 두루하여 널리 모든 중생에 응하여 현재와 미래에 이로운 것을 얻게 하는 것이다. 그래서 십 불국토의 티끌처럼 많은 금강보살을 나타내어 낱낱의 진언문으로써 중생을 이끌어 상대하며 모두 무위의 과에 이를 수 있게 한다.

"법을 보고 안락하게 머물어 환희심을 내게 하신다. 혹은 장수를 얻고자하거나 오욕(五欲)을 즐기면서 스스로 즐거워하며 불세존을 위해서 공양을 하게 하신다. 이와 같은 구를 증득하는 것은 모든 세간 사람들이 믿을 수 없는 바이다. 여래께서는 이러한 이롭게 하는 것을 보시기에 환희심으로써 이 보살의 진언행도(眞言行道)의 차제법칙을 설하신다."

---

138) 팔불중도(八不中道)를 말한다.

139) 범부가 아직 백육십심 등의 번뇌를 끊지 않았기 때문에 그 성품이 부정하다고 한다.

말하자면 모든 여래께서 방편으로서 무위계(無爲界)로부터 가지력으로 중생을 버리지 않고 중생에 따라 온갖 행을 닦는 것을 시현하는데, 혹은 법을 보고 안락행에 머물러 환희하는 마음을 발하게 한다. [법의 기쁨은 초지(初地)이다.]

"혹은 장수하고자 하거나"라고 하는 것은 무수한 겁 동안 부처님께서 세상에 나오시는 것을 볼 수 있는 것이다. 혹은 청정하고 좋은 "오욕(五欲)[140]을 얻어 스스로 즐거워하며, 또한 일체여래께 공양한다." 이러한 일은 방편이 아니라면 믿을 수 없다. 그는 이렇게 생각한다.

'진언의 체는 바로 법계와 동일하고 무위(無爲)로서 짓는 바 없다. 그런데 어떻게 이러한 일을 지을 수 있겠는가? 만일 이러한 일을 일으킨다면 이것은 바로 유상의 분별이다. 어떻게 이치에 합당하겠는가?'

이러한 까닭에 [세상사람들이] 훼방하려는 마음을 일으킨다. 말하자면 이 가운데 부처님만의 비밀이 있어서 이해하기 어렵다고 하는 것은 방편 없이 설하는 것이다. 그래서 이해할 수 없다. 그러나 이 가운데 마음이 자재[141]함을 설하여 장수라 하니 이와 같은 수량(壽量)은 바로 여래법의 수명이다.

"오욕(五欲)"이란 사무량심(四無量心)과 보리심을 말하며 모든 성인은 이 법을 드러내어서 스스로 즐기신다.

"여래께 공양드린다"고 하는 것은 바로 이 참된 법으로 법신불께 공양드리는 것이다. 만일 수행자가 부처님 방편의 매우 깊은 연생(緣生)에 의거하여 세간법을 성취할 때에 곧 이 가운데에서 본래의 성품이 공함을 관찰한다. 이것이 바로 무위[142]의 성취이다. 이와 같은 부사의법은 범부가 스스

---

140) 일반적인 오욕이 아니라 여래의 은밀한 방편이기 때문에 정호(淨好)이고, 이 정호의 오욕으로써 즐거워함이 바로 모든 부처님께 공양드리는 것이다.

141) 마음이 자재하다는 말에서 마음이란 아자이다. 아자는 늙거나 죽지 않는 묘체(妙體)이기 때문에 어떠한 것도 속박할 수 없고 대자재하다. 그래서 아자를 여래법의 수명이라 한다.

142) 출세간 무위의 성취이다.

로 믿기 어렵다. 그러나 모든 부처님여래와 보살들께서 이 이롭게 하는 것[143]을 보시고서 이 진언행의 차제의 도를 설하신다. 방해하여서 없다고 해서는 안된다.

"어찌한 까닭인가? 한량 없는 겁 동안 부지런히 구하여 온갖 고행(苦行)을 수습하더라도 얻을 수 없지만, 진언문에서 도를 행하는 모든 보살은 이 생애에서 이것을 획득하기 때문이다."

다른 보살들은 무상도를 구하고자 하여 난행·고행하며 머리를 태워 구하여서 무량한 겁을 지날지라도 오히려 이와 같은 성취를 얻지 못한다. 그러나 이 진언의 수행자가 만약 방편을 갖추면 한 생애에 성취할 수 있다. 심히 깊은 연기의 열 가지 비유의 뜻을 알기에 진언 등으로써 갖가지의 성취를 짓고자 할지라도 집착하지 않기 때문이다. [진언행 보살의 법은 다른 보살들의] 이와 같은 법과 다르지 않아 미묘하고 빠르다.

"또한 다시 비밀주여. 진언문에서 보살행을 닦는 보살은 이와 같은 계도(計都)[144]와 갈가(朅伽)·산개(傘蓋)·이사(履屣)[145]·진타마니(眞陀摩尼)·안선나약(安膳那藥)[146]·로차나(盧遮那)[147] 등을 가지고 삼락차(三洛叉) 동안 지녀서 성취하고 또한 실지를 얻는다."

다음에 만들어진 약물을 [사용하는 법을] 밝힌다. 앞에서처럼 먼저[148] 일 낙차를 하고 다음의 제2월[149]에 지송하고 나서 만다라를 건립[150]하며, 그 [만다라] 가운데에 이 만들어진 약물을 안치하고 염송하라. 다시[151] 삼 낙

143) 세간의 성취를 떠나 출세간의 성취가 따로 있는 것이 아니라는 것이 이롭게 하는 것이다.
144) Skt. ketu. 당(幢)을 의미한다.
145) 신발을 의미한다.
146) Skt. añjana. 안선나(安繕那)·안선나(安禪那)·안사나(安闍那)라고도 한다. 일설로는 안약의 이름이며 그 색은 청흑색의 광석과 닮았다. 일설로는 식물의 일종이라 하며 그 잎을 안약과 섞어서 사용한다고 한다.
147) 우황(牛黃)을 의미한다.
148) 제1월에 선승사법(先承事法 : 先持誦法)을 닦는다.
149) 제2월에 구지공양(具支供養)을 닦는다.
150) 제3월에 작성취법(作成就法)을 닦는다.
151) 삼월염송을 마치고 그 위에 다시 삼 낙차를 하라는 말이 아니라, 이상 거론한 삼월염송

차를 하면 성취된다. 이 만다라의 신위(神位) 등이 바로 대비태장과 동등하기 때문에 이 가운데에서 이를 설하지 않고, 단지 이루려고 하는 약물을 중앙에 안치하고 대일여래를 방우(方隅)에 안치하라[다시 여쭈어라].

당(幢: 계도)은 대나무를 기둥으로 삼고 깨끗한 비단으로 묶고 다시 매달아 드리우는 것을 일 장(丈) 이내로 하라. 마치 깃발처럼 위에 층(層)의 모양을 만들고 그 위에 발절라[vajra, 금강저]를 안치하라. 그리고 도(刀: 갈가)는 빈철(鑌鐵)로 만들고 뼈[骨]로 손잡이를 만들어라. 우산[傘: 산개][152]은 상·중·하의 성취가 있으니 이른바 금·은·공작이며, 신발[이사]은 가죽으로 만들고 우선 갖가지로 잘 씻어서 아주 깨끗하여 다른 기운[153]이 없게 하며, 다시 약을 사용하여 이것을 다듬어라. 나아가 불에 타지 않게 하고, 또한 지극히 향기로워서 사용하기에 알맞게 하라. 여의(如意: 진타마니)는 깨끗하고 좋은 보배를 가져다가 이것을 당(幢) 위에 걸어라. 안약(眼藥: 안선나약)은 안선나(安膳那)를 사용하여 만들어라. 이 선나(膳那)에 두 종류가 있으니, 첫째는 지극히 가벼워서 물에 떠다닌다. [다시 여쭈어라.] 우황(牛黃: 로차나)이란 다시 한량 없이 많은 약이 있으니 이른바 공청(空青)·수사(朱沙)·웅황(雄黃)·자황(雌黃) 등으로 모두 성취할 수 있다. 또 금강저 등의 한량 없이 많은 물건으로도 역시 성취할 수 있다. 대본(大本)에는 갖추어서 방궤(方軌)를 설하였다. 『소실지경(蘇悉地經)』[154]에도 역시 차제가 있다.

신발[이사]을 성취하게 되면 이것을 신고서 불국토에 다니는데 장애가 없다. 안약 등을 성취하는 자는 곧 시방의 불국토를 보고 시방의 불국토

을 통틀어 거듭 거론하여 말한 것이다. 결국 삼 낙차란 앞의 삼월염송을 가리킨다.

152) 『경』의 게송에는 산개(傘蓋)로 표현된다.

153) 무명(無明)의 기운이다.

154) 『소실지경』 중권 「성취제물상품(成就諸物相品)」(대정장 18, 622 중). '소위 진타마니·현병·우보(雨寶)·복장(伏藏)·윤(輪)·자황·칼 등 이 7가지 물건은 상(上) 중에 상이어서 갖가지 실지를 성취하게 하고, 복덕을 증익시키며 나아가 법왕(法王)의 과(果)까지 성취시켜서 만족하게 한다.'

에 뛰어오를 수 있다. 그밖의 것은 이해할 수 있을 것이다.

또 새나 짐승의 갖가지 형상을 그리는 것이 있는데 그 하나의 법에 따라 작법하여 성취하면 곧 시방의 국토에 자재하게 갈 수 있다. 혹은 법으로써 남자아이나 여자아이를 가지하여 그들로 하여금 성취하게 하고 시종으로 삼아서 시방국토에 다닐 수 있다. 인도에는 한 사람이 성취하게 되면 5백 사람을 이끌어 공중에 올라가는데 가는 곳을 알지 못한다고 한다. 이 법을 성취하면 바로 지명선(持明仙)이다. 이 물건을 마음에서 바라는 대로 만들면 그가 지송할 때에 역시 경계를 얻어서 이러하고 이러한 물건을 만들게 할 수 있다. 혹은 운심하여 이 물건을 만들더라도 역시 성취할 수 있다.

"비밀주여. 만약 방편을 구유한 선남자와 선여인이 즐겨 원하는 바에 따라 행하는 것이 있으면 그는 오직 마음의 자재만으로도 성취하게 되리라."

세상 사람은 믿을 수 없으나 그 사람은 이것을 얻는다. 말하자면 성취하는 사람이다. 믿을 수 없는 희유하고 기이한 일일지라도 모두 얻을 수 있다. 이러한 까닭에 "선남자와 선여인이 방편을 갖추면 바라는 물건을 단지 자기의 마음의 자재함만으로도 이와 같이 성취할 수 있다"고 하였다. "그가 단지 자기의 마음의 자재함만으로도 이와 같이 성취할 수 있다"고 하는 것은 마음에 바라는 대로 유심(唯心)[155]이 구르는 바가 바로 성취이다. 유(唯)라고 하는 것은 오직 자기의 마음을 사용하고 그 밖의 연(緣)에 따르지 않는 것이다. 유(唯)라고 하는 것은 또한 잠깐[暫]이라는 뜻이다. 마음으로 생각하자마자 곧 성취하는 것이다.

"비밀주여. 모든 인과를 즐겨 바라는 자[156]는, 비밀주여. 그렇게 어리석은 범부는 진언과 모든 진언의 상[157]을 알지 못한다."

어떤 사람이 이 진언행 가운데에서 이와 같이 생각한다.

---

155) 만법유심(萬法唯心)으로 구르는 바가 이와 같이 성취하는 것이다.
156) 이와 같은 성취는 본래 그대로 이루어진 바로서 인과를 여의었음을 밝힌다.
157) 진언의 상이란 진언의 자의(字義)의 실상을 말한다.

‘내가 지금 이와 같은 인(因)을 행하여 이와 같은 과를 얻는다.’

분명히 알아야 하니 이것은 올바른 설이 아니다. 오직 어리석은 범부의 허망한 헤아림일 뿐이다. 왜냐하면 모든 외도들이 설하기를, ‘일체법은 아(我 : 대자재천)로부터 생하였다. 이와 같이 자재(自在)[158]가 기뻐하면 주고, 기뻐하지 않으면 주지 않는다’고 한다. 이와 같은 사람들은 이 도(道)를 이해하지 못하고 만물이 모두 인(因)으로부터 생겨났다고 한다. 만일 인으로부터 생하였다면 이 인에 자성이 있는가? 만일 자성이 있다면 변하지 않는 실체가 있다는 생각[常見]에 떨어진다. 항상한 법[常法]이 어찌 생할 수 있겠는가! 만일 인이 멸하고 과(果)가 생한다면 이것은 단멸법이니 어찌 생할 수 있겠는가!

“인(因)은 지은 자가 없으며 그 과(果)도 생겨남이 없다.”

인(因)[159]이라고 하는 것에서 인(因)은 공(空)이다. 인과 인이 이미 공한데 어찌 과(果)가 있을 수 있겠는가! 그래서 『중론』과 『대지도론』[160]에서 자세하게 논파하였다. 이 인은 지(智)로 관찰할지라도 그 근원을 얻을 수 없음을 알아야 한다. 이 인[161]은 의지하는 바가 없으니, 의지하는 바가 없다는 것은 바로 본래 생겨남이 없는 것인데, 본래 생겨남이 없는 인(因)이 어찌 과(果)를 생하겠는가! 그러므로 그 과도 본래 생겨남이 없음을 알아라.

“이 인(因)은 인마저 오히려 공(空)[162]인데 어떻게 과가 있을 수 있겠는가!”

말하자면 인(因)이 실제로 존재하는 것이 아니며, 인이 이미 실재로 존재하지 않는다면 끝내 진실한 과를 생할 수 없다. 반드시 알아야 하니 과도 본래 생겨남이 없다. 또한 이 인은 본래의 성품이 공적(空寂)하니 과상

---

158) 자재천이 기뻐하기 때문에 실지를 준다고 하는 외도의 견해이다.

159) 이 인(因)은 어리석은 사람이 헤아리는 실유(實有)의 인이다.

160) 『중론』 「관작작자품(觀作作者品)」(대정장 30, 12 하), 「관인과품(觀因果品)」(대정장 30, 26 중), 『대지도론』 제31권(대정장 25, 288 하)에 인과를 함께 얻을 수 없음을 논하고 있다.

161) 이 인은 공하기 때문에 허공처럼 의지하는 바가 없다.

162) 인은 즉 과이고, 과는 즉 인으로써 인과가 하나이다. 따라서 일정(一定)한 인이 없기 때문에 이와 같이 말한다.

(果相)도 역시 이와 같다고 알아야 한다. 만일 이와 같이 연기법 가운데 인이 존재하고 과도 존재한다고 말한다면 이것이 바로 변계소집(遍計所執)[163]이다. 단상(斷常)・일이(一異)에 떨어져 중도에 들어가지 못한다. 이러한 까닭에 이와 같이 진언이 영원히 인을 떠나기 때문에 이것이 바로 법계라고 증지(証知)한다. [부사의계(不思議界)이다.]

경에 "진언의 과는 모두 인업(因業)을 떠나 있음을 알아야 한다"[164]고 하는 것은 즉 '인이란 바로 지음이 있는 법이고 법의 인에 이미 지음이 있으면 과도 역시 지음이 있어야 한다고 알아야 한다. 이미 지음이 있다면 어떻게 진실을 이룰 수 있는가? 과는 인업(因業)을 떠나있음을 알아야 한다'고 하는 것을 밝힌 것이다.

경에, "또한 몸으로 무상(無相)의 삼마지를 증득할 때에"라 하는 것은 무엇인가? 이 인・과 등의 상은 망녕된 생각[165] 때문에 존재하니, 바르게 이것을 관찰할 때에 본래부터 머무는 바 없으며, 머무는 바 없기 때문에 과의 체가 생겨남이 없으므로 즉 무위와 같다는 것을 말한다. 이러한 까닭에 수행자가 또한 이렇게 생각한다.

'나는 진언을 송하고 진언행을 닦으며 과를 성취해야 한다.'

[그러나 이것은] 헛되이 스스로를 속일 뿐이다. 만일 이 진언을 행하는 자[166]가 연(緣)으로부터 일어날지라도 실로는 지음이 없다면 본래부터 이래로 본시 법계로서 생함도 없고 멸함도 없으며 청정함도 아니고 물들음

---

163) 변계(遍計)란 이리저리 억측한다는 뜻, 주변계탁(周遍計度)한다는 뜻이며, 계탁(計度)은 자기의 의식의 작용으로써 옳고 그름과 선과 악의 여러 가지 사물을 헤아리고 분별하는 차별적 집착을 일으키는 것이다. 또 이 집착은 일체 사물에 대하여 주관적 색채를 띠고 보는 것이므로 주변(周遍)이라 한다. 그리고 소집(所執)은 변계(遍計)에 의하여 잘못 보이는 대상. 곧 주관의 눈으로 대상을 바르게 보지 못하고, 항상 잘못 분별하는 것을 변계소집성이라 한다. 이 능변계(能遍計)하는 마음이 소변계(所遍計)의 법을 망녕되이 집착할 때에 그 망정(妄情) 앞에 나타나는 그림자를 변계소집성이라 한다.

164) 진언의 과는 원래 인연소생(因緣所生)을 떠나 있다는 뜻이다.

165) 망녕된 생각에 의하여 인과가 존재한다고 하는 것을 가리킨다.

166) 진언의 과(果)가 인업(因業)을 떠나있음을 밝힌다.

도 아니어서 법체가 이와 같으니 어찌 성취할 수 있겠는가!

"진언자는 실지를 마음에서 생할 수 있다."

진언수행자가 단지 방편으로써[167] 스스로 그 마음을 정화하는 데 만일 삼업이 청정할 때에는 이 가운데에서[168] 스스로 분명하게 알며, 스스로 깨우쳐야 함을 반드시 알아야 한다. 비유하면[169] 어떤 사람이 꿈 속에서 갖가지의 육바라밀을 수행하고 불국토를 정화하는데, 깨닫고 보면 곧 과를 성취한 상이 없음과 같다. 단지 이 일념의 무명심(無明心)[170] 가운데에 인과의 만행(萬行)이 있을 뿐이다. 또한 어두운 방 가운데에 보배가 있는 것처럼 만일 방편으로 등불을 켜서 밝힌다면, 인연의 생멸[171]이 변하여 얻을 수 없으니 본래부터 공(空)과 같을지라도 역시 밝은 법이 임운(任運)하여 일어난다. 밝음의 인연으로써 곧 보배를 보지만, 이 보배가 방편에 인하여 생겨난 것은 아니다. 진언행을 닦는 것은 근본의 혹업(惑業)을 제거하여 보내고 법계가 생겨나거나 사라지거나 청정하고 물들음이 없으며 모든 분별을 떠나있다고 체득해야 하는 것이다. 이 진언의 체는 바로 법계의 체임을 알라. 만일 진언의 체가 바로 법계와 같고, 대공(大空)과 동등하다고 요지하면 자연히 무상의 삼매를 얻을 수 있기 때문에 실지가 현전하여 이와 같은 신해(信解)를 내게 된다.

---

167) 삼월염송(三月念誦)의 방편으로 자기의 마음을 정화하는 것을 가리킨다.
168) 방편으로 청정하게 된 마음 가운데를 말한다.
169) 이 과(果)는 실제로 존재하는 것이 아님을 밝힌다.
170) 근본무명을 가리킨다.
171) 등불을 켠다고 하는 인연이다.

4. 정등각의 실지성취

다음으로 "이때에 금강수가 부처님께 말씀드렸다. 세존이시여, 오직 바라오니 다시 이 정등각의 구절, 실지성취의 구절을 설해주십시오"라고 하는 것은 무엇인가? 앞에서 설명한 것처럼 한 종자로부터 네 종자를 생하고 내지 법계에 두루 가득하다고 하는 것은 바로 불심(佛心 : 정등각)의 구절이다. 지금은 이 가운데 성취법에 대해 질문한 것이다.

"이 법을 보는 모든 선남자와 선여인들은 마음으로 환희하여 안락하게 머물며 법계를 방해하지 않을 것입니다."

바로 이에 따라 수학하는 자가 만일 성취하면 이것을 법을 본다고 부른다. 성취란 바로 이 생에서 견제(見諦)를 보는 것이다. 그 법을 본 자는 부처님께서 이 성취법 설하시는 것을 들으면 반드시 깊은 법희(法喜)를 얻고 안락행(安樂行)으로써 현법락주(現法樂住)에 머물기에 청문하는 것이다. "법계를 방해하지 않는다"고 하는 것의 뜻을 말하면 이 법계 가운데에 방해하는 것이 없으며 나아가 갖가지 세간의 즐거움을 누릴지라도 세간의 즐거움이 바로 법계의 끝이니, 이로 인하여 법계를 방해하고 잃게 하지 않으므로 "방해하지 않는다"고 하였다.

"왜냐하면 세존이시여, 법계란 일체여래 · 응 · 정등각으로서 불가사의한 세계라고 이름하기 때문입니다. 그러므로 세존이시여, 진언문에서 보살행을 닦는 모든 보살들은 이 법계가 나눌 수 없고 파괴할 수 없다는 것을 통달할 것입니다."

그런데 이 네 종자는 구경성취하게 되면 법계와 더불어 방해하는 바가 없다. 이 네 구절[종자]은 모두 불심(佛心)이니 어찌 불심으로 법계를 방해하겠는가! 이 성취에 머무는 자와 법계는 둘이 아니며 다르지도 않기에 방해하지 않는다. 이 실지와 저 법계는 전혀 방해하는 바가 없다. 왜냐하면 법계는 부사의하기 때문이며, 이러한 까닭에 한량없이 많은 부처님께서 득도(得道)하여 성취하실지라도 법계는 늘어나지 않으며, 한량 없이 많은 중생들이 멸도(滅度)할지라도 법계는 줄어들지 않는다. 중생이 승진(勝進)할지라도 역시 더 늘어나는 것이 아니고, 번뇌를 부술지라도 역시 줄어드는 것이 없다. 또한 부사의계(不思議界)는 성품이 금강과 동등하여 파괴할 수 없다. 만일 방해하는 것이 있다면 그것과 이것이 있어야 한다. 그것과 이것이 있다면 파괴할 수 있다. 지금 방해하는 것이 없으므로 파괴할 수도 없다. 이 파괴할 수 없음도 역시 분석할 수 없는 뜻이라는 것을 알아야 한다. 말하자면 갖가지의 문, 갖가지의 세간과 출세간의 일이 동일법계이고 분석하여 별체(別體)를 이루게 할 수 없다. 수행자가 만일 이와 같이 통달한다면 곧 견법(見法)[172]의 성취를 얻는다.

"세존께서는 집금강비밀주에게 말씀하셨다."

"훌륭하구나. 훌륭하구나. 비밀주여. 그대는 훌륭하구나. 여래께 이와 같은 뜻을 묻는구나."

이것은 거듭 집금강비밀주를 찬탄하심을 밝힌다. [비밀주는] 미래에 진언을 수행하는 자를 애민하기에 이러한 질문을 하였던 것이다.

"그대는 잘 듣고 이를 잘 생각하거라. 내가 지금 설하리라"고 하는 뜻은 모든 모임의 대중들에게 말씀하신 것으로서 '그대들은 잘 듣고 잘 생각하라. 내가 그대를 위하여 이와 같은 일을 설하겠다'고 하신 것이다.

"비밀주가 말씀드렸다. 세존이시여, 원컨대 듣고자 하옵니다"라고 하는 것은 거듭 여래의 자비가 두루 가득함을 밝힌 것이다. 그 질문에 따라 해설하셨다.

"부처님께서 비밀주에게 말씀하셨다.

아자문(阿字門)으로써 성취를 행하라"라고 하는 것은 바로 정등각의 구절 가운데에서 성취법을 짓는 것이다.

"승가가 머물러 있는 곳이나 산의 동굴 속이나 혹은 깨끗한 방에서"라고 하는 것은 마음으로 좋아하는 곳에 따른다는 것으로, 비밀한 해석으로 앞에

172) 법의 성품을 조견(照見)하는 성취를 얻는다는 뜻이다.

서 이미 밝혀 낸 것과 같다.

"아(阿)자를 가지고 두루 온갖 지분에 포치하여 삼락차(三洛叉)[173]를 수지하라"고 하는 것[174]은 마음[175]에 이 아자를 포치하라는 것이다. 정수리와 눈·귀 등 나아가 몸의 안팎에 두루하게 하라. 또 이 종자를 삼락차 송하면 곧 성취한다. 또한 그 설[176]에 이르기를, 본존과 종자와 원명(圓明)을 셋으로 삼는다. 종자는 원명[177] 가운데에 있고 원명은 본존의 마음 위에 있으므로 한 가지를 관하여 성취[178]할 때에 세 가지가 모두 저절로 성취된다. 한 가지가 이 세 가지 경계를 연하기 때문에 삼락차라고 하며, 낙차란 바로 [법성을] 본다[見]는 뜻이다. 글[179]에 의거하여 삼락차를 송하여 마쳐라.

"다음에 보름달이 되어 가지고 있는 것을 모두 바쳐서 공양한다."

이[180] 삼락차를 송하고 나서 백월 십오일에 이르름을 만월이라 한다. 이것은 백월 십오일에 성취의 만다라를 건립하는 것이다. 이 [작성취]법을 지을 때에 가지고 있는 것을 모두 삼보께 공양드리고 성취법을 지어라. 성취법을 지을 때에도 역시 이 종자를 송하라[비밀한 설은 앞과 같으므로 알 수 있을 것이다].

이 법을 지을 때 "이에 보현보살과 문수사리와 집금강 등과 다른 성천(聖天)들이 현전하여 정수리를 쓰다듬으면서 말할 것이다.

'장하구나. 수행자여.'"

---

173) 여기서는 삼상(三相)이란 의미이다. 삼상이란 본존과 종자와 원명(圓明)의 세 가지를 가리킨다.
174) 지송의 상(相)을 밝힌다.
175) 마음을 여의고 몸이 없는 것처럼 마음은 심신, 즉 모든 지분을 의미한다. 결국 온몸에 아자를 포치하는 것이다.
176) 그 삼락차에 관한 비밀한 설이다.
177) 신인(身印)을 가리킨다.
178) 견법(見法)을 성취할 때이다.
179) 글에 의하여 삼월(三月)을 송하는 것을 삼락차라고 한다. 이하에 난탈이 있다.
180) 초월(初月)·이월(二月)·삼월(三月)을 삼락차라고 하고 제3월에 양월(兩月)의 행이 있다. 그 행에서 만다라를 성취함을 만월(滿月)이라 한다.

이것을 풀이하여 말하겠다. 혹은 그 밖의 모든 금강이라 하는 것은 분명하게 비교할 수 없다.[181] 한 분의 존이 오심에 따라 [그 존에 해당되는 법을] 성취하게 된다. 그러나 [한 분의 존과 관련된 성취를] 볼 때에도 역시 상·중·하의 상이 있다고 말한다. 만일 직접 보는 것이 분명하여서 눈으로 마주 대하는 것과 다르지 않으면 상성취로 삼는다. 만일 단지 소리를 듣고 현전하여 가르침의 이익과 기쁨을 보이면 중성취로 삼는다. 꿈에 보는 것 등은 하성취이다. 또한 볼 때에 밝고 어두움 등이 다르면 장애가 있거나 없는 것 등을 알 수 있다[비밀한 설에서는 마음으로써 얻어야 한다고 하였다].

"이때 머리 조아려 예를 올리고 알가수(閼伽水)를 바쳐야 한다."

이와 같이 본존 등이 현전하여 가피하시는 때에 곧바로 향기로운 꽃의 물[水]로 오보(五寶)와 곡식 등을 가지하라. 앞에서 설명한 것과 같다.

"곧 그때에 보리심을 잊지 않는 삼매[不忘菩提心三昧[182]]를 얻을 것이다. 또한 이와 같이 신심이 편안한 상태에서 이것을 지송하여 수습하면 태어나는 데에 따라 마음의 청정과 몸의 청정을 얻을 수 있다."

수행자는 삼매를 얻음으로써 그 몸과 마음을 모두 경안(輕安)하게 한다. [경안(輕安)은 번뇌의 장애를 제거함이다.] 이 경안으로 포상(布想)하고 염송하여 지극하게 유지할 때에 몸 등의 오근(五根)이 청정하게 되어, 「육근품(六根品)」[183] 중에서 설명한 것처럼 만 가지 형상을 모두 보고 불심과 동등하다고 알게 된다. 몸과 마음이 청정함으로써 곧 수생(隨生)[184]을 얻고 의생신

---

181) 보살의 금강성은 다함이 없기 때문에 그 양을 헤아릴 수 없다는 뜻이다.

182) 심월륜관(心月輪觀)을 가리킨다.

183) 『법화경』「법사공덕품」(대정장 9, 47 하 이하). '만일 선남자 선여인이 이 묘법연화경을 받아 지녀 읽고 외우거나 해설하고 쓰면 이 사람은 반드시 팔백의 눈 공덕과, 천이백의 귀 공덕과, 팔백의 코 공덕과, 천이백의 혀 공덕과, 팔백의 몸 공덕과, 천이백의 뜻의 공덕을 얻으리니, 이러한 공덕으로 육근(六根)을 장엄하여 모두 청정하리라. 이 선남자 선여인이 부모로부터 물려받은 청정한 육안(肉眼)으로 삼천대천세계 내외의 산·숲·하천·바다 등을 보되, 아래로 아비지옥에 이르고 위로는 유정천(有頂天)에 이르며, 또한 그 가운데 일체 중생과 업과 인연과 과보로 나는 곳을 다 보아서 모두 보고 모두 아느니라. (…후략…)'

184) Skt. anuśaya. 점차로 증장한다. 붙어서 떨어지지 않는다. 수순해 가며 증장시킨다는 뜻

(意生身)으로 생각하는대로 태어나게 된다. 수생(隨生)이란 염송으로 인하여 청정하게 되어 문득 수생을 얻어 몸과 마음이 청정한 것이다.

"귀 위에 두고[185] 이것을 지송하면 이근(耳根)이 청정해질 것이다."

이 문장을 풀이하면 수행자가 만일 이근의 청정을 바라고서 아자를 그 귀에 관상으로 안포하고 난 다음에 염송하면 곧 이근의 청정을 얻어 들은 것을 잊지 않고 시방 부처님의 설법과 나아가 천(天) 등의 소리를 듣게 된다는 것이다. 역시 법[『법화경』「법사공덕품」][186]에서 설명한 것과 같다.

"아자문으로써 출입식(出入息)을 하며 삼시(三時)[187]에 사유하라. 수행자가 이때에 지송하면 수명이 길어져 세간에서 오래 살리라."

이 문장은 아자보리심의 불생불멸문을 밝힌다. 만일 수명이 길어져 오래 살기를 바라면 아자를 관상하여 들고 나는 숨과 같게 하라[말하자면 이 종자로써 들고 나는 숨을 삼아서 들고 나는 것이 분명하여 끊어지지 않게 하는 것이다]. 만일 수명이 짧은 자가 이와 같이 상념하기를 매일 삼시에 사유하면 곧 장수하게 될 것이다. 비밀하게 설하면 자(字)와 구(句), 아울러 본존을 삼시(三時)로 삼는다. 만일 모든 독을 끌어당길려면 이 아자를 관상하라. 혹은 자신이나 다른 사람의 몸에 있다고 관상하라. 만일 자기 몸에 있는 것 같으

이다.

185) 아자를 이근(耳根)에 두고 관상하며 지송하는 것을 말한다.

186) 『법화경』「법사공덕품」(대정장 9, 47 하~48 상). '만일 선남자 선여인이 이 경전을 받아 지녀서 읽고 외우거나 해설하고 쓰면, 천이백의 귀의 공덕을 얻나니 이 청정한 귀로 삼천대천세계 내외의 아비지옥으로부터 유정천에 이르도록 그 내외의 갖가지 언어와 음성을 듣되, 코끼리 소리・말의 소리・소의 소리・수레 소리를 들으며, 우는 소리・탄식하는 소리・나팔 소리・북소리・종소리・방울 소리・웃음소리・말하는 소리・남자 소리・여자 소리・남자아이의 소리・여자아이의 소리・법의 소리・법답지 않은 소리・괴로운 소리・즐거운 소리・범부의 소리・성인의 소리・기쁜 소리・기쁘지 않은 소리・천의 소리・용의 소리 (…중략…) 삼천대천세계 내외의 여러 음성을 아래로 아비지옥에 이르고 위로 유정천에 이르도록 모두 그 음성을 듣되 이근이 무너지지 않으며, 그 귀가 총명하고 예리하기에 모두 능히 분별하여 아느니라. 이 묘법연화경을 지니는 사람은 비록 천이통을 얻지 못하였어도 다만 부모로부터 물려받은 귀만으로도 공덕이 이와 같느니라.'

187) 여기서 삼시는 보통 아침, 낮, 밤을 가리키는데 여기서는 자(字)와 구(句), 그리고 본존을 말한다.

면 이 글자를 독이 있는 곳에 관상하고, 점차로 몸에 두루 퍼지게 하고서 이를 내려라. 독이 점점 아래로 내려가면 글자도 역시 따라가게 하며, 좇아서 완전히 나오면 곧 사라진다. 독에는 두 종류가 있다. 첫째는 물건의 독이고, 둘째는 유정의 독으로 용이나 뱀 등의 독을 말한다. 만일 비밀하게 설하면 독이란 삼독(三毒)을 말한다. 삼독이 치성할 때에 제거하려고 하면 역시 앞과 같이 지어라. 말하자면 독을 따라가서 다 없어지게 하는 것이다.

"라자(囉闍, rāja, 王) 등에게 경애받기를 원하면 곧 하자문(訶字門)으로써 응당 해당되는 사람에게 행하라."

만일 어떤 사람으로 하여금 애념(愛念)하고 귀의하게 하려면 아자를 자기 몸이라 관상하고 하(訶)자를 그의 몸이라 관상하며, 자기 몸에 상카(商佉)를 지닌다고 상상하라. 또 그가 연화를 지니고 있다고 관상하며, 서로 살펴 관하여 마음 속으로 이 아자를 송하라. 설령 그가 분노하고 교만하다해도 곧 자애스러운 마음으로 순순히 복종할 것이다. 비밀한 설로는 만일 그 마음을 섭복하려고 하면 자신을 아자로 관상하고 마음을 하자로 관상하며, 심장에 연꽃이 있고 손에 상카를 지니며 서로 따르게 하면 곧 섭복할 수 있을 것이다. 모든 조복하기 힘든 것들도 역시 이렇게 섭복할 수 있다. [조복하기 힘든 것이란] 상번뇌[188]와 수번뇌를 말한다.

5. 여래의 의생(意生)으로 두루 색신을 나투는 종류

"이때에 비로자나세존께서는 다시 모든 대중들을 관찰하시고 집금강비밀주

188) 근본번뇌를 말하며, 수(隨)는 수번뇌, 즉 지말번뇌이다.

에게 말씀하셨다."

"금강수여, 모든 여래는 의(意)에서 출생시켜 업희(業戲)의 행무(行舞)[189]를 행하며 널리 품류(品類[190])를 펼친다."

이것은 불심업(佛心業)으로부터 출생시켜 갖가지 [중생들의 근기에 맞는] 희행(戱行)을 하고 갖가지 희무(戱舞)의 종류의 상을 나타내는 것이다. 곧 [현상세계에] 색신을 두루 나타내는 것으로 [교화해야 할 대상의] 종류에 따라 육도의 형상 등을 만들어내는 것이다. 무(舞)라는 것은 갖가지 신통변화와 환술로 지어내는 일이다. 일에 따라 역시 그 많은 종류를 나타내니 알맞게 할 말이 없다.

"사계(四界)[191]를 섭지(攝持)한다"는 것은 이른바 지·수·화·풍계이다. 이 몸의 내외[192]의 의보(依報)와 정보(正報)를 나타낼지라도 이것은 심왕(心王)에 안주하여 허공과 같다. 허공[193]은 언제나 움직이지 않으며 일체를 담고 있다. 그래서 오직 부처님의 심업(心業)에서 생겨나 마음에 따라 존재하게 된다. 체는 허공과 동일하나 취할 수 없다.

"견(見)"이란 갖가지 무희(舞戱)의 모습이다. "비견(非見)"이란 열반의 이치이다[또한 견이란 세간의 과(果)이고 비견이란 보리의 과이다. 이러한 종류는 매우 많기 때문에 광대하다고 하였다]. 곧 갖가지의 볼 수 있거나 볼 수 없는 일을 나타낼 수 있다. 또한 "견"이라고 함은 삼승의 수행하는 갖가지 법문을 그가 원하는 대로 만족하게 한다. 나아가 선정과 지혜법문의 수많은 보배도 역시 부류에 따라 시현하여 이를 베풀어 준다. 마치 여의보왕이 마음에 구하는 대로 모든 것을 베푸는 것과 같다.

---

189) 불심업(佛心業)으로부터 생하여 갖가지 희행(戱行)을 하고 갖가지 종류의 희무(戱舞)의 상을 나타내는 것이다. 곧 색신을 두루 나타내는 것으로 종류에 따라 육도의 형상 등이 되는 것이다. 무(舞)라는 것은 갖가지 신통변화와 환술로 만드는 일이다.

190) 등류법신(等流法身)의 품류(品類)가 많다는 뜻이다.

191) 사계란 지·수·화·풍계(地·水·火·風界)를 말한다.

192) 내는 유정(有情), 외는 비정(非情)이다.

193) 아자의 무상법신(無相法身)은 허공과 같이 움직이지 않으면서도 현실에서 생멸유전하는 모습을 보인다.

이때에 비로자나부처님께서 모든 대중들의 모임을 관찰하시고 나서 금강수비밀주에게 말씀하셨다[이미 앞에서 이해한 것과 같다].

"무엇이 행무(行舞)해서 온갖 광대한 성괴(成壞)의 과를 지어내며, 진언을 수지하는 자가 모든 것을 직접 증득하게 하는가"[194]라고 하는 것에서 무(舞)란 희(戱)이다. 보현색신은 부류에 따라 맞추어 성취하도록 갖가지로 응하는데 이것은 진실이 아니고 단지 환상일 뿐이다. 그래서 여래의 춤이라 한다. 마치 춤꾼이 대중들의 마음을 기쁘게 하는데 비록 갖가지로 이해하는 것이 같지 않더라도 모두 마음을 기쁘게 하는 것처럼 부처도 역시 이와 같다. 그렇지만 사계(四界)의 색으로 지은 것이 아니라 부처님의 마음에 따라 생긴 것이다. 마음에서 생겨나 마음에서 사라진다. 항상한 법이라 할지라도 연에 따라 생멸한다.

"광대한 성괴(成壞)"[195]란 흥하고 폐하는 것이 연에 따르기 때문에 생멸의 과(果)라고 말하니, 바로 성괴를 말하는 것이다. 이 자취는 법계에 두루하여 광대무변하다. 그래서 "광대"하다고 하였다. 짓고 나서 끝에는 멸하기에 "성괴"라고 하였다. 이 "성(成)"은 바로 변전(變轉)의 뜻이이기에 "괴(壞)"라고도 하니, 이 성괴는 바로 여래의 오묘한 감응[妙應]이다. 부처님과 법계가 기감(機感)함에 따라 생기는데, 생할지라도 불생이고, 멸할지라도 불멸이어서 곧 환상과 같으니 법계와 다르지 않기 때문이다. 행위가 실제와 같지 않기에 춤[舞]이라 한다. 삼세의 모든 부처님께서는 모두 이 춤을 추신다.

"모든 것을 직접 수여한다"고 하는 것은 내가 친히 과거의 부처님으로부터 이 법을 받아서 지금 다시 직접 너에게 수여하기 때문에 "모든 것을 직접 수여한다"고 말하였다. "직접[親]"이라고 하는 것은 바르게 직접 현전하여 모든 바라는 과를 수여한다고 하는 뜻이다.

---

194) 『대일경』 본문에 맞추어 바꾸었다.

195) 유정세간(有情世間)·기세간(器世間)·지정각세간(智正覺世間)의 삼종 세간의 품류가 무량무변하기 때문에 광대하다고 하였다.

"이와 같은 차제에 머무는 것"[196]은 무엇인가? 앞에서 관한 바[197]에 머무는 자의 마음이 [진실한 정각의 구절에] 잘 의지하여 머문다고 하는 것으로 먼저 이미 실상이 아자라고 본 것을 말한다.

"먼저 진실한 모습을 지으라"고 하는 것은 앞에서 관한 종자진언 및 본존처럼 본존을 관견(觀見)하여 보았으면 곧 자신을 돌려서 본존으로 만든다. 전전(展轉)하고 상즉(相卽)하여 서로 방해하지 않으니 바로 이것은 금강의 과(果)이며 보리심을 보는 것이기 때문에 "먼저 진실한 모습을 지으라"고 하였다.

경에 "먼저와 같이 바르게 사념하라"고 하는 것은 앞의 문장에서 설한 사유의 법과 같이 생각하여 지니라는 것이다. 아자를 자기로 삼고 아울러 점[198]을 찍어서 넓혀라. 일체가 황색[199]으로서 지극한 기쁨의 뜻이다.

"네 모퉁이에 금강(金剛)의 표(標)[200]를 나타내라. 그 가운데에 [모든 부처님의] 일체처광(一切處光)[201]의 글자를 사념하[고 염송해]라. 이 모든 부처님께서는 스스로의 당상(當相)[202]을 설하신다."

아자를 관하여 자기 마음에 두는 것을 말한다. 또한 이 종자를 경에서 "아울러 점을 찍어 확대[廣]하라"[203]고 하는 것은 바로 이 종자 위에 점을 찍는다는 뜻이고 증가(增加)가 바로 이 확대[廣]이다. 진한 황색으로 만들게 하는데 그 색상은 단정하고 매우 훌륭하여 사람들을 기쁘게 한다. 종자의 바깥에서 사각에 금강의 표치로 난간을 만드는데, 이 난간은 삼고금강(三

---

196) 『경』과 『소』의 문장이 다소 다르다. 『경』의 문장은 다음과 같다. "수행자는 차제와 같이 먼저 자신의 진실을 행하고 앞과 같이 법에 따라 바른 사유에 머물러 여래를 염하라." 이하에 난탈이 있어 바로잡는다.

197) 앞에서 관한 금강의 과(果) 및 보리심에 머무는 자라는 뜻이다.

198) 아자에 대공점을 찍는 것이다.

199) 일체가 두루 단엄한 금색이라 관하는 것이다.

200) 삼고금강저(三鈷金剛杵)를 말한다.

201) 『대일경』에는 일체처존(一切處尊)의 부처님으로 되어 있다. 즉 대일여래를 가리킨다. 그리고 [모든 부처님의]와 [염송하라]는 말도 빠져 있다.

202) 『대일경』에는 진실상으로 되어 있다.

203) 『경』에는 이러한 구절이 나오지 않는다.

股金剛)과 같으며, 고(股)는 다시 서로 교차하게 만들어라. 그 가운데에 종자를 두어라. 이 아자를 보고 나면 곧 종자를 돌려서 비로자나본존의 형상으로 만들어라. 곧 자신을 본존의 형상과 같게 나타내는데 그 상은 한결같이 본인(本印)[204]에 의하여 만든다. 이 부처님의 몸 전체에 빛[205]이 있는데, 이것은 보리심 가운데에 보는 실상의 부처님이다. 마치 깨끗한 유리 속에서 진금의 형상을 보는 것과 같으며, 그밖의 심수(心數) 가운데의 망상과는 같지 않다. 이와 같이 보는 자는 곧 이 마음의 실상의 부처님을 본다는 것을 알아야 한다. 이 성취를 짓는 자가 만일 의심[206]이 없으면 곧 두루 모든 중생들을 위하여 크게 요익한 일을 지을 수 있게 된다.

경에 "광대하고 일찌기 없었던 것을 갖춘다"고 하는 것은 무엇인가? 마치 마술사에게 갖가지의 기이한 일이 있는 것과 같이 모든 대보살들은 마음에 바라는 바에 따라 중생을 이익하게 하는 일을 짓는데 환상이나 물에 비친 달처럼 만 가지 부류에 응하여 모두 성취하게 한다. 이것은 바로 여래의 여환삼매(如幻三昧)의 구절이다. 만일 이와 같이 짓는 자는 시작도 없는 생으로부터 지어온 악업과 삼유(三有) 핍박의 과(果), 나아가 무간(無間)의 무거운 죄업을 현재의 몸으로 곧 멸한다. 하물며 그 밖의 것이겠는가! 요점을 들어 말하면 삼유의 온갖 고통의 과보가 모두 멸한다. 왜냐하면 지송자가 삼마희다[207]의 경지에 머물어 등인(等引)에서 신통 등을 일으키게 하기 때문이다. 삼마희다는 바로 등인의 뜻이다[등인에서 신통 등을 일으키

---

204) 법계정인(法界定印)이다.

205) 백광변조광(百光遍照光)이다.

206) 무명(無明)의 의심이 없으면 실상의 부처님을 보고 모든 중생들을 위하여 장애를 없애고 부처님을 보게 하는 큰 이익을 짓게 된다.

207) Skt. samāhita. 삼매의 일종. 등인(等引)이라 번역한다. 혼침(昏沈)과 도거(掉擧)를 여의어 마음을 평등하게 하며, 모든 공덕을 일으키므로 등인이라 한다. 등지(等至)는 Skt. samāpatti로서 근본등지(根本等至)이다. 삼마발제(三摩鉢提) 혹은 발제(拔提)라고도 음역하며, 정수(正受)・정정(正定)・현전(現前)이라 의역한다. 이 근본등지에 여덟 가지가 있으므로 팔등지라 하고, 삼등지(三等至) 또는 삼삼매(三三昧)라 함은 유심유사(有尋有伺)・무심유사(無尋唯伺)・무심무사(無尋無伺)의 셋을 가리키거나 공(空)・무상(無相)・무원(無願)의 셋이다.

게 하지 못하는 것은 등지(等至)가 아니다]. 만일 이와 같이 실상을 관하면 고를 여의게 된다.

경에 "만약 그 마음의 무상보리심을 관하면"이라 하는 것은 이른바 수행자 자기의 마음 가운데의 무상보리심을 관하는 것이다. "심(心)"이라 한 것은 바로 무상의 대보리심이다. 만일 이 관에 머물면 곧 신·구·의업을 맑히고, 업을 맑히기 때문에 청정과 비청정의 업을 떠나게 된다. 이 뜻을 말하자면 이와 같은 업이 생할 때에 청정과 비청정 모두 물들일 수 없다.

경에, "언제나 업"이라 하는 것은 이 청정한 마음을 일으키게 하는 업이다. 이 과(果)는 모두 물들일 수 없다. 왜냐하면 언제나 이치와 더불어 상응하기 때문이다. 비유하면 마치 연꽃이 진흙 속에서 피어나도 진흙에 물들지 않는 것과 같다. 이와 같이 수행자는 바로 모든 부처님과 동등하다. 왜냐하면 모든 여래를 생할 수 있기 때문이다. 이가 바로 어진 이 가운데 존귀하신 부처님이시다. 뜻을 말하면 보리심을 관하자마자 이미 여래의 과를 얻는다. 하물며 몸으로 현증하여 성불하는 것이겠는가!

6. 일체지지의 오자문(五字門)과 육월염송(六月念誦)

"그때 비로자나세존께서는 또 다시 항복사마금강희삼매(降伏四魔金剛戲三昧)에 머무시며 사마(四魔)를 항복받고 육취(六趣)를 해탈하여 일체지지(一切智智)를 만족하는 금강의 자구(字句)를 설하셨다."

[세존께서는] 이 삼매에 머물러 사마를 항복받으시고 육취의 번뇌업고를 없애어 해탈의 즐거움을 베푸시며, 또한 모든 범부와 성인들이 바라는 바를 가득 채우신다. 그리고 부처님께서는 이 선정에 머물러 금강구(金剛句) 진언의 뜻을 설하셨다. 이 다섯 종자의 뜻은 바로 사마를 항복시키는 진

언의 구절이다. 아(阿)는 행(行)이니 이른바 본래 생겨남이 없는 행이다. 곁의 두 점은 깨끗하게 없앤다는 뜻이다. 이 뜻으로 사마를 항복받으시고 모든 고를 없애신다. 미(味)는 박(縛)의 뜻인데 위에 쓰는 획[208]은 바로 무박삼매(無縛三昧)이고, 부사의해탈이다. 라(囉, ra)는 육근(六根)을 청정하게 하는 뜻이니 육근이 청정함으로 말미암아 번뇌가 없다. 하(訶)의 뜻은 앞에서 이미 설명한 것과 같다.[209] 카(佉)의 뜻은 앞에서 역시 해설한 곳이 있다. 또 훔(吽)에 세 가지 뜻이 있는데, 바로 여래의 삼해탈(三解脫)이다. 수행하여 장애를 없애기에 삼해탈이라 한다. 캄(欠)이란 대공(大空)이며, 대공(大空)에 머무는 것이다.

부처님께서 이 진언을 송하실 **"그때에[210] 금강수비밀주 등 모든 집금강, 보현 등의 여러 보살 및 모든 대중들은 일찌기 없었던 것을 얻어 눈이 활짝 열리자 일체의 살바야(薩婆若)[211]에 머리 조아리며 게송을 읊는다."** [일체의 일체지(一切智)라고 하는 것은 바로 모든 법의 일체지자(一切智者)이다. 이른바 모든 여래이다.] 일체란 바로 이 가운데에서 산스크리트어로 뜻을 말하면 '부족한 것이 없음'이니 바로 '곳집'의 뜻이다. 이 다섯 종자로써 곳집을 삼아 모든 원을 만족하게 하는 것을 말한다.

"재부(財富)는 일체 모든 부처님과 보살 구세자이시다"[212]라고 하는 것은 바로 모든 부처님과 세상을 구하는 보살이다.

"연각과 성문께서 [번뇌를] 물리친다"는 것은 성문의 덕을 찬탄한 것이다. 이른바 수면(隨眠)[213] 등을 물리친 것이다. 또 해석해서 말하면 소라다(蘇囉多)[214]는 번뇌를 없애는 것이다.

---

208) i점을 말한다. 마다(摩多) 가운데의 i 등의 여덟 글자와 ṛi 등의 네 글자를 삼매의 획으로 한다. 계박(繫縛)의 ba자에 삼매의 획을 쓰기 때문에 무박삼매(無縛三昧)라 한다.
209) 『소』 제9권에 설해져 있다.
210) 『대일경』의 문장으로 대체한다.
211) 일체지자(一切智者)란 의미를 가지고 있다.
212) 『경』에는 "이것[오자진언]은 모든 부처님과 보살들의 세상을 구하시는 온갖 창고라네. 이것에 의해서 모든 부처님들과 세상을 구하는 보살들과"로 되어 있다.
213) 번뇌의 다른 칭호이다.

"가시는 땅마다 두루 갖가지의 신통을 일으키시네."

재부(財富)는 바로 여래의 법보(法寶)로서 모든 중생들에게 공급함에 다함이 없다. 이와 같이 다함없는 대지(大智)의 보장(寶藏)이기에 부재자(富財者)라 한다. 법의 재부를 일체에 시여함으로 해서 이 진언의 문을 설하니, 위로는 모든 부처님으로부터 아래로 성문에 이르기까지 이 구절에 의지하여 갖가지의 신변을 베풀어 일체를 이익하게 하지 못함이 없다. 그래서 **"가시는 땅마다 두루 갖가지의 신통을 일으키신다"**고 하였다. **"가시는 땅"**이라 한 것은 무릇 가시는 장소이니, 게송[215]에서 '땅과 산과 숲을 두루 찾아다님에 이와 동등할 자가 없다'고 하는 것과 같다.

"그는 무상지(無上智)와 바른 깨달음의 위없는 지혜를 얻으셨다"고 함은 단지 신통만이 아니다. 역시 이 구절[216]에 말미암아서 모든 성현이 지혜를 성취할 수 있다. 나아가 동등하게 일체지지를 성취한다. 그런데 이승의 지(智)는 세간에 대해서 역시 무상(無上)이라고 하니, 지금 다시 부처님이 그 위가 없는 분이시라는 것을 밝히기 위하여 이를 거듭 말한 것이다. 먼저 찬탄하고 난 뒤에 부처님께서 이 오자의 차제를 자세하세 설해주실 것을 청하였다.

"그리고 포상(布想)[217] 등 갖가지의 사업을 설해주소서"라고 하는 것은 말씀하시지 않은 것[218]을 다시 이 가운데에서 설해주실 것을 청한 것이다. 포자(布字)[219]와 상자(想字)[220]와 상·중·하의 성취와 색을 사용하는 차별

---

214) Skt. surata. 남녀의 음행(婬行). 소라다(蘇喇多)·소라다(蘇羅多)라고도 하며 묘적(妙適)·묘주(妙住)·묘착(妙著)·묘락(妙樂)이라 의역한다.

215) 『구사론』 제18권(대정장 29, 95 중)에서 디사여래(底沙如來)의 위광을 찬탄하는 게송이다.

216) 오자의 진언을 가리킨다.

217) 포자(布字)와 관자(觀字)이다. 포자는 몸의 각 지분에 종자를 배포해서 관하는 것을 말하고, 관자는 마음에 종자를 관하는 것을 말한다.

218) 일반적인 경전 가운데에서 말씀하시지 않은 것을 말씀해달라고 청하는 것이다.

219) 오자를 몸의 다섯 군데에 포치하는 것이다. 범자를 신체의 각부에 포치해서 각각의 종자의 뜻을 관하여 행자의 몸을 가지(加持)하는 것. 포자엄신관(布字嚴身觀)이라고도 한다. 예를들면 오자엄신관은 오대오륜(五大五輪)의 종자(kha, ha, ra, va, a)를 행자의 다섯

과 갖가지의 방편을 모두 부처님께서 자세하게 널리 설해주시기를 청하였다. 갖가지의 문 가운데에서 성취하고 나아가며 이 법을 순행(順行)함을 이름하여 가르침[教]이라고 한다. 부처님께서 친히 이 가르침을 설하시기를 청하였다. 그러면 부처님께서 자세하게 이 법을 설하실 것이다.

"모든[221] 대승의 위가 없는 진언행에 뜻을 두고 구하며 법을 보고 안주하는 자는 환희주(歡喜住)를 얻으리라"고 함이란 [진언을 수행하는 자가 수행을 통하여] 법을 볼 수 있다는 것이다. 만일 이미 [법을] 본 자는 역시 모두 환희[222]할 것이다. 법을 본다는 것은 바로 증득(證得)이다. **"머문다"**[223]고 하는 것은 스스로 보고 나서 다시 모든 중생들에게 수여하는 것이다. 이러한 일을 봄으로 말미암아 나와 남이 함께 위없는 법의 이익을 획득하도록 하기 위하여 부처님께 자세하게 설해주시기를 청하였다.

삼마희다(三摩醯多)는 바르게 번역하면 '마음이 하나의 경계에 머문다'는 뜻이다. 부처님께서 금강의 구절을 설하시고자 두루 대중들로 하여금 일심의 경계에 머물러 듣게 하시었다.[224]

"대금강지제(大金剛地際)[225]로써 이때에 하신(下身)을 가지함"이란 무엇인가? **"가지"**란 지금 이 법을 설하시고자 하기에 먼저 자신을 가지하신 것이다. 즉 **"하신(下身)"**이란 배꼽 이하가 모두 순수한 금강[226]이라고 관상하는 것이다. 이 금강진언의 성취법을 지으시고자 하기에 먼저 금강좌를 만들게 하셨다. 부처님께서 처음으로 성도하실 때에 금강도량에 계셨는데 이

군데에 두고서 여래와 동등함을 관상한다. 각기 kha=공(空)=정수리 위, ha=풍(風)=미간, ra=화(火)=가슴, va=수(水)=배꼽, a=지(地)=요도에 해당하고 a=생명, va=말[語], ra=화(火), hūṃ=분노, kha=허공을 관상한다. 이 외에 십구포자관(十九布字觀)·백광변조관(百光遍照觀)·삼부사처륜관(三部四處輪觀)등의 포자관이 있다.

220) 종자가 나타내는 실상을 관상하는 것이다.
221) 『대일경』 본문에 맞게 바꾸었다.
222) 환희지에 들어간다는 뜻이다.
223) 『경』 본문의 "환희주(歡喜住)를 얻으리라"를 줄여서 쓴 것으로 이해된다.
224) 이하에 난탈이 있어 바로잡는다.
225) 점이 없는 아(阿)자를 가리킨다.
226) 순수한 황색의 금강이다.

자리가 없어지고 나니, 다시 어떤 자리도 이보다 뛰어난 것이 없는 것과 같다.

"아자를 설하려 하신다"[227]고 하는 것은 이 [아자의] 종자가 가장 뛰어나서 종자 중에서 제일이라고 하는 뜻을 말한다.

"대인다라(大因陀羅)라고 이름한다"는 것은 무엇인가? 이것은 금강 중에서도 가장 강한 것으로 금강을 부술 수 있으나 금강은 그 [대인라라를] 부술 수 없다. 또한 이것은 짙은 황색으로 자마금색(紫磨金色)과 같다. 여기에 아자를 관상하고 이것을 금강륜이라 부른다. 여기에 안팎이 있으니 안은 앞에서 설한 것과 같고, 밖은 자기 몸이 앉는 곳을 관상하여 사각형의 금강단 가운데 있게 하는데, 그 단은 이미 앞에서 설명한 것처럼 사방의 끝에 난간이 있는 것이다.

"그 가운데에 모든 것을 사유하라. 이를 설하여 유가좌(瑜伽座)라고 한다."

이것은 바로 이치답게 수행하는 자가 앉는 곳이다. "모든 것을 사유하라"고 하는 것은 모든 사업[228]을 다 이 가운데에서 사유하여 지으라는 것이다. 사업이 아주 많은 것을 모든 것[一切]이라 한다.

이상으로 처음에 아자를 자리로 삼는 것을 해석하여 마쳤다.

다음에 장성(長聲)의 아자를 설명하겠다. 이 아자는 제1의 명근(命根)으로 모든 글자를 살게 하기에 명(命)이라 말한다. 만일 아자가 없으면 모든 글자가 생길 수 없기 때문에 제1의 명이라 한다. 이것은 섭소(攝召)하는 구절이다. 만일 이 종자를 관상하면 온갖 내외의 법을 섭소하게 된다. 장음의 아자는 바로 행(行)이다. 만일 아자에 접촉[229]하면 곧 모든 부처님의 행을 이끌어내기에 섭소라 하였다. 섭소란 끌어당겨서[230] 자기에게 속하게 하고 자재롭게 수용한다는 뜻이다. 이 아자문은 일체여래의 공덕을 섭소

---

227) 『경』에는 "이 법을 설하기 위한 까닭에"로 되어 있다.
228) 식재·증익 등의 모든 사업을 가리킨다.
229) 증득한다는 의미이다.
230) 불공(不共)의 불법을 이끌어들인다는 뜻이다.

하여 자신에게 돌아오게 하고 또한 모든 행을 만족케 하기 때문이다.

다음에 암(暗)자[231]를 설명한다.

만약 이 자를 관상하면 섭수[232]하여 모든 독과 병 등의 온갖 장애를 제거할 수 있으며, 안팎의 모든 장애를 모두 떠나게 할 수 있다. 안의 장애란 갖가지로 도의 법을 장애하는 것을 말한다. 나타나기만 한다면 모두 멸하여 없앨 수 있다. 밖의 장애란 모든 바깥의 물건으로 장애되는 것이며, 또한 모두 제거해야 한다. 또 모든 독과 온갖 병을 없앤다. 병에는 갖가지가 있는데 모두 이를 없앤다. 또 **"능히 없앤다"**는 것은 실심(失心)[233]하였을 적에 이를 구하여 본 마음을 찾게 함이다. 또 이 종자로써 마음을 하나의 경계에 거두어 빠르게 삼매와 상응하게 한다. 만일 이 종자를 관상하면 앞과 같은 공덕을 얻는다.

"일체를 수여한다"[234]고 하는 것에서 **"수여"**란 바로 그 원하는 것을 채우고 실지의 과를 수여하는 것이다.

"만일 지송하면"[235]이란 일월(一月) 동안 금강혜인(金剛慧印)[236]을 결하고 암(暗)자를 송하고, 일월 동안 날마다 따로 삼시에 이것[237]을 지으면, 모든 무지(無智)의 성을 부수게 됨을 말한다. 모든 중생들이 무명에 둘러싸여서 사합(四合)[238]이 견고하니 마치 감옥이 부술 수 없는 것과 같으나 이 자문

---

231) 이하에서 『경』의 "언제나 대공점(大空點)을 안치하여 모든 과를 섭수(攝授)하라"는 구절을 해석한다. 대공점이란 아자에 공점을 두면 암자가 됨을 의미한다.

232) 모든 마군과 장애 등을 끌어당겨서 본래 생겨남 없다는 진리에 둔다는 뜻이다. 결과적으로 마군과 장애를 제거하는 것이다.

233) 실심에 내·외 두 가지가 있다. 내는 삼독의 독기운에 의하여 자성청정의 본심을 잃는 것이고 외는 용이나 독사 등의 독기운에 의하여 연기(緣起)의 본심을 잃는 것이다.

234) 『경』의 "섭수한 모든 과를 수여하라"에 해당된다.

235) 이하는 『경』의 "수행자는 일월 동안 금강혜인(金剛慧印)을 결하고 삼시(三時)에 지송하라"는 구절을 해석한다. 즉 유월성취(六月成就)의 법을 설한다.

236) 외오고인을 말한다.

237) 내오고인(內五股印)을 말한다. 일월 동안이란 1개월을 말하는 것이 아니고 하나의 염송이 성취하는 기간을 말한다.

238) 비유로 설하면 사방(四方)이고, 법에 의거하여 말하면 사주지(四住地)이다. 사주지(四住地)란 삼계 일체 견사(見思)의 번뇌를 일으키게 하는 근본의처(根本依處)이므로 주지

으로 부술 수 있다.

"부동견고함을 얻는다"[239]고 하는 것은 천・인・아수라 등이 부술 수 없는 바이다. 무릇 모든 증익의 사업을 지으려고 하면 모두 이 사리[240]에 앉아라. 증익도 역시 원만(圓滿)이라 부르니, 모든 소원을 채운다. 비밀한 해석으로 하면 일월(一月)은 바로 일견(一見)[241]이다. 만일 법을 보고 초지(初地)에 들어가면 마음대로 모든 삼매다라니 등과 모든 지위(地位)를 증익할 수 있다. 만일 이 증익의 법을 짓고자 할 때에는 지송하는 사람은 이 금강단 가운데에서 [비로자나]부처님께서 삼매에 머무시는데 몸이 진금색이라고 관상하라. 불꽃광명에는 위광(威光)의 뜻이 있는데 '위광이 있다'는 것은 [위광과 함께] 바로 본존이라는 뜻을 밝힌 것이다. 산스크리트음은 이것[242]과 같으니 바로 [본존의] 주변에 두루하게 불꽃의 광명이 있는 것이다.

"머리털로 관을 삼는다"[243]고 하는 것은 바로 대인다라(大因陀羅)[244]이다. 이 대금강의 견고함이 바로 불지(佛智)의 뜻이어서 일체를 파괴하지만, [그 어느 누구도 불지의 견고함을] 제거할 자가 없다. 이 부처님께서 사각형의 금강단(金剛壇) 가운데 머무신다고 관상하며 뜻에 따라 모든 성취물을 지어라.

경에 **"금강(金剛)과 연화(蓮華) 등"**이라 하는 것은 이들 온갖 사업을 이 윤 가운데에서 지어야 함을 말한다. 만약 금강법을 성취하고자 하면 오고금강저를 순금으로 만들어 단 가운데에 놓고 가지하여야 한다. 상카(商佉) 등

(住地)라 한다. 즉 ① 견일체주지(見一切住地)는 삼계의 모든 견혹(見惑)이다. ② 욕애주지(欲愛住地)는 욕계(欲界)의 모든 사혹(思惑)이다. 사혹 가운데 특히 탐애가 무겁다. ③ 색애주지(色愛住地)는 색계(色界)의 모든 사혹이다. ④ 유애주지(有愛住地)는 무색계(無色界)의 모든 사혹이다. 이상 사주지에 다시 무명주지를 더하여 오주지(五住地)라 부른다.

239) 여기에 해당되는 경문은 "흔들림 없이 견고하게 되니 천신이나 수라들도 무너뜨리지 못하고 자신의 뜻대로 증익(增益)의 사업을 성취하리라"이다.

240) 아(阿)자 유가의 자리이다.

241) 법성(法性)을 한 번 보는 것을 말한다.

242) 본존의 산스크리트어는 sayadhi-devata이다. 이 의미는 '위광이 있다'고 하는 산스크리트어 가운데에 본존의 뜻이 포함되었음을 말하는 것이다.

243) 『경』에는 "위에는 발계관(髮髻冠)을 지녔다"로 되어 있다.

244) 『경』에는 "대금강구(大金剛句)라고 한다"로 되어 있다.

은 상·중·하의 성취이며 역시 앞에서 설명한 것과 같다. 이른바 모두 이 아자를 지송하라. 만일 불정(佛頂)을 성취하려면 진금을 가지고 불정을 만들며 이 법[245]을 가지하라. 성취를 얻었다면 대일여래의 몸과 똑같으니 다른 물건을 필요로 하지 않는다. 단지 자재하게 부처님의 몸을 짓는다고 관상하고 이것을 가지하여 만일 성취하면 곧 부처님의 몸과 같아진다. 또 금강의 성취를 지으면 지송하는 자가 바로 금강수보살과 같게 된다.

"연화(蓮華)"란 금으로써 팔엽연화 등을 만들고 이 가운데에서 지송하는데 만일 성취하면 관음보살과 같아진다.

"칼[刀]"에도 역시 작법이 있다. 만일 [그 작법을] 성취하면 문수동자와 같아진다.

"거위[鵝]"란 만일 작법이 성취되면 곧 이것에 올라탐으로써 자신이 범천의 몸을 이룬다. 외재(外財)를 성취하는 가운데에 혹은 금, 혹은 지(地)[지(地)는 복장(伏藏)이다.] 혹은 여의주 등을 성취한다. 단지 증익과 상응하려면 모두 이 법을 사용하여 지어라. 구체적으로 상·중·하의 법이 있다.

"대인다라관(大因陀羅觀)"이라 말하는 것은 금륜(金輪) 가운데에서 관하기 때문이다.

【제12권】

앞에서 풍(風)[246] 등을 가지함에 칠점(七點)을 만든다고 하는 것과 같은 가지법[247]을 아직 다 설명하지 못했으나 여기의 [가지법] 가운데에서 충분

---

245) 불정법(佛頂法)을 가리킨다.

246) 「식장품」에서 설한 것을 가리킨다.

247) 『대일경』의 "지금 섭지(攝持)의 법을 설하겠노라"고 하는 구절을 해석한다. 『경』에

하게 밝힐 것이다. 무릇 온갖 장애를 일으켜 도를 방해하는 자는 모두 이 [가지]법을 사용하여 움직이지 못하게 하라. **"일체일경(一切一境)"**[248]이란 일체로 하여금 마음을 머물게 하는 형상이다. 이 법을 건립하는 데에는 먼저 **"여덟 봉우리의 수미산왕(須彌山王)을 관상하라."** 여덟 봉우리[249]란 네 면을 둘러싸도록 여덟 봉우리를 만드는 것이다. 먼저 여덟 봉우리의 위에 연화를 관상하라. 꽃 위에는 삼고금강(三股金剛)이 있는데 그 고(股)는 위를 향하게 한다.[250] 위로 향하는 그 위에 아자가 있는데 불꽃이 아자를 둘러 싸고 있다고 관상하라. 경에, **"그 정수리에 두어라"**고 하는 것은 이 금강저의 윗머리부분이다. 이와 같이 관상하고 나서 온갖 장애를 모두 끌어당겨 없애어라. 이와 같이 그것을 끌어당기어 하나의 경계에 머물러 움직이지 못하게 하라. 이는 본존을 움직이지 말라는 것이 아니다. 정주(定住)의 뜻이니 자재하게 뜻에 따르되 도를 닦는데에 장애가 없게 하라.

또 약을 성취하는 법[251]이 있다. 이러한 것들을 성취하고자 할 때에는 알맞은 차제법용이 있다. 지금 여기에서는 단지 간략하게 대강의 뜻을 밝힐 뿐이다. 약을 만드는 가법(加法)은 일백 편이다. 백이라고 말한 것에 모두 8편을 더한다. 송하고 나서 스스로 증득하여[252] 마시거나 혹은 다른 사람에게 주어라. 그러면 온갖 병환을 없애고 나아가 선세에 지은 업의 병도 없앨 것이다. 무릇 증익(增益)하는 법은 금강황색(金剛黃色)[253]과 상응한다.

다음에 바자문(縛字門)을 설명하겠다. 즉 그 위에 [바(嚩)자][254]는 먼저 그

는 섭지법이라 하였는데 『소』에서는 가지법이라 한다. 모든 장애를 섭지하는 법이다.

248) 『대일경』에는 "모두는 한 마음으로 들어라"로 되어 있다.

249) 연꽃의 팔엽(八葉)으로서 정보리심의 표치이다.

250) 연화 위에 삼고저를 세우는 것이다.

251) 『대일경』의 "백전소지(百轉所持)의 약을 수행자가 복용하면"의 구절을 해석한다. 백전소지란 아(惡, ah)자로써 백번 가지한다는 뜻이다.

252) 약을 가지하고 나서 성취의 모습이 있는 것을 의미한다.

253) 증익법은 방단(方壇)과 상응하기 때문에 금강황색이라 하였다.

254) 앞에서 언급했던 다섯 종자 가운데 바(嚩)자를 밝히는 것이지만, 먼저 체문(體文)의

체를 밝히고 나중에 삼매의 획(畫)을 겸하라. 그 관상법은 이 종자를 순백색으로 관상하는데 마치 설산이나 우유 등이 선명하고 교결(皎潔)한 것과 같게 하라. 우선 배꼽[255] 위에 백련화가 아주 희고 선명하다고 관상하며 순백색의 바(縛)자가 백련화 위에 있다고 관상하라. 성취하고 나면 곧 이 종자를 돌려서 본존으로 만들어라. 이것은 바로 식재법 중에서 최고 제일이다. 그 본존의 부처님도 역시 적연(寂然)[256]의 모습으로 만들어라. 지극히 고요한 위의로서 고요한 선정에 머문다. 순백으로 비할 바 없으며 가을밤의 달빛과 같다. 그 만다라[257]는 원을 겹쳐야 하는데 마치 구중(九重)의 월륜[258]처럼 만들어라. 만드는 것은 마치 열은 흰 구름이 끼며 안개가 있는 상태로 하고 그 가운데에 머물라. 이러한 법[259]을 지으면 온갖 번뇌의 열 등을 모두 그치게 할 수 있다. 모든 식재상응(息災相應)은 다 여기 [원단(圓壇) 가운데]에서 짓는다.

"우유가 주만(珠鬘)과 같다"고 하는 것은 이 종자 가운데 앞과 같이 우유가 물처럼 잇달아 흘러들어서 머물거나 끊어지지 않는 것이 마치 흰 구슬과 같아 아래로 저 [수행자의] 심장에 흘러 들어간다고 관상하라. 혹은 자신의 수행을 위해서거나 타인을 위해서거나 만약 이것을 관상하여 이를 뿌리면 온갖 안팎의 열뇌로서 제거되지 않는 것이 없다. 혹은 달과 같이, 혹은 수정처럼 맑은 달의 빛과 같이 두루 다 흘러든다고 관상하라. 무릇 온갖 열뇌의 질환은 이로써[260] 여기에 흘려넣어 모두 제거하라.

바자를 밝히고, 다음으로 이점(伊点)인 삼매의 획(畫)에 대하여 밝힌다고 하는 것이다.

255) 『경』에는 "자신의 배꼽에서 선명하고 흰 연화대를 일으켜"로 되어 있다. 즉 배꼽 가운데에 백련화를 관상하고 그 위에 바(縛)자를 관하는데 순백으로 원명(圓明)하게 한다. 그런 다음에 종자를 본존으로 전성(轉成)시킨다.

256) 『경』에 "심히 깊고 고요한 선정으로 가을 저녁의 흰 달빛과 같다"로 되어 있다.

257) 이하에서 『경』의 "이와 같은 만다라는 모든 부처님들께서 희유하다 하신다. 순수한 흰색의 윤원(輪圓)이 아홉겹을 이룬다고 사유하며 자욱한 안개 가운데 머무르며 온갖 열뇌를 제거하라"고 하는 구절을 해석한다. 여기에서 '이와 같은 만다라'는 수륜만다라(水輪曼荼羅)이다.

258) 구중(九重)의 월륜(月輪)은 구식(九識)을 가리킨다.

259) 『경』에 설하는 "온갖 열뇌를 제거하는" 법이다.

안개 싸인 월륜[261]의 만다라로부터 나오는 것이 젖과 같이 흘러들어서 온갖 열뇌를 제거한다. 이른바 안팎의 장애는 바로 이 열뇌의 장애이니, 이것을 모두 제거한다. "벗어난다"고 하는 것은 이러한 괴로운 질환을 벗어나는 것이다.

"이와 같은 연(緣)을 하나의 경계에 묶어서 소(蘇)・젖[乳]・주만(珠鬘) 및 우수정(藕水精), 혹은 낙(酪), 혹은 물[水]을 성취한다."[262]

이와 같은 물건들은 그 수가 아주 많다. 마음에 바라는 대로 지으려는 자는 단지 적재(寂災)와 상응하여도 모두 성취할 수 있다. 장수[263]하기를 바란다면 오래도록 사는 것이 한량이 없다. 혹은 갖가지 몸의 단정하고 묘하며 기이하고 특별한 모습을 나타낼 수 있다. 또한 최상이라고 하는 것은 경애 가운데 최상이어서 사람들로 하여금 경애하게 한다. 또한 한 번 들어서 기억하여 지니기를 구하거나, 또 총명(聰明)하게 되기를 바라고, 또 지혜를 구하며, 그리고 모든 병이 낫는 등의 이와 같은 것이 모두 성취된다. 만일 이 바(縛)자에 점을 찍으면 병환 등이나 안팎의 모든 독을 없애고 모두 속히 성취한다. 이것은 바로 식재・길상의 만다라이다. 섭수하고 제거함에 한량 없이 많은 일이 있기에 "등(等)"이라고 하였다.

모든 선디가법(扇底迦法)[264]은 백색과 상응하며, 이 [원단(圓壇)] 가운데에서 행한다. 앞의 아자는 금강만다라(金剛漫荼羅)이다. 이 바(縛)자는 수만다라(水漫荼羅)라고 부른다.

---

260) 『경』에 "모든 곳을 가득 채운다"고 하는 '바(嚩)자의 수성(水性)으로써' 라는 뜻이다.

261) 『경』의 "수행자는 마음으로 온갖 장애와 독에서 벗어난다고 사유하라"에 대한 해석이다. 여기에 난탈이 있다. 『소』에는 '공륜은 정해진 모양이 없을지라도'이하에 나오는데 이쪽으로 옮겼다.

262) 『경』에는 "이와 같이 원단(圓壇)에서 등인(等引)하여 성취하라. 유(乳)와 타락[酪]과 생(生)과 숙소(熟酥)와 파지가(頗胝迦)와 주만(珠鬘)과 우수(藕水) 등의 모든 것들은 차제에 따라 실지를 성취하리라"고 되어 있다.

263) 『경』의 "한량없는 수명도 얻을 수 있고"에 해당하는 구절이다.

264) Skt. śāntika. 식재(息災)의 법을 말한다.

□ 금강륜이고 지(地)는 황색이다.

○ 수륜이고 지는 백색이다.

△ 화륜이고 지는 적색이다.

◡ 풍륜이고 지는 흑색이다.

공륜은 정해진 모양이 없을지라도 갖가지로 나타낸다.

다음에 라(囉)자[265]의 제장만다라(除障漫荼羅)를 설명하겠다. [라자의 제장만다라를] 제장(除障) 가운데에서 최고이고 제일이며 진실한 법으로 삼는다. 이 라(囉)자는 적색 가운데의 적색[266]이고, 불 가운데의 불이며, 태움 가운데의 태움이다. 갖가지의 번뇌업고를 태워 없애고, 나아가 현생에 오무간죄를 지었을지라도 이 자문을 닦으면 역시 깨끗이 없애어 남음이 없으며, 이미 멸죄하고 나면 곧 온갖 뛰어난 공덕을 일으킨다. 이 자문[267]의 소작(所作)은 부동명왕과 상응한다. 그런데 부동명왕의 구절은 삼품(三品)[268]의 일체사업을 짓는다. 그 법[269]은 먼저 앞과 같이 마음을 하나의 경계에 머물게 하고 아주 붉은 삼각형[270]의 만다라의 관을 지어서 매우 기쁜 마음[悅意][271]이 되게 하라. 이 열의(悅意)라는 말은 선명하고 묘하고 가지런하게 하라. 또한 열의란 심장에 대어서 이를 만들어라. 이것은 비밀한 말이다. 주위에 빙 둘러서 불꽃다발을 만들어서 뜨거운 불과 불꽃의 모양과

265) 이하에서 『경』의 "라(囉)자는 뛰어나며 진실하기에 부처님께서는 화(火) 가운데 최상이라고 설하신다" 이하의 구절을 해석한다.

266) 이 라자가 상징하는 화대(火大)는 법성(法性)의 지화(智火)로서 세간의 불처럼 인연으로 생긴 것이 아니다. 세간의 불보다 뛰어남을 보이고자 현색(顯色)[적색 가운데 적색], 형색(形色)[불 가운데 불, 즉 불의 모양], 표색(表色)[태움 가운데의 태움]의 삼색을 내는 것이다.

267) 라(囉)자문이다.

268) 삼품이란 식재·증익·항복을 말한다.

269) 『경』에 "유가를 잘 수행하는 자"를 해석한다.

270) 삼각형의 화륜(火輪)이 이 만다라이다.

271) 자기의 마음을 붉은 색의 삼각만다라로 관상하는 것을 매우 기쁜 마음이라고 표현한 것이다.

같게 하고 중앙에 라(囉)자를 관하라.[272] 성취하고 나면 돌려서 부동명왕으로 만들어라. 고요한 형상으로 만드는데 성내거나 웃는 모습이 아니고 그 형상이 안정적이다. 또는 먼저 부동명왕을 관상하는데 그 심장 위에 삼각형을 짓고 그 가운데 라(羅)자를 둔다. 종자가 이루어지면 돌려서 부동명왕을 만들어라. 제장(除障)인 까닭에 죄를 멸하고, 적연하기 때문에 식재하니, 이것은 바로 죄를 멸하고 복을 일으킨다는 뜻이다.

다음에 "이러한 성취의 물건"[273]이란 이 삼각단(三角壇)[274]을 가리킨다. 흘라(訖羅)[275]라 하는 것은 집(執)으로 태양[日]의 권속이다. 무릇 팔요(八曜)는 모두 집(執)이라 한다. 일(日) 등의 모든 집(執)과 화천(火天) 등은 똑같이 동남쪽 모퉁이에 있고 작법도 거의 비슷하다. 반드시 불[火]을 사용하여 지어야 한다고 말한다[뜻은 이십팔수(二十八宿) 및 십이방(十二房) 등에 준하며 월수(月水)와 같은 위(位)이다]. 혹은 불[火]을 돌려서 차갑게 하는 등의 일을 모두 이 가운데에서 짓는다. 그런데 비밀한 뜻은 이 일(日)을 짓기 때문에 지화(智火)이다. 일(日)은 또한 혜일(慧日)이다.

"섭취(攝取)"란 악한 법을 지녀 조복하기 어려운 사람을 섭취하여 모두 유순하게 조복시키는 것이다. 이 가운데 악인을 섭복(攝伏)한다는 것은 번뇌를 섭복하여 자재를 얻는 것이다. 그리고 "원(怨)을 발한다"[276]고 하는 것은 나와 남으로 하여금 함께 성취하게 하는 것이다[말하자면 그의 원(怨) 등

---

272) 『경』에는 "상응(相應)하여 그 가운데에 라(囉)자의 대공점을 관하라"로 되어 있다. 즉 삼각형의 화륜(火輪) 가운데에 라자를 관하고 그런 다음에 라자가 변하여 부동명왕이 된다고 관하는 것이다.

273) 성취물에 대해 밝히는 부분이다. 경의 "지혜로운 자는 유가와 같이 이것으로 온갖 사업을 성취하리라"고 하는 문장을 해석한다.

274) 이 삼각단에서 지송함으로 말미암아 온갖 사업을 성취한다.

275) Graha, 집(執)의 산스크리트 음역이다. 또는 흘률하(訖栗何), 벽리하(蘖哩訶)라 하며 해·달 등의 오집(五執)이다. 『소』 4권에도 '구집(九執)이란 산스크리트 음으로 흘률하(訖栗何)이며 이는 집지(執持)의 뜻이다'라 한다.

276) 『경』에는 "섭취(攝取)와 원대(怨對)를 발함"으로 되어 있다. 원대란 항복으로서 여기에 자타의 구분이 있다. 즉 자기를 위해서 항복법을 행하고, 남을 위해서 항복법을 행하는 두 가지를 함께 이루는 것이다.

을 발하는 것이다].

"온갖 지분(支分)을 사라지게 한다"고 하는 것은 그의 몸[277]을 고갈시켜서 감당할 수 없게 하는 것이다. 모든 몸의 지분은 삼독(三毒)을 본체로 삼는다. 그러니 그 [삼독으]로 하여금 고갈시켜서 남음이 없게 해야 한다. 만일 외상(外相)으로 말하면 고갈시키는 것은 바로 용의 연못[278] 등을 고갈시키는 것이다.

"그 일체를 짓는다"고 하는 것은 모든 항복상응의 사업을 모두 이 가운데[279]에서 짓는 것이다. 그리하여 모두 자비와 상응하게 하고 그들을 항복시키서 잘 조어[280]하며 불도의 인연을 짓게 하려는 것이다.

"하(訶)자는 제1진실"[281]이란 바로 풍만다라(風漫茶羅)이다. 바람[風]의 성품[282]은 만물을 증익하게 한다. 풍생(風生)이란 이른바 여기에 응하여 풍용(風用)[283]의 사업을 지으니 모두 이 단 가운데에서 출생하며, 또한 이 모든 사업을 생하는 것이다. 인업(因業) 등의 생이 갖가지로 증장하며 번성하는 사업이 모두 자재함을 얻게 됨을 말한다.[284] 만일 위에 점을 찍으면 곧 그 일체 인업 등의 사업을 부술 수 있다. 만물을 소모(消耗)[285]하여 변화시길 방노가 없으니 이 종자를 사용하는 것도 역시 그러하다. 그 법은 먼저 본존을 관상하라.

"크게 위덕이 있으며 위엄있는 광명의 형상이 흉악하다."[286]

---

277) 원(怨)을 발하는 대상의 몸이다.
278) 여기서 용은 악행을 일삼는 나쁜 용을 가리킨다.
279) 제장(除障)과 항복 등의 사업을 모두 이 단에서 짓는다.
280) 항복은 자비를 바탕으로 하기 때문에 항복시킨 자를 다시 좋은 방향으로 조어함을 말한다.
281) 하자문(訶字門)의 성취법을 밝힌다.
282) 풍성(風性)은 움직임을 의미하기 때문에 모든 만물을 자라게 하는 작용이 있다. 그래서 만물을 증익한다고 하였다.
283) 증익신통 등의 사상(事象)을 가리킨다.
284) 이 부분에 난탈이 있어 바로잡는다.
285) 풍성에 증익만 있는 것이 아니라 항복의 작용도 있는 것을 보인다.
286) 『경』에는 "크게 위덕이 있으며 매우 분노한 형태를 나타내 보이고"로 되어 있다.

이것은 그 형상을 매우 분노한 모습으로 만드는 것이다. 검은 불꽃이 밖에 두루 솟아오르며 그 이마[287] 위에 눈썹을 반달 모양으로 만들어라. 그 반달에 대해 말하면, 이것은 단지 풍륜의 손이고, 항심세는 아니지만 그 형상도 역시 짙은 청색으로 만들어라. [곧 검은 색의 종류이다.] 바람이 불어 움직이는 표치를 만들어라. 그 가운데에 함(含)자를 안치하라. 먼저 바깥에 만든다고 관상하고 곧 돌려서 자기 몸에 만들어라. 만일[288] 이 성취법을 지으면 일체중생들을 위하여 갖가지의 이롭게 하는 것을 짓는 것이다. 다음에 "성취"[289]란 이른바 아래에 나열한 것들을 풍(風) 가운데에서 짓는 것이다. 곧 현재의 몸으로 모두 성취할 수 있다. 말하자면 허공[290]에 오르거나 신족(神足)이나, 변화나, 천안(天眼)이나 천이(天耳)나, 그 몸을 숨기는 것이다.

"연다[開]"[291]는 것은 아수라의 궁전 등을 여는 것이다. 아래에서 염(念)이라 말한 것은 단지 마음을 사용하여 짓는 것이다. 이 다섯 종자는 모두 마음[292]으로 성취단(成就壇)을 건립하며 또한 사법(事法)[293]으로써 단을 건립하여 관심(觀心)과 더불어 상응하는 것이다. 만일 사상(事相)으로써 단[반월단]을 건립하여 신족(神足)을 닦는 것과 같은 것도 역시 그 [반월단] 가운

287) 『경』의 "지혜로운 자는 두 눈썹 사이에 진한 청색의 반월륜을 관상하라. 바람에 움직이는 깃발의 모습이 있으며 그리고 그 가운데에 가장 뛰어난 하자문(訶字門)을 관상하라."는 구절을 해석한다.

288) 『경』의 "온갖 이롭게 하는 것을 지어서 모든 중생들에게 응하여 나타나라"는 구절을 해석한다.

289) 『경』의 "그 만다라에 머물러서 거기에 따른 사업을 성취하며"라는 구절을 해석한다.

290) 성취한 사업의 열거이다.

291) 『경』에는 "깊은 비밀의 처(處)를 열며"로 되어 있다. 여기에서 처란 범어로 āyatana, 음역하여 아야달나(阿耶怛那)이다. 처는 구역에서 입(入)이라 하였다. 심(心)·심소(心所)가 생장하는 문이라는 뜻이다. 심왕(心王)·심소(心所)는 처를 소의로 하여 처에 연하여 생장한다. 만일 처를 여의면 곧 생장할 수 없다.

292) 마음 속으로 성취단을 건립하는 것이다. 세간성취를 위한 단을 심외(心外)에 건립하는 것에 대하여 말한 것이다.

293) 마음 속으로 성취단을 건립할지라도 유위(有爲)의 사법(事法)으로써 반월단을 건립하고 본성이 공한 마음과 상응하여 무위의 성취를 짓는 것이다.

데 앉아서 이를 만들어라. 연[藕] 등도 역시 단[반월단] 가운데에 두어서 만든다. 흰 우유가 [단] 가운데에 흘러넘친다고 관상하라.

"위대한 명칭"이란 바로 저 마군을 항복받으시는 자이다. 옛적에 부처님께서 도수(道樹 : 보리수) 아래에 앉으셨을 때에 이 자문[294]을 사용하여 천마의 한량 없이 많은 군중들을 항복시키셨다. 지송자도 만일 법대로 익혀 행한다면 오래지 않아 여래와 동등해지며, 현재의 몸으로 저 군중을 항복시킬 것이다.

다음에 곧 하자문에 인(因)하여 돌려서 카(佉)자를 밝힌다. 하(訶)는 바로 인(因)의 뜻이다. 인(因)이 있기 때문에 곧 업에 따라 과를 받는 모습이 있다. 그러나 이 궁극의 진리 가운데에서 하자문은 본래부터 생겨남이 없다. 본래 생겨남이 없기에 인은 얻을 수 없다. 이 인조차도 본래부터 생겨남이 없다. 하물며 그 가운데에 업과(業果)가 있겠는가! 이와 같이 관할 때에 인업(因業)과 과(果)의 일은 적연하여 모두 얻을 수 없다. 이와 같이 관하는 자는 곧 여래와 똑같이 도수에 앉아서 마군을 항복받는다. 이 인업은 얻을 수 없으므로 곧 그 모습도 마치 허공과 같아 공하며 또 다시 공하다.

"대덕(大德) 세존께서 그 색을 설하셨다"[295]고 하는 것은 허공의 색을 설하신 것이다.

그 [카자의] 만다라는 사각형이거나 원형이나 반달 모양 등의 모습이 없다. 허공은 모습이 없으면서 모습을 성취함을 알아야 한다. 이 단을 갖가지 색으로 만드는데 공(空)은 갖가지의 색상을 나타낸다. 만일 위에 점을 찍으면 바로 캄자문(欠字門)에 들어가는 것이다. 이 캄자문에 설명한 존귀한 것을 이름하여 존(尊)이라 하는데, 존 가운데의 존은 바로 대공(大空)을 말한다.

"혜도인(慧刀印)으로 함께 지으면"[296]이란 이른바 겸하여 도인(刀印)으로

294) 하자문(訶字門)을 가리킨다.
295) 이하에서 카자문(佉字門)을 밝힌다. 이하에 난탈이 있어 바로잡는다.
296) 『경』에는 "아울러 혜도인(慧刀印)을 수지하면 소작(所作)이 빨리 성취되는데"로 되어

이를 보호하고 성취를 짓는 것이다. 만일 온갖 기물(器物)을 성취하고자 하면 모두 성취할 수 있다. 그 명칭의 종류는 한량 없이 많아서 다 말할 수 없다.

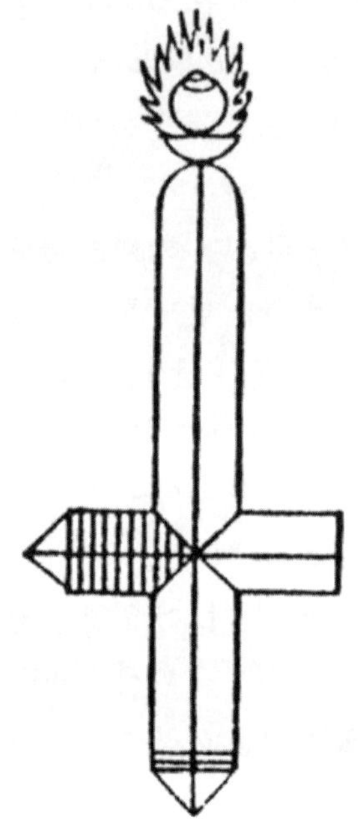

이것을 몰벽람(沒蘗藍)이라 한다. 세로가 1촌 6푼이다. 몰벽람(mudgara)은 낫[鎌]을 가리키며 칼이나 창처럼 무기류에 속한다. 음역하여 모눌가라(母訥誐囉)라고도 하며, 『경』에는 목갈남(目竭嵐)으로 나와 있다.

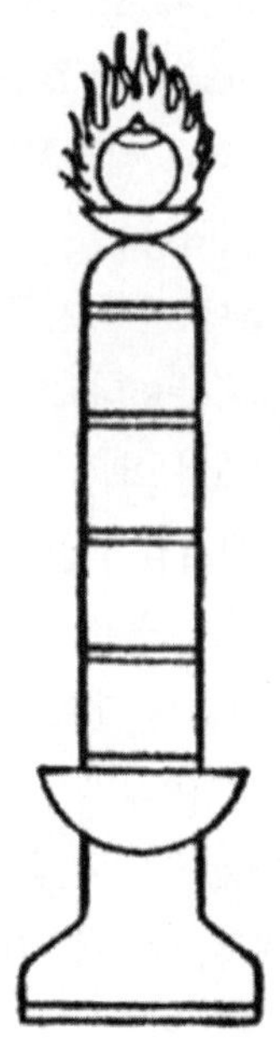

날카로운 부분은 아래에 있으며 나라차(那羅遮)라 한다. 세로가 1촌(寸) 5푼(分)이고 가로가 8푼이다. 나라차(nārāśa)란 나랄차(那剌遮)·나랄차(那辣遮)·란갈반(闌葛反)이라고도 한다. 금강추(金剛椎) 혹은 철병추(鐵柄椎)의 무기를 가리킨다.

그 "윤(輪 : 法輪)"은 혹은 금으로 만들거나 빈철(鑌鐵)로 만들어라. "삭(索 : 羂索)"[297]은 선 혹은 연실을 사용하고 만일 "칼(刀 : 朅伽)"[298]을 만들려면

있다. 혜도인이란 캄자인(欠字印)이다.

297) Skt. pāśa. 오색으로 엮은 밧줄. 한쪽 끝에 환(鐶), 다른 끝에는 반독고저(半獨鈷杵)를 붙

빈철을 사용하여 만들어라.

이러한 무기들은 매우 많아서 모두 실을 수 없으니 따로 둔다.

위와 같은[299] 모든 무기는 한 가지 일[300]을 짓는 대로 캄(欠)자를 사용하여 이를 성취한다. 만일 상·중·하의 성취[301]를 얻으려면 일에 따라 사용하고, 나아가 성취하게 되면 이것을 지니고 모든 불국토를 다니게 되니 지명선(持明仙)이라 불린다.

다음에 다시 상세하게 오자(五字)의 뜻을 설명하겠다.[302] 만일 이 이치에 머물러[303] 일에 따라 상응하면 곧 모든 사업을 성취할 것이다.

"부처님께서 대중을 관하시고 금강수에게 말씀하셨다. 이 진언의 보살이 보살행을 닦는 것은 아자를 자신의 본색(本色)으로 하고 안팎의 모든 것을 다 버리고 모든 구절의 뜻을 이해하는 것이다."[304]

이것은 아자의 본체(本體)·본색(本色)과 상응하는 것이다. 본체의 생겨나지 않음을 체득할 때에 금강실상의 몸과 동등하게 된다. 만일 이 상과 상응하면 곧 모든 법을 버리고[305] 거칠고 묘함이 동등한 것이 마치 기와

인 것. 원래 무기나 수렵용으로 사용하던 것인데, 밀교에서는 교화하기 어려운 중생을 항복시킨다는 뜻에서 사용한다. 또는 견색은 주옥(珠玉)을 잇는다는 밧줄의 뜻으로 양 끝에 구슬을 매단다.

298) Skt. khaḍga. 갈가(竭誐)라고도 한다. 의역하면 도(刀), 검(劍)이다. 성취를 기원하는데 사용되는 7가지 법구 가운데 하나이다.

299) 여기는 『경』의 "오래지 않아 그 구(句)를 성취하리라"에 해당되며, 그 구는 바로 대공지처(大空智處)의 구(句)이다.

300) 식재 등의 한 가지 일을 가리킨다.

301) 상의 성취는 불꽃, 중의 성취는 연기, 하의 성취는 따뜻함이다.

302) 앞에서 이미 오자의 뜻을 설하였지만, 그 뜻이 아직 다하지 못하였으므로 거듭 그 세밀한 뜻을 설하는 것이다.

303) 이 오자문의 의리(義理)에 머물러 상·중·하 등의 일에 따라 상응하면 모든 사업을 성취한다는 뜻이다.

304) 『경』에는 "비로자나세존께서는 대중의 모임을 관찰하시고 집금강비밀주에게 게송으로 말씀하셨다. 진언문에서 수행하는 모든 보살들이여. 아자를 자신으로 삼아서 안팎을 모두 동등하게 하라. 온갖 이롭게 하는 것을 모두 버리고 금과 보배를 조약돌처럼 여겨라. 여러 가지 죄업 및 탐냄과 성냄 등을 멀리 떠나라."로 되어 있다.

305) 모든 법은 무주상(無住相)이므로 온갖 고정관념을 버리는 것이다.

와 금을 똑같이 보는 것과 같다. 평등관에 잘 머물기에 온갖 삼독과 죄업이 모두 떠난다. 만일 이와 같이 하는 자는 청정한 마음을 얻게 될 것이다. 이 청정함을 얻은 자는 바로 모든 불모니존(佛牟尼尊)과 동등하게 두루 모든 중생들을 이익하게 할 수 있으며 온갖 죄를 초월하고 모든 잘못을 떠난다.

다음에 바(嚩)자문을 설명하겠다. 만일 이것[306]과 상응할 때에는 모든 법칙을 이해할 수 있으며, [바로 진언의 차제법칙이다.] 곧 모든 중생들을 위하여 큰 이익의 사업[307]을 지을 수 있다. 우선 앞과 같이 이 종자를 관해야 한다. 희기가 눈이나 우유과 같은 것이 그 심장에 흘러들어오게 하라. 만일 흘러들어와 그 몸에 충만하면 안팎이 모두 청정해져서 모든 보는 자[308]가 바로 부처님의 몸과 동등하게 된다. 또한 그 몸으로부터 흘러나와서 모든 중생들의 몸에 두루하여 지극히 청정하게 채운다. 또한 다시 흘러가 대지를 채운다. 이것은 바로 비밀의 해석 중에서 대자비수(大慈悲水)라고 헤아린다는 것을 알아야 한다. 세간의 심한 열뇌를 관하고 이를 이익하게 하고자 하기에 마시거나 닿게 해서 온갖 질병을 없애고 반드시 무상보리를 얻게 한다. 혹은 이 물이 나타나니 감로와 같으며, 일반적이거나 비밀스러운 두 가지 해석에 모두 세간과 출세간의 이로운 쓰임이 있다.

"무의(無疑)"[309]란 분명한 신심을 내어 의심하지 않는 것이다.

다음에 라자문(羅字門)을 설명하겠다[라자 위에 점을 찍은 것이다]. 역시 앞에서처럼[310] 이를 관하라. 빙 둘러서 광명이 있으며 모두 고요하게 불타오

---

306) 바(嚩)자의 언설불가득(言說不可得)의 이치를 체득하면 그 유가는 식재·증익법의 법칙에 계합한다.

307) 식재·증익 등의 큰 이익이다.

308) 보고 듣고 느끼고 아는 모든 것이 수행자의 몸과 마음과 같이 청정하게 되니, 결국 부처님의 몸과 동등하게 되는 것이다.

309) 『경』의 "모두 다 결정코 보리를 성취하게 되리라"의 구절을 가리킨다. 결정코란 바로 무의(無疑)이다.

310) 앞에서 라자문의 성취를 설하는 가운데 '마음을 하나의 경계에 머물러 아주 붉은 삼각의 만다라를 관하여 지으라'고 하는 부분을 가리킨다. 이하에 난탈이 있다.

르는데 광명은 화륜과 같다. 안팎에 두루하게 모두 이 색[311]을 만들고 밖을 향하여 유출[312]하여 나아가 다른 사람의 몸을 비추게 하라. 또한 이것을 점점 넓게 확대하여 법계에 두루하게 해서 모든 중생들의 갖가지 악한 일을 제거하고 하고자 하는 대로 이를 만족시켜라. 또한 모든 신통변화를 지어라.

다음에[313] 수행자는 배꼽부터 위에 라(囉)자를 안치하고 배꼽 가운데에는 바(嚩)자를 안치하라. 라(囉)자로부터 불이 생하고 바자로부터 물이 생겨나서 신변을 모두 나타내고 춥고 뜨거움 등의 질환을 없앤다.

팔한지옥(八寒地獄)은 라자로써 따뜻하게 데워서 이를 그쳐 없앨 수 있다. 나아가 팔대열지옥의 뜨거움도 바자로써 청량하게 해서 그쳐 없앨 수 있다.

다음으로 아래에 라(囉)자 등을 안치하는데 표당(標幢) 위에 하(訶)자를 안치하면 나와 남의 온갖 죄의 고통을 제거할 수 있다. 또 앞과 같이 대금강륜[314]을 만들어라. 이것은 바로 굳센 것 가운데 굳센 것이다. 그 금강대인다라륜(金剛大因陀羅輪) 가운데에 쌍으로 아(阿)·비(嚩)의 두 종자를 만들고 용방(龍方 : 서쪽방향이다)에 두어라. 이것은 일체를 섭수하여 절복시킨다.

"풍(風)은 모든 장소에 두루하여 혹은 열거나 혹은 부순다"[315]고 하는 것에서 연다고 하는 것은 아수라의 궁전 및 모든 장애가 되는 물건을 연다는

---

311) 붉은 불꽃의 색이다.

312) 나의 몸에서 유출하는 것이다.

313) 이하에서 『경』의 "몸 위에 라자문(囉字門)이 있고 바(嚩)자는 배꼽 가운데에 있다. 불을 내고 비를 내려 동시에 응현(應現)하여 지옥의 극한 고통이라도 라자는 사라지게 하며 바자는 치성한 불길을 잠재우니 진언법에 머물기 때문이다"는 구절을 해석한다. 이것은 라(囉)자와 바(嚩)자를 합해서 관하는 것이다. 그리고 이하에 난탈이 있다.

314) 이하에서 『경』의 "대인다라(大因陀羅)에 머물러 수룡(水龍)의 사업을 행하라"고 하는 구절을 해석한다. 대금강인다라륜은 중생의 본성을 나타낸다. 아(阿)·바(縛)의 두 자를 합하여 관한다. 인다라는 지대(地大)로써 아(阿)이고 수룡(水龍)은 수대(水大)로써 바(縛)이다. 수행자는 서방을 향하여 작법한다.

315) 『경』에는 "풍(風)은 어느 곳이나 편재하여 모든 것을 다 열고 무너뜨린다"로 되어 있다. 이하는 하자문(訶字門)의 관이다.

것이다. 그리고 부순다는 것은 이를 꺾어서 무찌르는 것이다. 갖가지[316] 잡색(雜色)의 내외(內外)[317]의 업인(業因)으로 이루어진 것은 모두 열고 부술 수 있다.[318]

"색만다라(色漫荼羅)"[319]라고 하는 것은 본색(本色)에 의하면 바로 앞에서 설명한 풍단(風壇)[320]이다.

"심장을 문지르고 접촉한다"[321]고 하는 것은 이 종자가 원명 가운데 있다고 관상하며 그 마음에서 의근(意根)을 청정하게 하는 것이다. 즉 『법화경』[322]에서 설하는 의근정(意根淨)이다. 경행(經行)하는 가운데 이를 염송하고 이 종자를 관하면서 경거(輕擧)[323]를 행하라. 경거상은 곧 몸을 들어 공중에 올라 갖가지 신족(神足)을 나타내는 것이다. 혹은 앉아[324]서 아자

---

316) 여기에서 『경』에 "여러 가지 다양한 종류인 각각의 온갖 사업을"이라고 하는 구절을 해석한다.

317) 내외(內外)는 정보(正報)와 의보(依報)이다.

318) 열고 부순다고 하는 것은 성(成)·괴(壞)의 뜻이다.

319) 반달모양의 단으로 반월형은 풍대(風大)를 나타낸다. 풍대는 흑색을 띠기 때문에 색(色)이라고 한다. 여기에서 『경』의 "색만다라(色漫荼羅) 중에서 법대로 이를 행하라"고 하는 구절을 해석한다. 이것은 하자문(訶字門)의 풍륜만다라로서 반달 모양의 사법(事法)이기 때문에 색(色)이라 하였다.

320) 반달모양이며 흑색(黑色)의 풍단이다.

321) 『경』에 "심장에 대고서 염송하여 지니면 의근(意根)의 청정을 체득할 것이며"라는 문장을 해석한다. 이하에서 육근 청정의 이익을 밝히는 가운데 이것은 의근 청정이다.

322) 『법화경』 제6권 「법사공덕품」(대정장 9, 50 상) '만일 선남자 선여인이 여래가 열반한 뒤에 이 경을 받아 지니고 읽거나 외우거나 해설하거나 베껴 쓰거나 하면 뜻의 1천2백 공덕을 얻는다. 이 청정한 뜻으로써 한 게송이나 한 구절을 듣고서 한량 없고 그지없는 이치를 통달한다. 이 이치를 알고는 한 구절, 한 게송을 연설하되, 한 달이나 넉 달이나 한 해에 이르고, 모든 설한 법은 그 뜻을 따라서 실상과 서로 어긋나지 않는다. 만일 속세의 경서와 세상을 다스리는 말과 살림하는 사업을 말하더라도 모두 바른 법에 순응할 것이다. 삼천대천세계에 있는 육도 중생의 마음으로 행하는 일과 마음으로 동작하는 일과 마음으로 희론하는 일을 모두 다 안다. 비록 무루의 지혜는 얻지 못하였어도 그 뜻이 이렇게 청정하므로 이 사람의 생각하고 요량하고 하는 말이 모두 부처님의 법과 같아서 진실하지 않은 것이 없으니, 이것 역시 과거부처님의 경전 중에 말씀한 것이다.'

323) 신통으로 가볍게 오르는 것. 신통력에 의해 가볍게 뛰어오르는 것을 말함.

324) 『경』의 "자리에 앉아서 아자를 관하는데 귀에 있다고 관상하라"고 하는 부분에 대한 해석이다.

가 귀 속에 있다고 관상하며 이 종자가 출입함으로써 소리를 들으면 바로 천이근통을 얻는다.

혹은 한 종자[325]를 사용함에 따라 모두 얻는다고 한다. 이 문장에서는 아자를 사용해야 한다고 한다[다시 여쭈어라].

"의생신(意生身)"이란 무엇인가? 요점을 들어서 말하면 바라는 뜻대로 모두 성취하는 것은 마치 의생신[326]을 얻어 생각대로 시방에 이르는 것과 같다. 지송하자마자 온갖 생사의 종자를 부수고 보리의 종자를 성취한다.

"전(轉)"이란 바로 전송(轉誦)의 전(轉)이다. 여래께서는 이와 같은 자재방편이 있으시어 모습 없고 모습 여읜 행 가운데에서 두루 색신을 나투어서 모든 불사를 성취하심을 알아야 한다. 수행자가 만일 이와 같이 수행하면 모든 부처님께서 언제나 그 사람 앞에 나투시며 그림자가 몸에 따라다니는 것처럼 그 원을 채워주실 것이다. 수행자가 이미 원하는 것을 채웠으면 곧 모든 중생들을 버리지 않고, 또한 언제나 그 앞에 나투어 그 원을 채워주고 법희(法喜)[327]를 얻게 해야 한다. 그래서 **"그림자와 같이 모든 장소에 수순하며 모든 중생의 마음에 수순한다"**고 하였다. 그러한 이유는 이 여래께서 삼평등지(三平等地)[328]에 머무시어 분별과 희론이 없으시기 때문이다. 또한 모든 마음과 경계의 모습을 초월하셨기 때문이다.

"시(時)[329]와 방(方)과 조작이 없고 법과 비법을 떠나지만"[330]이란 무엇인

---

325) 아(阿)자에 한정하는 것이 아니라 다섯 종자 가운데 어느 종자를 사용해도 이근청정을 얻는다. 그리고 여기에서 의(意)·신(身)·이(耳)의 세 가지 청정만을 설했지만 다른 안(眼)·비(鼻)·설(舌)의 청정도 성취할 수 있다. 지금은 간략하게 대표만 열거한 것이다.

326) 마음으로 이루어서 태어난다는 뜻. 육신의 정혈(精血) 등의 연(緣)을 빌리지 않고 오직 뜻에만 의지하여 태어나는 것을 말한다. 즉 부모에게서 육신을 받는 것이 아니라 뜻에 의해서 화작(化作)·화생(化生)하는 것으로, 그러한 몸을 의생신(意生身), 또는 의성신(意成身)이라 한다. 그리고 보살이 걸림없이 현생기는 변화신은 의생화신(意生化身)이라 한다.

327) 법희(法喜)란 십지의 초지인 환희지(歡喜地)이다.

328) 삼평등이란 신·구·의 삼밀의 평등을 말하며, 이 경지는 바로 아자문법계이다.

329) 시(時)란 길흉(吉凶)의 시를 말하며, 방(方)이란 사방과 사유(四維)를 가리킨다.

330) 『경』의 문장으로 대체한다.

가? "시(時)"란 삼세의 생멸하는 때이며, "방(方)"이란 방소(方所)이고 "조작[作]"은 온갖 업이다. 만상을 나타낼지라도 나타난 바가 없음은 십유(十喩)와 동일하다. "법과 비법"을 모두 멀리 여의기 때문에 오히려 이와 같은 끝없는 장엄장(莊嚴藏)을 얻어 두루 모든 중생들에 응한다. 그러므로 수행자는 이 진언의 행으로써 위없는 실지를 부지런히 구해야 한다. 이른바 여래의 일체지지[331]는 모든 성취 가운데 최고로서 그 위에 있거나 동등할 것이 없고 서로 비교할 만한 것도 없음을 알아야 한다. 이 일체지지는 진언행에 말미암아서 생기는 것이므로 부지런히 [진언행을] 학습해야 한다.

이상으로 「득실지품(得悉地品)」[332]을 마친다.

331) 실지의 과(果)로서 일체지지이다.
332) 증득실지품(證得悉地品)의 뜻으로 「실지출현품」을 말한다.

제7 성취실지품(成就悉地品)[1]

1. 금강살타의 덕을 찬탄하다

"이때에 집금강길상(執金剛吉祥)은 희유한 꽃이 활짝 핀 것 같은 눈을 하고"[2]라는 것에서 금강이란 여래의 비밀혜(秘密慧)를 비유한 것이다. 금강은 어떤 것이라도 이 [금강]을 파괴할 것이 없으며 [금강으로 모든] 만물을 파괴할 수 있다. 이 지혜도 역시 그러하다. 모든 것에서 파괴되지 않으며 모든 것을 파괴할 수 있고 부수기 힘든 것인 삼독(三毒)의 근본마저도 부순다. 이 보살의 몸은 바로 금강의 체이다. 시방의 모든 부처님들께서 함께 여래의 금강지(金剛智)로 그 손 가운데에 인(印)하여 수여하시었으므로 지금강(持金剛)이라 부른다.

---

1) 여기서 실지성취란 금강살타의 내증비밀(內證秘密)을 성취한다는 뜻이다.
2) 『대일경』 본문과 약간 다르다. 『경』에는 "이때 길상금강(吉祥金剛)은 기이하고 특별한 개부안(開敷眼)을 하고"라 되어 있다.

"길상(吉祥)"이란 금강수보살(金剛手菩薩)의 덕을 찬탄한 것이다. 온갖 선교한 덕을 빠짐없이 구족하였으니 바로 이것이 길상의 뜻이다. 이때에 그 보살이 앞과 같이 모든 부처님들의 심히 깊고 희유하여 기특한 법을 설하심을 듣고서 희유한 마음을 내어 그 눈이 열려서 일심으로 부처님을 우러러보되 잠시도 눈을 떼지 않았다. 바야흐로 사홍서원을 일으킨 것이다. 세간의 연꽃이 점점 자라날 때에 만약 해와 달의 빛이나 시절 등이 알맞지 않으면 펼쳐지고 꽃피지 못하는 것처럼 보살도 역시 그러하다. 비록 비밀한 보리심의 여래공덕실상을 품고 있을지라도 만약 모든 부처님들의 평등한 대혜(大慧)의 강렬한 햇빛이 없으면 피어나지 못한다. 지금 이 보살의 묘득(妙得)은 묘법연화대(妙法蓮華臺)의 진실지견(眞實知見)이기에 다시 부처님께 여쭌 것이다. 이 마음자리의 법을 널리 전하여 일체중생들을 제도하여 모두가 또한 이 개부(開敷)와 같은 것을 얻게 하려고 [질문]한 것이다.

또 다시 앞에서 설한 것처럼 바로 이 아자문(阿字門)은 여래의 금강의 성품으로 공덕을 갖추었으며 결함 없이 구족하며 언제나 묘한 이치의 문에 머무른다.

"금강저를 돌린다"고 하는 것에는 미세한 취지가 있다. 말하자면 이 걸림없는 비밀한 지혜를 굴려서 일체중생의 마음에 들어가고자 하는 것이다. 왜냐하면 이와 같은 자증(自證) 적멸(寂滅)의 법은 미묘하고 청정하여 위가 없기에 중생들은 스스로 깨달아 알지 못한다. 이러한 인연으로 한량없이 많은 모든 부처님들의 비밀장 가운데에서 무량한 공포와 고뇌를 받는다. 이러한 일로 말미암아 [부처님께서는] 대비심을 내시어 이 지혜를 굴려서 일체로 하여금 개부(開敷)의 심안(心眼)을 얻도록 하신다.

"화광(火光)[3]이 미세하게 발한다"고 하는 것에서 화(火)란 반야바라밀을 비유한 것이다. 네 변(邊)을 접촉할 수 없다는 것은 집착할 수 없기 때문이다.

또한 체의 성품이 더러움이 없으므로 일체번뇌와 허망의 더러움을 태

---

3) 오지(五智)의 광명을 의미한다.

운다. 마치 겁소화(劫燒火)[4]가 남김없이 태우는 것과 같다.

"**불국토를 두루 비춘다**"고 하는 것은 이 지혜의 빛으로 두루 무량한 법계와 일체의 인연 있어서 제도할 수 있는 자를 비추는 것으로 그 앞에 두루 나타나지 않음이 없으며 보기 좋아할 몸으로 근기에 맞는 법을 설한다고 한다. 그리하여 모두로 하여금 이와 같은 아(阿)자의 문에 들어가게 한다. "**모든 불국토**"는 바로 남음없는 세계이다[내 생각에는 이 세계라 하는 것은 바로 깨끗한 마음의 땅으로써 언제나 부서지지 않는 금강의 국토이다].

"**미묘한 음성을 내어 법자재모니(法自在牟尼 : 대일여래)를 찬탄한다**"는 말은 미묘한 소리를 내어서 여래께 여쭙는 것을 말한다. 제법자재(諸法自在)란 마치 세간의 장자(長者)가 부족하거나 모자람없이 재물을 구족하였기에 뜻하는 바대로 모든 것을 성취할 수 있는 것처럼 여래도 역시 이와 같이 모든 법의 왕이 되시어서 일체의 법재(法財)를 구족하지 못함이 없으시다. 그리하여 불가사의한 큰 사업을 하실 수 있으며 모든 것을 다 성취하신다.

"**모니(牟尼, muni)**"라고 하는 것은 직묵(寂默)의 뜻이다. 언제나 고요한 국토이며, 미묘하고 고요하여 그윽하며 깊고 아득하니 언어로써 설명할 수 없다. 이와 같은 법계의 적연한 대멸도법(大滅度法)은 오직 부처님 한분께서만 궁극에 이르러 청정하시다. 그래서 모니라고 부른다.

---

4) 겁소(劫燒)·겁진화(劫盡火)라고도 한다. 세계가 괴멸하는 괴겁(壞劫) 때에 일어나는 큰 화재로 일곱 개의 해가 천 위에 나타나 초선천(初禪天)까지 모두 다 이 화재로 불태워진다고 한다.

2. 무상과로 향하는 수행

"모든 진언행을 설하시는데 그 행은 얻을 수 없는 것입니까?"라고 하는 것에서 이 [행은] 평등한 삼업(三業)으로써 진언의 행을 말한다. 예컨대 이 여래의 행은 위가 없는 대과보(大果報)를 얻는다고 한 것은 이 모든 행을 부처님께서 우리들을 위해서 설하여주시기를 바라는 것이다. 묻는 뜻을 말하면 이 진언과 행은 부처님께서 일체여래의 공덕과 광대하고 심히 깊은 사업을 성취하시는 것을 말씀하신 것이다. 이를 요약해서 말하면 한량없고 끝없으며 일찍이 없었던 법을 모두 성취한다. 그런데 일체법으로써 아(阿)자문에 들어가지 않는 것은 없다. 만일 아자에 들어가면 곧 이것은 본래로부터 근본이 없다. 모든 법은 본래 생겨남이 없는 까닭이다. 만약 법이 본래부터 생겨남이 없다면 이 진언은 오히려 얻을 수 없다. 하물며 이 가운데에서 일으키는 온갖 행이겠는가! 곧 이것은 생겨남도 없고 일어남도 없으며 얻을 법도 없으나 일체공덕을 갖추고 있다. 곧 불가사의한 부처님의 경계로서 오직 부처님과 부처님만이 이를 아시며, 부처님과 부처님께서 스스로 증득하신다. 만약 듣고 보고 증득하는 자는 곧 무량한 방편으로써 중생들에게 보여 깨닫게 할 수 있다. 만약 마음으로 스스로 증득하지 못하면 이와 같은 일을 헤아릴 수 없기 때문에 다른 사람을 위해 설할 수도 없다. 이와 같이 부사의하며 생겨남 없고 사라짐 없는데 어떻게 수행할 것인가!

또한 "이 수행은 어디에서 온 것이며 어디로 이르는 것입니까?"에서 묻는 뜻은 생함이 없는 행을 어떻게 일으키는가이다. 왜냐하면 만약 생멸법이라면 성취하고 파괴하는 모습을 설할 수 있겠지만, 지금 이 법은 이와 같은 등등의 모습이 없는데 어떻게 해서 성취할 것인가? 이 뜻도 역시 심히 깊다.

'진언의 본체는 고요하고 청정한데 어떻게 행하여 일으킬 수 있습니까?

원하오니 부처님께서 우리들을 위하여 널리 설하여 주십시오' 라는 것이다.

"모든 것을 저희들을 위하여 설해주십시오"라 하는 것은 그 뜻을 말하면 모든 것을 우리를 위해서 연설해주십사 하는 것이다. [부처님께서] 이 희유하고 위가 없는 법을 [우리들을 위해] 해설해주시기를 바라는 것이다. 이와 같은 심히 깊은 법의 성품은 마치 큰 바다에 만 가지 흐름이 돌아드는 것과 같다. 이 만법이 돌아들 때에 대반열반에 다다른다. 바로 이것이 수행을 일으키는 뜻이다. 마치 세간의 큰 바다에 갖가지 색과 맛이 있으나 큰 바다 가운데로 들어가면 모두가 같은 하나의 색과 하나의 맛으로 같아져서 차별이 없고 변화도 없는 것과 같다. 여래의 큰 바다도 역시 이와 같다. 일체 만법과 만행이 이 가운데에 들어오니 모두 동일하게 하나의 부사의 해탈의 맛으로 아무런 차별이 없다. [이와 같이 설하여 마친다.]

3. 비밀만다라의 심지(心地)

다음에 여래께서 답하시기를, "마하살(摩訶薩 : 금강살타)의 의처(意處[5])를 만다라(漫茶羅) 등이라고 이름한다"는 것에서 의처[心處]도 역시 심위(心位)라고 이름할 수 있다. 곧 이 중생들의 자심처(自心處)를 가리키며, 바로 모든 부처님의 대비태장만다라이다. 왜냐하면 일체중생은 바로 이 화대(華臺)를 간직하고 있기 때문이다. 그러나 네 가지 번뇌가 언제나 스스로 생겨나고 그 스스로가 뒤집혀 넘어져 있기 때문에 분명히 알거나 스스로 깨달아 알지 못한다. 만약 스스로 깨달아 아는 심처라면 곧 이 마음의 자성이 언제나 청정한 것을 알 것이다. 이와 같이 청정하여 더러움이 없는 것은 바로

5) 육단심(肉團心)을 의미한다.

모든 부처님의 크게 원만한 실상의 경지이다. 이러한 까닭에 부처님께서는 답하여서 '만약 진언의 행(行)과 과(果)를 알고자 하면 심처에서 이를 구해야 한다'고 말씀하셨다.

"모두 이와 같이 설한다"[6]는 것은 시방삼세의 부처님들께서도 모두 이와 같이 설하셨으며, 한 가지 길로서 다른 것이 아니며 나 혼자서만 이렇게 말한 것이 아니라는 것이다.

"진언의 모든 심처(心處)[7]를 그가 알 때에 과를 수용하리라."[8]

과(果)는 모든 부처님의 무상보리의 과이다. 수용[受]이란 증득이다. 부처님의 뜻을 말하면, 만일 이 아자문에 들어가는 자는 곧 심처를 알 수 있고, 또한 이 곳을 알 때에는 바로 진언의 과를 얻는다. 부처님의 뜻을 다시 말하면, 모든 법은 다 마음에 말미암아 있게 되니,[9] 사람이 눈으로 색을 보는 것처럼 안근(眼根)과 색이 마주 대할지라도 청·황·적·백 등을 알아차릴 수는 없다. 다음으로 안식(眼識)이 곧 '청·황 등인가?' 하는 부정려(不定慮)[10]를 일으키며, 다음에 의식(意識)이 분별하고 분석하여 이것은 청·황·적·백 등의 갖가지의 모든 상이라고 말한다. 오직 마음이 분별할 때에만 존재한다는 것을 알아야 한다[다시 여쭈어라].

"굳게 안주하여 흔들리지 않는 마음으로 환희하는 것을 내심처(內心處)[11]라

---

6) 『경』에는 "만다라라고 이름한다"라고 되어 있다.

7) 진언의 심위(心位)는 아자정보리심(阿字淨菩提心)의 심처(心處)를 가리킨다.

8) 『경』에는 "모든 진언의 심위(心位)를 요지할 때 과를 성취하리라"고 되어 있다.

9) 『대일경』 본문에는 다음과 같이 설하고 있다. "모든 분별하는 것은 모두 다 의(意)에서 생기며 희거나 누렇고 붉은 것을 분별하는 것은 심(心)에서 일어난다."

10) 현연려(現緣慮)이다.

11) 이것은 제9무구식(第九無垢識)이다. 중국의 섭론종(攝論宗)은 제8식을 그릇된 마음이요, 망념된 생각인 망식(妄識)으로 모든 번뇌의 근본이 되는 것으로 보았다. 따라서 섭론종의 주장에 의하면 이 아뢰야식을 끊어버릴 때 모든 번뇌가 사라지게 되고, 이 식이야말로 모든 미혹의 근본이 되는, 더러움에 물든 좋지 않은 생각이라고 보는 견해이다. 그러므로 아뢰야식보다 더 차원이 높은 또 하나의 마음 자리를 설정하지 않을 수 없었으니, 그것이 제9식인 아마라식(阿摩羅識)이다. 이 아마라식은 무구식(無垢識)·백정식(白淨識) 등으로 번역되며, 영원하고 한결같고 그릇됨이 없는 진여(眞如)의 경지로 보고 있다.

고 이름한다.” [이 마음은 산스크리트로 지다(只多, citta)라 한다. 이것은 생각하여 아는 마음이다. 또 간율타(干栗太, hṛdaya)란 심장이다.]

이승의 도에 들어가는 것처럼 먼저 반드시 굳게 안주하여 흔들리지 않는 마음을 얻어야 한다. 이 굳게 안주하여 흔들리지 않는 마음이 바로 삼매이다. 굳게 안주하여 흔들리지 않는 마음을 얻으면 마음에 즐거움을 얻으니 바로 내심에서 현법(現法)을 자증(自證)한 즐거움이다. 정(定)이 있음으로 해서 곧 진실한 지견을 일으킨다. 그러나 삼승에 각기 정이 있어도 깊고 얕음이 같지 않다. 지금 이 가운데의 뜻을 말하면 만일 이 심처(心處)의 심중(心中)의 마음을 증득하면[이것은 바로 간율타이다.] 곧 이것이 여래의 굳게 안주하여 흔들리지 않는 큰 마음[大決定心]이다[이른바 삼매이다]. 이 정이 있기에 아자문에 들어갈 수 있다. 아자문에 들어가기 때문에 곧 진언의 행[12]과 더불어 그 과(果)를 요지할 수 있다. 만약 그 행과 과를 요지한다면 곧 위가 없는 대과(大果)를 받을 수 있다. 부처님의 뜻을 말하면 마음이 정에 머무르기에 구경 일승(一乘)의 진실한 견해를 얻고 스스로 이러한 일[13]을 안다. 그렇지만 듣는다고 할지라도 이익이 없기에 이로부터 이하에서는 바르게 선정을 익히는 초문(初門)을 설명하겠다.

앞과 같이 집금강이 질문한 ‘이 진언의 핵심은 어느 곳으로부터 오며, 가서 어느 곳에 이르며, 어떻게 과를 얻는가’라고 하는 것에 대하여 지금은 부처님의 뜻으로 답하여 말하겠다.

무릇 진언이란 자기의 마음으로부터 일으키며 나아가 진언의 행과 과보를 알고자 하면 역시 마음으로부터 나타난다. 이 마음을 벗어나 밖에 따로 법이 없다. 왜냐하면 이 만다라를 이름하여 정(淨)이라고 하니 모든 중생들 스스로의 마음은 본래 청정하기 때문이다. 그러나 무명에 덮여서 알지 못한다. 만일 이 마음을 밝히면 곧 이 만다라가 있는 곳이고, 다른 곳에서 온 것이 아니다. 행과 과보도 모두 이와 같다. 모든 만법 내지 형

12) 본래구족한 행(行)과 과이다.
13) 이러한 일이란 진언의 행과 그 과이다.

상과 색깔 등의 물질이 만가지로 차별되는 것은 마음의 분별에 따라 존재하지 않을 수 없는 것이다. 지금 이 아자문도 역시 밖에서 온 것이 아니고 단지 마음에 따라 생기며 따로 온 곳이 없다. 왜냐하면 방편을 가지고 선정을 닦음으로써 그 마음이 점차로 맑아지고, 마음이 맑아짐으로써 아자가 [심련화(心蓮華)] 가운데에 나타나기 때문이다. 이 아자란 바로 모든 부처님의 마음으로 심륜(心輪)이 청정함에 따라 아자를 나타낼 수 있다. 아자문에 들어감으로 말미암아 곧 대과보의 상(相)을 이룬다. 그러므로 이 과(果)도 역시 마음으로부터 얻으며, 그것이 실로는 사람으로서 수여할 수 있는 자가 없다는 것을 알라. 스스로 깨달아 앎으로써 이를 얻는다. 반드시 앙굴마라[央掘]의 부도계(不盜戒)[14]의 뜻을 끌어와야 한다. 그런데 이 마음의 근원은 미묘하고 고요하여서 이름도 없고 모습도 없으며 나타내 보일 수도 없다. 어떠한 방편으로 볼 수 있겠는가!

지금 모든 부처님께서 진언행의 보살을 교화하시기 위하여 곧바로 범부의 심장에 있는[心處] 마음에 따라 방편을 지으시며, 또한 그 밖의 대치(對治)의 행 등은 짓지 않으셨다. 이 마음이 있는 곳은 바로 범부 육신의 핵심으로 가장 중앙에 있으니 바로 간율타심(汗栗馱心)이다.

---

14) 『앙굴마라경』 권2(대정장 2, 531 상). '그때 세존께서는 앙굴마라에게 말씀하셨다. "너는 주지 않으면 갖지 않는 계를 받아 지녀야 한다." 앙굴마라는 게송으로 대답하였다. "저는 지금 도둑질 않는 계를 받아 지니지 못하겠고 항상 훔치는 것을 받아서 남의 재물을 빼고 훔치겠습니다. 주지 않는 것은 보리(菩提)이니 누구도 그것을 줄 이가 없습니다. 주지 않는데 스스로 취하니 그러므로 저는 훔치는 자입니다. 부처님께서 보리수 밑에 앉으시어 얻거나 또 잃지도 않으시니 이것이 바로 자성(自性) 법이어서 가장 훌륭하여 더 이상 없습니다."

4. 정(定)을 닦는 방법

1) 아자관

장차 관을 학습하려는 자는 이 곳에서 연꽃의 모양을 관상하라. 왜냐하면 모든 중생들의 마음이 바로 연화삼매의 인(因)이지만, 아직 피어나지 못하였기에 모든 번뇌 등에 얽혀져 있어서 스스로 그 마음의 진실한 모습을 알 수 없기 때문이다. 이러한 까닭에 먼저 이 심장이 있는 곳을 관하여 팔엽연화(八葉蓮華)의 관을 지어서 모든 꽃술을 완전히 피어나게 하라.[15) 꽃술을 구족하였다고 말하는 것에도 그 뜻이 있다. 이른바 이 연화삼매의 마음이 피어나는 때에는 무량한 법문이 구족되지 않음이 없다. 말하자면 육바라밀[六度]과 십팔공(十八空)과 삼십칠조도품[三十七品]과 선정과 해탈과 백팔삼매문(百八三昧門)과 5백다라니문 등이다. 이와 같이 한량 없이 많고 끝이 없어도 구족하지 못함이 없다. 일체의 법문은 모두가 마음을 따라 있게 된 것임을 알아야 한다.

이 대 위에 아자를 사유하고 관상하여 그 가운데에 두어라.

"그 자리 위에 연화가 있는 것을 염하라"고 하는 것은 이른바 그 연화대 위에 아자를 관하는 까닭에 "자리 위"라고 하였다. 또한 "자리 위"라고 말한 것에는 많은 뜻을 포함하고 있다. 혹은 화좌(花坐)라고도 말하며 혹은 자신이 앉을 때를 말한다. 혹은 대만다라를 성취하는 때이다.

이 종자로부터 무량한 빛을 내고 그 빛이 사방으로 흩어져 다발[鬘]을 이루니 마치 꽃다발과 같다. 이것을 다발이라고 말하는 이유는 많은 꽃을 연결하여 꿰어서 서로 연달아 끊어지지 않게 하며, 많은 것을 합해서 하나가 되므로 다발이라 부른다. 이것도 역시 이와 같다. 무량한 빛이 합하

---

15) 이하에 난탈이 있어 바로잡는다.

여 하나의 빛다발이 된다. 무엇 때문에 팔엽을 관하면서 많지도 않고 적지도 않다고 하는가?

여기에는 두 가지 뜻이 있다. 첫째는 모든 범부의 심처는 비록 스스로 알지 못할지라도 그 위에 자연히 여덟 갈래가 있어서 마치 합련화(合蓮華)의 모양과 같다. 지금은 단지 이 마음을 관조하여 그것을 피어나게 하고자, 곧 이 삼매를 관하는데 이것 또한 방편행이다. 만일 이 팔엽의 꽃을 관하면 곧 이치와 상응하게 된다. 이 팔엽이란 바로 사방사우(四方四隅)이다. 사우는 바로 여래의 사지(四智)이다. 처음의 아자문은 바로 보리심이고, 다음의 암(暗)자는 무상보리를 성취하며, 다음의 아자(阿長)자는 보리행을 행하고, 다음의 아(惡)자는 바로 대열반이다. 그 나머지 사우의 잎은 바로 사섭법(四攝法)이다[다시 그 모습[16]을 여쭈어라].

우선 아자문에 따라 보리심을 일으킨다[이것이 바로 진언이 오는 곳이다.] 다음에 그 과를 안다[다시 차제의 뜻을 여쭈어라]. 다음에는 이 자륜의 다섯 아자의 뜻에 말미암아 대과보를 성취하고자 하기에 여래의 행을 닦고, 수행함으로써 대열반을 증득한다. 대열반을 증득하기에 심성을 보아, 이 마음이 법계의 체로써 본래부터 이래 언제나 적멸한 모습임을 안다. 그래서 맨 마지막이 아자문(噁字門)이다.

문 연꽃만 관하고 다른 꽃은 관하지 않는가?

답 여기에도 역시 뜻이 있다. 세상의 연꽃은 진흙 속에서 피어나는데 생기는 곳이 비록 지저분할지라도 연꽃의 체성은 청정하고 오묘한 색은 비할 것이 없어서 온갖 더러움에 물들지 않는 것처럼 범부도 역시 이와 같다. 갖가지의 부정과 삼독의 허물이 한량 없이 많고 끝이 없을지라도 역시 이 연화삼매의 심히 깊은 열매가 모두 그 가운데에서 생긴다.

"두루 널리 중생의 부류를 밝게 비춘다"[17]는 것은 이 꽃다발의 빛을 관하

---

16) 사섭보살의 종 · 삼 · 존, 즉사이진(卽事以眞)의 깊은 뜻을 다시 여쭈어 알라고 하는 뜻이다.

17) 『경』에는 "광채가 널리 두루하여 중생을 비추기 때문에"라고 되어 있다.

는 것이다. 현전하게 되면 곧 이 마음으로부터 적조(寂照)의 빛이 생겨나 널리 모든 중생들의 부류를 비춘다. 모든 중생들에게도 역시 이와 같은 성품이 있다. 다만 무명에 덮혔기에 자기 마음의 성품을 알지 못한다. 그래서 이와 같은 자재한 작용을 얻지 못하는 것이다. 만약 스스로 마음의 근원을 알게되면 이와 같은 색신을 시방에 두루 나투어 교화하는 것이 부처님과 다름이 없을 것이다.

"중생"이라 하는 것은 그 무명 때문에 업에 따라 태어나 사생(四生 : 胎, 卵, 濕, 化)의 과보를 받는 것을 말한다. 업에 따라 태어나니 중생이라 부른다. 지금 그 중생들을 가르쳐서 마음의 실상을 완전히 알게 하고자 그 화대(華臺)를 열어서 부처님의 지견을 얻게 하려 하는 것이다. 지견이란 속세에서 마음을 열고 뜻을 이해하는 것이라 말하는 것처럼 이러한 이치가 있다. 마음을 엶으로서 곧 아자문에 들어간다. 만다라 가운데에서 이러한 관행을 지어서 아자문에 들어갈 때에는 곧 광명을 보고 두루 색신을 나타내어 갖가지의 불사를 지을 수 있다. 그런데 수행자가 처음에 관을 학습할 때에 마음이 아직 미숙하여 아직 현전하는 것을 얻지 못하면 먼저 묘련(妙蓮)[18]을 그려야 한다. 앞에서 설한 것처럼 아주 미묘하게 하고 더불어 아자를 두어서 언제나 현전에 이를 관하라. 원명 가운데에 그려야 한다. 이 원명은 둥글고 깨끗한 거울과 같다. 그 가운데에 극히 깊은 아자의 둥근 빛이 있으며 가운데에 잘 관찰하는 것을 오래하여서 곧 현전하여 분명하게 보라. 이미 [마음] 바깥에서 보았으면 돌려서 자기의 마음을 관하며, 원명 가운데에 아자를 관해야 한다. 아자와 같이 마(麼) 등의 여러 종자도 예로써 이해할 수 있음을 알아야 한다[다시 여쭈어라].

수행자가 내관(內觀)이 구족하고 익숙해져서 아자를 볼 때에는 그 빛이 마음 속에서 사방으로 흩어져 두루 시방 모든 불국토에 고루 미친다. 이 빛은 정수리로부터 발에 이르기까지 한바퀴 돌아서 수행자의 몸을 순환

18) 묘련화대(妙蓮華臺)이다.

하는 것이, 비유로 말할 수 없다. 이것이 바로 여래의 평등한 대혜(大慧)의 빛이다.

"천개의 번갯불이 모인 것과 같다"고 하는 것은 무엇인가? 세간에서는 하나의 번갯불빛조차 자세히 보기 어렵다. 사람의 눈을 눈부시게 하기 때문인데 하물며 한량 없이 많은 번갯불이 모인 것이겠는가! 이것은 빛다발이 사방으로 흩어져 위맹이 치성하다는 뜻을 설명해준다. 그런데 이 빛이 마음으로부터 두루 비출 때에는 곧 두루 일체세계의 모든 중생으로 제도하고자 하는 자 모두에게 그 앞에 나타난다. 그 보기 좋은 몸으로써 근기에 따라 묘법을 연설하고 그들을 제도하는 것은 모두 참다워서 헛되지 않다. 세간의 밝은 거울은 그 가운데에 갖가지의 형상이 나타나더라도 비추지 않은 것은 두루 나타낼 수 없으나, 청정한 마음의 거울은 그렇지 않다. 시방에 걸림이 없어서 원만하게 법계를 나타낸다. 단지 빌려서 비유로 삼았을 뿐이지 실로는 비교할 수가 없다. 수행자가 원명의 아자를 관할 때에 모든 방향에 두루하여 불사를 행한다. 그렇더라도 역시 적연하여 움직이는 것이 없다. 달그림자가 그릇에 따라 [나타나는 모양이] 같지 않을지라도 한 때에 순간적으로 [온갖 모습이] 나타나는 것과 같다. 그러나 지혜로써 이를 관함에 만일 물이 맑지 않으면 달도 또한 나타나지 않으며, 물이 비록 깨끗하여도 달이 없으면 나타낼 수 없는 것과 같다. 오고 감이 없을지라도 현전하여 명백한 것은 단지 연이 합하여 있는 것일 뿐이다.

또한 달이 떠오를 때와 같이 사천하의 만물의 종류를 성취하고 모두 이익을 얻게 할지라도 역시 이러한 생각을 짓지 않는다. '두루 만물을 비추어서 이것들을 키웠구나'라고. 수행자가 자기의 마음을 관하는 것도 역시 그 달그림자가 온갖 형상을 나타냄과 같다.

이 품 이전에는 진언의 과를 설하였고 이 품 이후에는 차례대로 수행하여 증득해 들어가는 방편을 밝히는데 이것을 그 머리부분으로 삼는다. 이 가운데 다시 앉고 일어나는 위의의 무수한 비법이 있는데 아래[19]에서 따로 설명할 것이다. 이 경은 성자의 비밀스러운 것이기 때문에 명백하게 차례대로 설명하지 않았다.

2) 암자관

앞에서는[20] 팔엽 및 아자문을 관하는 데에 먼저 청정하게 제거하여 자기 마음의 화대(華臺)가 나타나게 하였는데, 지금은 그것을 키워서 번성하게 하고 큰 과보를 얻게 하고자 다시 방편으로써 옴(唵)자문을 관하는 것을 설명하겠다. 앞에서는 아자문에 들어가서 심성을 요지한다고 말하였지만 아직 구경에 이르러 현전한 것은 아니다. 이러한 까닭에 다시 암자문에 들어가야 한다. 이것은 바로 삼매로서 장차 [이 삼매를] 사용하여 보리심을 성취한다. 세간의 연꽃이 물에 의지하여 자라나는데 만일 물이 없으면 오래지 않아 말라죽는 것처럼 수행자의 보리심도 역시 이와 같다. 만일 삼매의 물이 그 마음에 흐르지 못하면 곧 번식하여 꽃이 피지 못한다. 이 옴자를 관하여 정수리 위 사방의 뼈가 합한 곳에 두어야 한다. 종자를 정면에 붙이고 머리를 곧게 세워라.

다음에 다시 비밀의 관법[21]이 있으나 또 다르다. 종자의 점[22]을 관하여 수행자의 머리로 삼고 나머지를 몸의 사지(四支)로 삼는다[물[23]이 아자로부터 내려와서 다른 종자에 들어가는 것인지, 아닌지를 여쭈어라].

수행자가 아직 자기의 마음을 알지 못하기에 방편으로써 알게 한 것이다. 먼저 연꽃을 관하고 또 정(定)의 물로써 그 마음을 씻어 깨끗하게 하고

---

19) 아래의 여러 품 가운데 부분적으로 설했다는 뜻이다.

20) 이하는 『경』의 "다음에 그 머리 위에 정수리의 교차하여 만나는 가운데에 대공점을 가지고서 표(標)를 하고 암(暗)자를 사유하라"라는 구절을 해석한 것이다.

21) 암자를 한 몸의 전체에 포치하는 관법이다. 이것과 앞에서 설한 암자를 정수리 위에 관하는 것과 다르기 때문에 또 다르다고 하였다.

22) 암자의 점을 정수리 위에 관하고 그 밖의 아자를 신체의 사지(四支)에 관하는 것이다.

23) 암자의 점인 삼매의 물이 다른 종자의 삼매의 물로 되는 것이다. 즉 어떠한 종자일지라도 공점을 붙이면 삼매의 물이 된다.

이 아자로써 명백하고 밝게 보게 할 때에 육근의 모든 더러움이 전부 청정해진다. 육근이 청정하여 더러움 없으므로 심성이 더러움 없는 것은 마치 수정처럼 맑은 달빛과 같다. 이것을 바로 견(見)이라 함을 알아야 한다. 견이란 바로 성취이며, 성취란 바로 이 몸이 법계와 동등한 것이다. 이 법계는 본래부터 고요하며, 모든 중생과 세계가 의지하는 것임을 알아야 한다. 예컨대 유정이 세계에 의지하듯이, 지륜(地輪)은 수륜에 의지하고 수륜은 풍륜에 의지하며 풍륜은 공륜에 의지하고 공륜[24]은 일체의 의지가 될지라도 의지하는 바 없음과 같다. 법계도 역시 그러하여 중생이 무명의 때 때문에 스스로 알지 못하나, 지금 육근이 청정해지면 곧 분명하게 본다. 아직 보지 못할 때에는 다시 방편이 있으니 다른 품[25]에 [그에 대한 설명이] 있다.

또한 곧바로 이 두 종자를 관하는 것이 아니라 수행자가 스스로 관할 때에 다시 모든 종자를 팔다리에 두루하게 하라. 분명하게 이것을 지을 때에 현상들이 명료해지며 곧 지명을 성취한 사람[26]이 된다. 스스로 곧바로 이 모든 자문을 사용할 수 있으면 지명선(持明仙)이 된다. 또한 이 가운데에 견(見)이라 하는 것은 유정의 견이 아니라 더러움이 없기에 보는 것으로 견(見)도 바로 법계의 체이다. 마치 거울이 맑으면 만상이 스스로 나타나는 것과 같아서 이와 같이 분별을 짓지 않으면 내가 그것을 보고 그것이 보여지는 바가 되어도 역시 오고 가는 모습을 분별하지 않으며 단지 연(緣)이 합할 때에 보는 것과 같다. 모든 중생들도 전부 이 법계의 체와 동등하다. 만약 이와 같이 볼 때에는 곧 이것이 실지의 모습이어서 색신을 두루 나타내며 다함 없는 장엄장(莊嚴藏)을 보인다. 수행자[27]가 마음이

---

24) 허공을 모든 것의 의지하는 바로 삼으며, 이로써 적정(寂靜)한 법신에 비유한다.
25) 한편으로는 「포자품」 및 「자륜품」을 가리킨다고 하고, 또는 라자관을 해석한 다음 문단을 가리키기도 하며, 어떤 품인지 분명하지 않다.
26) 보살 초지 이상의 견제(見諦)한 사람이다.
27) 이 문장은 『경』의 "천(天)의 즐거움과 해탈을 얻으니 여래구(如來句)를 분명히 보리라"는 구절을 해석한 것이다.

청정하게 되면 단지 오묘한 천계의 즐거움을 구족할 뿐만 아니라 대열반의 미묘한 즐거움도 얻으며, 또한 여래의 구절을 본다. 구절이란 바로 모든 부처님께서 앉으시는 장소이다[말하자면 부처님께서 머무시는 곳이다].

3) 라자관

앞과 같이 보았더라도 아직 구경을 성취한 견(見)이라고 이름할 수는 없다. 다시 방편이 있으니 이른바 라자문(囉字門)을 관하는 것이다. 수행자가 두 눈 위에 이 두 종자를 두는데 광명이 등불처럼 붉게 타오르며 빛나게 하라.[28] 이 더러움 없는 광명의 눈으로써 안으로 그 마음을 관조해야 한다. 이 라자에 말미암아서 심성을 보게 된다. 이 라자문이란 바로 청정한 지견의 밝은 등불이다. 이 지혜의 눈으로 말미암아 심련대(心蓮臺)의 실상을 관하기에 속히 성취할 수 있다.

수행자는 앉을 때에 그 목을 조금 구부리고 목을 낮추는데 너무 구부려서는 안되며 또한 너무 곧게 해서도 안된다. 여기에는 두 가지 뜻이 있다. 첫째는 몸을 조절하여 병고가 생기지 않게 하고자 함이니, 앉을 때에 크게 구부리거나 너무 곧으면 사대(四大)가 조화롭지 않기 때문이다. 둘째는 눈[眼根]을 맑혀서 속히 마음의 근원에 도달하고자 하기 때문이다. 또한 앉을 때에는 혀를 입천장에 붙이거나 크게 늘어뜨려서 아래에 붙게 하지 말고 가운데에 있게 해야 한다. 이와 같이 청정한 눈으로 자기의 마음을 관하지만 주관·객관 등의 상이 없다. 단지 인연이 갖추어졌기에 이와 같이 볼 수 있을 뿐이다.[29] 이러한 행은 마음으로부터 생기니 마음을 조명하여서 여래의 도를 볼 수 있다. 행은 바로 도(道)이며, 도란 바로 행(行)과

---

28) 이하에 부분적인 난탈이 뒤섞여 있다.

29) '이상은 부처님께서 금강수에게 오고 가는 모습에 대해 말씀하신 것이다.' 갑자기 이유도 없이 이 문장이 이 자리에 들어왔다. 이 문장을 빼고 앞 뒤를 연결하면 된다.

과보이다.

앞에서 설한 진언의 방편과 이 심처(心處)는 더러움 없이 청정한 것이 마치 둥근 거울과 같아서 언제나 현전한다. 이것이 바로 옛 부처님께서 함께 널리 설하신 진실한 마음이라는 것을 알아야 한다.[30] 이와 같은 심성은 언제나 안주하며 변함이 없고 부서지지도 않으니 바로 모든 부처님의 대반열반이다. 그래서 진실이라고 하였다. 단지 나만 이렇게 설한 것이 아니라 삼세의 여래가 설한 것도 역시 이와 다르지 않다.

라자문 등으로써 이 마음을 청정하게 함으로써 진실한 지혜의 빛이 생긴다. 그리하여 곧 옛부처님께서 행하신 도를 본다. 이른바 비밀장의 진언문이다. 수행자[31]가 이 진언도를 볼 때에 식(識)도 역시 빛을 발한다. 식은 육식(六識)을 말한다. 소승 가운데에 심의식(心意識)을 설하는 것처럼 단지 명칭이 다르다. 대승에서는 곧 별상(別相)이 있으니, 이른바 육식신(六識身)은 단지 이 세 가지 연이 화합하여 분명하게 모든 법을 알지 못하나 분별하는 것은 이 마음이다. 마음이 청정한 까닭에 육식도 역시 모두 광명을 낸다. 마치 큰 보배구슬의 체성이 언제나 청정하여서 더러운 때가 물들이지 못하는 것과 같다. 어떤 사람이 [이 구슬을 얻어서] 밝게 닦아 점차로 거친 때를 제거하여 나아가 밝게 되면 걸림없이 온갖 보배를 비처럼 뿌리고 빛과 색이 비할 바가 없는 것처럼 육식도 역시 그러하다. 마음의 근원이 청정하기 때문에 육식도 모두 순수하고 청정하다. 이른바 육자재왕(六自在王)[32]의 성품은 청정하다. 그 진언을 지니는 수행자[33]가 이와 같은 심성을 볼 때에 곧 정각양족존(正覺兩足尊)을 보고 영원히 삿된 전도(顚倒)를 여의

---

30) 여기에서 『경』의 "이와 같은 진실심(眞實心)은 과거의 부처님께서 널리 설하셨다"고 하는 구절을 해석한다.

31) 『경』의 "마음을 비추어 밝게 통달하여 알고 제색(諸色)이 모두 빛을 발한다"라는 구절에 대한 해석이다. 밝게 통달한 것은 초지(初地)의 상(相)이고 제색이란 육식(六識)을 가리킨다.

32) 『대지도론』 48권(대정장 25, 407 하) '사자문(沙字門)은 제법 육자재왕이 청정하다.'

33) 『경』의 "진언자는 정각양족존을 보아야 한다"라는 구절을 해석한다.

니 이를 정(正)이라 한다. 이 바른 지견으로 있는 그대로의 모든 법을 본다.

사람과 천인의 두 발 달린 존재 가운데에 존귀한 분을 양족존(兩足尊)이라 한다[다시 경전을 찾아서 해석하라].[34] 왜냐하면[35] 만일 이 심성을 여의고서 다시 모든 곳에서 여래를 본다고 하는 이런 경우는 없기 때문이다. 수행자가 이 심불(心佛)을 보는 때를 곧 실지(悉地)의 제1 성취라고 부른다. 이른바 제1의 항상한 몸을 얻는 것이다. 실지에도 많은 종류가 있는데 세간이거나, 출세간이거나, 혹은 한량 없이 많은 차별이 있다. 지금 이 성취란 바로 출세간 제1의 성취이다. 이른바 제1의 항상한 몸을 성취한 것이다. 이 항상한 몸은 바로 모든 부처님의 금강처럼 부서지지 않는 몸이다. 이 마음을 보는 때에 곧 여래구(如來句)를 보고, 모든 법이 다 열 가지 비유처럼 생기지도 않고 멸하지도 않아서 성품이 언제나 생겨남이 없다는 것을 안다. 이 진실한 지혜를 얻어서 실상을 보는 것이다.

4) 람자관

이와 같이[36] 설할지라도 수행자가 아직 궁극까지 명료하게 심성을 보지 못하면 다시 분명하게 요달할 수 있는 방편이 있다. 이른바 라(囉)자를 돌려서 람(覽)자로 하는 것이다. 앞에서는[37] 눈 속에 라자관을 지어서 마음을 관하였다. 지금은 다시 이 라자를 돌려서 람자로 만들게 하고 다시

---

34) 다른 경전 등에서 입증할 만한 문구를 찾아서 해석하라는 뜻이다.

35) 『경』의 "만약 보았을 때는 실지의 제일상항(第一常恒)의 체를 이루리라"는 구절을 해석한다.

36) 『경』의 "이로부터 다음에 사유하여 이 라자문(囉字門)을 전성하라. 라(囉)자의 대공점은 이것을 안위(眼位)에 두어라. 일체공(一切空)의 구(句)를 보고 불사구(不死句)를 성취할 수 있다"는 구절을 해석한다. 여기에서 불사구란 본유상주(本有常住)의 법신을 말한다.

37) 앞의 자문관에서는 눈 속에 라자를 관하여 청정한 눈을 얻어 그 눈으로 마음 가운데의 아자의 진실한 성품을 관하였지만, 지금은 라자에 공점을 찍어서 람자로 하여서 이 람자를 눈 속에 관하여 대공삼매에 머물러 마음의 실상을 관하는 것이다.

처음부터 시작하는데 앞과 같이 조금 그 목을 낮추어 심하게 구부리거나 곧게 하지 말라. 혀도 역시 높낮이를 알맞게 하고 심장 가운데의 아자를 관한다. 이 라자는 바로 상(相)의 뜻인데 위에 점이 있으면 대공삼매(大空三昧)이다. 이른바 제일가는 무상법(無相法)은 '모든 상(相)이 본래부터 공하고 모든 상은 다 견고하지 않다'는 법이다. 이러한 상의 당체(當體)는 생겨나지 않았기에 대공과 동등하다. 이것이 바로 견고한 실상의 법이다. 이와 같이 일체공(一切空)의 구절을 사유하여 이치와 상응하면 곧 이것이 불사구(不死句)이다. 불사구는 바로 모든 부처님께서 언제나 머무시는 몸이다. 이 람자의 방편으로 말미암아 온갖 상을 여의면 이것이 바로 항상한 몸이다. 항상한 몸은 바로 일체의 법공(法空)으로 불사구이다.

"만약 광대지(廣大智)와 다섯 가지 신통과 지명실지(持明悉地)의 명(明)과 장수(長壽)하는 동자를 성취하려고 하는데 아직 지송하여 얻지 못하면 이것은 수순하지 않았기 때문이다."[38]

광대지신(廣大智身)은 바로 여래의 몸이다. 이른바 모든 삼승의 공덕으로부터 아래로 오신통과 장수 등의 일에 이르기까지 람(覽)자의 무상문(無相門)을 떠나 얻을 수 있는 것은 없다. 왜 그러한가 하면 만일 어떤 사람이 마음으로 모습에 집착하면 곧 번뇌의 덮개와 묶음이 생겨 업에 따라 구르게 되니 자재를 얻지 못하며, 나아가 세간의 실지조차 얻을 수 없기 때문이다. 하물며 오신통 등이겠는가! 오신통 등도 오히려 얻을 수가 없거늘 하물며 여래의 평등지신(平等智身)이겠는가! 이러한 까닭에 부처님께서는 삼승과 세간의 온갖 공덕과 이익은 모두 무상의 법으로 성취할 수 있다고 설하셨다. 신통과 같은 것은 많은 종류가 있어서 만일 수행자가 마음으로 상을 떠나 집착하지 않는다면 이승의 오신통을 얻을 수 있다. 또 다시 깊이 닦으면 나아가 보살의 오신통을 얻을 수 있다. 이 오신통은 바로 [보살

---

38) 『대일경』에는 "만약 광대지(廣大智)를 얻으려 하거나 다섯 가지 신통을 일으키거나 장수(長壽)하는 동자의 몸이나 지명(持明) 등을 성취하려고 하는데 진언자가 아직 얻지 못하는 것은 여기에 수순하지 않기 때문이다"로 되어 있다.

십]지에 들어간 보살의 자재한 활동이다. 이승의 활동에 비하면 햇빛을 가지고 저 반딧불과 같다고 하는 것과 같다. 이것은 바로 보살지에 들어간 것이다.

"장수(長壽)"라고 하는 것은 수명에서 자재하여 언제나 세간에 머물러 중생을 이익하게 하고 모든 부처님을 친근(親近)하는 것이다.

"동자(童子)"라고 하는 것은 나이가 한량 없이 많을지라도 언제나 16세의 동자와 같아서 얼굴은 밝고 아름다우니, 이 또한 지명선[이 성취한 경지와 같]다.

"지명(持明)"이란 지송하는 사람이 묘한 성취실지의 과를 얻어 곧 두루 모든 불국토를 다니며 모든 부처님께 공양드리고 중생을 성취하게 하는 것이다. 만일 이렇게 모든 상을 여읜 본래 공적(空寂)한 법문을 관하지 않으면 이러한 선인도 될 수 없다. 경의 뜻을 말하면 다음과 같다.

'만약 이와 같은 일체의 모습을 여의는 법문에 수순하지 않으면 이러한 선인조차도 오히려 도달할 수 없거늘 하물며 구경 법신의 부사의한 업이겠는가!'

"진언의 지(智)를 내어 일으키는 것은 진실한 지(智)이다. 이것은 가장 훌륭하신 모든 부처님의 재부(財富)이다."[39)]

람자문(覽字門)에 들어감으로써 모든 상을 여의어 곧 여래를 보니, 이는 바로 평등한 대혜(大慧)의 진실한 지혜이다. 그래서 경에 '모든 상을 여읨을 부처님이라 한다'[40)]고 하였다. 이와 같은 진언의 지(智)는 일체법 가운

---

39) 『대일경』에는 "진언의 지(智)를 내어 일으키는 것은 바로 가장 뛰어난 실지이다. 모든 부처님과 보살들은 세상을 구원하는 창고이다"로 되어 있다.

40) 『금강반야바라밀경』(대정장 8, 754 중). '세존이시여, 제가 지금 이와 같은 경전을 얻어듣고 믿어 알고 받아 지니기는 족히 어려울 것이 없사오나 만약 오는 세상 후 5백세에 어떤 중생이 이 경을 얻어듣고 믿어 알고 받아 지닌다면 그 사람은 곧 제일 희유함이 되겠사옵니다. 이유를 말씀드리오면 그 사람은 아상(我相)이 없사오며 인상(人相)도 없사오며 중생상(衆生相)도 없사오며 수자상(壽者相)도 없는 까닭이옵니다. 왜냐 하오면 아상이 곧 상이 아니오며 인상과 중생상과 수자상이 곧 상이 아니옵니다. 왜 그러냐 하오면 일체 모든 상을 여읨을 곧 모든 부처님이라 이름하기 때문입니다.'

데에 최고로서 그 위에 있다. 모든 부처님들께서 이로써 자재(資財)를 삼으신다. 자재란 수용(受用)의 뜻이다. 이와 같은 지혜의 보재(寶財)는 그 수가 한량없이 많다. 자재하게 수용하여 불사를 성취하고 널리 중생들에게 베푼다. 곧 이것은 『법화경』에서 설하는 대장자(大長者)[41]의 뜻이다. 보살구세자와 이승(二乘)에 이르기까지 토지를 두루 다니며 모든 불국토에 머물고 연설하며 시현한 것 또한 모두가 이 법문에 말미암는다. 나아가 이 행으로 말미암아 무상도를 성취할 수 있다. 앞에서 금강수가 부처님께 진언의 오고 가는 모습과 행과에 대하여 여쭈었는데 부처님께서는 이미 답하여 마치셨다.

「실지성취품」을 마친다[실지란 진언의 오묘한 과보로서 이 과를 이루기 위하여 인행(因行)을 닦는다. 이 가운데 성취란 바로 작업의 성취이다].

---

41) 『법화경』 제4 「신해품」(대정장 9, 16 중 이하)에 설하는 '장자궁자(長者窮子)의 비유'를 가리킨다.

제8 전자륜만다라행품(轉字輪漫荼羅行品)

1. 여래의 삼매와 설법

"여래께서는 다시 대중들을 관찰하시고 대자비를 수습(修習)하는 눈으로 중생계를 관찰하셨다."

여기에서 대중이란 바로 십불찰토(十佛刹土)의 티끌처럼 많은 수의 금강 등의 모임이다. 여래께서는 무량한 겁 이래로 오래도록 닦으신 대자비의 눈으로써 세계를 관하시고 또한 뜻을 품으셨다. 이른바 다시 장차 미묘한 방편을 널리 설하여 일체의 세간으로 하여금 모두 큰 이익을 입도록 하시려는 뜻이다.

"이와 같이 관하시고 나서 감로왕삼매(甘露王三昧)에 머무셨다."

세상 사람들이 독을 마셨을 때에 곧 목숨을 잃고, 혹은 천계의 감로를 만나 마셨을 때에 곧바로 늙지도 않으며 죽지도 않게 되며 모든 질병과 고통이 없어지지 않는 것이 없으며 몸과 마음이 시원해지고 일찍이 없었던 즐거움을 얻는 것처럼 지금의 이 삼매도 역시 이와 같다. 만일 문사수(聞思修)[1]를 얻은 수행자는 곧 출세간 최고의 즐거움을 얻어 수명이 늘어나 언제나 머물며 여래 현법(現法)의 즐거움[2]을 이룬다.

"이 선정으로부터 일어나셔서 다시 일체삼세무애력명비(一切三世無礙力明)를 설하셨다."

삼세에 파괴할 자가 없으니 이 명의 힘도 이와 같다. 모든 무명번뇌의 어두움을 부수어 없애기에 이를 이름하여 명(明)이라 한다. 그런데 명과 진언의 뜻에 다른 점이 있다. 만일 마음과 입으로 내면 진언이라 이름하고 모든 몸의 부분으로부터 임운(任運)하여 생하면 이것을 명이라 부른다. 증장(增長)[3]의 뜻으로 말미암기에 여성(女聲)으로 이를 부른다. 왕이 존귀한 지위에 있기에 그 왕비[妃]도 역시 존중되는 것과 같다. 그래서 "명비"라 하였다.

이상과 같이 금강수가 처음으로 부처님께 여쭈었으며, 부처님께서는 곧 처음부터 구경에 이르기까지 모두 이러한 질문에 대해 답하셨다. 그 가운데 다른 말씀을 하시느라 중간에 끊어졌다.[4] 지금 부처님께서 다시 앞의 뜻을 회상하시어 답하시고, 앞과 같이 람자문(覽字門)의 뜻을 이미 간략하게 설하시어 마치셨다. 지금은 앞에 의거하여 부처님께서 진언을 닦는 수행자를 위하여 온갖 연을 구족하여 속히 무상도를 얻게 하시고자 다시 감로왕삼매로부터 일어나셔서 이 명비(明妃)를 송하셨다.

---

1) 지혜 보시 등의 방편을 청정한 것으로 하기 위하여 지혜의 획득에 노력하는 방편이다. 문혜(聞慧) : 우선 법문을 들어서 성전의 의미를 파악한다. 사혜(思慧) : 사유에 의해서 명료한 의미와 명료하지 않은 의미를 결정한다. 이 사혜에 의해 이증(理證)과 경증(經證)에 기초하여 진실의 모습을 관찰한다. 수혜(修慧) : 진실의 의미를 현증(現證)한다.

2) 법성(法性) 그대로 현실의 즐거움을 받는다는 것을 말한다.

3) 이 명은 수행자의 공덕을 증장시키기 때문에 특히 여성(女聲)을 사용하며, 명비라고 하는 것이다.

4) 부처님께서 설법하시는 중간에, 즉 「식장품」의 처음에 금강수가 세 가지 질문을 한 것으로 부처님께서 그 세 가지 질문에 답하시어 「식장품」·「보통진언장품」·「세간성취품」·취실지품」의 4품을 설하여 마치시고 다시 앞의 구구(九句)에 대하여 뜻을 내시어 답설하신 것을 가리킨다.

가가나삼미(伽伽那三迷, gagana-same)[허공과 동등하다.]
아발라뎨삼미(阿鉢羅底三迷, apratisame)[이를 묻는다.]
살바달타가다(薩婆怛多揭多, sarva-tathāgata)[일체여래이다.]
삼만다노가뎨(三曼多奴揭底, samatā-anugate)[모든 여래와 함께 머무는 곳에 이른다. 다시 여쭈어라.]
가가나삼미(伽伽那三迷, gagana-same)[허공과 동등하다고 거듭 말한다.]
바라락차사(縛羅落叉灑)[바라(縛羅)는 승원(勝願)이고 락차(落叉)는 상(相)이다.][5)]

"가가나삼미(伽伽那三迷)"에서 가가(伽伽)는 행(行)의 뜻이다. 거듭해서 행을 말하면 이 행은 존재하는 것이 아니며, 행에 즉한 무행(無行)임을 밝힌다. 먼저는 [행을] 가리켰는데 다음에 [행을 거듭하여 언급한 것은] 파괴하고 부정한다[는 의미이다]. 말하자면 이 모습도 없고 걸림도 없는 법은 한량없는 허공에서 걸림이 없으며 고루 미치지 않음이 없다. 그런데 다시 다른 뜻이 있는데 왜냐하면 만일 모든 법이 바로 그러하여서 공과 같다면, 곧 잘못도 없고 공덕도 없기 때문이다. 지금 이 가운데에는 모습도 없고 걸림도 없어서 마치 허공과 같다고 할지라도 일체여래의 진실한 공덕을 갖추어 구비하지 않은 것이 없다. 그러므로 다음에 제2 구절의 뜻을 밝힌다. 허공을 들어서 비유로 삼을지라도 한량 없이 많고 끝이 없으며 형상을 초월한 덕이 있어서 허공으로도 비유할 수 없다. 이 공덕은 바로 여래와 동등하니, 이것은 일체여래가 이르는 곳이다[제3의 구절이다. 다시 여쭈어라]. 다음에 다시 "가가나삼미"라고 말하는 것은 만덕을 갖추었을지라도 나타내는 바가 없으며 대공(大空)과 동등하기에 거듭 말한 것이다[다시 구절의 뜻을 여쭈어라]. 이 가운데 "무애력(無礙力)"이라 말한 것은 파괴할 수 없다는 뜻이며, 또한 모습이 없다는 뜻이다. 걸림없고 모습이 없기에 파괴할 수 없다.

5) Skt. gagana-same'pratisame sarva-tathāgata-samantānugate gagana-sama-vara-lakṣaṇe 이다.

2. 명비(明妃)의 공덕

"선남자여. 이 명비(明妃)와 여래신(如來身)과 무이(無二)의 경계로써 [게송을 송하리라.] 부처님의 가지력에 말미암은 보살이라는 대명칭(大名稱)은 법에서 걸림이 없이 온갖 고통을 멸하여 없앤다."

비(妃)란 마치 세간의 여인이 아들 딸을 낳아서 대가 끊어지지 않게 하는 것과 같다. 이 명(明)은 일체여래가 지니신 공덕을 생하므로 그 뜻으로 말하여서 비(妃)라 하였다. 이 "명비"라 말한 것은 여래의 몸과 동등하다. 만일 이 이치를 깨닫지 못하면 성불할 수 없다. 만일 모습도 없고 걸림없는 이치를 증득할 때에는 곧 이 법에서 자재를 얻어 보리를 성취한다. 이와 같은 무상(無相)은 바로 여래의 심히 깊은 경계이다. 오직 부처님과 부처님 만이 이를 아신다. 그래서 부처님의 경계라고 말하였다. 시방삼세의 부처님과 보살은 이 문에 들어감으로 해서 법계에 두루하여 보문시현하시고 중생을 성취하게 하는 것이 다함이 없으시다. 이러한 까닭에 대명칭을 얻어 시방에 널리 알린다. 그래서 "대명칭"이라 하였다.

"법에서 걸림이 없다"고 하는 것은 장애 없고 모습 없고 걸림이 없음으로서 모든 중생들의 몸과 입의 고통을 제거하는 것이 진실하여 헛되지 않으며, 모두 궁극에는 무상대보리의 즐거움에 이르게 한다. 궁극의 진리[眞諦]를 알지 못하기에 무명(無明)이라 말하며, 무명으로 말미암아 곧 모든 행위가 생겨나 갖가지의 모든 괴로움을 일으킨다. 보살은 비록 [보살의] 지위(地位)에 들더라도 아직 여래의 매우 깊고 비밀한 경계를 요달하지 못하였기에 미세한 무명[이 남아 있으며 이 미세한 무명]도 역시 괴로움이다. 지금 부처님께서는 그들을 위하여 모두가 구경의 부처님 경계에 들게 하시고자 온갖 고통을 없애는 것에 대해 설하신 것이다. 무명의 고통을 없애는 것은 바로 그 부사의한 해탈과 모든 부처님의 한량 없이 많고 끝이 없는 공덕 현법(現法)의 즐거움이다. 수행자가 진언행을 닦을 때에 비록 앞과 같은 갖가지 방편이 있을지라도 반드시 이 명비를 지녀야 한다. 만약 그렇지 않으면 온갖 도(道)가 갖추어지지 않는다.

3. 전자륜만다라행

"이때 비로자나세존께서는 모든 부처가 본디 생겨남이 없음을 깊이 사념하시고 자신 및 지금강지를 가지하시며 금강수 등의 상수 집금강들에게 말씀하셨다."[6)]

여래께서는 감로왕삼매로부터 일어나시고 나서 당신께서 본초불생(本初不生)이고 모든 부처님의 몸도 본래 생겨남 없음에 말미암기에 모든 부처님과 두 몸[7)]이 아니라는 것을 깊이 생각하시었으므로 이와 같은 본래 생겨남 없다는 진리의 아자를 취하여 자신과 집금강을 가지하시고 이를 말씀하신 것이다. 불생으로 이를 가지하셨으므로 일체가 모두 아자문에 들어가면 곧 이 두 몸의 주인이 없을 뿐이다. 이와 같이 사념하고 나서 바야흐로 문득 상수의 모든 집금강에게 말씀하셨다. 상수란 단지 비밀주만이 아니라 십불찰토의 모든 집금강이 다 상수이다.

"선남자여, 잘 듣거라. 전자륜[8)]만다라행품(轉字輪漫茶羅行品)의 진언문을 수행하는 모든 보살은 불사를 행하여 두루 그 몸을 나타낸다."[9)]

윤(輪)이란 아자문이다. 이 한 종자[10)] 가운데에 일체의 종자가 들어오며, 이 한 종자에 들어올 때에는 일체의 법에서 돌리는데에 걸림이 없다. 마치 세간에서 [수레의] 바퀴가 돌지 않을 때에는 그친 것이지만, 돌게되면

---

6) 『경』의 문장이 더 상세하므로 대체한다.
7) 능소(能所)의 두 몸이다.
8) 전자륜은 아자를 전성시켜서 온갖 글자를 나타낸다는 뜻이다.
9) 『경』에 의지하여 문장을 첨삭한다.
10) 아자의 한 종자이다.

끝이 없는 것과 같다. 그 머리와 꼬리를 찾으나 이 또한 알 수가 없다. 그래서 윤이라 한다. 또 세간의 바퀴처럼 만일 돌아갈 때에는 온갖 풀과 나무의 부류들을 끊는데 그 뿌리와 줄기와 가지와 잎으로서 이 윤을 마주치면 끊어지지 않는 것이 없다. 왜냐하면 가장자리가 날카롭기 때문이다. 이 아자륜도 역시 이와 같이 모든 무명번뇌를 제거하며 그 향하는 바에 따라 꺾어 없애지 않는 것이 없다.

"만다라(漫荼羅)"란 청정의 뜻이다. 다음 기회에 다시 해석하겠다.

"품(品)에서 널리[廣]"[11]란 뜻은 일체의 장소에 두루한 것으로 품이란 단지 한 부분의 명칭이다. 넓다[廣]는 것은 마치 바퀴처럼 끝이 없다는 뜻이다. 그런데 이 한 부분의 경(經)은 역시 이 윤을 여의지 않는 까닭에 이로써 명칭을 삼았다. 모든 품이 다 넓다고 한 것은 여기에 준하라[즉 이 말을 줄인 까닭에 한 부분이 되고 넓은 뜻인 까닭에 다함이 없다]. 본래 생겨남이 없음이란 곧 아자륜(阿字輪)이다. 이 윤에 들어가면 곧 모든 부처님과 더불어 몸이 동등하여 둘이 아니게 된다. 부처님께서 진언행을 닦는 보살을 성취시키시려고 이 아자륜을 설하시고자 먼저 그 공덕을 찬탄하신 것이다. 만일 이 윤을 얻으면 모든 보살은 보문시현하고 모든 중생들이 즐겁게 바라보는 몸으로써 두루 그 앞에 머물며 중생들을 교화시켜 제도하는데 큰 인연으로써 불사를 짓게 된다. 그래서 "그 앞에 머문다"[12]고 하였다.

---

11) 여기에서는 『경』의 문장으로 대체하였지만, 『소』에 '만다라행품 가운데에 널리'라고 되어 있어서 그것을 말한 것이다.

12) 『경』에는 "두루 그 몸을 나타낸다"이지만, 『소』에는 '그 앞에 머문다'로 되어 있다.

4. 금강수가 귀명하며 법을 청하다

"이때에 집금강은 부처님께 정례드리고 금강이 [허공을 돌고] 돌아내려옴에 맞추어 금강연화좌(金剛蓮花坐)에서 내려오고 나서 부처님을 찬탄하였다."[13]

이 보살은 금강저[14] 위에 연화대가 있는데 이것을 자리로 삼는다. "금강"이라고 하는 것은 바로 모든 부처님의 지인(智印)이며, 이 부처님의 지인은 대만다라(大漫荼羅)의 대(臺)이기에 이렇게 표현하였다. 금강의 혜(慧)를 허공 가운데에 던지면 회전하다가 땅에 내려오는 것처럼 이 보살도 역시 그러하다. 부처님께서 재차 아자륜을 설하시는 것을 들었으므로 환희하고 용약하며 곧바로 이 대(臺), 금강저의 위에서 돌아다니는 것이 무량하다가 자리로부터 내려와 부처님께 예를 드린다. 내려올 때가 마침 금강저를 던져서 공중에서 회전하다가 내려오는 때와 비슷하므로 "그것과 맞추어"[15]라고 하였다. 이것은 부처님의 지혜가 걸림없음을 나타낸다. 법을 듣고자 공경하기 때문에 땅에 내려와서 공경을 드린 것이다.

"보리심에 귀명한다"고 하는 것은 바로 모든 중생들의 마음에 귀명하는 것이다[위[16]에서 이 마음을 보리라고 한 것과 같다].

"보리를 발하는 것에 귀명합니다"라고 하는 것은 또 다시 이 마음을 발생하는 분께 정례하는 것이다[곧 이 정보리심으로써 명문(明門)[17]에 들어가는 자이다].

"행체(行體)의 지바라밀 등에 머리를 조아리나이다"라고 하는 것은 다음으로 진언행의 체(體)에 귀경(歸敬)하는 것으로 행체(行體)란 그 지지(地地)[18]

---

13) 『경』에는 "그때 집금강은 금강연화좌(金剛蓮華座)에서 돌아 내려와 세존께 정례드리고 찬탄하며 말씀드렸다"로 되어 있다.

14) 금강저를 연화대로 삼는 것을 이렇게 표현한 것이다.

15) 『경』에는 이 문장이 없다.

16) 위는 「주심품」을 가리킨다.

17) 초법명도(初法明道)를 가리킨다.

18) 십지(十地)의 각 지이다. 그 다음 바라밀이란 십바라밀을 가리킨다.

및 바라밀이다.

"앞서 하신 모든 사업에 공손하게 예를 올리며"라 하는 것은 모든 중생들에게 이 보리심이 있을지라도 스스로 알 수 있는 것이 아니기에 옛적에 발심하여 과를 성취하고 중생에게 굴려보이신 분께 귀명한다. 큰 은혜를 기억하고나서 또 다시 예배하는 것이다.[19)]

"공증(空證)"이란 모습도 없고 걸림도 없으며 평등한 법을 증득하는 것이다. 거듭해서 "귀명하며 정례하나이다"라고 한 것의 뜻은 대동소이(大同小異)하나 거듭 말한 것은 공경함이 매우 지극하기 때문에 그런 것이다.

"이와 같이 부처님을 찬탄하고 나서 다시 청하였다."

세상사람이 누에를 쳐서 이익을 얻기 위하여 누에를 잘 기르는 것처럼 이것도 역시 그와 같다. 부처님께 다시 깊은 뜻을 설하시기를 청한 것은 자리이타(自利利他)를 위해서이며, [청하기 전에] 먼저 부처님을 찬탄하였다.

"부처님께 말씀드렸다.

세존이시여, 오직 바라오니 법왕께서 저와 모든 중생들을 가엾이 여기시어 널리 설하여 주소서."[20)]

여기에서 "법왕"이란 법에서 자재하므로 왕이라 한 것이다. "원하옵건대 저희들을 애민하시고 저희들을 호념(護念)하시며 중생을 이익하기 위해서"라고 하는 것은 '법왕께서 우리를 가엾이 여기시고 우리를 호념하시기 위하여, 중생을 이롭게 하기 위해서, 말씀하신 대로 진언행을 닦는 수행자로 하여금 원만하게 하고자 원하오니 부처님께서는 다시 아자륜을 설하옵소서'라고 하는 것이다. "원만"이란 그 상·중·하의 수행에 따르고 각기의 성분(性分)에 따라 이익을 얻으며 모두 오묘한 과보를 성취함을 가리킨다.

---

19) 이하에 난탈이 있어 바로잡는다.

20) 『경』에는 "부처님께 말씀드렸다. 오직 바라오니 법왕(法王)이시여, 저희들을 애민하고 호념(護念)하시어 이것을 설해주십시오"라고 되어 있다.

5. 부처님께서 게송을 읊어 가지하시다

"다음에 부처님께서 비밀주에게 말씀하셨다.

나는 시초이다, 모든 최승불(最勝佛)은 세간이 의지하는 바[世所依]라고 부른다."[21]

이것은 장차 비밀스러운 가르침을 설하시고자 먼저 스스로 덕을 찬탄한 것이다. 이 법은 믿기 어려우니 [예전의 석가모니불께서] 『법화(法華)』[22]를 설하시고자 스스로 찬탄하신 것과 같다.

그런데 다시 깊은 뜻이 있다. 스스로 찬탄하였다고 할지라도 이것은 바로 설법의 뜻이다. 산스크리트 음으로 아(我)를 말하는 것처럼 그 가운데 아(阿)의 소리가 있으니[본래의 산스크리트어를 생각해 보라] 바로 본래 생겨남 없다는 진리의 뜻이다. 또한 이 가운데 아(我)라고 하는 것은 म[23]자이다 [또 마(麽)의 소리는 이것이 불생(不生)의 뜻이며 또한 찬탄하는 가운데의 설법이다. 다시 여쭈어라]. 본초(本初)란 바로 수량(壽量)의 뜻이다[다시 여쭈어라].

"칭하여 부른다"고 하는 것은 내가 이 생겨남이 없다는 진리를 깨달았으므로 모든 세간 사람들이 부처님이라고 칭하여 부른다는 것이다. 평등법계에 이와 같은 명칭이 있는 것이 아니다.

"세간이 의지하는 바"라고 하는 것은 마치 온갖 풀과 나무가 다 땅에 의지하여 자라나는 것과 같다. 또 상인들이 인도자에 의지하며, 바다에 나가

---

21) 『경』에는 "비로자나세존께서는 금강수비밀주에게 게송으로 읊으셨다. 나는 모든 것의 본초(本初)이다. 이름하기를 세간의 의지하는 바[世所依]라고 한다"로 되어 있다.

22) 『법화경』「방편품」(대정장 9, 5 중)의 처음 부분에서 믿기 어려운 법을 찬탄한 것을 가리킨다. '모든 부처님의 지혜는 매우 깊어 한량이 없으며 그 지혜문은 알기 어렵고 들어가기 어려우니, 일체 성문 벽지불이 알 수 없다. 왜냐하면 부처님께서 일찍이 백천만억 무수한 모든 부처님을 친근(親近)하사 모든 부처님의 한량없는 도와 법을 다 행하고 용맹 정진하여 이름이 널리 들리며, 매우 깊은 미증유의 법을 성취하여, 근기에 따라 설하셨기에 뜻이 알기 어렵느니라.'

23) 아(我)를 의미하는 mama의 머릿글자이기 때문에 마자를 아(我)로 한다.

는 자가 선장에 의지하며, 병든 자가 고명한 의사한테 귀의하는 것과 같다 여기 있는 많은 문(門)은 모두 설해야 한다. 지금 부처님도 역시 그러하여 일체가 의지처로 삼는다. [부처님은] 상주하시며 생함이 없는 체(體)이니 일체가 의지하는 바이다.

"설법은 비할 바가 없으며"라고 하는 것은 무엇인가? 여기에서 비할 것이 없다고 하는 것은 모든 외도가 설하는 것에 모두 뛰어난 법이 있다면 비할 바가 있다고 했을 것이다. 무릇 일체의 내증(內證)하는 비밀한 법을 요달하지 못하는 자는 모두 외도이다. 부처님께서는 이 동등하게 비교할 수 없는 법을 설하시기에 설법도 역시 비교할 수 없다.

"본디 고요할 뿐으로 위가 없도다."

이 본 글자 가운데 곧 아(阿)의 소리가 있으니 즉 불생의 뜻이다. 불생이기 때문에 곧 불멸이다. 이러한 까닭에 본래부터 고요할 뿐이다. 이 법은 가장 미묘하여서 다시 이보다 더 뛰어난 것이 없다. 모든 근(根)을 고요하게 하므로 육근이 언제나 청정하고 온갖 악을 영원히 멸한다. 그래서 "고요하다"고 하였다. 이 아자는 바로 모든 부처님의 마음이다. 지금 부처님의 게송 가운데에 이 아자를 설하신다고 하는 것은 무엇인가? 스스로 증득하신 법을 설하시는 가운데에, 그리고 모든 말씀하신 것 가운데에 설하신 바가 있을지라도 이 내증의 경계는 끝끝내 알 수 없다. 스스로 증득하신 법은 말로 설명할 수 없기 때문이다. 부처님께서 스스로 찬탄하신 것은 바로 이 아자를 찬탄하신 것이다. 이 종자는 본래 처음부터 이래 세간의 의지처였으며, 지금 이 스스로 증득하신 법은 저 이승·외도의 경계가 아니라는 말이다. 그 법 가운데에 비유할 만한 것이 없기에 "비할 바 없다"고 하였다. 물을 마시는 자가 차갑고 더운 것을 스스로 알지라도 마시지 않은 사람한테 말하기 어려운 것과 같다. 하물며 여래의 경계이랴! [매우 깊은 뜻을 이끌어 내어라. 본래 고요함이란 본래적멸의 법임을 알아라. 모든 이승과 외도 가운데에는 [이러한 깊은 뜻이] 없으므로 그 심경(心境)을 헤아릴 수가 없다.] 그러나 부처님께서 가지력으로써 이 설할 수 없고 설할 수 없는 법을 설하시어 금강장 등으로 하여금 모두 이것을 알게 하신다. 이러한 일을 바로 희유하다고 한다.

6. 금강수 등이 보리좌를 나타내다

"[부처님으로부터] 가지받은 집금강과 모든 보살들이 부처님의 보리좌를 승원(勝願)으로 나타내었다."[24]

부처님께서 이 게송을 읊으시고 나서 부처님의 신통력으로 이를 가지하셨다. 이때에 모든 금강보살은 바로 보리좌[25]를 나타내었다. 이 자리란 단지 세간의 뜻으로 말하면 다만 앉는 곳일 뿐이다. 그러나 인도에서는 이 자리를 이름하여 만다(滿荼)라 한다. 만다란 견고하다는 뜻이며, 움직이지 않는다는 뜻이며, 가장 뛰어나 비교할 것이 없다는 뜻이며, 법계에 두루하다는 뜻이다. 지금 이 보리좌를 나타낸 것은 또한 락(酪) 가운데 소(蘇)를 나타내며 온갖 맛이 한 자리에 모여 서로 떨어지지 않음과 같아서 [다시 여쭈어라.][26] 가지하였기에 나타날 수 있었던 것이다. 이 자리는 여래의 공덕으로 장엄한 바이며, 한량 없이 많은 대원이 성취된 바이어서 부처님의 몸과 동등하게 두루 모든 중생들의 세계 가운데 나타내어 불사를 짓는

24) 『경』에는 "이때 부처님께서는 이 게송을 읊으시고 이와 같이 가지하셨다. 그리하여 집금강자 및 모든 보살은 승원(勝願)의 불보리좌(佛菩提座)를 볼 수 있었다"로 되어 있다. 이하에서 금강수 등이 보리좌를 나타냄을 설한다.

25) 여기에서 보리좌는 아자본불생의 심단(心壇)이며, 만법이 생장하는 대지(大地)이고, 대비태장만다라로서 법신대일여래께서 나타내신 것이지 금강수가 나타낸 것이 아니다.

26) 자증삼매(自證三昧)에 있어서 자리(自利)의 면에서는 사중(四重)의 성중(聖衆)이 일심으로 함께 모이는 것을 비유하면 타락[酪] 가운데 오미(五味)가 함께 하는 것과 같다. 또한 이타의 면으로 사중의 성중을 차례대로 인섭(引攝)하는데 비유하면 락 가운데에 소(酥)를 나타내고 나아가 제호(醍醐)를 나타냄과 같다.

까닭에 "승원(勝願)"이라고 하였다.

"부처님께서는 허공에 희론이 없는 것처럼 행하는 것과 무이(無二)하며 이치와 상응하는 상(相)으로써 이 업을 성취하신다."[27]

이 자리[座]는 마치 허공이 온갖 분별을 떠난 것과 같다. 모든 보살들이 이와 같이 갖가지의 방편을 수행할지라도 또한 둘이 아니고 다르지도 않아서 이와 같은 묘한 이치를 여의지 않는다. 그래서 "이치와 상응한다"고 하였다. 행과 같이 수행하는 자는 그 과를 얻는 것도 역시 이와 같아서 곧 그 자리와 동등하여 둘이 아니고 다르지도 않다. "성취"란 수행자가 성취하는 실지를 가리킨다.

7. 세간과 출세간의 아자문을 설하시다

"그때에 부처님의 몸의 모든 지분에서 모두 이 자(字)를 출현하시자 모든 세간과 출세간의 성문과 연각이 정려(靜慮)하고 관하여 실지를 성취하고자 부지런히 닦는다."[28]

이른바 부처님의 몸에 두루하게 부처님의 몸의 각 부분에서 모두 이 아자의 진언을 나타내었다. 이 아자문은 바로 세간과 출세간의 이승(二乘)의 정려[定]와 사유[觀] 등의 혜명(慧命)이다[마음을 끌어당겨 흩어지지 않게 하는 것을 정(定)이라 하는데 그 다음에 관조하여야 한다. 수행자가 처음에 마음을 끌어당길 때에 원명(圓明) 등을 관하는 것이 관(觀)이다. 이하의 뜻은 문장의 세가 서로 연결되어 있다].

---

27) 『경』에는 "세존께서는 마치 허공이 희론(戱論)이 없는 것처럼 무이(無二)의 수행인 유가(瑜伽)의 상으로 이 업을 성숙시키셨다"로 되어 있다.

28) 『경』에는 "그때에 세존의 몸의 각 지분에서 널리 이 자(字)를 출현하시자 모든 세간과 출세간의 성문과 연각이 정려(靜慮)하고 사유(思惟)함에 부지런히 닦아 실지를 성취한다"로 되어 있다.

수명이라는 한 글자처럼, "모두 수명이 같아지고,[29] 종자가 같아지며, 의지처가 같아지고 구세자와 같게 되었다"고 하는 것은 무엇인가? 앞과 같이 세간과 출세간에서 짓는 온갖 오묘한 업은 아자를 그 명(命)으로 삼는다. 사람에게 만일 명근(命根)이 없을 때에는 온갖 짓는 일이 모두 다 그만두어 버리는 것과 같이, 모든 세간과 출세간의 공덕과 정 · 혜 등도 역시 그러하다. 만일 아자문을 여의면 곧 증익(增益)하여 성취할 수 없다는 것은 마치 저 죽은 사람이 할 수 있는 것이 없는 것과 같다. 또한 아자는 입을 열고 내는 소리이다. 만일 아의 소리가 없다면 입을 열 수 없으며, 입을 열 수 없으면 모든 종자도 있을 수 없다. 이러한 까닭에 아자를 모든 글자의 종자로 삼는다. 모든 만행(萬行)도 역시 이와 같이 아자문으로 종자를 삼으며, 아자를 여의면 성취되지 않는다는 것을 알아야 한다.

"의지처가 같다"고 하는 것은 중생들이 만약 대지가 없으면 머물 곳이 없는 것과 같이, 이 아자문도 역시 이와 같다. 만일 아자를 여의면 의지할 곳도 없다. 제도하여 구제하는 것도 역시 마찬가지이니 아자문은 바로 모든 세간의 대구호(大救護)임을 알아야 한다. 미래에 나타낸다고 하는 것은 앞과 같이 불보살의 대중을 위하여 금강좌를 나타내고 이 모든 궁극의 진리를 모두 다 나타냄을 말한다.

다음에 곧 이 진언문을 송하시었다.

나모사만다붇다남(南謨三曼多佛陀喃)[두루 모든 부처님께 경례합니다.]
아(阿)[이것은 바로 아자의 진언문이다.]

"선남자여, 이 진언은 시방의 모든 부처님께서 법신으로써 함께 가지하신 것이다. 이를 수행하는 자는 이 진언으로써 곧 모든 불사를 행하고, 나아가 널리 색신(色身)을 나타낸다."[30]

---

29) 불생불멸을 의미한다.
30) 『경』에는 "선남자여, 이 아(阿)자는 일체여래께서 가지하신 것이다. 진언문에서 보살

모든 중생들의 세계에 부처님의 지혜를 열어 보이니 마치 부처님께서 이러한 사업을 지으시는 것과 같다. 이 아자문도 역시 이와 같이 지을 수 있다. 그 몸이 바로 모든 부처님의 몸과 동등하다. 아자문에서 온갖 법을 굴린다고 하는 것은 이 아자를 굴림으로 말미암아 곧 갖가지 공덕을 이룬다는 것이다. 이 아자문에 따라 수행하여 굴린다[다시 여쭈어라].

"그러므로 비밀주여, 진언문[에서 보살행을 닦는 모든] 보살들이 부처님을 뵙고자 하거나"[31) **[말하자면 모든 부처님의 청정한 법신을 보려고 하는 것이다.]** **"공양하려고 하거나"** [모든 불국토에 가서 공양드리며 사업을 계승하고 법을 들으며 수행하는 것이다.] **"보리심을 일으켜 증득하기를 바라거나"** [보리를 증득하여 마음을 청정하게 한다.] **"모든 보살들과 같이 모이고자 바라거나"** [말하자면 나라연보살 등과 동등하게 함께 한 곳에서 현법락(現法樂)을 받는다.] **"중생을 이롭게 하기를 바라거나"** [비로자나부처님처럼 언제나 모든 중생들을 위하여 큰 불사를 짓고 갖가지로 이를 성취한다.] **"실지(悉地)를 구하고자 하거나"** [이 가운데 최상의 성취이다. 불신도 빠르게 얻을 수 있거늘 하물며 다른 성취이겠는가!] **"일체지지를 구하고자 하면"** [그런데 이 아자문은 모든 이롭게 하는 것을 성취하지 못함이 없다. 요점만 말하면 일체지지를 구하고자 하면 반드시 얻게 된다.] **"이 모든 부처님의 마음으로 부지런히 수행해야 한다."**

부처님께서는 '앞에서 나열한 일들을 네가 구하고자 하면 다시 다른 방법이 없으며 오직 부지런히 이 아자문을 닦아야 한다'고 말씀하셨다.

행을 닦는 모든 보살들은 불사를 행하고, 널리 색신(色身)을 현현하여"라고 되어 있다.

31) 발심을 가리킨다. 이하 각 구절은 각각 수행·증보리·열반·방편에 배대된다. 이 중에서 열반과 방편은 각각 두 구절씩이다. 이상의 오점(五点)은 모두 아자의 공덕이다.

8. 만다라의 성위(聖位)를 나타내다

"그때에 비로자나부처님께서는 이 대비태장에서 생기는 만다라왕(漫茶羅王)에 모든 본존의 위를 펼쳐 배치하는 것과 선정과 삼매와 신통과 진언행과 부사의법(不思議法)을 설하셨다."[32]

앞[33]에서 이미 자세하게 만다라위를 펼쳐 안치하는 것에 대해 설명하였다. 지금 왜 다시 설하는가 하면 여기에는 많은 뜻이 있다. 다시 한 부류의 중생들을 개발하고자 하는 것이며, 또한 앞에서 이미 들었던 자들로 하여금 갑절로 명료하게 하기 위해서이며, 앞에서 모든 위지(位地)를 설하였지만 아직 골고루 다하지 못하였기에 지금 다시 설명하여 빠진 것이 없도록 하려는 것이다. 또 앞에서는 단지 그 명칭만 말하였고 형상에 대해서는 아직 충분히 설명하지 못했기에 지금 다시 설명해서 구족하게 하고자 하기 때문이다.

왜 함께 설하지 않고서 다시 부석하여 이곳에서 설하는가?

여기에도 역시 뜻이 있다. 깊은 법을 좋아하는 자들조차 오히려 그를 위해서 단박에 이를 설할 수 없으니 진중(珍重)한 마음을 일으키게 하고자 점차로 도를 여는 것이다. 또한 단지 존용(尊容)을 그리는 것만 가지고 이것을 진실하다고 한다면 저 화가와 같은 사람들도 아사리의 공덕을 성취할 수 있을 것이다. 그러나 단지 존용을 그리는 것만으로는 그 진언의 행을 성취할 수 없다. 반드시 낱낱의 삼매・신통과 상응하여야 바야흐로 부사의행이라고 이름할 수 있다. 지금 부처님께서 그것을 열어 보이시고자 삼매 등의 법을 설하신 것이다. 말하자면 삼매・신통과 상응하여 이를 설

32) 『경』에는 "그때에 비로자나세존께서는 다시 분명하게 대비장(大悲藏)에서 생기는 만다라왕(漫茶羅王)에 성천위(聖天位)를 펼쳐 배치하는 것과 삼매와 신통의 진언행과 부사의법(不思議法)을 설하셨다"로 되어 있다.

33) 「구연품」을 가리킨다.

하셨다.

“그 아사리는 먼저 일체지문(一切智門)의 아자에 머물러 선(線)[34]을 지니고, 모든 부처님들께 예를 올린다.”

이것은 앞[35]에서 이미 설명한 것과 같다. 중심에 아자를 만들고 또 눈에 라(囉)자를 만드는 것 등은 앞의 품[36]에서 이미 구체적으로 설명하였다.[37] 아사리는 다시 유가하는 가운데 마음 속의 아자를 돌려서 바(縛)자로 만들고 앞과 같이 포치하라. 라(囉)자 등의 방편도 앞과 다르지 않으나 단지 마음 속의 아자를 바꾸어서 곧 금강살타의 몸을 이루어라. 또 다시 자기 몸이 바로 그 몸과 동등하다고 관상하며 여래의 지인(智印)을 잡아 지닌다. 아자를 바꾸어 바(嚩)로 할지라도 역시 서로 여의지 않는다. 왜냐하면 ‘생겨남 없음’에 말미암기 때문이니 바로 본래부터 온 계박(繫縛)은 없고 체가 하나이지만 가르침이 다를 뿐이다.

지금 단을 건립하려면 먼저 반드시 이 삼매[38]에 머물러 [본래 생겨남이 없다는] 이치와 상응하게 해야 한다. 상응하는 지혜로써 규칙대로 헤아려 운포하라. 무릇 줄을 합치는 데에는 알맞은 것을 얻어야 하며, 너무 느슨한 것은 쓰지 않는다. 만일 조화롭지 않으면 스승과 제자가 병이 많아지며 장애가 되어 고통을 받게 된다. 만일 사용할 때에 끊어지면 역시 손해 보게 된다.

“다음에 방향을 알아야 한다.”

먼저 세밀하게 방향을 정하는 이유는 만일 제자가 수행할 때에 착각으로 동쪽을 서쪽이라고 말하게 되면 장애를 짓는 자가 [수행자를 해칠 수 있는] 편리를 얻기 때문이다.

“다음에 모든 부처님께 예를 올려라.”

---

34) 단에 긋는 오색선을 말한다.
35) 『소』 제5권 「구연품」(대정장 39, 630 중)을 가리킨다.
36) 「성취실지품」이다.
37) 이하에 난탈이 있어 수정한다.
38) 아(阿) · 라(羅)의 두 종자를 관하는 삼매이다.

이것은 바로 아자 진언의 체에 예를 올리는 것이다. 스승이 예하고 나면 만다라의 손(巽 : 동남쪽) 땅에 있으면서 북쪽을 향하라. 제자는 간방(艮方 : 동북방)에서 남쪽을 향하여 줄을 당기며 마주 보아라. 다음에 스승은 줄을 당기고 돌려서 건(乾 : 서북방)의 모퉁이[維]에서 동쪽을 향하라. 제자[39]는 몸을 돌려 서쪽을 향하라. 다음에 제자는 오른쪽으로 돌아서 곤(坤 : 서남방)의 모퉁이에 이르러 북쪽을 향하라. 스승[40]은 몸을 돌려서 남쪽을 향하라. 다음에 스승은 오른쪽으로 돌아서 손(巽)의 땅에 이르러 서쪽을 향하라. 제자는 몸을 돌려서 동쪽을 향하는데, 이렇게 해서 사방의 위(位)를 마친다. 제자는 다음에 다시 건(乾)의 땅 모퉁이에 이르러 손(巽)을 향하고 스승과 마주 보는데 즉 건(乾)·손(巽)의 모퉁이를 정하고 마친다[이와 같은 것에 대해 다시 여쭈어라].

무릇 사방을 정하는 것은 반드시 앞과 같이 세밀하게 살펴서 뒤바뀌지 않게 해야 한다. 또한 사우(四隅)와 중심의 십자계(十字界)를 정하는 것은 단지 편리함에 따라 오른쪽으로 돌게 해서 방해가 없게 하면 된다. 이와 같이 건립하여 마친다.

"다음에 금강유징, 집금강으로써 자신을 가지하라. 그 인(印)으로써 하고 혹은 바(嚩)자로써 하라. 내심에 들어가 중대의 만다라에 이를 안치하라."[41]

스승이 먼저 선도(線道)를 정하여 마칠려고 하여 중태(中台)에 들어가고자 할 때에는 곧 스스로 가지하여 금강수(金剛手)가 되어야 한다. 그러나 스승이 아자로써 자기 몸으로 만들어서 곧 비로자나부처님과 같아지면, 스스로 작무(作務)하기에 알맞지 않다. 그러므로 돌려서[42] 집금강보살의

---

39) 이때에도 제자는 동북방에 있다.

40) 건(乾)의 방향에 있으면서 몸을 돌린다.

41) 『경』에는 "다음에 금강살타라고 지어서 집금강을 가지고 자신을 가지하라. 또는 그 인(印)이나, 혹은 바(嚩)자로써 하라. 내심에 들어가 만다라를 안치하라"고 되어 있다. 여기에 심한 난탈이 있다. 『소』 원본에는 13권(대정장 39, 711 하)에 있지만 내용상 이곳으로 옮긴다.

42) 작무(作務)할 때이다.

몸으로 만드는데, 아자본불생(阿字本不生)[43]과 바(縛)자가 서로 떨어지지 않기 때문에 돌려서 사용할 수 있다.

"이와 같이 제2의 만다라[44]도 역시 본래 고요함[本寂]으로써 자신을 가지하는 힘이 있다. 그리하여 [그 형상은] 무이상응(無二相應)의 형과 불(佛)과 공성(空性)의 모습[으로 나타낸]다."[45]

다음에 다시 바(嚩)자의 덕을 찬탄하며, 아자의 뜻 가운데 들어가는데 이것도 역시 본래 고요함이다. 즉 이것은 본불생의 뜻이다. "무이상응(無二相應)"이라고 하는 것은 바(嚩)자가 바로 아자이고 둘이 아니고 나눌 수도 없기에 언제나 이치와 상응하며, 본래 고요함[本寂]인 까닭에 여래의 모습도 역시 공하여서 자성이 없다는 것이다.[46]

"무이(無二)의 상응행(相應行)과 여래형(如來形)과 공성형(空性形)이다"라고 하는 것은 돌려서 서로 해석한 것이다. 이 무이형(無二形)은 바로 여래형이라고 찬탄한다. 여래형이란 바로 공성의 형(形)이다. 앞에서 줄을 끄는 것처럼 땅에 이르게 하되 이것을 [땅바닥에] 붙이지 않는다.

"다음에 이분(二分)의 천위(天位)를 [버리고] 외만다라의 삼분(三分)을 버리며, 계도(界道)를 멀리 떠나 동쪽 면에서부터 선(線)을 펼쳐라 등등."[47]

이것은 한 원(院)마다 모두 세 겹[三重]이 있는데 제1과 제2중을 버리고[48] 제3원에 신위(神位)를 안치하라는 것이다. 다음에 제2원을 버려 [놓아

---

43) Skt. akāra-ādyanutpādaḥ. 본불생이란 본래본유한 것이어서 이제 비로소 생긴 것이 아니란 뜻이다. 이것이 아자의 참다운 의미이다. 무릇 물체의 원초근본이란 뜻은 반드시 불생의 법이어야 하며, 생기는 법은 반드시 능생의 인이 없을 수 없는 것이니 능생(能生)의 인(因)이 있다면 이것이 곧 근본이 아닐 수 없다. 아자의 이 생함 없는 뜻에 의하여 일체 현상 모든 것이 생함이 없다는 불생의 뜻을 알게 되며 이것을 관하는 것을 아자관이라 한다.

44) 여기서는 관정단(灌頂壇)을 가리킨다.

45) 『경』에는 "이와 같이 제2의 만다라도 역시 본적(本寂)으로써 자신을 가지하기 때문에 무이(無二)의 유가(瑜伽)형과 여래(如來)형과 공성(空性)의 형이다"로 되어 있다.

46) 이하에 다시 난탈이 있어 바로잡는다.

47) 『경』에는 "다음에 가야 할 도(道)와 이분(二分)의 성천(聖天)의 처(處)를 버리고, 삼분(三分)을 멀리 여의며, 여래위에 안주하여 동방에서부터 수다라를 펼쳐서 주변에 두루 돌려라"로 되어 있다.

두고] 제3원에서 색을 칠한다. 이상은 오색의 앞에 두어야 한다. 뜻이 아직 분명하지 않으니 다시 여쭈어라.

앞에서 설한 것처럼 선을 끌어다 가슴에 대고 스승과 제자가 마주 보며 사방과 사각의 십자로를 끌어 정한다. 다만 줄로 인(印)하여 지니되 땅에 내려놓지는 말라[먼저 표상(標相)을 만들어 사각에 둔다. 두는 것을 마친 다음에 만들어라].[49] 이와 같이 정할 때에 정수리 위에 아자를 관상하여 그 몸에 두루하게 하라[모두 앞에서 설한 것과 같다].

그런데 대일여래께서 대비태장생삼매에 들어가시었다. 이 대비태장삼매는 왜 앞의 품[50]의 대비태장만다라와 다름이 있는가?

바르게 말하자면 앞의 단(壇)에서는 모든 방향이 아직 원만하지 못하였다. 색상(色像)도 역시 아직 갖추지 못하였기에 다시 설하는 것이다.

다음에 방향을 정하여 마치면 스승은 바(嚩)자를 관상하라. 앞에서 설한 것처럼 온몸에 두루하게 해서 자기 몸이 집금강의 형상과 같다고 관상하며 중태(中胎)에 들어가 앞과 같이 선을 끌어당겨서 두루 방소(方所)를 정하고 곧 내려서 이를 붙여라. [다시 먼저 방향을 정하여 마치고 내려서 붙일 뿐이다. 곧바로 아래에다 붙인다.]

가령[51] 중태방(中台方)에 6척(尺)이라고 하는 것은 절반[半]을 헤아려 3척(尺)으로 하는데 이것이 바로 태외(台外)의 제1원의 넓고 좁은 크기이다. 이 3척을 나누어서 삼중(三重)으로 한다[즉 세[52] 선도(線道)가 있다]. 제1을 행도(行道)[53]라 하고 제2[54]를 공양물을 놓는 장소로 삼으며, 제3중[55]은 제존이 앉는 곳이며, 제4[56]는 외연(外緣)이다[그 삼중을 모두 똑같게 하라. 외연은 좁다]. 이

---

48) 일단 그대로 두는 것이다. '놓아 버려두고'의 뜻이다.
49) 선을 붙여서 십자로 등을 정하는 것이다.
50) 「구연품」을 말한다.
51) 사중단(四重壇)의 분량(分量)을 밝힌다.
52) 외연(外緣)이 있기 때문에 실제로는 사중(四重)이다.
53) 행도란 모든 부처님께서 행하시는 도(道)로써 초지(初地)발심(發心)의 위(位)이다.
54) 만행(萬行)의 장소로서 신해행증(信解行證) 가운데 행(行)의 위(位)이다.
55) 증보리(證菩提)의 위(位)이다.

3척의 안을 헤아려서 고르게 조절하여 위치를 잡게 하라. 공양할 때[57]에 스승은 운심(運心)하여 일체가 여기 [외연]에 모이게 해야 한다. 그런데 도위(圖位)의 자리가 없는 자는 모두 이 외연 가운데에서 공양한다. 다음에 제2원의 3척을 끊어서 반을 취하여 1척 5촌(寸)으로 하라. 삼중의 원의 크기인데[58] 역시 가운데에 사도(四道)를 앞에서처럼 고르게 펼쳐라. 다음에[59] 다시 1척 5촌을 잘라서 반을 취하여 7촌 5푼(分)을 외원의 크기로 잡아야 한다. 또한 이 7촌 반의 안에서 고르게 사도(四道)를 두고 위치를 잡게 하라. 제1의 대(台)[60] 외문(外門) 입구는 곧 행도처(行道處)와 서로 연결하라. 조금만 취하여서 그 문위(門位)에 사용해야 한다. 나머지[61]는 통과하는 곳이다[이 문에 세간의 천신을 머물게 하라].

그 삼중의 문[62] 바깥에 약간 넓은 땅이 있으면 마음대로 크게 만드는데 땅을 많이 잡아먹더라도 무방하다. 앞의 만다라 가운데에서 제2원에는 석가를 안치하고, 제3원에는 문수사리를 안치한다. 이것은 문장을 바꾼 것이다. 우선 중태(中胎)를 정하여 마치고 곧바로 제3원으로 향하여 이를 정하고자 하기에 제2라 하였다. 이것은 제2는 아니고 바로 제3중이다. 지금 이 가운데 자체에 성문(誠文)[63]이 있다. 문수는 제2중에 있고 석가는 제3중에 있다. 아자를 관상하여 외원을 정하고 다음에 바(嚩)자를 관상하여 중태(中台)를 만든다. 다음에 제2원을 만들 때에는 문수를 관상하고 혹은 만자(瞞字, maṁ)를 관상하여 역시 앞과 같이 몸 전체에 두루하게 하라. 다음에 제3원에는 석가를 관상해야 하며, 혹은 바자(婆字)를 짓는다[중성(重聲)

56) 허공위(虛空位)로서 바로 대열반(大涅槃)의 위(位)이다.
57) 삼중(三重)의 바깥에 외연을 설치하는 뜻을 밝힌다.
58) 실제로는 제2원이다.
59) 제3원의 분량(分量)을 보인다.
60) 제1중의 중태(中台)이다.
61) 문위(門位)의 나머지는 제2원의 통로이다.
62) 제3중의 문위(門位)를 밝힌다.
63) 성문(誠文)이란 『연오초』 42권(대정장 59, 439 하)에 대본문(大本文)이라고도 하였는데 정확하지는 않다.

의 바(bhaḥ)자이다]. 경 가운데[64]에 선위(線位)를 정하는 말이 끝나는 데에서부터 색을 정하는데에 이르기까지는 이해하는 것이 명료하지 않아서 아직 기록하지 못하였다[다시 이를 여쭈어라].

"또 다음에 비로자나로써 자신을 가지하고 그 인(印)으로써 널리 법계를 억념하며 채색하라."[65]

채색할 때에 아사리는 비로자나여래나 혹은 그 인을 관상해야 한다. 이 인은 바로 광대법계인(廣大法界印)이다[이때에 자신을 대일여래라고 관상해야 한다]. 이와 같이 관상하고 나서 먼저 백색을 칠한다. 이때에 아사리는 자신의 몸이 바로 법계라고 관상하라. 법계의 체는 밝고 희며 물들지 않았다.

"이와 같이 상념할 때에 나의 몸만 이와 같은 것이 아니라 모든 유정들도 역시 이와 같아서 곧 깨끗하게 되니 여래와 동등하며 또한 온갖 허물을 여읜다."

자신과 여래가 동등하니 이른바 흰색이고, 법체이며, 온갖 허물을 여의었다는 것이다. 그런데 여기서 말한 모든 유정이 다 묘법계와 동등하다고 하는 것은 어떠한 법으로 얻을 수 있는가? 이러한 방편이 없는 것은 아니니 바로 라자문(囉字門)이다. 이 종자에 들어갈 때에 자기 몸과 제자, 니아가 모든 중생들으로 하여금 궁극에 이르러 모두 여래법계신과 동등하여 지며, 영원히 모든 허물을 여의게 한다. 그러므로 다음에 라자(羅字)를 관상하라고 하였다.

그 종자는 색이 흰 것이 차거(車渠)와 같다.[66][혹은 상카(商佉)라 하는데 바로 보패(寶貝)이다. 그 색은 깨끗한 흰 색으로 제일가는 것이다.] 스승은 다음과 같이 말하였다.

---

64) 선위(線位)를 붙여 정하는 것을 마친 다음에 오색계도(五色階道)를 정하고 말뚝을 세워 선을 끌어당기는 등의 일에 대해서는 설하지 않는다. 경에서 설하지 않았기 때문에 역시 설하지 않는다는 것이다. 다시 여쭈어라고 하는 것은 이러한 뜻이다.

65) 오색을 배열해서 계도(界道)로 한다. 안에서부터 백 · 적 · 황 · 청 · 흑의 순서로 배열한다.

66) 이하에서 『경』의 "이와 같이 관상하여 라자문(囉字門)을 사유하라. 적연(寂然)하며 불꽃의 장식이 있는 맑은 달과 상카(商佉)의 색이다"라는 구절을 해석한다. 이 게송 이하는 오색(五色)을 아바라하카의 다섯자로 나타낸 것이다.

'이 가운데 아자가 있으며 바(嚩)자가 있다. 라(囉)자는 백색이다. 종자에 불꽃 광명을 관상하라. 적연하여서 빛을 내는 것이 우유와 같고, 이 청정으로써 무구(無垢)의 색을 이루어 온갖 허물을 여읜다. 군다화(君陀花)라고 하는 것은 [이것은 인도의 꽃이다. 역시 선명한 흰 색으로 비할 것이 없다.] 혹은 흰 달의 모습과 같으며, 그 종자의 불꽃도 역시 흰색이며, 적연하고 편안하며 빛나는 광명이 있다. 이와 같이 관상할 때에 또 라자를 송하여 백편에 이르거나, 혹은 천편을 송하고서 색을 칠하라. 무릇 색을 가지하는 법은 먼저 색(色) 가운데에 종자를 관상하라. 종자가 이루어지고 나면 곧 돌려서 부처님으로 만들어라.'

여기에 두 가지가 있다. 아리다(阿利茶)[67]라고 하는 것은 왼손을 가슴 위에 대고 권(拳)을 만드는데 풍지를 펴서 곧게 세우며, 오른팔은 물건을 치는 것처럼 하고 곧게 펴서 들어라. 그 왼다리는 앞으로 향하며 오른다리는 뒤로 3척(尺) 정도 물러나게 하고 길게 늘이는 것이 바로 이것이다. 백색 · 주(朱)색 · 황색 · 청색을 모두 사용하라. 부처님의 형상을 관상하고 이 인을 결하라. 무릇 인을 결할 때에는 두 가지의 위의가 있다. 만일 서서 인을 결하려면 모두 이 위의를 지어야 한다. 사불(四佛)을 고요한 형상으로 만들어서 이 인을 사용하라.

"두 번째로는 적색을 칠하여라. [수행자는] 이것을 기억해야 한다."[68]

분명하게 말하자면 아사리는 세밀하게 관찰해야 하며, 장차 적색을 칠하려고 할 때에는 종자를 관상해야 한다. 이 종자가 비추는데 밝기가 태양이 처음 떠오를 때의 색과 같아서 붉거나 누렇다. 이것은 바로 적색과 황색의 다양한 색이다. 이 광명이 밝게 비추는 것이 혁혁(赫奕)하다. 이 종자는 바로 보당불(寶幢佛)의 종자이다. 이 부처님은 누구도 항복시킬 자가

---

67) 산스크리트로 Ālīḍha로 정자립(丁子立)이라 번역한다. 항복법의 존용(尊容)을 말한다. 또는 발라디리다(鉢囉底哩茶, Pratyālīḍha)라고 한다.

68) 이하에서 『경』의 "두 번째로 펼쳐야 할 것은 붉은 색이다. 수행자는 외워 지니는데 자(字)에서 밝게 비춘다고 사유하라. 본래 없었던 대공점(大空點)이 있고 찬란하여 해 뜰 때의 광채가 있으며 가장 뛰어나기에 파괴할 수 없다"는 구절을 해석한다.

없고 가장 뛰어나서 비교할 만한 것이 없는 부처님이다. 겸하여서 자기의 몸이 곧 모든 부처님과 같다고 관상한다. 적색의 라(囉)자를 안치하고 여기에 점을 찍는다[아자와 합하지 않는다. 뜻으로써는 라(羅)자에 점을 찍어서 사용해야 한다]. 다른 방편은 앞에 준한다.

【제13권】

다음에[69] 황색을 내릴 때에는 가(迦, क)자가 진금색이라고 관상해야 한다. 그 불꽃도 치성하니 이는 금색의 모니불(牟尼佛)이다[모니는 부처님의 일반적 칭호이다]. 가(迦, ka)는 작업의 뜻이니, 지음이 없기에 영원히 온갖 허물을 떠나 이 삼매에 머물면 모든 독(毒 : 번뇌)을 없애고 광명이 일체에 고루 미친다. 정에 들어가는 데에는 가르침에 의지하여야 한다[뜻을 사용하여 잘 관찰하고 뜻을 산란하게 하지 말라].

다음에 청색을 내릴 때에는 마(摩, ma)자를 관상하라.[70] 그 위에 마자를 사유하라고 하는 것은 청색의 위에 이를 관상하라는 것으로 이는 바로 생사를 초월하는 뜻[71]이니 석가모니를 가리킨다. 이 부처님께서는 대보리

---

69) 오색을 내릴 때의 비관(秘觀) 가운데 첫 번째로 백색을 내리는 비관은 앞의 12권 말미에서 설명하였다. 지금 여기에서 말하는 황색은 두 번째로 황색을 내릴 때의 비관을 밝히는 단락이다. 『경』에는 "세 번째로 진언자는 차례대로 황색을 운포(運布)하라. 가자문(迦字門)에 마음을 정하고 교법에 따라야 한다. 몸의 모습은 진금(眞金)과 같고 정수(正受)해서 모든 독을 제거하라. 광명은 모든 곳에 편만하는 금색(金色)으로 모니(牟尼)와 같다"로 되어 있다.

70) 『경』의 "다음에 청색을 펼쳐야 한다. 생사를 초월하는 데에는 마자문(麽字門)을 사유하라. 대적(大寂)의 보리좌로서 몸의 색은 무지개와 같고 온갖 두려움을 제거한다"라는 구절을 해석한다.

71) ma는 mama(我)라는 뜻의 머릿글자이다. 이것을 자의(字義)로 풀면 아(我)는 얻을 수 없는 것이 된다. 이러한 뜻을 깨닫는 것이 생사를 초월하는 도이다. 그래서 ma자에 생

좌에 앉으신다. 모든 부처님은 이 종자를 사용하여 중생의 두려움을 없애고 모든 마군의 무리들을 항복시키신다. 그 종자는 무지개 같은 바깥 윤에 푸른 연꽃의 색이 있는 것과 같다. 인도에서는 무지개를 제석궁이라고 부른다. 그 빛도 역시 그러하며 그 밖의 방편[72]은 앞과 같다.

다음에 흑색을 내릴 때에는 하(訶)자를 관상하라.[73] 겁재(劫災)의 큰 불이 났을 때처럼 심히 왕성하기에 자흑색(紫黑色)으로 빛나는 것과 같다. 이 종자의 빛도 역시 이와 같다. 이는 바로 아촉여래(阿閦如來)[74]이니 이 부처님은 대자비로써 일체를 구호하시며 온갖 장애를 굴복시키기 위하여 비구지(毘俱胝)의 분노하는 형상을 지으시며 겸하여 인을 결하고 온갖 장애 짓는 자들을 헤아리신다. 이 비구지는 눈썹을 찡그리고 있는데 앞에서 설명한 것과 같으며, 그밖의 방편도 앞과 같다. 이 한 단락은 앞에 두어야 한다. 이 존의 명칭은 산스크리트 글자로 발라디리다(鉢囉底丁也反哩荼凶山日反)[75]이다. 이 [존의] 인은 왼손을 들고 왼쪽 다리를 펴며 오른쪽 다리를 구부린다. 이것은 항복법에 통용된다. 그리고 금강분노형으로 만들어야지 부처님의 형상으로 만들면 안된다. 이 두 존은 온갖 용도에 통하는 신인(身印)이다.

"그때 비로자나부처님께서는 삼매로부터 일어나시어 무량승(無量勝)삼매에 머무셨는데, 이 정(定)에서 일체변무능해력명비(一切遍無能害力明妃)를 [시현하시어] 일체여래의 경계로부터 생기는 것을 설하셨다."

여래께서는 앞에서 감로생삼매(甘露生三昧)에 머무시어 이 앞의 법문을

사를 초월하는 뜻이 있다고 하였다.

72) 아리다인(阿利荼印) 등의 작법을 말한다.

73) 『경』의 "최후에 흑색을 운포하라. 그 색채는 매우 현묘(玄妙)하다. 하자문을 사유하라. 주위에 두루하여서 둥근 광명을 생기는 것이 겁재(劫災)의 맹염(猛焰)과 같고 보관(寶冠)에 수인(手印)을 드니 모든 악한 이들을 두려워 떨게 하며 모든 마군을 항복시킨다"는 구절을 해석한다.

74) 하(訶)자에 대공점을 찍으면 훔(吽)자가 되니 바로 아촉여래의 종자이다.

75) 산스크리트로 Pratyālīḍha로서 정자립(丁子立)으로 『소』 제12권 끝부분에 나오는 아리다(阿里荼, Ālīḍha)와 같은 것이다.

설하여 마치셨다. 말하자면 진언을 수행하는 보살의 모든 방편을 만족하고 구족하게 하고자 정으로부터 일어나 다시 무량승(無量勝)삼매에 들어가시었다. **"무량승삼매"**에서 무량승이란 무능해(無能害)[76]의 뜻으로 무량승삼매에 머묾으로 인하여 마음을 움직여 이 명비를 생겨나게 하신다. 이 **"명비"**란 일체여래의 경계로부터 생긴다고 한다. 이것은 바로 부처님의 경계이다. 모든 진언을 수행하는 보살은 이 진언[明]으로 말미암아 여래의 경계와 동등해지며, 또한 이와 같은 부사의한 경계[77]를 일으킨다. 부처님의 경계에 들어감으로 해서 짓는 공덕도 역시 여래와 같다. **"변일체무능해력(遍一切無能害力)"**이란 무능해(無能害)로서 곧 장애가 없다는 뜻[78]이다. 바로 여래의 경계에 두루할 뿐만 아니라 모든 성문·연각의 경계, 나아가 최초로 발심한 자에게까지도 고루 미친다. 이 명비의 행[79]을 닦으면 곧 여래의 경계에 들어갈 수 있다.

나모살바다타가다(南謨薩嚩怛他竭多, namaḥ sarva-tathāgata)라고 하는 것은 일체여래들께 귀명한다는 뜻이다. 모든 여래에 말미암아 생겨나니[80] 이러한 까닭에 하나가 아니다 하나가 아니기에 등(等)이라 하였다.

살바무카베(薩嚩目佉弊也二合, sarva-mukhebhyaḥ)란 모든 부처님을 아득한 시초로 삼는다는 것이다[다시 이를 여쭈어라].

아사미(阿娑迷, asame)는 무등(無等)이다. 일체여래의 경계로부터 생하였으므로 무등이다. 또한 비밀한 해석으로 하면, 이 가운데 아(阿)는 부처님의 본래 몸이고 삼미(三迷)는 등(等)이므로 '모든 부처님과 동등하다', 즉 '아자의 체와 동등하다'는 뜻이다.

---

76) 무량승은 자기 남보다 뛰어남을 말하며, 무능해는 남이 자기보다 뛰어난 것이 없다는 뜻이다.

77) 여래의 경계와 같기 때문에 스스로 부사의한 경계를 일으킨다.

78) 본래 갖추고 있는 불성(佛性)이라는 뜻이다.

79) 본래 갖추고 있는 불성을 드러내는 수행이다.

80) 다함없는 무수한 부처님으로부터 생하지만 이미 능생(能生)이 다함없고 무수하기 때문에 그로부터 생한 소생(所生)도 다함없이 무수하다.

발라미(鉢羅弭, parame)[번역하여 제1이라 한다. 무등(無等)인 까닭에 바로 첫째가는 것으로서 다시 뛰어난 것이 없다]를 비밀하게 해석하면 이 발(鉢)자는 바로 궁극의 진리[第一義諦]이고 위의 아(阿)자 일체여래의 체와 동등하므로 곧 궁극의 진리와 여래는 동등하다.

아차리(阿遮梨, acale)[부동(不動)이다. 아자로 말미암기에 곧 궁극의 진리와 같다. 궁극의 진리란 바로 언어의 길이 끊어지고 마음가는 것이 사라진 곳이기에 부술 수도 움직일 수도 없다.]

가가니(伽伽泥, gagaṇe)[공(空)이다. 부동(不動)이기에 허공과 동등하며 성품이 맑고 광대하므로 한계와 크기를 분별할 수 없다.]

살바라내(薩嚩二合囉嬭, smaraṇe)[심념(尋念)이다. 이른바 아자의 뜻을 찾아 생각하는 것으로 언제나 항상 이 뜻을 사념하고, 또한 끊어지지 않게 한다는 뜻이다.]

살바달라노가데(薩嚩怛囉二合奴揭底, sarva-trānugate)[두루 이르는 것이다. 언제나 이와 같은 뜻을 사념함으로 해서 두루 모든 장소에 이른다. 곧바로 두루 모든 부처님께 이를 뿐만 아니라 모든 성문연각 나아가 최초로 발심한 자들이 있는 곳까지 고루 미친다.]

사바하(娑嚩訶, svāhā)[사바(娑嚩)는 자(自)이고 하(訶)는 본(本)이다. 다시 여쭈어라.][81] 모든 부처님을 경각시켜서 근본 서원을 기억하게 한다. 여래께서는 옛적에 이와 같은 분명한 대원을 세우셨다. 이 진언을 닦으면 수행자로 하여금 모두 여여하게 지니고 건립하여 원하는 바를 속히 만족하게 한다. 내가 지금 이와 같이 수행하는 이유는 모든 부처님을 일깨워서 옛적에 세우셨던 서원을 기억하시게 하려는 것이다.

"다음에[82] 채색(彩色)을 조절하는 법은 부처님과 반야바라밀에 예를 올리고 이 명비를 여덟 번 지송하라."

채색을 조절하여 그 여래의 본래 참된 형상을 그릴려고 하면 우선 『대반야경(大般若經)』을 독송하고 공경하며 공양해야 한다. 이것은 바로 예를 올

81) 스스로 본서(本誓)를 기억하여 거스르지 않는다는 뜻이다.
82) 이하에서 채색을 조절하기 위하여 가지하는 법을 밝힌다.

린다는 뜻이다. 무릇 색을 조절할 때에는 반드시 이와 같이 지어야 한다. 또한 그 가운데 자류(字類[83])를 관상하라[라(羅)자 등을 관상하는 것이다]. 이 종자를 백편이나 천편 송하라. 또 명비를 여덟 번 송하라. 스승이 이미 색을 조절하였으면 자리에서 일어나 둘레를 돌고 나서 중앙으로 들어가 제자를 상념하며 대자비력으로써 스승이 스스로 금강 및 자인(字印)을 결한다.

"자리에서 일어나 만다라를 빙 돌고 [내심(內心)에 들어가서] 대자비의 힘으로 그 제자를 가지하고 나서, 아사리가 사업을 성취하고자 금강살타로 되어서 가지할 때에 바(嚩)자와 시원금강(施願金剛)[84] 등으로 이것을 함께 지어라."

이 아사리[85]는 여래와 아자에 가지되었기에 바로 비로자나여래이다. 여래는 그 스스로 사업을 성취하시는 데에 상응할 수 없기 때문이다. "바자와 시원길상금강을 함께 지어라"고 하는 것은 바로 문수보살이다. 다음으로 종자(種子)는 마자(麼字)로서 공점이 있는데 바(嚩)자를 써서 밤자(鑁字)로 할 뿐이다. 다시 바자로 가지하여 금강살타의 몸을 만들고 모든 형상을 그린다. 그릴 때에는 자기 몸과 같다고 관상해야 하니 앞에서 설명한 것과 같다. 또 이 바자를 백편이나 천편 송하라.

"대비장생만다라(大悲藏生漫荼羅)를 그려야 한다. 내만다라에 길상하게 안치하라."[86]

스승은 이와 같이 스스로 가지하고 나서 편안하게 일어나 중태(中台)에 들어가 서서히 온갖 채색을 펼쳐서 비로자나의 형상을 그린다. 그 형상의 본래 모습은 백련화좌 위에 앉으며 머리카락을 갓처럼 하고 비단으로는 장식하지 말라. 아주 가는 명주천으로 아랫도리를 두른다. 다시 아주 가는 비단과 가벼운 견직물로 웃옷을 만들어서 살색을 비추어 속살이 드러나게끔 하라. 몸은 염부금색(閻浮金色)으로 만드는데 색깔이 진한 것이 마치

---

83) 오색과 상응하는 오자(五字)를 관하고 그 상응하는 색에 따라 지송하는 것이다.

84) 문수보살을 의미한다. 무애의 대지(大智)를 가지고 중생들의 소원을 들어 주기 때문에 이와 같이 말한다.

85) 아사리가 비로자나여래와 아자의 체를 이룬다는 뜻이다.

86) 이하에서 만다라를 도화(圖畵)하는 상에 대하여 설명한다.

금이 아주 찬란한 것처럼 하라. 그 부처님의 몸 가장자리에서는 모두 불꽃광명을 내며 서로 합하여 다발처럼 되어 고리가 연결되어 끊어지지 않은 것처럼 몸에 고루 미친다.[87] 만다라 가운데에 이 부처님 형상을 조성하는 것을 반드시 해야 하는 이유는 그 제자로 하여금 빠르게 승원(勝願)을 내어 가지력으로써 일체지신(一切智身)을 채워 이루게 하고자 하기 때문이니 먼저 반드시 조성하여 세워야 한다. 또한 단을 건립하는 데에 상·중·하의 법이 있다.[88] 만일 제자의 재력이 풍부하여서 두루 성취하는데 감당할 만하거든 스승은 바로 색상(色像)의 단을 그려 만들어야 한다. 본존의 신인(身印)의 모습을 보이기 위해서이다. 만일 [제자의 재력 등] 능력을 충분하게 발휘하지 않고 자단(字壇)[89]을 지으면 곧 비밀한 법을 숨기는

---

87) 『경』에 "몸의 모습은 금색으로 온몸에 불꽃같은 광채의 테두리가 있다"로 되어 있다.

88) 여기에서 『경』의 "또는 여래정인(如來頂印)이나 자구(字句)로 하는데"라는 구절을 해석한다.

89) 종자만다라를 말한다. 대만다라 대신에 종자만다라를 만든다는 뜻이다. 자단(字壇) 즉 종자만다라는 네 가지 종류 만다라의 하나이다. 네 만다라는 다음과 같다. ① 대만다라(大曼荼羅) Mahā-maṇḍala : 우주법계의 전체상을 만다라로 표시한 것으로 총상(總相)이다. 사람 몸과 같이 모양을 갖추고 있는 것으로, 현상의 모든 법 전체, 만유의 보편상, 전체상이라 한다. 불보살의 상호가 갖추어진 몸으로 본존불 뒤의 탱화가 여기에 속한다. ② 삼마야만다라(三摩耶曼荼羅, samaya-maṇḍala) : 여래의 의(意)를 나타내는 만다라이다. 삼마야란 본서(本誓)를 말한다. 본서는 사물 각자가 가진 이상을 키우고자 하는 근본맹세이다. 삼매야에는 이밖에도 평등·제장(除障)·경각(警覺)의 뜻이 있다. 우주에 존재하는 개개 사물 현상, 즉 부분의 상을 나타내는 특수상으로, 불보살이 소지한 검, 보주, 연화 등의 지물(持物)로 나타낸 만다라이다. 불보살의 속마음의 서원을 상징한다. 넓은 뜻으로는 일체 만상의 서원(誓願) 등이 포함된다. 여기에서 총원(總願)은 중생구제라는 넓은 원을 말하며, 별원(別願)이란 관음보살의 행원·약사보살의 구병·문수보살의 지혜와 같이 특정한 불보살의 개별적인 서원을 가리킨다. ③ 법만다라(法曼荼羅, Dharma-maṇḍala) : 여래의 어(語)·법 즉, 궤범(軌範)·진여·진리의 의미이다. 진리를 나타낸 만다라로서 각각의 사물이 가진 서원이 나타내는 명칭과 이름과 일체의 언어 및 음성·문자이다. 이것은 바로 여래의 언어·문자로서 실담문자로 나타낸 만다라로 표현한다. 불보살의 종자(bija), 즉 범어의 머리자를 종자로 표시한 것으로서 제불보살의 명칭과 본서가 있음에 따른 보살의 본서를 범어 첫글자로 나타낸다. 이를 종자라고 함은 식물의 종자처럼 모든 법을 출생하기 때문이다. 그리하여 함장(含藏)과 출생(出生)의 뜻을 갖는다. 끝없는 공덕을 산출하는 문자만다라, 종자만다라이다. 넓은 뜻으로는 경전의 문자만이 아니라 세상의 모든 언어, 문자, 명칭 등을 나타내며, 협의로는 사사물물의 본질과 형상에 따른 소리, 명칭을 가리킨다. ④ 갈마만다라(羯磨曼荼

죄를 범한다. 제자의 마음을 관찰하건대 [스승을] 지극히 존중하며 나아가 몸과 목숨을 아끼지 않으며 오히려 몸을 바쳐 스승을 받든다면 어찌 아낌이 있을 수 있겠는가! 그렇지만 재력이 충분치 않은 제자에게는 자만다라(字漫荼羅)를 만드는 것을 허락하니 부처님을 안치할 곳[90]에 단지 아자를 그려서 만들어라. 이것이 바로 여래의 체(體)이다. 아자를 안치하고 나서 중대 외원의 바로 동쪽[91]에 아자를 만들고 대공점을 찍어라. 또 동북쪽 자재방(自在方)에 가(伽)자를 안치하라. 이 가자는 바로 허공안(虛空眼)으로 모든 부처님과 보살의 어머니이다.

다음으로 화방(火方)[92]의 모든 불보살은 진타마니인(眞陀摩尼印)이나 혹은 종자를 둔다[가(迦)자이다]. 북방의 관자재보살과 미륵보살은 현겁(賢劫)의 일생보처(一生補處)보살을 권속으로 삼으며 사(娑, sa)자를 두어라. 남방의 금강수[93] 등은 형상을 만들거나 인을 만들거나 [삼고금강저(三股拔折羅)를 말한다.] 혹은 바(縛)자를 만든다. 또한 이 가운데 종자자를 안치하는 것이 앞의 단(壇)[94]의 방위와 혹시 같지 않다면 이를 여쭈어라. 다시 그 분위(分位)의 세 가지[95]를 그만두고 모든 집금강의 온갖 인(印)을 그려라. 그 종사

羅, Karma-maṇḍala) : 여래의 신체, 갈마는 작업의 의미이다. 우주의 활동상으로 자신의 체(體)에 따라 활동상이 달라짐을 나타낸다. 우주 사이에 있어서 일체 사물의 활동을 실재의 상징으로서 보는 것이다. 제불보살의 중생교화를 위한 일체 활동이 여기에 속하며, 넓은 뜻으로는 우리의 행주좌와 등 일체사물의 활동이 들어간다.

90) 중대(中台) 심왕(心王)의 자리이다.

91) 이하에서 상방(上方) 편지원(遍知院)을 밝힌다.

92) 화방은 동남방이다. 이하에서 『경』의 다음 구절을 해석한다. "이사니(伊舍尼) 방향의 일체여래모(一切如來母)와 허공안(虛空眼)에는 가(伽, gha)자를 도화해야 하며 화천(火天) 방향에는 진타마니보(眞陀摩尼寶)를 그리거나, 혹은 가(迦, ka)자를 두어라. 야차 방향의 관세자재(觀世自在)는 연화인(蓮華印)을 하고 있으며, 아울러 일생보처(一生補處)의 보살권속을 도화하거나 사(娑, sa)자를 두어라. 염마(焰摩)방향에는 삼분위(三分位) 너머에 금강혜인(金剛慧印)과 지금강비밀주와 아울러 권속을 안치하거나 바자(嚩字, va)를 그려라. 거기에 다시 삼분위에서 떨어진 곳에 모든 집금강인을 도화하거나 혹은 자구(字句)를 쓰는데 말하자면 훔(吽, hūṃ)자이다."

93) 남방의 금강수원(金剛手院)을 밝힌다.

94) 앞의 「구연품」에서 형상을 그리는 것에 대해 설한 것을 가리킨다.

95) 금강수의 위(位)와 두 권속의 위이다.

자라면 대부분 세 가지를 그만두는 것도 역시 앞의 해석과 다르지 않으며 종자자는 훔(𤙖, hūṃ)자를 만든다.

"다음에 나찰방(羅刹方)[서남쪽이다.]은 비로자나의 아래인데 [여기에] 부동존을 그려라."[96]

돌 위에 앉아서 손에 칼과 그물을 들고 있게 하는데, 온 몸에 불꽃다발이 감싸고 있으며 온갖 장애를 짓는 자들을 이긴다. 혹은 단지 인을 그 위[97]에 만들기도 하며[인은 견삭인(羂索印)이나 도인(刀印)이다.] 혹은 종자자를 만들기도 하는데 함(唅)자이다.

"다음에 풍방(風方)[서북쪽]에 삼세승(三世勝)을 만들어라."[98]

[삼세승은] 온갖 장애 짓는 자들을 없애는데 머리에 불꽃이 있고 크게 분노하는 모습이며 염마라(閻摩羅)의 모습처럼 흑색으로 공포스러워 두려워 할만하여 사람들을 매우 두렵게 한다. 이와 같이 매우 무서운 형상으로 만들어야 한다. 그 손 안에는 금강저를 돌리게 하거나 [이것이 삼고금강인(三股金剛印)이다. 이것은 정(定)을 상징한다.] 혹은 종자자만을 만들어라. [장음의 하(訶)자다.]

"다음에 사방[99]에 사대결호(四大結護)[100]를 그려야 한다. 동방에는 무외결호(無畏結護)"를 그려라[명칭이다]. 몸은 금색으로 흰 옷을 입었고 얼굴은 작은데 성내는 형상으로 손에 몽둥이를 들고 있다. 만일 단지 인(印)을 두려면 [단지 봉인(棒印)을 그린다.] 혹은 단지 종자자를 둔다[바(縛)자이다].[101]

---

96) 『경』에는 "다음에 날리디(涅哩底) 방향에는 대일여래의 아래에 부동존을 그린다. 돌 위에 앉아서 손에 견삭(羂索)과 혜도(慧刀)를 지니고 있으며, 염만이 빙 둘러 있다. 장애하는 자를 두거나 그 인을 안치하거나 혹은 자구를 쓰는데 말하자면 함(唅, haṃ)자이다"로 되어 있다.

97) 부동존의 자리인 돌 위이다.

98) 『경』에는 "풍천(風天)의 방향에는 항삼세(降三世)존을 소작하라. 크게 장애하는 것들을 부수어 깨뜨리리라. 그 위에 불꽃광명이 있으며, 큰 세력과 위엄은 염마와 같고, 그 모습은 흑색으로 두려움 중에서도 가장 두렵게 하기 위하여 손으로 금강저를 돌린다. 혹은 그 인을 그리거나 자구를 쓰는데 이른바 하(訶, ha)자이다"로 되어 있다.

99) 사대호인(四大護印)이다.

100) 사대호원(四大護院)이라고도 한다. 사방에 사대호존(四大護尊)이 있다. 남방에 금강무승자(金剛無勝者), 동방에 무외결호자(無畏結護者), 북방에 괴제포대호자(壞諸怖大護者), 서방에 난항대호자(難降大護者)이다.

"북방에는 괴제포대호(壞諸怖大護)"를 그려라. 백색으로 오른손에 칼을 쥐고 흰 옷을 입었으며 빛이 난다. 만일 인(印)을 만들려면 단지 칼 모양을 그리고, 종자자만 그릴려면 박자(博字)를 써라.102)

"서방에는 난항대호(難降大護)"를 그려라. 능히 제어하여 굴복시킬 자가 없기에 이렇게 이름지었다. 몸은 무우화색(無憂花色)으로 만들고 [마치 세간의 짙은 자색 촉다화(蜀茶花)의 색과 같다.] 입고 있는 옷도 적색이지만 몸의 색보다는 조금 옅게 하라. 그 얼굴은 미소하며 둥근 광명 가운데에 있으며 큰 모임의 대중들을 바라보는 형상으로 만들어라. [대중들은] 사방(四方) 대중들의 모임이다. 인을 만들려면 단지 도인(刀印)을 만들고 종자자를 만들려면 삭(索, saḥ)자로 한다.103)

"남방에는 금강무승대호(金剛無勝大護)"를 그려라. 마치 금강이 다시 뛰어난 것이 없는 것과 같기에 이렇게 이름지었다. 또한 금강이란 천제석의 다른 이름이다. 그런데 이 [금강무승]대호(大護)는 세력이 있으며 그 모습보다 뛰어나기에 이름으로 삼았다. 그 몸은 흑색으로 분노형이며 눈썹을 찡그리고 있고, 옷도 역시 흑색인데 몸이나 얼굴색보다는 조금 옅은 색이다. 미리 위에는 단지 발계(髮髻)를 만들고 몸에는 불꽃광명이 있으며 손에 몽둥이를 들고 있다. 단지 인(印)만 그릴려면 몽둥이를 안치하고 종자자를 쓸려면 참(懺, kṣa)자를 써라.104)

---

101) 『경』에는 "제석(帝釋) 방향에는 무외결호자(無畏結護者)인데 금색으로 백의를 걸치고 있다. 얼굴은 약간 분노의 상을 띄고, 손으로 단다(檀茶)를 집지하고 있다. 혹은 그 인을 소작하거나 자구를 안치하는데 이른바 바(嚩)자를 소작하라"로 되어 있다.

102) 『경』에는 "야차의 방향에는 괴제포결호자(壞諸怖結護者)인데 백색으로 흰 옷을 걸치고 있다. 손으로 갈가(揭伽)를 집지하며 아울러 불꽃광명을 베풀어 모든 공포를 물리친다. 혹은 그 인을 도화하거나 자구를 안치하는데 이른바 바(嚩)자다"로 되어 있다.

103) 『경』에는 "용의 방향에는 난항복결호자(難降伏結護者)인데 무우화(無憂華)의 색과 같으며, 붉은 옷을 입고 있다. 얼굴에는 미소짓고 불꽃광명 중에 머물면서 모든 대중들을 관찰한다. 혹은 그 인을 안치하거나 자구를 안치하는데 이른바 삭자(索字)이다"로 되어 있다.

104) 『경』에는 "염마의 방향에는 금강무승결호자(金剛無勝結護者)인데 흑색으로 검은 옷을 걸치고 있고 비구지(毘俱胝)의 모습으로 미간에 물결무늬의 주름이 있다. 위에 발관(髮冠)을 쓰고, 몸에 위광이 있으며, 중생계를 관조한다. 손으로 단다를 집지하고 크게

이상과 같은 사대호(四大護)는 모두 반드시 그 권속과 함께 안치해야 한다. 권속은 바로 사자(使者)이며 모두 백련화 위에 앉아 있다. 진언을 지송하는 자는 이와 같이 이들을 펼쳐서 안치하여야 한다.

"[진언 지송자는] 다음에 밖으로 나와서 제삼원(第三院)으로 향하는데 [여기에] 모니왕석가종성(牟尼王釋迦種姓)을 그려라. 가사를 입고 있으며 삼십이상을 구족하니 이 분은 모든 중생들의 시무외자(施無畏者)이다." [교법으로써 일체를 이익하게 하여 모두 무외(無畏)를 얻게 하기 때문이다.]

그 인은 발우나 가사 등을 안치해야 한다[등이라 한 것은 석장(錫杖)의 종류를 말한다]. 만일 종자자를 그릴려면 파자(婆字)를 그려라. 이것을 가장 뛰어난 것으로 삼으니 이른바 비밀하고 가장 뛰어나다는 뜻이다.

"다음에 외만다라(外漫荼羅)에서 법계자성(法界自性)으로 [자신을] 가지하고 보리심을 발취(發趣)하라"고 하는 것은 법계자성관(法界自性觀)을 짓는 것이다. 법계란 바로 여래의 몸이고 자기 몸이 바로 모든 부처님의 법계신과 동등하다고 관한다. 이러한 가지로써 보리심에 머무는 것이다[이 발취(發趣)는 향한다는 뜻이며 도달한다는 뜻이며 수행의 뜻이다. 다시 이 한 문단을 여쭈어라].

"그 삼분위(三分位)를 버리고, 세 번 예를 올리며 비로자나부처님을 생각하고 앞과 같이 색을 조절하라."

이것은 석가모니불을 안치하고 나서 다음에 제2원에서 비로자나께 예를 올려야 함을 말한다. 앞에서 색을 조절하는 가운데의 방편과 같이 도화(圖畵)하는 것이다[다시 여쭈어라].

"동방에는 시원금강동자(施願金剛童子)의 형상을 만들어라." [바로 문수사리의 다른 명칭이다.]

왼손에는 청련화를 잡고 위에 금강저를 두어라. 온갖 영락으로 몸을 장엄하고 가장 좋은 가는 비단으로 아랫도리를 만들고 아주 미세한 비단으

장애하는 것들을 파괴한다. 혹은 그 인을 소작하거나 자구를 안치하는데 이른바 흘참자(吃讖二合字)이다. 그리고 모든 권속사자는 모두 흰 연화 위에 안주하게 하라"로 되어 있다.

로 웃옷을 만드는데 아랫도리보다 가늘게 해서 몸의 색이 비추어 드러나게 한다. 몸은 울금색(鬱金色)으로 만들고 머리 위에 오계자(五髻子)가 있다. 그 인은 단지 청련화를 그리고 꽃 위에 금강저를 둔다. 만일 종자자를 쓸려면 밤자(鑁字)를 쓴다.

문수보살의 오른쪽에는[북쪽 가장자리이다.] "망광(網光)보살을 안치하는데 모든 몸의 지분이 원만하다." 왼손에는 보망(寶網)을 들고 오른손으로 갈구리를 잡게 하라. 만일 단지 인 만 안치하려면 인이나 갈구리를 그려라. 종자자는 염자(染字)이다[이 인만을 둘 수도 있다].

남방에는 "제일체개장(除一切蓋障)보살을 그려라. 금색으로 머리털을 관처럼 하였으며"[영락은 없다고 한다.] 왼손에 진타마니주(眞陀摩尼珠)를 쥐고 연꽃 위에 있다. 만일 인만 그릴려면 연꽃 위에 마니주를 놓아라. 혹은 종자자만 쓰려면 오(噁)자를 써라.

북방에는 "지장보살을 그려라. 색은 발잉구(鉢孕瞿)꽃과 같다." 인도에서 이 꽃이 나는데 이곳[중국]의 조[粟]의 색과 같고 화방(花房)도 역시 곡식의 이삭과 같으며 매우 향기롭다. 이 보살은 손에 연꽃을 들고 온갖 영락으로 그 몸을 상엄한다. 만일 인을 만들려면 단지 연꽃을 두기만 하면 된다. 만일 종자자를 안치하려면 이(伊)자를 써라.

서방에는 "허공장(虛空藏)보살을 그려라. 역시 온갖 영락으로 그 몸을 장엄하였으며 몸은 백색으로 흰 옷을 입었다." [그 흰옷의 색이 몸을 비추어 붉은 살색이 되는데 몸의 색과 다소 다르다.] 몸에는 불꽃광명이 있고 큰 칼을 들었다. 그 인을 만들려면 단지 큰 칼[大刀][105]을 그리고, 종자자만 둘려면 장음의 이자(伊字長聲)를 써라. 그런데 이 단 가운데 얼마 안되는 위차(位次)는 오히려 많으며, 바로 건립하여 마쳤다고 하는 것은 또한 위 · 아래[106]로 서로 [비추

105) Skt. khaḍga.

106) 앞의 「구연품」에 제존의 몸과 색깔과 위의를 자세하게 설하였고, 지금의 품에서는 간단하게 설하였을지라도 앞에서 설하지 않은 제존의 인계와 진언 및 사대호원(四大護院)을 설하였다. 위 · 아래란 앞의 「구연품」과 이 품을 서로 비추어 보완해서 나타낸다는 것이다.

어 보완해서] 나타낸다.[107)]

범본에 이르기를 "다음에 지송자는 법계에 머물러 자신이 곧 법계성(法界性)[임을 자각하고] 보리심에 머물어라"[108)]고 하는 것은 무엇인가? 건립하여 마쳤을 때에 아사리가 먼저 문 밖에 앉아 있으면서 법계와 아울러 보리심에 머물러야 한다. 이 보리심은 바로 법계의 성(性)이다. 동쪽을 향하여 금강인(金剛印)을 결하라[만다라의 문은 서쪽을 향해서 열기 때문에 스승은 얼굴을 동쪽으로 향한다]. 단을 건립하였으면 단을 마주 대하게 얼굴을 동쪽으로 향하여 앉고 부처님[109)]과 동등하다고 관상하라. 부처님은 바로 법계의 체(體)이다. 이미 모든 부처님과 동등해졌으면 그 다음에 사람들을 제도하는 사업을 펼쳐야 한다.

"사금강(事金剛)을 짓는다"고 하는 것에서 모든 사금강은 바로 삼고금강저[三股拔折羅]의 인을 말한다. 무릇 "금강을 짓는다"고 말하는 것은 자(字)·신(身)·인(印)[110)] 모두 다 이것을 짓는 것으로 작불(作佛)[111)]도 역시 그러하다. 번거로울까봐 하나하나 자세하게 말하지 않았다.

다음에 "은근히 공양을 바쳐라"라고 하는 것은 다시 수행하는 사람을 훈

---

107) 바로 다음의 문장에서 난탈이 있으므로 한 줄 뒤로 옮긴다.

108) 이하는 『경』의 "진언자는 연좌(宴坐)하여 법계에 안주하라. 나는 바로 법계성(法界性)이라 하고 이로써 보리심에 머물라"고 하는 구절을 해석한 것이다. 곧 관정을 설한 단락이다.

109) 비로자나부처님이다. 이하에 무수한 난탈이 있다.

110) 종자와 본존과 삼매야형의 종삼존(種三尊)을 가리킨다. 종삼존이란 종자(種字)·삼매야형(三昧耶形)·존형(尊形)의 셋을 합쳐서 일컫는 말이다. 밀교 관법(觀法)의 대상이 되는 세 가지이다. 『대일경』「설본존삼매품」 제28에는 "제존(諸尊)에 세 가지가 있으니 이른바 자(字)와 인(印)과 형상(形像)이다. 그 자에 두 가지가 있으니, 이른바 소리[聲] 및 보리심(菩提心)이다. 인(印)에 두 가지가 있으니 유형(有形)과 무형(無形)이다. 본존의 몸에 또 두 가지가 있으니 이른바 청정(淸淨)과 비청정(非淸淨)이다"(대정장 18, 44a)라고 설하고 있다. 즉, 밀교의 본존에는 자·인·형상, 혹은 종·삼·존이라고도 하며, 본존의 본서(本誓) 등을 범자(梵字)로 표현한 종자(種字)와 그것을 사물로 나타낸 삼매야형(三昧耶形), 인격체로 나타낸 형상이 있다. 수행자가 도량관을 닦을 때에 본존의 종자를 관하고 종자가 변해서 삼매야형이 되며, 삼매야형이 변하여 존형으로 된다고 관한다. 『금강정경』의 오상성신관도 이 세 가지가 전성(轉成)하는 차제이다.

111) 아사리가 사업을 행할 때에 그 몸을 비로자나와 동등하게 관하는 것을 말한다.

계하여 조심스럽고 신중하게 이를 지어야 하며 차례를 잊지 말라고 하는 것이다.

범본에 이르기를 "금강인을 결하고 다음에 금강의 사업을 지으며 은근히 공양을 바치고 모든 불구세자(佛救世者)의 삼매야를 나타내어야 하며 [또한 인삼매(印三昧) 등을 나타내어라]"고 하는 것은 무엇인가? 삼매야의 인은 아주 많으므로 "등(等)"이라고 하였다. 공양 및 사업을 짓는 것 등도 모두 삼매야를 지으며 세 번 송하라. 사업을 짓는 데에 사용되는 곳이 많으므로 "등"이라 하였다.

"먼저 두루 모든 곳을 염한다"고 하는 것은 만다라 가운데에서 사방면의 모든 존에 따라 운심하여 두루하게 해야 하는 것이다. 만일 깊은 행을 하려면 곧 이 만다라 모든 존의 실지의 방향에 삼매야를 나타낸다. 이 법을 지음으로 해서 곧 이 짓는 바에 따라 마음이 모든 장소에 두루하게 되어 일체여래를 경각(警覺)한다. 그러면 부처님께서는 본원에 말미암아 곧 모두 경각되어 가지하시게 된다.

"다음에 밖으로 제자를 불러내어 그로 하여금 호정(護淨)하게 한다."[112]

제자가 이미 문 밖에 있으면 그를 불러서 문에 가까이 오게 하고 단을 향해서 서 있게 하라. 또 먼저 그를 가르쳐 여법하게 몸을 깨끗이 하도록 해야 한다. 이미 결호하였으면 제자에게 삼귀의를 주어라.[113] 이 삼귀(三歸)[114]라 하는 것은 인법(印法)이다. 처음의 인은 몸[115]을 보호하고 다음의 법륜인(法輪印)은 모든 몸의 부분을 보호한다. 다시 하나의 인[116]이 있는데 아래[117]에서 설명할 것이다. 처음의 인으로써 정수리를 인(印)하고 다음의

---

112) 『경』에는 "법에 따라 제자를 불러서 단을 향해서 정화하게 하라"로 되어 있으며, 이하에서 교수(教授)의 상을 밝힌다.

113) 여기에서 『경』에 "그에게 삼자귀(三自歸)를 수여하여 뛰어난 보리심에 머물게 하라" 고 하는 구절을 해석한다. 삼자귀란 삼귀의계이다.

114) 입불삼매야(入佛三昧耶)는 불보(佛寶), 법계생(法界生)은 법보(法寶), 전법륜(轉法輪)은 승보(僧寶)이다.

115) 법계생인(法界生印)이다. 다음의 인은 전법륜인(轉法輪印)이다.

116) 입불삼매야인(入佛三昧耶印)이다.

인으로써 몸의 지분(支分)을 인하라. 앞에서 말한 금강유정(金剛有情)은 이 세 인으로 말미암아 곧 보리심에 머무는 것이다.

"법계법륜인(法界法輪印)을 결할 때에 그는 일심으로 그 자체가 되어야 한다."[118]

수행자가 마음을 움직여 이 법계를 지을 때에는 곧 자신이 법계와 같다고 관하는 것을 말한다. 인을 결할 때에는 그 인 자체와 같아진다. 앞의 법계자성(法界自性)의 인으로써 이를 인하라. 인으로 헤아리면서 스스로 진언을 세 번 혹은 7번 송하라.

다음에 비단으로 제자의 얼굴을 가리고 스승은 대비심을 내며 제자를 가엾이 여겨야 한다. 제자로 하여금 영원히 생사를 건너 불지견을 열게 하기 위한 까닭이다. 그 제자는 이때에 역시 스스로 수승한 위없는 원을 발해야 한다.

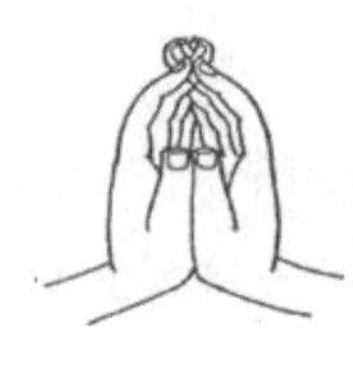

불공수

"불공수(不空手)[119]를 결하여서 보리를 원만하게 한다"[120]고 하는 것은 이른바 그 제자에게 무상보리를 속히 원만하도록 하기 위해서 상·중·하의 능력에 따라 애쓴 만큼 그가 갖고 있는 대로 모든 부처님 본존 등께 공양하게 하며, 혹은 보배와 꽃 등을 지녀서 이를 바치게 하는 것이다.

"이때에 스승은 제자가 결호하도록 하기 위하여 이어(耳語)[121]로 이를 가르친다."

---

117) 「밀인품」을 가리킨다.

118) 『경』에는 "다음에 법륜인(法輪印)을 결하여 일심으로 그 체와 같아져야 한다"로 되어 있다.

119) 보공양인(普供養印)이다. 손에 꽃을 쥐어서 비어있지 않기 때문에 불공수라 한다. 꽃을 지니고 부처님께 공양올리는 것이다.

120) 『경』에 "불공수(不空手)를 하게 하는 것은 보리를 원만히하기 위해서이다"로 되어 있다.

121) 밀교의 계가 현교의 계보다 적극적이고 궁극적인 면을 가지는 것도 이 삼매야계를 이어계(耳語戒)라 하여 귀에다 일러 주는 것으로 알 수 있다.

이것은 이른바 보리심에 머물게 하는 것이니 따로 설명하는 데[122]가 있다. 그가 이미 보리심을 발하였으면 일심으로 삼가고 우러르며 머물게 하라. 스승은 스스로 인을 결하고 그 정수리 위에다 이 인을 대어라[다시 어떤 인인지 여쭈어라]. 그런 다음에 꽃을 던지게 하고 제자가 어느 존이 있는 곳에 떨어뜨렸는지 기록해야 한다. 한 곳의 본존에 다시 상·중·하와 좌·우의 다름이 있고, 그 떨어진 곳에 따라 그에 상응하는 인과 진언을 수여한다. 제자에게 수여하는 가르침에서 이와 같이 삼매야를 결하므로 일체를 수여한다고 한다[다시 여쭈어라].

"이때에 덕을 갖춘 집금강이 또 다시 부처님께 관정법을 여쭈었다.

원컨대 부처님께서 직접 설하여 주옵소서."[123]

이것은 부처님께 자설(自說, udāna)을 청한 것이다.

"이때에 부처님께서는 법계성(法界性)에 머무시어 금강수에게 말씀하셨다.

일심으로 잘 들어라. 내가 모든 법교(法敎)를 설하리라. 이른바 최상자재(最上在)의 섭지(攝持)이다."

이것은 '나는 이 법을 설하여 수행자로 하여금 이 법 가운데에서 자재를 얻게 하셨다. 이른바 아주 뛰어난 교법을 얻게 하겠다'고 하는 것이다. 여기에서 "자재"란 또한 속히 얻음의 뜻이며, 섭지(攝持)의 뜻인데 앞에서 말한 많은 재물에서 자재하다고 하는 것과는 뜻이 다르다. 말하자면 마음에서 구하는 것이 있으면 모두 섭지하여 자재로이 원을 채운다. 즉 한 나라에서 자재로이 하고자 하는 것을 반드시 이루는 것과 같다.

"아사리는 여래의 본형상의 뜻으로써 가지하여 그 인을 결한다."[124]

"여래의 본형상으로써 가지한다"고 하는 것은 아사리가 여래성(如來性)으

---

122) 그 인과 진언을 「밀인품」에서 설한다.

123) 이하에서 『경』의 "덕을 갖춘 지금강은 다시 세존께 청하여 말씀드렸다. 오직 바라오니 어진 이 가운데 뛰어난 분이시여, 관정법(灌頂法)을 설해 주십시오" 등의 열세 구절을 해석한다. 이 부분은 관정단(灌頂壇)의 작법을 밝힌다.

124) 『경』에 "스승은 여래성(如來性)으로써 스스로의 몸을 가지하며 또 다시 밀인(密印)을 결한다"로 되어 있다.

로써 자신을 가지하는 것을 말한다. 여래성은 바로 본체이다. 혹은 "그 [밀]인을 사용한다"고 하는 것은 인으로써 가지하여 자기 몸에 아자가 모든 지분에 두루하다고 관상하는 것이다. 이 아자는 바로 법계의 체성(體性)이다. 이러한 장엄으로 말미암아 곧 부처님의 몸과 동등해진다.

그 상·중·하의 법[125]에 따라 혹은 여래부를 행하거나 혹은 연화부·금강부 등도 그 머무는 단에 따라 그 형상을 만들어 관정한다.

만일 정(定)을 증득한 아사리이거나 이미 법의 영험을 얻은 자라면 행하는 것을 마음대로 성취할 것이며, 만일 이와 같이 할 수 없는 자는 인과 관상을 사용하여 이를 행하여야 한다.

이윽고 제자를 부른다. 다음에 제자를 이끌어 대화왕만다라(大華王漫荼羅)[126]로 향하게 하라[단 바깥에 먼저 관정단[127]의 장소를 만든다].

"네 가지 보배로써 대보살[128]이 가지한 대병(大瓶)을 만들라."

이것은 중대(中台)의 사대보살이 가지한 병으로, 보살의 보배로써 이를 사용하여 장엄하는 것이다.

다음에 "생일체지분인(生一切支分印)[129]을 결하여서 제자의 정수리 위에 이를 뿌려야 한다."

무릇 관정할 때에는 이 인을 결하고 나서 병을 가져다가 뿌려준다. 만일 이 인으로 하지 않으면 법식(法式)을 갖추지 못하며, 그 제자로 하여금 보리심에 머물게 할 수 없으며 곧 퇴전하게 한다. 헛되이 향수를 뿌리는 것과 아무 다름이 없다. 또한 관정을 주기 전에 제자의 정수리 십자 솔기 위에 암자(闇字)를 관상하라. 그 마음 속으로 지극하게 관상하여 아자로 만

---

125) 앞에서 투화득불(投華得佛)할 때에 꽃이 떨어지는 장소가 부처님 몸의 상·중·하·좌·우 등인 것에 따라 그 인과 진언 등을 수여한다고 하는 것이다.

126) 소단(小壇)이 있는 곳이다.

127) 이때의 관정단은 소단(小壇)이다.

128) 대보살은 보현·문수·미륵·관자재의 사대보살이다. 병은 바로 심왕(心王) 비로자나이고 네 가지 보배[금·은·동·철]란 심소(心所)의 사대보살이다.

129) 계(髻) 가운데에 아자를 펼쳐 놓고서 관하는 것이다.

들어라. 또 라(囉)자가 가슴 위에 있다고 관상하라. 또한 단지 아자를 관상하여 모든 곳에 두루하게 하여야 한다.130)

"금색으로 빛나는 발관(髮冠)을 하고 백련화에 앉는다."131)

"백련화에 앉는다"고 하는 것은 그 제자의 마음 속에 백련화가 활짝 피어서 원만하게 하며, 비로자나여래께서 그 위에 앉으신다고 관상하고 그런 다음에 이를 뿌리라는 것이다.

경에 "인자(仁者)"라 함은 바로 비로자나여래(毘盧遮那如來)이다. 만일 이 법으로 관정하는 자는 곧 시방의 모든 부처님께서 법수(法水)를 뿌려서 법왕의 위(位)를 수여하는 것과 같다. 그렇지 않다면 헛되이 뿌리기만 한 것이지 행할 수 있는 것이 없다.

---

130) 이 부분은 『경』에서 "계(髻) 가운데에 응당 대공(大空)의 암자문(暗字門)을 수여하여 심장에 무생(無生)의 구를 안치하고 가슴에 무구(無垢)의 자를 나타내야 한다"고 하는 구절을 해석한 것이다.

131) 『경』에는 "발계(髮髻)는 금색으로 빛나고 흰 연화대(蓮華臺)에 머무니"로 되어 있다.

제9 밀인품(密印品)[1]

1. 여래 신밀의 인

"이때에 비로자나불께서 모든 큰 모임의 대중들을 관찰하셨다."

이것은 부처께서 이미 관정의 의법(儀法)[2]을 약설하시어 설하신 바를 다시 요해하도록 하기 위함이다. 그래서 십불토의 티끌의 수와 같이 많은 큰 모임이 인연 아님이 없음을 관찰하시고 여래의 신밀(身密)의 인(印)[3]을

1) 밀인품에서는 139종류의 인계에 대하여 설한다.

2) 「구연품」과 「전자륜만다라행품」에서 관정의 의궤작법을 설한 것을 가리킨다.

3) Skt. mudrā. 불보살의 깨달음의 경지, 서원, 공덕, 사업이나 법계의 표치(標幟)로서 쓰는 몸가짐. 모다라(母陀羅)·목제라(目帝羅)라고도 음역하며, 인상(印相)·밀인(密印)·계인(契印) 또는 줄여서 인(印)이라고도 번역한다. 인장처럼 허망하지 않다는 뜻이다. 몸가짐으로서 부처의 세계와 계합하려는 것이 이른바 인계(印契) 또는 신밀(身密)이다. 이것은 좁은 뜻으로는 수인(手印)을 가리키는 것이지만 넓은 뜻으로는 계인(契印)·삼매야형(三昧耶形)·불상·종자·진언까지도 포함된다. 이러한 인계를 통해서 삼마지(三摩地)에 들어가려는 것이 목적이다. 인계에는 다음의 세 가지 내용이 들어간다. ① 교리의 규범이라고 하는 뜻이다. 즉 삼법인(三法印)이라고 할 때의 인(印)의 의미이다.

장차 설하시려는 것이다.

---

② 불보살의 손, 즉 도검(刀劍)·윤보(輪寶)·연화(蓮華) 등의 법구를 들고 있는 것으로 불보살의 본서(本誓)와 이상을 상징한다. ③ 행자의 인계는 법계의 실상과 여래의 신밀을 상징한다. 이와 같이 다양한 의미를 갖는 인계는 원래, 인도의 여러 종교와 민간에 유포되어 있던 수인이 밀교사상에 의해서 다시 조직체계화되고 비밀의 뜻이 주어졌으며, 삼밀의 행법 가운데 신밀에 섭수되어 수행법의 중심으로 된 것이다. 밀교는 진언을 중요시하는데 못지 않게 인계도 상당히 중요시하고 있다. 인은 신체 특히 손의 결합방법으로 표시하는 신밀의 중심작용으로 양손 열 손가락을 여러 가지 방법으로 사용하여 부처의 서원과 중생제도의 힘을 상징한다. 처음 수행하는 자가 여러 인계 중에서 어느 한 특정의 인계를 가지고 수행하는 것을 유상인계(有相印契)라 하고 무상인계(無相印契)란 그렇게 해서 점차 여래의 가지력을 얻어 자연적으로 행자가 부처의 인계를 나타내게 되는 것으로 인의 본래의 참뜻을 이해하면 구체적으로 인을 맺지 않아도 움직이는 동작 모두가 인계가 된다. 그리하여 나중에는 인계의 의미가 넓어져서 불상 전체, 또는 그 음성까지도 포함하게 된다. 즉 우리의 일거수일투족이 다 인계에 포섭되는 것으로 여래의 서원의 상징인 인계를 우리 자신이 그대로 받아서 반복함으로 해서 여래의 경지에 드는 것이다. 인계의 좁은 뜻으로서 수인(手印)을 설한 경전은 헤아릴 수 없이 많으나 일반적으로 십이합장(十二合掌)과 여섯 가지 수인을 기본으로 하고 이 가운데 하나를 결(結)하기 때문에 이 열 여덟 가지의 인을 인모(印母)라고 한다. 밀교에서는 결인의 두 손과 열 손가락에 특수한 의의와 명칭이 있다. 양손은 이우(二羽) 또는 이익(二翼)이라 하고, 열 손가락은 십도(十度), 십륜(十輪), 십련(十蓮), 십법계(十法界), 십진여(十眞如), 십봉(十峯)이라고도 한다. 손톱은 갑(甲), 손바닥 안은 만월(滿月)·호구(虎口)라 한다. 왼손은 정(定)·지(止)·복(福)·이(理)·태장계(태장만다라)·중생계(衆生界)·월(月)을 나타내며, 오른손은 왼손이 나타내는 각각의 상징에 대해 혜(慧)·관(觀)·지(智)·지(智)·금강계(金剛界)·불계(佛界)·일(日)을 나타낸다. 아래에 첨부된 도표는 경궤에 등장하는 열손가락의 각각의 명칭이다. 이처럼 다른 이름이 나오는데 보통은 오대(五大)와 십도(十度)에 의거하여 명칭을 세우는 것이 보통이다. 그리고 수인 외에 신상(身相)의 인으로서 계인(契印) 또는 상인(相印)이 있다. 제존의 삼매야형·지물이 그 내증(內證)과 본서(本誓)를 상징하는 것이기 때문에 계인이라 하는 것이다. 이것도 경궤에 따라 서로 다른 점이 많다.

	五蘊	五佛頂	五根	十度	十度	五字	五大	五大
右엄지	識	輪	慧	智	禪	khaṃ	kha	空
두 지	行	蓋	定	力	進	hūṃ	ha	風
중 지	想	光	念	願	忍	ra	ra	火
무명지	受	高	進	方	戒	vi	va	水
소 지	色	勝	信	慧	壇	a	a	地
左소지	色	勝	信	壇	慧	a	a	地
무명지	受	高	進	戒	方	vi	va	水
중 지	想	光	念	忍	願	ra	ra	火
두 지	行	蓋	定	進	力	hūṃ	ha	風
엄 지	識	輪	慧	禪	智	khaṃ	kha	空

다음에 "곧 금강수에게 말씀하시었다."

인의 명칭이 있으니 "여래가 장엄[4]을 갖춤과 같이 법계취(法界趣)의 표치(幖幟)도 마찬가지이다" 라는 것은 무엇인가? 말하자면 일체불이 이로써 장엄을 삼는 까닭이며 여래 법계의 몸을 성취할 수 있기 때문이다. 만약 어떤 중생이 이 법을 수행한다면 인으로써 가지하는 까닭에 역시 여래법계의 몸과 동등하게 된다

이 인이란 바로 법계의 표치이다. 이 인으로써 법계의 바탕을 표시하므로 법계당(法界幢)이라 부른다. 모든 부처가 이로 말미암아 몸을 장엄하기 때문에 온갖 큰 모임 가운데에서 이 위가 없는 대보리의 표치당(標幟幢)을 건립하여 팔부(八部) 등의 온갖 무리의 사악한 도를 멀리하고 떠나게 한다. 훌륭한 근성(根性)을 지닌 자는 [선지식을] 친근하고 가르침을 받들어 수행해야 한다.

"너는 잘 듣고 아주 잘 생각하여라. 내가 지금부터 이를 설명하겠다. (…중략…) 세존이시여, 지금이 바로 그때입니다. 부처님이시여, 지금이 바로 그때입니다."

이 [때라고 한] 두 말에는 뜻이 있다. 처음에는 가라(迦羅, kāla)의 때를 설한다. 그 뜻은 지금 이 사부대중에는 쓸데 없는 시시한 사람[支葉]이 없고, 순수하게 진실하며 대법(大法)을 감당할 만한 사람만 있다는 것을 말한다. 여래께서 근기에 응하시어 설하시는 것은 바로 지금이 그때이다. 다음은 삼마야(三摩耶, samaya)의 시(時)로서 곧 시분(時分)의 시(時)이니 "지금이 바로 그때"라고 하는 것은 설법의 시이다.

"이때에 세존께서 무해신력삼매(無害身力三昧)에 머무셨다."

부처님께서는 그 원을 원만하게 하시고자 다시 삼매에 들어가셨다. 이것이 바로 여래의 한량없는 몸이며 자재한 힘인 까닭에 해칠 수 없는데, 이 삼매에 머무시어 삼명(三明)[5]의 진언을 내시니, 그 명을 무애무해무등

---

4) 여래의 지분(支分)을 장엄하는 인(印)을 의미한다.

5) 무애(無礙)와 무해(無害)와 무등(無等)의 세 가지를 가리킨다. 또는 입불삼매야(入佛三昧耶)·법계생(法界生)·전법륜(轉法輪)의 삼명(三明)이라고도 한다.

력(無礙無害無等力)이라 부른다. 이 삼매야로 말미암아 모든 학습하는 자가 듣고서 바른 법에 들어갈 수 있다. 만약 그렇게 하지 않으면 단에 들어가기에 합당하지 않으며 또한 비밀스러운 가르침을 들을 수도 없다. 만약 이 명을 수행하면 곧 몸의 청정과 언어의 청정을 얻어 바라는 것을 만족하고 삼신(三身)을 만날 수 있기에 삼명(三明)이라 부른다. 삼력(三力)이란 이른바 삼세력(三世力), 혹은 삼평등력(三平等力)이다. 무등력(無等力)이란 곧 이 삼력이다. 다음에 그 명을 송해야 한다.

나모	사만다	발타남	아사미	달리삼미	삼마예	사바하[6]
南麽	三曼多	佛陀南	阿娑迷無等也	怛哩三迷三等也	三麽曳卽三昧耶也	娑訶警發也

아사미(阿娑迷) 중에서 아(阿)자를 머리[首]를 삼는데 바로 제불법신과 같이 모습이 없으며 모습을 여의어 있다. 이 법신은 동등하게 비교할 만한 것이 없음을 알아야 한다. 삼미(三迷)란 부처의 삼신(三身)으로서 법신과 보신과 화신을 합하여 한 몸으로 하여 중생을 교화하는 것이다. 또한 체(體)는 아(阿)자의 뜻과 같아 모습이 없으며 모습을 여의었으므로 평등하다고 말한다. 삼매야(三昧耶)란 불가월(不可越)의 뜻이니 모든 여래께서 동일하게 말씀하셨다. 부처님께서는 삼매에 머무시어 이 명의 무해무등력(無害無等力)을 설하시었다. 이 명으로 말미암아 삼매야에 들어갈 수 있으니 이 삼매야는 바로 서원이어서 마치 [황제의] 칙령(勅令)과 같[아 어길 수 없]고 삼세 부처님의 근본이 되는 요긴한 서원이다. 이 법문은 믿기 어렵고 들어가기 어려우며 듣는 것도 어려우니 법을 만날 수 없기 때문이다. 이러한 까닭에 삼세의 부처님께서 함께 이 진언을 송하셨다. 이[렇게 송하신] 삼매야진언의 가피로써 들어갈 수 있고 들을 수 있어서 이 법을 수행하게 된다. 존귀한 가르침과 같으므로 어기지 말라. 만약 듣지 않는 자는 들어갈 수 없

6) Skt. Namaḥ samanta-buddhānāṃ asame trisame samaye svāhā.

고 들을 수도 없다.

"사바하[娑訶]"라고 하는 것은 깨워 일으킨다는 뜻이다. 이 진언으로써 모든 신들을 깨워 일으키며 이 명을 송할 때에 모든 부처님도 곧 일깨워져서 일어나시어 수행하는 사람을 가지하신다. 이 명의 힘으로 모든 지(地)를 만족하고 수행하는 사람으로 하여금 삼법(三法)을 나타나게 하신다.

이른바 성취에는 세 가지 법이 있다. 즉 본존의 몸과 진언 및 인(印)[7]이다. 이 삼법을 갖추면 성취하는 것이다.

삼법도(三法道)의 계(界)를 넘지 않는다는 것은 무엇인가? 이 계는 결대계(結大界)[8]의 계이며 타도(馱都)[9]가 아니다. 계도(界道)에서는 중(中)[10]에 맞추어 가기 때문에 불월(不越)이라 칭할 뿐이다.

다음에 수인(手印)의 모습을 설명하겠다.[11] 지금 이 가운데에 먼저 열두 가지 합장의 명칭과 모습을 설명하겠다. 무릇 모든 인법(印法)에는 이 열두 가지가 지극히 중요한 것이므로 널리 분명하게 기록한다.

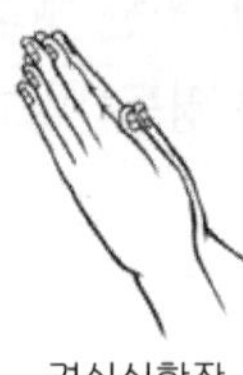
견실심합장

제1의 합장은 손바닥의 중심을 합하여 견고하게 서로 붙이고 열 손가락끝을 조금 떨어지게 하여 약간만 벌린다. 이것을 녕미나합장(寧上尾拏上合掌)[12]이라 이름한다[견실심합장(堅實心合掌)을 말한다].

제2의 합장은 다음과 같다. 열 손가락 손톱을 서로 맞대어 나란하게 하

7) 종자와 본존과 삼매야형의 종삼존(種三尊)을 가리킨다.

8) Skt. bandhaya-mahā-sīmām, 지금 여기에서 말하는 계는 sīmām의 계이다.

9) Skt. dhātu. 계(界)를 말하나 신체 등의 의미를 갖는 말이다.

10) 삼실평등(三實平等)의 중(中)이다.

11) 이 단문만 '삼법도의 계를 넘지 않는다[不越三法道界]' 앞에 있었으나 두 줄 뒤 이쪽으로 옮겼다.

12) Skt. niviḍa. 견실심합장(堅實心合掌)이라 번역한다. 인계의 모습은 『대일경소』 원문에는 나오지 않는다. 참고하기 위하여 그림으로 제시한 것이며 이하 동일하다.

여 손가락끝을 서로 합하고 손바닥 가운데를 조금 벌린다. 이것을 삼보타(三補吒, samputa)합장이라 한다[허심합장(虛心合掌)을 말한다].

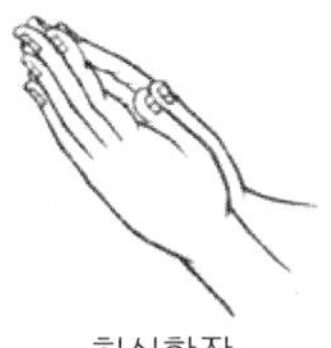
허심합장

제3의 합장은 다시 열 손가락 끝을 서로 합하고 손가락을 역시 나란하게 하며 그런 다음에 손바닥 안을 비워서 조금 볼록하게 하는 것으로 굴만라(屈滿囉)13)합장이라 한다[이것은 마치 아직 피지 않은 연꽃(미부연화)과 같다].

미부연화합장

제4의 합장은 두 지지(地指)와 두 공지(空指)를 서로 붙이고 다른 손가락을 약간 벌린다. 이것을 복나(僕拏收問反)14)합장이라 이름한다[이것을 처음으로 피어나는 연꽃(초할련화)이라 한다].

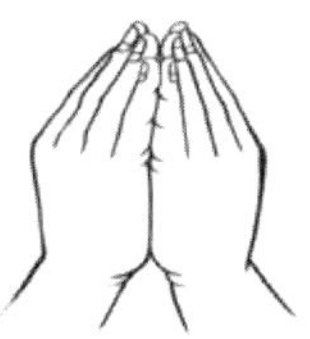
초할련화합장

제5의 합장은 양손바닥을 받들어서 나란하게 하고 위로 향하여 반듯하게 서로 나란히 편다. 이것을 올다나야(嗢多那上若)15)합장이라 이름한다[현로(顯露)를 말한다].

현로합장

제6의 합장은 두 손바닥을 나란히 받들어 올리는데 앞의 모습과 비슷하게 하고 모든 손가락의 끝을 조금 구부려서 합하는데 마치 사람이 물을 움켜쥐는 형상을 한다[크게 구부려서는 안된다]. 이것을 아다라(阿陀上囉)16)합

지수합장

---

13) Skt. Kuḍmala. 미부연화합장(未敷蓮華合掌)이라 번역한다.
14) Skt. Bhagna. 초할련화합장(初割蓮華合掌)이라 번역한다.
15) Skt. uttānaja. 현로합장(顯露合掌)이라 번역한다.
16) Skt. Ādhāra. 지수합장(持水合掌)이라 번역한다.

장이라 이름한다[지수(持水)를 말한다].

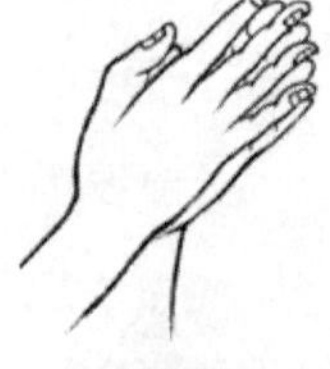
귀명합장

제7의 합장은 또 열 손가락 끝을 서로 교차시키고 모두 오른손의 손가락이 왼손의 손가락 위를 덮게 해서 마치 금강(金剛)합장과 같게 한다. 이것을 산스크리트어로 발라나마(鉢囉二合拏上摩, praṇāma)합장이라 이름한다[귀명(歸命)합장을 말한다].

반차합장

제8의 합장은 오른손으로 왼손을 누르고 손바닥을 뒤집어 열 손가락끝을 서로 붙이며 또한 오른손 손가락을 왼손 손가락 위에 더한다. 이것을 미발리다(微鉢哩哆, Viparita)합장이라 한다[반차(反叉)합장을 말한다].

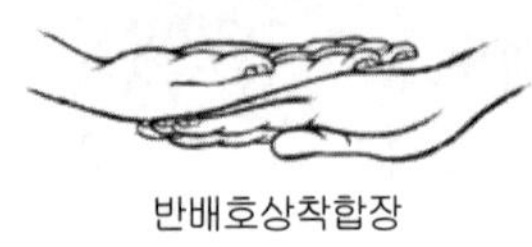
반배호상착합장

제9의 합장은 오른손으로 왼손 위에서 받들고 왼손으로 오른손 아래에 두고 점점 좌선하는 사람의 손모양과 비슷하게 한다. 이것을 비발라리예살다(毘鉢囉哩曳薩哆, Viparyasta)합장이라 한다[반배호상착(反背互相着)합장을 말한다].

횡주지합장

제10의 합장은 두 손바닥을 받들고 두 손의 가운데 손가락끝을 서로 붙여서 이를 받들게 하는 것이다. 이를 제리예(帝上哩曳入, Tiryak)합장이라 한다[횡주지(橫柱指)합장을 말한다].

부수향하합장

제11의 합장은 두 손바닥을 함께 뒤집고 또한 두 손의 가운데손가락을 서로 붙인다. 이것을 아타라(阿馱囉, Adhara)합장이라 한다[부수향하(覆手向下)합장을 말한다].

부수합장

제12의 합장은 양손을 함께 뒤집고 두 엄지손가락을 나란히 서로 붙이며 열 손가락끝을 밖으로 향하게 하는 것이다. 역시 같은 이름이다[역시 부수합장이라 한다].

지금 이러한[17] 삼매야인은 먼저 삼보타장(三補吒掌)으로 합하라[먼저 손을 서로 떨어지게 하고 점차로 가까이 하여 서로 붙이고 손바닥 안을 조금 비게 하는 것이다]. 두 공지(空指)를 나란히 해서 곧바로 세우는데 아주 밑으로 하거나 바싹 붙게 하지 말고 바르게 두 공지를 위로 향하게 하라[그 다섯손가락 가운데 새끼손가락을 지(地)라 이름하고 약손가락을 수(水)라 하며 가운데손가락을 화(火)라 하고 집게손가락을 풍(風)이라 하며 엄지손가락을 공(空)이라 한다. 왼손을 정(定)이라 하고 오른손은 혜(慧)라 한다]. 또한 왼손의 새끼손가락을 단도(檀度)라 하며 이 손가락을 위로 향하게 하고 이를 헤아리는데 집게손가락을 정(定)이라 한다. 오른손의 새끼손가락은 혜도(慧度)라 하며, 다음에 이 손가락을 위로 향하게 하고 이를 헤아리는데 집게손가락을 지도(智度)로 삼는다.

이 삼매야의 인은 만약 처음으로 수행하여 모든 선품(善品)을 지으려고 할 때에 먼저 [삼매야의 인을] 결하지 않으면 모든 법을 지을 수 없다. 곧바로 이 [삼매야의 인]을 결해야 할 뿐만 아니라 또한 반드시 앞의 진언을 송해야 한다. 법을 짓는 데에는 먼저 삼마야인을 정수리 위에 두고 앞의 진언을 한 편 송하라. 그 인을 오른쪽 어깨에 두고 다음에 왼쪽 어깨에 두며 다음에 심장 위에 두고 다음에 목 위에 두어라. 매번 둘 때마다 각기 한

17) 입불삼매야(入佛三昧耶)의 인이다.

편씩 진언을 송하라. 무릇 다섯 편을 송하여 다섯 군데에 인한다. 그런데 이 진언에 어떠한 공덕이 있는가? 이 진언으로써 숙세의 업장을 없애어 이로써 자신을 청정하게 하고 몸을 청정하게 하기 때문에 바깥의 장애도 역시 청정하게 된다. 바깥의 장애가 청정하기에 모든 장애가 다 들어올 수 없다. 이것을 바로 대호(大護)라 한다. 이러한 부사의한 능호(能護)로 말미암아 복이 자재로이 증장하고 죄가 자연히 사라지며 모든 부처님을 경각하시게 하여 그 소원을 만족하게 될 것이다.

다음으로 법계생(法界生)진언을 송한다.

나모사만다붇다남 달마타도 살바바바 구함
南謨三曼多佛陀南 達摩馱都法界也 薩嚩婆嚩性也 俱哈我也[18)]

법계생인

달마타도(達摩馱都)는 법계(法界)이며, 법계란 바로 불신(佛身)이다. 아래의 구절에서 나[我]라고 말하는 것은 바로 법계이다. 이 수행자가 아직 체(體)에 즉한 참된 성품을 낼 수 없다하더라도 단지 이 인을 지어서 진언을 송하면 곧 체(體)가 법계(法界)와 동등하게 된다. 그 인은 두 공지를 손바닥 가운데에 넣고 좌우의 지(地)・수(水)・화(火) 세 손가락으로 눌러서 권(拳)을 만들고 두 풍지를 세워서 곧게 하라[두 손을 각기 따로 권을 만들고 풍지를 세우는 것이다]. 먼저 두 손가락[풍지]을 세워 심장에 대어라. 곧 속[裹]을 향하여 돌리고 양손의 손가락으로 정수리의 양쪽에서부터 각기 좌우의 뺨과 목에 가까이 가서 속을 향하여 끌어서 점점 아래로 옮겨라. 말하자면 처음에는 손가락을 세우고 점점 손가락끝을 아래로 향하게 하며 손가락의 등쪽을 속을 향하여 머리와 뺨에 가깝게 하고 점점 손가락끝을 아래로 가깝게 하여 심장에 이르러서 손을 풀어 헤친다. 무릇 그 진언을 송하면서 인을 결하는 것은 비유하면 마치 소가 밭을 갈 때에

18) Skt. Namo samanta buddhānāṃ dharma-dhātu svāvaka ahaṃ.

두 마리의 소가 함께 가야지 앞뒤로 가면 안되는 것과 같다.

다음에 다시 인을 결하라. 먼저 반배수합장(反背手合掌)을 하고 두 지지(地指)를 뒤집어서 서로 걸어라[오른쪽이 왼쪽 위를 누르게 하라]. 그 밖의 수·화·풍의 세 손가락은 차례대로 뒤집어서 서로 걸어 마치고 맨 나중에 두 공지를 손바닥 안에 닿게 해서 서로 버티어라. 이것이 전법륜인(轉法輪印)이다.

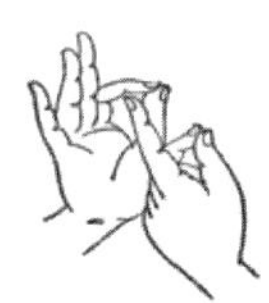
전법륜인

이 인을 결함으로 해서 그 몸과 마음이 청정해지고 시방의 부처님께서 법륜 굴리심을 보게 된다. 진언으로 송한다.

나모사만다붇다남 벌절라달마 구함
南謨三曼多佛陀喃 伐折囉怛麽二合俱唅19)

이 진언은 앞에서 이미 해석하였다[다시 헤아려라].

다음에 도인(刀印)을 결한다. 도(刀)란 날카로운 지(智)를 비유한다. 능히 끊어 없애는 것을 뜻으로 삼는다. 말하자면 나쁜 견해의 산봉우리를 제거하는 것이다. 큰 산의 봉우리에는 다스려야 할 어지러움이 매우 많은 것과 같이 번뇌도 역시 그러하다. 지금 이 도인을 결하니 이 인으로 말미암아 [번뇌를 제거한다.] [앞에서 설명한 것과 같다.] 곧 두 풍지를 구부리고 손가락끝을 마주 붙이며 두 공지로 함께 눌러서 마치 큰 칼의 형상과 같게 하는 것이 이것이다. 그 진언으로 송한다.

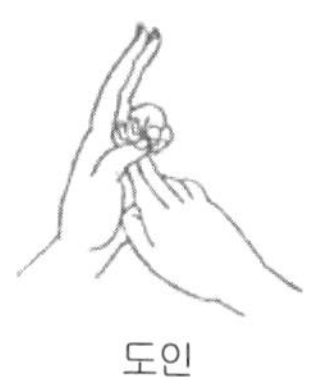
도인

나모사만다붇다남
南謨三曼多佛陀喃如上20)

19) Skt. samanta buddhānāṃ vajrātmako'ham.

대도무구(大刀無垢)의 법[21]은 현재에 구생(俱生)의 신견(身見)[22]을 끊어버리고 여래의 신해를 일으키며 무탐(無貪)의 법을 생기게 한다. 이 진언은 산스크리트음으로 송하라. 경전 가운데에 있는데 이미 뜻을 주석하여 마쳤으며 앞에서 설명한 것과 같다. 이 진언은 처음의 마자(麼字)를 핵심으로 삼는다. 이것은 나[我]의 뜻이며, 또 오공점(五空點)의 글자는 곧 모든 장소에 골고루 미친다는 뜻이다. 지금 여기서의 뜻은 바로 이러한 아견(我見)을 없애고자 하는 것이다. 이 도인은 곧 모든 부처님의 큰 지혜이어서 온갖 [잘못된] 견해를 단절할 수 있으므로 도(刀)로써 번뇌의 뿌리를 자르고 물리쳐서 더러움 없는 법이 나타나게 한다는 것을 알아라. 신견구생(身見俱生)의 종류는 바로 더러움을 가리키며 지금 이 더러움을 끊어 마치면 곧 쉬게 된다. 쉬지 못하면 다시 뛰어난 법이 있으니 이 더러움을 없애고 나서 여래의 신해를 일으켜야 한다[이 뜻은 최초의 신해[23]와 같다].

여래의 신해라 함은 어떠한 법을 말하는 것인가? 무탐(無貪) 등의 선근(善根)을 말하며 이로 말미암아 다음에 훔(吽)자를 생한다. 이 가운데에는 하(訶)자를 인(因)으로 삼으며 이 인을 없애기 위하여 곁에 장아(長阿)의 점

20) Skt. samanta buddhānāṃ.

21) 이하에서 『경』의 "이 대혜도인(大慧刀印)은 모든 부처님께서 설하신 것으로 모든 견해를 단제하는데 이른바 구생(俱生)의 신견(身見)이다"라는 구절을 해석한다. 그리고 여기에서부터 여래신회(如來身會)를 설한다. 여래신회란 태장수법 가운데 대혜도(大慧刀) 등의 25종 인계를 결하고 진언을 송하는 것으로 편지원에 속한다. 이 회는 태장만다라 13회의 수행과 득과(得果)의 뜻을 천명한다. 이들 인계와 진언을 결하고 송하는 공덕으로 여래삼밀을 구족하므로 여래신회(如來身會)라 부른다. 이 회는 대혜도(大慧刀)・대법라(大法螺)・연화좌(蓮華座)・금강대혜(金剛大慧)・여래정(如來頂)・여래정상(如來頂相)・호상장(毫相藏)・대발(大鉢)・시무외(施無畏)・여만원(與滿願)・비생안(悲生眼)・여래삭(如來索)・여래심(如來心)・여래제(如來臍)・여래요(如來腰)・여래장(如來藏)・보광(普光)・여래갑(如來甲)・여래설(如來舌)・여래어(如來語)・여래아(如來牙)・여래변설(如來辯說)・여래지십력(如來持十力)・여래념처(如來念處)・일체법평등개오(一切法平等開悟) 등 25종의 인계와 진언을 포괄한다. 또한 입불삼매야(入佛三昧耶)・법계생(法界生)・전법륜(轉法輪) 등도 역시 여래신회에 포함된다.

22) 사지(四地), 즉 염혜지(焰慧地)의 보살이 되면 비로서 구생의 신견을 끊는다. 구생의 신견이란 처음에 탁태(託胎)할 때에 견혹(見惑)과 형(形)이 함께 생기는 것이다.

23) 『소』 권1(대정장 39, 580 하)에서 신해의 뜻에 대하여 설한 것을 가리킨다.

이 있으니 이것은 일체법이 본래 생겨남이 없음을 의미한다. 아래에 있는 오(鄔)는 삼매이고, 위에 있는 점은 대공(大空)이다. 이것을 송하면 수행자로 하여금 세 가지 몸을 만족하게 한다. 이 종자 가운데에 세 가지 뜻이 있으니 곧 법신의 나타남이다.

[선무외]삼장은 다음과 같이 말하였다.

"인도에서는 특히 인법을 비밀로 한다. 결할 때에는 지극히 공경하며 반드시 본존을 모신 방 가운데이거나 조용하고 청결한 장소에 있으면서 목욕하여 몸을 장엄해야 한다. 만약 [몸 전체를] 낱낱이 씻을 수 없으면 반드시 손을 씻고 입을 헹구며 바르는 향을 손 등에 바르고서야 결할 수 있다. 또한 결할 때에는 반드시 위의를 바르게 하여야 한다. 가부좌 등으로 앉아야 하는데 그렇지 않으면 죄를 얻어 법을 속히 이룰 수 없게 된다."

곧 다음에 길상상카인(吉祥商佉印)을 결하라. 먼저 공중에서 합장하고[앞과 같다] 두 공지(空指)를 구부리고 두 풍지(風指)로 눌러서 상카(商佉)의 모습과 같게 하라. 인을 결하였으면 곧 입 가까이 대고 부는데 소라를 부는 법과 같게 하라. 이것을 온갖 원을 채워주는 "길상법라인(吉祥法螺印)"이라 한다. 이 인을 결함으로 해서 곧 온갖 착한 원이 채워지며 대법을 널리 설하여서 시방에 두루 듣고 알게 할 수 있다. 이것은 바로 적정열반[에 이르게 하는] 인이다. 그 진언의 귀명은 앞과 같다.

살바다(薩嚩哆, sarvatā)[일체에 두루함이다.]

암(暗)은 진언의 핵심으로 일체법은 본래 생겨남이 없다는 뜻이다. 위에 점이 있는 것은 대공(大空)이 온갖 장소에 두루함을 의미한다. 이 대적열반(大寂涅槃)의 체성은 만덕(萬德)이 적연(寂然)하여 온갖 장소에 고루 미친다.

다음에 "금강불괴좌(金剛不壞坐)"이다. 인법은 먼저 두 공지와 두 지지(地指)를 모두 나란하게 하고 그 밖의 손가락은 벌려서 피어나는 연꽃과 같게 한다. 경에서 방울의 모습과 같게 하라고 하는 것이다.

다음에 지지와 공지를 바꾸어서 서로 맞대며 중간의 여섯 손가락을 나란히 예전처럼 벌리는데 그 가운데 화지와 풍지를 서로 붙이고 수지만 홀로 세우는 것이다. 이것은 연화좌(蓮華坐)이며 또한 금강좌(金剛座)라고도 한다. 이 자리에 앉아서 모든 부처를 생하며 모든 부처가 다 이 자리에 [앉음으로] 말미암으므로 곧 길상좌(吉祥坐)라고 칭하기에 금강불괴좌(金剛不壞座)라 하는 것이다. 진언의 귀명은 앞과 같다. 이것은 진언의 핵심이다. 이긴 아(阿)자는 수행[行]이고 두 방점은 삼매이다. 이 법을 견고하게 하기 위하여 뒤에 점이 있다.

그리고 권을 짓는 법에는 네 가지가 있다.

연화권

제1[의 연화권(蓮華拳)]은 언제나 권을 짓는 법과 같이 엄지손가락을 세우는데 이것이 첫째이다. 다음에 공지로써 손바닥 가운데에 두는데 이렇게 쥐는 것을 금강권(金剛拳)이라 하며 제2이다.

외박권

[외박권(外縛拳)은] 두 손을 교차시켜 합하여 권을 만들고 열 손가락을 밖으로 나오게 한다. 이것을 지재외권(指在外拳)이라 하며 제3이다[오른쪽 손가락을 나란히 왼쪽에 더한다].

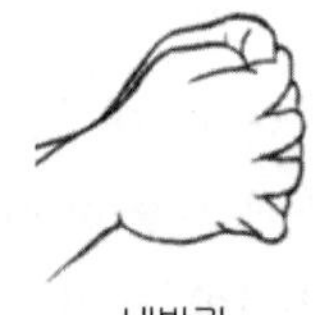
내박권

다음에 [내박권(內縛拳)은] 열 손가락을 서로 교차시키고 열 손가락끝 모두 손바닥 안에 둔다. 이것을 이수권(二手拳)이라 칭하며 제4이다[역시 오른손가락을 왼손가락 위에 둔다].

다음에 **"금강인(金剛印)"**[24)]을 결하라. 두 손 모두 수지(水指)를 손바닥 안쪽

---

24) 『경』에서는 "금강대혜인(金剛大慧印)"이라 하는데 내박오고인(內縛五股印)이다.

으로 구부리고 두 풍지로 화지(火指)의 뒤쪽에 대는데 서로 붙지 않게 하면 이것이 금강인이다[두 공지를 나란히 세운다]. 이 금강인으로 말미암아 무지(無智)의 성을 무너뜨리지만 어느 것도 [금강인을] 부술 수 없다. 그 진언의 귀명은 앞과 같다. 주문[呪]에는 훔자(吽引字)가 있다[뜻은 위와 같으며 그에 대해 설명한 것에 준하라].

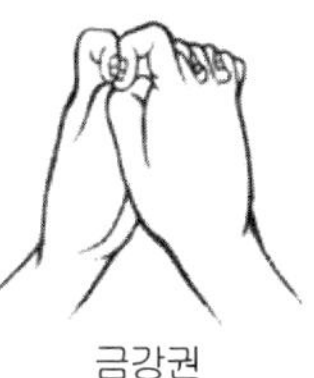
금강권

다음은 "불정인(佛頂印)"[25]이다. 먼저 손가락을 안으로 향하게 해서 권을 만들고 곧 두 가운데손가락을 펴서 나란하게 한다. 다음에 두 풍지로 가운데손가락의 등쪽을 누르고 두 공지를 구부려서 나란하게 하는 것이 바로 이것이다[이것을 향내권(向內拳)이라 하는데 손가락 끝을 안으로 향하게 한다]. 이 대인을 불정(佛頂)이라 부른다. 이 법의 인을 결하면 바로 인자(仁者)와 동등해진다. 인자란 여래이다. 말하자면 이 인을 결할 때에 곧 모든 부처님의 몸과 같아지는 것이다. 이 진언도 역시 삼매와 해탈의 뜻을 갖추며 처음을 인(因)으로 삼고 나중을 과(果)로 삼는다. 인은 여래의 행이고 과는 바로 부처이다[합하여 정수리 위에 가지하고 다시 여쭈어라].

다음은 "여래호상인(如來毫相印)"[26]이다. 지수(智手)에서 엄지손가락을 내어 [연화]권을 만들고 미간에 두는 것이 이것이다. 이 인을 결하면 곧 여래와 동등해져서 호상(毫相)을 구족하게 된다. 그 진언의 귀명은 앞과 같다[[illegible]: 행(行)이다. [illegible]: 인(因)이다. [illegible]: 생(生)이다]. 이 불생(不生)의 행으로써 일체의 인을 청정하게 한다. 사(闍)라고 함은 생불가득(生不可得)이다.

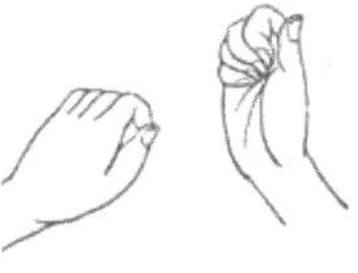
여래호상인

25) 『경』에서는 "다시 정혜(定慧)의 손에서 오륜(五輪)을 안으로 향하게 한다"라고 설명하고 있다.

26) 『경』의 "이것을 호상장(毫相藏)이라고 하는데 부처님의 만원인(滿願印)이다"라는 구절을 해석한다.

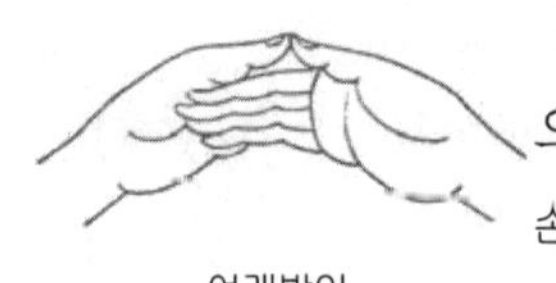
여래발인

다음에 "여래발인(如來鉢印)"[27]을 결하라. 왼손으로 옷의 두 모서리를 쥔다[그 쥐는 법은 가사에서 손에 가까운 뾰족한 모서리부분과 어깨에 걸친 모서리부분으로 팔을 둘러서 손바닥 안에 넣고 두 모서리를 두 귀처럼 하는 것이다]. 거듭 두 손으로 서로 누르는데 오른손이 왼손 위를 누르게 하라. 좌선(坐禪)하는 손과 같이 하고 위로 끌어올려서 배꼽에 댄다. 다시 조금 구부려서 손을 겹쳐서 바루를 받드는 모양을 하면 바로 이것이다. 이 인을 결하면 여래와 동등해지며 모든 부처님의 표치의 뜻인 이 가사를 지님으로써 또한 모든 근기가 아닌 중생들로 하여금 모두 법기를 감당할 수 있게 한다. 진언의 귀명은 앞과 같다. 바(婆)는 유(有)의 뜻으로 곧 삼유(三有)이다. 본래 생겨남이 없기에 삼유를 떠난다. 삼유는 본래 얻을 수 없는 것이다. 이 삼유를 제거하고서 여래의 진실한 유(有)를 얻는다. 이른바 모든 부처님의 법신이다.

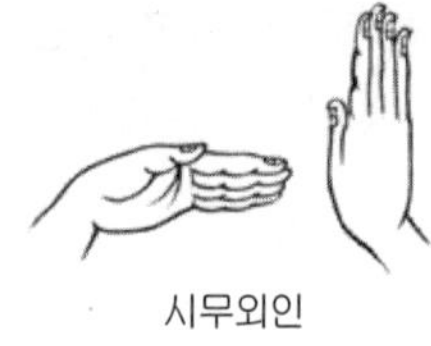
시무외인

다음에 "시무외수인(施無畏手印)"을 결한다. 왼손으로 앞과 같이 옷의 두 깃을 잡고 배꼽에 닿게 내밀며 오른손의 손가락을 위로 향하게 해서 밖으로 내밀어서 물건을 주으려는 형상과 같게 한다[유가경 가운데 석가인과 같다]. 만일 이 인을 결하면 모든 중생들의 갖가지 두려움을 없애며 애착과 성냄도 즉시에 모두 사라지고 또한 저 미래의 갖가지 큰 두려움도 없앤다. 그 진언의 귀명은 앞과 같다.

살바타 서나서나 바야나사나
薩嚩他 誓那誓那 婆也那奢那上聲[28]

변(遍)은 널리 미친다는 뜻으로 곧 모든 곳에 두루함이다. 모든 경우의

---

27) 『경』에서는 "석가모니의 대발인(大鉢印)"이라 한다.

28) Skt. sarvatā jina-jina bhaya-nāśana.

방편 가운데에서 가장 뛰어나고 모두 그것보다 뛰어나다. 처음은 이생(異生) 등의 번뇌를 여의고 다음에는 이승(二乘)의 번뇌를 여의므로 거듭 이것을 말하여 곧 뛰어남 가운데 다시 뛰어남이라고 하였다. 여래께서는 이로써 일체의 장소에 두루하시며 널리 모든 번뇌를 없애신다.

다음은 "여래만원수인(如來滿願手印)"[29]이다. 왼손도 역시 옷모서리를 잡고 앞에서처럼 이것을 펼쳐라. 오른손은 밖을 향하여 내밀고 아래로 늘어뜨려라. 유가[금강정경] 가운데 보생불(寶生佛)의 인과 같다. 이 인을 결할 때에는 곧 여래의 힘으로써 일체의 부처님께서 그 소원을 채워주시므로 모두 성취할 수 있다.

여원인

진언의 귀명은 앞과 같다.

바라다바즈라달마　카

嚩囉馱嚩折囉怛麽二合迦[30]

뜻을 말하면 다음과 같다.

'원하옵나니 부처님들이시여, 저에게 금강의 몸을 주옵소서. 또한 저에게 대원(大願)의 몸을 주옵소서.'

이 인은 바로 그 소원을 채운다.

다음은 "포일체위장자인(怖一切爲障者印)"[31]이다. 오른손으로 권을 만들고[엄지손가락을 밖으로 낸다] 풍지를 벌려서 세우며 미간에 대고 손가락끝으로 미간을 눌러라. 등인(等引)이란 비구지(毘俱知)의 형상을 만들고서 그 얼굴을 분노하는 모습으로 하고 마음은 하나의 경계에 머물러 움직이지 않게 하는 것이다. 이것이 모든 부처님의 대인(大印)으로 여래의 위맹한 큰

29) 여원인(與願印) 또는 만원인(滿願印)이라고도 한다.

30) 산스크리트로 varada vajra ātmaka이다.

31) 『경』에서는 "시무외인(施無畏印)"이라 한다.

세력의 힘을 나타내어 온갖 장애를 짓는 자들을 두렵게 하여 항복시키고, 또한 모든 중생들이 바라는 것을 채운다. 수행자가 이 인을 결할 때에 장애를 짓는 자들이 사방으로 흩어져 달아나지 않는 것이 없으며 큰 힘 지닌 천마의 군사들도 역시 스스로 물러나리라. 여래께서도 보리를 증득하실 때에 이 인으로써 모든 마군들을 항복시키셨다. 진언의 귀명은 앞과 같다.

마하바리(摩訶嚩梨, mahā-bala)[큰 힘이다.]

바디다사바리(伐底𠸪奢嚩梨, vati-daśa-bali)[십력(十力)이다.]

다바베(馱婆二合吠, dbhave)[얻는다.]

마하미디리야(摩訶彌底㘑也, mahā-maitreyābhyudgate)[큰 밧줄이고 발(發)이다.]

이 진언은 모든 부처님의 큰 힘이다. 이 큰 힘은 과연 무엇인가? 바로 여래의 십력(十力)으로 온갖 힘 가운데에서 가장 크고 자재하다. 여래께서는 어떻게 이러한 십력을 얻으셨는가? 이른바 대자(大慈)로부터 이러한 십력을 얻으셨다. 그래서 이 힘은 대자로부터 생겨났다고 말한다.

비생안인

다음은 "불안인(佛眼印)"[32)]이다. 먼저 권을 쥐고 공지로 풍지의 두 손가락을 누르고[그 손가락을 구부려서 공지로써 그 손톱 위를 누른다] 수지와 화지를 펴는데 오른손을 사용하여 이것을 만들어라. 만들고 나서는 이 두 손가락을 사용하여 그 눈에 댄다. 먼저 오른쪽 눈을 누르고 다음에 왼쪽 눈을 눌러라. 이 비밀의 방편으로 안근을 청정하게 하여 불안을 성취하면 여래의 깊고 비밀한 경계를 보게 될 것이다.

진언의 귀명은 앞과 같다.

가가나(伽伽那, gagana)[공(空)]

바라(嚩囉, vara)[원(願)]

---

32) 『경』의 "이것을 모든 부처님의 세상에 대한 비생안(悲生眼)이라고 한다. 안계(眼界)에 둔다고 관상하면 지혜로운 자는 불안(佛眼)을 성취하리라"에 대한 해석이다. Skt. Namaḥ samanta-buddhānāṃ gagana-vara-lakṣaṇa karuṇā-maya tathāgata-cakṣuḥ svāhā.

가로나(迦盧拏, karuṇa)[비(悲)]

마야(摩也, maya)[예(禮)]

다타가다(怛他揭多, tathāgata)[여래]

자걸추(斫吃蒭, cakṣu)[눈(眼)이다.]

무릇 허공은 비록 모습이 없고 걸림 없다할지라도 대사(大事)를 성취할 수 없다. 지금 여래의 공(空)은 비록 의지하는 바가 없으나 온갖 뛰어난 사업을 성취한다. 저 허공조차 초월하여 짝할 것이 없다. 대비체(大悲體)란 곧 여래의 눈으로서 이 눈은 대비로부터 생하여 대비를 낳는다[다시 여쭈어라].

다음은 "여래견삭인(如來羂索印)"33)이다. 먼저 열 손가락을 안으로 향하게 해서 권을 쥐고 두 풍지를 벌리는데 손가락 끝을 서로 맞대어 구부리고 서로 붙여서 둥그런 고리 모양으로 하라. 그 두 공지도 역시 오른쪽 손가락이 왼쪽 손가락을 누르게 해서 쌍으로 손바닥 가운데에 넣는 것이 이것이다. 이 인은 온갖 악을 행하는 자를 묶으며 또한 그를 파괴하여 그로 하여금 온갖 악을 그치게 한다. 진언의 귀명은 앞과 같다.34)

혜혜(係係)

이 가운데에 하(訶)의 소리가 있는데 이것은 바로 인(因)을 의미하며 겸하여 삼매의 뜻도 있다. 이 혜(係)는 부르는[呼召] 소리인데 말하자면 성불의 인을 부르는 것이다. 이 인은 본불생인 까닭에 인과를 떠나니 곧 이 인으로써 청정하게 하고 다시 청정하게 한다.

마하바사(摩訶鉢奢, mahā-pāśa)[바로 큰 밧줄[大索]이다. 즉 이상(離相)의 인(因)이다. 본불생인 까닭에 인과의 상(相)을 떠난다. 이 인으로써 청정하게 하고 다시 청정하게 하는 인(因)이다. 이를 큰 밧줄이라 한다.]

바로(婆盧, pra)[보(普)이다.]

---

33) 『경』의 "이 뛰어난 원의 색인(索印)은 모든 악을 행하는 자를 물리친다. 진언자가 이것을 결하면 모든 선하지 않은 것을 결박하리라"에 대한 해석이다.

34) Skt. Namaḥ samanta-buddhānāṃ he he mahā-pāśa prasaraudārya sattva-dhātu-vimohaka tathāgatādhim ukti-nirjāta svāhā.

사라다리야(娑嘮馱理耶, sara-āudārya)[공과 같음(如空)이다. 말하자면 이 큰 밧줄이 두루 넓은 것이 공과 같아서 고루 미치지 않은 곳이 없다.]

살타타도(薩埵馱都, sattva-dhātu)[이 밧줄는 누루 넓어서 이떠한 일을 짓는가 하면 이른바 유정 가운데에 이것을 지녀서 그 어리석음을 없앤다.]

비모하가(費慕呵迦, vimohaka)[어리석음이다. 어리석음을 없애는 것이다.]

다타가다(怛他揭多, tathāgata)[여래이다.]

제목흘디(提目吃底, adhimukti)[신해생(信解生)이다. 또한 모든 부처님의 본원을 발함이다. 모든 부처님께서는 보살도를 닦으실 때에 모든 중생을 다 제도하겠다고 큰 서원을 세우셨다. 지금 이 인(因)으로 말미암아 과(果)를 성취하여 이 어리석음을 없애게 하며 불과를 성취하게 해야 한다. 언제나 불사를 짓는 것이다.]

또한 이 밧줄이란 무엇으로부터 생기는가 하면 이른바 여래의 신해에서 생긴다. 신해의 뜻은 『대일경』 서두에서 이미 설명한 것과 같다. 여래께서는 이 신해의 힘으로써 갖가지 유형에 따라 널리 시현하신다. 혹은 크게 분노하는 일을 나타내시거나 혹은 지명선이 되어서 큰 힘과 세력을 갖추고 한량 없이 많은 중생들을 절복(折伏)하고 섭수(攝受)하여 모두 여래의 오묘한 과보를 얻게 한다. 바로 이것이 큰 밧줄이 널리 미치어 유정계와 동등하다는 뜻이다.

다음에 "여래구인(如來鉤印)"[35]을 결한다. 먼저 왼손의 공지로 나머지 네 손가락끝을 눌러서 고리모양을 만들라. 다음에 오른손의 세 손가락을 고리 가운데에 넣고 오른손의 엄지손가락으로 왼손의 엄지손가락 바깥을 눌러라. 손바닥 안에 구부려 넣고 오른손의 세 손가락을 감싸쥐어서 역시 고리모양과 같게 하라. 오른손의 풍지를 펴고 세 번째 마디를 조금 구부려서 갈구리의 형상과 같게 하는 것이 바로 그것이다. 이 구인을 결하여 시방의

35) 『경』의 문구와 진언 다음과 같다. "이와 같은 것을 구인(鉤印)이라고 하는데 모든 세상을 구하시는 부처님께서는 십지(十地)의 위에 머무시며 보리대심자(菩提大心者) 및 악한 생각하는 중생들을 불러 모으신다." Skt. Namaḥ samanta-buddhānāṃ āḥ sarvatrāpratihata tathāgatāṅkuśa bodhi-carya-paripūraka svāhā.

모든 부처님과 보살을 모두 도량에 모이시게 부를 수 있다. 또한 십지의 단계를 만족하게 한다. 하물며 그 밖의 팔부(八部)의 부류로서 아직 선한 마음을 내지 않은 자가 어찌 오지 않을 수 있겠느냐! 귀명은 앞과 같다.

아(阿引)[행(行)이다.]

살바다라바라디하다(薩嚩怛囉二合鉢羅底訶多, sarvātra apratihata)[걸림없다는 뜻이다. 모든 것에서 방해받지 않는다.]

다타가다(怛他揭多, tathāgata)[여래이다.]

앙구사(央俱舍, aṅkuśa)[갈구리이다.]

보리자리야(菩提折哩也二合, bodhi-caryā)[보리행(菩提行)이다.]

발리보라가사바하(鉢唎布囉迦莎訶, poripūraka)[열반의 뜻이고, 만족의 뜻이다.]

이 가운데 행(行)에 말미암아서 모든 부처님의 큰 공덕해(功德海)를 부른다. 세간의 갈구리는 두는 곳이 따로 있으므로 두루 모든 장소에서 구소(鉤召)하지는 못하나 지금 여래의 갈구리는 그렇지 않다. 두루 일체에 미치어 처하지 않는 곳이 없으며 심지어 대보리의 과를 부르기도 한다. 요컨대 일체여래의 공덕을 모두 채우고 두루 모든 중생들을 불러서 이 도를 얻게 한다. 그래서 다음의 구절에 변일체해(遍一切害)라 하였다[해(害)란 바로 갈구리로 끌어다 이를 없애는 것이다. 두루 모든 조복하지 않는 자들을 해쳐서 모두 보리행에서 오묘한 과보에 나아가 만족하게 만드는 것이다].

다음에 “여래심인(如來心印)”36)이다. 작법은 모두 앞에 준하라. 오직 화지(火指)를 벌린다. 이렇게 벌리는 두 손가락에서 모두 세 번째 마디를 구부리는 것이 이 인이다. 진언의 귀명은 앞과 같다.

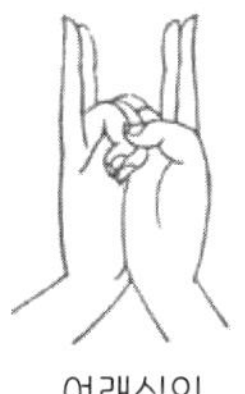
여래심인

자노 나바바(諾上怒 那婆二合縛, jñāna-udbhava)[지(智)이다. 생겨남이다.]

36) Skt. Namaḥ samanta-buddhānāṃ jñānodbhava svāhā.

이는 바로 모든 부처님의 지혜이다. 이 지는 다른 것으로부터 얻을 수 없으며 오직 불심으로부터 생긴다.

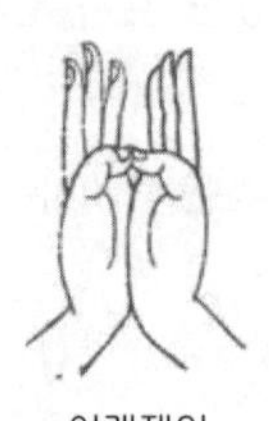
여래제인

다음은 "여래제인(如來臍印)"37)이다. 역시 앞에 준하되 수지(水指)를 벌린다. 세 손가락도 벌리고 역시 세 번째 마디를 구부린다. 진언의 귀명은 앞과 같다.

아몰리도(阿沒哩二合覩, amṛita)[감로(甘露)이다.]

온바바(嗢婆二合嚩, udbhava)[생겨남이다.]

감로(甘露)란 지지(智智)의 다른 이름으로 몸과 마음의 열뇌를 없애고 이를 먹게되면 늙지 않고 죽지 않기에 여래의 지혜에 비유할 수 있다. 지금 이 지혜는 모든 중생들의 열뇌를 없애고 항상한 수명의 몸을 얻게 한다. 이 감로미도 역시 불심(佛心)에서 생긴다.

여래요인

다음은 "여래요인(如來腰印)"38)이다. 역시 여래구(如來鉤)에 준하여 결하는데 안으로 풍지를 넣고 수지를 펴는 것이 다를 뿐이다. 이 수지는 세 번째 마디를 구부려서는 안된다. 이것은 오른손의 수지이다. 진언의 귀명은 앞과 같다.

타타가다(怛他揭多, tathāgata)[여래이다.]

소바바(蘇婆嚩, sambhava)[생이다.]

이 지인(智印)은 여래로부터 생한다는 것을 반드시 알아야 한다. 무릇 수인과 진언은 모두 그 자체의 뜻에 따라 부르며 다른 것은 모두 이것을 모방한다.

다음은 "여래장인(如來藏印)"39)이다. 먼저 삼보타합장을 결하라[중앙을 비게 한다]. 수지·풍지를 모두 구부려서 손바닥 가운데에 넣고 [손가락을 합쳐서 서로 맞대어라]. 그 두 손의 화지를 곧바로 펴며, 손가락 끝을 서로 붙게

37) Skt. Namaḥ samanta-buddhānāṃ amṛtodbhava svāhā.

38) Skt. Namaḥ samanta-buddhānāṃ tathāgata-sambhava svāhā.

39) Skt. Namaḥ sarva-tathāgatebhyaḥ raṃ raṃ raḥ raḥ svāhā.

하고 두 공지로 나란히 풍지를 눌러라. 그리고 두 손의 지지(地指)도 역시 펴는데 손가락 끝은 닿게 하지 말고 조금 구부려서 휘어지게 하면 바로 이것이다.

람람락락라(嚂嚂落落囉)는 무구(無垢)의 뜻이다. 위의 점은 대공삼매(大空三昧)이다. 제1은 범부와 이승의 장애를 제거하고, 제2는 여래감로의 공(空)에 머문다. 다음 두 종자 곁의 두 점은 청정하게 제거한다는 뜻이다. 첫째 점은 범부의 번뇌를 제거하고 둘째 점은 이승의 번뇌를 제거한다.

다음에 **"대계인(大界印)"**[40]을 결한다. 앞의 여래구인법에 준하되 단지 두 손에서 각각 수지를 들어서 곧바로 세우는 것이 이것이다[다시 이를 물어라. 분명치 않다]. 이 가운데 대계(大界)란 대보리심을 발하면서부터 성불에 이르기까지 그 중간에 끊임이 없게 하며, 또한 생사[윤회]에 빠지지 않으며 보리에서 물러서지도 않는 것이다. 이것이 바로 대계(大界)의 뜻이며, 진언의 귀명은 앞과 같다.

려(麗, le)[이상삼매(離相三昧)이다.]

로(嚕, llu)[로(嚕)는 두 라(羅)가 중복된 것으로 이승(二乘)의 상(相)이다.]

보(補, up)[궁극의 진리다. 궁극의 진리는 얻을 수 없음이다.]

리(履, ri)[이구(離垢)이다.]

미(微, vi)[이박(離縛)이다.]

구(矩, ku)[구(矩)의 음은 작(作)이다.]

려(麗, le)[상(相)을 떠남이다.]

이들은 모두 삼매로써 여래께서는 이러한 모든 삼매로써 장엄하시며 다시 이를 초월하는 것이 없다. 이것은 모든 부처님의 대계(大界)이다.

다음에 **"대호인(大護印)"**[41]을 결하라. 앞의 여래장인(如來藏印)에 준하여

---

40) Skt. Namaḥ samanta-buddhānāṃ le lu puri vikure svāhā.

41) 『경』에는 "무감인대호인(無堪忍大護印)"이라 한다. Skt. Namaḥ sarva-tathāgatebhyaḥ sarva-bhaya-vigatebhyaḥ viśva-mukhebhyaḥ sarvathā haṃ khaṃ rakṣa-mahā-bale sarva-tathāgata-puṇya nirjāte hūṃ hūṃ traṭ traṭ apratihate svāhā.

두 수지(水指)를 펴고 손가락끝을 서로 맞대어 봉우리처럼 하고, 두 화지의 끝도 역시 서로 맞대어 조금 구부려서 마치 고리와 같은 모습으로 만들어라. 또 두 공지를 벌려서 서로 띄우는 것을 2촌(寸) 이하로 하면 비로 이것이다. 진언으로 송한다.

살바타타가데베(薩嚩怛他揭帝弊, sarva-tathāgatebhyoḥ)[일체여래들께 귀명합니다.]

살바바야미가데베(薩嚩婆也微上蘖帝弊, sarva-bhaya-vigatebhyo)[모든 두려움과 장애 등을 제거하며 또한 부처님을 찬탄하며 귀명하는 것이다.]

비습바무계베(毘濕嚩目契弊, viśva-mukhebhyaḥ)[갖가지 문(門)이며, 또한 교묘(巧妙)의 뜻이다. 모든 부처님께서 교묘하게 갖가지 공덕문을 나타내신다.]

살바타(薩嚩二合他, sarvathā)[두루함인데 말하자면 모든 때와 모든 장소와 모든 방향에 두루함이다.]

함캄(唅欠, kaṃ khaṃ)[하(訶)는 인(因)의 뜻이며, 캄(欠)은 공(空)의 뜻이다. 점은 또한 공이며 이 공으로써 모든 인(因)을 청정하게 한다. 또한 공이란 이 공도 역시 공하다.]

라걸차(囉乞叉, rakṣa)[옹호(擁護)이다. 단지 이승(二乘)을 옹호하는 것만이 아니라 모든 부처님을 옹호한다. 모든 부처님은 이로 말미암아 유정을 버리지 않고 언제나 불사를 지으시며 휴식하지도 않으시며 적멸에 머물지도 않으신다.]

마하마려(麽訶麽𠼝, mahā-bale)[대력(大力)이다. 즉 여래의 십종지력(十種智力)이다.]

살바달타가다(薩嚩怛他揭多, sarva-tathāgata)[여래이다.]

부니야니라자데(奔抳也二合寧囉社引帝, punya-nirjate)[생겨남이다. 말하자면 이 힘은 여래의 공덕으로부터 생한다.]

훔훔(吽吽, hūṃ hūṃ)[첫째는 그 장애를 공포스럽게 하며 둘째는 부처님의 세 가지 덕을 채우고자 거듭 말하였다. 말하자면 지극히 이 [장애]를 두렵게 하는 것이다.]

달라타달라타(怛囉吒怛囉託, traṭ traṭ)[섭복(攝伏)이다. 안팎의 장애를 굴복시키고 또 부처님의 법신을 성취하고자 거듭 이를 말하였다.]

아발라데하데(阿鉢羅二合帝訶帝, apratihate)[이것은 무해(無害)이며 무장(無障)의 뜻이다.]

이것을 "무감인대호(無堪忍大護)[의 인]"라 한다. 그로 말미암아 위광이 맹렬하게 왕성하니 마치 처음 태어난 갓난아이가 햇빛을 바라볼 수 없음과 같다. 이것도 역시 이와 같아서 일체가 감당할 수 없으며 비추는 것을 빼앗을 자가 없다. 그러므로 무능감인대호(無能堪忍大護)라 부른다. 이로써 진언수행자를 보호한다.

다음은 "여래보광인(如來普光印)"[42]이다. 두 공지를 나란히 손바닥 가운데에 구부려 넣고 두 풍지를 곧바로 세워라. [각각 서로 붙지 않게 하고 모두 곧바로 세운다.] 두 화지의 끝은 서로 붙이고 끝의 마디를 약간 벌려서 방울 모양처럼 하며 그 밖의 손가락은 앞과 같이 하는 것이다. 진언으로 송한다. 귀명은 앞과 같다.

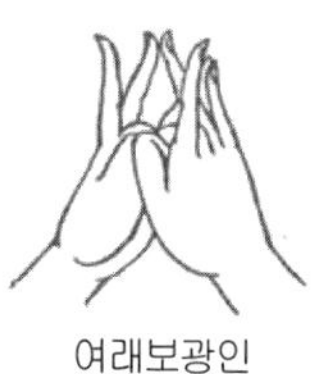
여래보광인

자바라(闍嚩囉, jvala)[자(闍)는 생(生)이고 바(嚩)는 박(縛)이고 라(囉)는 상(相)이다. 옆에 아(阿)점이 있어서 불생(不生)의 뜻과 같다. 즉 무상불생(無相不生)이다.]

마리니(摩履儞, mālini)[마(摩)는 아(我)이다. 장음 아(阿)의 소리가 있다. 리(履)는 상(想)이고, 니(儞)는 사물을 생각한다는 뜻이니 바로 관(觀)이다. 유관(有觀)과 무관(無觀)을 여읨이다.]

타타가다율지(怛他揭多 [喋旨], tathāgata-arci)[이것은 여래의 빛이다. 여래의 빛은 무상(無相)・무관(無觀) 등의 뜻으로부터 생하기 때문이다.]

다음은 "여래갑인(如來甲印)"이다. 삼보타합장을 하고 두 풍지로 가운데 손가락의 뒤쪽 위에 놓고 나란하게 세우는 것이 이것이다. 그 진언은 빠뜨렸는데 다시 경전[本]을 참조하라.[43] [귀명은 앞과 같다.]

[벌절라자바라(伐折囉入嚩囉, vajra-jvala)] [금강의 원광(圓光)이여,]

미사보라(微薩普囉, visphara)[두루 펼쳐라.]

---

42) Skt. Namaḥ samanta-buddhānāṃ jvala-mālini tathāgatārci svāhā.

43) 여래갑인의 진언이 본 소에 빠져 있다. 「구연품」에서 설하는 진언을 차용하면 다음 [ ]부분과 같다. Skt. Namaḥ samanta-buddhānāṃ tathāgata-jihva satya-dharma-pratiṣṭhita svāhā.

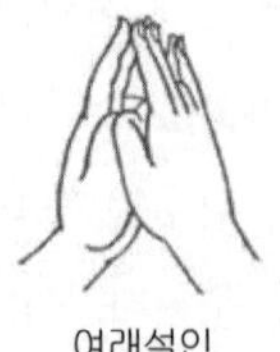

여래설인

훔사바하(訡莎訶, hūṃ svāhā)

다음은 "여래설인(如來舌印)"이다[역시 이를 빠뜨렸는데 경을 참조하라].44) 여래설(如來舌)의 진언으로 송한다. 귀명은 앞과 같다.

타타가다서하바(怛他揭多誓訶嚩二合, tathāgata-jihvā)[혀(舌)이다.]

살데야(薩帝也, satya)[진리이다.]

달마(達摩, dharma)[법(法)이다.]

발라디스치다(鉢囉底瑟恥多, pratiṣṭhita)[성(性)이다.]

여래는 진실하다. 이 인은 마치 여래의 혀와 같아서 언제나 여어(如語)·불광어(不誑語)·불이어(不異語)를 한다. 이와 같이 진실하기에 상주(常住)한다.

다음은 "여래어문인(如來語門印)"45)이다. 앞의 인에 준하는데 즉 삼보타 합장을 하고 수지와 풍지의 끝을 손바닥 안에서 합하고 두 공지로 나란히 누르고 두 지지와 두 화지를 나란히 곧게 하라. 손가락끝을 벌침처럼 뾰족하게 하는 것이 이것이다. 진언의 귀명은 앞과 같다.

마하바가달라(摩訶嚩迦怛囉二合, mahā-vaktra)[이것은 언어이다.]

비습바자야(毘濕嚩若耶, viśva-jñāna)[갖가지 교묘한 지혜이다.]

마하다야(摩訶駄那, mahā-udaya)[아주 넓음이다.]

이 언어는 여래 무량문의 교혜(巧慧)에 따라 짓는 것이다. 이 지(智)는 광대하고 무량하다.

---

44) 진언과 인상에 대한 설명이 여기에서 빠졌지만 경에는 나오고 있다. "정혜수로 공심합장(空心合掌)하여 두 풍륜으로 화륜 옆을 지지하면 여래갑인(如來甲印)이라고 한다. 두 수륜을 구부리고 두 공륜을 합해서 손바닥 안에 넣고 두 수륜의 손톱 위를 눌러라. 이것을 여래설상인(如來舌相印)이라고 한다." Skt. Namaḥ samanta-buddhānāṃ tathāgata-jihvā satya-dharma-pratiṣṭhita svāhā.

45) Skt. Namaḥ samanta-buddhānāṃ tathāgata-mahā-vaktra viśva-jñāna-mahodaya svāhā.

다음에 "여래아인(如來牙印)"[46]이다. 삼보타합장을 하고 두 풍지를 구부려 손바닥 속에 넣고 손가락 마디를 등지게 하고 나란하게 한다. 진언의 귀명은 앞과 같다.

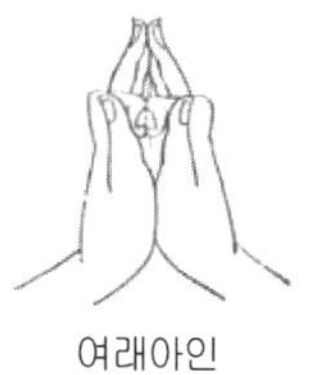
여래아인

타타가다능설타라(怛他揭多能去設吒囉三合, tathāgata-daṁṣṭra)[어금니[牙]이다.]

라사라사(囉娑囉娑, rasa rasa)[맛[味]이다. 맛 중의 맛이기에 거듭 말하였다. 즉 여래의 법미(法味)이다.]

가라(揭囉, agra)[이 글자는 앞의 구절과 서로 연결된다. 앞의 구절 말미에 아의 소리가 있다. 아(阿)와 서로 연결하라. 이것은 승상(勝上)의 뜻이며 승상의 맛이다.]

삼발라박가(三鉢囉博迦, saṁprāpaka)[얻음[得]이다.]

타타가다(怛他揭多, tathāgata)[여래]

비사아(毘奢上也, viṣaya)[경계(境界)이다.]

삼바바(三婆嚩, sambhava)[생겨남이다. 이 승상의 맛은 여래의 경계로부터 생한다.]

다음에 "여래사변인(如來四辯印)"[47]이다. 삼보타합장을 하고 두 풍지를 갈구리처럼 구부리고 두 화지의 등쪽에 대는데 손가락끝이 서로 닿지 않게 한다. 여래께서는 이 인으로 말미암아 대중 가운데 계시면서 두려움 없으시어 사람들을 위하여 바른 법을 연설하신다. 나아가 한 종자 가운데 다함 없는 뜻을 포함한다. 이 변재는 다함이 없다. 진언의 귀명은 앞과 같다.

아진뎨야(阿軫帝也二合, acintya)[부사의(不思議)이다.]

나보다(那步二合多, adbhūta)[기특(奇特)이다.]

갈로파(曷魯婆, rūpa)[언어의 분단(分段)이다. 또한 기특이다.]

바가삼만다(嚩迦三曼哆, vācaṁsamanta)[두루 다가감이다. 부처님께서는 한 가지 소리로써 법을 설하시지만 두루 모든 중생들의 앞에 다가가시며, 그 이른 곳에서 각

46) Skt. Namaḥ samanta-buddhānāṃ tathāgata-daṃṣṭra rasa-rasāgra-saṃprāpaka sarva-tathāgata-viṣaya-sambhava svāhā.

47) Skt. Namaḥ samanta-buddhānāṃ acintyādbhūta-rūpa-vācaṃ samanta-prāpta viśuddha-svara svāhā.

각 부처님께서 우리의 소리와 동일하게 우리를 위하여 법을 설하신다고 하는 것이다.]

비수다(毘輸上陀, viśuddha)[청정이다.]

살바라(薩縛囉, svara)[언음(言音)이다. 언음을 내는 것에 말미암아서 어업의 거칠고 악한 등의 허물을 떠나 미묘하고 청정하여 사람으로 하여금 듣는 데에 즐겁게 하기 때문에 청정한 언음이라고 한다.]

여래십력인

다음에 "여래십력인(如來十力印)"[48]이다. 지지와 공지를 구부려 손바닥 가운데에 넣고 손가락 끝을 모아서 기둥처럼 하고, 그 밖의 손가락으로 삼보타합장을 하는 것이다. 진언의 귀명은 앞과 같다.

훔(吽)[이것은 삼덕(三德)이다. 마(摩)는 공(空)이다. 점은 삼매이다. 사(闍)는 생함의 뜻이고 또한 부름이기도 하다. 부를 수 있다는 것에 대해서는 다시 여쭈어라. 이 인은 여래의 십력을 지닌다. 이 세 글자를 합하여 구절의 뒤에 붙여라. 대본(大本)과 같다.]

다사바란가(馱入舍嚩蘭伽, daśa-bala-aṅga)[십력(十力)의 신분(身分)이다. 이 난자(蘭字) 이상은 십력이니 즉 이 난자에 장음 아(阿)의 소리가 있다. 가(伽)와 서로 연결하면 이것이 신분(身分)이다.]

다라(陀羅, dhara)[지(持)이다.]

즉 이 지인(智印)의 힘에 말미암아 여래십력의 지분(支分)을 지닌다.

다음은 "여래념처인(如來念處印)"[49]이다. 삼보타를 하고 [이것은 모두 피지 않은 연꽃과 같이 가운데를 비게 하는 합장이다. 다시 앞의 문장을 살펴서 착오가 없게 하라.] 두 공지와 두 풍지를 모아서 서로 맞대는 것이다. 그 맞대는 법은 네 개의 손가락으로 손톱을 서로 붙일 뿐이다. 진언의 귀명은 앞과 같다.

---

48) 『경』에는 "여래지십력인(如來持十力印)"이라 한다. Skt. Namaḥ samanta-buddhānāṃ daśa-balāṅga-dhara hūṃ saṃ jaṃ svāhā.

49) Skt. Namaḥ samanta-buddhānāṃ tathāgata-smṛti sattva-hitābhyudgata-gagana samāsama svāhā.

다타가다실밀미디(怛他揭多悉密味二合底丁以反, tathāgata-smṛiti)[염(念)이다. 여래께서 염하시는 것이다.]

살타히다(薩埵係多, sattva-hita)[중생의 이익이다.]

베유타가다(弊庾二合馱揭二合多, abhyudgata)[생겨남이며 일어남이다.]

가가나삼마(伽伽那三麽, gagana-sama)[허공생(虛空生)이다.]

아삼마(阿三麽, asama)[무등(無等)이다.]

말하자면 이 염(念)은 허공과 동등하여서 한량이 없다. 그렇지만 허공으로도 비유할 수가 없다. 그러므로 다시 동등한 것이 없다고 한다. 왜냐하면 허공은 소유할 만한 성품이 없어서 모든 중생들을 위하여 크게 이익되게 할 수 없기 때문이다.

다음에 "일체법평등개오인(一切法平等開悟印)"[50]이다. 삼보타합장을 하고 두 수지와 두 공지를 모아서 서로 맞대는 것이다. 진언의 귀명은 앞과 같다.

살바달마사만다(薩嚩達摩三曼多, sarva-dharma-samantā)[일체법은 평등하다.]

발라보다(鉢囉補多, prāpta)[이르러 얻는다. 일체평등에 이르러 얻는다.]

다타가다(怛他揭多, tathāgata)[여래이다. 바른 뜻은 여거(如去)이다.]

노거디(奴揭多, anugata)[수(隨)이며 여(如)이다. 말하자면 모든 여래를 따른다. 그와 동일하게 이와 같은 깨달음을 얻는다.]

2. 모든 대보살의 밀인

다음에 "여의마니보현인(如意摩尼普賢印)"[51]이다. 보현(普賢)이라 이름하

50) Skt. Namaḥ samanta-buddhānāṃ sarva-dharma-samanta-prāpta-tathāgatānugata svāhā.

51) 『경』에는 "보현여의보주인(普賢如意珠印)"이라 한다. Skt. Namaḥ samanta-buddhānaṃ samantānugate viraja-dharma-nirjāta mahā mahā svāhā. 이하에서 모든 대보살들의 밀인을 설한다.

는 이유는 이 보살의 삼업이 모두 다 어질고 선하여서 모든 큰 보살들이 찬탄하는 바이기 때문이다. 그 인은 삼보타를 만들고 두 풍지를 돌려서 두 화지의 뒤쪽을 누르고 마디를 능그렇게 민드는 것이다 나머지는 일반적인 것과 같으며 진언의 귀명도 앞과 같다.

삼만다노거다(三曼多奴揭多, samatā-anugata)[평등지(平等至)이다.]

베라자(吠囉闍, viraja)[무구(無垢)이며 무진(無塵)이다.]

달마열자다(達摩涅闍多, dharma-nirjāta)[법생(法生)이다. 말하자면 이것은 무구(無垢)로써 법으로부터 생한 것이다.]

마하마하(摩訶摩訶)[이 뜻을 거듭 말하였다. 이것은 마치 천(天) 가운데 천이라 하는 것과 같다. 모든 보살들이 부처님께 공양드리고 부처님께서는 돌려서 보현에게 공양하시니 보현의 몸이 삼세의 부처와 더불어 평등한 것과 같다. 이것은 바로 대(大) 가운데의 대이며 공양 가운데의 공양이다. 그래서 거듭 말하였다.]

다음에 "자씨인(慈氏印)"[52]이다. 삼보타를 하고 두 풍지를 구부리며 손가락끝이 화지(火指)의 밑 부분에 닿게 하며 두 공지(空指)로 나란히 이를 눌러라. 나머지는 일반적인 것과 같다. 이 인이 탑[窣都波]모양과 같은 것은 일체여래의 법신의 탑을 지니는 것으로써 마치 관음보살이 [보관(寶冠)에 아미타]불신(佛身)을 모시는 것과 같다. 진언의 귀명은 앞과 같다.

아서담(阿誓擔, ajitaṁ)[옛날에는 아일다(阿逸多)라 하였다. 이것은 그 이름을 부르는 것이고 그 뜻은 무승(無勝)이라 한다. 온갖 애착의 견해와 번뇌 내지는 이승 등으로써 이보다 뛰어난 것이 없기 때문이다.]

사야(社耶, jaya)[득승(得勝)이라 한다. 무승(無勝) 가운데에서 그 승리를 얻기 때문이다.]

살바살타(薩嚩薩埵, sarva-sattva)[모든 중생들이다.]

---

52) Skt. Namaḥ samanta-buddhānāṃ ajitaṃ-jaya sarva-sattvāśayānugata svāhā.

아세야(阿世耶, āśaya)[성(性)이다.]

노거다(奴揭多, anugata)[마음이 일어남을 아는 것이다. 일어남[起]은 바로 앎[知]의 뜻이다. 이른바 모든 중생들의 성품을 아는 것이다. 𑖨자는 아사리가 말하기를 미륵의 종자자(種子字)라 하였다.]

다음에 "허공장인(虛空藏印)"[53]이다. 허심합장을 하고 두 공지를 구부려서 손바닥 가운데에 넣는 것이 이것이다. 진언의 귀명은 앞과 같다.

아가사(阿迦奢, ākāśa)[공(空)이다.]

삼만다(三曼多)[평등이다. 허공과 평등함이다.]

노거다(奴揭多)[얻음이다. 앞에서는 앎의 뜻, 일어남의 뜻이라 하였다. 여기에서는 '얻기에 이른다[至得]'는 뜻이라 하여도 역시 서로 부합한다.]

비질다람마바(髀質哆嚂麽嚩二合)[이 마(麽)는 바로 점(點)이다. 라(囉)자의 위에 붙이면 곧 다람(多藍)이 된다.]

라(囉, ra)[비질다(髀質多)는 여러 가지라는 뜻이다. 마바라(麽嚩羅)는 옷[衣]이라는 뜻이다.]

타라(馱囉, dhara)[입는 것이다. 즉 여러 가지의 옷을 입는다. 마치 허공이 무색(無色)이면서도 갖가지 형상을 나타낼 수 있는 것처럼 이 보살도 역시 그러하다. 마치 허공과 같아서 갖가지의 원을 채워주고 갖가지의 형상을 나타내보여 중생들을 이익하게 한다.]

다음에 "제개장보살인(除蓋障菩薩印)"[54]이다. 삼보타합장을 하고 지지·수지를 모두 구부려 손바닥 가운데에 넣고 그밖의 손가락은 그대로 둔다[그 지지와 수지의 손톱을 서로 합하여 기둥처럼 하라]. 진언의 귀명은 앞과 같다.

제개장보살인

---

53) Skt. Namaḥ samanta-buddhānāṃ ākāśa-samantānugata vicitrāmbara-dhara svāhā.

54) Skt. Namaḥ samanta-buddhānaṃ āḥ sattva-hitābhyudgata traṃ traṃ raṃ raṃ svāhā.

아살타혜다(阿薩埵係多)[아(阿)는 제거한다는 뜻이다. 혜다(係多)는 이익의 뜻이다. 중생을 이익하게 하는 것을 말한다.]

표야온게다(驃也二合嗢揭二合多)[제거함이란 뜻이다. 또한 그 선한 성품을 개발하여 드러나게 하는 것이다.]

다람다람람람(怛囕怛囕囕囕, traṁ traṁ raṁ raṁ)[앞과 같이 제거한다고 말하는 것은 어떤 일을 제거하는가하면 사구(四垢)를 제거함을 말한다. 범부의 애착하는 견해가 첫 번째의 구(垢)이며, 성문(聲聞)이 두 번째의 구이고, 연각(緣覺)이 세 번째의 구이며, 보살이 네 번째의 구이다. 중생의 구를 제거하여 성문의 위(位)에 오르고 성문의 구를 제거하여 연각의 위에 오르며 나아가 보살의 구를 제거하여 청정위에 들어간다.]

다음에 "관음인(觀音印)"55)이다. 처음에 개부합장을 하고 공지와 지지를 모아서 서로 맞대며 그밖의 여섯 손가락은 벌린다. 그 화지와 풍지를 모두 나란하게 서로 붙이고 수지만 혼자 세우는 것이 바로 이것이다.

살바다타가다(薩嚩怛他揭多)[여래이다.]

아바로갈다(阿嚩盧羯多, avalokita)[관(觀)이다. 즉 여래의 관이다.]

가로나(迦盧拏, karuṇā)[비(悲)이다.]

미야(未耶, maya)[체(體)이다. 말하자면 대비로써 체를 삼는다. 몸과 마음 안팎에 순수하게 비(悲)로써 몸을 삼는다.]

라라라(囉囉囉, ra ra ra)[삼구(三垢)이다.]

훔자(吽闍, hūṁ jaḥ)[이 훔자는 행·해탈·대공의 셋으로 삼는다. 자(闍)는 생(生)의 뜻이다. 이른바 연(緣)으로부터 생기는 법이다.]

이 가운데의 여래관(如來觀)이란 보살이 아직 성불하지 못하였을지라도

55) Skt. Namaḥ samanta-buddhānāṃ sarva-tathāgatāvalokita-karuṇā-maya ra ra ra hūṃ jaḥ svāhā.

보는 것이 부처님과 동등하여 온(蘊)의 성품을 보기에 관이라 이름할 수 있다. 오직 비(悲)로써 체로 삼는다. 이 비는 삼독을 여읨에 따라 무탐(無貪) 등의 삼선근(三善根)을 얻어 삼해탈(三解脫)을 이루게 된다. 그래서 세 라(囉) 자가 있다.

다음은 "대세지인(大勢至印)"56)이다. 삼보타합장을 하고 열 손가락을 구부려서 서로 맞대어 둥그렇게 해서 아직 피지 않은 연꽃과 같게 하라. 이 아직 피지 않은 연꽃은 바로 여래의 보협(寶篋)이다. 마치 활짝 피고 나서는 그치는 것과 같다. 진언은 다음과 같다.

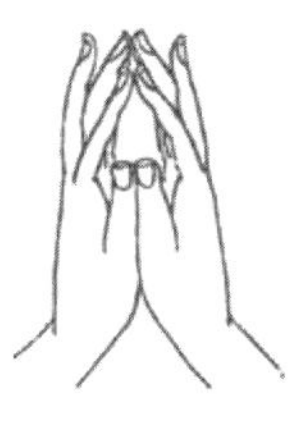
대세지인

담(瞻, jaṁ)[생겨남이다.]

사(娑, saḥ)[평등한 지혜이다. 다시 여쭈어라.]

세간의 주(主)를 떠나고 또한 보살의 생을 초월하여 평등지(平等智) 가운데 머문다.

다음에 "다라보살인(多羅菩薩印)"57)이다. 먼저 손가락을 안으로 향하게 해서 서로 깍지껴서 [내박권]으로 합장하고 곧 두 풍지를 세우며 손가락 끝을 서로 합하여 바늘과 같게 하고, 두 공지를 나란히 세워서 누르는 것이다. 진언으로 송한다.

다례(多㘑, tare)[그것을 부른다.]

다리니(多利尼上聲, tariṇi)[건너는 것이다. 마치 사람으로 하여금 큰 강을 건너 저 언덕 위에 있게 하는 것과 같다.]

가로나(迦嚧拏, karuṇā)[비(悲)이다.]

---

56) Skt. Namaḥ samanta-buddhānāṃ jaṃ jaṃ saḥ svāhā.

57) Skt. Namaḥ samanta-buddhānāṃ tāre tāriṇi karuṇodbhava svāhā.

온바바(嗢婆上嚩), udbhave)[생겨남이다. 이 보살은 비(悲)로부터 생겨났기에 중생들을 비처(悲處)에 도달하게 한다.]

다음에 "비구지인(毘俱知印)"[58]이다. 앞과 같이 안으로 향하게 [내박권]으로 합장하고 두 풍지도 역시 세운다. 단지 뒤섞어서 서로 누르는데 오른손의 손가락으로 왼쪽을 누르는 것이다. 그 모양새는 다라보살인과 거의 같으나 단지 손가락을 뒤섞는 것이 다를 뿐이다. 진언은 다음과 같다.

살바바아(薩嚩婆也, sarva-vaya)[모든 공포이다.]
달라살니(怛囉薩儞, trāsani)[역시 공포이다. 모든 공포 가운데에서 또한 공포로써 이를 두렵게 하여 그들을 물러나 흩어지게 한다. 조복하지 힘든 자를 보거든 굳세고 강한 위세로써 이들을 항복시켜서 반드시 성취시킨다.]
훔(吽, hūṁ)[세 가지 뜻이 앞과 같다.]
반타아(泮吒也, phoṭaya)[이것은 파괴의 뜻으로 그 모든 두려움을 물러나 흩어지게 한다.]

이 진언은 비구지지송모자(毘俱胝持誦母者)이다. 모든 지송 가운데에서 어머니와 같은 공능이 가장 존귀하다.

다음에 "백처보살인(白處菩薩印)"[59]이다. 쌍으로 두 수지를 손바닥에 넣고 그 두 공지도 역시 나란하게 하여 이를 구부려서 서로 닿게 하라. 나머지는 삼보타합장하라. 진언은 다음과 같다.

타타가다비사아(怛他揭多肥舍耶, tathāgata-viṣaya)[여래의 경계이다.]
삼바바(三婆嚩, sambhava)[생겨남이다. 여래의 경계로부터 생겨난다.]
발담마마리데(鉢曇摩二合摩里底, padma-malini)[만(鬘)이다. 몸을 장엄하는 도구이다. 이

58) Skt. Namaḥ samanta-buddhānāṃ sarva-bhaya-trāsani hūṃ sphoṭaya svāhā.
59) Skt. Namaḥ samanta-buddhānāṃ tathāgata-viṣaya-sambhave padma-mālini svāhā.

것은 바로 모든 부처님의 공덕을 생하여 이로써 장엄을 삼아 법신을 장엄한다.]

마두인

다음에 "마두인(馬頭印)"[60]이다. 삼보타합장을 하고 두 풍지를 구부려 손톱을 합하고 공지의 밑부분을 떼는데 한 알의 보리가 끼일 정도로 띄우며 붙이지 않고 그 두 공지를 나란히 세우며, 그 손톱 끝을 조금 떠받들 듯이 벌리는 것이다. 진언은 다음과 같다.

카타야(佉馱耶, khādaya)[씹는다. 말하자면 모든 장애를 씹어 먹는다.]

반자(畔闍, bhañja)[때려 부순다.]

살파타야사바하(薩破吒也莎訶, sphoṭaya)[이 장애를 때려 쳐서 사방으로 흩어지게 한다.]

지장보살인

다음에 "지장보살인(地藏菩薩印)"[61]이다. 안쪽을 향해서 서로 깍지끼는 합장을 하여 권(拳)을 만들고 지지와 수지를 펴서 손가락끝을 서로 합하며 [마치 칼끝과 같다.] 두 공지를 곧바로 나란하게 세운다. 진언은 다음과 같다.

하하하(訶訶訶, ha ha ha)[세 가지 인(因)을 떠난다. 즉 성문·연각·보살의 인이다. 무릇 이 가운데의 모든 진언은 다 스스로 본존의 덕행을 설한다. 이것은 모두 지장보살의 덕을 지닌다.]

소다노(蘇哆奴, sutanu)[묘한 몸이다. 내신(內身)이 지극히 청정하기에 묘한 몸이라 칭하니 바로 법신이다.]

사바하(莎訶)

---

60) 『경』에는 "하야게리바인(何耶揭哩嚩印)"으로 되어 있다. 마두(馬頭)의 산스크리트어가 Hayagrīva이며, 음역하여 하야게리바라 한다. Skt. Namaḥ samanta-buddhānāṃ khādaya bhañja sphāṭaya svāhā.

61) Skt. Namaḥ samanta-buddhānāṃ ha ha ha sutanu svāhā.

유가자가 머문다[말하자면 수행자는 이와 같은 인을 결한다].

다음에 "성자문수인(聖者文殊印)"[62]이다. 먼저 삼보타를 하고 두 화지를 뒤집어서 두 수지의 뒤쪽을 누르고 두 풍지를 구부려서 공지와 손가락끝이 서로 닿게 하면 바로 이것이다. 진언은 다음과 같다.

혜혜(係係, he he)[이 가운데 하(訶)소리는 인(因)이다. 이른바 두 가지 인(因)을 여의는 것은 바로 이승의 경계를 초월하는 것이다. 또한 이것은 호소(呼召)하는 소리이다.]

구마라(俱摩囉, kumāraka)[동자(童子)이다. 온갖 마구니를 파괴하며 또한 구마라(俱摩囉)[63]라고도 한다.]

비목디(毘目底, vimukti)[해탈이다.]

발타신체다(鉢他悉體他以反多, patha-sthita)[도(道)이다. 어떤 도에 머무는가 하면 이른바 해탈의 도에 머문다.]

사마라(薩末囉, smara)[염(念)이다.]

사마라(薩末羅, smara)[염이다.]

발라디자(鉢囉底惹, pratijñām)[옛적에 세운 서원이다. 지금 옛적의 원을 기억하는 것이다. 존자(尊者)가 옛적에 원을 세워서 모든 중생들을 다 제도하여 자신과 다름없게 하려고 하였다. 이러한 까닭에 지금 옛 서원을 기억한다.]

광망보살인

다음에 "광망보살인(光網菩薩印)"[64]이다. 왼손으로 권을 만들고 풍지를 펴서 셋째마디를 조금 구부려 갈구리

62) Skt. Namaḥ samanta-buddhānāṃ he he kumāraka vimukti-patha-sthita smara smara pratijñāṃ svāhā.

63) Skt. kumāra. 4세 또는 8세 이상 20세 미만의 삭발득도(削髮得度)하지 않은 수행자. 구마라(鳩摩羅)라고 음역하며 동남(童男)·동진(童眞)이라 번역한다. 여자는 동녀(童女)라고 한다. 또는 보살을 말하기도 한다. 보살은 여래의 아들이며, 또 음욕이 끊어졌음이 세상에 있는 동자와 같으므로 이렇게 부른다. 또는 불·보살·제천(諸天) 등을 시봉하는 동자를 가리키는 때도 있다.

64) Skt. Namaḥ samanta-buddhānāṃ he he kumāra māya-gata svabhāva-sthita svāhā.

모양과 같게 하며, 공지를 세워서 화지를 누르는 것이다.

헤헤구마라(係係俱末羅, he he kumāra)[앞의 해석과 같다.]

마야가다(摩耶揭多, maya-gata)[마야(摩耶)는 환상이다. 가다(揭多)는 앎이다. 일체법이 환상과 같음을 아는 것이다.]

사바(娑上嚩, sva)[성(性)이다.]

바바시체다(婆嚩悉體他以反多, bhava-sthita)[머묾이다. 모든 법이 다 환상과 같음을 알기 때문에 모든 법의 진실한 성품인 본성 가운데에 머무는 것이다.]

다음에 "무구광인(無垢光印)"[65]이다. 왼손의 모든 손가락을 펼치고 모두 셋째마디를 조금 구부린 것이다[공지도 역시 세우며 아울러 조금 구부린 것처럼 한다]. 진언은 다음과 같다.

무구광인

혜(係, he)[호(呼)이다.]

구마라(俱摩羅, kumāra)[앞과 같다.]

비질다라(肥質多囉, vicitra)[갖가지이다.]

가뎨(揭底, gati)[행(行)이다. 갖가지 수행을 말한다.]

구마라(俱摩囉, kumāra)[근본 서원이다. 보문으로써 갖가지의 몸을 나타내어 갖가지의 수행으로써 일체를 이익하게 한다. 혹은 동자의 몸을 나타내고 혹은 장년의 몸을 나타내며 혹은 늙은이의 몸을 나타내는 것이다.]

마노살마라(摩奴薩末囉, manusmara)[옛적의 서원을 기억하는 것이다. 성자께서 옛적에 부처님 앞에서 이러한 서원을 세우셨나니 원하옵건대 이를 기억하게 하소서.]

---

65) Skt. Namaḥ samanta-buddhānāṃ he kumāra vicitra-gati-kumāram anusmara svāhā.

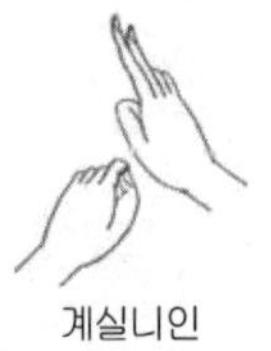
계실니인

다음에 "계실니인(繼室尼印)"66)이다. 먼저 오른손으로 권을 만들고 화지와 풍지를 펴서 나란히 합치며 곧게 세워라. 그 공지도 역시 세워서 나란하게 하라. 진언은 다음과 같다.

혜혜(係係, he he)[앞과 같다.]

구마리구(俱摩梨鉤, kumārike)[동자(童子)이다. 여성(女聲)으로 부른다. 이는 문수의 삼매이다.]

나야(娜耶, dayā)[베푼다[與].]

자나(若上那, iñānaṃ)[여원(與願)이다.]

사마라(薩末羅, smara)[과거를 기억한다.]

보라뎨연(補羅底然, pratijñāṁ)[본원(本願)이다. 이 뜻을 말하면 '존자께서 문수보살의 처소에서 얻으신 승원(勝願)과 본래의 서원과 묘원(妙願)을 지금 나에게 수여하신다'고 하는 것이다.]

오파계실니인

다음에 "오파계실니인(鄔波繼室尼印)"67)이다. 먼저 오른손으로 권을 만들고 화지를 곧게 펴며 그 엄지손가락도 역시 세워라[언제나 엄지손가락을 밖으로 향하게 하는 권이다. 단지 가운데손가락만 펴라]. 진언은 다음과 같다.

빈타야(頻去馱耶, bhinnāya)[구멍을 낸다.]

---

66) 『경』에서는 이 인을 "계실니도인(繼室尼刀印)"이라 하며, 다음의 인을 "우파계실니극인(優波髻室尼戟印)"이라 한다. Skt. Namaḥ samanta-buddhānāṃ he he kumārike dayā-jñānaṃ smara pratijñāṃ svāhā.

67) Skt. Namaḥ samanta-buddhānāṃ bhinnayājñānaṃ he kumārike svāhā.

자나(若那, ajñānaṃ)[지혜이다. 앞의 구절 말미에 아(阿)의 소리가 있어서 서로 연결된다. 말하자면 오묘한 지혜로써 무지에 구멍을 뚫어 실상에 도달하는 것이다.]

혜(係, he)[부른다.]

구마리구(俱摩哩鉤, kumarike)[동녀(童女)이며 삼매이다. 여성(女聲)으로 대신하여 부른다.]

다음에 "지혜당인(地惠幢印)"[68]이다. 먼저 왼손으로 권을 만들고 [역시 엄지손가락이 밖으로 향하는 권이다.] 지지와 수지의 두 손가락을 펴는 것이 이것이다.

지혜당인

혜(係, he)[부른다.]

사마라(薩末囉, smara)[억념(憶念)이다.]

자나(若那, ajñānaṃ)[지혜이다. 이 지혜를 억념해야 한다.]

계도(計都, ketuṁ)[깃발이다. 이 오묘한 지혜의 깃발에 말미암아서 모든 마구니를 부순다. 지금 억념해야 하며 나도 또한 그렇게 한다.]

다음에 "소청인(召請印)"[69]이다. 지금까지의 다섯 보살은 모두 문수보살의 사자(使者)이다. 오른손으로 권을 만들고 [역시 엄지손가락이 밖을 향하게 한다.] 풍지를 구부려서 갈구리처럼 둥굴게 하며, 공지의 끝을 조금 떼어서 서로 닿지 않게 하면 바로 이것이다. 진언은 다음과 같다.

소청인

68) Skt. Namaḥ samanta-buddhānāṃ he smara jñāna-ketu svāhā.

69) 『경』에는 "청소동자인(請召童子印)"으로 되어 있다. Skt. Namaḥ samanta-buddhānāṃ ākarṣaya sarvāṃ kuru ājñāṃ kumārasya svāhā.

아가리쇄야(阿迦哩嚷二合耶, ākarṣaya)[초소(招召)이며 소청(召請)이고 섭소(攝召)이다. 모두 갈구리를 사용하여 이곳에 오게 한다는 뜻이다.]

살밤구로(薩鑁上俱嚧, sarvaṁ kuru)[일체의 지음이다. 일체의 취하고 주는 것은 모두 이것이다. 말하자면 존자 문수보살이 계신 곳에 부르는 것과 같은 일에는 모두 이것을 행해야 한다.]

아연구망라사(阿然矩忙囉寫, ajñāṃ kumārasya)[이 성자의 몸을 가리킨다.]

제봉교자인

다음에 "모든 봉교자(奉教者)들[의 인]"[70]이다[역시 문수보살의 봉교자이다. 사자(使者)와는 약간 다르다]. 먼저 안쪽을 향하여 서로 깍지끼고 합장하여 권을 만들고 두 풍지를 펴서 끝이 서로 붙게 하고 세 번째 마디를 구부리며 두 공지를 세운다. 진언은 다음과 같다.

아(阿, aḥ)[행(行)이다. 곁에 점이 있는 것은 분노형을 나타낸다.]

미삼매야니예(微三昧耶儞曳, vismayanīye)[만원(滿願)이다. 희유한 일로서 성취되지 않는 것이 없다. 온갖 희유하며 기특한 일을 다 채울 수 있게 한다. 예(曳)의 소리는 이 존자를 가리킨다.]

교도갈나보살인

다음에 "교도갈나(憍都褐羅)보살[의 인]"[71]이다[이 보살은 제의(除疑)라고 번역한다. 또는 제구(除垢)라 한다. 대중들 모두에게 의심스러운 일이 있으나 명쾌하게 풀지 못할 때에 이 보살이 그곳에 가서 그 그물 같은 의심을 끊는다. 청하지 않은 벗이 되어서 언제나 모든 중생들의 의혹을 끊으므로 이렇게 부른다]. 그 인은 안으로 향하여 서로 깍지끼는 합장을 하고 두 화지를 펴서 끝을 서로 합하며 세 번째 마디를 구부리는 것이다[두 공지는 언제나 바깥에 세운다].

---

70) Skt. Namaḥ samanta-buddhānāṃ āḥ vismayanīye svāhā.

71) 교도갈나는 제의괴(除疑怪, Kauṭūhalaḥ)보살의 음역이다. Skt. Namaḥ samanta-buddhānāṃ vimati-cchedaka svāhā.

비말디(肥末底, vimati)[무혜(無惠)이다. 즉 알지 못하는 것이다.]

제다가(製馱迦, cehedaka)[끊음이다. 무지(無知)를 끊어서 지혜가 생하게 한다. 또한 결단(決斷)의 뜻이며, 또 단괴(斷壞)의 뜻이다. 마치 능단금강반야(能斷金剛般若)의 뜻과 같다.]

다음은 "시무외(施無畏)보살인"[72]이다. 시무외수(施無畏手)를 만들고 유가(瑜伽)하는 가운데[석가인(釋迦印)과 같다.] 팔을 위로 펴고 손바닥이 바깥으로 향하게 하는 것이 이것이다.

시무외인

이 인은 오법(五法)을 행함을 나타낸다. 지(地)를 신(信)으로 하고 수(水)를 진(進)으로 하며 화(火)를 염(念)으로 하고 풍(風)을 정(定)으로 하며 공(空)을 혜(惠)로 한다. 모든 불보살이 몸과 입으로 법을 설하신다. 지금 이 인은 바로 오근(五根)·오력(五力)을 나타낸다. 진언은 다음과 같다.

아바연다다(阿婆演馱馱, abhayoṁ dada)

바로 무외시(無畏施)이다. 어떠한 법으로 두려움 없음을 베푸는가 하면 아자문에 머물러 일체의 생(生)을 여의는 것이다. 존자께서는 원하신 바를 이미 만족하셨다. 우리들은 아직 얻지 못하였으니 원컨대 저와 모든 중생들에게 베풀어 주십시오라고 한다.

다음에 "제악취인(除惡趣印)"[73]이다. 곧 앞과 같이 손을 펼쳐서 손바닥을 위로 향하게 하고 위로 향하여 이를 들어올리면 바로 이것이다. 진언은 다음과 같다.

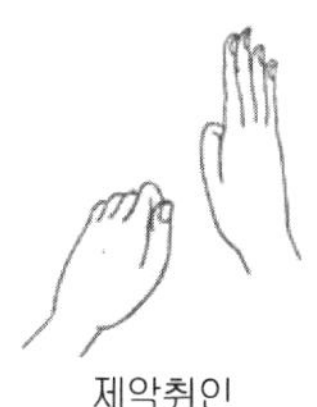
제악취인

72) Skt. Namaḥ samanta-buddhānāṃ abhayaṃ-dada svāhā.

73) Skt. Namaḥ samanta-buddhānāṃ abhyuddhāraṇi sattva-dhātuṃ svāhā.

아표다라니(阿驃波庾反馱羅拏, abhyuddhāraṇi)[들어올린다.]

살타다도(薩埵馱都, sattva-dhātuṁ)[중생계(衆生界)이다.]

이 뜻은 다음과 같다. 모든 중생들은 시작도 없는 때로부터 무명 때문에 언제나 삼악취 가운데 머문다. 지금 성자께서는 이미 이와 같은 오력을 얻으셨다. 원하는 것은 [성자께서] 이 인을 들어서 [우리들을] 청정한 경계에 오르게 하시는 것이다. 왜냐하면 존자께서는 이미 [삼악취를] 스스로 벗어나셨지만 또한 모든 중생계를 들어올려야 하기 때문이다.

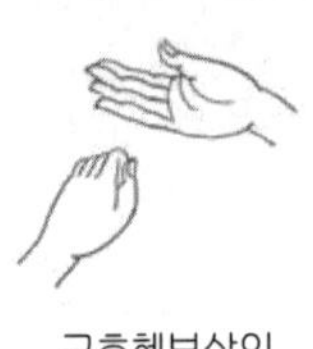
구호혜보살인

다음에 "구호혜(救護惠)보살인"[74]이다. 앞과 같이 손을 펼쳐서 심장에 대고 손바닥을 몸을 향하게 대어서 자신의 심장을 감싸며 엄지손가락 끝을 세워서 위로 향하게 할 뿐이다. 진언은 다음과 같다.

혜(係, he)[이인(離因)이다. 또한 불러서 깨워 일으킨다는 뜻이다.]

마하마하(摩訶摩訶, mahā-mahā)[큰 것 가운데 크며 존귀한 것 가운데 존귀함이다.]

사마라발라디연(薩末羅鉢囉底然, smara pratijñam)[본원(本願)이다. 본원으로 모든 괴로움을 제거한다. 괴로움을 제거하기 때문에 구호(救護)라 한다. 지금 그 명칭을 부르는 것은 본원을 기억하게 하여 일체를 구호하려 함이다.]

다음에 "대자생보살인(大慈生菩薩印)"[75]이다. 앞과 같이 시무외수를 하고 공지와 풍지를 서로 맞대어서 마치 사람이 꽃을 든 모양처럼 하고, 그밖의 세 손가락을 위로 향하게 세우는 것이다. 진언은 다음과 같다.

살바(薩嚩, sva)[자(自)이다.]

제투(制妬, citta)[마음[心]이다.]

---

74) Skt. Namaḥ samanta-buddhānāṃ he mahā-mahā smara pratijñāṃ svāhā.

75) Skt. Namaḥ samanta-buddhānāṃ sva-cittodgata svāhā.

드게다(特揭二合多, udgata)[생겨남이다. 이 자(慈)는 자기의 마음으로부터 일으킨다. 다른 것으로부터 얻을 수 있는 것이 아니기에 대자(大慈)라 한다. 말하자면 자성청정심으로부터 생하며 대종(大種)의 마음에서 생기는 것이 아니기에 자심생(自心生)이라 한다.]

다음에 "비념(悲念)보살인"[76]이다. 앞과 같이 손을 펼쳐서 손바닥으로 심장을 덮어 감싸고 가운데손가락을 구부려 심장에 대어 떠받치게 한다. 진언은 다음과 같다.

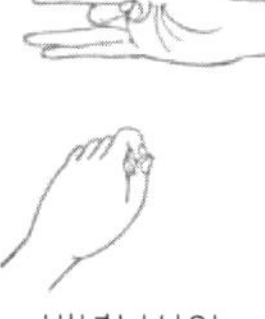

비념보살인

가루나(迦盧拏, karuṇā)[비(悲)이다.]

미로(未盧二合, mre)[다시 여쭈어라. 계(界)이다.]

니다(尼多上, ḍita)[염(念)이다.]

이 뜻을 말하면 '존자의 본원은 모든 괴로움을 없애는 것입니다. 지금 억념하소서'라고 하는 것이다. 그런데 이 보살을 비념(悲念)이라고 이름하는 것은 그 뜻을 다 말한 것이 아니다. 그 뜻을 말하자면 이 보살은 비(悲)에 묶여 있다. 사람이 다른 이에게 묶여 있어서 자재롭지 못한 것과 같이 이 보살은 몸과 마음이 비에 묶여 있으며, 비를 지니고 있기에 자재롭지 못하다. 또 백성이 왕에게 속하여 부림받으면서 자재하지 못한 것처럼 이 보살도 역시 그러하여 언제나 비에 이끌려서 자재하지 못하다. 이러한 뜻이기에 본원을 억념하여 모든 중생들을 구해야 한다.

다음에 "제일체열뇌보살인(除一切熱惱菩薩印)"[77]이다. 여원수(與願手)를 만드는 것이 바로 이것인데 오른손을 펼쳐서 손바닥을 위로 향하게 하고 아래로 늘어뜨려라. 유가경 가운데의 보생불인(寶生佛印)과 같다. 진언은 다

76) Skt. Namaḥ samanta-buddhānāṃ karuṇāmṛḍita svāhā.

77) Skt. Namaḥ samanta-buddhānāṃ he varada vara-prāpta svāhā.

음과 같다.

혜(係, he)[앞과 같다.]

바라다(嚩囉馱, varada)[원하는 대로 주는 것이다. 인(因)의 법을 여읨으로써 모든 중생들의 원을 채운다.]

바라보라보다(嚩囉補囉補多二合, vara prāpta)[먼저 얻음이다. 만일 먼저 원하는 것을 얻지 못하였으면 어떻게 다른 사람에게 줄 수 있겠는가! 먼저 원하는 바를 얻어 스스로 다 만족하였으므로 지금 본원을 억념하여 일체중생에게 시여하여 모든 열뇌(熱惱)를 없애게 한다. 왜냐하면 존자는 근본서원을 세워 불도를 한결같이 구해야 하기 때문이다. 지금 이것을 얻었으므로 본원을 억념하여 널리 일체중생을 제도하여 모두 불도에 들어가게 해야 한다.]

다음에 "부사의혜보살인(不思議惠菩薩印)"[78]이다. 시무외수에서 공지와 풍지를 서로 맞대어 구슬을 잡은 모양과 같게 하라. [그 손은 옆의 사람을 가리키는 것처럼 하고 손가락을 합해서 구슬을 쥐는데 구슬은 위로 향하게 한다. 또한 가운데손가락 끝을 조금 벌려서 안으로 향하게 하며 그밖의 두 손가락은 나란히 세운다.]

살바아사(薩縛阿奢, sarva-aśa)[모든 원이다.]

파리보라가(跛梨補囉迦, paripuraṇa)[채우는 것이다. 여의주처럼 모든 중생들의 갖가지 승원(勝願)을 채워줌을 말한다.]

다음에 "지장보살기인(地藏菩薩旗印)"[79]이다. 먼저 손가락을 안으로 향하게 해서 서로 깍지껴서 권을 만들고 두 화지를 펴서 세우고 손가락끝을 1촌 정도 벌어지게 하는 것이다[두 공지를 언제나 나란히 세운다]. 계도(計覩, ketu)는 깃발이다. 이 인은 깃발과 같으며 진언은 다음과 같다.

---

78) Skt. Namaḥ samanta-buddhānāṃ sarv'āśā-paripūraṇa svāhā.

79) Skt. Namaḥ samanta-buddhānāṃ ha ha ha vismaye svāhā.

하하하(訶訶訶, ha ha ha)[세 가지 인(因)을 떠나는 것으로 앞과 같다.]

베살마라(吠薩末羅, vismaye)[희유(希有)이다. 모든 유정들은 언제나 나[我]라는 번뇌의 생각이 있다. 이렇게 억념하는 것을 끊어서 나라는 생각을 없애므로 희유하다고 한다. 또한 기이하다는 뜻이다.]

다음에 "보처보살인(寶處菩薩印)"[80]이다. 오른손으로 권을 만들고 [엄지손가락은 밖에 둔다.] 곧 지·수·화지를 벌려서 나란히 세우는 것이 이것이다.

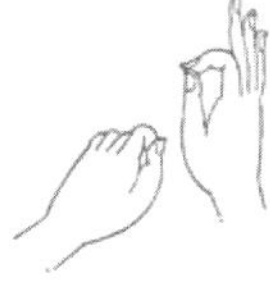
보처보살인

혜(係, he)[앞과 같다.]

마하마하(摩訶摩訶, mahā-mahā)[큰 것 가운데 큰 것이다.]

보처(寶處)라고 이름한 이유는 보배가 바다에서 생산되는 것처럼 그 곳에서 생하기 때문에 보처라 부른다. 보배가 바다에 있는 것처럼 그에 따라 있기 때문에 이름하였다.

다음에 "보수보살인(寶手菩薩印)"[81]이다. 오른손으로 권을 만들고 공지로 모든 손가락을 누르며 수지를 펴서 바로 세우는 것이 이것이다. 진언은 다음과 같다.

보수보살인

라달노(囉怛奴二合, ratna)[보배이다.]

온바바(唱婆縛, udbhava)[산출한다. 손으로부터 보배를 산출한다. 말하자면 이 성자는 보배로부터 생하였다. 어떠한 보배로부터 생하였는가? 이른바 보리심의 보배로부터 생하였다.]

80) Skt. Namaḥ samanta-buddhānāṃ he mahā-mahā svāhā.

81) Skt. Namaḥ samanta-buddhānāṃ ratnodbhava svāhā.

다음에 "지지인(持地印)"[82]이다. 두 손을 등지고 뒤집어서 깍지끼는 합장이다. 오른손은 받들고 왼손은 엎으며 손가락끝으로 서로 누른다. 즉 엄지와 새끼손가락으로 서로 꼬는 것이다[말하자면 왼손의 엄지와 새끼손가락을 위로 향하게 하고 오른손의 엄지와 새끼손가락을 아래로 향하게 해서 서로 꼬아서 누르는 것이다]. 진언은 다음과 같다.

다라니(陀羅尼, dhāraṇī)[지(地)이다. 이 지(地)는 온갖 사물을 지니므로 이렇게 이름한다.]
다라(陀囉, dhara)[지님[持]이다. 모든 불지(佛地)를 지녀서 중생을 짊어지므로 지(地)로 삼는다. 또한 중생 모두 이 지(地)를 얻게 한다고 한다.]

다음에 "보인수보살인(寶印手菩薩印)"[83]이다. 먼저 바깥을 향하여 서로 깍지껴서 권을 만들고 두 화지를 펴고 손가락끝을 서로 맞대며, 엄지와 새끼손가락은 모두 나란히 세우고, 그 두 풍지를 가운데손가락 뒤쪽에 대어 이를 구부리는데 가운데손가락 등쪽에 붙지 않게 하여 마치 오고금강저의 모습과 같은 것이 이것이다. 진언은 다음과 같다.

라달나(羅怛那二合, ratna)[보배이다.]
닐서다(涅誓多, nirjāta)[생겨남이다. 모든 여래로부터 보배를 생한다.]

다음에 "견고의보살인(堅固意菩薩印)"[84]이다. 앞의 오고(五股)의 모습과 같게 하고 모든 손가락 끝을 서로 나란하게 붙이는 것이다. 진언은 다음과 같다.

---

82) Skt. Namaḥ samanta-buddhānāṃ dhāraṇī-dhara svāhā.
83) Skt. Namaḥ samanta-buddhānāṃ ratna-nirjāta svāhā.
84) 『경』에는 "발견고의인(發堅固意印)"이라 한다. Skt. Namaḥ samanta-buddhānāṃ vajra-sambhava svāhā.

바서라삼바바(縛誓羅三婆縛, vajra-sambhava)[금강으로부터 생한다. 금강의 파괴할 수 없는 지인(智印)으로부터 생하였기에 이로써 이름을 삼는다.]

다음에 "허공무구(虛空無垢)보살인"[85)]이다. 삼보타합장을 하고 공지와 풍지의 끝을 서로 맞대어 합한다[앞의 여래도인(如來刀印)과 같다].

진언은 다음과 같다.

가가나(伽伽那, gagana)[허공]

아난타(阿難陀, ananta)[한량 없이 많다.]

오절나(娛折羅, gocara)[행(行)이다. 한량 없이 많은 행으로 허공과 동등하기에 이렇게 부른다.]

다음은 "허공혜인(虛空惠印)"[86)]이다. 앞의 전법륜인과 같게 한다. 진언은 다음과 같다.

지기라(折羯羅, cakra)[윤(輪)이다.]

벌디(伐底, varti)[굴림(轉)이다.] 말하자면 성자께서 먼저 이 법륜을 얻으시고서 모든 중생을 위하여 이 법륜을 굴리시고자 원한다.

다음은 "청정혜보살인(淸淨惠菩薩印)"[87)]이다. 삼보타합장을 하고 두 공지를 함께 구부려 손바닥 속에 넣고 두 풍지로 그 등쪽을 누른다[그 풍지를 둥글게 구부리고 손톱을 서로 향하게 하는 것이다].

달마(達摩, dharma)[법이다.]

삼바바(三婆嚩, sambhava)[생겨남이다.]

---

85) Skt. Namaḥ samanta-buddhānāṃ gaganānanta-gocara svāhā.

86) Skt. Namaḥ samanta-buddhānāṃ cakra-varti svāhā.

87) Skt. Namaḥ samanta-buddhānāṃ dharma-sambhava svāhā.

이른바 이 보살은 부처님의 경계와 동등하게 자재를 얻어 법으로부터 생하기에 법생(法生)이라 부른다. 말하자면 자성청정의 법으로부터 생하였다.

다음에 "행혜(行惠)보살인"88)이다. 관음보살의 연화인과 같은 것이 바로 이것이다[공지와 지지를 서로 붙이고 여섯 손가락을 벌려펴는 것은 앞과 같다]. 진언은 다음과 같다.

발담마(鉢曇摩二合, padma)[연꽃이다.]
아뢰야(阿賴耶, ālaya)[장(藏)이다. 장은 바로 보리심이다. 그 태장으로부터 생한다.]

안혜보살인

다음에 "안혜(安惠)보살[의 인]"89)이다[혹은 주혜(住惠)라고도 한다. 이것을 다시 자세하게 살펴라]. 안으로 향하게 서로 깍지껴서 권을 만들어 합장하고 두 풍지를 펴서 세워라. 손가락끝이 조금 떨어져 서로 붙지 않게 하는 것이 바로 이것이다[두 공지를 나란히 세운다]. 이 인은 다라보살과 흡사하나 조금 벌릴 뿐이다[앞과 다르니 다시 여쭈어라]. 진언은 다음과 같다.

자나(若那, jñāna)[지혜이다.]
올파바(嗢婆縛, udbhava)[생겨남이다. 지혜로부터 생한다.]

---

88) Skt. Namaḥ samanta-buddhānāṃ padm'ālaya svāhā.
89) 『경』에는 "안주혜인(安住慧印)"이라 한다. Skt. Namaḥ samanta-buddhānāṃ jñānodbhava svāhā.

3. 제금강(諸金剛)의 밀인

다음은 "집금강(執金剛)[의 인]"90)이다. 앞과 같이 오고인(五股印)을 하고 그 두 풍지·화지의 윗 마디를 아주 약간만 벌리는 것이다.

진언으로 송한다.

실전다(室戰荼, caṇḍa)[전(戰)자에 차성(遮聲)이 있으며 이는 생사의 뜻이니, 말하자면 생사를 여의는 것이다. 위에 점이 있는 것은 대공(大空)이니 즉 이 생사는 대공과 같다. 다(荼)는 적과 싸운다는 뜻이다. 생사를 여의니 대공과 동등하다. 이로써 이에 대적할 자가 없다. 구절 가운데 전다(戰荼)는 바로 폭악(暴惡)을 뜻한다.]

마하로사나(摩訶盧瑟拏, mahā-roṣana)[큰 분노이다. 앞에서 설한 것처럼 대적할 자가 없는 이유는 분노가 크기 때문이다.]

훔(吽, hūṁ)[앞과 같이 삼해탈(三解脫)이다. 앞과 같은 법으로써 중생을 두렵게 하고 생사를 여의게 하니 삼해탈을 얻는다.]

다음에 "마마세인(摩麽鷄印)"91)이다. 앞의 오고금강과 같게 하고 그 두 공지와 두 지지를 모두 손바닥 가운데에 넣고 또한 오른손가락으로 왼손가락을 눌러라. 곧 안쪽을 향하여 깍지껴서 합장한 것과 다름이 없다. 단지 화지와 풍지만 금강과 같다[금강모(金剛母)이다].

달리타달리타(怛栗吒怛栗吒, triṭ triṭ)[이 가운데 다(多)의 소리는 바로 평등하여서 여여(如如)의 이치와 같으며 바로 삼매이다. 타(吒)는 아만(我慢)을 여읨이다. 이 여여에 머물면 갖고 있던 아만이 자연히 사라진다. 다시 말하면 가장 지극한 뜻이다.]

자야디(社也底, jayanti)[승리이다. 이른바 여여무아(如如無我)의 법으로써 모든 장애와 어려움을 항복시켜 두렵게 한다. 이를 굴복시키는 것은 바로 전쟁에서 승리한다

---

90) Skt. Namaḥ samanta-vajr'ānaṃ caṇḍa-mahā-roṣaṇa hūṃ.

91) Skt. Namaḥ samanta-vajr'ānaṃ triṭtriṭ jayanti svāhā.

는 뜻이다.]

다음으로 "금강상카나(金剛商佉羅)"[92]는 금강련소(金剛連瑣)이다[대지(大智)의 옥돌[瑣]이다]. 앞과 같이 전법륜인을 하고 지·수·화·풍지를 서로 구부려서 곧 아래로 향하게 하고 빙 돌리고 안쪽을 향하여 이것을 돌린다. 가슴 앞에 대고 두 공지가 밖을 향하게 하는데, 그 두 공지도 역시 오른손가락이 왼손가락을 눌러서 서로 굽게 하라. 진언은 다음과 같다.

훔(吽, hūṁ)[세 번 칭하는 것은 앞과 같다.]

반다반다(畔陀畔陀, bandha bandha)[묶임이다. 이른바 두 가지의 묶임을 떠난다. 이것은 바로 번뇌소지(煩惱所知)의 묶임이다.]

모다야모다야(母託也母陀也, moṭaya moṭaya)[장사가 힘없는 사람을 붙잡아 어그러뜨려서 점차로 목에 이르자 몸이 부서지게 되는 것처럼, 이장(二障)을 부수는 것도 역시 이와 같다. 그래서 이로써 뜻을 삼는다.]

바절로(伐折嚕, vajra)[금강저이다.]

다베(馱吠, udbhava)[생겨남이다. 대지(大智)로부터 생함이다.]

살바다라(薩縛怛囉, sarvatra)[모든 장소이다.]

발라디하뎨(鉢羅底呵底, apratihate)[능해 해칠 것이 없다.]

다음에 "금강월염분노인(金剛月黶忿怒印)"[93]이다. 이 금강은 부처님 이마의 털[毫相]에서 생하였기에 이렇게 이름지었다. 호상(毫相)이 밝고 청정함은 마치 보름달과 같기에 월염(月黶)이라 부른다. 앞의 오고금강인과 같게

---

92) 『경』에는 "금강쇄인(金剛鏁印)"으로 되어있다. 즉 금강상카나는 금강쇄(金剛鏁)라고도 한다. 산스크리트로 Vajrasphoṭa. 밀호는 견지금강(堅持金剛)·묘주금강(妙住金剛)이다. 대일여래가 일체중생을 이익케 하기 위하여 쇄박삼매(鏁縛三昧)에 주하여 이 보살을 유출하여 중생의 보리심을 붙잡아 매어 둔다. 따라서 금강쇄는 자물쇠를 가지고 사람들을 불도에 매어 둠을 상징한다. 또한 이 보살은 태장만다라 금강수원(金剛手院) 가운데에 주한다. 또 이 보살은 사섭법 가운데 이행(利行)의 덕에 상당한다. Skt. Namaḥ samanta-vajrānaṃ hūṃ bandha bandhaya moṭa moṭaya vajrodbhave sarvatrāpratihate svāhā.

93) Skt. Namaḥ samanta-vajrānaṃ hrīḥ hūṃ phaṭ svāhā.

하고 두 풍지를 구부려서 갈구리처럼 하고 두 공지를 맞대는데 조금 구부려서 서로 붙지 않게 하는 것이 이것이다[앞과 다르다].

힐리(頡唎二合, hrīḥ)[인(因)을 여의어 더러움 없다. 방점이 있는 것은 지극한 분노의 뜻이다.]

훔(𤙖, hūṁ)[세 번 칭하라.]

반타(泮吒, phaṭ)[완전히 항복시키는 것이다.]

다음은 "금강침인(金剛針印)"[94]이다. 안쪽을 향하여 서로 깍지껴서 권을 만들고 두 풍지를 세우며 손가락끝을 서로 붙여서 바늘 모양과 같게 하며, 그 두 공지를 나란히 구부려 손바닥 속에 넣어라. 진언은 다음과 같다.

금강침인

살바달마(薩嚩達麼, sarva-dharma)[일체법이다.]

열비달니(涅鞞上達儞, nirvedhani)[구멍을 뚫는 것이다. 금강혜침(金剛慧針)으로 일체법을 꿰어 통달하는 것이다.]

벌절라소태(伐折囉素胎, vajra-sūci)[금강침(金剛針)이다. 어떤 물건으로 이것을 뚫는가? 이른바 금강지침(金剛智針)으로써 뚫는다.]

바라데(嚩囉提, varade)[여원(與願)이다. 선세의 원력으로 말미암아 지금 이 원을 얻는다. 또한 모든 중생들으로 하여금 모두 모든 법의 근원에 도달하게 한다.]

다음은 "금강지봉인(金剛地捧印)"[95]이다. 안쪽을 향하여 서로 깍지껴서 권을 만들고 두 공지를 나란히 세워서 권을 쥐고, 두 팔꿈치를 나란하게 서로 가까이 하며 조금 높게 세워라. 이는 망치와 같은 형상이다

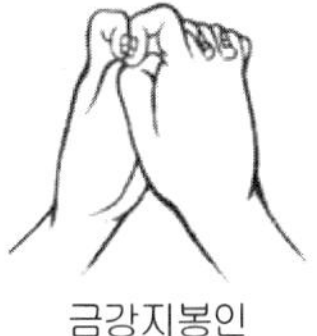
금강지봉인

94) Skt. Namaḥ samanta-vajr'ānaṃ sarva-dharma-nirvedhani-vajra-sūci varade svāhā.

95) 『경』에는 "금강권인(金剛拳印)"으로 되어 있다. Skt. Namaḥ samanta-vajrānaṃ sphoṭaya vajra-sambhave svāhā.

[들어서 오른쪽을 향하는데 성내어 때릴려는 형상과 같다]. 진언은 다음과 같다.

살보타야(薩普吒也, sphoṭaya)[흩어짐이다. 금강혜(金剛慧)의 망치로 삼독의 묶임을 때려서 흩어 나누며 파괴시킨다.]

삼바베(三婆上吠, sambhave)[생겨남이다. 누가 이러한 일을 짓는가 하면 이른바 금강으로부터 생겨난 것이 지을 수 있다.]

다음은 "난승금강인(難勝金剛印)"[96]이다. 오른손으로 권을 만들고 풍지를 세워서 심장 위에 대고 왼손으로 권을 만들어[모두 엄지손가락이 밖에 있게 한다] 곧바로 팔을 펴서 권의 끝을 머리와 나란하게 높인다. 이로써 온갖 마구니가 요란하게 하지 못하게 하므로 이러한 이름을 얻었다. 진언은 다음과 같다.

두달리사(杜達里沙, durdhrṣa)[항복시키기 어려운 자이다.]

마하노사나(摩訶盧瑟拏, mahāroṣana)[대분노이다. 어떠한 법으로 온갖 마군을 항복시키는가? 바로 대분노이다.]

구타야(佉陀耶, khadaya)[먹는다. 모든 번뇌 등의 장애를 먹어치운다.]

살바다타가다아예연(薩嚩怛他揭多阿曳然, sarva tathāgatājñānaṃ)[일체여래의 가르침이다.]

구로(俱盧, kuru)[받든다. 일체여래의 가르침을 받들어 교칙대로 수행함을 말한다.]

다음은 "상향금강(相向金剛)"[97]이다. 난승(難勝)과 더불어 협문(挾門)에서 마주 보고 있기에 이름하였다. 그 인은 앞과 같다[오직 오른쪽을 바꾸어 왼쪽으로 할 뿐이다].

혜(係, he)[앞과 같다.]

아비무카(阿毘目佉, abhimukha)[상향(相向)이다.]

마하바라전다(摩訶鉢囉戰荼, mahā pracaṇḍa)[매우 거친 포악(暴惡)이다.]

카다야(佉馱耶, khadaya)[먹는 것이다.]

---

96) 『경』에는 "무능승(無能勝)"으로 되어 있다. Skt. Namaḥ samanta-vajrānaṃ durdharṣa-mahā-roṣaṇa khādaya sarvāṃ tathāgatājñānaṃ kuru svāhā.

97) 『경』에는 "아비목구인(阿毘目佉印)"이라 한다. Skt. Namaḥ samanta-vajrānaṃ he abhimuk ha-mahā-pracaṇḍa khādaya kiṃ cirāyasi samayam anusmara svāhā.

긴지라예세(緊只羅拽細, kiṁ cirāyasi)[어찌 빠르지 않은가!]
삼매야(三昧耶, samaya)[본서(本誓)이다.]
마노살마라(摩奴薩末羅, manusmara)[억념(憶念)이다. 본래 일체여래 앞에서 삼매야의 서원을 세우고 온갖 번뇌를 씹어먹는다. 지금 어찌 근본 서원이 빠르게 성취되지 않겠는가!]

4. 석가원(釋迦院)의 밀인

다음에 앞의 불발인(佛鉢印)과 같게 하라. 즉 이것은 "석가불발인(釋迦佛鉢印)"[98]이다. 진언은 다음과 같다.

석가불발인

살바길예사(薩嚩吉隷鑠, sarva-kleśa)[온갖 번뇌이다.]
니소달나(涅蘇達儞, niṣūdana)[파는 것이다. 마치 날카로운 괭이로 바로 아래를 파서 바닥까지 닿는 것이다.]
살바달마(薩嚩達摩, sarva-dharma)[일체법(一切法)이다.]
바라바디(鉢囉鉢底, prāpta)[얻는 것이다. 이른바 모든 법에서 자재를 얻는다.]
가가나삼마(伽伽那三摩, gagana sama)[허공(虛空)과 동등하다. 모든 법에서 자재를 얻기 때문에 허공과 동등하다. 이 법으로 번뇌를 파낸다.]

다음에 앞의 호상인(毫相印)과 같게 하라. 즉 석가호상인(釋迦毫相印)이다. 다음에 오른손의 다섯 손가락을 모아서 이를 붙잡고 정수리 위에 두어라.

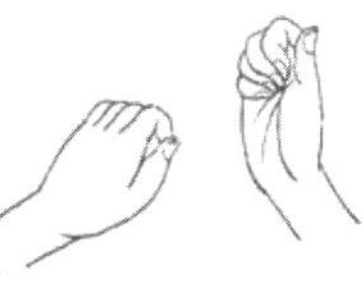
일체불정인

98) Skt. Namaḥ samanta-buddhānāṃ sarva-kleśa-niṣūdana sarva-dharma-vaśitā-prāpta gagana-samāsama svāhā.

이것이 바로 "일체불정인(一切佛頂印)"99)이다. 진언은 다음과 같다.

밤밤(鑁鑁, vaṁ vaṁ)[밤(鑁)의 소리는 속박을 의미한다. 두 속박은 번뇌장과 소지장의 속박을 말한다. 모두 공과 같게 한다.]

훔훔훔(吽吽吽, hūṁ hūṁ hūṁ)[삼인(三因)을 떠나 삼공(三空)을 얻어 삼매를 증득한다.]

부동존인

다음에 왼손으로 권을 만들고 풍지와 화지를 펴며, 공지로 지·수지의 손톱을 눌러서 칼집으로 만들어라. 그 오른손도 역시 이와 같이 하여서 이것을 칼로 만들고 칼집 가운데에 넣어라. 이것이 "부동존(不動尊)의 인"이다.100) 그 칼집을 잡은 손을 받들어서 칼 잡은 손을 덮게 한다.

항삼세인

"항삼세인(降三世印)"101)은 오고금강과 같다[다시 여쭈어라].

다음은 불안인(佛眼印)이다. 삼보타합장을 하고 두 손의 지·수지를 함께 구부려 손바닥에 넣으며 두 화지를 세워서 바늘처럼 하고 두 풍지를 돌려서 두 화지의 세 번째 마디 위에 붙여서 눈의 모양

99) Skt. Namaḥ samanta-buddhānāṃ vaṃ vaṃ hūṃ hūṃ hūṃ phaṭ svāhā.

100) 해당되는 『경』의 문구는 다음과 같다. "삼매수로 권을 하고 화륜과 풍륜을 펴서 허공륜으로 지륜과 수륜의 위에 대라. 그 지혜수는 풍륜과 화륜을 펴서 삼매수의 손바닥 속에 넣으며, 또한 허공륜으로 지륜과 수륜의 위에 대어 칼이 칼집에 있는 것처럼 하라. 이것은 부동존인(不動尊印)이다."

101) 좌우를 금강권으로 하여 양쪽 집게손가락을 세우고 새끼손가락을 서로 갈고리처럼 건다고 설명되는 인이다. 곧 삼세간을 항복하는 금강이라고 이름하는 인을 말한다. 이 문장은 『경』의 "앞의 금강혜인(金剛慧印)과 같게 하라. 이것은 항삼세인(降三世印)이다"라는 문장을 해석한 것이다. 금강혜인은 바로 오고금강인이기 때문이다.

과 같게 하라. 두 공지를 나란히 세우고 조금 구부려서 두 가운데손가락 밑에 대고, 손가락끝으로 치켜뜬 눈의 모습과 같게 하면 이것이 바로 삼안(三眼)이다. 그 지・수지가 안쪽을 향하는 합장의 법과 같다. 앞과 같이 하는 것을 불모인(佛母印)이라 이름하지만 여기서는 "불정인(佛頂印)"102)이라 칭하며 또는 "불보살모인(佛薩母印)"이라고도 한다.

다음은 "백산불정인(白傘佛頂印)"103)이다. 왼손을 벌려 펴고 손가락 끝을 서로 손가락 하나 굵기만큼 떨어지게 하고 이로써 일산을 삼는다. 오른손으로는 권을 쥐어서 풍지를 세워 손잡이로 삼고 손잡이로써 왼손바닥 중심을 받치는 것이 이것이다[일반적으로 말하기를 권을 쥐는 것은 모두 엄지손가락을 밖에 두고 다른 손가락은 모두 이것을 본뜬다]. 진언은 앞과 같다.

백산불정인

다음에 "승불정인(勝佛頂印)"을 결하라. 앞의 도인(刀印)과 같게 하는 것이 이것이다. 말하자면 삼보타합장을 하고 화지를 세워 합하며 풍지를 서로 맞대는 것이 이것이다.

승불정인

다음은 "최승불정(最勝佛頂)"이다. 앞의 전법륜인과 같다.

최승불정

---

102) 『경』에는 "이것은 여래정인(如來頂印)으로 불보살모(佛菩薩母)이다"로 되어 있다.
103) 이하 오불정(五佛頂)을 설하고 있다.

제업불정

다음은 **"제업불정(除業佛頂)"**이다. 앞의 구인(鉤印)과 같게 한다. 말하자면 안쪽을 향하여 서로 깍지껴서 합장하고 오른손의 풍지를 구부려서 갈구리 모양처럼 하며, 두 공지도 역시 오른손가락이 왼손가락을 꼬아서 눌러라. 지금까지는 한 손인데 곧 오른손으로 권을 쥐어 풍지를 세우고 윗마디를 조금 구부려라.

화취불정인

다음은 **"화취불정인(火聚佛頂印)"**이다. 앞의 불정인(佛頂印)과 같다.

광생불정인(廣生佛頂印[104])은 앞의 오고금강인과 같게 한다.

발생불정

다음에 **"발생불정(發生佛頂)"**은 연화인(蓮華印)을 결하라[곧 앞의 관음인이다].

무량음성불정

"무량음성불정(無量音聲佛頂)"은 상카인(商佉印)을 결하는데 앞에서 설한 것과 같다[이른바 삼보타합장을 하고 두 공지를 함께 구부리며 풍지로써 함께 누른다].

104) 삼불정은 광대불정(廣大佛頂), 광대발생불정(廣大發生佛頂), 무변음성불정(無邊音聲佛頂)인데 『경』에서는 이 가운데 발생불정과 무변음성불정의 둘을 들었다.

다음은 "호상인(毫相印)"이다. 오른손으로 권을 쥐고 다시 풍지로 미간에서 이것을 떠받쳐라. 진타마니(眞陀摩尼)105)라 칭하니 이것은 바로 호상인이다.

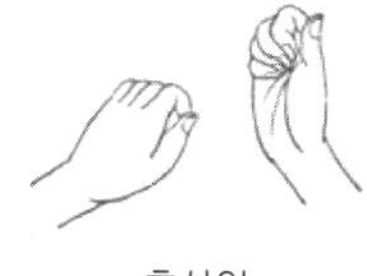

호상인

"불안인(佛眼印)"은 앞의 불모인(佛母印)과 같게 결하라. 이 가운데 조금 다른 것은 공지를 벌려서 화지의 등쪽을 떼어서 1촌 정도 떨어지게 하는데 오고금강저의 모양과 비슷하게 하는 것이 이것이다.

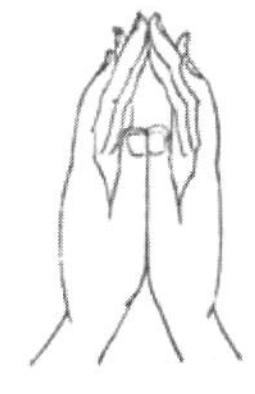

불안인

다음은 "무능승명왕인(無能勝明王印)"이다. 오른손으로 연화를 잡은 수인을 하고[풍지와 공지의 끝을 서로 맞대고 화지를 구부려 늘어뜨려서 중앙에 대며 지지와 수지를 곧바로 세우는 것이 이것이다] 왼손의 다섯 손가락을 펴서 위로 향하게 하며 바깥을 향해서 밀고[손가락을 벌리는 것이다] 그 손끝을 머리까지 높이는 것이다. 그것을 앞의 발율디리(鉢栗底丁也反哩)와 같게 세운다. 다음에 안으로 서로 깍지껴서 권을 만들고 두 공지를 서로 나란히 해서 권을 만든다. 그리고 서로 많이 떨어지게 해서 벌린 다음에 이를 구부려서 그 마디를 갈구리처럼 하면 이것을 입모양이라고 한다. 바로 이것이 "무능승명비(無能勝明妃)의 인"이다.

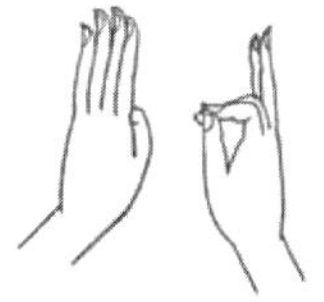

무능승명왕인

105) 또는 진다마니인(眞多摩尼印)·여래호상인(如來毫相印)·호상인(毫相印)이라 한다. 진다마니(眞多摩尼)는 Skt. cintāmaṇi이며 의역하여 여의보주(如意寶珠)이다. 호상(毫相)이란 미간의 백호상(白毫相)을 말하며 여래 삼십이상 가운데 하나이다.

5. 외부(外部) 천(天) 등의 밀인

다음에 오른손을 펼쳐서 오른쪽 뺨을 받치고 조금 손가락끝을 오무려라. 그리고 손을 조금 서로 떨어지게 하면 바로 이것이 정거천인(淨居天印)이다[이것은 사유수(思惟手)라고도 하며 "자재천(自在天)인"[106]이라 이름한다].

다음에 앞의 자재천과 같게 오른손바닥을 벌리고 그 가운데손가락 끝을 조금 눌러 안쪽을 향하게 하며 집게손가락과 함께 조금 세찬 모양으로 만든다. 이것이 "보화천자인(普花天子印)"이다[손을 가슴 앞에 대고 기울여라. 다음에 한 천자(天子)의 인이 빠졌다].[107]

다음으로 앞과 같이 오른손바닥을 펴고 풍지를 서로 맞대어 꽃을 잡은 모양처럼 하라. 이것은 "만의천자인(滿意天子印)"이다[다른 세 손가락은 서로 나란하게 합한다]. 이상은 모두 정거천자(淨居天子)이다.[108]

다음에 두 손 각기 공·수지의 끝을 서로 맞대고 다른 손가락을 곧게 펴서 함께 양쪽 귀를 감싸면 "변음성천인(遍音聲天印)"이다. 화·풍지의 두 손가락 끝으로 양쪽 귀를 감싼다. 이것은 지천(地天)의 앞에 있는 것이 맞다. 그 소리는 대중들로 하여금 두루 알게 한다. 또한 이것은 정거천(淨居天)이며, 정거천인과 아울러 합하여 오천(五天)이 된다.

다음은 "지천인(地天印)"이다. 먼저 합장하고 그 열 손가락끝을 모두 구부리며 서로 맞대어서 둥그렇게 구부리고 공지를 손바닥 안에 넣는다. 그

---

106) 이하 오정거천(五淨居天)을 말한다. 오정거천이란 태장만다라 외금강부의 동방 가장 북쪽에 있는 다섯 존을 말한다. 오정거중(五淨居衆)·오천자(五天子)라고도 한다. 즉 ① 자재천자(自在天子)는 색구경천(色究竟天)에 배속되어 있다. ② 보화천자(普華天子)는 선견천(善見天)에 배속된다. ③ 광만천자(光鬘天子)는 선현천(善現天)에 배속된다. ④ 의생천자(意生天子)는 만의천자(滿意天子)라고도 하며 무열천(無熱天)에 배속된다. ⑤ 명칭원문천자(名稱遠聞天子)는 편음성천자(遍音聲天子)라고도 하며 무번천(無煩天)에 배속된다.

107) 『경』에는 "앞의 인과 같이 허공륜을 손바닥 가운데에 두면 이것은 광만천자인(光鬘天子印)이다"라 하는데 바로 이 광만천자인이 빠졌다.

108) 이하에 난탈이 있다.

모습을 병과 같게 하는 것이다.

다음에 앞과 같이 시무외인을 하고 공지를 구부려서 손바닥 가운데에 대면 이것이 바로 "청소화천(請召火天印)"이다.

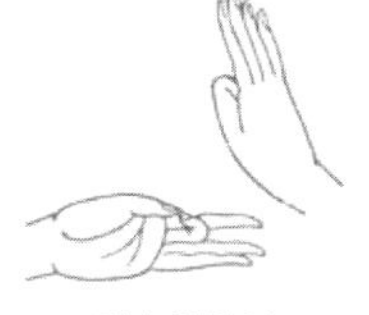
청소화천인

시무외의 손을 만들고 공지로써 지지의 두 번째 마디에 붙여라. 이것은 바로 "일체선인(一切仙印)"이다. 여기서부터 아래로 두 번째인 것은 『경』과 다르다. 이것은 바로 보일체선(普一切仙)[의 인]이니 먼저 엄지손가락으로 새끼손가락의 두 번째 마디에 대어라. 그 세 손가락을 세워서 나란하게 한다. 그 차제와 같이 먼저 집게손가락을 벌리고 다음에 가운데손가락을 벌리며 다음에 수지를 벌리고 지지는 조금 서로 떨어지게 하며, 다음에 곧 다섯 손가락을 풀어라. 이것이 바로 오대지선(五大地仙)이다. 『경』의 차제에 의거한다.

다음에 염라인(閻羅印)은 삼보타합장을 하고 두 풍지와 두 지지를 구부려 손바닥에 넣고 손가락끝을 모아서 합하며, 두 공지로 두 풍지의 등쪽 마디에 맞대어라[제2와 제3 마디 사이에 댄다]. 그 공지의 끝을 조금 구부려서 합하게 하고, 두 공지를 엄지손가락에 붙이는 것이 이것이다[이것은 "단다인(壇茶)"이다].

〖제14권〗

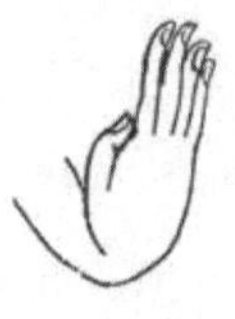
염라후인

다음에 오른손의 손가락을 펴서 방울 모양처럼 해서 아래로 향하여 늘여뜨리면 이것이 "**염라후(閻羅后)**[109]의 인"이다.

흑야천인

다음에 왼손으로 지지와 수지를 쥐어 손바닥에 넣고 화지·풍지를 서로 나란하게 펴며, 공지로 평소대로와 같이 권을 만들면 이것이 염라왕후(閻羅王后)인 "**흑야천(黑夜天)**[110]의 인"이다.

다음에 앞의 인의 모습과 같게 하는데 단지 집게손가락을 구부리고 엄지손가락 끝으로 집게손가락의 두 번째 마디에 붙이는 것이 "**로날나후인(嚕捺羅后印)**"이며, 자재천후인(自在天后印)이다[다시 여쭈어라].

다음에 왼손으로 연꽃을 잡는 모양처럼 하면 "**범천후인(梵天后印)**"이다[손바닥을 펴고 공지와 풍지로 그 가운뎃손가락을 같이 붙잡고 구부려서 손바닥 안쪽에 대어라 도상(圖像)에서는 곧바로 편다]. 범천은 [여인에 대하여] 욕심이 없는데 어찌하여 사람들의 몸처럼 아내[后]가 있는가? 이것은 바로 범왕 명비(明妃)[111]의 인상으로 뜻을 취해서 비(妃)라고 한 것 뿐이다.

다음에 왼손의 손바닥을 펴고 지지와 수지의 두 손가락을 구부려서 손바닥 가운데에 넣고 풍지를 돌려 잡으며 화지의 등쪽에 붙이고 공지도 역

---

109) 사왕(死王)의 처(妻)이다.

110) Skt. Kāla-rātrī. 또는 흑암천(黑暗天)·암야천(暗夜天)이라 한다. 이 존은 태장만다라 외원 염마천의 서쪽에 위치하며 염마왕(閻摩王)의 후비(后妃)이다.

111) 삼매를 나타내는 것이다.

시 조금 구부리면 이것이 바로 "교말리삭디인(嬌末離礫底印)"이다[삭디(礫底)는 기물인(器物印)으로 도상은 이와 같다]. 이것은 대자재(大自在)의 아들로서 가디가(羯底迦)라 이름하고 교말리(嬌末離)는 그 아내의 이름이다.

다음에 왼손 지지·수지·화지의 세 손가락을 펴고 각기 벌리게 한다. 그리고 풍지로 공지를 붙잡으며 이것은 "나라연후(那羅延后)의 인"112)이다[지화인(持花印)은 가슴을 가리는데 지금 이 인은 밖을 향하여 쥐고 있다].

다음에 왼손으로 권을 만들고 공지를 곧게 펴서 위로 향하게 하면 이것이 "염왕칠모(閻王七母) 등의 인"113)이다[칠모가 모두 이를 통용한다].

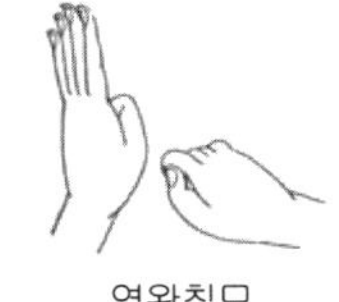
염왕칠모

다음에 왼손을 뻗은 다음 구부려서 마치 해골을 받드는 모양으로 하고 가슴 앞에 대어서 이를 받들라. 이것이 "차문다인(遮文荼印)"이다.

[다음에] 왼손의 공지로써 지지·수지의 손톱 위를 누르고 화지·풍지를 펴고 나란히 세워라. 이것이 바로 "날리디(涅哩底)의 도인(刀印)"이다.

다음에 왼손을 홀로 펴서 이를 흩뜨려라. 앞의 전법륜인과 같다. 다만 한 손으로 서로 꼬이지 않게 하는 것이 다를 뿐이다. 이것이 "나라연천인(那羅延天印)"이다.

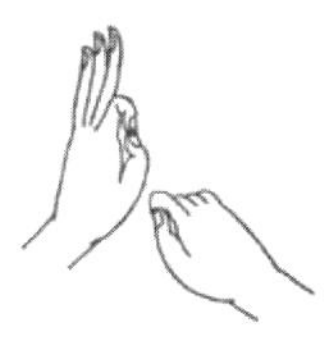
나라연천인

다음에 열 손가락을 벌려 펴서 이를 덮고 두 공지를 서로 걸면 곧 "일체용인(一切龍印)"114)이다. 덧붙여서 곧 왼손으로 오른손 위를 누르면 이는 난타룡(難陀龍)이다. 왼쪽으로 돌려서 오른쪽으로 누르면 이는 소난타(小難

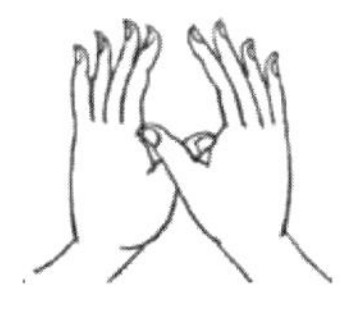
일체용인

112) 『경』에는 "나라연후(那羅延后)의 윤인(輪印)"이라 한다.
113) 『경』에는 "염마칠모(焔魔七母)의 추인(鎚印)"이라 한다.
114) 구두룡인(九頭龍印)이다.

陀)[115]이다. 앞의 구두룡인(九頭龍印)과 같이 곧바로 [양손의] 네 손가락을 펴고 나누어서 깃털로 삼으면 이것이 금시인(金翅印)[116]이다. 무릇 지거천(地居天)[117]은 대부분 한 손으로 [수인을] 만든다.

다음에 왼손을 펴서 세우고 손가락 끝을 서로 붙이지 않고서 공지와 지지를 서로 붙여서 새끼손가락의 손톱을 누르면 이는 "상갈라인(商羯羅印)"이다[이는 골소천(骨瑣天)이다].

앞의 인과 같게 하고 세 손가락을 나란히 합하라. 이것은 바로 오마나인(烏忙那印)[118]이다. 이는 "상갈라 후(后)[의 인]"이다. 두 인상[119]은 비슷한데 앞에서는 집게손가락을 조금 구부리고 이것을 바로 세워서 펼치는 것이다.

왼손을 반련화인(半蓮華印)으로 만들고 한결같이 관음보살의 인처럼 만들라. 이와 같지 않은 것은[120] 단지 한 손으로 만드는 것 뿐이다. 이것이 바로 "범천인(梵天印)"이다.

그 "월천인(月天印)"은 범천과 같아서 다르지 않다. 다만 백색이 있다고 관상하는 것이 다를 뿐이다.

다음에 현로(顯露)합장[121]하고서 두 풍지의 끝을 구부려서 화지의 세 번째 마디 등 위를 누르고 그 두 수지의 끝을 서로 맞닿게 하라. 그 두 수지

115) 발난타(拔難陀)용왕을 말한다.

116) 금시조(金翅鳥)를 말한다. 금시조(Garuḍa)는 가루라(迦樓羅)라 음역하며 팔부중의 하나이다. 용을 잡아먹는다고 하는 새 종족의 왕으로서 독수리 모양을 한 상상의 큰 괴조(怪鳥)이다.

117) 지거천(地居天)은 다섯 가지 천계 가운데 하나로서, 욕계 육천 중 수미산에 있는 사천왕천과 도리천 등을 가리킨다. 여기에서는 금시인만 양손으로 하였고 다른 지거천들은 대부분 한 손으로 하였다는 것을 가리킨다.

118) 오마나는 오마(烏麼, Umā)를 가리키는 것으로 보인다. 왜냐하면 대자재천과 상갈라는 동체로 하기 때문에 대자천의 후비(后妃) 오마(烏麼)는 상갈라의 후비와 동체가 된다. 오마는 바라문교의 일파인 신비파(神妃派)에서 존중하는 여신이다. 오마는 탐(貪)이라는 뜻이다. 대자재천이 흰 소를 타고 있음에 비해서 그 후비인 오마는 붉은 양을 타고 있다.

119) 상갈라의 후(后)와 비(妃)의 인상이 서로 다른 것을 밝힌다. 즉 세 손가락을 합하는 것은 후인(后印)이고 세손가락을 벌려서 세우는 것이 비인(妃印)이다.

120) 관음보살의 인과 범천인이 같지 않은 점을 밝힌다. 즉 범천인은 한 손으로 만든다.

121) 이하에서 "일천(日天)의 여로인(輿輅印)"을 설명한다.

는 또한 가운데손가락의 세 번째 마디 뒤쪽에 둔다.

다음에 합장하여 풍지를 구부려 손바닥 안에 넣고 서로 모으며, 화지와 수지를 둥그렇게 활처럼 구부려라. 이것은 일후(日后)의 "사야인(社耶印)"이다.

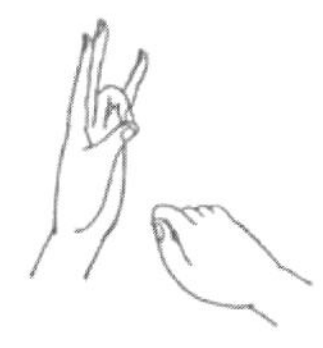

월천인

"풍인(風印)은 앞과 같다"[122]고 하는 것은 모름지기 왼손을 펴서 손바닥을 기울이고 지지와 수지를 구부리는 것으로 이것이 "풍당인(風幢印)"[123]이다.

먼저 왼손을 받들어 배꼽에 대고 비파를 움켜쥐는 모습과 같게 하라. 오른손의 풍지와 공지를 맞대고 그 밖의 손가락은 펼쳐서 몸을 향하게 움직여 거문고 줄을 튕기는 모습처럼 하라. 이것이 "묘음천인(妙音天印)"[124]이다. 이 인은 건달바 등을 섭수하니 이는 바로 천[125]후(天后)이다. 또한 건달바 종류라고도 말한다.

다음은[126] 앞의 견삭인(羂索印)과 같다[안으로 깍지껴서 권을 만들고 풍지를 편 다음 갈구리처럼 구부려서 서로 맞대는 것이다]. 다만 왼손으로 만들어라. 즉 이것은 "바로나용왕(縛嚕拏龍王)의 인"이다.

다음에[127] 왼손으로 "음악천인(音樂天印)"[128]과 같게 하라. 그림[圖]에서는 오른손에서 풍지를 구부려 엄지손가락 손톱 위를 누르고 그 밖의 손가락은 모두 펼치며, 손바닥을 덮어서 왼손 위에 두는 것으로 "아수라의 인"[129]이다. 그 진언에 가라라연(伽囉邏演)이라 하는데 가(伽, ga)는 행(行)이니 행은 언을

---

122) 『경』에는 "앞의 당인(幢印)과 같게 하면, 이것은 풍천인(風天印)이다"로 되어 있다. 여기에서 풍천인을 설명한다.

123) 『경』에서는 "풍천인(風天印)"이라 한다.

124) 이것을 『경』에서는 "묘음천비나(妙音天費拏)의 인"이라 한다.

125) 비사문천(毘沙門天)을 가리킨다.

126) 이하에서 바로나(Varuṇa)용왕의 인을 설명한다.

127) 이하에서 아수라의 인과 진언을 밝힌다. 앞에서 부동인부터 용왕인까지는 진언을 설하지 않았지만 지금 아수라 이후의 열 종류는 진언이 나온다.

128) 『경』에는 "묘음천인(妙音天印)"이라 한다.

129) Skt. Namaḥ samanta-buddhānāṃ gara-layaṃ svāhā.

수 없기 때문이며, 라(囉, ra)는 무구(無垢)이며 라(邏, la)는 모습을 여읨이고, 연(演, yaṁ)이란 무소득(無所得)이다. 위에 점이 있는 것은 대공이다.

건달바인

건달바[의 인]은 내장권(內掌拳)을 결하고서 수지를 나란히 펴며 손가락 끝을 서로 닿게 하니[130] 이것이 본부(本部)[131]의 삼매야이다. 만일 사업(事業)의 인[132]이라면 곧 한 손[왼손]만으로 결하라. 이른바 엄지손가락을 세 손가락의 손톱 위에 놓고 곧바로 수지를 펴는 것이 바로 "건달바의 인"[133]이다. 진언은 다음과 같다.

비슈다(肥輸入馱, viśuddha)[청정(淸淨)이다.]
사바라(薩嚩囉, śvara)[소리[音]이다.]
바혜니(嚩醯儞, vāhini)[이 뜻을 말하면 청정한 소리를 내는 것이다. 모두 세간의 삼매이다.]

다음에 왼손으로 권을 만드는데 풍지를 구부려 갈구리처럼 하고 공지의 끝을 조금 벌려 붙이지 않는 것이 "모든 야차의 인"[134]이다[또한 합할 수도 있다].[135] 진언으로 송한다.

약걸차(藥乞叉, yakśa)[약(藥, ya)[136]은 승(乘)이다. 구절의 뜻은 씹어 먹는다는 것이다.]
스바라(濕嚩囉, iśvara)[자재(自在)이다. 일체 번뇌를 먹어버리고 자재를 얻었으므로 이러한 이름이 있다.]

---

130) 닿을 듯 말 듯 서로 붙이지 않는다.
131) 여기에서는 천부(天部)를 언급하기 때문에 천부가 본부이다. 삼매야는 본서(本誓)이다.
132) 중생을 제도하거나 천(天)을 위한 것이거나 음악을 위한 것 등의 사업을 할 경우에 필요한 인이라는 뜻이다.
133) Skt. Namaḥ samanta-buddhānāṃ viśuddha-svara-vāhini svāhā.
134) Skt. Namaḥ samanta-buddhānāṃ yakṣeśvara svāhā.
135) 손가락을 합한다는 것이 아니고 두 손으로 함께 인을 만들 수도 있다는 뜻이다.
136) ya는 yāna(乘)의 머릿글자이기에 야자를 승불가득(乘不可得)의 뜻으로 한다.

다음에 왼손의 공지를 지지의 손톱 끝에 대고 수지와 화지를 펴며 풍지로 엄지손가락의 마디 위에 맞대는 것이 "모든 야차녀의 인"137)이다[역시 합할 수 있다]. 진언으로 송한다.

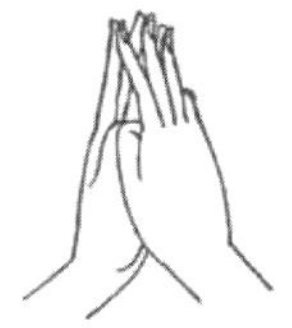

제야차녀인

약걸차(藥乞叉, yakśa)[먹는 것이다.]

미다다리(尾馱達履, vidyādhari)[구절은 약차지명(藥叉持明)이라 한다. 미(尾)는 속박의 뜻이다. 이른바 이 속박을 씹어 먹는다.]

다음에 왼손의 공지로 세 손가락138)의 손톱을 맞대어라. 그리고 다만 가운데손가락을 펴는 것이 "모비사차(毘舍遮)의 인"139)이다[역시 가능하다. 단지 권을 지어 모습이 같게 하고 가운데손가락을 펴는 것이 이것이다]. 진언은 다음과 같다.

제비사차인

비사차가디(毘舍遮揭底, piśāca-gati)[가디(揭底)는 중생의 세계[趣]이다. 윤회하는 세계 중에서 궁극의 세계[第一義趣]는 얻을 수 없기 때문이다.]

다음에 역시 앞에 준하되 가운데손가락을 조금 구부리면 "비사지녀(毘舍女)의 인"140)이다. 진언으로 송한다.

비지비지(毘只毘只, pici pici)[비(毘)는 궁극의 진리이고 차(遮)는 생사를 떠난다는 뜻

137) Skt. Namaḥ samanta-buddhānāṃ yakṣa-vidyā-dhari svāhā.
138) 지 · 수 · 풍지의 세 손가락이다.
139) Skt. Namaḥ samanta-buddhānāṃ piśāca-gati svāhā.
140) Skt. Namaḥ samanta-buddhānāṃ pici-pici svāhā.

이다. 이로써 궁극의 진리를 알아 생사를 떠난다. 거듭 말한 것은 생사를 아주 여의었음을 말한다.]

다음에[141] 두 손을 합장하고 두 공지도 역시 나란하게 함께 떨어지게 하여 이것을 갈라라. 다른 손가락도 서로 떨어지게 하는 것이 "흘률하인(仡栗何印)의 인"[142]이다[이것은 별도의 한 세계이다. 사람도 아니고 귀신도 아니지만 사람을 두렵게 한다. 비인소지(非人所持)가 이것이다. 지금은 이와 달리 바로 요(曜)이다]. 만일 근수(近宿)라면 곧 합하여 구집(九執)을 취하여 정(定)으로 삼는다. 진언은 다음과 같다.

가라혜(揭栗係, graha)[행(行)이고, 구(垢)이며, 인(因)이다.]
스바리아(濕縛里也, iśvarya)[자재(自在)이다.]
바라보다(鉢囉補多, prāpta)[얻는다.]
유디(乳底, jyoti)[밝음이다. 제요(諸曜)인 까닭에 밝다고 한다.]
마야(麽也, maya)[이것은 성품의 뜻이다. 성품 가운데에서 자재를 얻으므로 그 명칭으로 부른다. 이 가운데에서 자재를 얻음을 말한다.]

다음에 먼저 삼보타합장을 하고 두 화지와 두 공지를 모두 서로 깍지끼는데 오른손가락이 왼손가락을 누르는 것이 "일체수인(一切宿印)"[143]이다. 진언으로 송한다.

나걸차다라(那乞叉哆囉, nakṣatra)[모든 수(宿)이다.]
열나(涅那二合, nirna)[소리를 말한다.]
달니예(達儞曳, daniye)[먹는다. 이른바 모든 소리를 먹는다.]

---

141) 이하는 "일체집요인(一切執曜印)"이다. 흘률하(graha)는 집요(執曜)의 산스크리트어이다.
142) Skt. Namaḥ samanta-buddhānāṃ graheśvarya-prapāta jyotir-maya svāhā.
143) Skt. Namaḥ samanta-buddhānāṃ nakṣatra-nirnādaniye svāhā.

나(那, na)는 공(空)의 뜻이며, 걸차예(乞叉曳, kṣa)[144]는 진(盡)의 뜻이니 이른바 모두 다하여 사라짐이다. 다라(哆囉, tra)는 앞과 같이 구(垢) 등의 뜻이다. 준하여서 이를 말하면 모든 장애의 더러움을 먹는 것이다. 곧 청정한 소리를 두루 퍼지게 하니 이른바 무구성(無垢聲)이다.[145]

다음에 삼보타합장을 하고 두 수지를 함께 구부려 손바닥 속에 넣고 다른 것은 그대로 두면 이것이 일체수인(一切宿印)이며, 바로 "나찰사인(羅刹印)의 인"[146]이다.

진언으로 송한다.

나찰사(羅刹娑, rakṣasā)[나(羅)는 때[垢]이다. 방점이 있는 것은 아(阿)의 소리로서 바로 이것은 행(行)이다. 걸차(乞叉)는 허공을 밟고 지난다[履空]는 것이다.]

제사다예(提闍多曳, dhipataye)[왕(王)으로서 그 덕을 가리킨다. 그가 듣고 나서 환희하며 중생들의 원을 채우게 한다.]

무릇 앞에서 설한 지거천(地居天) 부류의 인은 두 손으로 결하거나 한 손으로 결하는 것이 모두 가능하다. 만일 지송하면서 일을 해야하는 등의 경우에 두 손으로 결할 겨를이 없으면 단지 왼손만으로 결하여도 곧 성취한다[앞의 경 가운데에서는 왼손이라 하고, 그림[圖]에서는 두 손이라 하였지만 이것을 다 사용할 수 있다].

다음에 왼손을 펴서 입을 덮어 감싸고 혀로 손바닥을 핥아라. 이것은 다길니(荼吉尼)의 인이다.

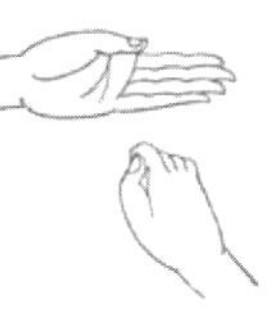
다길니인

힐리(頡唎, krī)자는 인(因)을 여윔과 무구(無垢)이다. 위에 삼매점(ī)이 있고 방점은 분노를 나타낸다. 하(訶)는

144) 걸차예(乞叉曳)에서 曳는 잘못 들어간 글자이다. 걸차(乞叉)는 멸진(滅盡)을 의미하는 산스크리트어 kṣaya의 머릿글자이다.

145) 이하에 난탈이 있으므로 바로 잡는다. 이하는 나찰사의 인계와 진언을 설한다.

146) Skt. Namaḥ samanta-buddhānāṃ rākṣasādhipataye svāhā.

인(因)의 뜻이다. 방점[上有點]은 역시 분노이다.

무릇 이상에서 설한 진언은 모두 의미 있는 말로써 그 진실한 덕을 칭하며, 그것을 드러내어 깨쳐서 환희하게 한다.

6. 총결

"비밀주여. 이와 같은 상수(上首)의 모든 여래의 인은 여래의 신해로부터 생긴다. 곧 보살의 표치와 같으며 그 수는 한량이 없다."[147)]

"이들을 상수로 한다"고 하는 것에서 앞에서 설한 모든 인은 다길니(荼吉尼)까지 이르러서 제일 마지막이 되었다. 만일 널리 부류의 권속까지 궁구하면 그 종류가 한이 없을 것이다. 대본(大本)의 십만게송 가운데에 설한 것과 같다. 지금 이 품에서 설하는 것은 간략하게 그 상수만을 들었을 뿐이다. 마치 가장 주가 되는 것을 들어올려 지목하면 모든 것을 지목하는 셈이 되는 것과 같다.

여래께서는 이미 평등법계를 증득하셨다. 본래 서원하신 대비의 힘으로 신력가지하셔서 이러한 방편의 신밀문(身密門)을 나타내신 것은 모든 중생들이 다 신해하여 함께 일체지의 경지에 들어가게 하기 위해서이다. 이러한 까닭에 이와 같은 인들이 부처님의 신해로부터 생겨났음을 알아야 한다. 또한 이와 같은 인들은 모든 보살의 표치라는 것도 알아야 한다. 말하자면 방편으로 여래 내증의 덕을 보이기에 표(標)라 하는 것이다.

"또한 비밀주여. 몸의 거동과 머물고 그치는 것이 모두 밀인(密印)임을 알아야 한다. 혀를 굴려서 내는 온갖 소리가 모두 진언임을 알아야 한다."[148)]

---

147) 『대일경』의 본문이 더 자세하므로 대체한다.

148) 위와 같음.

만일 아사리가 분명하게 유가를 이해하고 비밀의 취지에 깊이 통달하면 보리심을 맑게 할 수 있다. 맑은 마음으로 비밀법에 통달하였기에 하는 것마다 모두 중생을 이익하게 하고 조복할 수 있으며, 베푸는 데에 따라 부처님의 위의에 수순하지 않음이 없다. 이러한 까닭에 몸 전체를 움직여서 보이는 것으로 인(印) 아닌 것이 없다. 어찌 단지 신업 뿐이겠는가! 모든 언어도 역시 모두 진언이다.

"이 까닭에 비밀주여, 진언문에서 보살행을 닦는 모든 보살들은 보리심을 발하고나서 응당 여래의 경지에 머물러 만다라를 그려야 한다. 만약 이와 다르다면 모든 부처님과 보살들을 비방하는 것이나 삼매야를 어기는 것과 같아서 반드시 악취(惡趣)에 떨어지리라."[149]

현재와 미래세상의 모든 진언행을 하는 보살이 이미 대심(大心)을 발하였으면 불지에 머물고, 그런 다음에 만다라를 건립해야 한다. 만약 이렇게 하지 않고 단을 건립한다면 바로 부처님을 비방하는 것이다. 이러한 까닭에 앞에서 설한 것처럼 아사리는 그 인과 진언 등의 법을 알아야만 낱낱의 궤칙에 잘 통달할 수 있다. 또한 유가의 행을 오랫동안 수행하여 신·구·의업을 정화하고 평등한 삼업법문의 행을 체득하여야 한다. 이 유가와 진언 및 신인(身印) 등이 가지됨에 따라 곧 모든 불보살의 몸과 동등해지고, 불위(佛位)와 같아진다. 이러한 상응삼매로써 현상과 이치에 서로 어긋남이 없어야 원단(圓壇)을 건립하며 나아가 방소와 색상(色像) 등 하나하나의 이치에 부합하고, 또한 실수가 없이 차제를 잘 알 수 있다. 그렇게 해야만 반드시 큰 이익을 얻으며 헛되지 않음을 알아야 한다. 만약 그렇지 않다면 곧 월삼매야(越三昧耶)의 죄를 얻는다. 삼매야(三昧耶)란 스스로 맹세하는 것이다. 일체여래께서 근본으로 세우신 서원은 널리 모든 중생들로 하여금 불지견(佛知見)을 열게 하시는 것으로 모두 나[부처]처럼 하게 하고자 방편으로써 이러한 법을 세우신다. 이러한 까닭에 세간에서 대왕

149) 위와 같음.

의 명령을 어길 수 없으며 어기게 되면 반드시 중벌을 받는 것과 같다. 그러므로 반드시 보리심과 상응하여 불지에 머물러 이를 건립하여야 한다. 따르지 않는 자는 노력을 낭비할 것이고 헛되이 세월만 낭비하여 끝내 아무 것도 이루지 못하며 죄와 재앙을 초래하여 이익됨이 없으리라. 그러므로 수행자는 세밀한 마음으로 경법(經法)을 구하고, 또한 눈밝아 열어 보일 수 있는 스승을 찾아야 하며 절대로 스스로 착오가 있어서는 안된다.

이상으로 널리 인품(印品)을 설하여 마쳤다.

제10 자륜품(字輪品)[1)]

1. 자륜의 법문

다음에 제10 「자륜품(字輪品)」을 밝힌다.

"이때에 박가범비로자나께서 지금강비밀주에게 말씀하셨다.

잘 듣거라."

---

1) 이 품은 원래 「신력가지자륜품(神力加持字輪品)」이라고 한다. 이것은 변일체처(遍一切處)의 법문이다. 보살이 이 자륜 위에 주할 때는 모든 행위가 다 성취될 수 있다. 륜이란 생(生)의 의미로 한 종자자에서 모든 자를 생하기 때문에 자륜이라고 한다. 아자는 보리심, 장음 아자는 여래행, 암자는 성삼보리(成三菩提), 아하자는 대열반, 장음 아하자는 방편력의 뜻이다. 앞의 품에서 만다라 그리는 법을 설하고, 앞 품의 말미에 만다라를 그리는 자는 여래지(如來地)에 머무는 것이 중요하며, 만일 그렇지 않다면 월삼매야의 죄를 받는다고 경계하고 있다. 거기에서 그 여래지에 머물러 닦는 관으로서 삼부사처륜(三部四處輪)을 설하며, 무애자재한 자륜삼매인 변일체처(遍一切處)의 법문에 증득하여 들어가는 것이 보증되어 있다. 그러므로 자륜품이라 한다. 삼부사처륜은 삼부의 종자자에 모든 실담자를 더하여 이마 · 목 · 심장 · 배꼽의 네 군데에 두고 관하는 수법이다.

앞에서는 금강수가 질문한 것을 부처님께서 이미 차례대로 답하셨다. 그런데 앞의 글에서 아직 충분하지 않은 것이 있어서 지금 다시 설하시기 위하여 잘 들으라고 하셨다.

"비밀주여, 일체처에 두루한 법문이 있다. 비밀주여, 만약 보살이 이 자문(字門)에 머물면 모든 사업을 다 성취할 수 있다"[2]고 하는 것은 곧 이 자륜의 법문이 바로 일체처에 두루한 법문이라는 것이다. **"보살이 이 자륜의 법문에 머물면"**이라 하는 것은 처음으로 묘한 보리심을 발하면서부터 성불에 이르기까지 이 중간에 있게되는 온갖 자리이타의 갖가지 사업을 이 법문에 들어감으로 해서 모두 다 성취할 수 있다는 것으로 걸릴 것이 없음을 말한다. 또 앞에서 설한 바 아사리가 불지에 머무른다는 것은 뜻이 오히려 명료하지 않은데 오히려 이 가운데의 자문이 바로 그것이다.

2. 발보리심을 의미하는 최초의 자륜

최초의 아(阿)자는 바로 보리의 마음이다. 만일 이 자를 관하여 더불어 상응하면 곧 비로자나법신의 몸과 동등하게 된다. 이른바 이 아자를 관하는 것은 마치 공작의 꼬리와 같아 둥근 광명이 빙 둘러싸는데 수행자가 그 가운데에 머무는 것은 바로 불위(佛位)에 머무는 것이다[다시 여쭈어라]. 이 자륜은 세 겹으로 만들고 가운데에 아자를 두며 다른 자[3]들은 권속으로서 밖에 두어야 한다[다시 여쭈어라]. 또 이 아(阿)에 다섯 가지 종류가 있는데, 아(阿𑖀)·아(阿長𑖁)·암(暗𑖀𑖽)·아(噁𑖀𑖾)·아(噁長𑖁𑖾)이다. 또한 자륜의 처음에는 각각 먼저 세 겹으로 귀명삼보의 진언의 심(心)이 있으니 아

2) 경의 인용구를 『대일경』에 나오는 대로 바꾸었다.
3) a자 외에 ca, sa자의 두 글자를 아자의 좌우에 두는 것을 말한다.

자와 사(娑)자와 바(嚩)자다. 이 세 자는 삼부(三部)의 뜻을 드러낸다. 아자는 여래부이며 사자는 연화부이고 바자는 금강부이다. 삼부(三部) 각각은 오자륜(五字輪)에 따라 굴린다. 뜻에 따라 상응하는 모습이다. 앞에서 만다라라고 말하고 지금은 윤(輪)이라 하였는데 바로 이 만다라를 뜻한다. 앞에서 단법(壇法)의 중심은 대일여래라고 말한 것은 곧 이 가운데 아자와 같다. 북쪽 변[4]에 연화와 모든 권속을 안치하고 모두 한 곳에 있게 한다는 것은 곧 여기의 사(娑)자이다. 남쪽 변[5]에 집금강 및 모든 권속을 안치한다는 것은 곧 여기의 바(嚩)자다. 지금 아자로부터 다시 네 종자를 생하니 곧 대비태장(大悲胎藏)의 잎이다. 하나의 바(嚩)자로부터 많은 종자를 생하기에 윤(輪)이라 부른다. 제1의 아자는 바로 보리심의 체(體)이다. 다음에 가(迦)・가(佉)・가(哦)・가(伽) 등의 다섯 음이 있고 모두 네 종자를 취한다 [각기 제5의 소리를 뺀다]. 다음으로 야(也)・라(囉) 나아가 걸차(乞叉)를 취하는데 모두 남성(男聲)이며, 모두 아자륜(阿字輪)에 들어간다.

3. 수행점(修行点)의 수행자륜(修行字輪)

수행자가 이미 보리심을 발하였으면 여래의 행을 닦아 나가야 한다. 그러므로 다음에 아자륜(阿長字輪)을 밝힌다. 이것은 바로 행(行)이다. 그 삼부(三部)라는 것은 이른바 아(阿)・사(沙)・바(嚩)의 세 종자를 가리킨다. 다음에 가자(迦字) 내지 걸차(乞叉)에도 역시 모두 옆 모서리에 점을 더하여서 사용하여 장성(長聲)의 자륜(字輪)으로 삼는다.

4) 대일여래의 오른쪽이다.
5) 대일여래의 왼쪽이다.

4. 보리점(菩提点)의 보리자륜

이미 여래의 행을 구족하였으면 곧 보리를 이루어야 한다. 그러므로 다음에 암(暗)·삼(糝)·밤(鑁)자륜을 밝히는데 이것은 삼부(三部)이다. 이 아(阿) 위에 점이 있는 것은 대공(大空)의 뜻이다. 이 보리의 심(心)에 일체의 모든 상을 여읜 것을 바로 제불(諸佛)이라 칭하니 이는 성보리(成菩提)이다. 다음에 가자(迦字) 내지 걸차(乞叉)까지 모든 종자 위에 한 점을 찍어서 암자륜(暗字輪)으로 삼는다.

5. 열반점(涅槃点)의 열반자륜

이미 보리를 성취하였으면 어느 곳에 이르러야 하는가? 이른바 대열반이다. 그러므로 다음에 이 가운데에서 아(噁)·사(索)·마(嘆) 등의 자륜을 밝히니, [이 자륜은] 삼부를 의미한다. 가(迦)에서 걸차(乞叉)까지의 모든 종자도 모두 옆에 두 점을 찍으면 바로 열반륜(涅槃輪)이다.

6. 온갖 점을 구족한 방편륜(方便輪)

그 아(噁長聲)자의 한 종자는 방편륜(方便輪)이다. 그래서 가운데에 [점이] 없다. 이것은 바로 석가불륜(釋迦佛輪)이다[갈마부(羯磨部)는 두루 모든 윤에 들어가기 때문에 따로 단이 없다.[6] 유가(瑜伽)[금강정경]에서 이렇게 말한다].

7. 자륜의 구분

무릇 자륜을 크게 세 부분으로 나눈다. 처음의 아(阿)자가 곧 제1분[一分]이 되고, 다음으로 가(迦)에서 20자까지는 제2분이 된다. 다음으로 야(也)자에서 하(訶)자까지가 제3분이 된다. 걸차(乞叉)자는 빼는데 이 종자가 이미 중복되었기 때문이다[말하자면 가(迦)·사(娑)의 두 소리가 있기에 중복된 것이다]. 이상은 모두 지혜의 자[7]이다.

다음에 이(伊上)·이(伊)·오(鄔上)·오(烏)·예(翳)·애(愛)·오(惡多)·오(奧)의 여덟 글자가 있다. 이 여덟 글자를 더하여 곧 삼매를 성취하니 [이 여덟 글자는] 모두 삼매의 소리[聲]이다. 또한 오륜(五輪)에 따라 언제나 그 뜻을 굴리니[8] 알 수 있다.

다음에 아(俄魚可)·자(若而可)·타(吒)·나(囊上)·마(莫莫可)의 글자는 모든 장소에 다 쓸 수 있다. 말하자면 정(定)·혜(慧)에 두루 사용할 수 있다. 그러나 이 다섯 종자도 역시 오륜에 따라 굴린다. 말하자면 방점(傍點)을 찍거나 혹은 위에 원점(圓點)을 더하거나, 혹은 옆에 두 점을 더하는 등이다. 이 다섯은 모두 다섯 종자[9]를 이룬다.

---

6) 업(業)은 네 종류의 윤(輪)에 편재(遍在)하기에 따로 단이 없다.
7) 여성(女性)은 삼매이고, 남성(男性)을 지혜의 자라고 한다.
8) 발심·수행·증보리·입열반·방편의 다섯 가지 뜻이다.
9) 네 점을 각기 따로 더한 네 자와 네 점을 구족한 한 종자이기에 다섯 종자가 된다.

8. 전자륜(轉子輪)의 뜻

이른바 자륜(字輪)이란 이로부터 윤전(輪轉)하여 모든 종자를 생기게 하는 것이다. 윤(輪)은 생(生)의 뜻으로 아자의 한 종자를 굴려서 네 종자를 생기게 하는 것과 같다. 아(阿)는 보리심이며, 아(阿長)는 행(行)이며, 암(暗)은 성보리(成菩提)이고 아(噁)는 대적열반(大寂涅槃)이며, 아(噁長)는 방편을 말한다. 아(阿)자와 같이 알아야 하리니 가(迦)자에도 역시 다섯 종자가 있으며 나아가 카(佉) 등의 20자도 역시 그렇다는 것을 알아야 한다. 다음에 12자가 있는데 이른바 이(伊上)・이(伊)・오(鄔)・오(烏)・로(嚕)・류(留)・로(盧)・예(翳)・애(愛)・오(烏)・오(奧)의 12자이다. 모두 종자 위에 동일하게 점이 있는데 이른바 삼매이다. 나(仰)・냐(壤)・나(拏)・나(曩)・마(莽)도 역시 다섯 종자가 있으며 윗머리 부분에 점이 있는 것도 같다. 그 야(也)・라(囉) 등의 여덟 종자는 동일하게 종자 옆에 두 점이 있으며, 제거한다는 뜻이다. 이 자륜은 바로 모든 진언 가운데에 골고루 미친다는 것을 알아야 한다. 만약 아자를 보면 보리심의 뜻이라고 알아야 한다. 만일 장성(長聲)의 아자를 볼 때에는 여래의 행을 닦는 것임을 알아야 한다. 만일 암(暗)자를 볼 때에는 성삼보리(成三菩提)임을 알라. 만일 아(噁)자를 볼 때에는 증대열반(證大涅槃)임을 알라. 만일 장성의 아(噁)자를 볼 때에는 방편력(方便力)임을 알아라. 만일 가(迦) 등의 20글자를 볼 때에도 역시 그 부류의 뜻에 따라 이를 설해야 한다. 이 모든 글자들은 다 혜(慧)를 의미한다. 만약 라(囉) 등의 여덟 글자를 볼 때에 옆의 점이 동일하면, 또한 이 부류에 따라 상응함을 알아야 한다[말하자면 라(囉)는 무구(無垢)인 것 등이다]. 만일 이(伊) 등[의 종자]를 볼 때에는 곧 삼매가 드러난다. 만일 나(仰) 등의 다섯 종자를 보면 곧 대공(大空)의 점이라고 알아야 한다. 대공이란 온갖 모습을 여읜 것으로서 곧 성불의 뜻이다. 만일 수행자가 이와 같이 요달하면 곧 일체다라니의 뜻에 들어가 선전(旋轉)하는 것이 걸림없기에 자륜(字輪)이라 부른다.

9. 가지행무(加持行舞)의 상(相)

"비밀주여, 이와 같은 자문(字門)의 도(道)는 뛰어난 법문이기에 [수행자로 하여금] 차례대로 진언의 도에 머물게 한다. 일체여래의 신력에 가지되어 훌륭하게 정변지의 도를 이해하는 보살이 추는 춤[行舞]이다."

경에 "이와 같이"라 하는 것은 곧 앞의 자륜(字輪)을 가리킨다.

앞에서 설해온 정(定)·혜(慧)·공(空) 등은 바로 불도(佛道)의 문으로서 정각을 이루는 도이다. 만약 자의(字義)를 잘 알게 되면 곧 진언의 도에 머물 수 있다. 그 가운데 차제의 법칙과 증입(證入)의 상, 계위의 차별도 역시 모두 환하게 알며, 분명하게 통하고 막힘을 통달하여 의심이 남지 않아야 한다. 그런데 이 실담의 자모는 [내지][10] 세간의 동자도 언제나 수습하지만[11] 어찌 이와 같은 일을 단박에 성취할 수 있겠는가! 이 모든 종자는 다 여래의 가지신력으로써 여래 내증의 체성(體性)으로부터 이를 유출한 것이다. 그러므로 이와 같은 부사의한 업용이 있다. 만약 어떤 사람이 분명하게 이 가운데 뜻과 방편을 이해하면 곧 삼보리의 도에 통달할 것이다.

"잘 [정변지의 도를][12] 통달한다"고 하는 것은 모든 중생들의 모든 근과 성품과 욕망에 통달하는 것을 말한다. 어떠한 법으로써 도에 들어갈 수 있겠는가? 어떠한 문으로부터 깨달을 수 있을까? 이와 같은 등의 한량 없이 많고 끝이 없는 것을 모두 잘 알아서 중생에 따라 묘법을 수여하여 모두 여래의 경지에 이르게 하는 것이다. "무(舞)"[13]라 하는 것은 세상사람의 춤처럼 대중 가운데에서 갖가지의 신업(身業)을 움직여 구부리고 펴고 우

---

10) '내지'는 문맥상 빠뜨리고 해도 무방하다.

11) 실담자모를 익히는 것은 세간의 동자도 가능하지만, 어찌 이와 같은 공덕과 이익이 있을 수 있겠는가 라고 하는 뜻이다.

12) 『대일경』 본문을 해석한 것으로 [ ] 안의 글자가 빠졌다.

13) 앞에서는 스스로 증득하는 것을 설하였고, 아래에서는 중생제도를 설한다. 그것은 바로 가지행무(加持行舞)의 모습이다.

러르며, 또한 갖가지 미묘하고 듣기 좋은 소리를 내어 중생들이 좋아하는 바에 맞추어 그 대중들을 혹은 환희하게 하며, 혹은 슬프게 하며 혹은 두렵게 하는 것이다. 하나의 몸과 입에서 내는 방편으로써 모든 중생들이 이익을 얻는 것이 같지 않게 하는 것은 그가 나아가는 것을 잘 알고 중생의 마음에 따르기 때문이니, 보살도 역시 이와 같다. 갖가지의 위의를 나타내어 인(印)을 이루지 못함이 없고 갖가지의 묘한 법음을 내니 모두가 진언이다. 원만하게 응하는 데에 막히는 것이 없어서[14] 모두 큰 이익을 얻게 하기에 **"보살의 춤"**이라 한다.

10. 모든 부처님의 도는 동등하다

"과거와 미래와 현재의 모든 불세존께서 이미 말씀하셨고, 말씀하실 것이고, 지금 말씀하신다."[15]

이와 같은 자문(字門) 진언의 청정한 도는 시방삼세의 모든 부처님의 도와 동일하며 모든 [부처님께서] 이와 같은 색신(色身)을 두루 나타내어 갖가지의 문으로써 불도를 열어 보이신다. 저 춤추는 배우가 [춤추기 위해 몸을] 구부리는 것이 사람의 정(情)에 따르는 것과 같다.

"무피아(無彼我)"[16]란 내가 불안(佛眼)으로 두루 삼세의 모든 불국토를

---

14) 행무(行舞)가 미묘함을 가리킨다.

15) 대일경의 문장이 더 상세하므로 대체한다.

16) 『대일경』의 "내가 지금 두루 모든 불국토를 관찰하니 온갖 장소에 두루한 이 법문이 보이지 않는 곳이 없으며, 저 모든 여래들께서 널리 설하지 않은 것이 없으시다"라는 문장을 해석한다. 피(彼)는 '저 모든 여래들'이고 아(我)는 '지금 두루 관찰하는' 부처님이다.

관찰함에 동등하게 이 문을 설하셨다는 것이다. 모든 부처님과 나는 다를 것이 없고, 모든 부처님과 저 모든 여래도 역시 이와 같아 다른 설이 없기에 "무피아"라고 하였다. 이것은 바로 모든 부처님의 가르침이니 이와 같이 수행해야 한다. 만약 이렇게 하지 않으면 방편을 갖추지 못한다.

"이러한 까닭에"[17]라고 하는 것은 여래께서 그 뜻을 맺어 이루시고서 금강수에게 말씀하신 것이다. 또한 금강수에게 말씀하신 것은 바로 모든 큰 모임에 말씀하신 것을 알아야 한다. 말하자면 저 진언행을 하는 보살들이 속히 옛부처의 법을 얻고자 하면 이와 같은 모든 장소에 두루한 법문을 섬겨 배우고 부지런히 들으며 사유하고 닦아 익혀야 한다. 이렇게 수행하면 한 생애 가운데에도 일체여래의 갖가지 무의가영(舞儀歌詠)[18]을 얻어 중생들을 기쁘게 할 수 있다.

11. 초·중·후를 서로 더하여 온갖 뜻을 이룬다

"가(迦)·차(遮)·타(吒)·다(多)·파(波)[19]에서 초(初)·중(中)·후(後)를 서로 더하고, 등지(等持)의 품류(品類)로써 상입(相入)하면 자연히 보리심[20]과 행과 성등정각(成等正覺)과 반열반을 얻을 수 있다. 이들 설한 바의 자문(字門)을 서로 더하고 진언법의 가르침과 화합해서 초·중·후를 갖추는 것이다."

---

17) 『대일경』에 "이러한 까닭에 비밀주여, 만약 진언문에서 보살의 행을 닦는 것을 요지하려고 하면"을 해석한다. 이하에서 앞에서 설한 삼부사처륜(三部四處輪)의 뜻을 결성(結成)한다.

18) 보현색신(普賢色身)을 무의(舞儀)라 하며 갖가지 진언도의 구절을 설하는 것을 가영(歌詠)이라 한다. 이하에는 난탈이 있다.

19) 가(舸, ka)·차(遮, ca)·타(吒, ṭa)·다(多, ta)·파(波, pa)는 모두 아자문(阿字門)에 속한다.

20) a는 발보리심(發菩提心), ā는 보리행(菩提行), aṁ은 성등정각(成等正覺), aḥ는 반열반(般涅槃)이다.

초·중·후를 서로 더한다고 하는 것은 아(阿) 등의 다섯 종자를 처음으로 삼고 가(迦) 등의 스무 종자를 중앙으로 삼는데 라(囉) 등의 여덟 종자는 모두 방점이다. 이 모든 종자는 다 자의(字義)를 도와 이루기 때문에 나중 부분으로 삼는다. 무릇 가(迦, ka)·차(遮, ca)·타(吒, ṭa)·다(多, ta)·파(波, pa) 등은 모두 아자문[21]에 속한다. 아자는 바로 보리심이다. 이 가운데 "초·중·후를 서로 더한다"고 하는 것은 아자와 같이 단지 보리심을 [의미할] 뿐이다. 만일 곁의 귀에 획을 더하면 이것은 바로 행(行)으로 보리심에 행을 겸한다. 만일 위에 점[보리점(菩提点)]을 더하면 보리심에다 대공(大空)의 온갖 상을 여의어 보리를 성취한[다는 뜻]을 함께 갖춘다. 만일 아자의 곁에 두 점[열반점(涅槃点)]을 더하면 보리심에다 온갖 장애를 여의고 열반을 얻는[다는 뜻을] 함께 갖춘다. 다른 것은 모두 이것을 모방한다. 이렇게 돌려서 서로 더하는 데[22]에 혹은 단지 하나의 뜻이나, 혹은 둘이나, 혹은 세 가지 뜻이 있음을 알 수 있다. 혹은[23] 아자가 있는데 위에 점이 없을지라도 그 다음에 글자가 있으면 이것은 중자(重字)이다. 그 나(仰, ṅa)·냐(壤, ña)·나(拏, ṇa)·나(曩, na)·마(莽, ma) 등의 소리가 있을 때 이것을 앞과 연결하면 곧 암(暗)자다. 그러한 이유는 이 나(仰) 등은 점을 사용하여 앞에 더하면 아자가 바로 암자가 되기 때문이다. 혹은 아자에 점이 없더라도 그 다음에 겹치는 글자가 있으면 야(也)·라(囉) 등의 소리가 앞에 배치됨으로써 곧 오자(噁字)가 된다. 그러한 이유는 야·라 등에 모두 방점이 둘이 있고, 지금 앞에 연결됨으로써 곧 오(噁)의 소리를 이루기 때문이다[다시 살펴 여쭈어라]. 가(迦)·카(佉)·가(俄)·가(伽)의 겹쳐 더하는 네 글자처럼 나(仰)자를 사용하여 점으로 삼는다. 차(遮)·차(車)·자(闍·사(社)자는 냐(壤)자를 사용하여 점으로 삼는다. 다른 것은 이것에 따르라[이것은 경문이다. 이미 문장

---

21) 이 아자문은 무점(無点)의 위(位)를 말한다.

22) 서로 더한다는 것은 하나의 뜻에 다시 하나의 뜻을 더하여 두 가지 뜻으로 하고, 또는 세 가지 뜻으로 하는 것 등을 말한다.

23) 이하에서 연성법(連聲法)을 밝힌다. 처음에 아자 위에 보리의 공점(空点)이 없을지라도 아자의 다음에 ṅa 등의 글자가 오면 aṁ이 된다.

을 해석하여 마쳤다].

12. 자문의 공덕

"진언자가 만약 이와 같이 알면 그 자기의 마음에 따라 자재를 얻으리라. 이 낱낱의 구절에서 분명한 뜻으로 이를 사용해야 한다. 혜(慧)로서 깨달아 알게 되면 위가 없고 뛰어난 구절을 수여해야 한다"[24]고 하는 것에서 "이와 같이 알면"이라 하는 것은 바로 일체지지의 명칭의 차별이다. 만일 수행자가 이와 같은 자륜의 뜻을 알게 되면 곧 능욕(能欲)[의 지(智)]와 소욕(所欲)[의 이(理)]를 모두 성취할 수 있다. 이를 요약해서 말하겠다.

이른바 일체를 모두 뜻대로 성취한다고 하는 것은 여래의 모든 사업[25]을 성취하는 것을 말한다. 만일 이것을 성취한 자는 곧 법왕과 동등해지며 모든 법에서 자재하게 되며, 또한 근본서원에 따라 모든 중생들을 위하여 청정한 지견을 열어 불혜(佛慧)를 얻게 한다. 무릇 [진언의] 법체는 말할 수 없는 것으로 온갖 분별과 희론을 떠나 있으며, 또한 일체여래의 자재한 가지신력으로써 이 자륜을 성취하기 때문에 여래의 사업을 지어서 중생들을 이익하게 한다. 어떤 사람이 이러한 이익을 얻는가? 이른바 이치와 같이 연(緣)을 갖추어 지송하는 자이다. 그래서 다음에 "지송자"[26]라고 하였다. 누가[27] 이 결정의(決定意)를 얻는가? 말하자면 지혜가 있는 사

24) 『대일경』의 본문이 더 자세하므로 대체한다.

25) 일체지지(一切智智)의 과를 성취하였으므로 두루 색신을 나타내어 중생 교화의 사업을 만족하는 것을 가리킨다.

26) 『경』에는 "진언자(眞言者)"로 되어 있다.

27) 이 부분은 『경』의 "분명한 뜻으로 이를 사용해야 한다. 혜(慧)로서 각지(覺知)하고"의 문장을 해석한 것이다.

람이 자륜의 뜻을 잘 깨달아 알기 때문에 아(阿) 등의 모든 종자에 따라 낱낱의 자문에서 수행하는 바에 따라 분명하게 모두 다 보리의 과를 얻으니 의심을 일으키지 말라. 이 가운데 어떠한 법을 깨닫는가? 이른바 아자와 같은 것으로 바로 보리심이다. 점을 더하는 것은 바로 보리행이고 대공(大空)을 더하면 곧 성불이다. 만일 보리심이 청정하여서 온갖 덮힌 장애를 없애면 이것은 바로 대반열반으로 다시 다른 뜻이 없다. 이와 같은 등의 하나하나에 통달하고 요지할 때에는 곧 위가 없는 수승한 구절을 얻는 것이다. "위가 없는 구절"이라고 하는 것은 성보리(成菩提)이다. 이 무상보리심은 모든 부처님의 자연지(自然智)이다. 실제로 이를 수여할 자는 없다. 다만 수행자가 방편을 구족하여 자륜의 뜻을 잘 알 때에 자연히 얻게 되니 이것이 바로 무상보리를 수여하는 것이다. 이와 같이 하나의 윤(輪)[28]으로부터 자륜을 굴릴 줄 아는 지송자는 언제나 세간을 밝게 비추는 것이 세존비로자나와 같다. "굴린다"고 하는 것은 세간의 바퀴를 돌려 움직일 때에 이 시작과 끝의 경계를 알 수 없고, 한계가 없으며 다할 수도 없는 것처럼 이 낱낱의 자륜도 역시 이와 같다고 알아야 한다. 아자로부터 돌려 움직여서 모든 종자를 출생한다. 이 자륜은 바로 모든 진언의 명자 가운데에 두루하여 회전(廻轉)[29]하고 총지(總持)[30]하여 끝가는 데가 없으며 근원을 다함도 없고 모든 곳에 골고루 미치니 즉 이것은 백천만억의 선다라니(旋陀羅尼)이다. 수행자가 만일 이와 같은 자륜의 뜻을 알게 되면 곧 이 항상한 광명으로써 세간을 비출 수 있다.

"항상 머무는 광명"이란 바로 대일여래의 체로서 저 비로자나와 동등하게 법륜을 굴린다. 이 가운데 "항상한 광명"이라고 하는 것은 바로 대혜(大慧)의 광명이다. 이 광명은 바로 보리심으로 아자의 체이다. 생겨나지도

28) 아자의 일륜(一輪)으로부터 모든 자륜을 유출하여 궁극까지 이르는 진언수행자라는 뜻이다.
29) 언어와 명칭을 성립시킨다는 뜻이다.
30) 모든 뜻을 성취하는 것을 의미한다.

않고 지어짐도 없으며 바뀌지도 않고 만들어짐에 말미암아서 성립한 것도 아니다. 이와 같이 상주하는 실상의 혜(慧)이기에 "항상한 광명"이라 부른다. 만일 수행자가 부지런히 노력하고 오랫동안 수행하여 게으르거나 물러남이 없으면 반드시 이를 얻게 된다. 그런데 앞에서 설한 만다라의 방궤(方軌)와 법용(法用)과 산화(散華)·관정(灌頂) 나아가 수여함[31]에 밝은 거울로써 하는 것과 같은 것은 마치 금비(金錍)[32]로 그 눈의 막[33]을 제거하는 것과 같다. 이와 같은 것들은 모두 비로소 보리심을 발하는 자를 위하여 방편가지의 차제법용으로써 그 견고한 마음을 이루게 하고 불법에 점차적으로 들어가는 단계를 만드는 것이다. 그런데 이 가운데 비밀한 취지는 자륜에 있다. 왜냐하면 만일 수행자가 다른 사람을 위하여 아사리가 되어서 만다라를 건립하고자 하면 먼저 반드시 세존의 위(位)에 머물러야 하기 때문이다. 이른바 이 모든 자문을 합하여 모아서 몸을 이루면 곧 이 몸이 부처님과 동등하다. 말하자면 유가의 아사리가 관행을 성취하면 마음의 짓는 바에 따라 마음대로 움직여도 모두 성취한다. 이 자륜을 관하여 두루 몸의 부분에 포치하는 것은 마치 밝게 보는 것과 같으므로 부처님과 동등하고 부처님과 동등한 단계이다.

그런데 포자(布字)[34]할 때에는 네 부분으로 나누어야 하는데 바로 이것이 사중만다라(四重漫茶羅)이다. 머리는 첫부분으로 삼는데 이는 아자 보리심의 위(位)이다. 가(迦)·카(佉)·아(俄)·가(伽)·나(仰) 등으로부터 이에 사(奢)·사(娑)·하(訶)에 이르기까지 무릇 제1의 소리는 모두 보리심에 속한다. 수행자의 미간 백호상(白毫相)이 있는 곳으로부터 가(迦)자를 관한다.

---

31) 작은 만다라를 건립하는 작법이다.

32) 금비(金篦)·금주(金籌)·금폐(金箄)라고도 한다. 금으로 만든 젓가락을 가리킨다. 밀교에서 관정할 대에 아사리가 이로써 수법자의 눈을 가지하여 그 무지(無智)의 막을 제거함을 나타낸다. 금비는 원래 고대 인도의 의사가 사용하던 맹인의 망막을 제거하는 도구였다. 후에 밀교에서 이를 인용한 것이다. 그 형상은 흡사 독고저와 같으며 양쪽 끝이 둥근 머리 모양이다.

33) 무명의 망녕된 막을 제거하여 불성을 보게 하는 것을 말한다.

34) 이하에서 포자(布字)할 때의 궤칙(軌則)을 밝힌다.

카(佉)부터 이하는 오른쪽으로 돌아 태양을 따라 돌려야 한다. 다음에 한바퀴를 둘러 이를 포열하여 고리가 돌아서 서로 맞댄 것처럼 하라. 다음에 목에서부터 이하는 제2분으로 삼는다. 긴 소리의 아자문에 속하며 또한 중앙에 해당하며 백호(白毫)와 위 아래가 서로 연결되어 있으며 오른쪽으로 가서 이를 포열하여 한바퀴를 돌아 서로 만나게 하라. 이것은 보리행이다. 다음에 심장부터 이하는 제3분으로 삼으며 암자문(暗字門)에 속한다. 심장 위로부터 캄(欠)자를 포열하고 다음에 오른쪽으로 돌아 한바퀴 돌려서 서로 만나게 하라. 다음에 배꼽부터 이하는 아자문(噁字門)에 속하니 이는 대열반이다. 역시 중앙부터 카(迦入)자를 두고 다음에 오른쪽으로 돌아서 한바퀴를 돌게 한다. 머리를 윗부분으로 삼고 목과 심장을 중심으로 삼으며 배꼽을 뒷부분으로 삼는다[나에게 이르시기를 발보리심을 처음으로 삼고 행과(行果)를 중간으로 하며 대적(大寂)을 나중으로 삼는다고 하셨다].

그 제5의 아(噁)자는 모든 장소에 두루하니 뜻대로 지음에 따라 모두 성취할 수 있다. 이것은 몸 바깥에 있으며 부처님의 광배처럼 뜻대로 몸 안의 포자(布字)의 위(位)에만 둘 수 없다. 암(闇)자도 역시 그러하며 아(噁)도 마찬가지이다. 스승이 이미 이와 같은 몸을 이루었으면 그 만다라도 역시 이와 같이 포열하여야 한다. 또한 제자를 관상하여 이와 같이 짓게 해야 한다. 세 가지 일35)이 모두 이루어지면 이것이 비밀만다라이다. 만일 이 가운데의 의취를 요달하지 못하면 비록 앞의 사법(事法)에 의거하여 지었더라도 잘 지었다고 하지 않으며 헛되이 공력을 낭비하고 또한 성취할 수도 없다. 또한 이 포자의 법이야말로 비밀만다라이다. 오래도록 참된 진언의 행을 익혀서 [진언법을] 전수하기에 감당할 만한 자에게 바야흐로 뜻으로써 서로 전할뿐 문자로는 실을 수 없다. 그러므로 스승이 입으로 서로 전할 뿐 경에서 설하지 않은 것이다. 오직 비로자나께서 법륜을 굴리는 것과 같다고 한다.

---

35) 자신과 만다라 위와 제자의 세 가지를 말한다.

또 다음으로 수행자는 반드시 모든 종자의 색을 알아야 한다. 처음의 아자 및 가(迦) 등의 스물다섯 자, 그리고 야(也)·라(囉)에서 하(訶)자에 이르기까지는 모두 아(阿)에 속하며 황색으로 만들어라. 이른바 금강의 색이다. 제2의 아자는 돌려서 황백색으로 만드는데 적정색(寂靜色)을 말한다. 아자의 체는 황색이고 삼매는 백색으로 한다. 두 가지 색이 합하였으므로 황백색이다. 제3에 머리 위에 점을 더한 것도 역시 황백색으로 만드는데 암(暗)이다. 아자는 황색이고 대공(大空)은 백색이므로 황백색이다. 다음에 제4의 아(惡)자는 돌려서 황흑색으로 만들어라. 아자는 황색이고 두 점은 열반색으로 흑색이므로 황흑색이다. 또한 두 점은 바로 항복의 뜻이니, 마치 열반이 온갖 장애되는 법을 부수어 없애는 것처럼 이것도 역시 이와 같기 때문에 두 점을 흑색으로 만든다. 제5의 아(噁)자는 아자의 체가 황색이고 위의 점은 바로 백색이고 곁의 점은 흑색이므로, 이것은 바로 갖가지의 잡색(雜色)임을 알아야 한다. 무릇 만다라를 펼칠 때에는 역시 삼중(三重)[36]으로 한다. 제1중의 가(迦)에서 하(訶)에 이르기까지 둘레에 둘러라. 안의 겹을 이름하여 금강륜이라고 한다. 이 금강륜은 일체법을 지탱한다. 마치 세계에서 금강의 륜[37]이 세계를 지탱하는 것과 같으니 바로 이것은 수행자 최초의 보리심륜이다. 보리심을 견고하게 하고자 하기에 먼저 안의 겹을 만드는 것이다. 다음에 제2의 륜은 아(阿)·암(暗)인데 이것은 장음 아·암의 두 륜과 같으며 이것이 중간 부분이다. 만일 아를 사용하여 륜을 만들 때에는 절대로 암자륜(暗字輪)을 사용해서는 안된다[나에게 이르시기를 아는 수행자의 인(印)이고 암은 증(證)으로 과(果)라고 하셨다].

다음으로 제3륜은 악자륜(噁字輪)을 사용하라. 또한 중앙에 위와 같이 이를 포열하고 둘레가 합하게 하라. 그 이(伊) 등의 열두 자는 밖에 두고 흩어 펼치는데 마치 불꽃처럼 하라. 이것이 바로 삼전법륜(三轉法輪)[38]의

36) 사중(四重)을 거두어들여 삼중(三重)으로 하는 것이다.
37) 지륜(地輪)을 가리킨다.
38) 자륜에 다섯 종류가 있을지라도 이 셋을 넘지 않는다. 그러므로 삼전이라고 한다.

뜻이다. 이와 같이 포열하였으면 지송자는 곧 지명신(持明身)이니, 대일여래의 신력으로 가지함과 같아서 동등하여 다름이 없다. 이 륜은 또한 인연륜(因緣輪)이라고도 한다. 스승과 제사와 아울러 만다라가 모두 이와 같은 비밀의 윤을 짓게 되며, 또한 이 모든 종자가 바로 진언륜(眞言輪)이므로 네 가지의 윤이 있게 된다.

또한 자륜이란 산스크리트어로 아찰라[39]륜(啞刹囉輪)이라고 한다. 아찰라(啞刹羅)는 부동(不動)이라는 뜻이다. 부동이란 아자의 보리심을 말한다. 마치 비로자나께서 보리심의 체성(體性)에 머무시어 갖가지 보문의 이익을 나타내 보이시고 갖가지로 변화하여 나타내심이 한량 없이 많고 끝이 없는 것과 같다. 이와 같은 수적(垂迹[40])이 다함이 없을지라도 실제로는 상주부동(常住不動)하시며 또한 일어나고 멸하는 모습이 없는 것이 마치 수레바퀴가 구르는 것이 끝이 없지만 중앙은 전혀 움직이지 않으며, 움직이지 않기에 온갖 움직임을 제어하여 끝이 없는 것과 같다. 이 아자도 역시 이와 같아서 생겨남이 없으므로 곧 움직임도 없고 물러남도 없으면서 온갖 자륜을 생하여 구르는 것이 끝이 없다. 이러한 까닭에 부동륜(不動輪)이라 한다. 만일 수행자가 이와 같은 부동륜을 요달하여 모든 진언을 포열하면[41] 곧 그 체가 자연스럽게 되어 몸으로 나타내는 것은 밀인(密印) 아닌 것이 없으며 입으로 설하는 것은 모두 진언이다. 무릇 이것을 보고

즉 시상전(示相轉) · 권수전(勸修轉) · 작증전(作證轉)이다.

39) 아찰라(啞刹囉, Akṣara)는 자(字)의 산스크리트어이다. 자륜이란 산스크리트로 akṣara-cakra이다. 윤에는 굴려서 생겨나게 한다는 뜻이 있다. 하나의 범어문자를 굴려서 많은 글자를 출생하는 뜻이다. 또한 제존의 종자 · 진언 등의 문자 중에서 하나의 글자로부터 많은 글자를 생기는 데 이를 칭하여 자륜이라 한다.

40) 부처나 보살(本地)이 중생을 제도하기 위해 거짓 모습(迹)으로 바꾸어 나타나는(垂) 것. 인간들을 구하기 위하여 여러 가지 신(神)의 모습을 빌려서 나타난다는 설이다. 초역사적인 본체(本體)가 역사세계에 모습을 보여 나타내는 것이다. 무루지(無漏智)의 광명을 은근히 감추고, 속진(俗塵)과 함께 한다는 뜻으로 이것을 화광동진(和光同塵)이라고도 한다.

41) 『소』에는 유(有)라 되어있지만 『대일경의석』에는 포(布)로 되어 있으며, 이것이 문맥에 맞으므로 대체한다.

듣고 접촉하고 아는 자는 모두 반드시 무상보리에서 이루는 복과 이익이 참되어서 헛되지 않다. 이와 같다면 곧 비로자나와 동등하게 불사를 지으며 언제나 세간을 비출 수 있다. 무릇 수행자는 지송할 때에 자륜을 관하며 혹은 구륜(句輪)을 관해야 한다. 구륜(句輪)이란 본존의 마음을 관하여 그 위에 원명(圓明)이 있는데 진언의 글자를 포열하고 돌려서 서로 닿게 하여 명료히 현전하게 하는 것이다. 지송할 때에는 이 자를 관하는 것이 마치 흰 우유처럼 하고 차례대로 흘러 수행자의 입으로 들어오고 혹은 그 정수리에 부어서 끊어지지 않게 해서 그 몸을 골고루 채우고 나아가 팔다리에도 두루하게 한다. 그 원명 가운데의 종자는 언제나 오래도록 밝으며 언제나 흐르는 물처럼 다함이 없다. 이와 같이 지송하는 데에 피로가 심하면 단지 고요한 마음에 머물러 종자의 자[42]를 관한다. 그 관법은 앞에서 이미 자세하게 설명한 것과 같다. 만일 종자의 자를 이미 보았으면 곧 종자자 가운데에서 본존을 보라. 이와 같이 성취하고 나서 곧 두루 자륜을 포열하고 지명(持明)의 체를 이루면 바야흐로 모든 사업을 짓기에 감당할 만하다. 이와 같은 아자는 바로 부동(不動)의 뜻으로 금강의 체이다. 무릇 사업을 견고하고 흔들림 없게 하려면, 또는 스스로거나 다른 사람으로 하여금 도를 구하는 마음이 흔들리지 않게 하려면 모두 아자를 사용하여 이를 가지하라. 그 밖의 모든 종자도 역시 일에 따라 상응하여 이를 사용해야 한다.

42) 종자 가운데 총(總)에 해당하는 아자 외에 다른 종자를 관한다.

제11 비밀만다라품(秘密漫荼羅品)

1. 법계를 관찰하다

앞에서 이미 「자륜품」을 설하여 마쳤다. 비밀로 말미암아서 설해지는 것은 모두 여래의 가지신력이어서 나타내 보일 수 없다. 그래서 「신력가지자륜품(神力加持字輪品)」이라 한다[그 밖의 모든 품도 다 이와 같이 해석하라].

다음에 「비밀만다라품」을 설명하겠다.

"이때에 박가범 비로자나께서는 여래안(如來眼)으로 모든 법계를 관찰하시고 법계구사(法界俱舍)[1]에 들어가셨다. 여래께서는 평등장엄장삼매(平等莊嚴藏三昧)[2]를 분신[3]하심으로써 법계의 다함없는 장엄을 나타내시며 이 진언행문(眞言

1) 구사(俱舍, kośa)는 장(藏)의 뜻으로 일체여래의 주처(住處)를 말한다.

2) 여래의 삼밀평등으로 장엄된 법계체장삼매의 뜻이다. 이것을 태장만다라라고 부른다. 이 삼매에 들어가면 시방 삼세 일체여래의 신구의가 모두 평등한 하나의 상(相)으로써 부처와 부처는 일도(一道)를 걷게 된다. 이 삼매는 여래비밀의 대사(大事)를 나타내기 때문에 비밀만다라라고 한다.

行門)으로 다함없는 중생의 세계를 제도하시어 본원(本願)을 만족하신다."

이미 「자륜품」을 설명하였다. 다음에 이 자륜을 성취하고자 다시 삼매에 들어간다. 이 가운데 경에서 설한 이 삼매의 명칭이 나온다. "모든 법계"라고 한 것은 바로 무상(無相)의 법계이다. 이미 이 무상법계를 평등한 불안(佛眼)으로 이와 같이 법계를 관찰하셨기 때문이다. 또 비밀하게 해석하면 앞과 같은 자륜은 바로 모든 부처님의 법계이다. 불안으로 이 법계를 관하시니, 이 불안관(佛眼觀)은 바로 여래가지력임을 알아야 한다. 만약 [여래께서] 가지하시지 않는다면 [내가] 말할 수도 없다.

"법계장(法界藏)"에서 장(藏)이란 산스크리트어로 구사(俱舍, kośa)라 하는데 칼집의 뜻이다. 마치 세간의 칼이 칼집 속에 있는 것처럼 이 장(藏)도 역시 그러하다. 그래서 뜻으로 번역하였다. 그러므로 여기에서 "법계장"이라고 한 것은 바로 여래께서 나오시는 곳으로 일체여래가 그 가운데 머무시는 것을 말한다.

"분신(奮迅)"이라 함은 '흘러나온다'는 뜻이며 '흘러넘친다'는 뜻이다. 사자왕이 깊은 동굴 속에 있을 때에는 안주하여 움직이지 않을지라도 어떤 때에는 동굴을 나와 신속히 떨쳐 움직인다. 즉 그 몸은 본래 움직이지 않았지만 지금 언제나 있던 곳에서 떠나 움직이는 것처럼 부처님도 역시 이와 같아서 이러한 매우 깊은 밀장(密藏) 가운데 안주하신다. 만약 여래의 가지신력이 아니라면 미묘하고 적절(寂絶)하여서 시현하는 것은 불가능하다. 지금 다함 없는 신·구·의의 갖가지 형상과 소리[4]를 시현하여 법계에 두루한 것은 바로 모든 부처님의 분신(奮迅)이다. "여래께서 평등장엄장[삼매]를 시현하신다"고 하는 것은 바로 태장(胎藏)의 장(藏)이다. 이 법문 가운데 들어가면 시방삼세 일체여래의 신·구·의가 모두 다 평등하고 평

---

3) 분신(奮迅)은 유출한다는 뜻이다. 사자는 깊은 굴 속에서 있더라고 일단 굴 밖을 나오면 재빠르게 움직이는 것처럼 여래도 미묘하고 적정한 삼매에서 나와 다함없는 장엄의 대만다라왕을 시현하고 법계에 두루한 것이 모든 여래의 분신이다.

4) 신밀의 형상과 구밀의 음성이다.

등하며, 부처님과 부처님의 도가 동등하기에 "평등"하다고 한다. "엄(嚴)"이란 그 몸을 장엄하는 것이다. 즉 무량한 불도의 문을 사용하여 법신을 장엄하고 중생을 제도한다. 즉 평등법계로써 법신을 장엄하기에 "엄"이라 부른다. 마치 세간의 군대가 있는 곳에 큰 깃발이 있어서 이를 이름하여 엄이라 하는 것과 같아서 이 삼매도 역시 그러하다. 이 삼매로 말미암아 여래비밀의 사업을 표시하기 때문에 이로서 이름으로 삼았다. 이 가운데 "장(藏)"이란 산스크리트어로 가하(揭訶, garbha)라 한다. 즉 다함 없는 장엄을 유출하고 분신시현하여 끝이 없는 것이 마치 큰 보배의 창고와 같다. 이 평등법계장은 바로 여래장이라는 뜻이다. 법계의 장엄이 다함이 없는 것은 마치 자륜(字輪)이 구르는 것이 다함이 없는 것과 같아서 무진장(無盡藏)[5]이라고 부른다.

여래께서는 어찌하여 이 [평등장엄장]삼매에 머무시는가? 그런데 인연이 없는 것이 아니어서 바르게 여래의 매우 깊은 비요(秘要)의 사업을 개시하신다고 하였다. 그러므로 경에서, "이 진언행문(眞言行門)으로 다함없는 중생의 세계를 제도하시어 본원(本願)을 만족하신다"고 하였다. 부처님께서는 과거생에 보살의 도를 행하실 때에 큰 서원을 세우시고 모든 중생들로 하여금 함께 여래법계의 장(藏)에 들어가게 하셨으며, 지금은 서원하신 바를 만족하시고자 대비로써 분신시현하시어 중생들을 제도하시니 법계가 다함이 없는 것과 같이 중생계도 역시 그러하여 다함이 없다. 지금 두루 진언행문으로서 평등하게 이익을 주어 모두 청정한 지견을 열고 구경에 남음없이 하려고 하신다. 즉 서원하신 바를 만족하므로 "본원을 만족하신다"고 하였다. 그러나 작법이 아직 성취되지 않았다. 아직 성취되지 않았으므로 진언행을 닦는 자가 속히 무상도를 성취할 수 없으므로 지금 다시 결택(決擇)하여 모두 현현하게 하시고자 이 정에 드시었다.

다음에 "삼매 가운데에서"라고 하는 것은 부처님께서 삼매에 머무시어

---

5) 무진장엄의 뜻이다.

희유한 일을 나타내시어 중생들을 두루 이익하게 하시는 것이다. 이 선정 가운데에서 어떠한 희유한 일을 나타내시는가? 이른바 "이와 같은 다함 없는 중생의 세계에서 온갖 성문(聲門)으로부터 종류에 따른 음성을 내시었다. 그 본성과 같이 업생(業生)이 성숙하여 수용한 과보로서 드러난 온갖 물질과 갖가지의 언어와 마음으로 사념하는 바에서 법을 설하시어 모든 중생들로 하여금 모두 환희하게 하시었다. 또한 낱낱의 털구멍에서 법계의 증신(增身)[6]이 출현하셨다"고 한다. 이 "음성"이란 산스크리트어로 후(吼)라고 한다. 마치 큰 용이 출현하였을 때에 천둥소리가 나며 떨쳐 울리니 모두가 다 듣게 되어 고루 미치지 않은 바가 없음과 같다. 여래후(如來吼)도 역시 이와 같아 남음 없이 유정의 세계에 고루 미친다. 이 세계의 한량 없이 많은 음성도 역시 널리 들으시니, 세간의 용이 [음성을 듣는 데에] 한계가 있는 것과는 같지 않다. 중생계 가운데 상·중·하품이 있는 데에 따라 어떠한 업으로써 과보를 얻으므로 "업생(業生)이 성취[숙]한다"고 하였다. 마치 세상사람이 음식을 얻었으나 아직 씹지 않았으므로 확실하게 받았다고 하지 않으나, 만일 받아서 먹고 나면 그 음식의 공양을 받았다고 하는 것과 같다. 지금 이숙(異熟)의 수보(受報)도 역시 그러하여 각기 선인(先因)[7]으로 말미암아 그 과를 받으나 형체와 색깔[8] 등의 차별이 만가지로 다르며 음성으로 설하는 것도 같지 않으며 좋아하고 신해하는 것도 각기 차이가 있다. 부처님께서는 하나의 평등한 묘음으로써 그들의 마음에 응하여 그 뜻하는 바대로 그들의 언어에 따라 깨달음을 보이시어 그들이 깨달음에 대한 생각을 일으키도록 방편으로 권하시어 모두 환희를 얻게 하시니, 이 삼매 가운데에 일찍이 없었던 상서로운 모습이 있는 것이다.

---

6) 법계의 증신이란 여래삼밀평등의 법계에서 무진장엄의 대만다라왕을 시현하신다는 뜻으로 부처님의 낱낱의 털구멍에서 여러 가지 형태의 가지신을 내어서 법계로 확산시켜 두루하게 한다는 것을 말한다. 이것은 법계자륜(法界字輪) 중에서 모습과 소리를 나타내는 것이다.

7) 전생 등에 이미 행했던 선악업에 따라 받는 총보(總報)로서의 과보이다.

8) 형체와 색깔 등에서 갖가지의 차이가 있는 것은 별보(別報)이다.

이 가운데 "갖가지의 언어"라 하는 것은 무엇인가? 『성론(聲論)』 가운데의 뜻[으로 말하면] 가령 세 가지 음이 화합하여 하나의 뜻을 함께 나타내는데, 만일 뜻이 아직 원만하지 않다면 다시 한 글자를 더하여 원만하게 해야 한다. 만일 네 음이 함께 하나의 뜻을 나타내는 데에 지금 세 음을 사용하여 그 뜻이 이미 분명하여졌으면 곧 한 글자를 뺀다. 이와 같이 편리에 따라 더하고 줄이는 것처럼 지금 이 가운데에서도 역시 이와 같다. 단지 하나의 아자문에 일체의 뜻을 갖춤으로써 일에 있어서 두루 원만하지 않은 것이 없으므로 이름하여 설(說)이라 하는데 설법(說法)의 설과는 같지 않다. 산스크리트어로 다름이 있으므로 이것을 다시 여쭈어라.

"법계의 증신이 출현하셨다"고 하는 것은 평등법계(平等法界)[9]는 구경적멸하여서 들어오고 나가는 모습이 없지만 여래의 신력으로 가지함으로써 다함 없는 색신(色身)을 낸다. 말하자면 부처님의 낱낱의 털구멍으로부터 나타내는 것은 앞의 사자후의 소리와 같다. 또한 갖가지의 형상을 내기 때문에 "법계의 증신"이라 하였다. 실제로는 연으로부터 일어난 것으로 무생(無生)의 성품이다. 이와 같은 실상은 법계의 바탕과 동등한데 어찌하여 증가(增加)와 생멸이 있다고 하는가? 연기의 법체는 항상 여여한 모습일지라도 여래의 가지력으로써 하나하나의 털구멍으로부터 각기 사자후의 소리를 나타내기 때문이다. 혹은 부드럽게 말하거나, 혹은 거칠은 말로써 하거나, 혹은 깊거나, 혹은 얕거나 그들의 마음 근기에 응하여 큰 바다의 조수가 언제나 정해진 시각을 넘지 않는 것처럼[10] 그 몸도 역시 그러하다. 혹은 크거나 혹은 작거나 혹은 분노의 형상으로 혹은 육바라밀을 행하며 혹은 위의로써 항복시키는 차별이 만가지로 다를지라도 제도해야 할 유정을 등지거나 잘못됨이 없다. 앞에서는 자륜을 보였고 지금은 법계륜 가운데에서 형상과 소리를 나타낸 것이다.

---

9) 증신(增身)을 유출하는 자증(自證)의 경계이다.
10) 조수(潮水)가 흘러들고 나가는 것이 때를 맞추어 일정한 것과 같다는 뜻이다.

2. 여래발생의 게송

"출현한 뒤에는 허공과 동등[11]하게 되신다. 한량없이 많은 세계에서 하나의 음성[一音聲][12]의 법계의 어표(語表)로써 여래발생(如來發生)의 게송[13]을 읊으신다."[14]

허공이 끝이 없는 것처럼 이 소리도 역시 그러하여 허공과 동등하다. "표(表)"라고 한 것은 표시이니 바로 여래 어표(語表)의 업이다. 말하자면 모든 중생들에게 표현하여 모두 평등법계를 깨닫게 한다. 이 묘음[15]으로써 법계에 표시하기 때문에 법계표(法界表)[16]라 한다. "하나의 음성"이란 바로 아자문으로 구르는 것이며, [그 구르는 것이] 무궁하여 허공과 같이 법계를 가득 채운다. 삼세의 모든 부처님도 모두 이와 같은 묘한 게송으로부터 생하였기에 "여래발생[如來生]"이라 부른다. 지금 부처님께서는 이 하나의 음성의 문으로부터 묘한 게송을 설하고 두루 남김없이 세계로 하여금 평등하게 듣고 알아서 부류에 따라 이해하도록 하시고자 이로써 명칭을 삼으셨나. 앞에서 설한 자륜은 여래의 공덕을 표시하고자 한 것이다. 그러므로 부처님께서는 하나하나의 털구멍에서 묘한 음성을 내시어 이 세계에 두루하게 이 자륜의 매우 깊은 뜻을 설하시었다. 이른바 모든 부처님을 생하게 하는 게송이다. 만일 어떤 중생이 이와 같은 자륜의 뜻을

---

11) 허공에 끝이 없는 것과 같이 법계등류(法界等類)의 음성과 형체도 법계에 두루하여 끝이 없기에 허공과 동등하다고 한다.

12) 일음성(一音聲)이란 아(阿)자를 말한다. 이 아자로부터 온갖 모든 글자가 생한다. 이 아자륜(阿字輪)은 모든 진언자 중에 편만하게 때문에 변일체처(遍一切處)의 법문이라고 한다. 이것은 백천만억 선다라니문(旋陀羅尼門)을 생기게 하는 모체(母體)이다.

13) 이하에서 여래발생의 게송에 대해 밝힌다. 여래발생의 게송이란 삼세의 제불이 모두 다음에 나타내는 게송 중에서 출생하기에 이와 같이 부른다.

14) 『대일경』의 본문이 더 자세하므로 대체한다.

15) 아자의 묘음이다.

16) 『소』에는 '云法界者心也'로 되어있지만 『대일경의석』에 의하여 者心의 두 글자를 表 한 글자로 바꾼다.

알게되는 때에는 곧 보리를 이루기 때문에 모든 부처님이 이로부터 생한다고 하였다. 그렇지만 모든 부처님의 법신은 생멸을 여의었다. 만일 여래에게 생함이 있다면 즉 이것은 형상에 사로잡힌 것이다. 무릇 형상에 집착하는 자는 생사를 여읠 수도 없거늘 하물며 대보리를 성취하겠는가! 지금 생한다고 말한 것은 진실하여 상을 여읜 생이다. 청정법신은 모든 상을 여읠지라도 부처님께서는 가지력으로써 이 자륜을 굴리시어 여래의 비밀한 내증의 덕을 열어 보이신다. 부처님의 자재신력으로 가지됨으로 말미암아 이 유상(有相)의 방편에 인(因)하여서 무상(無相)의 상을 생기게 하는 것이다. 그 중생이 아직 깨닫지 못하였을 때에 이 자륜에 인하여 이로써 방편으로 삼아 점차 아자문을 요달하고 관찰하며, 아자문에 들어감으로써 곧 자재법신을 궁극에 성취하게 되는 것이다.

게송에 이르길, **"종류와 형상[17]에 따라 온갖 법의 법상(法相)을 생한다"**고 하는 것은 무엇인가? 아자문에 들어가면 이것은 바로 평등법신이다. 이 무상법신에 말미암아서 연에 따라 감응하여 두루 색신을 나타낸다. 그 갖가지 부류의 형상에 따라 보기 좋아할 몸을 나타내어 그들을 위하여서 여래의 지혜를 열어 보이는 것이다.

게송에 이르길, **"모든 부처님[18]과 성문(聲聞)과 세상을 구하시는 연각(緣覺)과 용맹하게 정진하는 보살대중과 인존(人尊)[19]도 마찬가지로서"**라 하는 것은 무엇인가? 이 생함 없고 모습 없는 몸에 말미암아서 모든 부처님께서 모두 생하신다. 모든 부처님들만 이로부터 생한 것이 아니라 모든 성문과 연각과 보살의 갖가지 수행계위, 나아가 일생보처(一生補處)의 단계도 모두 이 아자의 이치로 말미암아 생겨난다. 곧바로 일체 성현의 과(果)를 생기게 하는 것만이 아니라, 일체 유정세간과 기세간과 갖가지 차별과 차례

17) 교화해야 할 중생의 유형에 따라 그들이 좋아할 중생의 모습을 나타내어 여래의 큰 지혜를 열어보이는 것이다.

18) 모든 부처님과 성문과 연각 등은 모두 무상(無相)의 가지신(加持身)으로 아(阿)자로부터 출생한다.

19) 일생보처보살(一生補處菩薩)을 가리킨다. 『소』에는 여불(如佛)로 되어 있다.

대로 증장하는 것도 모두 역시 이 아자의 뜻으로 말미암아 생겨난다. 이 가운데 생겨나는 것에는 간략하게 세 가지 종류가 있다. 상품의 생은 여래의 참되고 청정한 법신 상주의 과체(果體)를 생기게 하는 것을 말한다. 다음 [중품의 생]은 모든 부처님과 보살과 이승을 생하고 어느 곳에 있을지라도 그에 따라 그 장애를 제거한다. 다음에 하품의 생이란 즉 유정과 기세간이다. 모두 역시 이 법문에 말미암아서 성취할 수 있다.

"생겨나고 머무는 등의 모든 법[20]에서 언제나 이와 같이 생기나니"라고 하는 것은 무엇인가? 그런데 이 가운데 설한 바는 외도의 멸하여 없어지는 것에 사로잡힌 생각[斷見]·변하지 않는 실체가 있다는 생각[常見]과는 같지 않다. 모든 법은 인으로부터 생할지라도 생기는 인(因)은 무상(無相)이다. 연(緣)으로부터 생할지라도 이 연은 무상이다. 연으로부터 일어날지라도 법은 본래 생겨남이 없다. 연에 따라 일어나고 멸한다 할지라도 생하고 머무는 모습은 없다. 이러한 까닭에 "언제나"라고 하나 외도의 견해와 같이 생멸이 항상하다고 하는 것이 아니다.

게송에 "지혜와 방편[21]을 갖춤으로 말미암아 무혜의(無慧疑)[22]를 여읜다"고 하는 것은 무엇인가? 아자륜(阿字輪)을 요달하면 모든 법이 필경에 공으로서 존재하는 것이 없으며, 적멸하여 무상(無相)의 체이고, 본래부터 생겨남이 없으니 이것을 혜라고 한다. 진언과 신인(身印)과 유가 등으로써 큰 이익을 행하여 불혜(佛慧)에 들어가게 하니 이는 방편이다. 만일 방편에만 의지하고 혜가 없거나, 단지 혜만 있고 방편이 없으면, 끝내 불가사의한 자

20) 생(生)은 무상(無相)의 생이기 때문에 불생(不生)의 생이다. 그러므로 이와 같이 말한다.
21) 진언, 인계, 유가행 등은 부처님의 지혜에 들어가는 방편이다. 만약 이들의 방편만을 진실이라고 집착한다면 여래의 묘혜는 얻을 수 없다. 묘혜만 있고 이 방편이 없다면 불가사의한 자연의 대용(大用)은 나타나지 않는다. 그러므로 지혜와 방편을 겸비하고 나서 여래신력의 묘용(妙用)을 나타낼 수 있는 것이다.
22) 무혜의란 무명(無明)과 같은 말이다. 아자본불생(阿字本不生)의 뜻을 이해한다면 모든 부처의 적멸무상한 여여법성(如如法性)의 체를 알게된다. 생·불생의 묘한 이치도 이것을 이해함으로써 알 수 있다. 모든 부처님의 생기는 모습에 대하여 이치답게 묘혜(妙慧)를 얻지 못하는 것을 무혜의라 한다.

연의 작용을 이룰 수 없다. 반드시 방편과 지혜를 구족해야만 자륜(字輪)의 비밀에 들어갈 수 있다. "불혜의(不慧疑)를 여읜다"고 하는 것은 만약 이와 같은 두 가지 법을 여의면, 이 사람은 혜가 없는 사람이 됨을 알아야 한다. 혜가 없기에 곳곳마다 의심을 내어 나아갈 수 없다. 또한 수행자가 만일 지혜와 방편을 겸하여 갖춘다면 자연히 무혜(無慧)를 떠나 삿된 의심을 내지 않을 것이다.

게송에 이르길, "이 도를 관하기 때문이라고 모든 정변지께서 말씀하신다"고 하는 것은 단지 나만 이와 같이 설하는 것이 아니다. 모든 등정각께서 다 이와 같이 설하셨으며 차별이 없다. 시방삼세의 부처님께서 동일하게 이 도를 얻으셨으므로 차별이 없으며, 한 가지 모습에 한 가지 맛이라 다른 설이 없기 때문이다.

3. 자체만다라(自體曼荼羅)

"이때에[23] 법계생(法界生)의 여래신(如來身)[24]은 온갖 법계에서 자신을 표출[25]하니 화신[化][26]은 구름처럼 편만하다. 비로자나세존께서 마음을 일으킨 그 찰나에 모든 털구멍에서 한량없이 많은 부처를 내어서 전전(展轉)[27]하여 가

23) 『경』의 문장으로 대체하였다.

24) 대일여래를 말한다. 대일여래는 법신으로서 법계의 진실로부터 생하기에 법계생(法界生)이라 한다.

25) 본문의 표(表)는 모든 중생으로 하여금 모두 지견(知見)케 한다는 뜻이다. 말하자면 대일여래는 온갖 법계에 화신(化身)으로써 자신을 표현한다. 그 화신은 마치 구름처럼 법계를 가득 채우고 있다.

26) 화(化)는 화신, 즉 가지신(加持身)을 말한다.

27) 전전(展轉)이란 호상섭입(互相攝入)의 뜻이다. 부처님 몸의 털구멍으로부터 여래의 본신을 유출하고 전전하여 서로 들어가 낱낱의 부처님 몸에 모두 가지신력을 나타내어 화신을 출생한다는 뜻이다.

지(加持)[28]하신다."

이 가운데 "법계생[의 여래]신"은 곧 비로자나법신이다. 법계의 진실[29]로부터 생기는 까닭에 "법계생"이라 부른다. "온갖 법계에서 자신을 나타낸다"는 것은 일체가 모두 지견하게 한다는 것을 나타낸다. 말하자면 온갖 법계 가운데에서 자신의 몸을 구름과 같이 변화로 나타내어 모두 두루하게 한다. 여래의 신표(身表)가 두루 색신을 나타내는 것은 저 큰 구름이 법계에 두루한 것과 같다는 말이다. 구름은 두루 채운다는 뜻이다. 말하자면 이 화신의 구름이 법계에 두루 가득하여 시방세계를 채우고 한량이 없다. 이 가운데 '마음의 자재'라 함은 뜻을 번역한 것이고 바른 뜻으로는 '마음을 내자마자[心纔]'라 말해야 한다. 말하자면 '하자마자[纔]'라 하는 것은 생각을 거두는 때에 곧바로 공력을 사용하지 않고서도 곧 이와 같이 광대[한 법계]를 두루 채우는 것을 말한다. 이것은 바로 마음에 자재를 얻은 것이다.

"모든 털구멍에서 한량없이 많은 부처를 내어서 전전하여 가지하신다."

여래께서는 삼매에 드시자마자 곧바로 이와 같이 두루 희유한 일을 나타내시는데 이것은 여래의 가지신력이다. "전전(轉展)하여"란 상호 섭입(涉入)하는 것으로 부처님 몸의 털구멍으로부터 여래의 본 몸을 유출하여 전전하여 서로 들어가고, 하나하나의 몸에 모두 앞과 같은 신력을 나타내어 변화하고 또 변화하는 것이 다함이 없다. 이러한 뜻을 다시 상세하게 말해야 한다. "전전하여 가지하신다"고 하는 것은 부처님의 자재신력으로 가지하는 바이다. 이것은 바로 앞에서 설한 것과 같이 법계성의 자륜으로 가지한 것이다. 부처님 몸의 낱낱의 털구멍으로부터 갖가지의 구름 같은 몸을 내시는 것은 그 [부처님 몸을] 상·중·하로 나누는 데에 따르는데 그 머리를 내태(內胎)로 삼고, 심장 이상을 제1원으로 삼으며, 배꼽 이상을 제2원으로 삼고, 배꼽 아래는 제3원으로 삼는데 곧 앞의 원단(圓壇)의 사위

28) 법계성(法界性)의 자륜(字輪)에 가지된다는 뜻이다.
29) 대공법계(大空法界)의 진실한 이신(理身)이다.

(四位)에 배당된다. 그 좌우와 앞뒤와 상·중·하로 나눔에 따라 [중생을] 위하여 본존의 몸을 현현하고 각기 본위(本位)에 의거하여 [변화신을] 내어 세계 가운데에서 불사를 베푸신다. 낱낱의 몸으로부터 전전하여 내어서 모든 불사를 짓기 때문에 "전전"이라 하였다.[30]

그때에 부처님께서는 집금강 등을 위하여 위와 같은 분위(分位)를 나타내시었다. 이때에 모든 존들은 이미 갖가지의 불사를 짓고 돌아와 본래의 자리에서 비로자나여래의 몸으로 들어갔다. 또한 나올 때에도 위(位)의 차례와 같아서 다름이 없기에 저 [대일]경에서 "돌아와 법계궁[31] 가운데에 들어가신다"고 하였다. 이때에 집금강도 역시 부처님의 뜻을 알고[32] '지금 불세존께서 희유하며 일찍이 없었던 일을 나타내시니 인연이 없는 것이 아니어서 반드시 장차 다시 깊은 비밀의 법을 설하실 것이며, 위와 같이 설한 것에서 잘 알지 못하는 것과 빠뜨린 것이 있으면 반드시 설명하실 것이다'라 하고 성심껏 우러르며 머물었다.

"여기에서 대일세존께서는 다시 지금강비밀주에게 말씀하셨다.

비밀주여, 만다라 성존(聖尊)의 분위(分位)[33]와 종자(種子)[34]와 표치(幖幟)[35]를 만드는 것이 있다. 그대[36]는 잘 듣고 이를 잘 생각하여라. 내가 지금 연설하리라."[37]

---

30) 이하에 난탈이 있어 바로잡는다.

31) 법계에 두루 편만한 분신과 화신과 가지신이 불사를 마치고 돌아와 본래의 자리인 무상법신 대일여래의 몸 가운데로 들어와서 신상(身相)을 멸각(滅却)한다는 뜻이다.

32) 부처님께서 상서를 나타내시는 참된 뜻을 안다는 것이다.

33) 부처님 몸에서 상·중·하의 부분을 의미한다. 말하자면 머리를 중대(中臺)로 삼고 심장 이상을 제1원으로 하고 배꼽 이상을 제2원으로 하며, 배꼽 이하를 제3원으로 삼는다는 등의 뜻이다. 무상법신의 좌우와 앞 뒤로 상중하분에 따라 대일존의 분신을 현현하며 세계에 불사를 행하여 두루 법의 이익을 나누신다.

34) 법계성(法界性)의 종자로서 법계생(法界生)이란 여래의 자성신(自性身)이다. 지금은 아자 만을 가리키지만 만다라의 낱낱의 분위(分位)에 배당되는 각각의 제존의 종자이다. 그런데 이들 종자는 모두 아자의 분신이며 그림자에 지나지 않는다.

35) 삼매야형을 말한다.

36) 금강수비밀주를 가리킨다.

37) 『대일경』의 본문이 더 자세하므로 대체한다.

"성존의 분위와 종자"란 위와 같은 모든 존이 다 여래내증의 덕이고 각기 낱낱의 존마다 여래께서 드러내신 법계의 깊고 깊은 취지를 나타내는 것이다. 지금 어떤 아사리가 단을 건립하고자 하면 먼저 유가에 머물러 그와 같이 부처님 몸의 하나하나의 위차(位次)에 따라 그 형상과 색깔과 같이 관하고 나서 그 심상(心上)[38]에 원명(圓明)을 지어라. 원명한 가운데에 그 종자를 관상하라. 이와 같이 하나하나 안치하여 작법을 성취하라. 만일 이렇게 하지 않으면 끝내 그 모든 제자를 가지하고 [만다라를] 건립할 수 없으며, 또한 아사리라는 명칭도 얻지 못한다. 앞에서 말한 것[39]처럼 번뇌의 종자를 끊고 난 다음에 법계성(法界性)의 종자를 생한다고 하는 것은 바로 모든 유정의 평등종자이다. 이 평등법계성의 종자[40]는 바로 여래의 일체지(一切智)의 대지에서 생장한다. 마치 세간의 갖가지 풀과 나무가 갖가지로 그 성분에 따라 각각 다를지라도 모두 대지에 의지하여 생장하게 되고, 뿌리와 줄기와 가지와 잎이 갖가지로 다를지라도 [대지에 의지하여] 자라나며, 크고 작은 성분이 각기 다를지라도 모두 대지의 성품으로서 대지에 말미암아 생하고 필경 모두 땅으로 돌아갈지라도 단지 인연이 합하기에 생장하는 것이 있으나 실로는 자성이 없으며 생함도 없고 일어남도 없는 것과 같다. 만일 중생이 이미 이와 같은 종자를 안립하게 될 때에는 곧 여래의 위와 동등하다. 이 종자는 법계성으로부터 생함으로 말미암아 법계를 생하기 때문에 법계생종자(法界生種子)라 한다. 법계생이란 바로 여래의 자성신(自性身)이다.

"표치"란 세간의 종자가 각기 달라서 만약 작은 풀의 종자이면 지혜로

---

38) 본존의 심상(心上)이다. 여기에서 종자의 뜻을 풀이한다.

39) 「주심품」에서 "또한 집금강과 보현보살과 연화수보살 등의 모습을 두루 시방에 나타내어 진언도의 청정한 법문[眞言道淸淨句法]을 설하신다. 이른바 이 법문은 초발심에서부터 십지에 이르기까지 차체를 이 생에서 만족하게 하며 인연과 업이 만들어 더욱 키우는 유정들의 업과 목숨[業壽]의 종자를 제거하고, 다시 보리의 싹과 종자를 생겨나게 하신다"라고 설한 것을 가리킨다.

40) 본존의 원명함 가운데에서 그 종자를 관한다. 즉 평등법계의 종자를 일체지의 대지에 심는 것을 설한다.

써 이를 관찰하여 아직 성장하지 않았을지라도 이미 그 성분의 크고 작은 한계의 세력을 아는 것과 같다. 어떤 중생이 이와 같이 이 인위(因位)와 같은 종자를 행함을 관찰하는 것도 역시 이와 같다. 그런데 지금 종사라 하는 것은 바로 법계성의 종자이다. 그 성품은 반드시 여래의 평등법지신(平等法智身)을 생하니 이러한 까닭에 표치라 함을 알아야 한다. 또한 이 만다라의 낱낱의 분위에 각기 종자가 있어서 그 차별법계의 문을 사용하여 표기(標記)한다. 낱낱의 아자에 들어가 내증의 표치를 보고 곧 여래내증의 덕을 알기 때문에 표기라 이름하는 것임을 알아야 한다. 그 사중(四重)의 분위에 따라 부처의 분위로부터 나온다고 하는 것은 바로 부처의 표치이다. 혹은 보살의 분위로부터 나오고, 혹은 이승의 분위로부터 나오며, 혹은 천룡팔부의 분위로부터 나오는데 단계마다 차별되므로 각각 나타내어 알게 하는 것은 종자자가 같지 않기 때문임을 알아야 한다.

"이때 부처님께서 비밀주에게 말씀하시고 나서 금강수가 부처님께 아뢰었다. 원컨대 듣고자 하옵니다."

이것은 널리 모든 중생들을 이롭게 하고자 하기 위하여 전하고 멀리 펴기 위해서이며, 두루 모든 미래의 중생을 위하여, 또한 모든 대중들의 모임을 이익하게 하기 위하여 부처님께 연설하실 것을 요청한 것이다. 지금까지 만다라법을 설하셨지만 아직 색과 종자의 비요장(秘要藏)을 설하시지 않으셨기에 일심으로 듣고자 부처님께 연설하시기를 청하였다. 다음에 부처님께서 말씀하신 뜻은 다음과 같다.

무릇 아사리가 대비태장을 건립하고 제자를 건립하고자 할 때에는 먼저 유가에 머물러 자신을 관해야 한다. 배꼽부터 이하는 금강륜(金剛輪)을 지어야 하는데 그 색은 황색으로 견고하게 한다. 다음에 배꼽부터 위로 심장까지는 수륜(水輪)을 지어야 하는데 그 색은 흰색이다. 다음에 심장부터 목에 이르기까지는 화륜(火輪)을 지어야 하며 그 색은 적색이다. 다음에 목부터 그 위로 정수리에 이르기까지는 풍륜(風輪)을 지어야 하며 흑색이다. 또한 지륜(地輪)은 정사각형이며, 수륜은 원형이고 화륜은 삼각형이며 풍륜은 반달 모양이고 최상의 허공은 하나의 점으로 만드는데 그 색은 잡색[種種色]이다.[41] 정수리에 두고 십자의 솔기[縫] 위에 둔다.

이 윤의 모양은 바로 몸의 부분과 상칭된다.[42] 이 오위(五位)란 바로 앞에서 설한 오자(五字)[43]이다. 사각형[方]의 중앙에는 아자를 두고 원형의 중앙에는 바(嚩)자를 두며, 삼각형의 중앙에는 라(囉)자를 두고, 반달모양의 중앙에는 함(唅)자를 두며 점의 중앙에는 캄(欠)자를 둔다. 거듭 앞의 [제11]권을 참조하여 검토해야 한다. 또한 이 유가의 좌(座)는 황금강(黃金剛)의 방륜(方輪)이니 바로 금강좌이다. 사각형[方]은 식재, 원(圓)형은 증익, 삼각형은 항복, 반달모양은 섭소(攝召), 점은 모든 사업을 성취한다. 이 허공륜은 다만 생각으로 사용하여 이를 지어야 하니 형상을 갖지 않기 때문이다.

---

41) 이 오륜으로 탑을 만드는데 이를 오륜탑이라 하며 그 도형은 대략 다음 그림과 같다.

42) 오륜을 몸에 배대하면 위의 그림과 같다.
43) 『소』 제11권(대정장 39, 701 중)에서 설한 일체지지를 만족하는 오자명(五字明)이다.

스승[44]이 이미 스스로 그 몸을 관하였으면 차례대로 이와 같이 해서 색으로써 자기 몸을 가지하고 아울러 종자를 관하여 두어라. 종자의 자를 관하고 나서는 다음으로 단지(壇地)를 관하고 곧 뒤집어 두어라. 가장 위에 금강륜을 만들고 금강륜 아래에 수륜을 만들며, 수륜 아래에 화륜을 만들고 화륜 아래에 풍륜을 만들며 풍륜 아래는 바로 허공륜(虛空輪)이다. 왜 그런가 하면[45] 일체세계는 모두 이 오륜에 의지하기 때문이다. 세계가 이루어질 때[46]에 먼저 공중에서 바람을 일으키고 바람 위에 불을 일으키며, 불 위에 물을 일으키고 물 위에 땅을 일으키니 이것이 바로 만다라를 안립하는 차제이다. 무너질 때[47]에는 지륜(地輪)이 제일 먼저 무너지고, 나아가 단지 공(空)륜만 있게 되니 이것이 바로 스승이 자가지(自加持)[48]하는 차례이다[다시 여쭈어라]. 세계가 무너질 때에도 역시 먼저 풍륜부터 대지를 부수고 불을 일으킨다. 불이 끝나면 다음에 바람이니 다시 이를 여쭈어라. 이와 같이 오륜을 지으면 위아래로 모두 허공륜이 있고 공륜으로부터 풍·화·수·지를 생한다고 알아야 한다. 또한 지륜으로부터 점차 위로 나아가 공에 이르기 때문에 위아래에 공이 있다. 지금 수행하는 사람이 도를 닦을 때에도 역시 이와 서로 비슷하다. 최초에는 신심을 발하고 다음에는 보리심이며, 다음에 나아가 대공(大空)이다[다시 여쭈어라]. 그 아사리가 이미 이와 같이 가지하였으면 곧 제존을 안치해야 한다.[49] 그 위(位)의 차례와 같이 낱낱이 유가로써 이를 관하여 그 방향·색·형상[50]과 같게 하라. 그 심장 위에 원명(圓明)을 두어라. 원명 가운데에 종자의 글자가 있으며 낱낱이 명료하게 해서 장애 없게 하라. 이와 같이 행하면 바로 이것

---

44) 이하에서는 관하여 포열하는 차제를 보인다.
45) 뒤집어 두는 이유를 밝힌다.
46) 성겁(成劫)의 모습을 밝힌다.
47) 세계의 괴겁(壞劫)에서 파괴되는 차례를 밝힌다.
48) 바깥에서 안을 향하여 닦아 들어가는 차제이다.
49) 만다라에 그리는 것이다.
50) 방향은 위·아래·왼쪽·오른쪽 등을 말하고, 색은 오색(五色)이며 형상은 미소·분노 등의 모습이다.

이 법계태장만다라의 분위(分位)이다. 일체여래로 하여금 함께 가지하시게 하고자 모든 존들이 모두 다 집회하여 함께 수행하는 사람을 가지하고 제자를 건립하며 필경 정등보리에서 물러나지 않는다. 그렇지 않으면 헛되이 공력만 낭비하고 이익이 없다. 만다라를 건립할 때에 스승은 스스로 그 몸과 대지를 관해야 한다. 또한 제도해야 할 제자를 관하는 것도 역시 이와 같이 하는데, 이를 안립함에는 스승에 준하여야 한다. 만일 이와 같지 않으면 여법하다고 하지 않는다.

4. 십이구진언왕(十二句眞言王)

"이때에 금강수는 대일세존의 몸과 말과 뜻의 경지에 올라[51] 법평등관(法平等觀)으로"라 하는 것은 무엇인가? 이 보살은 여래의 신·구·의밀을 알기에 비밀주라 한다. 여래 의밀의 법은 오직 부처와 부처만이 다 알 수 있다. 의밀처럼 신밀과 구밀도 역시 이와 같다고 알아야 한다. 지금 이 보살도 역시 이를 알면 이 위는 대각(大覺)과 동등하다는 것을 알아야 한다. 중생을 제도하고자 하기에 보살로 보여서 서로 일으키는 것이다. 이 가운데 신밀이란 바로 모든 인(印)으로서 사중(四重)의 대만다라 낱낱의 본존에 각기 밀인이 있는 것과 같다. 만일 이 신인(身印)을 관할 때에는 곧 이 존이 나타내는 비밀의 덕을 아는 것이고 부류에 따라 상·중·하의 차별로 한량 없이 많은 종류가 있다. 어밀이란 바로 모든 존이 지니는 진언이다. 이 진언을 들을 때에는 곧 이 존의 내증의 덕을 알게 된다. 의밀이란 즉 이 본존유가의 관이다. 역시 사중(四重)의 방위에 따라 각각 같지 않다. 이것

51) 금강수가 대일여래의 뜻을 헤아린다는 뜻이다.

과 상응하는 때에는 곧 여래의 의비밀장(意秘密藏)에 들어간다. 이 가운데의 신・어・의밀은 위로 불보살의 위(位)로부터 이승과 모든 천룡팔부에 이르기까지 한량 없이 많은 차별이 있다. 자세하게 이를 논하려면 모든 세계의 티끌의 수처럼 각각 같지 않으며, 줄여서 이를 말하면, 이 경[52]에서 나타낸 위(位)와 같다. 이른바 모두 여래의 신・구・의 비밀의 덕을 나타낸다. 만일 실다웁게 요지할 때에는 곧 비밀주[53]와 동등하다. 지금 비밀주보살은 법계평등관(法界平等觀)에 머물러 미래의 중생을 생각하며 널리 일체로 하여금 커다란 그물 같은 의심을 찢게 하고자 부처님 앞에서 대진언왕을 송한다. 글과 같이 알 수 있을 것이다. 진언은 다음과 같다.

나모사만다붇다남(南謨三曼多佛陀喃)[두루 모든 부처님께 귀명한다.]
아사마보다(阿娑摩補多)[다함없는]
달마타도(達摩馱都)[법계(法界)]
갈뎨갈다(蝎帝竭多)[다함없는 법계를 초월한다. 초월이란 바로 여래의 비밀한 신・구・의의 덕을 찬탄하는 것이다.]
살바타(薩嚩他)[일체 시방삼세의 모든 때와 모든 장소에 있어서 다함없는 법계를 초월하여 보문(普門)으로써 일체를 이익하게 한다.][54]

암(暗, āṁ)・캄(欠, khāṁ)・암(暗, āṁ)・아(噁, aḥ)

이 네 종자는 바로 사륜(四輪)이다. 첫 번째의 글자는 지(地)로 삼는데 금강륜이다. 두 번째의 글자는 수륜이며 세 번째의 글자는 화륜이고 네 번째의 글자는 풍륜이다.

암(暗)자의 본체는 금강계(金剛界)의 체이며 아울러 장성(長聲)이 있는 것은 행(行)으로 삼는데 행은 바로 화륜이다. 위에 점이 있는 것은 곧 공륜이

52) 『경』에서 설한 사중(四重)의 만다라단을 말한다.
53) 여래의 삼밀을 지니기에 비밀주와 동일하다고 한다.
54) Skt. Namaḥ samanta-buddhanāṃ usamāpta-dharma-dhātu-gatiṃ gatanāṃ sarvāthā āṁ khāṁ āṁ aḥ.

고 이로써 장엄으로 삼는다.

다음에 캄수륜(欠水輪)이란 법은 바로 공의 뜻이고, 역시 장성이 있는 것은 행이고 점이 있는 것을 공(空)으로 삼으니 바로 대공(大空)이다. 또한 허공은 색이 없으므로 온갖 색과 형상을 머금을 수 있다. 지금 이 카(佉)자는 행이 있고 점이 있으므로 이것은 바로 온갖 색상을 갖추었다는 뜻이다. 무릇 대공(大空)이란 허공이 온갖 색상을 갖추는 것과 같다. 이 공은 바로 모든 사업을 성취한다. 이러한 까닭에 캄(欠)자는 물[水]의 작용을 지을 수 있다[다시 여쭈어라].

다음에 암(暗)자를 화(火)로 삼는다. 산스크리트어로 아갈남(阿竭喃)은 바로 화(火)이다. 오(噁)는 열반의 성품이고 흑(黑)은 풍(風)이다.

삼삭(糝索)[地] 함학(唅鶴)[風] 람락(藍落)[火] 밤바(鑁嚩)[水]

위와 같이 아자에 네 글자가 있으니 이른바 장성(長聲) 위에 점이 있는 것과, 곁에 두 점이 있는 것, 단성(短聲)으로 역시 위에 점이 있는 것, 곁에 점이 있는 것으로 두 글자를 넷으로 한다. 지금 이 사(娑) 등도 역시 그러하다고 알아야 한다. 모두 네 글자가 있다. 지금은 단지 ㄱ 단성(短聲)을 들고, 합하여 장성(長聲)의 두 글자로 삼아서 단성의 앞에 둔다. 앞에 준하여 설한다.

삼(糝)·삭(索)·함(唅)·학(鶴)[바로 이것이니 다른 것은 이것에 견주어라.]

또한 통틀어 이를 논하면 아자는 불부(佛部)이고, 사(娑)자는 연화부이며, 바(嚩)자는 금강부이다. 풍(風)·화(火)는 삼부(三部)에 두루 사용한다[다시 여쭈어라]. 연화부 가운데에는 자체에 지·수·화·풍이 있는데, 만일 식재법이라면 곧 수륜이어야 하며, 증익법에는 바로 금강방륜(金剛方輪)이어야 하며, 항복에는 곧 화륜을 사용하는 등, 종류에 따라 이를 사용한다.[55] 금강부의 바(嚩)자의 경우에는 자체에 사륜(四輪)이 있는데 식재·증익·항복에 따라 짓되 각기 종류에 따라 사용해야 한다. 이 아(阿)·사(娑)·하(訶)·

55) 이하에 난탈이 있다.

라(囉)·바(嚩)의 오문(五門)은 곧 앞의 오자륜처럼 하나의 윤에 따라 자체에 사륜이 있음을 알라. 만일 다른 진언을 송할 때에는 그 부류에 따라 이들의 종자가 있으면 곧 그 상응하는 바의 사용처를 알아야 한다. 각기 상응하는 바가 있으면 그것을 가장 근본으로 삼는다. 이 한 단락은 아직 명료하지 않으므로 다시 여쭈어라.

다시 삼도(三道)의 진언이 있다.

[이것은 신진언(身眞言)이다.]

[이것은 어(語)진언이다.]

[이것은 의(意)진언이다.]

이 삼도의 진언은 곧 여래의 몸과 말과 뜻의 평등한 법문을 섭수한다. 그런데 이 세 진언은 사바하(娑訶)의 글자를 붙일 수도 있고, 또는 붙이지 않을 수도 있다. 수행자가 뜻을 이해한 때에는 스스로 방편[56]을 살펴라. 또한 이 진언은 가장 뛰어나기 때문에 왕이라 부른다. 앞에서 설한 것처럼 각기 네 글자가 있을지라도 여기에서 서로 합하여 단지 십이자진언왕(十二字眞言王)이라고 부른다. 이 가운데 네 가지 윤(輪)은 각기 그 지·수·화·풍륜에 따라 아사리의 몸을 가지하면 곧 자재하게 작용할 수 있을 것이다. 그 신·구·의의 진언도 역시 합하여 스스로의 신·구·의업을 가지하라. 이러한 일은 아직 명료하지 않다[다시 여쭈어라. 또 이르기를 앞[57]은 포자(布字)의 법이고, 지금 이 가운데에서 사용하는 것이 다르다. 합계하여서 이 다섯 종류[58] 사업에 상응하는 종자에 따르라. 즉 그 가운데의 작용[59]을 섭수한다. 다시 여쭈어라].

"지금강비밀주가 이 진언왕을 송하고 나자 그때에 일체여래께서 시방세계에

56) 삼밀의 방편을 살피라는 뜻이다.
57) 「자륜품」을 가리킨다.
58) 식재·증익·항복·구소·경애의 다섯 가지이다.
59) 「자륜품」 가운데의 오륜(五輪) 오사(五事)의 작용이다.

머무시면서 각기 오른손을 펴서 집금강의 정수리를 쓰다듬으시며 온화한 소리로 칭찬하셨다.

"훌륭하구나. 훌륭하구나. 불자여. 그대는 이미 비로자나세존의 몸과 말과 뜻의 경지에 올라, 모든 방향과 장소에서 평등한 진언도(眞言道)에 머무는 모든 보살을 밝게 비추기 위하여 이 진언왕을 설하였구나."[60]

지금 이 가운데 "정수리를 쓰다듬는다"고 하는 것은 시방의 부처님께서 손을 펼쳐서 이 땅에서 그 정수리를 쓰다듬는 것이 아니다. 이 비밀주가 부처님 앞에서 이 진언왕을 송하자, 그때에 바로 진언왕으로 두루 시방 모든 세계의 낱낱의 여래 앞에서 평등하고 두루 원만한 음성으로 일시에 송하는 것이다. 이러한 까닭에 일체여래는 각각 손을 펼쳐서 그 "정수리를 쓰다듬는다"고 하였다.[61]

이때 시방의 부처님께서 금강수가 이 진언을 송하는 것이 옛부처님의 도(道)에 합당한 것을 보시고 "우리 모든 여래들도 역시 이 십이자문(十二字門)을 관함으로 말미암아 구극의 묘신(妙身)을 이루었으며, 미래의 모든 세존도 역시 이와 같을 것이다"라고 하시며, 크게 환희하시고 보살의 정수리를 쓰다듬으시며 말씀하셨다.

"모든 부처님들이 법에서 자재하였기에 일대사인연(一大事因緣)을 위하여 신·구·의 평등하게 이 법문을 설하였다. 그대가 지금 또 다시 이를 설하니 [그대가] 이 법을 증득하는 것이 여래와 동등하다."

금강장(金剛藏)은 비록 아직까지 일체종지를 궁극까지 이르지 못하였을 지라도 묘각(妙覺) 세존과 동등하다. 시방의 모든 부처님께서 신력으로 함께 가지하셨기에 대회 가운데에서 여래의 증득하는 바와 같아 동등한 것이다. 만일 신력의 가지를 떠나면 아직 궁극까지 이르지 못하였으므로 여래와 동등하다고 할 수 없다.

"오른다[越]"고 하는 것은 초월하여 들어간다는 뜻이다. 마치 비로자나

60) 지금 이 경문은 부처님께서 금강수를 찬탄하시는 것에 대해 밝힌다.
61) 이하에 난탈이 있다.

께서 아가니타천(阿迦尼吒天)[62]의 도량에 앉으시어 이 진언왕으로 신·구·의의 필경 평등한 자재의 용(用)을 얻으신 것처럼 그대도 지금 또한 이와 같은 신·구·의의 평등에 초월하여 들어가서 비로자나와 동등하게 되면 곧 이 일체여래께서 그 진실한 덕을 찬탄실 것이다. 그리하여 말씀하시기를, "그대는 이미 이와 같은 평등한 경지를 얻어 보문으로써 모든 중생을 이익하게 하고자, 또한 진언행을 닦는 보살을 비추어 그 어두움을 제거하고자 이 진언왕을 설하였구나"라고 하셨다. 진언왕은 모든 법계의 그물 같은 의심을 찢는다. 의심이란 바로 어두움이고 모든 의혹을 끊는 것은 바로 밝게 비추는 것이다.

"어찌한 까닭에 비로자나세존·응공·정등각께서 보리좌(菩提座)에 앉아 계실 때에 십이구(十二句)의 법계를 관해서 사마(四魔)[63]를 항복시키셨는가? 이 법계생(法界生)은 세 곳[三處][64]에서 유출하여 천마(天魔)의 군중(軍衆)을 파괴한다."

대일여래께서 도량에 앉으실 때에 평등하게 법계를 관찰하시고 이 십이구의 진언왕을 설하셨다. 곧 이 힘으로써 사마를 항복시키시고 그 죄의 더러움을 제거하셨다. 부처님 내증의 덕으로부터 이와 같은 일을 나타내시는 바로 그때에 두루 사마를 항복시키시고 남는 것이 없게 하신다는 것을 알아야 한다. 지금 아사리가 만다라를 건립하려고 할 때에도 반드시 자신이 비로자나와 동일하다고 관상해야 한다. 그러면 곧 자재한 힘을 얻어 그 부처님과 동등하여져서 사마를 항복시킬 것이다.

"세 곳[三處]"이란 앞에서 말한 것과 같다. 즉 부처님 몸에서 윗부분은 모든 여래를 내고, 중간 부분은 심장으로부터 배꼽에 이르러 모든 보살을

---

62) Skt. Akaniṣṭha. 색구경천(色究竟天)이라 번역한다. 색은 만법, 구경은 최상의 뜻이기 때문에, 만법의 가장 수승한 장소이다. 삼계 가운데에서 색계18천의 최정상에 있는 천이다.

63) 악마에 네 가지 종류가 있어 사마(四魔)라 한다. ① 탐욕을 비롯한 여러 가지 번뇌는 우리의 심신을 어지럽게 하므로 번뇌마(煩惱魔)라 한다. ② 오음(五陰)은 가지가지 고통을 내므로 음마(陰魔), 또는 온마(蘊魔)라 한다. ③ 죽음은 인간의 생명을 빼앗으므로 사마(死魔)라 한다. ④ 욕계의 제6천 타화자재천왕이 좋은 일을 방해하므로 천마(天魔), 천자마(天子魔) 혹은 자재천마(自在天魔)라고 한다.

64) 신·구·의를 말한다.

내며, 아랫부분은 배꼽부터 발에 이르기까지이며 모든 팔부천신 등을 낸다. 모두 여래의 평등한 삼업으로부터 보문으로써 대만다라태장장엄(大漫荼羅胎藏莊嚴)의 위(位)를 시현하는 것이다. 즉 이것은 본존과 진언과 인이다. 그런데 네 종류의 마(魔) 가운데에 세 마는 무색(無色)이니 이는 부처님께서 아가니타천에 계실 때에 이미 이를 항복시키셨다. 오직 천마 만이 모습이 있으니 이 세상의 [대중들에게 부처님의] 자재력을 알게 하고자 하기 위하여 다시 이 땅에서 천마를 항복시키심을 나타내신 것이다.

"다음에 세존의 신·어·의의 평등을 획득하니 몸의 크기가 허공과 같으며, 말과 뜻의 크기도 역시 이와 같다. 무변지(無邊智)가 생기는 것을 체득하여 모든 법에서 자재하게 법을 설하신다."

부처님께서 금강도량에 앉으시자마자 이 삼도(三道)의 진언을 염하시었다. 설하는 바와 같이 신·구·의 세 진언이다. 이와 같이 염할 때에 곧 신·구·의 평등의 경지를 얻어 몸과 말과 뜻이 모두 법계의 체이며, 끝이 없으며 허공과 같아서 곧 이와 같은 힘으로써 사마를 항복시키신다. 앞에서 말한 삼도라 하는 것에 대해 어떤 해석은 이렇게 말한다.

'이 삼도의 진언이라 함은 신·구·의 자재평등의 힘이며, 곧 부처님으로부터 나온다.'

이 신·구·의 삼도의 진언으로 말미암는 까닭에 여래 삼평등의 경지에 초월하여 들어갈 수 있으며 상·중·하의 부류에 따라 보문으로써 갖가지 본존의 몸과 갖가지 진언과 갖가지 인법(印法)을 시현함이 허공과 동등하여서 그 한계가 없다. 법계에 두루하게 뭇 중생들을 제도하여 구경에는 모두 이와 같은 삼평등지(三平等地)에 초월하여 들어가게 한다. 몸에 무량한 공덕을 갖추는 것은 마치 허공의 한계를 알 수 없는 것과 같다. 말의 뜻도 역시 그러하다. 이 진언을 관함으로 해서 이와 같은 공덕을 얻어 여래와 동등해진다. 삼업이 다함 없기에 몸으로써 제도해야 할 사람에게는 곧 두루 갖가지의 색신을 나타낸다. 또한 언어로써 제도해야 할 사람에게는 곧 보문으로써 갖가지의 언어를 시현하여 따라 이끌어 보이고 불지견에 들어가게 한다. 또한 뜻으로써 제도해야 할 사람에게도 역시 이와 같아 갖가지로 자기 생각이 상대방에게 전달되어 다함이 없다. 단지 몸과 말과 뜻에만 한량이 없는 것이 아니라 일체의 공덕을 구족하는 것이 마치 허공과 같다. 지혜도 역시 이와 같이 한량이 없어서 마치 허공과 같음을 알아야 한다. 만일 이와 같은 걸림없는 묘한 지혜를 얻을 때에는 곧 일체법 가운데에서 자재를 얻어 세존과 동등해진다.

"자재(自在)"라고 말한 것은 모든 자재하지 못한 일에 있어서이다. 온갖 부류의 중생들은 아직 청정법계에 끝까지 이르지 못하였기에 모두 업번뇌로 인하여 불타오르며 갇히고 생사에 얽어 매이며, 자재한 힘을 얻지 못한다. 지금 여래께서 저 생사의 큰 바다 가운데에서 갖가지의 법문으로써 여래의 심히 깊은 법요를 펴보이시는 것은 일대사인연을 위해서이다. 그러므로 갖가지의 방편으로써 이를 성취하여 모두 일체지지(一切智地)에 이르게 하신다. 곧 모든 법 가운데에서 자재를 얻게 한다는 뜻이다. 이와 같이 법을 증득함으로써 이 법에서 자재하다. 자재하기 때문에 곧 걸림없이 연설하며 널리 대중의 근기를 성숙시키신다. 여래라고 하는 이유는 이와 같은 자재한 작용을 얻었기 때문이니, 모두 이 십이자륜의 법문을 관하였기 때문이다. 이 십이자의 법문은 바로 법계의 체성임을 알아야 한다.

"불자여. 그대는 지금 비로자나세존의 평등한 신어의를 현증하였기에 온갖 아는 것이 정변지자(正遍知者 : 대일여래)와 같다."

"아는 것[知]"이란 깨달음의 다른 이름이다. 모든 여래께서 보문의 다함없는 행을 알게 됨으로써 여래의 삼종의 평등을 증득하니, 이른바 여래의 신밀(身密)의 장(藏)을 알고 또한 어(語)·의(意)의 깊이 숨어있는 장(藏)을 안다. 만일 이러한 법을 증지(證知)하는 자는 곧 여래와 동등하다.

이와 같이 찬탄하며 인가하여 마친다.

또 다시 여래를 청하게 하라. 왜냐하면 이와 같은 매우 깊숙한 장(藏)은 오직 부처님만이 부처님과 더불어서 끝까지 아시기에 모든 보살들은 질문할 수조차 없었다. 지금 시방의 부처님께서 함께 신력으로써 금강수를 가지하신 것은 모든 중생들을 이익하게 하고자 하시기 때문이다. [그래서] 지금 [금강수가] 모든 부처님들의 신력에 힘입어 대일여래께 질문하였다. 이 가운데 어떠한 일을 질문하였는가? 저 [금강수가 질문한] 뜻은 먼저 설하신 일에 있는 깊은 비밀의 뜻이 오히려 아직 완전하게 갖추어지지 않았기 때문이다[다시 그 중심되는 요점을 여쭈었다].

일체지(一切智)를 이루었다는 것은 바로 대일여래 박가범의 뜻으로 육의(六義) 가운데 설한 것과 같으며 앞에서 이미 풀이하였다. **"비로자나"**란 태양이 세간에 떠올라 어두움을 제거하고 모든 중생들의 사업을 성취시키며 대지에서 자라나는 종류로서 이익을 받지 않는 것이 없는 것처럼, 이 실상 자연의 대비의 광명도 역시 이와 같다. 만일 어떤 중생이 잘 이해하고서 스스로 증득할 때에는 사나운 바람이 구름을 몰아내어 해와 달이 드러나는 것과 같다. 또한 이와 같은 공력이 있으면 두루 법계 가운데에서 큰 이익을 짓는 것이 마치 햇빛이 세간을 비추는 것과 같다. **"주(主)"**라 하는 것은 모든 법에서 자재를 얻었기에 주(主)라 한다. 지금 모든 부처님께서는 금강수로 하여금 이 대일여래께 진언행의 구절과 비밀의 일을 질문하게 하셨다.

"수승(殊勝)한 분이시여, 가르침[教則]을 널리 설하소서"[65]라고 하는 것은 한 글자의 법문에 말미암아 모든 법을 통달하고 시방삼세의 여래의 평등한 신·구·의를 증득하며 다함이 없는 까닭에 이름하여 승(勝)이라 한다. **"가르침[教則]"**이란 바로 법칙의 다른 이름이며 법이란 궤칙(軌則)의 뜻이다.

"나는 옛적에 보리를 내어서 무상보리에서 나의 일체법을 널리 설하고 열반에 이르게 하였다. 현재 세계의 모든 부처님세존께서 증지하신다."[66]

말하자면 우리 [부처]들은 옛적에 보살도를 행할 때에 역시 이와 같은

65) 『경』 본문에는 다음과 같이 나와 있다. "그대는 일체지(一切智)의 대일정각세존께 최승의 진언행을 여쭙는구나. 교법을 꼭 널리 설하시라고."

66) 『경』에는 다음과 같이 되어 있다. "나는 옛적에 이것에 말미암아 오묘한 보리를 깨닫고, 온갖 법을 열어 보여서 멸도(滅度)에 이르도록 하였다. [이러한 사실을] 현재 시방계의 모든 부처님들께서 모두 증지하신다."

진언문에 말미암아서 자연지를 성취하고, 후세의 모든 중생들을 위하여 이와 같이 연설하여 모두 대열반에 이르게 하는 것이다. 나의 지금 이 말의 연기는 매우 깊다. 모든 유심(有心)[67]의 자는 질문조차 할 수 없거늘 하물며 신해할 수 있겠는가! 오직 시방의 일체여래만이 동등하게 이 법에 이르시며, 이로써 증득을 삼으시니 끝내 헛되지 않다. 네가 지금 이미 우리들이 행한 자취를 얻었으므로 여래께 다시 여쭈어야 할 것이다.

"이때에 집금강구덕자"라고 하는 것은 무엇인가? 손에 지니는 여래의 지인(智印)은 바로 모든 부처님의 공덕을 구족하여 모두 동일한 맛이다. 이른바 여래의 해탈의 맛이다. 그 지인은 여래와 동등하기 때문에 **"구덕자(具德者)"**라 하였다. 이때에 그 보살은 모든 여래께 함께 가지되었으므로 크게 환희하며 곧 깊이 여래의 언어를 알고 또한 여래의 마음을 알 수 있게 되었다. 앞에서는 [이러한 경지에] 이르지 못하였으므로 질문하지 못하였던 것이었는데 지금은 모두 자재롭게 [이러한 경지에 올라] 여래께 질문하는 것으로 의심할 것이 없다. 지금 여래께 질문하고자 먼저 법계의 덕을 찬탄하고 게송으로 읊는다.

"이 법은 다함이 없고 자성도 없다"고 하는 것에서 **"다함[盡]"**이란 시작도 있고 끝도 있으며 생겨남도 있고 멸함도 있으며, 생멸이 있기 때문에 일어나고 다함이 있는 법이다. 그러나 지금 평등법계의 성품은 이와 같은 허물을 여의어서 시작과 끝이 없으며 생하고 멸함도 없으니 바로 이것이 다함이 없다는 뜻이다. **"다함이 없다"**는 것은 바로 무상(無相)의 다른 이름이다. 다함이 없기에 모든 법은 다 자성이 없다. 움직이는 것도 없고 또한 바뀌는 것도 없으며 머무는 곳도 없다. 아뢰야(阿賴耶)는 방(房)의 뜻이며 성수(盛受)의 뜻이다. 지금 평등법계 가운데에는 이와 같은 수장(受藏)의 모습이 없으며 그래서 머무는 곳이 없다. 만일 모든 법이 다 자성이 없다면 이것은 지음도 없는 것이다. 지음이 없기에 생하고 멸하는 것이나 과보

67) 온갖 분별을 갖고 아직 이치를 증득하지 못한 사람을 가리킨다.

등도 없다. 본래 적연하여서 언제나 스스로 적멸의 상(相)이니, 곧 부사의 해탈과 동등하다.

"모든 부처님과 동등한 위(位)"[68]라고 하는 것은 이와 같은 깊고 깊은 적멸의 법은 온갖 명칭과 언어가 미칠 바가 아니고, 다시 비유로 삼을 것도 없으며 오직 부처님만이 동등하게 증지하시는 바이기에 이로써 비유로 삼았다. 그래서 **"정각(正覺 : 정변지)과 동등하다"**고 하였다. 그러나 일체의 법은 다만 구경에는 생함도 없고 지음도 없다. **"구경(究竟)"**이라고 하는 것은 바로 모든 승(乘)에는 분별이나 차이나 모든 성인(聖人) 등의 위(位)가 없는 것이다. [만일 있다면] 문득 단멸 가운데 떨어지니, 실제(實際)를 증득하고 일체중생들을 이익하게 할 수 없기 때문이다.

또 다시 **"세간을 구원하는 온갖 방편으로 비원(悲願)에 따라 굴려서 무생지(無生智)를 개오(開悟)하시니 온갖 법은 이와 같은 상(相)입니다"**라고 하는 것은 모두 게송의 언어인데 후에 이 문장을 꾸민 것일 뿐이다.[69] 방편을 갖춤으로 말미암아 온갖 바라는 원을 채운다. 이 방편이란 곧 대비원(大悲願)이다. 이 대비원으로 말미암아 굴릴 수 있다[다시 여쭈어라]. 이 무상(無相)의 법 가운데에서 사람이 설할 수 있는 것도 없고 나타내 보일 것도 없으나 일체로 하여금 이를 얻게 한다. 또한 스스로 증득할 때에는 이것이 바로 대방편의 힘이라는 것을 알아야 한다. 이 법은 사람으로 교수할 자도 없고 다른 사람으로부터 깨달을 수도 없다. 이를 증득한다는 것은 바로 스승 없이 스스로 깨달은 지혜이며, 자연성불의 도(道)로서 도량에서 현전(現前)에 적연(寂然)하게 이와 같은 법의 실상을 깨닫는다.

또한 만일 법계가 다함이 없으며 시작과 끝이 없다고 말한다면 이것은 단멸(斷滅)이기에 중생을 위하여 온갖 이익을 지을 수 없다. 왜냐하면 이미 생사에서 분한(分限)을 지었기 때문이다. 그런데 이 진로(塵勞)와 짝하는 것

---

68) 『경』에는 "정변지(正遍知)와 동등합니다"로 되어 있다.

69) 원래는 산스크리트어의 게송인데 한역(漢譯)되면서 원래 문장이 수식되었다는 말이다. 이 문장은 『소』 원본에는 뒤에 있는 것인데 문맥상 이 자리로 옮긴다.

은 여래의 씨앗이니 만일 일체가 머뭄도 없고 성품도 없으며 또한 머무는 곳도 없으면 어떻게 두루 세간70)에 응하여 모든 불사를 지을 수 있겠는가! 그러나 모든 보살들은 두 가지 일이 있어서 단멸 가운데 떨어지지 않으니 이른바 대비와 방편이다. 이 두 가지가 있기 때문에 스스로 개발할 수 있다. 개발한다고 말한 것은 보리심이 자연히 개발하는 것이다. 만일 이러한 것을 언설로 나타내어 다른 사람이 깨닫고서 [그가] 가르침에 인하여서 이와 같은 자연무사(自然無師)의 혜를 얻을 수 있다면 이러한 일은 있을 수 없다. 왜냐하면 단지 수행자가 실답게 스스로 깨닫고 실답게 스스로 다함없는 법계를 관함으로 말미암아서 이와 같은 실상의 혜(慧)를 얻는 것이지 다른 사람에 말미암아서 깨닫는 것이 아니기 때문이다.

경의 뜻을 말하면 법상(法相)은 이와 같다. 그래서 "이와 같은 상"이라고 말하였다. 이미 이와 같은 실상의 법을 얻은 때에는 바로 이 법의 대비방편으로써 중생을 위하여 개시하고 연설한다. 그러나 실로는 다른 사람에 말미암아서 깨닫는 것이 아니고, 다른 사람으로부터 전해받은 것도 아니다. 마치 맹인에게 우유의 색이 무엇과 비슷한가라고 묻는 것과 같다. 우유의 색이 눈[雪]과 같다고 들었으면 문득 차갑다는 생각을 내고, 또 학과 같다고 들었으면 문득 움직인다는 생각을 내며, 나아가 갖가지 비유와 방편으로 나타내어 보일지라도 끝내 이해할 수 없으며 헛되이 마음의 허망한 헤아림만 늘릴 뿐이다. 왜 그러한가 하면 그 [맹인]에게 밝은 눈이 없기 때문이다. 궁극의 진리[第一義諦]도 역시 이와 같다. 만일 실다웁게 스스로 요지하지 못하면 설령 다른 이가 갖가지로 이끈다 하여도 끝내 이치를 증득할 수 없다. 어떤 사람이 스스로 이와 같은 내증(內證)의 법을 개발하지 못하면 남을 위하여 설하여서 다른 사람을 깨닫게 하고자 할지라도 이러한 일은 있을 수 없다. 왜냐하면 발이 없는 어떤 사람이 대중들을 불러서 '내가 너희들을 위해서 묘고산(妙高山)에 오르겠다'고 말하는 것과 같기 때

70) 삼세에 다함없는 장엄장(莊嚴藏)을 나타내어 현신(現身)으로 설법하는 불사를 지을 수 있겠는가 라는 뜻이다.

문이다. 분명히 알아야 하니 이 사람은 반드시 지혜로운 자에게 가벼이 여겨지며 조롱거리가 된다. 왜 그러한가 하면 만일 발이 없다면 오히려 스스로 이와 같은 묘고산왕의 조금 높은 곳조차 오를 수 없거늘 하물며 일체를 위하여 그 정상에 오를 수 있겠는가! 또 어떤 사람이 스스로는 아직 큰 바다의 파도를 건너지 못하면서 다른 사람한테 말하기를 '내가 그대로 하여금 물을 건너 저 언덕에 도달하게 하겠다'고 하는 것과 같으므로 이러한 이치는 있을 수 없다는 것을 알아야 한다. 수행하는 사람도 역시 이와 같다. 만일 스스로 무사(無師)의 혜를 깨닫지 못하였다면 [깨닫지 못한 자가] 다른 이에게 법을 들려주어서 깨닫게 하는 것과 같은 이러한 이치는 절대로 없다.

5. 집금강보살이 깊은 취지를 여쭙다

"그때 집금강비밀주는 다시 우타나(優陀那[71])의 게송을 읊어서 비로자나세존께 여쭈었다."

우다나(烏陀那, udana)는 총섭(總攝)의 뜻이다. 한 게송의 뜻으로써 다함 없는 법계의 상을 여읜 법의 무량한 뜻을 섭수하였기에 섭(攝)이라고 한다. [집금강비밀주는] 게송을 읊어 [비로자나세존을] 찬탄하고 나서 그 미래세상의 중생으로 진언행을 닦는 자가 이 대비장생만다라에서 빠뜨린 것이 있으면 속히 무상보리를 이루지 못할 것을 염려하여 차례대로 부처님께 비요(秘要)의 방편을 여쭈었다. **"모든 의심을 끊는다"**는 것은 만일 두루 중생들의 갖가지 그물같은 의심을 끊지 못하면 일체지인(一切智人)이라 이름할

71) 십이분교(十二分敎)의 하나로서 자설(自說)이라 하는데 묻는 사람 없이 부처가 스스로 설한 것을 말한다.

수 없다. 모든 법 가운데에서 스스로 그물 같은 의심을 여읨으로써 나아가 다른 이의 그물 같은 의심도 끊게 할 수 있다. 지금 부처님께서는 이미 스스로 온갖 그물 같은 의심을 끊으셨다. 이러한 까닭에 내가 지금 청하는 것이니, '원하옵건대 의심을 끊어주소서'라 한 것이다. **"열뇌(熱惱)를 떠났다"**[72]는 것은 영원히 삼독의 뿌리를 끊은 것이다. 지금 모든 중생들을 위하여 도사(導師)께 여쭈었다. 모든 법 가운데에서 인도하여 불혜(佛慧)에 이르게 하므로 대도사(大導師)라 한다.

【제15권】

또 다시[73] 게송으로써 차례대로 부처님께 여쭙는다. 지금은 다음으로 이를 나열하기만 하고 아직 게송의 구절을 끝맺지 못하였다.

"만다라(漫荼羅)는 어떤 것을 먼저 해야 합니까?"[74] [말하자면 만다라를 건립하는 데에는 다양한 종류의 일이 있는데 먼저 해야 할 것은 무엇입니까? 즉 먼저 무엇을 해야 할지 여쭌 것이다.]

"아사리에는 어떠한 종류[75]가 있습니까?" [이것도 설명해 주시기를 여쭈었다.]

"제자에게는 다시 어떠한 종류가 있습니까?" [대모니(大牟尼)께서도 역시 설하신 것이다.]

"어떻게 하여야 지세(地勢)를 알 수 있습니까?" 땅[地]의 좋고 나쁨을 묻는데

---

72) 대일경 본문에는 "숙뇌(熱惱)를 떠났다"로 되어 있다.

73) 이하에서 금강주(金剛主)가 질문하는 49종에 대하여 설하는 경문을 해석한다.

74) 만다라를 건립하는 데에는 여러 가지 일이 필요하지만 그 가운데 제일 먼저 해야할 것은 무엇인가 질문한 것이다.

75) 구연품(具緣品)에서는 아사리의 덕(德)으로 보아서 심천(深淺) 두 종류의 아사리를 설하지만 여기에서는 아사리의 바탕에 몇가지가 있는지 질문한 것이다.

좋은 땅[好地]이란 상·중·하의 성취 등을 취할 수 있는 땅을 말한다.

"어떻게 지(地)를 간택(簡擇)[76]합니까? 이미 택하였다면 어떻게 정화합니까?" [준하여 세 가지 질문이 있으니 다시 여쭈어라.]

"정화[77]하고 나면 어떻게 안주(安住)합니까?" [비록 정화하였지만 다시 장애에 번뇌로울까봐 어떻게 안주할 수 있겠는가 질문한 것이다. 여기에 세 가지 질문[78]이 있어서 다시 묻는다.]

"어떻게 제자를 정화시킵니까? 원컨대 부처님께서는 설해주소서." [앞에서는 어떤 종류의 제자가 있는가 질문한 것이고, 지금은 이미 제자를 받은 다음에 먼저 무엇을 해야 하는가를 물었다.]

"정화시키고 난 모습은 다시 어떠합니까?" [이 가운데에서 스승에 대해 묻고 지(地)에 대해 묻고, 제자에 대해 물었다. 세 가지 일에 대한 세 구절의 질문이다.]

"지(地)를 옹호하는 것[79]은 다시 어떻게 하며, 무엇을 사용하여 옹호합니까?" [또한 스승이 스스로 옹호하고 지(地)를 옹호하며 제자를 옹호하는 세 가지를 물었다.]

"지(地)를 가지하는 것은 다시 어떠합니까?" [지(地)를 결호(結護)하는 등의 많은 뜻이 있다. 역시 세 가지 일을 물었다.]

"[불사하는데] 무엇을 처음으로 합니까?" [이른바 지를 가지하고 옹호하여 청정하게 하고 나서 단을 꾸미는데 해야 할 일이다. 이 가운데 할 일에 두 가지가 있다. 밖에서 할 일은 단을 건립하고 꾸미는 등의 온갖 일이고, 안에서 할 일은 스승이 스스로 그 몸이 대일여래와 같다고 관하는 등의 갖가지 유가법이다.]

어떤 진언 등의 법을 사용하여야 하며, 먼저 옹호해야 합니까? 먼저 정제(淨除)해야 합니까? 즉 앞에 해야할 일에서 무엇이 먼저인지를 묻는다.

---

76) 이것은 만다라를 건립할 땅에서 터럭이나 벌레의 시체 등을 제거하여 정비하는 데에 관한 질문이다.

77) 청정한 향수 등을 뿌려서 정화시키는 것을 말한다.

78) 세 가지 질문이란 만다라와 아사리와 제자의 각각에 있어서 안주하는 것을 묻는 것이다.

79) 내용상 구절을 앞뒤로 바꾸었다. 옹호하는 법이란 구마이 등으로 바르고 견고하게 하기 위해 오보(五寶) 등을 안치하는 것을 말한다.

이 두 가지 일은 바로 [불사하는데 앞서서 해야 할] 일이다.

"선(線)에 몇 종류가 있으며 어떻게 땅을 잽니까?" [선을 사용하여 땅을 재고, 아울러 선을 합한다. 즉 선을 사용하여 경계를 구분하는 것이다.]

"공양에는 몇 종류가 있으며 어떤 꽃과 향 등을 바쳐야 합니까?" [이 가운데 다시 바르는 향 · 등(燈)과 보망(寶網) · 보루(寶樓) · 보수[樹] 등 갖가지 헌공(獻供)하는 물건이 있다. 마음껏 예에 준하여 행하라. 그 까닭에 등(等)이라 하였다. 등(等)이란 많다는 소리이다.]

"꽃과 향을 어떤 방법으로 바치며 꽃은 누구에게 바쳐야 합니까?" [말하자면 꽃이 약간 있는데 꽃을 바칠 존에 차별이 있다. 부처님께 꽃을 바칠 때에는 어떤 꽃을 사용하고 보살이나 천 등에게는 어떤 꽃을 사용하는가이다.]

"향 등도 역시 그러합니다" [법에 준하여 질문한 것이다.]

"음식을 바치는 것 등" [음식에도 상·중·하의 차별이 있다.]

"호마는 어떻게 해야 합니까?" 부처님께 [공양물을] 올리고 호마하는 데에 어떠한 차례가 있는지를 물었다. 법칙이 바로 차제로서 명칭이 서로 통한다.

"모든 존의 자리는 어떻게 받듭니까?" [부처님과 보살과 팔부 등의 자리는 어떠한 것으로 만들며 무엇을 바치는가에 대한 것이다.]

법의 가르침을 통해서 법칙과 방법과 차제와 궤의(軌儀)의 모두를 알 수 있다. 현(顯) · 형(形) · 색(色) 등이라 하는 것은 [현(顯)은 모든 존의 푸르고 누르고 붉고 흰 것 등이며, 형(形)은 앉고 서고 크고 작은 일이고, 색(色)은 모습으로 기뻐하며 웃거나 분노하거나 적정하게 머무는 종류를 말한다. 이것이 세 가지 질문이다.]

"원컨대 차례대로 설해주십시오"라고 하는 것은 법칙과 같지 않은 것이고, "모든 존의 인과 앉을 자리"[80]라고 하는 것은 [말하자면 스스로 언제나 염송하는 자리이다. 말하자면 띠풀 자리 등이다. 도사(導師)께서 설해주시기를 바랍니다.]

"인은 무엇으로부터 생깁니까?" 이 인에 다시 어떠한 작용이 있는가를 물었다. [세간에서 사용하는 인처럼 왕 등이 다른 사람으로 하여금 신용하여 진위를 의심

80) 『대일경』에는 "본존의 밀인(密印)과 깔고 앉을 자리를 설해주소서"라고 되어 있다.

하지 않게 하기 위해서이다. 지금 여래의 인은 또 어떠합니까?]

"그 인의 명칭은 또 어떠합니까?" 어찌하여 인이라 이름하는지 [알고 싶습니다.]

"관정에는 몇 종류가 있습니까?" [알고자 합니다.]

"삼매야에는 몇 종류가 있습니까? 지송자[81]는 언제 닦아야 합니까?" [준하여 세 가지 질문이 있다.]

지송자가 진언문을 부지런히 닦아서 얼마만에 보살도를 성취할 수 있는지 일체지자(一切智者)께서는 설해주소서. 언제[82] 진리를 볼 수 있습니까? [진언문에서 진실하게 지견하는 것은 뜻에 합당함을 얻은 때이다.]

"실지에는 몇 종류가 있습니까?" [알고자 합니다.]

"언제 실지가 생기는 지 실지가 생할 때를 설해주십시오" [준하여 세 가지 질문이 있다.]

"어떻게 해서 태허공(太虛空)에 오르며 무엇이 몸의 비밀입니까?" [준하여 두 가지 질문이 있다.]

"어떻게 해서 이 몸을 버리지 않고 천선(天仙)의 몸을 성취할 수 있으며, 성취한 다음에 갖가지 변화는 어떻게 생깁니까?" [이른바 온갖 일은 염하는 데에 따라 모두 이루어질 수 있다. 어느 곳에 따라 이것이 생할 수 있겠는가? 자기의 마음으로부터인가, 다른 것으로부터인가?]

"갖가지의 모든 변화는 누가 생기게 하며 일(日)·월(月)·화(火)·방(方) 등과 집요(執曜)[83]와 시분(時分) 등의 온갖 길상하지 않은 것은 어떻게 없앱니까?" [해와 달이 변화를 일으켜서 화재가 되고, 혹은 방소(方所)에 괴이한 일이 있으며, 수(宿)는

---

81) 『대일경』에는 "진언자는 어느 때에 진언행을 부지런히 닦아서 보살도를 구족할 수 있으며"라고 되어 있다.

82) 『경』에는 "어떻게 참된 진리를 볼 수 있고"라 되어 있다.

83) 요(曜)와 수(宿)는 구요(九曜)와 이십팔수(二十八宿)를 의미한다. 구요(navagraha)는 천문현상 가운데 중요한 것인 태양을 비롯한 중요한 9가지를 인격화한 것으로 다음과 같다. ① 일요(日曜)Āditya. 태양·일정(日精)·일성(日星)이라고도 한다. ② 월요(月曜)Soma. ③ 화요(火曜)Aṅgāraka ④ 수요(水曜)Budha ⑤ 목요(木曜)Bṛhaspati ⑥ 금요(金曜)Śukra. ⑦ 토요(土曜)Śaniścara. ⑧ 라후성(羅睺星)Rāhu ⑨ 계도성(計都星)Ketu. 이십팔수(aṣṭāviṃśati nakṣatrāṇi)는 인도에서 설하는 별자리이다.

이십팔수(二十八宿)이고 성(星)은 온갖 별들이다.]

"생사유회하며 받는 온갖 괴로움이 일어나는 것을 어떻게 하면 없앱니까?" 이것은 제거하라는 뜻이 아니다.

"어떻게 수행자가 언제나 모든 부처님과 더불어 한 곳에 모일 수 있으며 호마에는 몇 종류가 있습니까?" 이 가운데 호마할 때에 사용하는 불[火]은 몇 종류인지 알고자 질문하였다.

"불 속의 위력이 증가하는 것은 또한 몇 가지나 있습니까?"[84]라고 하는 것은 증익(增益)의 법이다. 이 위력이 증가하는 것은 마치 꽃들처럼 온갖 장소에서 사용된다. "존(尊)의 다른 부류와 모든 존의 성품"[85]이라 하는 것은 [이른바 불보살과 팔부(八部)의 형상 및 성류(性類)이다.]

모름지기 본성(本性)의 분노와 평온과 기쁨 등을 알고자 하니 원컨대 도사께서는 설해주소서. "무여(無餘)의 세계와 출세간(出世間)의 과(果)에 몇 가지나 있고 그 수는 어떠합니까?"[86] [출세간은 불보살을 말하며 세간은 팔부(八部) 등이다. 성취할 때와 양(量)과 과(果)와 수(數)는 모두 어떠합니까 라고 여섯 가지 질문을 하였다.]

다시 "세간과 출세간의 삼매는 어떠합니까?"라고 질문하였다. 수승한 정(定)이 있으며 앞의 것과 아울러 여덟[가지 질문]이 된다.[87] "작업의 성취는 어느 곳에 있습니까?"라고 하는 것은 성취하여 받는 과는 어느 장소에 있는가를 질문한 것이다. 저 "아직 성취하지 못한 자도 역시 이와 같습니다"라고 하는 것은 불성취(不成就)를 질문한 것이다. 또 "어떤 때에 업으로 태어나는 것을 여의어 해탈을 얻습니까?"라고 하였다. 이때에 금강장(金剛藏 : 금강수)은 시방 부처님의 위신력을 입고서 게송을 읊어 부처님께 여쭈었다. 왜

84) 『경』에는 "몇 가지 일에서 위력을 늘리는지"로 되어 있다.

85) 『경』에는 "모든 부처님의 차별된 성품에 대하여 오직 바라오니 도사께서 설해주소서"로 되어 있다.

86) 『경』에는 "다함없는 모든 세계와 그리고 출세간에 대하여 그 과(果)와 수량(數量)과"로 되어 있다.

87) 세간과 출세간을 함께 승도(勝道)라 한다. 즉 세간의 승도는 사선(四禪)·팔정(八定) 등이고 출세간의 승도는 삼승의 삼매도(三昧道)이다. 이 두 가지와 앞의 세간과 출세간의 시(時)·양(量)·과(果)·겁수(劫數) 등의 여섯을 더하여 여덟이 된다.

냐하면 그 진언을 수행하는 보살에게 빠뜨렸거나 부족한 것이 있으면 법요의 방편이 아직 준비되지 않은 것이기 때문이다.

6. 여래의 답변

1) 존위의 배열

이때에 일체지(一切智)의 비로자나세존이신 온갖 번뇌를 여의신 분께서 그 질문한 비요(秘要)의 일을 들으시고 이를 찬탄하시어 '훌륭하구나. 훌륭하구나. 부지런하고 용맹정진하는 대심(大心)이여'라고 말씀하셨다. 여기서 [대심이라는 것]은 온갖 때 가운데에서 대(大)이고 대심(大心)·대원(大願)·대행(大行) 등이라는 말이다.

"비밀만다라에 존의 자리(尊位)를 배열하는 것을 결정"88)함이란 무엇인가? 비밀이라고 하는 것은 바로 여래의 비밀하고 심오한 창고이다. 오래도록 그 [비밀의] 요점을 말하지 않았던 것은 마치 우담바라꽃[優曇華]과 같아서 때가 이르러야 설명할 수 있었기 때문이다. 진실로 알맞은 사람이 아니거든 헛되이 전수하지 않으니 현교[顯露]에서 언제나 가르침을 펴는 것과는 같지 않다.

만다라는 갖가지 덕의 뜻을 갖추었다. 바로 여래의 비밀한 덕이다. 이와 같은 비밀한 덕은 연꽃이 활짝 피면서 스스로 장엄하는 것과 같다. 존의 자리에 배당하는 것을 결정하는 것은 결택(決擇)한다는 뜻이다. 이와 같은 연화비밀의 장(藏)에서 갖가지의 분위(分位)를 분별하고 행해야 할 일을

88) 이 이하에 난탈이 있으므로 바로잡아 읽는다. 바로 다음 글을 본문의 '결택[決]이란 정(定)한다는 말이다'의 다음으로 보내었다.

모두 결택한다. 결택[決]이란 정(定)한다는 말이다[말하자면 분명하게 모든 성자의 좌위(座位) 등을 안치하여 나열하는 것이다].

"대비(大悲)를 근원(根原)으로 하여 대비의 근본으로부터 발생하는 대승의 위가 없는 모든 부처님 최고의 비밀"이란 이 만다라가 바로 위가 없는 대승의 근원이라는 말이다. 이 보리심은 대비를 근본으로 삼는 것이 태장과 같다. 그러므로 근본이라 말하였다. 대승이란 진언을 행하는 보살의 사업이며, 이 방편을 구족함으로 해서 크고 바른 길을 행하는데에 한결같아서 머물거나 어려움 없이 진실에 이르게 된다. 마치 잘 훈련된 말을 타고 크고 바른 길을 지나서 큰 성에 이르는 것과 같다. 이것이 바로 모든 부처님의 가장 뛰어난 비밀하고 요긴한 법이다. 만약 자세히 설명하자면 미래겁이 다하여도 역시 다 설명할 수가 없다. 지금은 단지 방편으로 간략하게 설명하였을 뿐이다. 지금 한 마디 말에도 온갖 뜻을 갖추고 있기에 간략히 설명한다고 하였다.

"이것은 부처님의 비밀스러운 사업인데 네가 이것을 묻는구나, 내가 간략히 설하겠노라"고 한 것은 이미 먼저 법을 찬탄하시고 간략하게 설할 것을 허락하신 것이다.

다음에 곧 그 질문에 따라 차례대로 답하신다.

2) 십이지구의 진언

"부처님께서 금강수에게 말씀하셨다. 잘 들어라. 대력만다라(大力漫荼羅)의 십이지구(十二支句)에서 생기는 명왕대력(明王大力)"[89]이라고 하는 것은 만다라에서 처음 행해야 할 일에 대해 먼저 답하신 것이다. "먼저 이것을 지어야 한다"는 것은 바로 앞에서 설한 십이지구생(十二支句生)이다[십이지지(十二

89) 『대일경』에는 "십이지구에서 생기는 대력지명왕"으로 되어 있다. 이하의 글은 앞의 처음 질문인 "만다라는 무엇을 먼저 해야 합니까?"에 대한 답변이다.

支持)의 구절로부터 이 대력명생(大力明生)이 생한다]. 십이구의 법계체(法界體)에 있어서 그 최초에 명왕을 지어야 한다. 이 명왕에 일체의 세간과 출세간의 존재를 섭수하며 진언은 모두 이 가운데에 완전히 섭수되므로 만다라를 건립하고자 하면 반드시 먼저 염송해야 한다. 처음에 단을 건립할 때에 먼저 그 명왕의 삼매에 머물러야 한다.

"왕(王)"이란 오직 대일여래뿐이니, 이것은 마음 가운데에 십이자(十二字) 중에서 최초의 글자[90]를 두고 최초의 자를 취하여 이로써 몸을 가지한 것을 말한다. 그러므로 만다라를 건립할 때에는 반드시 먼저 염송해야 한다. 그런 다음에 유가에 머물라. 유가(瑜伽)라고 하는 것은 바로 이 명왕의 이치에 응하는 행이며, 이미 유가에 머물렀으면 바르게 관찰해야 한다. 지금 이 행위는 어떠한 것을 해야 하는가? 이른바 오부(五部)에 따라야 하는데, 앞에서 설한 대로 오자(五字)에는 차별된 쓰임이 있다. 사각형이거나 원형이거나 삼각형이거나 반달 모양 등의 종류이다. 상·중·하의 단에서 어떻게 사용하여 지어야 하며, 제자의 근성은 어떠한지, 이와 같은 등의 갖가지를 모두 알아야 비로소 작법할 수 있다. 그런데 이 가운데 진언왕 중에서 갖가지 차별된 일을 분별하는 것이 아직 명료하지 않으면 다시 질문하라. 또한 먼저 알아야 할 것에 두 가지가 있다. 진리를 깨친 스승에 말미암는다면 이와 같은 진언왕[91] 중에서 모든 근연(根緣)을 보는 데에 통달하여 장애가 없을 것이다. 만일 아직 진리를 보지 못한 스승이라면 반드시 가르침[92]과 스승이 전하는 바에 의거하여야 한다. 전하는 바의 지취(旨趣)로써 이를 관찰하는 것도 역시 그 다음[93]이다. 이미 관찰하여 알았으면 상응하여 짓는 일에 따라 이를 만들어라. 그러므로 먼저 이 진언왕을 사용하여야 한다. 본삼매(本三昧)[94]로써 몸을 가지하고 나면 먼저 유가의 도

90) 아(阿)자다. 이 아자를 자기 몸의 중심에 둔다.
91) 십이지구의 진언왕이다.
92) 모든 부처님께서 설하시는 교법과 아사리가 전하는 것을 가리킨다.
93) 그 진리를 본 스승의 다음이라는 뜻이다.
94) 그 명왕의 삼매에 머무는 것을 말한다.

(道)를 알고, 그런 다음에 뜻에 따라 모든 사업을 지어라. 그러나 비밀로써 이를 해석하면 이 십이진언왕은 바로 금강삼매이며, 분명코 보살이 도량에 앉아서 금강계에 들어가게 되어 곧 시방의 모든 부처님으로부터 동시에 관정 받고 함께 가지되어 불위(佛位)에 들어갈 수 있다. 불위에 들어간다는 것은 바로 대비장생대만다라(大悲藏生大漫茶羅)의 궁극의 뜻을 성취하는 것이다. 금강수가 이 진언왕에 들어가기 때문에 또한 이 경 가운데에서 시방의 모든 부처님으로부터 함께 가지되어 지금 다시 대비장을 결택한다. 만일 이와 같이 하지 않으면 어떻게 모든 부처님의 관정을 받으며 여래법왕위와 동등해질 수 있겠는가!

만다라를 건립하는 법은 먼저 아사리를 기다려야 하기 때문에 다음에 답한 것이다.

3) 깊은 수행을 하는 스승

스승에는 두 종류가 있음을 알아야 한다. 무릇 스승의 위치[에 오른 자]는 모름지기 진언과 인과 본존의 상을 모두 이해하여야 하며 그 가운데 하나하나에 대해서 요달하여 걸림이 없으며 상·중·하 법의 차별된 모습도 잘 알아야 한다. 그런데 거기에 다시 두 가지의 나눔이 있다. 나눈다는 것은 둘로 한다는 것이다. 첫째는 깊은 비밀을 이해하는 것이고, 둘째는 현략(顯略)에 통하는 것이다. 이른바 깊다고 하는 것은 깊고 넓게 아는 것으로 말하자면 진언행 가운데 삼매의 행[95]을 얻어 이취(理趣)를 잘 알고 널리 대승을 이해하며 부촉받기에 감당할 만한 것이다. 이 가운데 부촉받기에 감당할 만하다고 한 것은 적당한 때를 잘 알고 근성(根性)[96]을 요해하는 것이다. [부촉을] 받기에 감당할 만한 자에게는 곧 청하지 않은 벗[不

95) 인과(因果)에 떨어지지 않는 무상(無相)의 행이다.
96) 중생심을 아는 덕이다.

請之友][97]으로 만들어 대사의 인연을 잃지 않게 한다. 아직 감당할만하지 못한 자에게는 장차 그 뜻을 보호하여 다시 그밖의 [일승(一乘) 등의] 깊은 법 가운데에서 가르쳐 보이고 이익을 주어 기쁘게 한다. 이로 말미암아 부촉 받기에 감당할만하게 되었다고 한다. 이는 바로 부처님의 맏아들[98] 임을 알아야 한다. 견제(見諦)[99]로 말미암아 법을 보니 이른바 현세의 과보를 보는 것이다. 그리하여 모든 법의 상을 취하지 않으며 마음으로 헤아리고 분별하는 경계를 떠났기에 '떠났다[離]'고 한다. 말하자면 현세의 이익을 떠나고 바로 불도를 구하는 것이니, 이 스승은 바로 시방의 부처님께서 현전에 각기 오른손을 펼치시어 그 정수리를 쓰다듬으시며 법으로 관정하시고 법장을 부촉하심을 받는다는 것을 알아야 한다.

4) 옅은 수행을 하는 스승

두 번째의 스승은 단지 현재의 법 가운데의 이익과 세간 성취의 이익을 얻는다. 어리석은 구절에서 연(緣)에 대한 생각만 더할 뿐이다. 그를 위하여 단을 건립한다. 그래도 역시 만다라를 건립하는 등의 방편을 잘 이해하고 착오가 없으며, 스승의 관정을 받아 아사리위를 얻었으면 역시 부처님께 인가되었다고 한다. 그가 만다라 가운데에서 친히 모든 존에 대하여 관정의 아사리위를 받는 것을 인가(印可)라 한다. 이 가운데에서 부처님의 관정을 받은 자라면 심비(深秘)의 스승이라는 것을 알아야 한다. 세간 사람인 스승으로부터 받은 자는 현략(顯略)의 아사리라 한다. 금강장(金剛藏)이 질문한 것은 모두 이 연만다라(緣漫荼羅)에서 필요한 것으로 부처님께서도

97) 중생이 청하여 원하지 않더라도 부처님의 자비심으로 중생의 벗이 되어 이익을 베푸는 것을 말한다.

98) 『경』에서는 "정각(正覺)의 장자(長者)"로 되어 있다.

99) 이 문장이 『경』에서는 "세간의 즐거움을 멀리 여읜다"로 되어 있다.

역시 차례대로 게송으로 여기에 답하셨다. 이 게송은 지금 아직까지 구절이 끊어지지 않았으니 나중에 문장을 장엄해야 한다.

부처님과 스승에 대해 답하였고 다음에 제자의 모습을 답하겠다. 왜 그러한가 하면 단지 스승이 있을지라도 제자가 없으면 전법의 연을 빠뜨려서 부처님의 종자를 상속시킬 수 없기 때문이다.

5) 제자의 모습

다음에 제자의 상을 분별함에 네 가지가 있다. 첫째는 시염송(時念誦)의 제자이고 둘째는 비시(非時)이며, 셋째는 시비시구(時非時俱)이고 넷째는 시비시구비(時非時俱非)이니 이것을 네 가지라 한다.

이른바 "시(時)"라고 한 것은 제자가 아사리를 구하여 진언행법을 청하는 것과 같은 것으로 스승이 만일 진리를 보았으며 스스로 그 경계의 연을 비추어 그 일에 감당할 만한지를 알면 그 행법을 수여하고 염송하게 해야 한다. 약간의 시(時)를 기한으로 하여 성취를 얻으면 다시 성취의 방편을 짓는다. 만약 [아직 진리를 보지 못한] 세간의 스승이라면 앞에 드러난 근기를 보지 못할지라도 다만 가르침에 의거하여 지어서 제자로 하여금 염송하게 하고 경계(境界)와 교감(交感)하는 상을 구하게 하고 스승도 역시 스스로 염송하라. 만일 상응하면 제자의 경계에서 법을 받는 것이 허락된다. 이때에 스승도 역시 스스로 이를 알아야 하며 이미 상응하였으면 그 행법을 수여하고 역시 위와 같이 염송하게 하라. 여기에도 역시 구체적인 방궤(方軌)가 있다[다시 여쭈어라].[100]

"비시(非時)"라 함은 무엇인가? 역시 앞의 법과 같이 진언의 행을 닦게 한다. 어느 때가 성취하기에 합당한지를 알아야 한다. 때와 같이 법의 영

100) 「구연품」 중에서 법을 구하는 사람에 대하여 물어보라는 뜻이다.

험이 이루어지지 않으면 모름지기 가행(加行)을 더하여야 하므로 비시라 부른다.

"시비시구(時非時俱)"란 위와 같이 스승의 가르침을 받았을지라도 법대로 의거하여 행할 수 없어서 아직 성취의 때에 이르지 못하면 이것은 시(時)도 아니고 비시(非時)도 아니며 학지(學地)[101]에 있는 것과 같으므로 구구(俱句)라 부른다.

"구비(俱非)"란 단지 발심하고 귀의하였지만 아직 전혀 차제가 없으며 스승이 비록 이미 받아들였지만 때를 기다리고 연을 기다려야 하며 아직 완전히 갖춘 것이 없어서 아직 그 진언법요를 줄 수 없다. 그래서 구비라 한다.

또 다음에 "모든 상을 구족한다"는 것에서 상에는 두 가지가 있다. 첫째는 외상(外相)이니 지분(支分) 등이 빠지거나 모자란 것이 없는 것이다. 앞에서처럼 자세하게 이를 설해야 한다. 둘째는 내상(內相)이니 하나하나 법대로 수행하고 부처님의 가르침과 같게 해서 감히 어기지 않는 것이다. 이와 같은 것들이 내상이다[부처님의 교칙을 알아야 한다. 이는 바로 스승의 가르침이고 스승은 부처님의 가르침에 따르기 때문이다. 다시 여쭈어라].[102]

6) 지상(地相)과 심상(心相)

그런데 이 네 종류의 사람은 모두 닦아 배워야 할 단계에 있으며 아직 완전히 구족한 것이 아니다.[103] 최초에 지상(地相)을 알아야 한다.[104] 지상

---

101) 삼현위(三賢位)의 보살로서 비록 변하지 않는 내가 있다고 고집하는 생각[我執]을 멀리 여의어 아공(我空)의 이치를 깨달았으나 아직 법집(法執)의 분별념을 버리지 못한 경계이다.

102) 스승과 제자의 상(相)에 대하여 물어보아라.

103) 이하에 난탈이 있어 바로 잡는다.

104) 이하에서 『경』의 "가장 먼저 지상(地相)을 알아야 하는데 말하자면 바로 심지(心地)이다"의 문장을 해석한다.

을 아는 가르침이 있는데 차례대로 설명해야 한다. 이미 제자를 받아들였으면 지상을 알고 만다라를 건립해야 한다. 만다라를 건립하는 데에는 먼저 반드시 택지(擇地)하여야 한다. 그래서 다음에 택지를 밝혔다. 이른바 지(地)란 바로 보리심이다. 먼저 이 마음을 정화하는 것이 바로 그 땅을 정화하는 것이다. 정화하는 것은 먼저 이미 설하였으니 이른바 팔엽(八葉) 등의 마음을 앞에서처럼 지어라. 앞에서 설한 것처럼 보리심을 정화하는 방편은 팔엽의 연꽃을 관하여 화대(華臺) 위에 아자를 관하고 나아가 정수리에 암(暗)자를 두며, 눈에도 역시 람자(囕字)를 안치하고 그 마음을 관해야 한다. 그 [정수리와 눈 등의] 급소는 아주 낮거나 아주 곧게 하지 말아야 할 종류들이니 이것들은 모두 그[105] 마음자리를 정화하는 방편이다. 이미 마음자리를 정화하였으면 다음에 라(囉)자를 그 두 눈에 안치하고 이를 관하라. 이것은 바로 마음자리를 택하고 나서 다시 온갖 더러운 것을 보내버리는 것이다. 이러한 방편은 앞에서 이미 자세하게 설하였으니 앞에서처럼 이를 지어야 할 따름이다.

"만약 허물[과 근심]을 떠나면 마음자리에 두려움 없도다."

정보리심이 모든 상을 여읨으로써 바로 온갖 허물을 여읜다. 이른바 번뇌·수번뇌 등의 견애(見愛)의 혹(惑)을 여의므로 **"모든 허물을 떠난다"**고 하였다. 이와 같이 번뇌와 위험과 두려움과 악도의 갖가지 안온하지 못함을 여읨으로써 안락의 성품을 얻으므로 **"두려움 없다"**고 하였다. 청정을 얻을 때에 온갖 허물을 여읜 것이다.

"온갖 청정을 얻는다"고 하는 것은 모든 허물을 여의어 마음에 두려울 바가 없으므로 정보리심을 증득한다.

만일 이미 **"이와 같이 이르렀으면 견고하게 청정한 경지에 머물러 삼보리를 게 되리라"**고 하는 것은 무엇인가? 안다는 것은 이와 같이 아는 것이다.[106] 그 가운데 견고하게 머물러야 한다. 이미 온갖 허물을 여의고 잡염분별에

105) 제자의 심지(心地)이다.
106) 이하에 난탈이 있어서 바로잡는다.

물들지 않는다. 이것을 지켜서 흔들리게 하지 말고, 잃거나 물러나게도 하지 말아야 한다. 그러면 틀림없이 무상보리에 이르리라. 이와 같이 아는 것이 바로 불처(佛處)를 보는 것이다. 다만 이와 같이 정보리심을 보고 궁극에 이르러 남음이 없으면 곧 일체지지를 성취한다. 이것과 다르다면 땅을 정화하는 것이 아니다.

"만일 분별에 빠진다면 땅[地]을 정화할 수 없다."

만일 이와 다르다면 그 땅을 정화할 수 없다. 아사리가 말하기를, '만일 이와 같지 않다면 스스로 그 대비태장만다라의 땅을 정화하는 것에서 그 땅을 택하고 정화하였다고 할 수 없다'고 하였다. 망상과 분별의 허깨비를 여의지 못하였으므로 언제나 온갖 허물 가운데에서 두려움과 쇠함과 괴로움을 피할 수 없기 때문이다. 어떻게 해야 만다라의 땅을 잘 정화했다고 할 수 있겠는가?

이러한 까닭에 경에서, "만약 지송자가 분별에 머무르며 땅을 정화하고자 하면 청정하지 않다. 비밀주여. 보리심을 떠났기 때문이다. 분별 가운데에서는 땅을 정화할 수 없다"[107]고 하였다. 두 종류의 스승이 다 반드시 보리심에 머물러야 한다. 치법(治法)으로 땅을 다스릴지라도 이루지 못하거든 반드시 짧은 시간이라도 보리심에 머물러야 한다. 이 [보리심]을 떠나면 [땅의 정화를] 이루지 못한다. 앞에서 단을 건립하는 가운데 설한 것처럼 1주(肘) 안쪽으로 가지런히 자르고 나쁜 흙을 파내어 제거하며 모래·돌맹이·터럭·기왓돌의 종류를 골라 내어라. 만일 미세한 나쁜 것은 하나하나 두루 살펴서 이로 말미암지 않게 해야 한다. 또 다시 1주(肘) 안이 청정할지라도 1주를 넘는 데에 설령 갖가지 더러운 것이 있으면 역시 이 땅을 택하지 않는다. 왜 이 만다라를 완전히 청정하게 해야 하는가? 만일 이 보리심을 청정하게 하면 온갖 분별·희론의 똥을 떠나게 되어 그 자각(自覺)의 땅을

107) 『경』의 문장과 다소 차이가 나는데 『경』의 문장을 보이면 다음과 같다. "만약 망녕된 분별에 머물면 수행자는 그 지(地)를 정화할 수 없다. 비밀주여. 청정하지 않다면 보리심을 떠난 것이다. 그러므로 분별을 버리고 모든 지(地)를 정제(淨除)해야 한다."

정화하게 됨을 알아야 한다. 이것이 그 땅을 잘 다듬는다고 하는 것임을 알아라. 어떤 스승이 문장대로 이해하고 단지 앞의 말에 의거하여 차제법용을 일에 따라 짓는다면 이 사람은 어리석은 범부의 경지에 있으며 비밀의 법용을 잘 알지 못하는 자이다. 이와 같이 이해하는 것은 일체지인(一切智人)이 설한 것이 아님을 알아야 한다. 왜 그러한가 하면 만일 이 마음자리를 정화하지 못하여 분별망상이 있게 되면 괴로움의 원인을 버릴 수 없기 때문이다. 이러한 까닭에 등정각자(等正覺者)가 설한 것이 아니다. 내외(內外)는 마음에 말미암으므로 마음이 청정하면 땅이 청정하니, 이러한 까닭에 분별을 버리어 모든 땅을 깨끗하게 해야 한다.

땅[地]에 연한 일은 모두 답하였고, 이미 보리심을 청정하게 하였으니 대비태장으로 이를 길러 양육해야 한다. 혹시 모든 단법에서 빠뜨린 것이 있으면 내가 차례대로 자세하게 설명하겠다[이 차제는 법에 의거하는 것이다].

"그가 먼저 해야 할 일을 모르고 어리석음으로 인하여 이해하지 못하면"이라고 하는 것은 무엇인가? [단지 과(果)의 상·중·하만을 묻고 마음자리에 머무는 것을 알지 못하는 것이다.] 만일 [보리의] 마음에 머무르지 못하고도 세간의 가장 높은 부처님[의 경지]를 구한다고 하면 이러한 일은 있을 수가 없으며 또한 일체지라고 이름할 수도 없다. 나아가 이렇게 분별하는 괴로움의 원인도 버릴 수 없을 것이다.[108]

"[응당 제자를] 위해서 보리심을 정화해야 한다"고 하는 것에서 위한다고 하는 것은 해야 하는 일로서 제자를 권하여 이와 같이 발심하게 하는 것으로 바로 [제자로 하여금] 보리심에 머물게 하는 것이다. 그가 [보리심에서] 물러나는 것이 염려되므로 반드시 결호(結護)하여야 한다. 그래서 경에서는 다음에 이르기를 **"부동존(不動尊)[109]으로 수호하라"**고 하였으니 바로 부동명왕(不動明王)이다. 부동존의 진언으로써 제자를 보호하여야 한다. 부동(不動)이란 바로 하자문(訶字門)을 말한다. 하(訶)는 인(因)의 뜻이니 말하자

108) 이하에 난탈이 있어 바로잡는다.
109) 명왕으로써 태장차제에 따라 수행하는 행자를 수호한다.

면 이 정보리심은 바로 일체지지의 인(因)이다. [글자] 옆에 장성(長聲)의 아자가 있는데 이는 행(行)이다. 위에 둥근 점이 있는데 이는 증(證)으로 대공(大空)의 뜻이다. 이러한 묘한 인으로써 바른 행을 일으키고 행은 공과 동등하니, 이 세 가지 법을 사용하여 그 마음을 보호하고 그로 하여금 궁극에 이르게 하며 [보리심을] 빼기거나 잃지 않게 한다. 만일 부동존을 사용하여 보호하지 않으면 삼세명왕(三世明王)110)을 사용할 수도 있다.

세간에서는 삼독(三毒)을 말하는데 그 삼독을 항복시켜서 세간에서 대자재를 얻기 때문에 삼세승(三世勝)이라 부른다. 여기에 또한 방편이 있으니 다시 여쭈어라. 먼저 보리심에 머문다고 하는 것은 스승과 제자가 함께 여기에 머물고 그런 다음에 이 두 존으로써 이를 보호하는 것이다. 만일 제자가 이 일을 성취하면 어리석음에 섭수된 것이 아니다. 어리석음은 바로 집착이다. 집착이 있으면 어리석음을 여읠 수가 없다. 어리석음을 여의면 바로 부동이다. 보는 것이 있고 얻는 것이 있으면 모두 어리석음이다. 이른바 망녕된 집착에 흔들리지 말고 반드시 위 없는 보리를 성취해야 한다. 청정하여서 더러움 없는 것이 허공과 같으며 허공이 흔들림 없이 광대하고 끝이 없어서 일체의 색상(色像)을 포용할 수 있는 것과 같다. 일체지심(一切智心)도 역시 이와 같다고 알아야 한다.

처음에 "땅을 가지하는 데에 부처님의 가르침에 의거한다"고 하는 것에서 부처님은 바로 아자이다. 다음으로 "땅을 가지한다"고 하는 것은 아자문이다. 반드시 아자를 사용하여 이를 가지하여야 한다. 이것은 바로 모든 부처님의 가르침이다. 모든 여래께서 옛적에 이 문에 말미암아서 정각을 이루시고 이로써 마음을 보호하셨다. 혹은 암(暗)자를 정수리에 찍고 나아가 라(羅)를 눈에 찍는 등은 보리를 견고하게 한다.

---

110) 항삼세명왕의 진언을 가리킨다. 항삼세는 산스크리트로 Trailokya-vijaya. 오대명왕(五大明王)의 하나이다. 오대명왕이란 부동명왕(不動明王)·항삼세명왕·군다리명왕(軍荼利明王)·대위덕명왕(大威德明王)·금강야차명왕을 말한다. 항삼세는 승삼세(勝三世)라고도 한다. 여기서 삼세란 탐·진·치의 삼독심(三毒心)을 가리킨다.

"두 번째로 심자재(心自在)"111)라고 하는 것은 점을 찍는 것으로 점은 바로 삼매이며 정혜(定慧)와 동등하기 때문에 일체자재(一切自在)이다. 거듭 가르침과 달라서는 안된다. 이렇게 하면 자재한 업을 성취할 수 있다. 만일 이와 다르다면 심자재를 얻을 수 없다. 그러므로 "[오직 이것뿐이고] 다른 가르침은 없다"라고 하였다. "다른 가르침은 없다"고 하는 것은 모든 여래께서 성불하시는 데에 다른 길이 있는 것이 아니라 오직 이 한 가지 문뿐이라는 것을 말한다. 처음에 부처님의 가르침에 의거하여 발심하는 것은 바로 아자이며, 나중에 성불하여 부처님과 동등하게 되는 것도 역시 아자이다. 보리심은 부처님에 의지하여 일으킨다. 이러한 까닭에 온갖 분별을 없애고 아직 성불하지 않았을지라도 이것은 바로 무연(無緣)의 종자이다.

앞에서 이미 땅을 가지하는 것에 대해 묻고 답하는 것을 마쳤다. 이미 땅을 가지하였으면 다음에 반드시 실을 사용하여 만다라위를 정해야 한다. "실[綖]"112)이란 산스크리트어로 소달람(蘇去呾纜, sūtraṁ)이다. 이 실은 온갖 덕을 연결하고 그것을 흩어지지 않게 하기 때문에 실[綖]이라 하였다. 선(線)에 네 종류가 있는데 말하자면 백색 · 황색 · 적색 · 흑색113)이다.

"[다섯 번째로] 염해야 할 것"에서 "염한다"는 것은 응당 염지(念持)하는 것이다. 책에는 한 종류를 더하는데 이른바 허공색(虛空色)이다. 허공은 온갖 색상을 머금으니 온갖 색을 갖춘다. 단지 허공의 색에 의거한다면 이것은 하늘색으로, 풀과 나뭇잎의 색과 비슷하다. 백색은 신(信)의 뜻이며,

---

111) 아자에 점을 찍으면 암자가 된다. 이때 점은 삼매를 의미한다. 정혜(定慧)가 동등하게 되기 때문에 모든 것에서 자재를 얻을 수 있다.

112) 『경』에는 "소다라(蘇多羅)"라고 하는데 같은 뜻이다. 소다라(sūtra)는 연(涎), 즉 실이라는 의미이다. 여기서는 많은 덕을 가지고 흩어지지 않게 한다는 의미를 가지고 있다. 그리고 이 연(涎)을 써서 만다라의 위치를 정한다.

113) 네 종류가 아니고 한 종류가 더 있다. 바로 다음에 나오는 허공색으로서 청색이다. 여기서 백은 정신(淨身), 황은 정진(精進), 적은 염(念), 흑은 정(定), 청은 혜를 나타낸다. 즉 백황적흑청의 오색선은 신(信), 진(進), 염(念), 정(定), 혜(慧)의 오근(五根)을 나타낸다.

황색은 정진의 뜻이고, 적색은 염(念)의 뜻이며 흑색은 정(定)인데 정(定)의 색은 열반색과 같다. 혜라고 하는 것은 바로 대공(大空)이며, 대공은 온갖 상을 갖추나 상이 있는 것이 아니므로 일체색으로 삼는다. 무릇 실을 합칠 때에는 만일 하나하나 법에 의거한다면 반드시 따로 만다라를 건립하여 보병·향기로운 꽃·바르는 향·등불 등과 모든 음식을 안치하고 갖가지 공양을 올리며[다시 방법을 여쭈어라.] 그런 다음에 동녀로 하여금 이 실을 꼬게 하라. 먼저 팔계(八戒)를 받고 깨끗한 새옷을 입으며 향수를 온 몸에 발라서 안팎으로 청정하게 하고 단 가운데 앉아서 이를 꼬게 해야 한다. 선을 꼬는 법은 먼저 미리 가느다란 실을 만들어 아주 균등하고 적합하게 하고 크고 작거나 느슨하고 빽빽한 것을 모두 갖추게 하라. 또한 중간에 끊어진 것을 계속 연결해 붙인 것은 사용하지 말라. 또 꼴 때에는 비단으로 입을 가려라. 한 가지 색의 실로 매번 오고 가게 해서 겹쳐서 아홉 가닥의 실[絲]을 만들게 하고 그런 다음에 꼬아서 하나의 실[縷]을 만든다. 그 실[絲]은 단지 하나의 끝이 있고 이것을 감은 것이 실[縷]이다. 중간에 이어붙인 것은 사용할 수 없다. 하나의 실은 한 가지 색이다. 무릇 다섯 가지 색을 합하여 하나의 줄[繩]로 한다. 만일 줄을 합하는데 느슨하고 빽빽하며 거칠고 세밀한 것을 조절하지 않고, 또한 마음을 다하여 이를 만들지 않으면 분명히 장애하는 법이 일어나게 되어 스승을 손해보게 하며 역시 제자를 손해보게 하고, 혹은 그들을 미치게 하여 성내지 않을 수 없게 한다. 나는 동녀가 삼매라고 하였다. 삼매는 지극히 균등하고 가지런하며 고르기에 오력(五力)과 오근(五根)을 성취할 수 있다. 이 오근과 오력에 말미암아 온갖 행을 계승하여 지닌다[다시 여쭈어라].

"허공 가운데 동등하게 지닌다"고 하는 것에 두 가지가 있다. 만일 깊은 행을 하는 아사리라면 단을 건립하려고 할 때에 이미 보리심지를 정화하여 마치고 유가하는 가운데에 제자를 제도하기 위하여 바르게 태장대만다라가지의 위(位)를 관함에 모든 분위(分位)를 완연하고 명백하게 안다. "허공 가운데 동등하게 지닌다"고 하는 것에서 "동등하다"는 것은 바로 두루하다는 것이다. "지닌다"고 하는 것은 이와 같이 만든다는 것이며, 만든다는 것은 차례를 아는 것이다. 먼저 허공[空]에 징(定)해 놓고 존의 자리(尊位)를 균등하게 한다.

"두 번째로 선(線)으로써 만다라의 땅에 안치하라"고 하는 것은 눈앞에 마주 대하는 것처럼 다른 사람을 제도하여 세속적 입장에서의 진리[世諦]에 따르게 하기 위해서 방위로써 단지(壇地)에 가지한다. 그런 다음에 그 위에 오색의 선을 균등하게 사용하여 방위를 정한다. 만일 얕은 행을 하는 아사리라면 역시 먼저 이 선을 사용하여 방위를 정한다. 방위를 정하여 마쳤으면 마땅히 하나하나 마음 속으로 이를 포치하고 또한 벌려진 방위를 눈앞에 마주대하는 것처럼 하라. 혹은 종이와 붓을 사용하여 이것을 베껴야 한다. 그때마다 쓰는 것을 잘 생각하고 일에 맞닿아서 의심하거나 실수해서는 안된다. 여기에서 "허공 가운데 동등하게"라고 하는 것은 바로 앞에서 설명한 것과 같다. 먼저 제자와 함께 마주보고 서서 그 선을 끌어당겨 방위를 정하는데 바닥에 닿게 하지 말라. 먼저 공중에서 서로 끌어당겨서 각기 심장에 닿게 하라. 그리고 그 차례대로 주변에 빙 두르게 하라. 만일 아직 법을 갖추지 않은 제자가 있어서 함께 만다라를 건립하기에 감당할 수 없으면 역시 말뚝을 제자가 있는 곳에 박아서 작법해도 된다. 이미 이와 같이 정하여 마쳤으면 곧 운심(運心)하여 위차(位次)를 펼쳐 정하게 하라. 그런 다음에 줄[繩]을 이어서 하나하나 그릴 수 있다. 유가의 아사리라면 이 가운데 방위를 만들고, 모든 불보살과 천신 등이 완연하게 위치를 정하는 것을 보고 세간의 법에 따라 역시 선을 이어서 위(位)를 고려하고 그 형태와 색깔을 고려하여 이를 표현해 낸다. 이것을 최상의 위(位)로 삼는다[114]는 것을 알아야 한다.

---

114) 이 이하에 난탈이 있어 바로잡는다.

7) 좌위의 표상

다음으로 좌위(座位)의 표상(表像)에 대해 답하셨다.

"모든 부처님과 그의 아들인 지혜로운 자에게 연화열의승길상(蓮華悅意勝吉祥)이라고 세간에서 찬탄한다."[115]

"모든 부처님과 지혜있는 자인 모든 부처님의 아들"이란 보살이 지혜를 갖추었음을 찬탄하는 것이다. 이른바 "세간에서 찬탄하며 길상으로 삼는 것"이란 세간 사람들이 연꽃을 가지고 길상하고 청정하다고 하며 중생들의 마음을 기쁘게 하는 것처럼 지금 비밀한 가르침 가운데에도 역시 대비태장의 묘법연화로써 가장 깊고 비밀한 길상을 삼으니 모든 가지법문의 몸이 이 화대(華臺)에 앉는다. 그러나 세간의 연꽃도 역시 한량없이 많은 차이가 있다. 이른바 크거나 작거나 열고 합함과 색상의 옅고 진함에 각각 한결같지 않다. 이와 같이 마음자리의 화대(花臺)에도 역시 방편과 실상의 열고 합함 등에 다름이 있다. 그러므로 지혜로운 자는 만약 부처님이라면 반드시 팔엽의 분타리를 써야 함을 알아야 한다. 바로 백련화로써 그 꽃은 사방으로 펼쳐지게 해야 한다. 만약 보살이라면 이 화좌를 만들고 꽃이 반만 피게 해야 한다. 절대로 모두 피게 해서는 안된다[그 꽃은 흰색이거나 황색이거나 보련화(寶蓮華)로 다 만들 수 있다. 단지 붉은 색은 세간의 꽃으로 아래에 둔다]. 만일 연각・성문이라면 반드시 꽃잎 위에 앉게 해야 한다. 혹은 구물두 꽃잎 위에 앉게 하라. 옅은 지식을 전[116]하기에 한쪽 가에 치우친 지혜로 삼을 뿐이니 이것은 청련화(青蓮花)로서 단지 청색의 연꽃이다. 그런데 다시 따로 청련화가 있는데[117] 종류는 이 부류가 아니다. 기하청련(芰荷青

---

115) 『경』에서는 "일체여래의 좌(座)와 제불지자(諸佛智子)와 열의(悅意)의 묘한 연화(蓮華)는 세간에서 길상(吉祥)하다고 칭한다"로 되어 있다.

116) 『소』 본문의 博은 傳으로 고친다. 즉 이승의 천박한 지식을 전하는 자는 생사의 계박을 여의지 못한다는 뜻이다.

117) 연꽃 가운데 제일가는 다른 종류의 청련화가 있는데 지금의 청련화와는 다르다는 뜻이다. 이 이하에 난탈이 있다.

蓮)의 잎에 앉게 하라. 연꽃으로부터 생한 잎이다.

정거천 등의 모든 천과 초선(初禪) 범천(梵天) 등은 세간에서 부르기를 범(梵)[118] 등이라 하니 모두 적련화 가운데에 앉으며 그 색은 순수한 적색으로 세간에서 좌왕(座王)[119]이라 부른다. 욕계천(欲界天) 및 지거천 등은 각기 그 위에 따라 사용하여 이를 표현한다. 제석천의 형상과 같은 것은 곧 수미산왕(須彌山王)을 그리고 산신(山神)은 산 위에 앉으며 수신(水神)은 물 위에 앉고 나무신은 나무 위에 앉으며 성(城)의 신은 성 위에 앉는다. 이와 같이 매우 많으니 뜻으로 알 수 있을 것이다. 이하의 모든 천은 땅을 나누어서 자리로 삼는다. 말하자면 욕계천 등은 풀에 앉거나 혹은 마른 잎 등[에 앉는 것]이다.

"염하라"[120]고 하는 것은 생각하라는 말로서, 염이란 기억하여 잊지 않는 것이다.

8) 연꽃의 종류

[선무외]삼장이 설하기를, 서방에는 연꽃에 여러 가지가 있다고 하였다.

첫째는 발두마(鉢頭摩, Padma)이고, [다시 두 종류가 있다. 첫째는 붉은 색으로 바로 이 사이의 연꽃이고, 둘째는 흰색으로 지금 이 사이에 있는 백련이 이것이다. 분타리(芬陀利)는 아니다.]

[둘째는] 우발라(優鉢羅, Utpala)이며, [역시 적·백의 두 가지 색이 있다. 또한 붉지도 않고 희지도 않은 것이 있는데 형상은 마치 니로발라(泥盧鉢羅)꽃과 비슷하다.]

[셋째는] 구물두(俱勿頭, Kumuda)이고, [적·청의 두 가지가 있다. 또한 구물두는 연

118) 범천 등의 사선천(四禪天)이다.

119) 인도에서는 순수한 적색을 최상으로 여기기에 좌왕이라 한 것이다.

120) 범천 등을 비롯한 제천(諸天)과 신 등으로 "이들을 내려서 상응하는 바와 같이 그 지분(地分)에 머물도록 염하라"는 뜻이다.

꽃에서 푸른 색이다.]

[넷째는] 니로발라(泥盧鉢羅, nīlotpala)이며, [이 꽃은 소의 똥에서 싹이 피는데 매우 향기로우며 문수보살이 들고 있는 것이다. 눈[目]이 청련과 같다고 하는 것이 또한 이것이다. 또 소건타가화(蘇健他迦花)가 있는데 역시 모습이 비슷하며 작은 꽃이다.]

[다섯째는] 분다리가(分荼利迦, Puṇḍarkīa)이다. [꽃에 백 개의 잎이 있으며 잎마다 줄지어 있고 둥글게 가지런하여 사랑할 만하다. 가장 바깥의 잎은 아주 흰색이며 점차 안쪽으로 향할수록 색에 점점 희미한 황색이 보인다. 그러다가 가장 안쪽의 것은 꽃받침색과 비슷하다. 이 꽃은 지극히 향기로운데 옛적에 유리왕(琉璃王)이 석녀(釋女)를 해칠 때에 대가섭(大迦葉)이 아뇩달지(阿耨達池)에서 이 꽃을 가져다가 팔공덕수(八功德水)를 싸서 이를 모든 석녀들에게 뿌리니 몸과 마음이 안락하여지고 죽고 나서는 천계(天界)에 태어났다. 이로 인하여 꽃을 연못에 던지고 드디어 열매를 맺어 지금까지 이 꽃이 있게 되었다고 한다. 이 꽃은 크게 사랑할 만하고 줄기는 1척(尺) 정도이고 매우 사랑스럽다. 이 꽃은 법화(法花)로 인용되며, 또한 만다라의 팔엽(八葉)으로 [설해지는 것도] 이 꽃이다].

9) 공양의 의미

다음에 공양의 뜻을 답한다. 여기에서는 답이나 질문의 차례에 의하지 않았지만 그래도 모두 질문한 뜻에 의거하여 이치에서 빠뜨리는 것은 없으니 알 수 있을 것이다.

공양에 대략 네 가지가 있음을 알아야 한다. 첫째는 향과 꽃 등을 공양하는 것이다[그리고 바르는 향·등불 등이며 내지 음식이다. 이것들은 세간에서 공양하는 것이다. 단지 물건으로 바친다].[121] 경에서 향과 꽃 등에 대해 언급하지 않았을지라도 이치상으로는 반드시 있어야 한다.

둘째는 합장이다[말하자면 예경(禮敬)이다. 이것은 인(印)이다].

---

121) 이 다음에 난탈이 있다. 문맥에 맞게 위치를 수정한다.

셋째는 자비이고 넷째는 운심(運心)이다. 말하자면 향과 꽃이 법계에 가득하다고 관상하여 운심하고 나서 곧 합장의 인을 사용한다. 자비를 함께 해서 세 가지 일[122]을 모두 운심한다.

"발생(發生)[123]하여 모든 부처님께 바치고 지분생(支分生)의 심인(心印)을 결하여 보리를 관해야 한다."

화수발생(花手發生)[124]에서 화수(花手)라고 하는 것은 모든 합장의 인에서 근본이 된다. 이 꽃은 손에서 생기는 것이다. 인을 결하며 인을 결하고 나서 곧 운심하여 공양한다. 이 일체지분생인(一切支分生印)[125]이란 앞에서 이미 진언이 있었으나 아직 인은 설하지 않았다고 하므로 반드시 이를 살펴야 한다. 이와 같은 인으로써 가지하고 나서 보리심을 염하고 이 꽃을 보는데에 손으로부터 나온다고 관상해야 한다. 이로써 공양을 삼는다. 이것이 운심이다.

"각각의 모든 부처님과 그로부터 생겨난 자녀들에게 은근하게 이 허물이 없는 꽃처럼 아름다운 향기와 광채가 드러나리라. 법계를 수왕(樹王)으로 삼음으로써 [사람 가운데 존귀한 분께] 진언을 공양드리니, [존귀한 분께서] 가지하시어 [삼매가 자재로이 전성할 것이고] 뛰어나고 묘하며 광대한 구름과 같이 법계 중에서 출생하리라. 그로부터 온갖 꽃을 비처럼 뿌려 언제나 모든 부처님 앞에 두루하리라."[126]

---

122) 합장과 자비와 운심이다.

123) 운심에 의하여 발생한 본심의 묘화를 시방삼세의 모든 부처님께 바치는 것이다. 『경』에는 "손에서 생기는 연꽃을 모든 세간을 구하시는 분들께 바치며 지분생인(支分生印)을 결하고 보리심을 관하라"로 되어 있다. 여기에서 손에서 생기는 연꽃은 합장인(合掌印)을 의미한다.

124) 연화합장을 의미한다.

125) 종불지분생인(從佛支分生印)이라고 하며 또한 동남방 보현보살의 인이다. 지분생(支分生)이란 부처의 지분(支分)으로부터 생하였다는 뜻으로 곧 보현보살을 가리킨다. 보현보살은 보리심의 덕을 담당하여 일체여래의 장자가 되므로 지분생이라 부른다. 그 인상은 두 손으로 연화 모양의 합장을 하고 아울러 두 엄지손가락을 길게 빼내어 세우고 손가락 끝을 약간 구부려서 입불삼매야인(入佛三昧耶印)과 같게 한다. Skt. namaḥ samanta buddhānām aṃ aḥ svāhā.

126) [ ] 안의 내용은 『경』에서 가져온 것이다.

이른바 모든 부처님과 보살들과 나아가 이승(二乘)과 팔부에 이르기까지 각각으로 그 본 진언과 인에 의거하여 공양하는 물건을 가지하는데 사용하고 이를 공양한다. 이 꽃은 향기롭고 아름다우며 어떤 결점도 없고 나무는 법계에 두루하여 꽃을 피운다고 관상하고 부처님께 공양드린다. 수행자가 향기로운 꽃을 공양드릴 때에 진언으로써 꽃을 공양하는 것과 같게 해야 한다. 즉 꽃의 진언 등을 사용한다. 그리고 인으로써 가지해야 한다. 마음이 만일 정에 머물지 않으면 어떠한 이유로 그러한가를 알게 된다. 그러므로 "삼매로써 자재롭게 전성한다"고 하였다. 원(願)을 내는데 뛰어나며 다시 많은 것이 마치 큰 구름과 같아 법계 가운데로부터 일으킨다. 그로부터 꽃을 비뿌리는데 이른바 법계로부터 생기는 것이다. 언제나 모든 부처님 앞에 두루하여 갖가지의 광명을 일으킨다. 또한 이 꽃들이 법계에 두루하여 하나의 큰 나무로 되는 것은 천계의 의수(意樹)127)와 같아서 다를 것이 없으며 갖가지의 꽃구름과 꽃향기와 번개(幡蓋) 등 및 음식물을 비뿌리는 것이 한량 없이 많고 끝이 없어서 끝까지 다할 수 없이 일체여래의 앞에 두루하여 갖가지로 공양하고 낱낱이 두루하게 한다. 이와 같이 운심하고 곧 진언으로써 이를 가지한다. 이른바 낱낱의 존께 공양드리는 데에는 각기 본존의 진언과 인으로써 가지한다. 다음에 이보다도 낮은 자들, 즉 팔부 등에게는 역시 그 본 부류에 따라 사용하는 진언과 인이 있다. 그리고 이들 제존에는 또 이보다 낮은 모든 천신이 있다. 지금 다음으로 모든 천을 설하고 본유가(本瑜伽)128)와 같이 각각에 상응한다. 말하자면 본존과 상응하는 것이다. 분노에 적색을 사용하는 것 등과 같다. 혹은 경전 가운데 진언과 인이 있다. 혹은 빠뜨리고 없는 것도 있지만 따로 하나의 보통길상(普通吉祥)의 인이 있고, 꽃과 같이 바르는 향 등도 이치에 맞게 상응하여 상념하라. 공지(空指)와 수지(水指)의 두 손가락으로써 손가

---

127) 지분생인을 결하고 보리심법계수왕이라 관할 때에는 미묘한 음식이 저절로 이 가운데에 가득찬다. 의수(意樹)는 여의수(如意樹)이다.

128) 『대일경』에서 설하는 유가법을 말한다.

락끝을 서로 붙이고 그 밖의 세 손가락은 모두 펼쳐라. 이 인을 사용하여 모든 물건을 가지하고 나아가 단 가운데 모든 공양의 도구를 다 사용하여 이를 가지하면 모두 성취할 수 있다. 설령 본존에 자기 본인(本印)이 있을지라도 임시로 하고자 하는 자는 역시 보통인[129)]을 사용하여 이를 가지하면 역시 성취할 수 있다. 그 향과 꽃 등의 진언은 바로 앞에서 설한 향·꽃·등불 등의 진언이며 각각의 부류에 따라야 한다. 『반야경(般若經)』에서 설하는 '만일 한 송이 꽃으로써 두루 모든 부처님께 공양하고자 하면 이 반야바라밀을 닦아야 한다'[130)]고 한 것과 같다. 이 가운데 다만 운심하는 데에 하나의 꽃과 향으로써 하며, 가지 및 삼매로써 두루 모든 현성께 공양하여 법계에 두루하게 하며 이 선근으로써 다함이 없게 하는 것과 같은 것이 이것이다. 만일 보통길상인을 결하지 않으려면 다시 금강권인(金剛拳印) 혹은 연화인 및 관음인(觀音印)이 있는데, 단지 오른손으로 결하라. 오직 지거천(地居天)만은 왼손으로 결해야 한다. 그렇지만 왼손에 잡아야 할 것들이 있는 것을 고려하면 오른손으로 인을 결하고 물건을 가지하는 것도 가능하다. 그러나 공양할 때에는 먼저 인을 사용하여 가지하고 나서 곧 이를 받들어 마음을 나타내고 봉헌하여 바야흐로 제존이 계신 곳에 안치해야 한다. 만일 바르는 향이라면 혹은 그 존의 몸에 바르는 향을 사용하여 역시 장엄하게 응하는 곳에 따라 이를 안치하라. 혹은 그 앞에 안치한다. 그 꽃 등을 바칠 때에도 역시 높고 낮은 차별이 있는데 만일 부처님이라면 반드시 높게 하며 그 몸의 머리와 정수리를 가지런하게 해야 한다. 보살은 심장 위에 두고, 이승은 배꼽 위에 있다. 청정한 불보살은 심장에 두어 지니고 세간의 천신은 배꼽에 해당하는 곳에 정한다. 지거천 등의 천은 배꼽 아래에 두게 한다. 다음으로 아래에 인을 결하고 나서 끌어올

---

129) 소삼고인(小三古印)이다.

130) 꽃을 바치는 데에도 세간의 보시공덕으로 남는 것과 바라밀로 승화되는 차별이 있다. 보시라는 상(相)이 조금이라도 남는 경우 세간의 보시공덕으로 떨어지지만, 한 송이 꽃이나 한 자루 향을 공양할지라도 지분생인을 결하고 정보리심을 관하며, 평등에 머물러 운심공양하며 공양의 상을 떠나면 이것이 보시바라밀이 된다.

려 공중을 향하여 부처님께 봉헌하라. 나아가 지거천 등은 돌려서 내리게 한다. 앞과 같이[131] 네 부류의 제존이 부처님의 몸으로부터 나온다. 지금 꽃을 바치는 높낮이도 역시 앞에 준하여 배꼽 아래로부터 만다라의 위(位)에 배당하라.

그런데 두 종류의 스승이 있다. 만약 유가를 성취한 자는 단지 삼매[132]를 사용하여 마음이 자재하므로 이미 진언문에 통달하였으며 마음에 따라 짓는 것이 바로 성취되며, 반드시 사법(事法)을 기다리지 않아도 성취한다. 만일 둘째로 세간의 [진리를 보지 못한] 스승이라면 반드시 사법에 의지하여 진언과 인을 사용하여 이를 가지하여야 비로소 성취할 수 있다.

10) 호마의 의미

다음에 호마(Homa)의 뜻에 대해 답하겠다. 반드시 알아야 하니 "호마에 두 종류가 있다. 첫째는 내호마이고 둘째는 외호마이다." 내 · 외로 나눈다고 하는 것에서 나눔[分]은 다름[別]이라는 것을 말한다. 호마는 태운다는 뜻으로 호마로 말미암아 모든 업을 태워 없앤다. 모든 중생이 다 업에 따라 생하고 생함으로 말미암아 업을 굴림으로써 윤회가 그치지 않는데, 업을 없애고 나면 생함도 역시 없어진다. 바로 해탈하는 것이다.[133] 어떤 것에 따라 해탈을 얻는가? 이른바 번뇌업고(煩惱業苦)에 따라 해탈을 얻는다. 또한 이 가운데 싹[134]이 트니 이른바 보리의 싹이다. 이미 세간을 여의었으면 곧 종자가 생하니 이른바 희고 맑은 보리심이다. 만일 업을 태우면 내

---

131) 『대일경소』 제14권 (대정장 39, 727 상)에 불신(佛身)으로부터 나타난 신운(身雲)을 중태(中胎)와 삼중(三重)의 만다라에 배치하는 것을 가리킨다. 사등(四等)은 내태(內胎)와 삼중(三重)이다.

132) 비인비과(非因非果)의 삼매이다.

133) 이하에서 부분적인 난탈이 많이 보인다. 문맥에 맞추어 정리한다.

134) 본문의 아(牙)는 아(芽)의 뜻이다.

호마(內護摩)라 부른다. 세간의 불은 물건을 태우고 나면 단지 잿더미를 만들지만 지금은 그렇지 않아서 온갖 번뇌를 태우고 나면 겁을 태우는 불과 같아서 남는 것이 없다. 여기에서 [번뇌를] 태우는 것이 바로 지혜이다. 앞에서 설한 것135)처럼 라(囉, 𑖨)자를 관하라. 주변에 불바퀴를 빙 두르고 이것을 관상하여 그 몸에 두루하게 하라. 그 몸에는 또한 칼과 그물을 지니게 하라. 이 라자문으로써 모든 업을 끝나게 하고 모든 장애를 깨끗이 없앨 수 있다. 업장을 깨끗이 하고 나면 희고 맑은 종자가 생기게 된다. 이러한 까닭에 다음에 보리의 마음을 관하는데 반드시 알아야 하리니 보리심은 [불지(佛智)의] 종자를 생하게 할 수 있다. 이와 같이 관할 때에 바(嚩)자를 온 몸의 각 부분에 두루하게 하고 그 털구멍에서 흰색의 감로를 유출하여 시방에 두루하게 하고 이로써 모든 중생들의 몸에 뿌린다고 관상해야 한다. 이러한 인(因)으로써 종자로 하여금 점차로 자라나게 해야 하니, 그러므로 내호마라 이름하는 것이다.

다음에 외호마를 해석하면 거기에 세 가지 종류가 있다. 첫째는 본존이고 둘째는 진언이며 셋째는 인(印)이다. 첫째 본존이라 하는 것은 [본존은 공양하기 위해서 이를 둔다. 소종(所宗)의 문(門)136)에 따라 이를 두는데, 혹은 불 가운데에 이 [본존]만다라의 위(位)가 있을 수 있다. 다시 여쭈어라.]137) 둘째 진언이란 [화로로서 불을 두는 곳이다. 이것138)은 바로 진언으로 불 속에 있다.] 셋째 인(印)이란 무엇인가? [인이란 바로 아사리가 앉는 곳으로 자기 몸139)이 바로 이 인이다.] 외호마를 지을 때에는 이 삼위(三位)140)로 하여금 바르게 상당(相當)141)하도록 해야 한

---

135) 『대일경소』 제12권(대정장 39, 703 상)을 가리킨다.
136) 장작은 삼업이고 불은 능각(能覺)의 지혜이다. 그 능각의 지화(智火)로 관하는데 그 가운데에 본존을 안치하는 것이다.
137) 본존만다라에서 행해야 할 사업 등에 대해 다시 묻겠다는 뜻이다.
138) 이 화로는 바로 자신의 입이다.
139) 내 몸으로 행하는 손을 들고 발을 움직이는 것이 모두 인이라는 뜻이다.
140) 행자자신(行者自身)과 화로[爐]와 본존(本尊)을 말한다. 이것은 곧 만다라이다. 본존은 수행자가 좋아하는 존주(尊主)이다. 이 삼위는 바로 정삼업(淨三業)의 의미이다. 신(身) 즉 행자의 좌처(座處)는 신밀에 해당한다. 화로 즉 만다라는 진언으로 구밀에 해당

다. 근본의 삼위라 하는 것은 이른바 몸과 화로와 본존의 삼위이다. 각각에 삼위의 본존·진언·인이 있다.

삼업도(三業道)에서 도(道)란 모임[會]의 뜻이다. 말하자면 이치와 같으며, 같기 때문에 모인다[會]. 너희들이 행하는 이 보살도란 바로 이 삼도(三道)와 동등하며 하나로 돌아간다. 이 셋은 또한 삼업을 청정하게 하는 뜻이며, 삼업을 청정하게 해서 세 가지 일을 성취한다[이른바 식재 등이다]. 본존은 의업(意業)이며 진언은 구업(口業)이고 스승의 몸의 인(印)은 신업(身業)이다. 이러한 인연으로 말미암아 삼업을 밝히고 세 가지 일을 성취하니 이른바 식재·증익·항복이다.

또한 세 가지 일에서 자(字)를 관하는 것이 각기 다르다. 만일 식재를 지으려면 라(囉)자를 관하고, 위에 점을 찍으며 흰색으로 만들어라. 증익에는 람(覽)자를 관상하고 황색이다. 항복에는 암(暗)자를 관상하는데 혹은 흑색이나 적색이다. 자(字)와 같이 본존과 자신의 색도 역시 이와 같으며 세 가지 일이 상응하면 바로 성취한다. 그 가운데 다시 상·중·하의 차별이 있으니, 이른바 식재를 상으로 하고 증익을 중으로 하며 항복을 하로 한다. 이와 같이 짓는 것을 외호마라 한다. 이 내외의 호마가 모두 수승하다고 찬탄됨을 알아야 한다. 만일 이것과 상응하지 않으면 힘쓰기만 할 뿐 이익이 없다. 반드시 외호마를 지으면서 내호마 가운데로 이끌어들여라. 그러나 내·외의 이치는 본래부터 아무 차별이 없다. 세간의 성취를 구하는 자를 위하여서 이렇게 분별을 지어서 외호마를 짓게 하였을 뿐이다.

"만일 이것과 다르게 행하는 자"[142)]라고 하는 것은 설하는 방궤(方軌)에 의하지 않는 자이다. 이 사람은 알고 이해하는 바가 없으므로 그 공력은

한다. 본존은 행자의 의밀에 해당한다.

141) 자신과 화로와 본존, 즉 신·구·의 삼밀을 의미한다. 이 문장 바로 다음에 난탈이 있다. 문맥에 맞추어 바로잡는다.

142) 이하에서 『경』의 "만약 이것과 달리 행하는 자는 호마의 업(業)을 이해할 수 없으리라. 그는 어리석어서 과를 얻지 못하며 진언의 지(智)를 버리는 것이다"고 하는 문장을 해석한다.

헛되게 되어 과보가 없다는 것을 알아야 한다. 진언의 지혜를 여의었기에 이미 무명의 마음에 따라 망녕되이 이를 지을지라도 끝끝내 세간과 출세간의 실지의 과를 얻지 못하므로 "과를 얻지 못한다"고 하였다.

11) 색과 형상의 종류

다음에 색(色)과 형상의 종류[143]에 대해 답한다. 그런데 대략 삼부(三部)가 있다. 비로자나는 불부(佛部)이니, 즉 이는 여래법계의 몸으로서 흰색이다. 다음에 관세음은 아미타불이니 그 몸은 황색이다. 다음에 금강장(金剛藏)은 바로 석가모니이며 그 몸은 적황색(赤黃色)이다[즉 잡색(雜色)이다].

"부처님께서 설하신 모든 진언과 모든 부처님께서 설하신 바"라고 하는 [이 문장에서] 먼저 "부처님"이라고 말한 것은 불여래부(佛如來部) 가운데의 모든 진언을 거론한 것이다. 부(部)는 이른바 부처님으로부터 생한 것이지만 나아가 모든 신들에게 부처님께서 허가하신 [진언 등]이 모두 불부(佛部)이다. 다음에 "모든 부처님"이라 말한 것은 바로 모든 부처니께서 설하신 바로서 보살 이하에는 통하지 않는다. 이 두 종류에 모두 두 가지의 색을 갖추니 백색과 황색이다. 모든 부의 아래에 "모든 부처님께서 설하신 진언"이라 말하는 것은 비로자나께서 설하신 것을 말한다. 차례대로 잘 알아야 한다.

"금강수는 다양한 색깔[雜類]이며 관자재의 모든 진언은 백색으로써 사업에 따라 변천한다."[144]

143) 이것은 삼부의 색깔과 형상을 밝히는 것으로서 본경의 "여래부(如來部)의 진언과 모든 정각(正覺)의 말씀을 마땅히 알아야 하니 백색과 황색이다"의 문장에 해당된다. 여기에서 정각(正覺)이라 한 것은 보살을 의미한다. 대일존은 불부, 곧 여래의 법계신으로 그 색은 백색이며, 관세음보살은 연화부로 황색이고, 금강수는 금강부로 그 색은 잡색이다. 또한 불부는 식재(息災)의 용(用)으로 그 색은 백색이고, 연화부는 증익의 용으로 그 색은 황색이며, 금강부는 항복의 용으로 그 색은 잡색 또는 흑색이다.

여기에서 [백색이라 한 것은] 백색과 황색이 화합하는 색깔이라는 것을 알아야 한다. 말하자면 아주 노랗거나 아주 흰색이 아닌 것이다. 다양한 색깔[雜色]이란 다섯 가지 색을 갖춘 것으로 [식재 · 증익 · 항복 등의] 일에 따라 분별하여 이를 사용한다. 불부는 한결같이 식재용이며, 백색은 사업에 따라 나눈다. 관음은 순백이나 그 부 가운데에서 곧 사업에 따라 바뀐다. 그 색은 백색이어야 한다. 연화부는 한결같이 증익용이며, 그 색은 황색이다. 금강부는 한결같이 항복용이며 그 색은 다양한 색이다. 또한 하나의 부에 따라 저마다 삼사(三事)의 분별이 있다. 마치 불부 가운데에 식재 · 증익 · 항복이 있는 것과 같다. 만일 식재법을 행하려면 곧 본법에 따라 백색으로 만들어라. 불부 가운데에 증익법을 지으려할 때에는 단지 이 법에 의거하여 황색으로 만들어라. 만일 불부 가운데에서 항복법을 지으려면 단지 이 법에 의거하여 돌려서 다양한 색으로 만드는 것이 이것이다. 불부처럼 연화부와 금강부도 비슷하다고 알아야 하며, [이상에 열거한 내용을] 이해할 수 있을 것이다.

"백색은 사업에 따라 나눈다"[145]고 하는 것은 색의 종류에 따라 그 사업을 나누는 것이다. "관자재의 모든 진언"이란 이 가운데 모든 소리는 바로 연화부를 들어서 이로써 불부 및 금강부를 예로 들은 것이다.

12) 만다라의 형상

다음에 만다라의 형상[146]에 대해 설명하겠다. 헤아려보니 식재는 앞에

---

144) 『경』에는 "금강은 온갖 색을 갖추고 관자재의 진언은 순소(純素)로써 사업에 따라 변천한다"로 되어 있다. 『경』에서 순소라 함은 청백(淸白)의 뜻이다. 이것은 연화부중의 식재법의 표시이다.

145) 『경』에는 "순소(純素)로써 사업에 따라 변천한다"로 되어 있다.

146) 이하에서 『경』의 "사방상중보(四方相重普)와 윤원(輪圓)으로 되는 것은 차제와 같다. 삼우(三隅)와 반월륜(半月輪)의 형상을 설하는 것도 마찬가지이다."고 하는 문장을 해

있는 것이 맞지만 지금은 소리의 편리와 일의 편리에 따라 증익을 앞에 둔다. 모든 증익의 사만다라(事漫茶羅)는 네모지며 황색이다. 식재단은 둥글고 중앙이 백색이다. 항복단은 삼각형이고 중앙이 흑색이고, 섭소단(攝召壇)은 반달모양이며 중앙이 다양한 색이다. 섭소(攝召)란 다양한 물건을 취하고자 부르는 것 등이다.

경에, "사방보(四方普)"라 하는 것은 하나를 들어서[147] 모든 것을 예(例)[로써 알게] 한 것이다. 중단이 사각형인 것과 같이 사각형이면 모두 다 사각형이고, 원형이면 모두 이와 같은 차제이다. 삼각형 등도 역시 그렇다. 나아가 외원(外院)이 모두 사각형이다. 만일 중앙이 원형이면 밖에 이르기까지 차례대로 모두 원형이다. 호마로를 만드는 것도 역시 이와 같다. 만일 단이 네모지다면 화단(火壇)도 역시 사각형이며, 나머지도 모두 예로써 알 수 있을 것이다.

다음에 모든 형상을 설명하겠다.[148] 상모(相貌)로써 바른 뜻을 삼는데 또한 색상이라고 할 수 있다. 게송에 "색상(色像)을 처음에 알아야 한다"고 하였다. "처음"이란 내가 지금 설명하는 것이고, "색의 종류"라고 하는 것은 모든 존의 색의 종류가 갖가지로 같지 않은 것이다. 이를 크게 말하면 대략 두 종류가 있으니 이른바 남(男)과 여(女)이다. 남자는 지혜이므로 머리로 삼고 여자는 삼매이므로 그 다음으로 한다. "혹은 모든 장소에서 형상

석한다. 사방상중보(四方相重普)란 식재, 증익, 항복 등의 작법을 할 때 단의 중앙에는 사각형, 원(圓), 삼각(三角)의 구별이 있는데 이들은 모두 사방단(四方壇) 위에 만들어진 것이다. 먼저 사각형의 방단은 각 작법에 통용되기 때문에 보(普)라고 한다. 또한 증익법의 경우에는 사방단의 중앙에 방단을 만들기 때문에 상중(相重)이라고 한다. 식재법의 단, 즉 만다라는 방단의 중앙에 원을 그리고 그 가운데를 황색으로 한다. 항복법의 단은 방단의 중앙에 삼각을 그리고 그 내부를 흑색 또는 잡색으로 한다. 섭소법(攝召法)의 단은 방단의 중앙에 반월형의 단을 그리고 그 내부를 잡색으로 한다. 그리고 윤원은 식재단(息災壇)이다. 삼우란 삼각단(三角壇)으로서 항복용이다. 반월륜은 섭소법(攝召法) 또는 경애법(敬愛法)에 사용하는 단이다. 호마의 화로는 법사(法事)에 따라 그 모양을 다르게 한다.

147) 방단(方壇)의 하나를 들어서 다른 원·삼각의 두 단을 예로써 알게한 것이다.

148) 『경』에 "먼저 색상(色像)을 알아야 한다"라고 하는 구절에 대한 해석이다. 여기에서 색상과 분노·적정 등의 모습을 밝힌다.

과 색깔에 따라"라고 하는 것은 혹은 한 곳에 따르는 색깔과 형상이 있으니, 이른바 사물에 응하여 형상을 나타내는 것은 정해져 있지 않으므로 부사의하다고 한다. 이와 같이 [대일]경이거나 또한 다른 경[149]에서 존형(尊形)[150]은 각각 같지 않다. 그렇지만 종류로써 이를 정리하면, 백색으로 만든다고 말할 때에는 바로 식재용이고, 황색은 증익이니 그밖에는 이해할 수 있을 것이다. 그 남·녀의 다름이나 색깔과 모양을 보면 곧 사용되는 곳을 알 수 있다.

"부사의(不思議)의 지(智)에서 생한다"고 하는 것은 본존과 같이 백색으로 만들어 합한다. 그런데 모름지기 증익의 사업을 지으려 할 때에 수행자의 마음에 따라 황색을 관하여 지으면 즉 증익의 용(用)이 있게 되니, 마음에 따라 굴린다. 새로 짓는 사업은 모두 실다워서 헛되지 않으니, 부사의계지(不思議界智)에 말미암아 얻는 것이기 때문에 그러하다. 지금 법계의 색[151]이라 하는 것은 하나의 색 가운데 모든 색이 있고, 능관(能觀)의 지(智)도 역시 경계와 상응하기 때문에 이와 같이 자재롭게 사용할 수 있다. 무지(無智)를 세거하기 위하여 갖가지의 지(智)가 생하니 한량 없이 많은 지(智)를 알지라도 그것은 실제로 하나의 지(智)이다. 앞에서 지(智)라고 한 것은 일체지(一切智)이며, 하나의 지로써 일체지를 나타낸다.

앞에서[152] 본존의 모습과 크기의 크고 작음을 여쭈었다. 지금 다음으로 이것에 대해 답변하겠다. 그런데 부처님께서 보문으로 시현하시는 것은 모두 중생들의 근기에 응하여 나아가기 위해서이다. 근기에는 이미 만가지 차별이 있으니, [근기에] 응하여 [변화신을] 나타내는 것도 역시 크고 작음이 정해져 있지 않다는 것을 알아야 한다.[153] 지(智)에 깊고 얕음이 있음

149) 다른 경이란 『금강정경』·『소실지경』 등이다.

150) 중생들의 종류에 따라 응현하는 존형이 갖가지로 같지 않다는 뜻이다.

151) 소관(所觀)의 세계이다. 능관(能觀)과 소관(所觀)의 경지(境智)가 상응하여 불이(不二)임을 말한다.

152) 『경』에서 "좌(座)와 인(印)도 마찬가지이며 그것은 모든 천신까지 포함된다"고 한 것을 해석한다.

으로 말미암아 헤아림에 크고 작음이 있기 때문에 보여지는 몸[154]도 각각 다르다. 이러한 까닭에 관찰하는 대상이 되는 본존도 수행자의 마음이 크고 작음에 따르며 정해진 크기가 없다는 것을 알아라[반드시 『밀적경(密迹經)』의 삼밀의 사업을 밝혀야 한다]. 증지(證智)라고 말하는 것은 바로 부처님께서 다함 없는 지혜로써 다함 없는 경계를 증득하시니, 함[函]이 크면 덮개도 큰 것과 같다. 낱낱 본존의 형상을 논하자면 크기가 법계와 동등하지 않음이 없고, 가장자리 및 시작과 끝이 없다.

13) 본존의 자리와 인계

앞에서 본존의 형상과 크기를 묻는 가운데 겸하여 자리와 인계를 물었는데 지금 대답하겠다. 몸에 이미 정해진 크기가 없으니 자리와 인계도 역시 이와 같음을 알아야 한다. 나아가 마음으로 확대하면 자리도 역시 그 크기와 같아지며 인계도 역시 그러하여 그 차제와 같이 그 크고 작음에 따른다.[155] 본존으로 하여금 자리와 서로 부합되게 하라. 또한 차제는 부처님에서부터 천(天)에 이르기까지 역시 그러하다.

다음에 이 인(印)은 무엇으로부터 생기는가에 대해 대답하겠다.

부처님께서는 부처가 생겨나는 것처럼 인(印)도 역시 이와 같이 그로부터 생한다고 말씀하셨다. 왜냐하면 일체여래는 모두 불성의 종자보리심으로부터 생하기 때문이다. 모든 인도 역시 보리심으로부터 일으킨다는 것을 알아야 한다.[156]

다음에 이 인에 대해 대답하겠다. [인이] 어떠한 작용을 짓는가 하면 인

153) 이하에 난탈이 있어 바로잡는다.
154) 부처님의 신체는 평등하여서 양으로 한정할 수 없으니, 크고 작다는 것은 근기에 따라 보는 것이 다르다는 것이다.
155) 이하에 난탈이 있어 바로잡는다.
156) 여기에도 역시 난탈이 있다.

은 법계로부터 생하여 제자를 인(印)한다. 예컨대 왕의 인으로써 인(印)하면 모두가 믿는 것과 같다. 지금 일체법계생(一切法界生)의 인으로써 이를 인하는 것은 바로 법인(法印)이니, 바로 대인상(大人相)의 인이다. 이 법계인으로써 제자를 인한다. 인은 바로 어길 수 없다는 뜻이다. 자신과 남이 모두 거역할 수 없기 때문에 처음의 보리심으로부터 이에 구극의 불혜(佛慧)에 이르기까지 이 중간에 물러서지 않으며 [방향을] 돌리지 않는다. 이러한 까닭에 세간에서 이러한 사람을 보리살타라 부른다. 이 인으로 말미암아 보리심에 머물고 다시 퇴전하지 않으므로 불위월(不違越)이라 부른다. 이 인은 바로 생사의 문을 인(印)하여 법계의 길을 연다. 간략하게 이를 말하면 이 인은 크기가 법계와 같다. 이 법계의 인으로써 이를 인하니 곧 그 사람으로 하여금 법계의 표치를 지니게 하고 법계의 보문신과 같게 하므로 제자를 인한다고 부른다. 법계인으로써 간략하게 하는 것은 이른바 하나의 법[157]으로써 이를 인하는 것이다. 만일 자세하게 하면 헤아릴 수 없으니 이것은 바로 대인(大人)의 표치상이다.

14) 관정의 종류와 의미

앞에서 관정에 어떠한 종류가 있는가를 물었는데, 지금 차례대로 대답하겠다.

"불자여, 잘 들어라"고 하는 것은 산스크리트본의 정확한 말에 준하면 반드시 갖추어서 은근하게 잘 들어야 한다는 것이다. 어찌하여 앞의 모든 물음에서는 잘 들으라고 말하지 않고 여기에서만 말하는가? 다른 법은 만일 잘 듣지 않고 잊는다 할지라도 그 허물이 오히려 적지만, 관정이 이루어지지 않는다면 곧 진언과 인계 등을 들을 수가 없으며, 이 날에 행할 수 없으

---

157) 유일(唯一) 법계이다.

면 그 허물은 매우 크기 때문에 은근하게 이를 경계한 것이다. 비유하면 세간의 찰제리[刹利][158]종에서 그 후사를 이어서 왕의 종자를 끊어지지 않게 하고자 그 대 이을 아들을 위하여 관정을 행하는 것과 같다. 사대해의 물을 가져다 네 보병에 가득 채우고 갖가지로 장엄하게 장식하며, 또한 아들의 몸을 장식하여 온갖 물건을 다 준비하게 한다. 또 큰 코끼리도 장식하는데 코끼리 등 위에 병을 놓고 태자가 단의 중앙에 앉게 하며 혈통이 같은 사람들이 모두 모여서 코끼리의 어금니 위로부터 물을 태자의 정수리에 흘려 붓게 한다. 이 물을 흘리고 나서 큰 소리로 세 번 부른다.

'여러분들은 반드시 알아야 하오. 태자는 이미 위(位)를 받으셨소. 지금부터 이후에 교칙을 모두 받들어 행해야 하오.'

지금 여래의 법왕도 역시 이와 같다. 부처의 종자를 끊어지지 않게 하고자 감로의 법수로써 불자의 정수리에 뿌리어, 불종을 영원히 끊어지지 않게 한다. 세간의 법에 수순하기 위하여 이러한 방편으로 인을 지니는 법이 있으니 이로부터 이후에 모든 청중에게 다 공경받는다. 또한 이러한 사람은 필경에는 무상보리에서 물러나지 않고 반드시 법왕의 위를 이어야 함을 알아 온갖 짓는 바 진언 · 신인(身印) · 유가 등의 업에서 모두 감히 거스르지 않는다.

그런데 관정에 세 종류[159]가 있다[첫째는 단지 수인(手印)으로써 행한다. 둘째는 [칠일작단의] 법사(法事)를 제대로 갖춘다. 셋째는 [유가]삼매에 머물러 관정하는 것이다].

첫째에는 다만 인법(印法)으로써 이를 지어서 모든 작업을 떠나니, 이것은 바로 입비밀만다라(入秘密漫荼羅)이다. 정성스러운 마음으로 은근하게 깊이 진언행을 애락하고 대승을 한결같이 구하는 제자가 있으나, 능력이 부족한데 하나하나 갖추어 온갖 일을 구하게 하면 도리어 도에 장애가 있게 된다. 이와 같은 사람에게는 스승이 깊은 자심을 일으켜 그의 마음작용을 관찰하고 그를 이끌어들여야 한다. 그러나 단지 이 사람만을 위해서

158) 인도 사성계급 중에서 귀족계급인 Kṣatriya이다.
159) 이 이하에 난탈이 있으나 내용에 맞추어 읽는다.

지어서는 안된다. 왜냐하면 그 능력이 충분한 자는 태만한 마음을 내어서 마음에 힘쓰지 않아 온갖 덕의 근본을 손상할까 걱정스럽기 때문이다. 그 때에는 능력에 따라 조금이라도 공양을 갖추고 삼보를 공양하게 하라.

"이 제1의 최승"[160]이라고 하는 것은 이른바 본존의 몸과 말과 뜻의 셋을 합하여 하나로 하고, 셋이 모두 청정하기에 이 인으로써 이것을 인하니, 이것이 최승이다. 스승이 비밀리에 그 진언과 수인을 수여하는 종류이다.

둘째 "사업을 지음으로써 관정한다"[161]고 하는 것은 바로 스승과 제자가 모두 먼저 사업을 짓는데, 제자로 하여금 칠일 이후에 정성스러운 마음으로 예배하고 참회하게 하는 종류를 말한다. 스승도 역시 칠일 이후에 그를 위하여 지송하고 비밀스럽게 감응을 구하며, 모든 공양물과 향·꽃을 갖추게 하며, 연단(緣壇)에서 필요한 낱낱의 것을 짓게 한다. 그러나 이 관정은 앞의 것과 다르지 않다. 재력이 있으면 그가 갖고 있는 재물을 다 써서 모든 부처님의 바다와 같은 모임에 다함 없는 공양을 하게 하라. 이 인연으로 말미암아 복시(福施)의 과(果)가 다함이 없을 것이다. 그러므로 반드시 그를 권하여 갖추어 짓게 해야 한다.

셋째는 "단지 마음으로 관정을 짓는 것이다."[162] 이와 같은 관정에는 시(時)를 택하지 않으며 동쪽을 향하여 위(位)를 설치하거나 남쪽을 향하는 등의 방향도 택하지 않는다.[163] 스승과 제자가 함께 유가를 행하여 마음으로 관정한다. 마치 마정수기(摩頂受記)[164]와 같다. 그 관정의 법은 유가의 아사리가 먼저 청정한 방에 들어가 삼매에 머물고, 앞에서 설명한 것[165]처럼 몸의 네 부분으로 사중만다라의 위를 건립하며, 또한 비로자나

---

160) 『경』에는 "이것을 최초의 뛰어난 법이라고 이름하나니"로 되어 있다.
161) 『경』에는 "이른바 두 번째의 것은 온갖 사업을 일으키게 하는 것이다"로 되어 있다.
162) 『경』에는 "세 번째는 마음으로 수여하는 것으로 모든 시(時)와 방(方)을 여의었다"로 되어 있다.
163) 이 이하에 난탈이 있어 바로잡는다.
164) 부처님이 수기(授記)를 위해 제자의 정수리를 어루만지는 것.
165) 『소』 제14권에서 머리·심장 이상·배꼽 이상·배꼽 이하의 네 곳에 사중만다라를 관상하도록 설한 부분을 가리킨다.

여래께서 나타내신 방위와 같게 하여 하나하나 다름이 없게 한다. 이와 같이 행하고 나서 비밀가지로써 그 제자로 하여금 먼저 바깥에 있으면서 명령을 기다리게 하면 자연히 금강수의 위신가지로써 그를 이끌어 들어오게 할 수 있다. 그리고 자연스럽게 결인 등을 푸는 것은 낱낱의 법과 같다. 이미 방에 들어왔으면 금강수에 가지되었기에 현재에 만다라 모든 존의 위(位)가 완연하여서 현전하심을 보고 낱낱의 본존의 존형과 인·자 등도 역시 모두 명료하다.

이때에 수행자는 다시 가지력으로써 손 가운데에 자연스럽게 묘화를 수여받게 되니 이 [꽃]으로 대중[166]을 공양한다. [묘화가] 떨어지는 곳의 본존에 따라 그 존이 곧 일어나 묘한 음성으로써 이를 안위하며 섭수하실 것이다. 이때에 본존께서 하나하나의 큰 모임의 모든 존이 계신 곳의 감로삼매의 물을 가져다가 그 제자를 위하여 현전하시어 관정하신다. 이때에 아사리는 단지 한 곳에 앉아서 삼매에 들어가 고요히 움직이지 않으면서 이와 같은 뛰어난 사업을 성취한다.

"본존으로 하여금 환희하시어 상응하시게 한다."[167]

이른바 본존을 공경하여 섬기면 본존께서 환희하시어 수행자에게 현전하시며 관정을 행하시니, 편수(遍數) 및 행을 갖추어 행하였기 때문이다. 이 제자가 이미 진언행을 닦았으므로 비밀장 가운데 들어갈 만하니, 스승의 마음을 기쁘게 한다. 이것도 가장 뛰어난 일이다. 또한 마음을 다하여 그 스승을 공경하고 섬기니 갖가지 좋은 일에서 거역함이 없고, 이러한 인연으로써 본존을 환희하게 하기에 [제자를] 위하여서 심상관정(心想灌頂)을 지어서, 공경하여 섬기며 염송하며 본존이 환희하고 현전하여서 법을 설하시게 한다. 앞에서 설명한 것처럼 이것을 지어야 한다. 앞에 준하여 이를 예시하면, 제자가 스승을 섬기어 환희하게 하고 나면 스승은 [제자를]

166) 만다라의 대중을 가리킨다.

167) 『경』에는 "본존이 환희하도록 하기 위해서 말씀하신 것처럼 행해야 한다"로 되어 있다.

위하여 관정을 교수하는 것과 같다.

15) 삼매야의 종류

다음에 "삼매야에 어떤 종류가 있는가?"[168]에 대하여 답한다. 지금 세존의 답에 간략하게 다섯 종류가 있다. 삼매야란 어떤 사람이 국왕·대신 등이 모인 중요한 모임의 장소에서 스스로 말을 하여 대단히 중요한 맹세를 하며, '나는 지금 이와 같은 일은 영원히 짓지 않겠다. 이와 같은 일은 반드시 이것에 의거하여 행해야 한다'고 말하는 것처럼, 스스로 믿을 수 있는 사람에 대하여 정성스러운 말을 하는 것이다. 만일 어기는 일이 있으면 곧 무거운 죄를 받는다. 이러한 까닭에 삼매야란 바로 거스를 수 없다는 뜻이다. 간략하게 말하면 이것은 바로 계(戒)의 뜻이다. 이 가운데 다섯 가지란 무엇인가?

제1[169]은 단지 멀리서 만다라를 바라보게 하는 것이니. 밀하자면 만다라를 건립할 때에 구족한 만다라를 본다고 말하는 것과 같다. 많은 사람이 있어서 좋은 마음으로써 수희하며 예배·공양하기를 바라면, 이때에 아사리는 [그들을] 받아들여서 이끌어들이고, 단 바깥에서 멀리 예배하게 하며 꽃·향 등으로 멀리서 도량에 뿌리고 공양하게 한다. 이와 같은 법회를 보게 하면 [그들이 지닌] 한량 없이 많은 죄업이 모두 사라지게 된다.

---

168) 『경』의 "정등각께서는 간략하게 다섯종류의 삼매야를 설하셨다"고 하는 문장에 대한 해석이다. 여기에서 삼매야는 계(戒)를 의미하며, 다섯 가지가 있다. 첫 번째는 멀리서 만다라를 본다. 두 번째는 만다라의 좌위(座位)를 본다(結緣). 세 번째는 인진언(印眞言)을 받는다(受明). 네 번째는 사위(師位)를 받는다(傳法). 다섯 번째는 비밀삼매야(秘密三昧耶)(秘密 또는 瑜伽)를 의미한다.

169) 제1로 요견만다라(遙見曼荼羅)이다. 밀교의례 집전시 아득히 먼 곳으로부터 만다라를 보기도 하고, 성명(聲明)이라고 하는 밀교음악을 들으며, 신심을 견고하게 하는 단계이다. 『경』에는 "처음은 만다라의 구족함을 보는 삼매야(三昧耶)이지만 아직 진실어(眞實語)를 전하지 못하며 그 밀인도 수여하지 못한다"고 설하고 있다.

그러나 아직 [제자에게] 그 진언과 인을 수여하기에 합당한 것은 아니니, 이것이 제1이다.

제2[170]는 만다라의 좌위(坐位)를 본다. 말하자면 그 [제자]를 이끌어 단 가운데 들어가 예배·공양하고 꽃을 던져서 본위(本位)에 뿌리게 하라. 스승은 그 [제자]에게 고하기를, '너의 꽃이 어떤 존의 자리(尊位)의 위에 떨어졌다'고 하며, [제자를] 위하여 본존의 명호를 알려주고 아울러 단문 안으로 들어가 모든 위를 다 보게 한다. 이 것을 제2의 삼매야라고 칭하니, 만일 [그가] 진언과 인을 청하면 그에게 알맞은 것을 수여할 수 있다.

제3[171]은 만다라와 인위(印位)를 보고 아울러 모든 사업을 짓는 것이다. 말하자면 아사리가 처음부터 끝까지 이 사람을 위하여 만다라를 건립하고 나아가 모든 존 및 인 등의 낱낱을 고하여 알려주고, 또 진언과 수인을 수여하며, 낱낱의 행법을 모두 가르친다. 이것이 바로 제3이다.

제4[172]는 이미 진언문을 수행하는 법칙에 의거하여 따른다. 말하자면 하나하나 완전히 이해하고 연단(緣壇)에서 필요한 방편과 온갖 기예를 구체적으로 잘 알아서 스승의 위치를 감당할 만하여, 스승의 마음을 기쁘게 하니 스승이 바로 [제자를] 위하여 전교(傳教)만다라를 건립한다. [스승이] 고하여 이르길, '너는 지금부터 나와 같아서 다를 바가 없다. 만다라를 건립하고 모든 제자를 제도하여 법이 오래 머물게 하며 불종자를 끊어지지 않

170) 제2는 입단(入壇)하여 투화(投華)하는 것이다. 결연관정(結緣灌頂)에서 받는 자는 눈이 가려진 채 장엄한 관정도량에 안내된다. 도량 바닥에 깔린 만다라 위로 꽃을 던지는데[投花得佛] 꽃이 떨어진 장소의 부처 및 보살과 인연이 맺어지며, 그 이후로 그 불보살의 수호를 받는다. 『경』에는 "두 번째의 삼매야는 들어가 성천회(聖天會)를 보는 것이다"고 한다.

171) 제3은 수명관정(授明灌頂)이다. 꽃을 던져 연이 맺어진 부처나 보살 중 어느 한 존(尊)의 인계 또는 진언을 받는 단계로 학법관정(學法灌頂)이라고도 한다. 『경』의 문장은 다음과 같다. "세 번째는 단(壇)과 인(印)을 갖추고 가르침에 따라 묘업(妙業)을 닦는 것이다."

172) 전교관정(傳教灌頂) 또는 전법관정(傳法灌頂)이라 하며, 밀교의 아사리 자격인 비밀의 인계와 진언을 주는 단계이다. 이 단계는 전법 아사리에 의한다. 『경』에서 해당되는 문구는 "다시 다음에 전교(傳教)를 허락하는 삼매야의 구족을 설하리라"이다.

게 하라'고 한다. 이것이 제4이다.

제5[173]는 바로 비밀삼매야(秘密三昧耶)이다.[174] 즉 앞에서 설한 제3의 관정할 때에 들어가서 설한 바의 가르침대로 인·단의 위(位)를 배치하는 것을 모두 보았을지라도 만일 이 단에 들어가지 못하면 비밀한 지혜가 생하지 않는다. 이러한 까닭에 반드시 비밀단 가운데에서 법대로 관정을 행해야 하니, 이것을 제5라 부른다. 지혜로운 자는 만일 이것과 다른 것이라면 삼매야라고 이름하지 않는다는 것을 알아야 한다. 만일 이 다섯 가지 일과 다른 것이라면 삼매야를 잘 지었다고 하지 않는다.

그런데 비밀만다라에 다시 다섯 가지가 있다. 제1은 스승이 있는 곳에서 진언과 인법(印法)을 수여받고 가르침에 의거하여 수행하며 유가와 상응하면 선정 가운데에서 모든 존의 큰 모임을 볼 수 있다. 그러나 아직 [만다라에] 이끌어져 들어간 것은 아니다[이 예는 제1 [멀리서 만다라를 바라보는] 사람과 같다]. 다음에 제2의 사람은 이미 비밀단에 이끌어져 들어가게 되어서 두루 예를 올리고 공양드릴 수 있을지라도 아직 성존께서 현현하시어 관정 등을 베푸심을 입지 못한 것이다. 제3은 이미 대성중의 가운데로 이끌어져서 처음으로 끝에 이르기까지 낱낱의 비밀행에 대해 모두 성자께서 방편으로 말씀하시는 것을 듣는 것으로 제3의 사람과 같다. 제4는 비요(秘要)의 도를 잘 수행함으로서 현재에 모든 존께서 [그를] 위하여 비밀전교의 삼매야를 지어주신다. 즉 여래의 심부름꾼이 되어 여래의 일을 행하게 된다. 제5는 이미 앞의 일을 갖추고, 또 자기의 몸을 보는데 큰 모임 가운데에서 스스로 아사리의 스승이 된다. 이것은 바로 보살지에 든 사람이다.

---

173) 비밀관정(秘密灌頂)은 아무런 형식 없고 작법도 알려지지 않는다. 이심전심으로 주는 관정이다. 비밀리에 스승에서 제자에게로 전하므로 기록이 없다. 『경』에는 다만 다음과 같이 설할 뿐이다. "비록 인계와 단(壇)의 위(位)를 갖추어 가르치는 바대로 할지라도 아직 심관정(心灌頂)에 들어가지 못하면 비밀의 지혜를 생하지 못한다. 이러한 까닭에 진언을 행하는 자는 비밀한 도량 가운데에서 제5의 요서(要誓)를 갖추어 법에 따라 관정해야 한다."

174) 이하에 난탈이 있다.

이 사람은 삼매에 들자마자 곧바로 모든 부처님의 모임을 보며 나아가 십세계의 티끌 수처럼 많은 큰 모임을 모으고, 그 가운데에서 그 존의 자리(尊位)와 동등하다.

16) 삼처를 멀리 떠나라

"뜻을 관찰하려면 선주(善住)여"[175]라고 하는 것은 금강수에게 말씀하신 것이다. "그 마음을 깨달아서 삼처(三處)를 얻지 않으면 진언자는 보살의 이름을 얻는다"고 하는 것은 금강수의 앞의 질문에서 '어떠한 때에 보살의 이름을 얻습니까'라고 하는 것에 대해 지금 답변하신 것이다. "선주(善住)"란 바로 금강수를 가리킨다. 부처님께서 법을 설하신 다음에 이름을 불러서 말씀하신 것이다. 혹은 그 수행하는 사람과 똑같이 자기의 마음을 깨달아 알기 때문에 머무르지 않음으로서 머무르기에 "선주"라 부른다. 이른바 뜻으로써 이름을 얻었다.

만일 뜻을 관하고 마음을 깨닫고자 하는데 삼처(三處)에 머물게 되어 지송할 수 없다면 "관찰한다"고 말하지 않는다. 스승이 계신 곳에 따라 유가의 법을 수여받는데에 대략 세 가지 일이 있다. 마음으로 본존을 관하고 입으로 진언을 송하며 몸에 법인(法印)을 결하고, '너는 반드시 이와 같이 이것을 관해야 한다'고 말한 다음에 [제자가] 이미 법을 받고 나서 들은 대로 수행하여 요요하고 명철하게 하는 것이 마치 거울 속에 얼굴을 보는 것과 같으면 이것을 "관찰한다"고 말한다. 깨달음이란 자기의 마음의 경계에서 진실한 법을 깨달아 아는 것이다. 스스로 깨닫게 되면 삼처에 집착하지 않게 된다. [삼처관] 자신과 관하는 대상의 법과 성취하는 시(時)를 말

---

175) 『경』에는 "선주(善住)여. 만약 의(意)를 관하여 진언자가 심(心)을 깨달으며 삼처(三處)를 얻지 않으면 그를 일컬어 보살이라고 한다"로 되어 있다. 여기서 삼처란 행자자신과 소관(所觀)의 법에 대해 성취할 때에 집착하지 않는다는 뜻이다.

한다. 만일 이 세 가지에 집착하면 마음을 깨달았다고 하지 않으며, 이 세 가지에서 얻는 것이 없음을 보살이라 부른다. 앞에서 보살의 뜻을 설명한 것은 법상(法相)에 의거하여 설하였고, 지금은 뜻으로써 이름을 얻은 것이다. 이미 이와 같은 법과 상응하였으면 본존의 한량 없이 많은 넓고 엄정하며 불가사의한 경계를 얻는다. 수행자가 이때에 바로 얻을 바 없음으로서 방편을 삼아 지혜로써 관찰한다. 이와 같은 법은 안에서 생기는가, 밖에서 오는가, 안팎이 합하여 생기는가? 수행자 자신의 몸과 마음은 바로 내(內)라고 하며, 본존의 경계는 상대하는 경계이니, 이를 이름하여 외(外)라 한다. 이 두 가지를 합하여 연(緣)함을 중간(中間)이라 부른다. 이와 같이 관찰하여 아는 데에 이 법은 갖가지의 부사의한 경계이다. 안에서 나온 것이 아니고 밖에서 온 것도 아니며, 또한 안팎이 화합한 중간에 있는 것도 아니다. 본래부터 청정하여 필경 얻는 바가 없으며 생기는 것도 없다는 것을 알아야 한다[밖은 경(境)이고 안은 마음이다. 이 몸과 마음으로써 관조하는 것을 중간이라고 한다]. 이 세 가지가 모두 사라지면 곧 본래부터 청정하여서 한 가지 상으로 평등하다. 왜냐하면 수행자의 내심과 외경 및 심연(心緣)이 화합함으로써 바르게 관찰할 때에 이 세 가지가 화합하면 곧 부사의관의 경계가 현전하며, 세 가지가 화합하여 연으로부터 일어나므로 곧 생도 없고 성품도 없으며 얻을 수도 없기 때문이다. 또 다음에 수행자가 몸으로 비인(秘印)을 결하고, 입으로 진언을 송하며, 마음으로 본존의 경계를 관하는 데에 세 가지가 필경 생겨남이 없으므로 이것은 바로 삼륜청정이며, 한 가지 상으로 평등하다. 수행자가 삼집(三執)[176]을 떠나고 삼륜(三輪)[177]을 정화하며 사상(四相)을 여읨으로 말미암아 이것을 가지런하게 자른 이래로 곧 보살이라는 이름을 얻는다[사상(四相)이란 아상(我相)·인상(人相)·중생상(衆生相)·수자상(壽者相)이다. 『금강경』에서 분별한 것과 같다].[178]

176) 앞에서 언급한 삼처(三處)에 대한 집착이다.
177) 신·구·의 삼밀을 가리킨다.
178) 이 이하에 난탈이 있어 바로잡는다.

"무연관행(無緣觀行)의 지혜로운 자"179)라고 하는 것은 무엇인가? 무연관(無緣觀)이란 바로 중도(中道)로서 부사의관이다. 그런데 수행자가 이와 같은 생함도 없고 성품도 없는 관을 지을 때에 마음에 얻는 바가 없어서 안팎의 상에 집착하지 않으니, 이것은 바로 모든 법이 구경에 모두 공하여서 도무지 얻을 수가 없다는 뜻이다. 그렇지만 곧 발심한 이래로 갖가지의 복업을 수행하고 중생을 이롭게 하고자 닦은 만행은 어찌 이 필경공 가운데에서 단멸에 떨어지지 않는가? 수행자에게 방편의 힘이 있기 때문에 이와 같은 과실에 떨어지지 않는다. 왜냐하면 수행자가 처음에 관할 때에 갖가지 유상(有相)의 경계와 같이 이것은 바로 연을 따라 일어나는 법이다. 연을 따라 일어나기 때문에 스스로 생기는 것이 아니고 다른 것으로부터 생기는 것도 아니며, 함께하는 것도 아니며, 원인이 없는 것도 아니다. 이러한 까닭에 언제나 생함이 없다. 만일 생함이 없다고 하면 이 인연의 법은 연에 즉하여 법성과 동등하고 담연청정하여서 일체부사의한 성기(性起)180)의 공덕을 구족한다. 연(緣)의 기틀에 따라 일어나는 것은 마

---

179) 『경』에는 "또한 무연(無緣)의 관행(觀行)을 얻어 방편으로 중생을 이롭게 하리라"로 되어 있다.

180) 화엄종의 연기설로 상대와 절대를 초월한 궁극적인 법의 존재방식. 성기란 진성현기(眞性現起)를 말하며 법계연기의 근본적인 표현이다. 중국의 혜원은 『대승의장』이라는 저서에서 '성'의 자의(字義)에 대하여 설명하면서, '성'이란 불성·여래성·여래장성 등의 의미로 불교에서 중생의 성불 가능성을 나타내는 말로 중요한 개념이라 하였다. 그는 성을 해석하여 네 가지 뜻을 들었는데 종자인본의(種子因本義)·체의(體義)·불개의(不改義)·성별의(性別義)가 그것이다. 이것은 화엄학의 성의 원류가 되었다. 특히 이 가운데 체의란 법신·불성을 말하며 모든 법의 자체이다. 또한 불개의란 인(因)의 체를 바꿀 수 없고 과(果)의 체도 바꿀 수 없으며, 인과 자체를 바꿀 수 없어서 모든 법의 진실한 체는 바꿀 수 없다고 하는 것이다. 혜원의 성은 진성(眞性)으로 이해되는데 진성이란 여래장성이다. 혜원에게는 연기하는 모든 법이 무자성공이지만 진성을 설하여 진성연기라 하는 것은, 공의 입장에서 법을 논한다면 법으로서 공 아닌 것이 없고, 성의 입장에서 법을 관찰한다면 법으로서 성이 아닌 것이 없다고 하여 결국 법의 근거를 성의 입장에서 파악하고 있다. 지엄은 이와 같은 교학을 배경으로 하여 독자적인 사상체계를 세웠다. 그는 『수현기』에서 법계연기로서의 성기를 밝히고 있다. 연기의 모든 법을 관찰해보면 그 하나는 무자성으로서 기가 즉 불기라고 하는 것은 본래 불기의 과성의 입장에서 하는 이야기이다. 연기하고 있는 단순한 기를 성기라고는 하지 않는다. 모든 법을 무자성으로 파악하여 기이면서 불기라고 하는 것이 성기의 입

치 거울 속에 비친 형상이나 물 속에 비친 달과 같다. 유(有)이면서 유가 아니고, 유가 아니면서 일어나니, 연으로부터 생할지라도 두 극단에 떨어지지 않는다. 이러한 까닭에 필경공이라 할지라도 갖가지의 공덕을 성취하고, 두루 모든 중생들을 이롭게 하며 대비로써 사물을 변화시켜 [이승(二乘)의] 실제(實際)에 떨어지지 않으므로 『경』에서는 **"방편으로써 중생을 위하여 보리의 씨앗을 뿌린다"**[181]고 하였다. 이미 성불하여 무연(無緣)의 깨달음에 동등하게 되면 본래 고요한 법 가운데에서 방편을 일으켜 다른 이를 이롭게 할 수 있다. **"방편으로 중생을 이롭게 한다"**고 함은 어떤 방편으로써 하는가? 만일 본래 고요함에 머무르면 본서(本誓)에 위배되기 때문에 방편으로써 중생을 위하여 보리를 심는다. 이러한 인(因)은 이익의 다른 이름으로, 사람들을 제도하기 위하여 무연(無緣)을 돌려서 유연(有緣)으로 만든다는 뜻이다. 부처님께서는 이미 모든 집착을 여의시었지만, 사람들을 제도하시기 위하여 이 어린 싹의 씨앗을 뿌리신다. 이 분은 인자(仁者)이시며, 바로 이것이 성보리(成菩提)로서 부처님의 뜻과 같으니 이것을 증험하여 합한다. 인자(仁者)라고 함이란 무엇인가? 부처님을 '중생[의 경지]를 초월함'이라 이름하는데 이른바 초월한 사람이다. 인자는 바로 근(根)을 고요히 하고 뛰어남[勝]을 얻은 분이다.

17) 스스로 증득하는 이치

앞의 물음에서 '무엇을 견제(見諦)라 이름합니까'라고 하는 것에 대해 지금 답하여 말한다. **"본래 고요한 법**[182]**은 자성이 없으며, 그 모든 본래 고요**

장이다. 성기란 화엄의 일승법계를 밝히는 것으므로 연기의 구극적인 수조(修造)를 떠난 것이라고 한다.

181) 『경』에는 "방편으로 중생을 이롭게 하리라"로 되어 있다.

182) 『경』에 "모든 법은 본래 고요해서 언제나 자성이 없는 가운데 잘 머무시는 것이 수미(須彌)와 같으니 이것을 이름해서 견제(見諦)라고 한다"고 하는 구절을 해석한다.

한 법 가운데에 안주하여 수미산과 같은 마음을 견제(見諦)라 부른다."[183] 이 가운데 "저 모든 법"이라고 하는 것은 앞에서 관조한 경계를 가리킨다. 즉 이 가운데에서 본래 고요함을 알고 자증(自證)의 이치에 머문다.

다음에 곧 실다웁고 바르게 [안과 밖과 중간의] 세 가지를 관함에 모두가 생함도 없고 멸함도 없으며 성품도 얻을 수 없으니, 이러한 인연으로 말미암아 곧 현재에 모든 법이 본래부터 이래로 언제나 적멸상임을 깨닫는다. 이미 이와 같은 법체(法體)에 안주하게 되면 진실한 지혜 가운데에서 의심과 후회가 영원히 사라지고 수미산왕과 같게 되어 동요하지 않는다. 수미로(須彌盧)는 바로 동요하지 않는다는 뜻이다. 저 모든 도를 수행하는 사람은 법이 본래 고요하고 성품이 없는 것을 알기에 움직이지 않는 것이 수미산과 같으니 이것을 견제(見諦)라 부른다. 앞에서 말한 것처럼 먼저 스승이 수여하는 바에 따라 진언관행의 방편을 얻고, 삼매와 상응하여 명료하게 현전하게 되며, 여기에 머물러 이것을 가지런하게 하는 것을 '견제를 보았다'고 부른다.

"실제 및 공(空)과 비망어(非妄語)와 아울러 보는 바가 부처님과 같으며 또한 이와 같이 옛 부처님[께서도 보신다]"[184]고 하는 것은 견제의 뜻을 해석한 것이다. 이 실제가 공과 같다고 하는 것은 무엇인가? 실제는 바로 공과 같으며 공은 마치 자성이 없으므로 실제라 이름하는 것과 같다. 실제란 바로 공과 같으며, 실제란 비망어이다.

무릇 견주(見住)란 이것이 바로 실제의 지혜 가운데에 안주하기 때문에 실제라 칭하며, 무성공(無性空)·본성정(本性淨)을 깨달아 앎으로서 마땅히 알아야 하니 모든 법은 다 공이다. 공은 이른바 허망한 분별을 여의어 진리의 이치에 머무르니 이것을 실제로 삼는다. 다음에 이것으로써 "보는 바

---

183) 이하에 난탈이 있어 바로잡는다.

184) 『경』의 문장과 사뭇 다르다. 『경』에는 "이 공(空)은 바로 실제(實際)로서 헛되고 망녕된 말이 아니니라. 보는 바가 마치 부처님과 같으며 옛적의 부처님도 이와 같이 보셨다"로 되어 있다.

가 마치 부처님과 같다"[실제를 보는 것이 바로 부처님과 같다]고 하는 것과, "옛 부처님께서도 역시 이와 같이 보신다"고 하는 것은 나도 또한 이와 같이 보기 때문에 "및[及]"이라고 하였다.

"이 이치를 본다"는 것은 바로 옛부처님께서 보신 도(道)를 보는 것으로 [지금의] 이해와 모든 부처님의 진리[玄]가 같으니 옛적의 여래께서도 역시 이 길로 가시어 정각을 이루시었다. 이미 이와 같은 자연지를 얻으면 다시 중생에게 굴려 주어야 한다. 지금 내가 얻은 것도 역시 이것과 다르지 않으므로 이름하여 실제라 한다. 실제란 바로 허망함이 없다는 뜻이다.[185] 모든 보리심을 얻은 그 실지는 다시 그보다 뛰어난 것이 없다.

18) 실지의 종류와 의미

다음으로 '무엇을 실지라 이름합니까, 또한 어떠한 종류가 있습니까?'라고 하는 질문에 대해 지금 먼저 결과에 대해 답한다. 무릇 성취실지란 보리심에 머무는 것을 말한다. 이 보리심은 바로 제11지로서 최고의 바른 깨달음을 성취한 것이다. 이와 같은 실지는 모든 지(地) 중에서 최고여서 그 위에 있기 때문에 경에서 "그 실지는 다시 위가 없다"[186]고 하였다. 앞에서 '실지에 몇 종류가 있습니까'라는 질문에 대해서는 다음의 답에서 "이것 외에 다시 다섯 종류의 실지가 있다"고 하였다. "수행에 들어가는 것"이란 신행지(信行地)에 머무는 것이다. 다음에 "지위에 오른다"고 하는 것은 세간을 초월하여 오신통[의 신선이 되거나] 부처님 및 연각 등이 [되는 것]을 말한다. 말하자면 이 무상실지(無上悉地) 이전에 대략 다섯 종류의 실지가 있다. 첫째는 믿음[信], 둘째는 입지(入地), 셋째는 오통(五通), 넷째는 이승(二乘), 다섯째는 성불이다. 이것이 다섯 종류의 실지이다. 첫 번째의 믿음이라 하

185) 이 이하에 난탈이 있어 바로잡는다.
186) 『경』에 "보리심을 체득하는 실지는 최고로서 더이상 위가 없다"고 하였다.

는 것은 능력껏 모든 감각기관을 정화하여 깊이 여래의 비밀을 믿고 확고하여 의심하지 않는 것이다. 부처님께 이와 같고 이와 같은 방편이 있으므로 만일 의지하여 수행하는 자는 반드시 보리를 성취할 수 있다고 믿는다. 이것을 지전(地前)의 신행(信行)이라고 한다. 다음으로 입지(入地)란 최초의 환희지(歡喜地)에 들어가는 것이다. 성문법(聲聞法)에 준하여 바라보면 오직 견제(見諦)에 떨어진 사람과 같다. 세 번째의 오통(五通)이란 말하자면 세간의 오통경(五通境)은 마치 환상 · 꿈 · 물 속에 비친 달 · 거울 속의 그림자와 같아서 취하여 집착할 것이 없다고 알면 그때 오통선인(五通仙人)의 지위에 오를 수 있으니 이것이 세 번째이다. 네 번째의 이승이란 이승의 경계를 관찰하여 마음으로 집착하지 않고 마음이 실제에 떨어지지 않는다. 이때에 이승의 경계를 벗어나 [보살의 십지 중] 제8지에 도달한다. 다섯 번째는 제9지에서 보살의 행도를 닦고 점점 향상되어 여래위를 이룬다.

모든 경론의 스승이 대략 모두 이와 같이 설명하였다. 만일 비밀한 경전[秘藏] 가운데의 뜻이라면 다시 다름이 있으니, 이른바 처음의 환희지 자체에 열 가지 마음이 있고 초심부터 제4심에 이르기까지 오통의 경계를 초월하게 된다. 제5부터 제8심에 이르기까지 성문연각의 경계를 초월하게 되며, 제9심부터 한결같이 보살의 수도를 행하여 제10심에 도달함을 이름하여 성불이라고 한다. 부처님이란 깨달음이니 자기 마음의 성품이 청정하여서 본래 언제나 적멸상이라고 깨닫는 것을 말한다.[187] 그런데 이 10심 가운데, 제1부터 제8에 이르기까지를 견도(見道)라 칭하며, 제9부터 제10에 이름을 관(觀)이라 부른다. 견관(見觀)은 진리를 보는 것이며, 이 닦아 나아가는 관은 한결같이 여래의 부사의한 경계의 비밀한 공덕을 관한다. 이와 같은 비밀의 경계는 볼 수 있는 법이 아니며 마음으로 헤아림을 초월하였기에 따로 관도(觀道)라 부른다.

---

187) 이 이하에 난탈이 있어 바로잡는다.

또한 제2지에 들어간 때부터 역시 제4심(心)에 이르기까지에 오통을 초월하고, 제8심에 이승을 넘으며, 제10심에 성불한다. 이것은 신(信) 및 입위(入位)의 명칭이 있는 것에 따른 것으로 초지의 10심(十心)과 다르지 않다. 다만 이 10심은 변화하여 다시 빛이 드러나고 더러움을 여의었다. 나아가 제10지에도 역시 10심이 있어서 무릇 백 가지 마음이 있으며, 하나하나에 전승(轉勝)하는 것은 준하여 알 수 있다. 예컨대 『화엄경』[188]의 진금(眞金)의 비유과 같으니 준하여 알 수 있을 따름이다. 이 초지의 10심을 채울 때에는 곧 몸을 나누어 백 개의 불국토와 같게 할 수 있으니, 그와 같은 것은 알 수 있을 것이다. 단지 백심성불(百心成佛)은 『보거다라니경(寶炬陀羅尼經)』에서 설한 바로서 매우 깊고 미세한데 이 경은 아직 중국[東國]에 전달되지 않았다.[189]

다음에 수행하는 일을 쉬지 않고 나아가 마음의 상속이 청정함에 이르는 것에 대해 답한다. 마음의 상속이 청정함이란 공용을 쉬지 않는 것을 말한다. 이와 같이 성숙이라 말한 것은 성숙하지 않은 것을 성숙하게 하고 반드시 실지를 얻어야 함을 밀한다. 또한 그가 마땅히 실지[190]해야 한다고 말할 수도 있다. 실지는 어떤 때에 생기는가? 경에, "세세생생에 업과 업을 잃지 않고, 과를 성숙시킬 그때에 실지를 이룬다. 한 때에 업생(業生)하여 몸에 의탁하여 있다가 지송을 얻은 자는 실지를 뜻대로 일으킨다"[191]고 한다.

---

188) 『화엄경』 제34권 「십지품」 제26-1(대정장 10, 183 상). '불자여, 마치 금을 다루는 사람이 금을 연단할 적에 자주 불에 넣으면 점점 더 밝고 깨끗하여지고, 조화하고 부드러운 결과가 성취되어 마음대로 사용한다. 보살도 그러하여 부처님께 공양하고 중생을 교화함이 모두 청정한 지의 법을 수행함이요, 그러한 선근으로 온갖 지혜의 지위에 회향하여, 점점 더 밝고 깨끗하여지고, 조화하고 부드러운 결과가 성취되어 마음대로 사용한다.'

189) 이하에 난탈이 있어 바로잡는다.

190) Skt. siddhi. 밀교의 수법에 의해서 성취한 이상적인 경지. 성취(成就) 또는 묘성취(妙成就)라는 뜻이기에 '실지해야 한다'고 윗 문장과 같이 쓸 수 있다. 범어와 한자를 섞어서 성취실지(成就悉地)·실지성취(悉地成就)라고도 한다. 밀교에서 진언(眞言) 등을 송함으로써 성취하게 되는 오묘한 과보를 말한다.

191) 『경』에는 "아직 성숙되지 않은 것을 성숙시키면 그때에 실지를 성취하리라. 그 한 순간에 청정한 업과 마음이 함께 동등해져서 진언자는 실지(悉地)를 뜻에 따라 생할

이 세세생생[生生世世]은 이러한 뜻의 말이니 참으로 수행하는 것을 그치지 않고 마음과 마음을 청정하게 하는 것이다. 산스그리드로 산나나(散跢那)는 식(識)이니, 이른바 [몸]의 내부 중앙에 있는 심장이다. 예컨대 세간의 중생이 갖가지의 업을 지어서 이 업에 올라탐으로 해서 과보를 받는데, 혹은 한 생이나 백천만 등의 생에도 이 업을 잃지 않고 성숙하면 곧 과보를 받는 것과 마찬가지로 지금 이 실지가 생기는 것도 역시 이와 같다고 답한다. 수행하는 사람의 상·중·하로 기약한 원에 따르며 진언법요에 의거해서 수행하여' 실지를 성취하는 것은 이 실지가 몸에 있는 것에 말미암기 때문이며 내지 세세생생에 언제나 수행하는 사람의 몸 가운데에 있는 것이 마치 업과(業果)와 같다. 다시 온갖 연으로 생할지라도 언제나 스스로 공적하여 유(有)가 아니며 무(無)도 아니며, 또한 부서지지도 않고 죽지도 않으니, 이 실지를 성취한 이후에 세세에 과를 받아서 잃거나 부서지지 않는다. 실지의 업에 올라타서 그 과를 받음을 '실지가(悉地家)에 태어난다'고 부른다. 이미 실지가에 태어나고 나면 이에 부처님부터 이래로 끝내 잃거나 부서지지 않는 까닭에 "업을 잃지 않는다"고 하였다.

경에, "성숙"이라고 하는 것은 바로 과(果)이다. "성숙하게 한다"고 함은 과를 수용한다는 뜻이다. "한 때"라고 하는 것은 이른바 한 때의 순간에 곧 수행자가 처음으로 법에 의거하여 지송하여서 이미 경계를 얻으면 그 작성취법을 허락하니, 곧바로 한 밤중에 실지를 얻는다. 한 순간 사이에 지었더라도 이로 말미암아 오랜 시간 동안 몸 가운데에 머물러 있으며 오래도록 잃지 않는다. 마치 독을 우유 속에 넣으면 제호(醍醐)가 될 때까지도 사람을 죽일 수 있는 것과 같다. 사람이 천계의 업을 지어서 과를 받고 이미 천의 보를 얻으면, 생각하는 대로 얻으며 공력을 더하지 않더라도 생각대로 성취하는 것과 같다. 이 실지도 역시 이와 같아서[192] 지송자가 실지를 뜻대로 생하게 된다. 청정한 업과 생한 바의 마음을 함께 갖추어

수 있으리라"로 되어 있다.

192) 이 이하에 난탈이 있다.

분별하지 않는다. 업생심(業生心)과 동등하여서 그 한 순간 사이에 실지를 성취한다. 모든 생애에서 그 시간에 지송자는 닦아놓은 선하고 청정한 업을 태어나는 때에 따라 언제나 뜻대로 일으킬 수 있기에 "뜻대로 일으킨다"고 하였다.

다음에 '어떻게 해서 공중에 오를 수 있는가'에 대하여 답한다. 말하자면 수행자가 실지의 힘을 타고서 공중에 나다니는 것이 자재하여 걸림없는 것은 마치 환술의 법 가운데에서 무외(無畏)를 얻은 자와 같다. 무소외(無所畏)[를 얻은] 자는 이른바 환법의 방궤법칙(方軌法則)을 모두 요지하고 의심과 어려움이 없기 때문에 원하는 것을 성취한다. 저 환술사가 갖가지의 경계를 변화로 지어내어 원하는 대로 해서 시현하는 것과 마찬가지이다. 그러나 그 환술사는 실로 동요함이 없고 또한 변이함이 없을지라도 단지 약물의 인연으로 대중들의 마음을 미혹하게 할 따름이다. 지금 이 실지도 역시 그러하여 이 몸을 버리지 않고 모든 실지를 성취하며, 진언의 환상도 마치 제석의 그물과 같아 허공을 걸어다니며 모든 국토에 다니는 데에 갖가지로 자재하다. 그러나 역시 아직까지 일찍이 움직인 적이 없다. 단지 이 진언으로 지은 환상이기 때문에 이와 같은 것을 얻었을 뿐이다. 이 환술사의 진언을 제석의 그물이라 칭하니 마치 그 그물처럼 모든 일에 있어서 드러내 보이고 서로 나타내어 갖가지의 상이 있을지라도 실로는 하나하나의 진실한 일이 없으므로 제석의 그물이라고 부른다. 이것은 바로 저 환술사의 세간의 진언을 빌려 비유로 삼아 출세간 진언의 환술에 비유한 것이다. 또 이르기를, 그물이란 단절되지 않는다는 뜻이니, 만일 사람에게 그물치면 이 사람은 몽매하게 되어 스스로 나오지 못한다. 이 진언도 모든 사람의 마음에 그물치면 역시 그가 몽매해져서 망녕된 소견이 있으므로 그물이라 칭하는 것이다.193)

다음에 '무엇이 몸의 비밀인가'에 대해 답한다. "건달바성의 모든 백성들

---

193) 이 이하에 난탈이 있다.

처럼 몸의 비밀도 이와 같다"고 하는 것은 무엇인가? 그곳에 있는 주인은 몸이 아니고 식(識)도 아니다. 말하자면 이 실지(悉地)의 사람은 이 몸을 버리지 않고 이 식을 버리지 않으며 그 몸을 비밀하게 하는 것이 마치 건달바성[194]과 같아서 그 가운데에서 갖가지의 궁전과 백성들과 온갖 물건들의 모습을 보지만 비록 있는 것처럼 보여도 실제로는 존재하는 것이 아니며, 또한 존재하지 않으면서 존재하는 것이어서 어떤 때에는 보이다가 어떤 때에는 없다. 이 수행하는 사람이 그 몸을 비밀히 하는 것도 역시 건달바성과 같아서 다만 온갖 연을 따라 생하였기에 실제로는 실(實)이 아니어서 혹은 숨거나 혹은 드러나는 것과 같다. 진언관행(眞言觀行)의 온갖 인연에 말미암기 때문에 이 몸으로 하여금 연에 따라 생멸하게 하는 것도 역시 이와 같다. 또 다음에 어떤 사람이 꿈에 삼십삼천에 올라가 천계의 갖가지 묘한 즐거움을 받고, 꿈 속에서 모든 천궁을 노닐지라도 이 몸을 버리지 않으며, 또한 그곳을 떠나지 않는 것과 같다.[195]

그 사람이 이 몸을 버리지 않고 그 천계에 가지 않을지라도 단지 꿈속의 마음에 의하여 이러한 부사의한 일이 있다. 이와 같은 유가의 꿈꾸는 진언자도 진언행에 머물러 이 몸이 무지개와 같다고 하는 것이 1겁을 경과할지라도 그 꿈을 깨게 되면 단지 짧은 시각일 뿐이다. 심식으로는 그 이유를 헤아릴 수 없다. 지금 실지를 성취한 자가 세계에 노니는 것도 역시 이와 같다. 다만 유가의 꿈꾸는 인연으로써 얻은 그 일은 갖가지 사업을 성취하여 완연하며 없는 것이 아니다. 그렇지만 그것은 모두 열 가지 비유와 같다고 알고 생겨나거나 취착하지 않는다. 몸이 청정한 연고로 실지가 있으니 마치 무지개와 같다.[196]

무지개가 하늘에 있을 때에 어디로부터 있게된 것인지 모를지라도 온

---

194) 실체가 없는 것의 비유. 심향성(尋香城)이라고 번역하며, 건달바신에 의하여 허공에 보이는 환상처럼 변화로 만들어진 도성을 말하는데, 신기루를 말하는 것 같다. 모든 것에 실체가 없고(空), 거짓 존재(假有)라고 하는 비유에 쓰인다.

195) 이하에 난탈이 있다.

196) 이하에 난탈이 있다.

갖 색을 본다. 또한 무지개가 하늘에 있는데 오색 무늬를 밝고 완연하게 볼 수 있는 것처럼 지금 이 일을 보는 데에 허공으로부터 있는 것인가, 땅의 기운으로 생겨난 것인가? 만일 허공에서 생겼다면 허공은 본래부터 무법(無法)이다. 어떻게 이와 같은 색이 있을 수 있는가? 만일 땅으로부터 생겼다면 이것 역시 불가능하다. 그렇지만 이런 일이 있어서 사람의 마음을 기쁘게 한다. 마땅히 관하여 알아야 하나니, 그 법은 저절로 생긴 것이 아니고 다른 것으로부터 생긴 것도 아니며, 함께도 아니고 원인이 없는 것도 아니다. 다만 온갖 연이 합하였을 뿐이다. 지금 실지의 몸도 역시 이와 같다. 진언을 지송하는 공덕의 힘으로 이와 같은 부사의한 갖가지 신통변화의 작용이 있는 것이 또한 저 무지개와 같다.

또 다시 의심을 풀고자 어떤 사람이 말하는 것과 같다. 이 진언 사상(事相)의 법으로 어떻게 모습을 초월한 진리를 보고 깨달아 진실한 법을 성취하는가? 그러나 이 진실한 상은 실로 인연을 여의지 않는다. 즉 이 연으로 생겨난 실상을 관하니 부사의한 경계이다. 진언은 여의주와 같아서 몸과 말과 뜻을 따라 갖가지로 생하며, 생각 따라 온갖 자구(資具)를 내지만 비록 낸다고 하여도 분별이 없고 분별이 없으면서도 생한다. 진언은 여의주와 같으니 가지공덕(加持功德)의 업에 이 실지가 있다. 실지를 얻는 것도 역시 이와 같다. 여의주를 당기의 끝에 걸고 모든 사람들의 원을 채우며, [모든 사람들이] 마음에 바라는 대로 그 구하는 마음에 맞출 수 있는 것과 같다. 지금 이것을 관찰하니 그 여의주에 따라 생기는 것을 얻는가, 사람의 마음에 따라 생기는가? 만일 여의주에 따라 낸다고 말하면 어떠한 까닭에 모든 때에 내지 않고 요컨대 사람의 마음에서 바라는 원에 맞추어 내는 것인가? 만일 사람의 마음에 따라 낸다고 하면 곧 사람의 마음이 어찌 스스로 구하지 않고 여의주를 기다려야 하는가? 여의주로부터 나오는 것도 아니고, 사람의 마음으로부터 나오는 것도 아니며, 함께 하는 것도 아니고, 인연이 없는 것도 아니다. 단지 화합하여서 있을 따름임을 알아야 한다.

지금 실지의 부사의한 신변도 역시 이와 같다. 다만 진언과 본존을 관함과 신인(身印) 등의 연에 의하여 실지를 성취한다. 진언으로 말미암아 구업이 정화된다. 본존을 관함으로 해서 의업이 정화된다. 인으로 말미암아 신업이 정화된다. 세 가지 일이 평등하기에 자연히 부사의한 업이 있으나 또한 분별할 수 없으며 생각 없고 무위(無爲)이다. 만일 이러하다면 이미 여의주와 같으니 이것이 유상(有相)의 법임을 알아야 한다. 그 견처(見處)를 없애기 위하여 태허공의 비유를 설한다.[197] 비유하면 허공을 가리켜서 시방의 공(空)을 밝히는데 모든 유위의 행을 여의어 물들지 않는 것처럼 진언자도 모든 분별의 행에 물들지 않는다. 만일 이와 같이 관찰하면 이것이 오직 생각일 뿐이라고 이해하게 된다. 진언자가 이렇게 관찰할 때에 모든 부처님께서 함께 수희하신다. 마치 허공이 모습이 없고 분별할 수 없으나 모든 유정의 갖가지 작업과 가고 오며 나아가고 멈추는 것이 모두 공에 인하여 성취할 수 있고, 갖가지의 만물과 모든 색상도 또한 공에 인하여 현현할 수 있을지라도 허공의 성품은 언제나 무분별이어서 생기하는 모습이 없는 것처럼 진언도 역시 이와 같다. 본성이 언제나 청정하여 허공과 같이 모든 유위가 물들일 수 없으나, 그러면서도 역시 갖가지 작업을 성취하고 보문의 변화가 불가사의하니, 어찌 이것이 유상인가! 세간의 갖가지 유상의 법은 형상(形相)을 취하고 이를 이름하여 상(相)이라 함을 알아야 한다. 이것에 말미암아 분별하고 명칭을 세우며, 이것을 명칭이라고 부른다. 이와 같은 명칭과 모습 법은 모두 열 가지 비유와 같다. 단지 인연에 따라 존재하는 것으로 뒤집어진 견해에 인하여 생기는 것이며, 그것은 실로 생함도 없도 성품도 없으니 즉 법계의 여여한 성품과 같다고 말할 수 있다. 만일 이와 같이 관하는 자는 곧 일체여래와 한 곳에서 함께 모인다. 이 사람은 아직 불혜에 끝까지 도달하지 못하였을지라도 그 이해 정도가 모든 부처님과 같다. 법과 상응하여 모든 부처님과 같다고 할만하

197) 이 이하에 난탈이 있어 바로잡는다.

므로 곧바로 모든 부처님과 한 곳에서 함께 모이는 것이다.[198]

18) 내호마와 외호마

"모든 양족존(兩足尊)이신 부처님께서는 두 종류의 호마[199]를 설하시었다. 이른바 내호마와 외호마이다."

양족존께서 설하신 호마에 두 종류가 있다. 호마에 두 종류가 있다는 것에 대해서는 앞에서 간략하게 호마의 상을 설명하였지만 지금 다시 내 · 외의 호마를 분별하는 것이다. "외호마"라고 하는 것은 작법에 의하여 번뇌 · 수번뇌(隨煩惱) 등의 장애를 제거하는 것을 말한다. 두 번째로 "내호마"라고 하는 것은 모든 경계의 십이연생(十二緣生) 등을 그치는 것을 말한다. 그런데 외호마는 내호마와 더불어서 방편으로 지어지는데 이것이 바로 그 인(因)이다. [조복하기] 어려운 자가 있어서 '지금 이 호마를 지어 펼쳐서 그 과를 구한다면 이것은 바라며 구하는 바가 있는 것이니 어떻게 진리를 성취할 수 있겠는가?'라고 말하면 '나는 지금 [호마를 통해서] 바라며 구하는 것이 없다'고 대답해야 한다. 다시 '만일 그렇다면 어찌 단나(檀那)의 상법(常法)에 따라 두루 모든 가난한 사람에게 베풀지 않으면서 헛되이 이것을 태워서 없애는 것은 어떠한 뜻이 있는가?'라고 물으면, [다음과 같이] 대답해야 한다.

'범부들은 만일 베푸는 것이 있고 받는 것이 있다면 곧 바라는 마음이 있고, 혹은 돌아오는 과보를 구하거나 혹은 베푸는 과를 바라니, 이러한 인연 때문에 바라며 구하는 마음을 상대해서 다스릴 수 없다. 상대해서 다스릴 수 없기 때문에 곧 탐애의 근원을 단절시킬 수 없다. 이러한 인연

---

198) 이하에 난탈이 있어 바로잡는다.

199) 내외 두 종류의 호마를 말한다. 내호마는 관념이며 외호마는 사작법(事作法)이다. 외호마의 사작법은 여래의 지(智)를 가지고 번뇌업을 정제하는 내호마의 방편이다.

때문에 내호마를 베풀어서 [성불하는] 인연을 짓게 할 수 없다. 지금 이 보시물을 태우는 것은 바로 그 허물을 끊기 위한 것이다. 관을 지어서 다스리는 것은 집착하지 않는 혜의 인(因)을 지어서 내호마의 방편으로 삼고자 이와 같이 짓는 것이다.'

이 공양물을 지니어 본존에 바치게 되면 곧 바라며 구하는 마음도 역시 이와 같은 공양물과 다르지 않다는 것을 알게 된다. 모든 장작이 다하면 불도 꺼지는 것처럼 취할 수 있는 것도 없고 또한 그러한 경우도 없으므로 내호마를 베풀어서 연으로 삼는 것이다. 그래서 깊은 수행을 하는 아사리는 바로 내호마를 지으며, 만일 깊지 않은 수행을 하는 사람이라면 외법(外法)을 지어서 구경에는 내법의 인(因)으로 삼는다. 증익분(增益分)을 행하는 가운데 증위(增威)가 있으니, 마치 꽃을 바칠 때에 먼저 더러움을 제거하여야 곧 위광이 증익되고 그런 다음에 공양하는 것과 같다. 꽃이 이미 그러한 것처럼 호마도 역시 그렇다.

19) 모든 존의 별상과 본성

또 다음에 모든 존의 별상(別相)과 본성[200]을 투철하게 알아야 한다. 모든 부처님과 보살과 이승(二乘)과 천신의 상·중·하에 대해서는 그 형색 등을 관찰하면 곧 알 수 있다.[201]

"세간의 진언 등은 한량[이 있다고] 말한다. 세간을 잘 아는 모든 천과 자재와 복덕과 그가 설하는 진언과 대력인(大力印)"이라고 함은 모두 다 현세의 과이다. 그런데 한량을 말하더라도 조금 다름이 있다. 즉 진언을 수행하는

---

200) 『경』에는 "모든 존들의 다른 부류와 성품을 관찰하여 마땅히 증지(證知)해야 한다"로 되어 있다. 별상이란 불·보살·천 등의 특수상이고 본성은 본래법성의 평등성을 가리킨다.

201) 이하에 난탈이 있어 바로잡는다.

데에 다시 갖가지의 차별이 있는 것을 말한다. 지금 이것을 헤아려 가려 보자. 만일 세간의 사람이라면 그 자부(自部)의 존에 의하여 진언의 행을 수행하게 되는데 이른바 대자재천 등과 같은 것은 무량한 종류가 있어서 각각 동일하지 않으므로 다 거론할 수가 없다. 경에서는 단지 그 하나의 예를 들었는데 대자재로써 예를 삼았을 뿐이다. 그런데 그들202)이 작법하고 공양할 때에 각각에게 자부(自部)의 본존의 과를 성취함을 견주어보면 그 [본존의] 성위(性位)에 따라 서로 달라서 같지 않다. 각기 바라는 원을 품고서 그 결과가 성취되기를 구할 뿐만 아니라 [구하는] 마음에 한계가 있으므로 결과 등도 역시 그러하다. 그러므로 여래께서 설하신 호마수행의 법과는 같지 않다.

"한량[이 있다고] 말한다"고 하는 것은 부처님께서 그[들의 법이] 한계가 있는 법이라고 말씀하신 것이다. 이와 같이 말씀하시었다.

"이것은 생멸의 법으로 견고하게 머무르지 않는다. 말하자면 미래에는 존재하지 않는다."

세상 사람들은 단지 그 옛적 천신 등의 과보에 따르는 것을 구하고, 또한 증득하기를 구하고자 하기에 부처님께서도 역시 출세간의 호마법을 지으셔서 이것203)을 대치하신 것이다. 그래서 진언행의 호마법이 있게 되었다. 그런데 저 세상사람이 [존경하여 받드는] 존[의 법에서]는 만일 그 법 가운데에서 끝까지 궁구한다면 다만 그 본존과 같은 부류가 될 수 있을 뿐, 그 이상은 얻지 못한다. 그 진언과 인도 역시 그러하다. 다만 그 존에 복을 심는 깊고 얕은 세력을 감당하는 정도에 따라 진언 · 수인 · 본존 등을 설하므로 그 [세상사람들이 존경하는 본존의] 세력에 따라 단지 그 본존의 과를 성취할 수 있을 뿐이다.

또한 단지 현세의 과를 성취하고 세간의 성취만을 얻을 뿐이지 끝내 출세간의 과를 성취할 수는 없다. 여래의 진언과 인 등을 잘 닦으면 이와 같

---

202) 외도 범부를 가리킨다.
203) 한량이 있는 생멸의 과를 가리킨다.

이 [세간의 성취만을 얻는] 것에 그치지 않고 영원히 고갈되지 않으며 부서지지 않으니, 이것이 [세간의 본존법과] 다른 점이다. [세간의 본존법은] 소 발자욱에 괸 물과 같아서 설령 물을 머물게 할지라도 그 세력이 다하는 데에 따라 곧 스스로 고갈됨과 같다. 만일 사람이 이 물로써 큰 바다 속에 넣을 때에는 곧 바짝 마를 리가 없다. 왜냐하면 모든 물의 성품과 화합하여 한 맛이기 때문에 끝나지 않는다. 여래의 진언행을 닦는 자도 역시 이와 같아서, 성불에 나아가는 이래로 세세에 이 실지의 과를 받아서 끝내 다하지 않는다. 마침내 이 힘을 타고서 보리를 얻는다. 왜냐하면 이미 일체여래의 큰 바다와 동일한 맛이기 때문이다. 출세간의 모든 진언은 본래 처음부터 생함도 없고 지어짐도 없으며, 모든 업생이 다 끊어져 신・구・의의 세 가지 허물을 여의고 성불한다.[204] 독각(獨角)[본(本)에서는 서각(犀角)이라 하였고 논에서는 인각(麟角)이라 하였다][205]과 불성문(佛聲聞)의 대중과 보살 등의 진언은 내가 지금 그 양을 설명할 것이다. 삼시(三時)를 초월하여 연으로부터 생겨 일어나며, 또한 모두 종자를 사용해야 한다.

"가견(可見)과 비견(非見)의 과(果)[206]는 뜻과 말과 몸에서 생긴다."

출세간의 진언은 본래 처음부터 지어지거나 생겨난 것이 아니다. 저 세간의 존인 자재천 등이 설하는 진언은 모두 조작됨이 있는 법으로서 그 존으로부터 생하지만 출세간의 진언은 이와 달리 여래께서 스스로 지으신 것이 아니며, 또한 옛 모든 부처님께서 지으신 것도 아니다. 이 세간의 진언을 염송하는 과보는 1겁을 경과할 수 있으나, 등정각께서 설하시는 진언의 과보는 겁으로 헤아릴 수 없기 때문이며, 이 진언과 인 등은 본래부터 여래의 법성이 스스로 그러한 것과 같아서 생겨나고 만들어진 것이 아님을 분명히 알아라.

---

204) 이하에 난탈이 있다.

205) 『경』에는 인각(麟角)이라 하였으며, 그 다음에 불성문중(佛聲聞衆)과 보살이 나오므로 독각(獨角)을 독각(獨覺)으로 보면 모두 삼승(三乘)을 설한 것이다.

206) 가견의 과란 현재세에서 과보를 얻는 것이고, 비견과란 원래의 과보에 의해서 영원히 끊지 못하고 대대로 과를 받아 전전(輾轉)해서 불과에 이르는 것이다.

문 지음도 없고 생겨남도 없다고 말하지만 지금 현재 모든 사람들을 보자면 실지의 과를 구하고자 하고 방편으로 부지런히 그 과를 성취하여 얻는다. 이미 생함이 있고 과가 있으면 바로 행위가 있는데 어찌하여 생겨남이 없다고 하는가?

답 이 뜻은 그렇지 않다. 무릇 진언의 성품과 수인과 지송자는 체가 허공과 같아서 생기는 과도 역시 이와 같다. 진언과 수인(手印)과 본존의 세 가지가 평등한 인연으로 삼장(三障)[207]을 깨끗하게 할 수 있다. 이것에 따라 부사의한 과(果)를 일으킨다. 이러한 까닭에 이 부사의한 과는 그 [결과의 양]을 헤아릴 수 없다. 그 진언과 인(印) 등이 허공과 동등한 것과 같으니 이 과도 역시 허공과 동등함을 알아야 한다. 나아가 성문·연각 및 보살 등이 지니는 진언도 역시 그것과 크기가 같으며 모두 삼시를 초월한다. 삼시(三時)란 과거·미래·현재이다. 삼시를 여읨으로써 이 실지의 과에 올라타 영원히 잃지 않으며 구경에 무상보리를 성취한다. "과(果)가 [뜻과 몸과 말에] 연하여 생겼다"고 하는 것은 진언과 수인과 본존 등의 온갖 연을 갖춤을 연하여서 [실지의 과를] 성취할 수 있음을 말한다. 이 까닭에 이 크기는 바로 평등중도의 실상이다. 과에 두 가지가 있으니, 첫째는 볼 수 있는 법으로 현세에 성취할 수 있다. 둘째는 볼 수 없는 법이니 미래에 과보가 영원히 다함이 없기에 세세생생토록 과를 받으며 전전하여 나아가 성불하기에 이른다. 그렇지만 표업(表業)이 아니고 색이 아니며 심법이 아니고 존재도 아니고 잃는 것도 아니며 패망하는 것도 아니다. 그러나 신·구·의 업의 깨끗한 인연에 말미암아 이 무생무성(無生無性)을 생할 수 있다. [이상으로 여러 가지에 대해 답하였다. 다시 본 질문을 검토하여 이를 대(對)하라.]

207) 삼평등관(三平等觀)으로 삼독(三毒)의 장애를 깨끗이 제거한다.

【제16권】

20) 세간과 출세간의 과(果)와 수(數)와 수량(壽量)의 시(時)

"다음에 과(果)와 수(數)와 수량(壽量)과 어느 때[208]인가를 답한다."

세간에서 존귀한 자가 가진 진언의 세력은 극히 높더라도 1겁을 넘지 못하지만 부처님께서 설하신 것은 1겁의 수를 초월할 뿐만 아니라 1겁을 넘어 다시 1겁을 넘는다고 말한다. 이와 같이 한량없으며 나아가 성불하기까지에 이른다. 이러한 까닭에 세상 사람들이 얻는 실지의 수량(壽量)과 과(果)는 곧 숫자가 유한하여 1겁을 넘지 못한다. 그러나 지금 [그 과를] 잃지 않으면, 수량이 다함 없어서 1겁수(一劫數)의 양을 초월한다. 만약 일상적으로 해석하면 다만 [삼밀을 닦은] 역능(力能)에 따라 약간의 겁(劫)을 초월하거나 혹은 무량겁을 초월하더라도 수명이 끝나지 않으니, 이것 또한 저 세간의 천(天)[이 가진 경계]를 초월한다. 그러므로 겁을 초월한다고 하는 것은 전체적으로 부정(不定)의 말을 포함하고 있다. 실제로 수명의 양에 대해 말하자면, 겁수를 초월하고 받는 과보도 역시 한량이 없다.[209]

"대선(大仙)이신 모든 부처님과 불자 대중들의 삼매는 청정하여서 모든 생각을 떠나 있다. 생각이 있다면 세간[의 삼매]로 삼아야 한다."

다음에 삼매에 대해 답변한다. [삼매에는] 대략 몇 가지가 있는데, 모든 부처님 및 불자와 이승(二乘)의 경우에는 이상삼매(離想三昧)라 이름한다. 또한 세간의 [사선(四禪)·팔정(八定) 등의] 유가를 유상삼매(有相三昧)라 이름한다. [삼마지(三摩地)] 가운데 삼마(三摩)는 평등하다는 뜻이고 지(地)는 혜

---

208) 세간과 출세간의 과(果)와 수(數)와 수량(壽量)의 시(時)를 답한다. 과는 과체(果體), 수는 과에 머무는 겁수(劫數), 수량은 능히 머무는 사람의 수명의 길이이다. 『대일경』에 나오는 "세간에서 전하는 과(果)와 수(數)는 1겁을 지날 뿐이며 등정각께서 설하신 진언은 겁수를 초월한다"는 문장을 해석한 것이다.

209) 이 이하에 난탈이 있어 바로잡는다.

(慧)의 뜻이다. 혜로써 관조하니 앞과 같이 삼사(三事 : 三密)가 모두 공하다. 삼사의 바탕이 공하여 평등하므로 합하여 하나로 삼으니 이것을 삼마지(三摩地)라 한다. 그런데 부처와 보살의 삼매는 모두 생각을 떠나 청정하다. 이 삼매로써 삼사를 바르게 관하니 모두가 평등하여 다시 분별할 것이 없으며 온갖 생각을 떠나 있기에 본성이 순수하고 희어서 온갖 오염을 벗어나 있다. 그러므로 청정하다고 한다. 만일 생각이 있다면 그것은 세간의 모든 삼매로서 그 과에 따라 수행하고 과를 바라보고 인(因)을 닦으며 희망하는 것이 있는 것을 말한다. [이 세간의 삼매는] 사선(四禪) · 팔정(八定)의 경지에 끝까지 이를지라도 이를 초월할 수 없으므로 청정한 것이 아니다. 그래서 성문 · 연각이 청정을 얻었다해도 아직 모든 것이 청정하지는 않다. 아직까지는 번뇌장과 소지장을 골고루 알지 못하므로 순수한 청정이 아니다.

세간의 삼매에 또한 두 가지가 있으니 첫째는 멸하여 없어지는 것에 사로잡힌 생각[斷見]이고 둘째는 변하지 않는 실체가 있다는 생각[常見]이다. 만일 멸하여 없어지는 것에 사로잡힌 생각이라면 분별이 없고, 변하지 않는 실체가 있다는 생각이라면 분별이 조금 남아 있다.

"업에 따라 과를 얻는다."[210]

업은 과를 받는데 이른바 세간유상의 삼매는 업이 있고 보(報)를 바라며 닦기 때문에 성취라 이름하며, 이러한 성취를 얻는 것을 실지(悉地)라 이름한다.

"성취와 숙시(熟時)."

숙시(熟時)[211]를 이루어 실지를 얻는 자는 업에서 자재로이 회전(迴轉)할 수 있으므로 모름지기 수(受)도 얻을 수 있고, 불수(不受)도 얻는다. 불(不)이

---

210) 이 글은 『경』의 "업에 따라 과를 얻는 것은 성숙과 숙시(熟時)가 있다. 만약 실지를 성취하면 자재로이 모든 업을 전환시키리라"고 하는 문장을 해석한다. 이하에 난탈이 있어 바로잡는다.

211) 수업(修業)을 성숙케 하는 것이다. 즉 숙시(熟時)란 결과를 획득함을 뜻한다.

라고 하는 것은 무(無)이다.

"만약 실지를 성취할지라도 업을 마음의 무성(無性)에 돌리기에 원인과 결과를 멀리 떠나며 업생(業生)에서 해탈하니 생은 허공과 동등하다."

마음은 자성이 없으므로 마음의 성품은 인과를 여읜다. 해탈의 상(相)에 있어서 업과 생이 있고 생은 모든 허공과 동등하다. 만일 이 세간의 공으로써 이 마음의 무자성에 회향하면 체(體)는 이미 무상(無相)으로서 허공이 끝없음과 동등하다. 그러므로 공덕을 얻는 것도 역시 광대하다.

이 마음의 무자성에 돌린다고 하는 것은 무엇인가? 마음[心]을 질다(質多, citta)라 하는데 질다란 마치 온갖 채색으로 장엄하여 쌓아 모은 것과 같은 것을 질다라 한다. 질다는 온갖 연으로 이루어졌으므로 자성이 없으며 바로 인(因)이다. 근본이 되는 인(因)에 자성이 없으므로 생겨난 과(果)도 역시 자성이 없다는 것을 알아야 한다. 왜냐하면 만일 인(因)에 생함이 있다면 과도 생길 수 있기 때문이다. 지금 인이 연을 기다려서 이루어지기에 생함도 없고 성품도 없다. 생은 얻을 수 없으며, 인과가 모두 이와 같기에 온갖 업에서 해탈할 수 있다는 것을 알아야 한다. 어떤 [방편문을 학습하는] 자는 만일 이와 같다면 곧 인도 없고 과도 없어서 단멸한다는 견해에 떨어진다고 말하는데 이것은 그렇지 않다. 다만 업으로 생하는 성품을 여읜 것으로 이미 업생을 여의었다면 즉 법성이 생하므로 허공과 동등하다. 허공이 끝없으므로 성취한 공덕과 중생을 이롭게 하는 일도 역시 끝없고 다함없음을 알아야 한다. 그래서 멸하여 없어지는 것에 사로잡힌 생각에 떨어지는 것이 아니다.

7. 성존의 위차(位次)

1) 비밀만다라의 법을 설하다

앞에서 간략히 게송을 읊어서 금강수의 질문에 답하였다. 다시 장행(長行)으로써 이를 설명해야 한다.

"또 다시"라고 한 것은 앞에서 이미 설명하였지만 끝내지 못하였기 때문에 다시 계속해서 이것을 밝히고자 "또 다시"라고 하였다. "잘 들어라"고 한 것은 이 법이 변화한 깊은 비밀의 요지이기 때문에 거듭 타일러서 잘 듣게 한 것이다.[212] 본존을 청하는 법처럼 인(印)과 형상(形相)이 있으며 존의 자리를 배치함에 위덕과 영험이 현전하여 삼매의 객관적 대상[所取]에 머문다[머무는 곳을 대상으로 삼는다고 한다].

이 가운데 간략하게 다섯 가지 일을 설명한다. 말하자면 인(印)과 색(色)과 존의 자리와 수(住) 및 삼매이다. 인이란 수인(手印)과 계인(契印)[213]이다. 색이란 본존의 형상(形相)이 나누어지는 차별이며, 바꾸어서 형상으로 삼는다.

"펼쳐 안치한다[置]"고 하는 것은 사각형·원형·반달모양·삼각형의 종류이다. 존의 자리란 만다라 가운데 머무는 방위와 각각의 처소이다[성자(聖者)의 위차(位次)를 포치(布置)하는 것이다]. 주(住)란 본존의 상(像)인데 곧바로 채색하여 그리는 것만이 아니라 진언과 인 등을 이끄는 것에 말미암아 본좌(本坐)에 이르러서 위엄을 더하여 머무는 것으로 위덕과 영험을 나타낸다. 삼매란 상·중·하분에 따르는 고요함·분노·기쁨 등 위의의 모습이

---

212) 이 이하에 난탈이 있어 바로잡는다.

213) 계인에는 수인(手印)과 제존이 소지한 지물인 삼매야형(三昧耶形)의 두 가지가 있다. 협의로 말하면 특수한 삼매야형을 가리켜 계인이라 하고 광의로 말하면 수인과 삼매야형을 합하여 계인이라 한다.

다. 머무는 곳의 색(色)을 취(聚)라 이름하니 이른바 삼매취(三昧趣)이다. 반드시 구체적으로 이 오연법(五緣法)을 밝혀야 한다. 이른바 오취(五趣)에서 취(趣)는 별별(別別)의 뜻이니, 이 오연(五緣)의 차별에 말미암기에 다섯[五]이라고 하였다. 이 다섯 가지를 갖추면 세간과 출세간의 모든 만다라를 모두 이해하게 될 것이다. 이 다섯 가지 일로 옛적의 모든 부처님께서는 최고의 바른 깨달음을 이루셨다. 과거의 부처님께서 삼보리(三菩提)를 이루신 것으로[모든 부처님의 법이다.] 법계허공의 행이다. 법계허공(法界虛空)의 행이란 체(體)가 법계와 동등하게 되어서 여래를 이루는 행을 말한다. 이와 같이 모든 부처님께서는 다함없는 세계의 유정을 제도하려는 본원 때문에 진언문을 닦는 모든 보살을 이익하고 안락하게 하시기 위하여 이것을 연설하셨다. 그리하여 은근하고 면밀하게 받아들이도록 하였다.

"금강수가 말씀드렸다.

그렇습니다. 세존이시어. 오직 원하건데 듣고자 하옵니다."

이것은 금강수 등의 십세계(十世界) 및 보현(普賢) 등 십세계의 대중이 부처님의 깨우침을 받아 모두 같은 소리로 '오직 그러하나이다. 세존이시여 원컨대 듣고자 하나이다'라고 말씀드렸으므로, 부처님께서 다시 비밀만다라의 법을 말씀하신 것이다.

2) 비로자나의 만다라

"부처님께서 말씀하셨다. 정등각(正等覺)의 만다라를 안치하는 것은 비밀 가운데의 비밀로서 무상(無上)의 대비장(大悲藏)에서 [생하는] 명칭이 있으며, 한량없는 세간과 출세간의 만다라와 같다."[214]

---

214) 『대일경』의 본문은 다음과 같다. "바가범께서는 게송으로 읊으셨다. 최초의 정등각(正等覺)께서 펼쳐 안치하신 만다라는 비밀 가운데의 비밀로서 대비태장(大悲胎藏)에서 생한다. 한량없는 세간과 출세간의 만다라에서 그 모든 도상(圖像)을 차제대로 설하노

이것은 바로 여래 최정각 구경의 말씀이다. 그런데 이 대비장생(大悲藏生)은 앞에서 이미 전부 설하였는데 왜 다시 설하며, 여기에는 어떠한 차별이 있는가?

앞에서 설한 것은 비록 비밀로 한다고 하여도 다시 비밀 가운데 비밀이 있어서 만일 이 법을 설하지 않으면 앞의 법을 통달하여도 성취할 수 없기 때문이다. 이것을 최고의 비요(秘要)로 삼는다. 만일 이것을 이해하고 사용한다면 세간의 온갖 만다라에서 모두 들어가지 못할 것이 없다. 그 작법[215]은 먼저 사방(四方)의 만다라를 만들라. 그 경계는 오직 갈마금강지인(羯磨金剛智印)[216]을 사용하여 주변을 두루 연결하여 이로써 그 도(道)[217]를 삼아라. 오직 하나의 문을 안치하는데 그 십자(十字)[218] 가운데에 다시 십자의 금강인(金剛印)을 만든다. 인은 앞과 같이 만들지만 십자인 것만이 다르다.[219] 이 십자를 가지고 꽃의 모양과 같게 하라. 그리고 십자의 금강인 위에 연화를 만들고 위로 반쯤 피게 하며, 그 꽃 위에 또 여덟 잎의 꽃을 안치하라. 즉 앞에서 설한[220] 오불·사보살의 방위와 같다. 마음으로 관상하여 9개의 점을 찍어야 한다. 즉 대(臺)와 여덟 잎 가운데 각기 하나의 점을 찍는다고 생각하라. 이 점이 바로 대공(大空)을 증득하여 정각을 성취한다는 뜻이다.[221]

또 그 대 위에 앞과 같은 열두 글자의 진언왕(眞言王)을 관상해야 한다. 그 글자를 하나하나 분별[222]하여 단 위에 안치하라.

다시 여쭈어야 한다.[223]

니 마땅히 잘 들어라."

215) 이하에서 만다라를 건립하는 작법을 밝힌다. 처음은 대일단(大日壇)이다.

216) 삼고(三鈷)금강저를 말한다.

217) 중앙계도(中央界道)를 말한다.

218) 십자(十字) 형태의 삼고금강저이다. 삼고금강저로 계역(界域)을 만든다.

219) 이 이하에 난탈이 있어 바로잡는다.

220) 『소』 5권에서 설한 바와 같다(대정장 39, 631 하).

221) 이 이하에 난탈이 있어 바로잡는다.

222) 열두 글자를 각 글자 각각 두루하게 안치하는 것이다.

"서로 연결해서 두어야 합니까? 차례를 어떻게 합니까?"

또 꽃 가운데에 종자를 안치한다고 하는 것은 연꽃 종사를 그리는 것을 말한다. 혹은 10개로 하는데 너무 많거나 모자라지 않게 하라. 그 여덟 잎과 중앙에 사각형과 원형의 만다라를 만들고 본존의 상을 그려야 한다. 부처님[오불]은 사각형의 단[方壇]이며, 보살[사보살]은 원형의 단[圓]이다. 이것은 다만 수행하는 사람이 자기를 위해서 만들어야 하며 다른 이에게 보이지 말게 하라. 만일 작법할 때[224]에는 스스로 단문(壇門)에 앉아 있으면서 스스로 관정 등의 법을 행하여야 그 다음에 모든 법사를 지을 수 있다. 이 일은 매우 비밀하게 해야 한다.[225] 다만 마음 속으로 이것을 만들고 한묵(翰墨)에 형상을 남겨서는 안된다.

또 사보살에서 보현은 손(巽), 문수는 곤(坤), 자씨는 건(乾), 관음은 간(艮)이 그 위(位)이다. 앞의 [『경』의 서분에서] 쭉 나열하여 설명한 대중[緣起列衆] 가운데에는 제개장(除蓋障)으로 관음을 대체하거나, 혹은 제일체악취(除一切惡趣)로 문수를 대체하기도 한다. 그 뜻은 각기 다르지만 결국 한 가지 일에 사용할 수 있다. 여기에서는 관음을 사용하는 것이 올바르다.

"이것이 최초의 비생단(悲生壇)임을 반드시 알아야 한다."

이 말은 앞에 속해야 할 것임을[226] 분별하여라. 세간과 출세간을 함께 그린다는 것은 이 동(同)을 또한 유(有)라 할 수도 있으니 말하자면 세간과 출세간에 있는 한량 없이 많은 만다라를 잘 듣게 하려고 하는 것이다.

□[227]을 움직여서 위[上]에 두어라.

경에, **"유출(流出)"**이라 하는 것은 다른 이가 이 비밀의 법을 잘 알게 되면 모든 세간과 출세간의 단(壇)이 모두 중앙으로부터 유출됨을 말한다.

---

223) 열두 글자를 안치하는 차제 등에 대해서 묻는다는 뜻이다.

224) 만일 다른 이를 위하여 작단(作壇)의 작법을 실행할 때에는 아사리 스스로 단문(壇門)에 앉는다.

225) 『소』 5권(대정장 39, 631 하)를 참조하라.

226) 『경』에 "최초의 비생만다라"라는 말은 앞에 속해야 한다는 뜻이다.

227) 사각형은 대일여래의 방단(方壇)이다.

뜻에 따라 상응하여 이해할 수 있다. 여기에서부터 모든 단을 유출하므로 모두 본 가르침에서 설한 바에 의거하여야 한다. 간략하게 네 가지의 비밀하게 건립하는 법이 있으니 이른바 사업[즉 이것이 처음부터 끝에 이르기까지의 연단(緣壇)의 갖가지 사업을 지어서 응하는 것이다]과 형(形)[이른바 본존 등의 형상과 색과 분단(分段)이다]과 실지(悉地)[즉 성취된 과(果)이다]와 안치하는 위(位)[즉 본존의 방위를 안치하는 것이다]이다. 이 네 가지 법을 잘 알면 곧 모든 유출하는 법에 통달한다[다시 여쭈어라].

"불자(佛子)"란 그 [불자]에게 말하는 것으로 금강수를 가리킨다.

이상으로 비로자나의 만다라(漫荼羅)를 마친다.

3) 불부(佛部)의 만다라

다음에는 최초의 정각자께서 처음으로 설하신 모든 부처님의 만다라를 밝히겠다. 바로 불부(佛部)이다.

이 불부의 만다라[228]를 건립하는 것은 다음과 같다.

먼저 원만다라를 만드는데 그 원은 달과 같고 가운데는 흰 조개색깔과 같다. 이 원 중앙에 먼저 백련화를 만들고 꽃 위에 삼각을 그려라. 이 삼각의 중앙은 적색으로 만들고 그 가운데 불상을 그려라[어떤 부처님을 그려야 할지 다시 여쭈어라]. 삼각을 둘러싸게 점을 찍는데 점은 표(表)이다[다시 여쭈어라]. 원의 바깥에 빙 둘러서 점을 찍는데[궁금한 것은 이 점 하나하나가 바로 본존의 위(位)인가 하는 것이다. 다시 여쭈어라. 혹은 종자를 안치할 수도 있다.] 삼각을 둘러싸게 해서 금강으로 이것을 둘러싸는 것이 도상과 같다. 그 외륜(外輪)에는 광명을 그려서 적을 물리치는 형상과 같게 한다.

"진언주(眞言主)"란 본존으로 몸 전체에 광명이 유출한다. **"광명이 두루하게 유출한다"**고 하는 것은 불신으로부터 광명이 유출하여 점차로 유포되어 삼각의 바깥에 이른다고 관상하는 것이다. 앞의 대단 가운데에도 역시 삼각인(三角印)이 있으나 이것과 사용하는 곳이 같지 않다. 앞의 것은 단지 인(印)이고 이 가운데 부처님을 안치하거나 혹은 인을 안치하며, 작법하는 데에 그것을 원만하게 갖춘다.

4) 연화부의 만다라

다음은 연화부(蓮華部)이다.

사각형의 만다라[方漫荼羅]를 건립하는데 안에 상카(商佉)를 그리고 상카 위쪽에 연꽃이 있다. 연꽃 위에 금강저가 있으며 금강 위쪽에 또 연꽃이 있고 연꽃 위에 관음보살을 안치하는데 혹은 인을 안치하거나 종자를 안치할 수도 있다. 모든 인 위에는 다 종자자를 안치해야 하는데 상카와 금

---

228) 『경』에서 해당되는 문구는 다음과 같다. "다시 비밀주여. 여래의 만다라는 마치 깨끗하고 둥근 달처럼 그 안에 상카(商佉)의 색을 나타낸다. 모든 부처님의 삼각(三角)은 하얀 연꽃에 머문다."

강 및 꽃의 위쪽[에 안치해야] 한다.

그 다음 원(院)에 대세지보살[大勢] 등을 안치하는데 광명이 고루 미치게 하며 의심을 일으키지 말라. 본종자로써 오묘하게 이것을 안치하고 종자를 만들어라. 빈 공간에는 칠백의 길상(吉祥)보살을 안치해야 하는데 하나 하나에 모두 두 명의 심부름꾼이 있다. 경전에서는 이것을 간단히 설명하였지만 그 자체는 따로 관음부의 법 가운데에 있으니 갖추어 실어야 하며 따로 상세하게 검토해야 할 것이다[다시 여쭈어라].

"명비자재주(明妃資財主)"는 자재하게 구하는 자에게 시여하는 것이다. 그리고 "대세지(大勢至) 등"은 법대로 만들어라. 득자재존(得自在尊)[229]을 만드는 데에는 표상(標相)의 인[230]을 지니게 하고, 훌륭하고 묘하게 이를 만들어야 하는데, 이를테면 법대로 만들어야 한다. 삼각 가운데에 마두(馬頭)관세음을 안치하고 사용할 수 있는 단(壇) 가운데 이것을 그려둔다. 그밖의 다른 존들도 역시 각각의 형색 등의 다름과 사각형 · 원형 · 반달모양 · 삼각형 등이 있다. 잘 맞추어 사용하는 것들은 모두 광본(廣本)과 같게 하는데 앞에서 말한 다섯 가지 일에 반드시 잘 통할 수 있어야 한다. 형(形)과 색(色)과 계인(契印)과 본존 및 위(位)가 바로 다섯 가지 일이

229) 대세지(大勢至)의 다른 이름이다.
230) 미부연화인(未敷蓮華印)이다. 미부연화란 중생들에게 잠재되어 있는 선의 싹을 상징한다.

다. 예컨대 본존을 그리는 데에는 어떤 색과 형상 등으로 만들어야 알맞고, 각각에게 인계는 있는가이다. 앞의 대비장생(大悲藏生)은 가회단(嘉會壇)이며, 지금 여기[231]에는 삼부(三部) 각각에 따라 다름이 있다. 이 가운데 연화부단(蓮花部壇)의 경우에는 중태(中胎)가 길상단(吉祥壇)이고, 관음을 주존으로 삼는다. 태(胎) 밖에는 빈 공간[空地]을 남기고 빈 공간 밖은 바로 제2의 좌위(坐位)이다. 여기에 모든 관음부의 존들을 안치하며, 그밖의 것은 모두 대단(大壇)을 건립하는 법과 같다. 그 빈 장소에도 역시 시방의 부처님을 안치하고, 그 제3의 좌위에도 팔부중 등을 안치하는데 앞에 준하여 이해할 수 있을 것이다.[232]

다음에 다시 마두만다라(馬頭漫荼羅)를 건립하려면 반드시 삼각[233] 가운데에 이것을 안치해야 한다. 삼중(三重)구조로 되어 있는데 그 만다라도 모두 이것에 따라 삼각으로 만든다. 삼중만다라를 건립할 때에는 하야(訶耶)[234]를 중앙에 두고, 관음을 옮겨서 대세지보살이 있는 곳에 두며, 그밖의 권속은 모두 마두보살을 둘러싸게 하고, 나머지는 모두 서로 빙 두르게 한다. 잘 생각하면 알 수 있을 것이다.

삼각의 중앙은 마치 태양이 떠올라 비치는 것과 같은데, 태양이 처음 떠오를 때에는 적황색이다. "명왕의 곁에 두고"라는 것은 대세지 옆에 있다는 말이다.

231) 보문(普門)의 가회단(嘉會壇)을 가리킨다.
232) 이하에 난탈이 있어 바로잡는다.
233) 중앙의 삼각 가운데 금강살타와 연화수보살을 두고 그 위에 마두(馬頭)를 둔다.
234) Skt. Hayagrīva. 음역하여 하야게리바(阿耶揭唎婆)·하야게리바(何耶揭唎婆)라 한다. 팔대명왕(八大明王)의 하나로서 태장만다라 삼부명왕(三部明王) 가운데 연화부(蓮華部)의 분노지명왕(忿怒持明王)이다.

5) 금강부의 만다라

다음으로 "제2의 만다라를 건립하라"고 하는 것은 연화부부터 헤아려서 연화부를 처음으로 삼으면 금강부는 제2부가 되는 것을 말한다.

"나는 이것을 올바르게 널리 설한다"고 하는 것은 잘 설한다는 것이니, 앞에도 아니고 뒤도 아니며[235] 다음에 의거하여 설하므로 제2부가 된다. 그 만다라는 사각형으로 만드는데 모두 금강저를 사용하라. 삼고금강저(三股金剛杵)를 가지고 계연(界緣)을 만들며 서로 접하여 이것[236]을 둘러싸게 하라. 둘레는 황색으로 하고 중앙에 연꽃을 안치하라. 연꽃 위에 병이 있는데 병이 흰 것이 마치 달빛과 같다. 혹은 오고금강저를 사용하여 둘레를 만들고, 혹은 다른 물건을 사용하여 이것을 둘러싸게 하라[그 존의 인에 따라 전전(展轉)하여 중심으로 삼으며, 또한 그 인과 같이 이를 둘러싸게 한다]. 그 병의 위에는 대풍(大風)이 있는데 반달 모양이다. 그 중앙은 검은 구름의 상태와 같다[마치 비올 때에 구름이 껴서 검게 드리운 것과 같다]. 그 아래의 모습은 깃발모양으로 큰 바람이 불어서 펄럭이며 흔들리는 것과 같다. 저 반달 가운데에 크게 타오르는 불처럼 삼각형을 만드는데 그 삼각도 역시 오고금강저로 둘러싸게 하라. 삼각의 중앙은 붉은 것이 태양이 처음 떠오를 때의 색과 같다. 그 중앙에 연꽃을 두는데 연꽃은 매우 붉은 색으로 겁재(劫災)의 대화재 때의 색과 같다[은근하게 진한 붉은 색이다. 혹은 검붉은 색[237]일 수도 있다]. 연꽃 위에는 금강을 그려라[혹은 본존의 형상을 그리거나 혹은 오고인(五股印)을 그리거나 종자를 쓴다]. 그 금강저에서 가지가지 불꽃을 유출한다. 형상을 그릴려면 심장 위에 종자의 글자를 안치하는데 그 종자는 훔(吽)자이다. 인을 그릴려면[238] 인 위에 종자자를 안치하는데 훔(訃)자를 관상하여 송하며 이

235) 연화부의 앞에도 없고 또한 지명원(持明院)보다 뒤에도 없다. 결국 연화부의 다음에 제2로써 설한다는 뜻이다.

236) 방단(方壇), 즉 사각형의 만다라단을 만든다는 뜻이다.

237) 적흑(赤黑)에 자색(紫色)으로 불꽃이 치성한 것을 나타내는 색이다.

238) 이하에 난탈이 있어 바로잡는다.

것을 가지하라.

"이것이 바로 너의 만다라이다"[239]라 하는 것은 부처님께서 친히 금강수에게 이것을 말씀하셨으므로 "이것이 너의 만다라이다"라고 말한다. 옛적에 모든 부처님께서도 모두 설하셨으며 나도 역시 이렇게 설한다. 모든 명왕[240]에게 각기 [앞의 「구연품」에서 설명한] 것[本]에 의거하면 좌(坐)와 종류의 형색이 있다. 금강모(金剛母)·금강침(金剛針)·금강쇄(金剛鏁)의 종류와 수많은 금강의 권속들이 각기 본존에 따라 형색에 차별이 있으므로 형상을 그리거나 인을 만들거나 종자자를 안치할 때에 각기 그 법의 차제에 따라 상응하게 하라. 묘한 실지를 성취하고자 이것을 안치함에 금강수를 중태(中台)로 삼고 모든 부류를 제2원으로 삼는다. 이들 모두가 중태(中台)를 설하면 전전하여 한량없이 많은 단이 만들어진다. 먼저 말한 자를 오른쪽에 안치하고 나중에 말한 자를 왼쪽에 안치하라. 문을 여는 데에 따라 좌우를 판별한다.

6) 지명원(持明院)의 만다라

"또 다시 내가 말한 금강집자재자(金剛執自在者)"[241]라 하는 것은 내가 앞의 [구연품]에서 설명한 수많은 금강의 다른 이름들을 가리킨다. "자재"라 하는 것은 금강에 있어서 자재를 얻은 것이다. 앞의 대비장대회(大悲藏大會) 가운데 비로자나의 아래, 부동(不動)과 항삼세(降三世)의 중간에 모든 금강

239) 『경』에는 "옛 부처님께서도 이 법은 근용(勤勇)의 만다라라고 설하신 것이다"로 되어 있다.

240) 권속을 밝히고 있다. 『경』의 "부모(部母)와 상게라(商羯羅)와 금강부주(金剛部主)와 금강구(金剛鉤)와 소지(素支)와 대덕지명왕(大德持明王) 모두가 이 대만다라 가운데에서 인(印)과 단(壇)과 모든 불자(佛子)의 형(形)과 색(色)이 있으므로 각각 다음과 같이 종류에 따라 상응해야 모든 업을 잘 성취하리라"라는 구절에서 모든 명왕이 열거되고 있다.

241) 이하에서 십육집금강을 설한다. 허공무구부터 무량허공보까지이다.

을 그리라고 하고서 아직 이름을 열거하지 않았는데 지금 이름을 열거하였다. 그래서 "또 다시"라고 말한 것이다. 모든 금강의 이름은 다음과 같다.

허공무구금강(虛空無垢金剛)·금강륜(金剛輪)·금강아(金剛牙)·소나다금강(蘇喇多金剛)[오묘하게 머묾이다. 즉 함께 머물러 안은한 것을 말한다.]·명칭금강(名稱金剛)·대분(大分)[242][큰 것의 부분을 말한다. 즉 대심중생(大心衆生)의 체분(體分)이다]·금강리(金剛利)[243][매우 신속하고 예리하다는 칭호이다]·적연금강(寂然金剛)[적정(寂靜)의 뜻으로 열반의 뜻과 같다]·대금강(大金剛)[이름이다]·청금강(青金剛)·연화금강(蓮華金剛)·광안금강(廣眼金剛)·집묘금강(執妙金剛)·금강금강(金剛金剛)[혜(慧)이다. 금강으로 홀로 명칭을 삼았다]·무주희론금강(無住戲論金剛)·허공무변유보금강(虛空無邊遊步金剛)[이상 명칭을 나열하였는데 각기 한 곳에 둔다. 대단(大壇) 가운데 두어서 이들을 안치하라.]

이 단은 전체적으로 삼매야형[印]을 가지고 건립한다. 이와 같은 단에는 사각형과 원형 등이 있는데 앞에 의거하여 그 색을 따르고 형상도 역시 이와 같게 하라. 명칭에 의거하여 순서대로 만들어서 골고루 미치게 하고 다시 시작하라. 백·황·적·흑 등 문상의 차례에 따르는데 가장 앞에 있는 것이 백이고 다음에 황, 다음에 적, 다음에 흑이고, 다음이 또 백이며 이와 같은 차례대로 하라. 그리고 모든 설명하지 않은 것들은 여기에 준하여 견주어 이해하라. 그 본류(本類)의 형색에 따라 이것을 만들어라. 이 금강에 열 불국토의 티끌의 수가 있으며 앞[의 「구연품」]에서 열거한 대중들이 이 가운데 서로 출몰하여, 혹은 여기에 있거나 저 가운데에는 없으니, [잘 살펴보면] 알 수 있을 것이다. 또 이들 금강이 지니는 인(印)은 삼고(三古)이거나 일고(一古)[바로 침(針)이다]이다. 이것들을 앞의 차례에 준하여 처음에 삼고(三股)를 만들어 골고루 미치게 하고서 다시 시작하라. 혹은 [금강저의] 양 끝은 오고(五股)로 하고 이 인으로 빙둘러싸게 하여 사렴상(四鐮狀)[244]으로 만드는데 사금강(四金剛)과 같다. 그 중의 하나를 오고의 형상

---

242) 『소』에는 '分'으로 되어 있으나 『경』에는 '忿'으로 되어 있다.
243) '利'가 『경』에는 '迅利'로 되어 있다.

과 같게 하되 벌리지 않는다.

"만(鬘)"이라 한 것은 지금강의 만이다. 이들 금강은 각기 그 본명칭을 진언으로 삼는다. 즉 이 명칭의 가장 윗글자를 종자로 삼는다. 다음에 [각 존마다 각기 다른] 별자(別字) 및 통용(通用)[되는 부(部)]에 따라 각 심장 위에 훔(吽)[245]자를 안치한다. 그 수인은 앞의 오고금강인을 통틀어 사용하라.

"부동존(不動尊)의 만다라는 풍륜(風輪)과 화륜(火輪)을 갖추고 있다."

풍은 반월을 말하고 화는 삼각을 말하니, 반월단(半月壇) 가운데에 삼각을 그리라는 말이다. 그려놓은 삼각 가운데에 부동존을 만들어라. "니리디(泥哩底, Nairṛti)의 방향에 있다"고 하므로 비로자나의 서남쪽에 만들어라.[246]

그런데 이 부동존의 만다라를 다르게 만들면 부동존을 중앙에 두고 비로자나를 중원(中院)의 동쪽에 두며 다른 권속은 주변을 빙 둘러 에워싸게 한다.

"항삼세는 특별히 달라서"[247]라 하는 것은 풍방(風方 : 서북방)에 있는 것을 말한다. 이것을 다른 것으로 삼으며 그밖에는 부동존과 같다. "삼처(三處)"는 금강으로 이를 둘러싸게 하라[쥐고 있는 삼매야형을 말한다]. "삼처"란 혹은 형상을 만들거나 혹은 인계를 결하거나 혹은 종자이다.

7) 불모(佛母)의 만다라

다음에 불모의 만다라를 설명하겠다.

먼저 만다라를 만드는 것을 설명한다. 금색으로 사방을 그리고 금강[248]

---

244) 갈구리 형태의 칼날을 가진 무기이다. 네 종류의 무기를 한데 모아놓은 듯한 형태를 가리킨다.

245) 훔(吽)자가 일반적으로 통용되는 종자이다.

246) 이하에 난탈이 있어 바로잡는다.

247) 『경』의 게송은 다음과 같다. "항삼세는 특별히 달라서 이른바 풍륜(風輪) 가운데에 있고 금강인으로 둘러싸야 하며 또한 삼처(三處)에 머문다."

으로 계(界)를 삼아 빙 둘러라. "가장 뛰어난" 것이란 존형(尊形)이다.[249] 앞서 만다라형을 포치하는 데에서 먼저 알아야 할 것이 있다. 금색으로 단지 이름만 나열하고 아직 존형과 인을 설명하지 않았는데 지금 이것을 열거하여 여기에서부터 설명할 것이다. 이 불모의 만다라는 모든 만다라 중에서 가장 뛰어난 것으로 삼는다. 다음에 만다라 중앙에 연꽃을 만드는데 황색으로 불꽃이 있으며 연꽃 위에 불정(佛頂)의 인을 만들어라.

그 인은 불정계(佛頂髻)의 형상과 같으며 정수리를 높고 두텁게 하고 곁에 두 눈의 형상을 그린다.

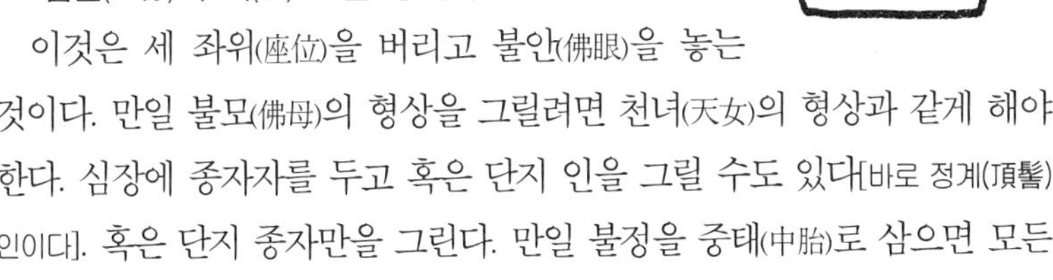

"삼분(三分)의 위(位)[250]를 놓아버려라."

이것은 세 좌위(座位)을 버리고 불안(佛眼)을 놓는 것이다. 만일 불모(佛母)의 형상을 그릴려면 천녀(天女)의 형상과 같게 해야 한다. 심장에 종자자를 두고 혹은 단지 인을 그릴 수도 있다[바로 정계(頂髻)인이다]. 혹은 단지 종자만을 그린다. 만일 불정을 중태(中胎)로 삼으면 모든 불안 등을 권속으로 삼아 주위를 둘러싸게 하라.

"부처님의 몸은 언제나 불꽃광명 가운네 머물게 하고 종지를 포치하라."

이 인이 불꽃광명 가운데에 머무는 것을 말하며, 그 가운데에 종자를 두는 것이다. "종자를 포치하라"고 하는 것은 단 가운데에 두루 종자를 펼쳐 안치하는 것을 말한다.

8) 모든 보살의 만다라

앞[251]에서 설명한 보살부(菩薩部) 가운데 아직 설명하지 않은 것을 지금

---

248) 삼고금강저(三股金剛杵)이다.

249) 『소』에는 이하에 '自上者'라는 글자가 있으나 글의 전개에서 불필요하므로 빠뜨렸다.

250) 변지존(遍知尊)과 불모존(佛母尊)의 두 좌위를 제외한 바깥에 불안을 안치하는 것을 말한다. 앞의 두 존에 불안존을 더하면 삼분의 위가 될 수 있다.

251) 「구연품」을 가리킨다.

다시 말하겠다. 무릇 이 모든 보살들은 반드시 만다라를 만들어야 한다. 반드시 원명의 형상을 만드는데 매우 희고 깨끗하게 하라.[252] 매우 흰색은 적정(寂靜)의 색이다. 매우 밝고 깨끗하며 적연하게 해서 머물게 해야 한다.

가운데에 십자(十字)의 대(臺)[253]를 만들고 대 위에 큰 진타마니(眞陀末尼)[254]를 둔다. 각각의 표치를 두고 구슬[진타마니]을 받드는 표치와 같게 하며 그 끝에 모두 여의주를 놓는데 매우 빛나는 불꽃이 있다. 그 본존보살을 십자 중앙에 안치하고 그밖의 모든 보살을 다음 원 중앙에 두며 차례대로 나열하라. 다시 바깥에 팔부(八部)를 놓아라. 이들 보살은 모두 온갖 원을 베푼다.

9) 석가의 만다라

다음에 석사자(釋師子)의 만다라를 만드는 데에는[즉 석가이다. 잘 들어라. 불자(佛子)여] 반드시 금강을 만들고 사방에 두루하게 해야 한다[이 금강은 바로 앞에서 설명한 오륜(五輪) 가운데 금강륜(金剛輪)의 사각형단[方壇]이다. 두루하게 하라는 것은 정사방(正四方)을 가리킨다]. 그 단은 황색으로 매우 선명하고 좋게 하라. 중앙에 금강저를 그려라[삼고저로 만든다]. 금강저 위에 연꽃을 안치하라. 연꽃은 황색이며 그 꽃 위에 바루[鉢]를 두는데 바루의 네 변에 전부 불꽃광명이 있다. 만일 부처님의 형상을 만들려면 석가모니불을 그려야 한다. 바루를 지니게 하고 또 금강으로 이를 에워싸게 하라. 오른쪽에 가사(袈裟)를 두고[승가리(僧袈梨)[255]이다] 왼쪽에는 석장(錫杖)[256]을 두어라.

---

252) 이하에 난탈이 있어 바로잡는다.
253) 『의석』에는 십자의 금강저로 되어 있으므로 곧 갈마저(羯磨杵)를 가리킨다.
254) 여의주(如意珠)를 뜻한다.
255) 승가리(僧伽梨, Saṅghāti)는 중의(重衣)·대의(大衣)·잡쇄의(雜碎衣)라 번역한다. 9조(條)부터 25조까지 있으며 마을이나 궁중에 들어갈 때 입는 가사의 일종이다.

다음에 오불정(五佛頂[257])에서 저 "백산불정(白繖佛頂)"은[258] 일산[繖]을 인으로 삼으며[이것을 그려라] 좌에 안치하고 좌 위에 인[259]을 두어라. 또한 본부(本部)에 의거하면 불부일 경우에는 일체의 방향이며, 혹은 사업에 의거하면 식재는 원형 등이다.

"승불정(勝佛頂)"은 칼[刀]을 에워싸게 하라. 널리 빛나며 모두 유출하는 것이 마치 쇠를 녹일 때의 불꽃과 같다[붉은 불꽃 광명을 말한다]. 만일 [다른 경궤 등에서] 설명한 곳이 있으면 곧 그 문장에 의거해야 한다. "최승불정(最勝佛頂)"은 윤(輪)을 인으로 삼는다.

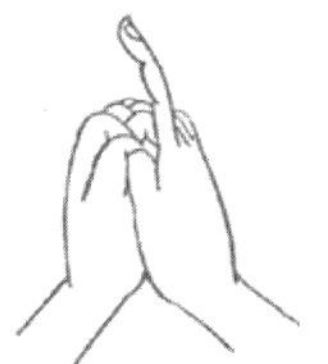

제장불정인

"제장불정(除障佛頂)"은 갈구리를 인으로 한다[꺾어 부순다는 뜻이다]. 화취불정(火聚佛頂[260])은 부처님 정수리의 상투 모양으로 그려라[선무외대사(大士)는 금강이라 불렀다]. 회통대불정(會通大佛頂)은 금강저를 인으로 삼는다. 아비발생불정(阿毘發生佛頂)·게다불정(揭多佛頂)[이것은 최승존(最勝尊)의 뜻이다]은 모든 것의 초월을 상징하는 연꽃을 인으로 삼는다. 무량음불정(無量音佛頂[261])은 가패(珂貝)를 인으로 삼아라[상카(商佉)를 말한다]. 색의 종류는 관찰하면 알 수 있을 것이다[앞에서 설명한 것과 같다]. 부처님의 "호상(毫相)"은 여의주를 인으로 삼으며 이것을 인만다라(印漫荼羅)라고 부른다. 이 인법들은 관정하는 데 필요한 성취물 등에 사용하

---

256) 석장은 비구십팔물(比丘十八物)의 하나로서 수행자를 독충으로부터 보호하고 걸식할 때에 자기의 존재를 보시자에게 알리기 위하여, 또는 나이든 수행자의 보행보조 등으로 사용되는 것이다.

257) 오불정(五佛頂)은 오정륜왕(五頂輪王)·여래오정(如來五頂)이라고도 한다. 여래무견정상(如來無見頂相)의 공덕을 갖춘 제존을 가리킨다. 본문은 『경』의 "다섯 종류의 여래정(如來頂[1])에 대해 잘 들거라. 지금 설명하리라"는 구절에 해당된다.

258) 이하에 난탈이 있다.

259) 일산을 가리킨다.

260) 『경』의 "대사정(大士頂)은 계상(髻相)인데 이것을 화취인(火聚印)이라고 한다"는 구절에 대한 해석이다.

261) 『경』에는 "무량성(無量聲)"으로 되어 있다.

는데 그 식재 등은 형색에 따라 바꾸며 여기에 사용하는 것이 아니다. "성취"는 모두 본존을 중앙에 안치하고 색깔의 종류를 백·황·적 등으로 관하는 것을 말한다. "불안(佛眼)"은 반드시 불정계(佛頂髻)의 형상으로 만들어야 하며 양쪽에 눈을 두고, 그 불정은 황색이며, 금강저를 에워싸게 하라. "무능승명비(無能勝明妃)"는 지련인(持蓮印)이다.[262)] [공지(空指)와 풍지(風指)로 연꽃을 쥐고 다른 손가락은 편다. 연꽃을 잡은 손가락은 심장을 향하며 그 앞에 머물게 한다]

"무능승왕(無能勝王)"[263)]은 구인(口印)을 지어서 검은 연꽃 위에 둔다. 말하자면 분노구(忿怒口)를 그려 만드는데 그 입은 두 어금니가 위로 삐져나온 모양이다.

이들 모든 위(位)는 석가모니불을 중앙으로 하면 불정 등은 죽 나열하여 두고 다음 원(院)에 머물게 하라. 만일 낱낱 본존에 따라 그 하나를 취하여 만다라의 주(主)로 삼으려면 석가모니불을 바깥으로 옮겨두어라. 그밖의 모든 것은 예로써 이해할 수 있을 것이다. 만일 모든 존에 인(印)이 있으면 문장에 의거하여 안치하고, 만일 근거가 되는 문장이 없으면 본부주(本部主)의 인을 가져다 이것을 안치하라. 오직 종자의 글자를 동일하게 하라.

다음으로 정거천(淨居天)의 인을 설명하겠다.

경에 "정경행(淨境行)"[264)]이라 하는 것은 선정[265)]을 미(味)로 삼고 청정한 범행[淨]을 행(行)으로 삼는다고 말하는 것이다. 그 인을 지금 이후에 나열하겠다. "사유수(思惟手)[266)]"는 지지(地指)와 수지(水指)의 끝을 조금 구부

---

262) 『경』의 "무능승비인(無能勝妃印)은 손에 연화를 가지고 있으며"라는 구절에 대한 해석이다.

263) 『경』의 "무능승(無能勝)은 큰 입을 하고서 검은 연꽃 위에 앉아 있다"는 구절에 대한 해석이다.

264) 『경』에는 "정경계(淨境界)의 행"이라고 되어 있다.

265) 사선(四禪)·팔정(八定)을 가리킨다.

266) 이하에서 오수(五手)를 설한다. 오수는 정거천(淨居天)의 다섯 종류 인계이다. 즉 ① 사유수(思惟手)는 소지와 무명지를 구부리고 나머지 세 손가락을 펴서 삼발이 모양을 만들고 손끝을 조금 구부린채로 손을 안으로 향하게 굽히는데 검지를 뺨에 대게 한다.

려서 손바닥을 향하게 하고 나머지 세 손가락을 펼쳐서 삼기장(三奇杖)과 같게 하며, 조금 손가락 끝을 옆에 붙이고 손을 구부려 안쪽으로 향하게 하며 집게손가락으로 빰을 가리켜라. "선수(善手)"[267)]는 묘하고 좋[은 손이라]는 뜻이다. 손으로 시무외인을 하는 것을 말하는데 대개는 왼손을 사용하지만 오른손으로도 할 수 있다. "소수(笑手)"는 사유수를 돌려서 심장 앞에 대고 세 손가락을 위로 향하게 하라. "화수(花手)"는 풍지와 공지로 연꽃을 잡고 세 손가락을 펴며 그 세 손가락이나 손바닥을 위로 받들어서 펼친다. 혹은 세워서 펼칠 수도 있다. "허공장(虛空掌)"은 오른손을 곁에 붙이고 손가락을 벌려 공중에 머물게 하라.[268)] 그 인계를 그리는 법칙에 의거하여 인계를 그린다. 이들 천은 소수를 결하거나 사유수를 하거나 혹은 여원인을 결하는 것이 모두 가능하다.

다음에 "지신인(地神印)"은 보병(寶甁)으로 만들어라. 둥글고 흰 그 병 가운데에 온갖 보배・곡식・꽃・열매 등을 꽂아서 병을 장엄하고 삼고금강저[金剛]로 병을 에워싸라.

"청소화천인(請召火天印)"은 오른손을 곁에서 펴고 그 풍지의 셋째마디를 조금 구부리며 또 공지의 윗마디를 구부려서 손바닥을 향하게 한다. 먼저 곧게 한 다음에 구부리는 것은 청소인[請召]이고, 먼저 구부린 다음에 도로 펴는 것은 발견인[發遣]이다. 모든 "대선(大仙)"[의 인계]로 이것을 둘러싸게 하는데 말하자면 가섭(迦葉)[269)]・구담선(瞿曇仙, Gautama) 등[의 인계]는 모두 다

발견인

② 선수(善手)에서 선(善)은 묘호(妙好)의 뜻이다. 즉 시무외(施無畏)를 말한다. 좌우의 손이 모두 가능한데 일반적으로 왼손을 많이 쓴다. 보화천자(普化天子)의 인이다. ③ 소수(笑手)는 사유수를 움직여 심장 앞에 대고 엄지와 검지, 중지를 위로 향하게 한다. 광만만천자(光鬘曼天子)의 인이다. ④ 화수(花手)는 엄지와 검지로 꽃을 잡고 나머지 세손가락과 손바닥을 받드는 모양으로 편다. 변음천자(遍音天子)의 인이다. ⑤ 허공수(虛空手)는 오른손의 손가락을 펴고 공중에 둔 것처럼 한다. 원문천자(遠聞天子)의 인이다.

267) 이하에 난탈이 있어 바로잡는다.

268) 이상 인계에 대하여 『소』에서는 할주로 표기되었으나 내용상 본문으로 바꾸었다.

음에 그려라.[270)]

구담선(瞿曇仙)은 허공 중에서 욕심을 내자 두 물방울이 오염되었고 이로 인해서 지상에 내려오게 되었다. 땅에 내려와서는 감자(甘蔗)를 키워 햇빛에 구워먹었으며 두 아들을 낳았다. 석가족의 왕이 된 자가 바로 이 자이다.[271)] "말건나(末建拏, makaranda)"는 좌선하는 도중에 개미가 온 몸에 퍼졌으나 개미를 손상시킬까봐 다시 선정에 든 자가 바로 이 자이다. "갈가선(竭伽仙, Garga)"은 산(山)의 명칭이다. 머무는 장소에 따라 이름을 얻었다. "바사선(嚩私仙)"[272)]은 바로 옛적에 바수선인(婆藪仙人)이라고 한 자이다. "앙갈라사(鴦竭羅私)"는 몸에서 나는 땀과 진액이라는 뜻이다. 이 선인은 어머니의 태에서 태어나지 않고 땀과 진액에서 태어났기 때문에 이러한 이름을 얻었다.

이들은 모두 화원(火院) 가운데 있다. 화원은 바로 삼각단(三角壇)인데 그 가운데 적색이 있으면 적원(赤院)이라 부른다. 그 인(印)은 앞[273)]에서 오통선인(五通仙人)에게 네 가지 베다[圍陀]의 인을 설명하였는데 바로 이것이다. 이것은 범행자(梵行者)가 비밀하게 기록한 것인데 만일 베다를 송하는 자가 이 수인을 보면 이것은 어떠한 논이고 어떠한 부(部) 등인가를 알 수

---

269) 가섭선(迦葉仙)이라고 한다. 범명은 Kāśyapa. 또는 가섭파선(迦葉波仙)・가섭파선(迦攝波仙)이라 한다. 고대 인도신화 중의 선인의 명칭. 아타르바베다에 보이는 7대 선인의 하나이며, 불교경전중에서는 10대선인・12대선인 가운데 하나이다. 밀교에서는 화천(火天)의 권속이다.

270) 이하에 난탈이 있어 바로잡는다.

271) 구담선에 대한 설명에서 앙갈라사에 대한 설명까지 『소』에서는 할주로 되어 있으나 내용상 본문으로 바꾸었다.

272) 바사타(婆私吒)는 범명이 Vasiṣṭha이다. 태장만다라 외금강부의 동방에 위치하며 형상은 몸이 백육색(白肉色)이며 선인(仙人)의 모습으로 상체를 노출하고 오른손으로 연화를 지니며 주먹을 쥐어 허리에 대고 있다. 왼손을 구부려 수주(數珠)를 쥐고 있으며, 왼쪽 무릎을 세우고 원좌(圓座)에 앉아 있다. 삼매야형은 수주만(數珠鬘)이며 종자는 va이다. 또한 허공장원(虛空藏院) 천수관음의 왼쪽 협시이며, 관음 28부중의 하나이다. 형상은 육색(肉色)으로 고행하는 선인의 모습이다. 오른손을 들어 탄지(彈指)하는 것처럼 하며 왼손으로는 선장(仙杖)을 세운채 들고 있다. 삼매야형은 선장이며 종자는 rṣaṃ이다.

273) 『소』 13권 말미 부분에 나오는 내용이다. 대정장 39, 721 상 참조.

있다.

남방의 "염마왕(閻摩王)"은 반드시 "풍단(風壇)"274)으로 만들어야 하며 단 가운데에 "단다인(但荼印)"275)을 그려라. [또한 이 인 등과 이 단의 한 모서리는 몸을 향하게 하고 다른 한 각은 밖을 향하게 하라. 혹은 그 편리한대로 안치하라.] 염마왕의 오른쪽에는 "사후(死后)"를 그리는데 "영(鈴)"276)을 인으로 삼는다. 형상을 그릴려면 곧 이 영을 지니게 하라. 왼쪽에는 "흑암후(黑暗后)"277)를 그리는데 당(幢)을 인으로 한다[이 당은 산스크리트로 계도(計都, Ketu)라 하는데 깃발이다]. "대자재분노(大自在忿怒)"는 "수라인(輸羅印)"278)을 만들며, "대자재자(大自在子)의 후(后)"279)는 "삭디인(鑠底印)"280)을 한다. "대범천명비(大梵天明妃)"에게는 "연인(蓮印)"을 만드는데 아직 피지 않은 연꽃이다. "나라연(那羅延)"281)에게는 "윤인(輪印)"을 만들고, "칠모(七母)"에게는 동일하게 "몰벽나인(沒蘗羅印, mudgara)"을 사용하라. 이러한 것이 바로 [이들의 인계]이다. "구베리야(俱吠離耶, Kauveliyā)"에게는 정골인(頂骨印)을 만들라. 비사문의 방향에 있는데 이것은 두개골[髑骨]이다. 소수(笑手)를 한 상태에서 이것을 지니게 하라[말하자면 수지와 지지를 구부려 손바닥에 넣고 나른 세 손가락을 벌려라. 소수를 한 상태와 같게 하고 정골(頂骨)에 댄다. 바루를 지니는 모습과 같다].

이들은 모두 풍륜에 머물게 하고 칠모 등으로 에워싸게 한다[염마왕의 부

274) 반월단(半月壇)을 가리킨다.
275) 단다는 Skt. daṇḍa이며, 봉(棒)을 뜻한다.
276) 『경』에는 "몰율디(沒栗底)는 영인(鈴印)이다"로 되어 있다. 몰율디(Skt. mṛtyu)는 사천(死天)의 뜻이다.
277) 범명이 Kāla-rātrī이다. 또는 흑암천(黑暗天)·암야천(暗夜天)이라 한다. 이 존은 태장만다라 외원 염마천의 서쪽에 위치하며 염마왕(閻摩王)의 후비(后妃)이다.
278) Skt. Sūla. 독고극(獨鈷戟) 또는 삼고극(三股戟)이다.
279) 구마리천(俱摩利天, Kumārī)을 말한다. 또는 구마리천(鳩摩利天)·구마라천(俱摩羅天)·교마리천(憍摩利天)이라고 한다. 대자재천의 권속의 하나이다. 태장만다라의 외금강부원 서방의 범천녀(梵天女)의 왼쪽에 위치한다. 전신이 육황색(肉黃色)으로 왼손에 칼을 들고 오른팔꿈치를 올려서 벌리고 손바닥을 세워서 중지와 소지를 구부리며 식지를 갈구리처럼 한다. 그 삼매야형은 창이다.
280) Skt. Śakti. 창[戟]의 의미이다.
281) 『경』에는 "비슬녀(毘瑟女)"로 되어 있다.

류는 모두 풍륜 속에 둔다]. 칠모 등의 권속은 독수리·여우 및 파서조(婆栖鳥)[282][올빼미와 비슷한데 조금 작고 황토색이며, 머리 위에 뿔처럼 난 털은 적황색이다. 새매의 종류인데 이 새에게 몸을 숨기는 법이 있다고 한다]이다. 만일 꽃을 쥐었으면 이 새 등에게도 역시 칠모의 진언을 지니게 하라. 이들에게는 각기 따로 지송하는 법이 있다. 지금 이들을 만다라의 모임에 넣기 위하여 모두 다 이렇게 장엄한다.

"니리디(泥哩底)"의 방향에는 "대도인(大刀印)"을 만들어야 한다. 나라연천에게는 윤인(輪印)을 만들고[앞과 같다], "구마라(俱摩羅)"에게는 "삭디인(鑠底印)"을 만들어라[대자재(大自在)의 아들이다]. "난타용왕의 형제"[283]에게는 "운인(雲印)"을 만들고[구름 속에서 벼락이 친다. 또 물[水]의 형상이 있으며 [용왕의 형제들을] 함께 단문(壇門)의 곁에 둔다], "상갈라(商羯羅)"에게는 삼극인(三戟印)을 만들며, 상갈나후(商羯羅后)에게는 발치인(鉢致印)을 만든다. "월천(月天)"에게는 흰 병을 만드는데 아울러 연꽃이 있다. "일천(日天)"에게는 "거로인(車輅印)"을 만들어서 금륜(金輪) 가운데 둔다[금륜이란 바로 정사각형 모양의 단이다]. "사야(社耶)[284]와 비사야(毘社耶)[285]"에게는 "궁인(弓印)"[286]을 만들어라[또한 금강륜 가운데 둔다. 활의 옆에는 반드시 화살이 있어야 한다]. "풍천(風天)"에게는 풍

282) 파서조(婆栖鳥)는 올빼미와 비슷하나 약간 작고 황토색이며 부리 역시 황색으로서 매과에 속하는 새이다. 이 새에게는 몸을 숨기는 법이 있다고 하며 까마귀[烏]·독수리[鷲]·야간[野干] 등과 함께 모두 염마천(焰魔天)의 풍만다라(風曼荼羅)를 둘러싸고 있다.

283) 난다용왕(難陀龍王)은 호법용신의 대표자이다. 발난다용왕(跋難陀龍王)은 난다의 형제로서 청우경만다라(請雨經曼荼羅)에서 두 용왕이 중심이 된다. 또한 『대방광보살장문수사리근본의궤경』에 의하면 '하나는 난타이며, 두 번째는 발난타인데 왼손으로 연화의 줄기를 잡고 오른손으로 정례하며 여래를 우러러 본다. 반은 사람의 모습이고 반은 뱀의 모습과 같다. 몸은 흰색이고 온갖 장엄을 갖추었다'고 두 용왕의 모습을 알려주고 있다.

284) 범명 Jayā, 또는 서야(誓耶)·사야(社耶)·자야(者耶)·반자야(半者耶)라 한다. 의역하여 작승(作勝)이다. 사자매녀천(四姉妹女天)의 하나로서 문수보살의 권속이다.

285) 범명 Vijayā. 사자매녀천의 하나.

286) 『경』에서 해당되는 문장은 다음과 같다. "사야(社耶)와 비사야(毘社耶)는 대력자(大力者)임을 마땅히 알라. 대궁(大弓)의 인을 갖추고 있으며 인다라륜(因陀羅輪)에 머문다."

당인(風幢印)을 만들고 "묘음천(妙音天)"에게는 비파인(琵琶印)을 만들며, "바로용(嚩嚕龍)"[287]에게는 견삭인(羂索印)을 만드는데 앞[288]과 같다. 원만다라(圓漫茶羅)를 만들면 본종자의 자를 가져다 이것을 둘러싸게 하라. "대아(大我)"는 곧 집금강을 가리킨다.

이상과 같은 것은 표인(標印)을 간략히 기록한 것이다. 만일 자세하게 하자면 법대로 온전하게 갖추어야 할 것이다. 저 부류들에는 각기 자체의 진언과 따로 행하는 법이 있다.

이상이 석가부류(釋迦部類)의 행법이다.

10) 문수보살의 만다라

이하에서는 [문수]보살의 만다라를 밝히겠다.

이것은 대단(大壇) 제2중의 모든 보살의 위(位)이다. 문수보살의 만다라는 정사각형이고 금강을 갖고 에워싼 것을 앞과 같게 하며 이 가운데에 삼각을 만들어라. 불이 뿜어나오는 것이 이것이다. 삼각 가운데에 청련화인(青蓮花印)을 만들라. 종자의 글자와 진언의 글자를 이 가운데에 안치하라. 이것을 송하여 그 가운데에 가득하다고 관상하라. 단지 가운데에 이것을 안치하는 것만이 아니라 네 변에도 안치한다.

법다웁게 종자의 글자를 가져다 종자로 삼는다. 즉 이 글자를 안치하여 종자로 만든다. 그 삼각 안의 옆 계변(界邊)에 주위를 빙 둘러 작은 청련화를 만들고 이것으로 큰 청련화의 인을 에워싸게 하라. [작거나 큰 청련]인을 만드는 이유는 이 존의 법문의 의취(義趣) 등을 알려주기 위해서이다. 각 형상과 색 등에 따라 관하여 비밀한 뜻[289]을 알아야 한다. 그 가운데에 이

287) Skt. Varuṇa. 수신(水神)이다.

288) 『소』 14권(대정장 39, 721 하)을 가리킨다.

289) 그 존의 본서(本誓)와 삼매 등이다.

인을 결하고 다음과 같이 이것을 만들어라.

"구용(勤勇)"이란 바로 문수보살이니 푸른 연꽃 종자 등을 법다웁게 차례대로 만들고 형상과 색에 따라 이것을 관하여 비밀한 뜻을 알아야 한다.[290)]

"광망동자(光網童子)는 구인(鉤印)으로 하고"[몸에 갈구리는 지니는 인을 만든다.]

"보관동자(寶冠童子)는 [보인(寶印)을 지니며]"[보배 지니는 것을 인으로 삼는다.]

"무구광동자(無垢光童子)[291)]는 [아직 피지 않은 푸른 연꽃이다]"[아직 피지 않은 푸른 연꽃을 지닌다].

"지혜를 지닌 자"[292)]는 바로 문수이며, 구덕(具德)이라 이름할 수도 있다.

"설명한 모든 사자(使者)"는 바로 문수보살이 설명한 사자들이다.

"지송하는 자는 상응하는 바와 같이 그 인을 알고 나서 법과 상응하게 결해야 한다"는 것은 이하의 동녀(童女)에 관련된 것이다.

계설니인

"계설니(計設尼)는 [도인(刀印)이고]"[큰 칼을 인으로 삼는다.] "작은 계설니[우파(優波)는 수라인이며]"[수라(輸羅)[293)]를 인으로 삼는다.] "잡색사자(雜色使者)[질달라(質怛羅)는 장인(杖印)이고]"[장(杖)을 인으로 한다.] "지혜(地慧)는 [당인(幢印)으로 한다]"[당(幢)을 인으로 한다]. "초소사자(招召使者)[294)]는 [앙구시인(鴦俱尸印)[295)]으로 한다.]"

290) 이하에서 문수보살을 호위하는 팔대동자를 열거한다. 명칭에 약간 다름이 있지만 광망(光網)・지혜당(地慧幢)・무구광(無垢光)・부사의혜(不思議慧)・청소(請召)・계설니(髻設尼)・구호혜(救護慧)・오파계설니(鄔波髻設尼) 등이다.

291) 범명 Vimala-prabha. 태장만다라 문수원(文殊院)의 중존 문소보살의 오른쪽 제3위의 보살이다. 무구광동자(無垢光童子)라고도 한다. 문수보살의 권속 팔대동자의 하나이다. 문수의 필경공(畢竟空)의 이치를 주로 하며 본성이 청정무구하여 밖으로 광명을 내기에 무구광보살(無垢光菩薩)이라 칭한다. 밀호는 이진금강(離塵金剛)이고 종자는 tra이며 삼매야형은 미부청련(未敷靑蓮)이다. 형상은 동자의 모습으로 오른손에 마노(瑪瑙)의 보배발우를 지니고 배꼽 아래에 두고 있다.

292) 『경』에는 "묘음구대혜(妙音具大慧)"라 한다.

293) 수라(輸羅)는 Skt. śūla. 즉 병기(兵器) 가운데 창을 말한다. 수라인(輸羅印)은 바로 창 모양의 인상이다.

294) 소청동자(召請童子)를 말한다. 범명은 Ākarṣāya 혹은 Ākarṣaṇī이며 음역하여 아갈라쇄야(阿羯囉灑也)・아가라쇄니(阿迦羅灑尼)라 한다. 또는 초청동자(招請童子)・초소동자

[갈구리를 인으로 한다. 이상은 모두 동녀(童女)이다.]

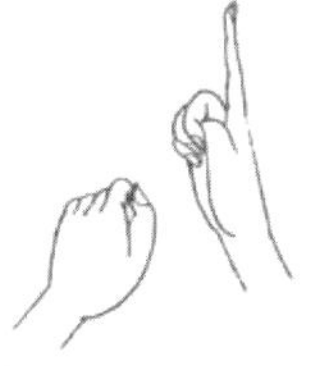
소청동자인

"모든 봉교사자(奉敎使者)는 다 소도인(小刀印)을 한다"[경전 가운데의 그림과 같다]. 이 칼은 톱니 모양으로 만드는데 작은 칼은 바른 번역이 아니다.

이상에서 설명한 것은 모두 방단(方壇) 가운데에서 인을 결하고 푸른 연꽃으로 주위를 둘러라.

지금까지 동방 문수 부류의 권속들에 대해 [그 인을] 밝혔다. 만일 문수를 중태에 안치하면 다른 보살들은 제2중이 되며, 팔부를 제3중으로 한다. 그밖의 것은 이에 준한다.

11) 제개장(除蓋障)의 만다라

"남방의 제개장(除蓋障)보살"[296]은 여의주를 인으로 삼는다. [제개장보살 즉] "대정진자(大精進者)의 종자"를 그려라. "이른바 여의보이다." 또한 사방에 금강륜을 만드는 가운데 또 삼각단(三角壇)["화륜(火輪)"이라 이름한다]을 만들어라. 설명한 것에 상당하는 여의보로 해야 한다. 삼각단 중앙에는 여의보를 그려야 하며 권속들로 둘러싸게 하라. 이하의 보살은 모두 권속들이 둘러싸게 해야 한다. 지금 권속들의 인상(印相)을 설명하니 반드시 알아야 한다. 이 가운데 권속이란 그 중앙에서 인을 결하게 하고 이것을 그려

(招召童子)・구소동자(鉤召童子)라 한다. 팔대동자의 하나로서 문수오사자(文殊五使者)의 하나이다. 태장만다라 문수원의 문수보살 좌변 제5위에 머문다. 밀호는 보집금강(普集金剛)이며 중생을 불러들여 보리도에 이르게 하는 덕을 나타낸다. 그 형상은 동자이거나 동녀의 모습으로 정수리에 삼계(三髻)가 있고 온 몸이 황색이다. 오른손을 가슴 앞에 대고 독고극(獨股戟)을 지녔으며 왼손에는 가느다란 잎의 청련화를 쥐고 붉은 연꽃 위에 가부좌하고 있다. 그 삼매야형은 갈구리이다.

295) Skt. aṅgūṣa. 인상(印相)의 하나. 앙구사(盎俱奢)·앙구시(盎俱施)·앙구자(盎俱者)·앙구시(盎俱尸)라고도 쓴다. 갈구리처럼 생긴 무기의 이름인데, 이러한 모습의 인계가 있어 이것을 앙구사인(盎俱捨印), 또는 구인(鉤印)이라 한다.

296) 이 문장 다음부터 난탈이 있다.

야 한다. 차례와 같게 하는데 바로 법다웁게 하는 것이다. 저 문장에 이 글자가 있는데 이것을 가리키는 것은 아래와 같다.

"제의괴(除疑怪)보살"[즉 교도(嬌都)이다]은 금강인(金剛印)으로 한다.297) 왈병(曰甁)[소리는 월(越)이다] 속에 병을 만들고 병 목에 "일고금강(一股金剛)"을 꽂는데 절반은 병 속에 둔다.

"무외시(無畏施)보살은 시무외수(施無畏手)로 만들라"[요가수행하고 있는 석가모니불의 인계와 같다].

"제악취(除惡趣)보살은 발기수(發起手)를 그려라"[손을 펼치고 손바닥을 위로 받들어서 아래에서 위로 손을 들어올린다].

"구의혜(救意慧)보살은 비수(悲手)를 심장 위에 댄다"[수지와 공지를 서로 맞대어 심장에 대고 나머지 손가락은 벌린다. 그 맞댄 손가락은 심장을 향한다].

"대자비기(大慈悲起)보살은 꽃을 들고 있는 인으로 만든다"[공지와 풍지를 서로 맞대어 꽃을 잡은 형태로 만들고 나머지 손가락은 벌려 세운다].

"비념(悲念)보살은 [심장 위에 화륜수(火輪手)를 늘어뜨려 구부린다]"[화지를 구부려 심장 앞쪽을 향하고 다른 손가락은 모두 벌린다]. 지자(智者)란 이 보살의 명칭이다.

"제열뇌(除熱惱)보살은 여원수(與願手)를 만든다."[손가락을 벌리며 손바닥을 위로 받들고 아래쪽으로 비스듬히 내려서 감로수를 흘려내려라. "손가락 등"이란 모든 손가락을 말한다.]

"부사의구혜자(不思議具慧者)보살은 사유수(思惟手)를 만든다"[여의륜(如意輪)보살의 손과 같으며 또한 앞의 정거천인(淨居天印)과 같다].

[제의궤보살부터] 구부사의혜보살까지 모두 사각형의 단에서 만들고 연꽃 위에 안치한다[이 수인들을 그리는 것을 말한다]. 이들은 모두 제개장보살의 권

297) 이하에서 제개장원(除蓋障院)의 팔보살을 설한다. 명칭이 다소 다르지만, 첫째 제의개보살(除疑蓋菩薩), 둘째 시일체무외보살(施一切無畏菩薩), 셋째 제일체악취보살(除一切惡趣菩薩), 넷째 구의혜보살(救意慧菩薩), 다섯째 비념보살(悲念菩薩), 여섯째 자기보살(慈起菩薩), 일곱째 제일체열뇌보살(除一切熱惱菩薩), 여덟째 불가사의혜보살(不可思議慧菩薩)이다.

속이다. 그밖의 다른 것은 문수보살의 [만다라 중에서] 설명한 것과 같다.

"북방 지장보살의 인"은 대인다라륜(大因陀羅輪)에서 만드는데, 금강륜(金剛輪) 가운데 보배를 만들고[298] 대지를 장엄한다.[299] 말하자면 먼저 중앙에 자리를 안치하고 대지 위에 연꽃을 그리는데 갖가지 색을 갖추게 하라.[300] 연꽃 위에는 당기를 만들고 당기 끝에 보배를 안치하지만 형상을 그릴 때에는 오직 당기만 그려라.

"이 인을 결하는 것은 가장 훌륭한 색(色)이라 한다"는 것은 바로 형상을 가리킨 것이고, 가장 뛰어난 형상이라 말하는 것이니 바로 찬탄하는 말이다. 모든 인 가운데에서 가장 뛰어나고 훌륭하며 오묘한 것으로 여긴다. 이 보살에게 무량한 권속이 있어서 지금 간략하게 그 상수를 말하였는데 다음과 같다.

"보작(寶作)보살의 인"은 그 중앙에 인을 그리는데 은근하게 이를 만든다. "삼고금강저를 보주(寶珠) 위에 놓는다." 단 보지(寶地) 위에 인을 만들어야 한다. 만일 형상을 그릴려면 역시 연꽃에 앉히며 지장보살의 법과 같게 하라.

"보장(寶掌)보살은 일고(一股)금강저"를 만들고 이 금강저를 보배 위에 안치하여 둔다. "지지(持地)보살"[301]은 십자(十字)의 금강저로 만든다[즉 갈마금강저(羯磨金剛)이다]. "보인수(寶印手)보살의 인은 오고금강저로 만들고 보주 위

298) 이하에 난탈이 있어 바로잡는다.

299) 이하에서 지장원(地藏院)에 소속된 여러 존의 인계를 설한다. 지장원은 태장만다라 제3중의 북방에 위치하는 원(院)으로 남방의 제개장원(除蓋障院)에 대한다. 지장보살을 중존으로 하여 일렬로 9존이 있다. 견고한 대지가 모든 고통을 견디고 다시 즐거움으로 나아간다고 하는 보살의 무리로서 『대일경』에는 6존을 설하고 있다. 지장원에 소속되어 있는 9존의 명칭은 다음과 같다. 제우명보살(除憂冥菩薩)·불공견보살(不空見菩薩)·보인수보살(寶印手菩薩)·보처보살(寶處菩薩)·지장보살(地藏菩薩)·보수보살(寶手菩薩)·지지보살(持地菩薩)·견고심심보살(堅固深心菩薩)·일광보살(日光菩薩).

300) 본 문장은 『경』의 "먼저 장엄한 자리를 만들어 인다라단(因陀羅壇)에 두어라"에 대한 해석이고, 다음 문장은 『경』의 "큰 연꽃이 광채를 발하고 그 사이를 장식하며 온갖 색을 갖추고 그곳에 큰 깃발을 세우며 큰 보배를 그 꼭대기에 두어라"에 대한 해석이다.

301) 지지보살과 견의보살의 인이 바뀌었다.

둔다"[바로 오불의 금강이다]. "견의(堅意)보살"은 머리가 둘 달린[兩頭][302] 금강저를 만들고 보주 위에 안치하는 것이다[일고(一股) 가운데 오고(五股)의 형상이 있는 것으로 앞의 인과 같다].

"모두 다 저 만다라 가운데 안치해야 한다"고 하는 것은 이상의 모든 존을 방륜(方輪) 가운데 보지(寶地)를 만들고 지 위에 보주를 안치하며 보주 위에 인을 놓으라는 것이다.

다음에 "서방의 허공장(虛空藏)보살"[303]은 문수회(文殊會) 중에서 서방의 부주(部主)이다. 원단(圓壇)을 만들고 밝고 깨끗하며 선명하게 하라. 흰 연꽃 위에 앉으며 손에 칼[刀]을 쥐고 있다. 보살의 형상으로 그리지 않을려면 단지 칼만 안치하는데 그 칼은 매우 예리한 것이 서리와 같다. 또 "이와 같다"고 하는 것은 이와 같이 견고하고 예리하다는 것을 말한다. 또 "견고하다"는 것은 종자의 글자를 가지고 이것을 빙 둘러싼 것을 말한다. "지혜로운 자는 자신의 글자를 종자로 삼는다"고 하는 것은 바로 본종자(本種子)를 안치하는 것이다.

다음에 권속 가운데 상수의 보살을 열거하고 있다. "저 [모든 권속의] 인계와 형상을 법에서 가르치는 대로 [도화하라]"고 하는 것은 모두 법에 의거하여 법다웁게 만들어야 함을 말한다. "허공무구(虛空無垢)보살의 인은 윤(輪)으로 만든다"[즉 사고(四股)의 도륜(刀輪)이다] 윤을 안치하고 또 이것을 빙 둘러라. 역시 본(本)으로 이것을 빙 두르고 다시 윤(輪)으로 이것을 둘러라. 여기서 본(本)이란 바로 자신이다. 풍단(風壇)의 중앙에 있는 "허공혜(虛空慧)보살의 인은 풍단 중앙에 상카(商佉)를 두는 것이다." [즉 반월단(半月壇)이다.] "청정혜(淸淨慧)보살은 백련의 [인을 그리고] 풍단 가운데에 안치하라."

---

302) 『경』에는 "이수금강인(二首金剛印)"이라 하는데, 독고의 위에 오고를 새겨넣은 것을 말한다.

303) 이하에서 허공장원에 속한 여러 존의 인계를 설한다. 허공장원은 태장만다라 제3중의 서방에 속하는 원(院)이다. 지명원・금강수원・연화원에 접하여 있다. 이 원은 허공과 같이 자리이타의 행동이 자유자재한 과덕을 표현하기 때문에 허공장보살을 중심으로 한다.

다음으로 "행혜(行慧)보살의 인"은 풍륜 가운데 "거거병(車磲瓶)"[304]을 안치하고 "거거병 가운데에 푸른 연꽃을 꽂아라."

"안혜(安慧)보살의 인"은 풍륜 가운데 꽃을 그리고 꽃 위에 금강저를 안치한다.

이 대비장대단(大悲藏大壇) 가운데 문수보살의 일회(一會)에는 네 보살이 있다. 네 보살 가운데 한 보살을 주인으로 삼아서 중단에 안치하고, 다른 세 보살은 각기 제2원에서 방향에 따라 나열하고 제3원에 팔부(八部)를 안치한다. 또 다음에 만일 이 대비장대단 가운데 제2원이라면 가령 관음보살을 부주(部主)로 삼더라도 그 금강부와 불정(佛頂) 등은 모두 방위에 따라 나열하여 제2원으로 삼는다. 다음에 그 제3원에 팔부를 안치하는데 반드시 문수회(文殊會)의 보살을 안치하면 안된다는 것을 알아야 한다. 만일 석가회(釋迦會)라면 이상에서 말한 것과 같다[다시 여쭈어라. 이 설명은 바로 정(定)의 뜻이다. 이 일에 대해 다시 모르는 것을 여쭈어라].

---

304) 『경』에는 "거거병(車磲瓶)"으로 되어 있고, 『소』에는 상카(商佉, śaṅkha)로 되어있다. 상카는 법라(法螺)를 의미하므로 연꽃을 꽂을 수 있는 거거병이 내용과 합치한다.